JN432866

리시아스와 안티스테네스

소크라테스 추종의 행동 및 사유와 희랍 정치철학의 발전

* 이 저서는 2014년 정부의 재원으로 한국연구재단의 지원을 받아 수행된 연구임.
(과제번호: 2014S1A6A4025880)

리시아스와 안티스테네스

Λυσιας

και

Αντισθενης

소크라테스 추종의 행동 및 사유와 희랍 정치철학의 발전

양승태 지음

이화여자대학교출판문화원

일러두기

1. 희랍어는 독자들의 편의상 희랍 문자를 사용하지 않고 로마자로 표기했다. 특히 인명이나 지명 등의 경우 관행화된 영어식 표기 대신에 희랍어 자·모음 그대로를 로마자로 변형하여 표기했다. 예를 들어 크세노폰의 저서인 『키로스 교육』은 일반적으로 라틴어 그대로 *Cyropaedia*로 표기하는 경우가 많은데 이 책에서는 희랍어 원명으로 *Kyrou Paideia*로 표기했다. 마찬가지로 알렉산더 대왕은 알렉산드로스Alexandros로, 테베Thebe는 원명 그대로 테바이Thebai로 표기했다. 희랍어 자·모음들에 대한 로마자 표기 원칙은 다음과 같다.
   1) 자음: κ → k, ξ → x, ϕ → ph, χ → ch, ψ → ps
   2) *γγ́ γκ́ γχ́ γξ* 등 gamma nasal은 본디 '~ng'의 발음이나 문자 그대로 gg, gk, gch, gx로 표기했다.
   3) 모음: *ε* → e, *η* → ē, *υ* → y, *ω*→ō
   4) 복모음: *ου* → ou
   5) iota-subscript(ᾳ, ῃ, ῳ)는 ai, ēi, ōi로 표기한다.
2. 이 책에 등장하는 인물의 생몰연대는 학계에서 논쟁의 대상이 아닌 한 *The Oxford Classical Dictionary*에 의거했다.
3. 이 책에 제시된 희랍어나 영어의 어원에 대한 소개는 별도의 설명이 없는 한 *Greek-English Lexicon*과 *The Oxford English Dictionary*에 의거했다.
4. 희랍어 문헌은 별도로 표기되지 않는 한 미국 하버드대학교의 〈the Loeb Classical Library〉판(본문에서는 〈LCL〉판 약어로 표기)을 사용했다. 그 출처에 대한 표기의 경우 플라톤과 리시아스의 저작에 대해서는 스테파누스 쪽수Stephanus pagination, 아리스토텔레스의 경우에는 베카August Bekker의 쪽수, 나머지는 그 판에 제시된 '책-장-절' 혹은 '장-절' 형식의 표기법을 사용했다. 1차 문헌들 가운데 헤로도토스의 『페르시아 전쟁사』, 투키디데스의 『펠로폰네소스 전쟁사』는 원제목 그대로 『역사*Historia*』로, 플루타르코스의 『비교인물전』은 우리말로 널리 알려진 『영웅전』으로 표기했다. 플라톤이나 아리스토텔레스의 저작 등 고전들의 제목은 처음에 등장할 때는 희랍어나 라틴어의 원제목을 소개하여 표기하고, 그 이후에는 『국가』나 『윤리학』과 같이 일반적으로 통용되는 우리말 제목으로 표기했다.
5. 이 책에 인용된 번역문은 별도의 표기가 없는 한 지은이 자신의 것이다. 그것은 기존의 번역에 불만이 있기 때문이 아니라, 지은이 자신의 번역을 통해 이 책의 해석 논리에 나름대로의 일관성을 유지하는 것도 학문적으로 의미 있다는 판단에서 그렇게 한 것이다. 특히 번역 과정에서 원문의 정확한 의미를 전달한다는 점에 치중했기 때문에 번역문이 매끄럽지 못한 경우도 많을 것이다. 이 점 독자들의 혜량을 바란다. 아울러 희랍어의 주요 개념은 적절한 순우리말이 없을 때에만 한자어 번역어를 사용함을 원칙으로 했다. 희랍 지성사의 요체들 가운데 하나가 외래어가 아닌 순수 희랍어로 철학적 사유를 발전시킨 사실에 있을뿐더러, 경우에 따라서는 한자어보다 순우리말이 희랍어 본래의 뜻을 더 정확하고 적확하게 전달하기 때문이다. 예를 들어 'dikaiosynē'는 정의正義 대신에 '올바름'으로, 'kalos'는 미美 대신에 '아름다움'으로 번역했다. 다만 정치적 혹은 사회적 문제와

관련된 공적인 판단의 기준으로 작동할 경우에는 관행에 따라 '사법적 정의'나 '분배적 정의' 등과 같은 한자어를 번역어로 사용했다.

6. 이 책의 여러 작은 주제들 가운데 하나는 '민주화' 시대 아테네에서 바로 민주화와 더불어 시작되어 장차 내란 상태에 이르게 된 민주파와 과두파 –현대 정치의 맥락에서는 진보와 보수– 사이의 대립과 갈등이다. 민주주의의 어원인 희랍어 'dēmokratia'는 본디 이념을 지칭하는 '주의'가 아니라 여러 통치 형태 혹은 정치 체제들 가운데 하나일 뿐이기 때문에 일반적으로 '민주정치' 혹은 '민주정체'로 번역되었다. 다만 그 희랍어는 희랍인들을 지배하는 세계관에 따라 통치의 행태나 체제가 아니라 그러한 행태나 제도를 창안하고 관장하는 '민주정치의 신神'을 지칭하기도 하므로 문맥에 따라서는 '민주주의'로도 번역되었다.

7. 이 책에서는 주로 지성사라는 어휘가 지식인 활동의 역사와 더불어 지식 혹은 앎의 변화와 발전을 지칭하는 중심적인 용어로 사용되지만, 문맥에 따라서는 정신사, 정치사상사, 정치철학사 등의 용어들이 교차하여 사용된다. 간단히 말해서 이 책에서 정신사는 지성사의 상위 개념이며, 정치사상사와 정치철학사는 지성사의 하위 개념이다. 자연과학의 연구 대상을 벗어난 인간의 모든 활동은 근본적으로 정신의 활동이자 그 발현이다. 어떠한 차원이나 수준이나 형태이든 그러한 활동이나 발현이 물질적 생산과 직접 연관된 기술의 발전이나 인간 삶의 특정 부분에 국한된 지식 차원을 넘어 인간과 세계 전체에 관한 앎 자체의 확산과 심화로 나타나고, 그러한 앎의 행위가 사회적 분업 체계에서 별도의 직능으로 인정되며, 그러한 직능을 담당하는 지식인들이 주체가 되고 상호 간의 교류와 대화를 통해 그러한 앎의 변화와 발전을 주도할 때 지성사가 등장한다. 정치사상사와 정치철학사는 각각 그러한 지성 활동 및 결과가 어느 수준의 체계성과 엄밀성과 포괄성과 보편성에 도달했느냐에 따른 발전 단계를 지칭한다. 각각은 그 발전 단계가 어떠하든 지성적 탐색의 결과라는 의미에서 지성사에 포섭되지만, 또한 동시에 기존 지성의 한계를 넘어서 한 차원 높은 승화된 영역을 지칭한다는 의미에서 각각 지성사를 초월한다. 이 책의 제재인 리시아스와 안티스테네스는 희랍 지성사가 정치사상사로 발전하면서 정치철학사로 이행하기 전 단계의 과정을 대표하는 지식인들이며, 바로 그들의 행동과 사상에 관한 지성사 차원의 기술과 설명이다.

8. 이 책에서 '앎'과 '잘남'은 각각 희랍어 'sophia'와 'aretē'의 번역어이자 동시에 번역어 차원을 넘어 두 순우리말에 내재한 심원하면서도 오묘한 의미 세계를 원용하여 희랍 정신사 및 지성사를 서술 및 설명하기 위한 분석 개념이기도 하다. 따라서 두 희랍어는 대체로 각각 앎과 잘남으로 번역될 것이나, 두 희랍어 자체의 개념사적 발전 맥락에 따라 다양하게 번역될 것이다. 'sophia'는 경우에 따라 '지혜', '현명함', '유식함', 'aretē'는 '탁월성', '도덕성', '도덕적 탁월성', '도덕적 자질', '인품', '담대함' 등으로, 또는 우리말 '잘남'과의 개념적 차이나 연관성 자체를 설명할 필요성이 부각될 경우에는 희랍어 발음 그대로 '소피아'와 '아레테'로 표기하게 될 것이다. 이것도 의미 전달의 정확성을 기한다는 학문적 목적 때문에 그러하게 된 것이지만, 읽는 과정에서 혹시라도 혼란을 느낄 수도 있을 것이다. 이 경우에도 마찬가지로 독자들의 깊은 혜량을 기대한다.

"이런 자들이 공직에 선출되다니,
오오 민주주의여, 너는 우리를 대체 어디로 인도하려는 것인가?"

- **아리스토파네스**, 『**새***Ornithes*』

"'실천'을 통해 나타나는 것은 형이상학적 서술의 범위 내에 있을 수밖에 없다.
그러한 서술이 '실천'을 포괄하지 못할 때 형이상학은 불충분한 것이 되어 수정을 요구한다.
우리 스스로가 어떤 형이상학적 교설에 만족하는 한
그것을 보완하기 위해 실천에 호소할 이유는 없다.
형이상학이란 모든 구체적인 실천에 적용되는 일반적인 요소들을 기술한 것에 지나지 않는다."

- **화이트헤드**A. N. Whitehead, 『**과정과 실재***Process and Reality*』

| 책머리에 |

이 책은 지은이의 희랍 정신사 및 지성사 연구 작업의 일환으로, 1권 『앎과 잘남: 희랍 지성사와 교육과 정치의 변증법』, 2권 『소크라테스의 앎과 잘남: 대화, 아이러니, 시민적 삶, 그리고 정치철학의 태동』에 이은 세 번째 책이다. 이 저술의 배경 및 목적, 그리고 서술의 핵심 개념인 '앎'과 '잘남'에 대해서는 1권 및 2권의 '머리말'과 '들어가는 말' 등에서 설명한 바 있지만, 이 〈책머리에〉에서도 처음 읽는 독자를 위하여 그 핵심적인 의미라도 간단하게 다시 정리하고 지나갈 필요가 있다.

소크라테스의 철학적 사유 발전의 과정과 의미를 살펴본 전편 『소크라테스의 앎과 잘남』에 이어 이 책은 연설가이자 법률가인 리시아스Lysias라는 '행동하는 지식인'과 일반적으로 '철학자'로 불리는 안티스테네스Antisthenes라는 '사변적인 지식인'을 중심으로 소크라테스 이후 전개된 정치철학 사유의 발전 과정을 서술하는 작업이다. 그 과정에서 이들뿐만 아니라 이소크라테스, 크세노폰, 플라톤 사이의 지적 혹은 정치적 경쟁의 관계, 때에 따라서는 상호 질시의 관계 속에서 플라톤에 의한 거대한 정치철학이 등장하는데, 후자들에 관한 서술은 이 책의 후속 연구를 통해 수행될 과제이다. 이러한 연구의 중심 개념이 바로 '앎'과 '잘남'인데, 이것은 각각 희랍어 'sophia'와 'aretē'의 번역어이자 동시에 그 순우리말 자체에 내포된 의미의 세계를 원용하여 희랍 지성사를 고대 서양의 지성사라는 특수성을 넘어 인간성 보편의 발전 맥락에서 서술하고 설명하기 위한 분석 개념이기도 하다.

희랍인들에게 'sophia'는 일상적인 행위를 통해 표출되는 지식, 지혜, 기술 등을, 'aretē'는 출생 신분, 인간적 성향, 외모, 행동을 통해 발현되는 잘남, 훌륭함, 덕성을 지칭한다. 전자가 피타고라스에 의해서 일상적인 기술적 지식이나 지혜 차원을 넘어 인간이 영원히 추구해야 할 절대적인 앎을 지칭하게 되었다는 것은 서양 고전학계에서 이제 거의 정설로 되어 있다. 어느 지식인에 의해서든, 절대적 앎에 대한 추구라는 철학 이념의 탄생은 전자의 어휘가 개념적으로 발전한 결과이다. 후자는 오랫동안 플라톤과 아리스토텔레스의 철학을 통해 희랍 철학 및 윤리학의 중심 개념으로 이해되고 있었다. 그것은 근대 철학에서 특히 니체Friedrich Nietsche를 통해 재조명되고, 20세기 전반에는 예거Werner Jaeger의 기념비적 저작인 『파이데이아*Paideia*』를 통해 고대 희랍 정신사 및 교육·문화사의 흐름을 관통하는 세계관적인 요소임이 정치한 서술로 설명된 바 있다. 인류 정신사의 대전환을 의미하는 소크라테스 철학의 등장도 물론 그러한 흐름 속에서 이해된다. 아울러 고대부터 현대에 이르는 서양 철학사 전반의 전체적인 흐름을 결정했다고 해도 과언이 아닌 플라톤이라는 거대한 철학 체계의 등장, 아리스토텔레스와 그 이후에 전개된 희랍 철학사의 흐름도 sophia와 aretē에 대한 탐구와 해석의 역사라고 해도 지나치지 않을 것이다. 여기서 왜 그 희랍어들을 직접 분석 도구로 사용하는 대신 일반인들에게 어색하게 들릴지도 모르는 앎과 잘남이라는 순우리말을 분석의 도구로 사용하는지 설명이 필요할 것이다.

모든 언어는 문명과 문화의 전파와 상호 접합 및 상호 교류를 통해 변화하면서도 각각의 의미의 세계 혹은 '의미의 장場; field'은 스스로의 독자성을 유지한다. sophia와 aretē의 번역어 이전에 우리말 앎과 잘남에는 우리 문화 혹은 정신세계 고유의 의미의 세계가 있다. '아는 체'와 '잘난 체'라는 표현이나 '배고픈 것은 참아도 배 아픈 것은 못 참는다'는 속언에 집약되어 있듯이, 그 일상적인 우리말 속에는 사회적 질시의 감정이나 위선 또는 허위의식 등 복합적인 감정이나 관념들이 풍부하게 잠재되어 있다. 그러나 그러한 정신적 자산이 존재한다는 것과 그러한 자산에 함축되고 잠재된 의미나 정신 내용을 구체적으로 체계화하여 자신의 현실, 역사, 정신사를 이해하는 분석 개념으로 사용하는 것은 전혀 별개이다. 이 책은 바로 희랍 정신사나 지성사 혹은 철학사를 구성하는 가장 근본적인 요소인 sophia와 aretē의 개념적 변화 · 발전을 앎과 잘남이라는 순우리말에 내포된 풍부한 개념 세계와 종합하여 B.C.5세기 말에서 B.C.4세기 초반에 이르는 정치철학의 발전을 서술하고 설명하는 작업의 일부이며, 그 주요 제재가 바로 소크라테스의 친구나 동료 혹은 추종자인 — 제자라기보다는 — 리시아스와 안티스테네스인 것이다.

사실 이 책의 제목과 관련하여 지은이는 나름대로 고심을 했다. 이 책 전체의 분량에서 안티스테네스에 대한 논의는 리시아스의 4분의 1 정도이므로 '~과 ~'라는 내용과 제목에 어느 정도 불일치가 있다. 그런데 그와 같이 양적으로 불균형하게 나타나게 된 것은 안티스테네스에 대한 논의가 불충분하기 때문이 아니라 그와 관련된 1차 문헌들이 전자에 비해 상대적으로 빈약한 데 주로 기인한다. 따라서 처음에는 제목을 '리시아스: 한 아테네 법률가의 행동 및 사유와 소크라테스 이후 정치철학의 발전'으로 생각했었다. 그러나 안티스테네스에 관한 논의가 분량 면에서는 적더라도 그 주제와 관련된 무게 면에서는 결코 무시할 수 없으며, 현실적으로 독자들은 책의 제목을 통해 한 책의 주제 전체를 단정하는 경향을 보인다는 점을 고려하여 현재와 같은 제목을 붙이게 되었다.

어쨌든 안티스테네스에 대한 지은이의 관심은 이 책의 '분량상 주인공'

인 리시아스에서 비롯된 것이 사실이다. 그리고 후자에 대한 지은이의 본격적인 관심은 약 30년 전 플라톤의 대화편 『파이드로스*Phaidros*』에 대한 이화여대 대학원 강의에서 비롯되었다. 그는 플라톤의 『국가』의 등장인물들 가운데 하나지만 기이하게도 대화에는 전혀 참여하지 않은 — 앞으로 본문에서 소개되겠지만 그 점은 서양 고전문헌학에서 플라톤과 리시아스의 관계에 관한 해석학적 쟁점들 가운데 하나이기도 하다 — 인물이기 때문에 주목의 대상이 아니었다가 『파이드로스』를 통해 본격적으로 연구의 대상이 된 인물이다. 플라톤의 많은 대화편에서 소크라테스와 대화하는 상대방들은 논박과 비판과 '망신 주기'의 대상이다. 『파이드로스』에서도 리시아스는 간접적이기는 하지만 비판과 논박의 대상이다. 하지만 소피스트들에 대한 태도와는 달리 소크라테스가 그를 지식인으로서의 '진지성'을 가지고 있는 — 희랍어로는 'spoudē'로서 플라톤 철학에서 철학적 사유의 발전에 필수적인 요소이다 — 인물로 인정함과 동시에 자신의(혹은 플라톤의) 사랑erōs 개념을 설파하기 위한 출발점으로 삼고 있다는 점이 특히 관심을 끌었다. 실제로 지은이 자신이 그 대화편에 수록된 〈사랑의 연설Logos Erōtikos〉에 제시된 우애philia — 지은이로서는 한자어 '우의'나 '우정' 또는 영어 'friendship'보다는 '우애'가 이 희랍어의 의미에 가장 가까운 번역어로 생각된다 — 개념에 먼저 매료되었고, 그것에 대한 소크라테스의 비판을 통해 드러나는 플라톤의 사랑 개념에 매혹당하는 체험도 했다. 그러한 관심과 체험이 여러 가지 우여곡절 끝에 이제야 책의 모습으로 세상에 나오게 된 것이다.

글쓰기라는 작업이 대체로 그러하지만, 이번에도 이 책을 쓰기 전 구상했던 바가 현재의 모습으로 나타나게 될 줄은 전혀 예상하지 못했다. 그것은 물론 글쓰기에 필연적으로 수반되는 생각의 파괴와 수정과 재형성의 끝없는 과정의 결과였다. 지식인이라는 사회적 존재에게 부여된 그 소중한 ‘사고 변혁 가능’의 특권을 일생 누리도록 해준 대한민국이라는 국가적 삶과 더불어 지식인들 사이의 범세계적 소통을 순식간에 가능하게 해준 지구촌이라는 사회적 분업 체계에 감사할 뿐이다. 그 국가 생활과 분업 체계 속에서 30년 이상 지은이가 가르치면서 배우고 생계 수단을 얻게 해주면서 지은이의 책들을 세상에 내보내는 데 애써준 이화여자대학교와 그 출판문화원, 이 책의 저술을 재정적으로 뒷받침해준 한국연구재단, 이 책의 마지막 수정 단계의 작업을 편안하고 효율적으로 마칠 수 있게 여러 가지로 편의를 봐준 독일 튀빙겐대학 고전학부의 슬레작Thomas Slezak 명예교수와 볼켄하우어Anja Wolkenhauer 교수 등에게 감사의 마음을 전한다. 그리고 교수직에 있을 때는 물론 은퇴 후에도 책 읽고 글 끄적거리는 데 전념할 수 있도록 아내가 조용히 그리고 지혜롭게 뒷바라지해주지 않았을 경우 이 책의 저술 작업이 현재 어느 단계에 있을지 생각만 해도 머릿속이 서늘하다. 이 책을 아내 윤정근에게 헌정한다.

서기 2018년(단기 4351년) 10월
희한하도록 더웠던 여름날이 과연 있었는지 의심마저 들게 하는 가을날,
서초동 우거에서,
지은이 씀

| 차례 |

Λυσιας και
Αντισθενης

1

들어가는 말:
리시아스와 안티스테네스,
무엇이 문제인가?

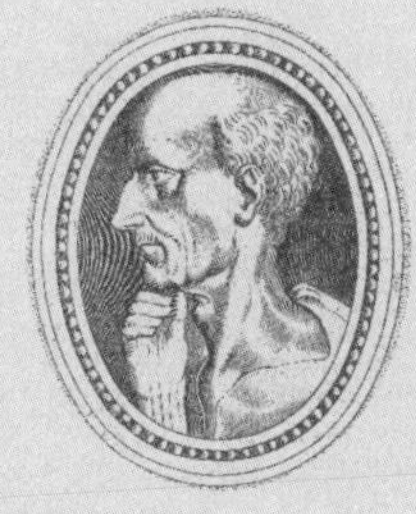

이 책은 서양 고대의 희랍 지성사에서 소크라테스(B.C. 470~B.C. 399)를 통해 태동한 윤리학 및 정치철학이 플라톤(B.C. 427~B.C. 347)이라는 천재적인 지식인에 의해 형이상학, 신학, 자연철학, 예술론, 교육론, 윤리론, 인식론, 정치 체제론 등을 포괄하는 거대한 철학으로 정립되기 이전 역사 및 지성사의 변화 · 발전 과정에 관한 기술의 한 부분이다. 그 핵심적인 제재는 '소크라테스의 추종자들hoi Sokratikoi; the Socratics'[1] 가운데 선배 혹은

1 소크라테스는 주위에 많은 친구들 혹은 인간적 교류 및 대화 상대자들을 둔 인물이며, 그들 전체가 일반적으로 'Sokratikoi'로 통칭된다. 그 말은 영어로는 일반적으로 소크라테스의 '동료associates'나 '동반자companions' 등으로 번역되며, 경우에 따라 '추종자followers'나 '제자들disciples'로도 번역된다. 그런데 앞으로 이 책 본문을 통해 설명되겠지만, 사실 '추종자'나 '제자'는 그가 추구한 인간적 교제나 대화의 성격으로 볼 때 적절한 표현이 아니다. 그는 일상적인 의미에서 남을 '가르치려' 한 인물이 아니며, 또한 그 점에서 그의 가르침이 예수 등 다른 성인들의 그것과 구분되는 성격을 갖는다. 다만 이 책에서는 소크라테스라는 인물에 대해 일반인들이 갖고 있는 '성인'의 이미지를 고려하여 '추종자'라는 용어를 사용하기로 한다. 다만 그 '추종'의 의미는 각 추종자들에게 다르며, 그 다름 자체가 이 책의 주요 논의 내용들 가운데 하나이자, 소크라테스 이후 전개되는 희랍 지성사의 주요 내용을 이룬다는 점은 먼저 명확히 할 필요가 있다.
플라톤과 크세노폰의 저작들에 등장하는 소피스트 등 소크라테스의 동시대 지식인들이나 그의 동료들이나 추종자들의 행적과 사상에 관한 대표적인 정리로는 오래전 출간된 그로우트George Grote의 저작(1865)이 있다. 이 책에서 언급되고 논의되는 소크라테스의 동료나 추종자들의 행적과 사상에 관해 그로우트는 위의 저작에서 플라톤에 관한 방대한 해설 이후 "소크라테스의 다른 동료들Other Companions of Socrates"이라는 제목으로 두 장을 할애하고 있다. 아이스키네스, 에우클리데스, 안티스테네스, 아리스티포스에 관해 소개한 38장(pp. 465~561)과, 크세노폰에 관해 별도로 다룬 마지막 39장(pp. 562~602)이 그것이다. 이 책의 연구 대상들 가운데 하나인 안티스테네스의 행동과 사상에 관련해서는 26쪽(pp. 504~530) 정도의 분량으로 해설하고 있으며, 리시아스와 이소크라테스에 대해서는 언급조차 하지 않고 있다는 사실이 일단 참고할 만하다. 이는 아

장로급에 해당하는 두 지식인인 리시아스Lysias(B.C. 440경~B.C. 360경으로 추정)와 안티스테네스Antisthenēs(B.C. 445~B.C. 365 추정)로, 이들의 사상과 행동에 대한 해석을 통해 B.C. 5세기 말에서 B.C. 4세기 초에 이르는 희랍 지성사에서 정치철학적 사유가 발전하는 양상을 밝혀내면서 플라톤 정치철학 등장의 지성사적 필연성을 설명하고자 한다.[2]

이 책 전체를 통해 해명될 대상이지만, 이 〈들어가는 말〉에서는 독자의 편의를 위해 정치철학적 사유란 무엇인가를 먼저 간단하게나마 규정하고 지나갈 필요가 있다. 정치철학적 사유는 인간의 구체적인 정치 현실과 유리된 추상적인 언어의 체계가 아니다. 그것은 바로 정치 현실에서 작동하는 감각적이고 구체적이며 실천적인 심리나 생각하기에 대한 비판적 검토와 성찰을 통해 사물과 인간에 대한 개념적인 사유를 수행할 수 있는 정신적 능력이다. 여기서 개념적 사유란 단순히 추상적인 용어로 현실을 규정하거나 설명하는 성격의 사유가 아니다. 그것은 구체적이고 특수한 사물에 함축된 사유 내용을 끌어내고, 그것이 추상적이고 보편적인 사유 내용과 어떠한 상호작용의 관계가 있는지 끊임없이 새롭게 파악하면서 사물과 인간 전체를 그 근원에서부터 유기적이고 총체적으로 이해하는 사고 능력이다. 그러한 사고 능력은 어느 날 갑자기 인간에게 주어

마도 그로우트에게 그들은 '철학자'가 아니라 '연설가' 혹은 '행동인'이기 때문으로 추측할 수 있다. 바로 그들이 정치철학사의 발전에 어떠한 의미가 있는지가 이 책에서 논의될 주제들 가운데 하나이다.

2 고대의 많은 인물이 그러하듯이 리시아스와 안티스테네스의 생몰연대 또한 결정적인 것은 아니며 학문적 논쟁의 대상이다. *The Oxford Classical Dictionary*는 리시아스의 생몰연도를 오랜 정설이었던 B.C. 459/8~B.C. 380년으로 기록하고 있으나, 현대 학자들은 출생연도를 B.C. 440~B.C. 430년 사이로 그리고 사거연도를 B.C. 380~B.C. 360년 사이로 추정하고 있다. 특히 사거연도의 오차 범위가 큰데, 그 문제는 그의 생애에 관해 정리하는 4장 1절에서 다시 논의될 것이다. 안티스테네스의 생몰연대에 관해서도 비슷한 논란이 있는데, 그에 관해서는 6장 1절에서 언급될 것이다.

진 것이 아니라 삶과 행동 속에서 작동하는 감각적, 경험적 사유에 대한 자기 부정의 과정을 통해 발전한다. 서양 근대 철학의 전통에서 사유 발전의 그러한 본질적인 측면에 대한 이해는 칸트Kant와 헤겔Hegel의 철학에서 "감각적 인지Empfindung"와 "이해Verstand"의 수준을 넘어선—야스퍼스Karl Jaspers의 용어로는 "대상적 사고gegenständliches Denken"의 수준을 넘어선—철학적 이성Vernunft의 사고 영역으로의 상승 및 전환으로 설명된다. 그것은 순우리말로 인간과 세계에 대한 '깨달음'의 영역이다. 플라톤의 『국가』 6권에 제시된 사유 능력의 발전에 관한 설명은 근대 철학의 그러한 논의들의 원형이라고 할 수 있다. 그리고 별도의 지극히 복잡하고 전문적인 철학적 사변을 통한 해석학적 논의가 필요하지만, 헤겔의 『정신현상학』은 플라톤의 그러한 설명에 대한 더욱 치밀하고 체계적인 해명이라는 것이 지은이의 판단이다.[3]

이 책의 전편(양승태, 2013)을 통해서도 강조했듯이, 철학이 정치철학을 통해 완성되는 이유도 철학적 이성의 그러한 본질적인 속성에서 찾을 수 있다. 방대한 설명이 요구되는 거대한 문제를 간단하게 요약하면 다음과 같다. '철학을 하기'란 그러한 '비생산적' 행위를 하는 인간을 낳고, 교육하고, 먹고살게 하는 사회적 분업 체계의 존재를 떠나 이루어질 수 없으며,

---

3 여기서 현대의 학자들 가운데 정치철학의 본질에 관해서 가장 체계적으로 성찰한 레오 스트라우스Leo Strauss에 관해서 간단하게나마 언급하고 지나갈 필요가 있다. 그의 정치철학 이념은 간단히 '정치적인 것들things political'의 지식에 관한 끊임없는 '탐구quest'로 규정될 수 있으며(대표적으로 Strauss(1959) 및 한국어 번역본으로는 스트라우스(2002) 참조), 그러한 규정은 근본적으로 '소크라테스-플라톤' 철학의 반영이다. 그것은 위에서 간략히 제시된 정치철학의 이념과 본질적으로 같다. 다만 스트라우스의 경우, 정치철학을 철학의 한 영역으로 규정하는 데 비해 지은이는 정치철학을 철학의 완성으로 규정한 점이 다르다. 그 차이는 일단 플라톤 정치철학의 등장 자체의 역사적 및 철학사적 의미에 대한 이해의 문제에 있으며, 또한 서양 근대철학사에서 헤겔의 의미에 대한 해석과 관련해 존재한다는 점 정도만 밝혀두기로 한다.

그러한 분업 체계는 다시 그것의 환경이자 그것을 관리하는 지배 질서와 권력 구조를 떠나 작동할 수도 없고 그 내용을 제대로 이해할 수도 없으며, 그러한 지배 질서와 권력 구조는 다시 그것을 운영하는 인간들이 지향하는 생각과 가치관과 이념의 역사적 변화 및 발전의 내용을 떠나 이해될 수 없다는 것이다. 즉 철학이라는 '생각하기thinking'는 그것의 내용과 바탕을 이루는 구체적인 현실 속에서 삶과 행동을 통해 작동하는 '사유 내용thought'을 떠나 존재할 수도 작동할 수도 없다는 것이다. 바로 그 점이 고대 희랍 세계에서 정치철학이 등장하는 지성사적 발전 과정에서 확인된다는 것이 이 책의 기본 논지이기도 하며, 그 발전 과정에서 핵심적인 역할을 수행하는 지식인들 가운데 이 책의 주인공들인 리시아스와 안티스테네스가 있다.

리시아스는 법정 연설문 작성이라는 직업적인 활동을 하면서 현실 정치에도 관여한 지식인이다. 그러한 인물이 단순히 지성사의 기술 대상을 넘어 정치철학사의 발전 맥락에서 함께 다루어질 수 있는지에 관한 의문은 일단 위에서 간단히 논급된 정치철학적 사유의 본질을 참고할 때 해소될 수 있다. 한 인간의 행동과 사상은 그 자체만으로 객관적인 연구 대상이 아니며, 철학 또한 현실과 유리된 추상적인 사변 속에서가 아니라 현실 속에서 발생하는 행동에 수반되고 잠재된 사유 내용이 발현하고 발전하는 차원에서 파악할 때 그 진정한 실체와 진정한 역사적 의미를 이해할 수 있기 때문이다. 물론 이러한 설명으로 그 거대한 의문이 해소될 수는 없으며, 그것의 해소는 이 책의 여러 목표 가운데 하나이다. 특히 이 책 2장은 그 의문 자체가 현대 정치철학과 고대 정치철학을 관통하는 정치철학사 보편의 맥락에서 어떠한 의미가 있는지 논의할 것이다. 다만 이 〈들어가는 말〉에서는 독자들의 궁금증을 어느 정도 미리 해소하는 데 도움을 준다는 의미에서, 그러한 의문의 기저에 있는 이론과 실천이라는 대립논제antithesis에 함축된 기본적인 지성사 및 철학사의 쟁점이 무엇인지 간단히 정리하고 넘어갈 필요가 있다.

인간의 직능이나 성향을 이론가와 실천가, 생각하는 사람과 행동하는 사람, 학자형과 실무형 등으로 구분하는 것은 동서양을 막론하고 오래된 지적 관행이다. 정부나 기업 같이 기본적으로 '실천하고 행동하는' 조직 내에서도 기획을 잘하는 인물과 그 기획된 것을 현실이 되도록 실천을 잘하는 인물, 일상적인 말로 표현하여 '일이 되도록to get things done' 하는 인물은 구분된다. 오래전 고대 희랍 세계에서는 그러한 구분이 삶의 형태나 방식 혹은 직업을 분류하는 기준으로 일상의 언어생활에 나타나 있었다. 즉 '성찰(이론; theōria) – 실천(행동; praxis) – 생산(poiēsis)'의 구분이 그것이다.

그런데 일상생활의 언어에서 언제나 그러하듯이 그러한 언어적 구분이 개념적으로 엄밀성을 가지고 있는 것은 아니다. 성찰적 삶에 행동이나 생산 활동이 없을 수 없고, 행동하는 삶에 이론적 요소나 생산 활동의 요소가 없을 수 없으며, 생산 활동에 성찰하는 사고 능력이나 실천력이 발휘되지 않는 경우란 존재하지 않는다. 생산 현장에서의 새로운 발견이 과학적 이론으로 승화될 수 있는 경우도 많지만, 장인정신에 입각한 수련을 요구하는 기술이나 예술 등에 일생 종사한 인물이 삶에 대한 깊은 식견을 토로하는 경우도 많다. 윤리 이론이나 정치적 이념에 매개되지 않는 실천적 행동이란 존재하지 않지만, 자신의 윤리적 혹은 정치적 행위에 함축된 이론적 또는 이념적 요소를 체계적으로 설명할 수 있는 행동가란 그리 많지 않을 것이다.

결국, 인간의 사유 활동이나 실제적인 행동에 대한 이해는 단순히 그것들 자체로 이해될 수 있는 것이 아니다. 그것은 언제나 그것이 발생한 정신사 및 지성사의 배경이나 당대의 역사적 현실, 그리고 그러한 역사성 자체를 규정하는 형이상학적이고 초월적인 관점을 떠나 이루어질 수 없다. 이 책의 모두에 제사題詞로 인용된 화이트헤드A. N. Whitehead의 문구는 그 점의 집약이다.[4] 그것에 함축된 심원한 의미는 간단한 말로 설명될 수는 없으며 이 책 전체를 통해 해명될 대상이다. 다만 독자들에게 이 책의 주제에 대한 대체적인 이해를 돕는 차원에서 그 문구의 의미 대강에 대해서 간단히 언급할 필요가 있다.

모든 자의식적인 행동은 오래전 아리스토텔레스가 『윤리학』에서 목적론teleology의 관점에서 이미 정리했듯이, 궁극적으로는 무엇이 '좋은 것'이고 무엇이 '좋은 혹은 바람직한 삶'이며 그것을 실현하는 방법이 무엇인가의 문제로 귀착된다. 후설Husserl의 현상학에서 의식의 지향성Absichtlichkeit 개념이나 현대 언어철학에서 관련성Aboutness 개념은 그러한 고대 철학적 관점의 복잡하면서도 기묘한 변용일 뿐이다. 그러한 행동은 곧 '좋은 것'과 '좋은 삶'이 무엇인가에 관한 앎을 전제로 한다. 문제는 바로 그 앎에 어떻게 도달할 수 있는가이다. 그러한 앎은 단순히 개개인의 생존 혹은 생업을 위한 실용적인 활동 혹은 사적인 기호나 취미 활동의 목표가 무엇인가의 문제에 국한되지 않는다. 모든 개인적 삶의 환경 및 성격을 결정하는 사회적·정치적 삶의 구조, 더 나아가 영속적인 가치를 갖는 삶의 질서 혹은 영원한 존재 질서가 무엇인가에 관한 앎을 떠나서는 그 목표 자체가 무엇인지 진정으로 파악되지 않는 것이다. 바로 그러한 이유로 이 책의 전편인 『소크라테스의 앎과 잘남』에서 상술한 바와 같이 철학은

4 원문을 소개하면 다음과 같다. "Whatever is found in 'practice' must lie within the scope of the metaphysical description. When the description fails to include the 'practice', the metaphysics is inadequate and requires revision. There can be no appeal to practice to supplement metaphysics, so long as we remain contented with our metaphysical doctrines. Metaphysics is nothing but the description of generalities which apply to all the details of practice"(Whitehead, 1979: 13).

정치철학을 통해 완성되는 것이다.

오늘의 한국 사회에서도 대부분의 정치인은 물론 여러 지식인이나 종교인들도 이론보다 실천, 생각보다 행동의 중요함을 강조하고 있다. 많이 아는 것보다 한 가지 실천이 중요하다는 주장이 공개 강연이나 종교적 집회 등에서 박수갈채와 환호의 대상이 되고 있다. '생각은 쉽고 실천은 어렵다'는 명제를 당연한 진리로 받아들이고 있다는 것이다. 그런데 오래전 괴테Goethe는 다음과 같이 진술한 바 있다.

> "행동은 쉽고 생각은 어렵다.
> 생각에 따라 행동하기는 불편하다."
> "Handeln ist leicht, Denken schwer;
> nach dem Gedanken handeln unbequem."
>
> 『빌헬름 마이스터의 수업시대*Wilhelm Meisters Lehrjahre*』

괴테가 일반인들의 일상적인 삶에서 나타나는 생각과 행동 또는 이론과 실천 사이의 괴리, 다시 말해 일상적으로 이해되는 바와 같이 책을 읽거나 그 내용을 외우면 가능하다고 쉽게 믿어지는 지식 획득의 평이함과 그것을 실제적인 행동으로 옮기는 어려움 사이의 괴리를 몰랐을 리는 없을 것이다. 그렇다고 해서 '문학인' 괴테가 이론과 실천이라는 개념들 자체에 대한 깊은 탐구를 통해 왜 행동은 쉽고 생각은 어려운지 '철학적으로' 해명한 것은 아니다. 그의 일생의 고뇌가 어린 '생각'의 결정체인 『파우스트』는 그러한 문제에 대한 문학적인 — 철학적이 아닌 — 대大서사일 것이다. 그런데 바로 생각과 행동, 이론과 실천의 관계에 대한 철학적 성찰 및 구명은 오래전 고대 희랍인들의 지성을 통해 이루어졌다는 것이 지은이의 판단이다. 그 판단이 이 책을 저술하게 된 출발점이기도 하다.

이 책은 소크라테스에 의해 태동된 정치철학적 사유가 그의 동료들과 추종자들의 사유 및 행동을 통해 좀 더 포괄적이면서 구체적이고 역사적이며 실천적인 내용을 형성해가는 과정에 대한 지성사 및 철학사적 설명이다. 좀 더 구체적으로 그것은 소피스트들의 수사학에 영향을 받은 소크라테스의 추종자들이 바로 그 수사학을 한 차원 높게 발전시키면서 플라톤에 의한 정치철학의 완성을 가능하게 만든 지성사적 과업의 실체에 대한 구명 노력이다. 또한 그것은 일반적으로 사회적 실천의 귀착점으로 간주되는 정치적 행동이 희랍 지성사의 발전 과정에서 사상과 철학으로 승화되는 과정에 관한 서술이기도 하며, 이를 통해 생각과 행동 혹은 이론과 실천 관계의 본질이라는 거대한 철학적 쟁점의 해명에 기여하려는 목적도 있다. 그러한 해명을 통해 한국에서 민주화 이후 정치 영역뿐만 아니라 사회와 문화 등 국가 생활의 모든 실천적 영역에서 바로 국가 생활의 본령에 대한 깊은 식견이 없이 성숙하지 못한 이념이나 교과서적 지식의 적용을 정치적 실천으로 믿는 등, 보수와 진보라는 이름으로 벌어지는 '씩씩한' 행동들의 바탕에 있는 '씩씩하지 못한' 이론의 존재 혹은 정신적 및 지적 빈곤 상태, 다시 말해서 그러한 대립의 근원에 있는 역사의식의 빈곤을 포함하여 인간과 정치에 대한 성찰적 사유의 부재 등을 철저히 반성하면서 그 빈곤 상황의 실천적 극복을 위한 조그만 계기라도 마련되길 바랄 뿐이다. 리시아스와 안티스테네스는 바로 그러한 해명을 위해 필수적으로 논의할 대상이다.

앞에서 언급한 대로 리시아스와 안티스테네스는 소크라테스 추종자들 가운데 가장 나이가 많다고 볼 수 있다. 그의 추종자들은 대체로 두 부류로 나누어질 수 있다. 한편으로 소크라테스의 사상을 전파하는 교육 활동에 종사하거나 그의 사상의 한 측면을 세밀하게 발전시킨 '이론적' 혹은 '도덕적' 추종자들이 있다. 다른 한편으로 특히 그의 도덕 이념에 감화되어 그것을 정치에 구현하려 노력한 '실천적' 추종자들이 있다. 전자의 부류에 일반적으로 견유학파hoi Kynikoi; the Cynics의 시조로도 간주되는[5] 안티스테네스와 더불어, 키레네학파hoi Kyrēnaikoi; the Cyrenaics를 창설한 아리스티포스Aristippos(B.C. 436~B.C. 356 추정), 메가라학파hoi Megareoi; the Megarics의 에우클리데스Eukleidēs(B.C. 435~B.C. 365 추정)가 있다. 후자의 부류에 속하는 인물로는 대표적으로 리시아스, 이소크라테스Isokratēs(B.C. 436~B.C. 338), 크세노폰Xenophon (B.C. 430 추정~B.C. 354) 등과 더불어 30인의 참주정 쿠데타를 주도한 것으로 유명한 정치인들이자 플라톤의 친척들인 카르미데스Charmidēs와 크리티아스Kritias 등이 있다. 그런데 안티스테네스라는 이름은 일반인들에게도 어느 정도 알려져 있지만, 리시아스는 그 이름조차 생소할 수 있다. 희랍 정치사나 문화사를 전공하는 학자들에게 리시아스는 물론 연구의 대상이지만, 수사학의 역사 차원에서나 중요한 존재로 드러나 있지 철학사나 정치사상사 차원에서 중요하게 거론되는 인물은 분명히 아니다.[6] 그는 대체로 소크라테스의 추종자들 가운데 하나이자 당대 아테네에서는 분명히 문명文名을 떨친 유명한 지식인이고 고대 세계의 명연설가들 가운데 하나로 인정되지만, 안

---

5 안티스테네스를 견유학파의 시조로 해석하는 것은 서양 철학사 기술의 오랜 전통이다. 그것은 디오게네스 라에르티오스가 그와 같이 기술한 이후 볼테르Voltaire, 헤겔Hegel 등을 거쳐 19세기 말까지 지속되며, 그로우트George Grote의 『희랍 철학사』는 그 대표적인 예이다(Grote, 1865: 504~506 참조). 그런데 20세기 들어 그러한 해석은 도전을 받는데, 그 이유에 대해서는 철학사나 고전문헌학 차원에서 복잡한 논의가 필요하다. 다만 극히 소수의 학자들 사이에서지만 안티스테네스의 사상에 대한 새로운 관심이 일어나고 있는 것 같으며, 그 관심의 의미는 이 책의 논의 과정에서 언급될 것이다.

6 정치사상사 차원에서도 그의 존재는 거의 무시되고 있다. 이와 관련하여 희랍 정치사상사에 대한 대표적인 연구들 가운데 하나인 바커Earnest Barker의 *Greek Political Theory*(1918)도 리시아스라는 이름조차 언급하지 않고 있으며, 그 이후에 출간된 희랍 정치사상사 연구 저작들도 그러하다는 사실은 참고할 만하다.

티스테네스와는 달리 철학사에서 언급되는 이름은 아니다. 그 점은 희랍 고전 시대 철학에 대한 동시대의 마지막 세대 철학자에 의한 교과서적 집대성이라고 할 수 있는 아리스토텔레스의 『형이상학』에서 안티스테네스의 철학에 대한 언급은 있어도(1024b 23~33;, 1043b 23~33) 리시아스에 대해서는 이름조차 언급되어 있지 않은 사실을 통해서도 확인된다. 그는 또한 이 책에서도 부분적으로 논의되고 언급될 이소크라테스와 크세노폰과는 달리 정치사상사 연구의 대상이 된 경우도 거의 없다. 그 점은 그에 관한 기존의 연구들을 개관할 경우 분명해진다.

지은이의 조사로는 일단 리시아스의 사상에 대한 연구이든 개인적 전기 차원의 행적이나 역사적 행위에 관한 연구이든 또는 그가 남긴 문헌들에 대한 서지학적 연구이든 단행본 차원의 저술은 많지 않다. 오래전 독일에서 출간된 두 편의 박사학위 논문, 소수의 서지학적 저작, 그의 연설문들 일부에 대해 부분적인 주석이나 해설을 하는 저작, 또는 고대 수사학의 저술들을 정리하고 소개하는 저작의 일부로 리시아스가 등장하는 경우가 고작이다.[7] 리시아스에 대한 연구논문들 가운데 상당수는 1897년 이집트의 옥시린쿠스Oxyrhynchus에서 발굴된 리시아스의 파피루스를 해독解讀하거나 그의 연설문의 특정 어구나 문구에 대해 어학적으로 해석하는 짧은 메모 형식의 글들이며, 그 수가 그리 많지 않은 본격적인 연구논문들 대부분은 그의 연설문에 기술된 정치사적 사실에 대한 해석이나 그것들에 대한 문헌학적 혹은 전기적 연구에 치중되어 있다. 물론 각각의 논문은 나름대로 학술적 가치가 있으며, 이 책의 논의 과정에서도 당연히 인용

7 박사학위 논문으로는 Ferckel(1937)과 Schön(1918), 서지학적 저작으로는 Dover(1968)와 Grenfell et. al.(1919), 리시아스의 연설문 일부에 주석을 달고 해석하는 방식의 저술로는 Todd(2007)가 있으며, 저명한 연설가들 가운데 하나로 소개하는 저작으로는 Usher(1985)가 있다.

되고 참조되고 논급될 것이다.[8] 그러나 그의 연설문들 전체를 정치사상 텍스트로서 치밀하게 검토한 연구는 발견되지 않으며, 그의 행동과 사상을 정치사, 지성사, 정치사상사의 전반적인 관점에서 포괄적으로 기술하면서 그것이 정치철학의 발전 맥락에서 어떠한 의미가 있는가를 구명한 저작도 아직 없는 것 같다.[9]

물론 리시아스에 대한 그러한 차원의 연구가 부재함이 학문적 유감이라는 판단 자체가 의미가 있으려면 그가 지성사나 정치사상사의 발전 차원에서 중요하고 의미 있는 인물이라는 점이 전제되어야 한다. 그런데 그러한 중요성의 정도는 바로 그의 사상에 관한 연구를 통해 해명될 대상이지 처음부터 단정될 수는 없다. 이 문제와 관련하여 서양 고대사 학계에서 정치인 혹은 연설가 리시아스에 대해 일반적으로 내려지고 있는 두 가지 상반되는 평가를 소개할 필요가 있다. 그것은 베이트만John J. Bateman이라는 학자가 오래전 간단하게 집약한 것이다. 그것에 의하면 리시아스는 한편으로 "무분별한 기회주의자an unscrupulous opportunist"라는 평가와 ― 그의 법정 연설문들은 법적 정의에 기초한 일관성된 주장이 아니라 고객들의 정치적 목적이나 이해관계에 맞춘 "근본적으로 궤변적fundamentally sophistical"이라는 평가와 더불어 ― 다른 한편으로 "민주주의적 열정이 가득한 법과 질서에 대한 옹호자a zealously democratic

8 그것들 가운데 상당한 수준의 학문적 공헌이 평가될 수 있는 연구로는 Bateman(1958), Buccioni(2007), Herman(1993), Howland(2004), Wolport(1974) 등을 들 수 있다.

9 텍스트 전체를 치밀하게 검토한 연구의 부재는 안티스테네스도 마찬가지이다. 비록 그의 저술들 가운데 전해지는 것은 극히 일부에 불과하지만, 그것에 대해서도 부분적인 문구에 대한 해석이나 논평 수준에 그칠 뿐 텍스트 전체를 치밀하게 검토한 연구는 발견되지 않는다. 참고로, 한국에는 아직 리시아스의 저술들이 번역되어 있지 않으며 관련 연구논문도 발견되지 않는다. 일본이나 중국학계의 경우, 리시아스의 연구가 어떠한 상황에 있는지는 조사의 대상이다.

upholder of law and order"라는 평가가 있다는 것이다(Bateman, 1958: 276~277).

그의 저술들을 읽을 때 그러한 상반된 평가는 충분히 이해될 수 있다. 다만 지은이로서는 리시아스에 대한 그러한 상반된 평가의 존재는 그의 표면적인 정치적 행적을 정치나 민주주의에 대한 일상적인 관념에 의거해 이해한 데 기인한 것은 아닌지 의심한다. 즉 정치를 오직 권력 투쟁으로 간주하거나 민주주의를 오직 다수 시민의 의사에 의한 통치로 믿는 일상적인 관념이 그것이다. 물론 정치나 민주주의에 대한 그러한 관념이 전적으로 잘못된 것은 아니다. 하지만 '권력 투쟁'이나 '다수 시민의 의사에 대한 통치'라는 어구의 의미 자체가 자명하지도 않다는 사실, 더 나아가 민주주의나 법이나 질서 등의 개념은 정치철학에서 이른바 '영속적인 질문the perennial questions'의 대상으로서 그 실체가 결코 자명한 것이 아니라 끝없는 학문적 탐색과 구명의 대상이라는 사실이 강조될 필요가 있다. 특히 역사적 관점에서 중요한 것은 이 점이다. 서양 고대사 학자들뿐만 아니라 일반인들이 가지고 있는 민주주의나 법이나 질서에 관한 관념들이란 바로 호메로스 이후 소피스트들과 소크라테스 등을 거쳐 플라톤과 아리스토텔레스에 이르는 오랜 정신사 및 지성사의 발전 과정의 산물이며, 무엇보다 소크라테스에서 플라톤에 이르는 시기란 그러한 관념들이 정치精緻하고 엄밀한 개념으로 발전하는 단계로서 바로 서양의 역사에서 정치철학이 출현하는 상황이라는 것이다. 리시아스라는 지식인은 그러한 상황에서 사고하고 행동한 인물이자 그러한 지성사의 발전에 나름대로 참여하고 공헌한 인물이다. 따라서 그러한 지성사 발전의 산물들 가운데 하나인 정치나 민주주의의 특정한 관념에 근거하여 그의 행적을 가늠하는 것도 참고가 될 수는 있다. 그러나 그것만으로 그의 사상과 행동을 이해할 수 있다고 믿는 것은 열매만으로 나무의 실체 전부를 알 수 있다거나 나무의 가치 전부를 판단할 수 있다고 믿는 것과 비슷할 수 있다. 역사적 사실에 대한 판단이나 평가의 근거가 되는 이념이나 가치 자체가 어떠한 정신사적 혹은 지성사적 원천과 과정을 통해 유래했는지 탐구함이 없이 그것들의 일상적인 의미를 당연한 것으로 받아들일 때 역사적 평가의 이름으로 역사적 사실에 대한 비역사적 평가나 독단적 단정이 이루어질 수 있는 것이다.

리시아스에 대한 진정한 역사적 평가는 그가 당대의 민주정치는 물론 아테네라는 국가가 처한 현실적 상황 전반에 대해 어떻게 생각하고 판단하면서 행동했으며, 그러한 생각과 판단으로 구성된 국가 생활의 본질 및 민주정치의 실체에 대한 그의 이해가 어느 정도의 외적인 포괄성과 내적인 면밀함을 갖추면서 개념적 완성도에 이르렀는지 비판적으로 검토하는 데 있을 것이다. 앞으로 이 책의 본문을 통해 설명되겠지만, 아테네라는 국가의 쇠망 징후는 이미 B.C.5세기 말과 B.C.4세기 초에 뚜렷해지기 시작하며, 그 쇠망 징후에 대한 선견이나 여러 차원의 논의가 리시아스에게서 발견된다는 사실도 중요하다.

어쨌든 그러한 검토에는 그의 저술들에 관한 세밀한 문헌학적 탐구는 물론 그의 행동과 사상을 역사, 지성사, 정치사상사 전반의 맥락에서 포괄적으로 접근하는 연구가 필요하다. 이 책의 목적은 그와 같은 접근을 통해 바로 희랍 지성사 및 정치사상사에서 그가 갖는 의미를 설명하고 그 중요성을 새롭게 부각하는 데 있다. 이 책의 결론에 해당하는 그 중요성을 간단히 정리하면 다음과 같다. 리시아스는 직접적인 관찰과 행동을 통해 당대 민주정치의 현실에 드러나는 아테네의 여러 가지 국가적 문제점들을 체험한 인물이다. 이 책의 모두에서 화이트헤드와 함께 또 하나의 제사로 인용된 아리스토파네스는 그러한 체험을 문학적 풍자로 형상화했다면, 리시아스의 경우 그러한 체험은 법치주의[10]와 범희랍주의라는 관념의 형태로 승화되어 나타난다. 그러한 관념은 사유의 체계성과 엄밀히 추구한 개념과 구분되지만, 그와 비슷한 행동주의적 지식인들인 크세노폰과 이소크라테스와 데모스테네스 등을 통해 B.C.4세기 중반의 희랍 정치사상사 및 정치사의 전개에 깊은 영향을 끼쳤다. 그는 비록 사물을 개념적으로 인식하지 못하는 수사학적 사고의 한계를 벗어나지 못했지만, 인간성의 복잡하고 다양한 양상에 대한 그의 관찰과 기술은 이소크라테스와 크세노폰의 행동 및 사상을 통해 더욱 확대되고 심화했으며, 그러한 관찰과 기술은 인간과 정치에 대한 개념적 사유를 발전시킨 안티스테네스와 더불어 플라톤이 자신의 정치철학을 완성하는 과정에서 경험적 사유 내용을 풍성하게 하고 개념적 사고를 완성하는 데 큰 공헌을 했다. 비록 스스로가 그 지성사적 및 철학사적 의미를 탐구하지는 않았지만, 최근 안티스테네스 관련 1차 문헌들을 총정리하여 편집한 미국 학자의 다음 진술은 이 책의 기본 논거에 부합된다. "특히 그의 동시대인들과 비교할 때 플라톤이 수십년 동안의 거대하고 강력한 문필 활동을 통해 이룩한 철학이 아무리 위대하다고 해도 그 홀로 위대해진 것은 아니라는" 것이다(Prince, 2015: 2 참조).

리시아스의 그러한 지성사 및 정치사상사적 위치는 학계에서 거의 인식되지 않고 있다. 지은이의 조사로는 리시아스 연구자들 가운데 한 학자만이 리시아스와 더불어 그의 후배 격인 이소크라테스가 갖는 혁신적인 — 혁명적이 아니라면 — 위치를 나름대로 규정한 것으로 나타나 있다. 비록 희랍 지성사나 정치사상사 전반의 맥락이 아니라 수사학 역사의 맥락에서, 그리고 저서가 아닌 짧은 논문에서 간단한 해설의 형식이지만, 그

10 최근 정치학에서 민주주의에 대한 대안 모색의 차원에서 새로운 관심의 대상인 공화주의로도 규정될 수 있으나, 공화정이라는 용어가 역사적으로 희랍 세계의 후대인 로마의 '전유물'처럼 인정되는 관행을 존중하여 그 용어의 사용은 피하기로 한다.

의 해석은 이 책의 논의를 위한 의미 있는 출발점을 제공하므로 여기에 소개할 필요가 있다. 앞에서 언급된 베이트만이라는 학자의 다른 논문에 제시된 해석이 그것인데(Bateman, 1962: 158~159), 먼저 그 내용을 간추리면 다음과 같다.

베이트만은 먼저 아리스토텔레스의 『수사학*Rhētorikē*』(I-ii-2)에 제시된 연설문 형식의 논변to pithanon에 대한 설명 및 분류에 주목한다. 즉 다른 모든 학문이나 예술에서 설득이나 증명은 각각 그 고유의 주제에 국한되어 진행되지만, 수사학은 특정 주제에 국한되지 않고 모든 주제를 포괄한다는 것이다. 아리스토텔레스는 수사학의 논변을 다시 "비인위적인 atechnoi; inartistic 혹은 inartificial" 논변과 "인위적인entechnoi; artistic 혹은 artificial" 논변[11]으로 나누는데, 전자가 '인위적'으로 규정되는 이유는 논증pisteon의 수단으로 증인이나 고문拷問 등 '자연물'의 존재에 의존하는 데 비해, 후자는 인간들 스스로 창조한 논변에 의존하는 방식이기 때문이다. 그런데 리시아스 이전 소피스트들은—베이트만이 대표적으로 거명한 인물은 안티폰Antiphon과 안도키데스Andokides이다—바로 설득의 수단으

11 베이트만은 이 희랍어 형용사를 영어로 각각 'non-artistic'과 'artistic'으로 번역했는데(위의 글, 158), 그러한 번역은 이 문맥에서 아리스토텔레스가 전달하고자 하는 의미를 집약하기는 하지만 그것에 함축된 또 다른 의미를 표현하지는 못하므로 그 점을 지적할 필요가 있다. 위 문장 이하에서 진행되는 아리스토텔레스의 논의가 보여주듯이, 이 문맥에서 두 가지 설득 방법의 차이는 설득을 위한 증명을 증인의 채택이나 고문拷問 등 이미 객관적으로 존재하는 것에 의존하는지, 아니면 인간 스스로 만들어낸 논리 체계에 의존하는지의 차이이며, 그러한 차이를 '인위적'과 '비인위적'으로 구분해 표현한 것이다. 그런데 그러한 구분은 동시에 '우악스러운 방식'의 설득이냐 '치밀하게 논거를 제시하는 방식'의 설득이냐의 차이에 있으므로, 전자에는 '비전문적non-professional 혹은 non-technical' 방식이라는 의미가, 후자에는 '전문적professional 혹은 technical'인 방식이라는 의미가 포함되어 있다는 것이다. 그 형용사들이 파생한 희랍어 명사 'technē'는 근본적으로 장인정신이나 프로의식을 요구하는 전문적인 기술, 예술, 지식의 영역을 지칭한다.

로 '비非인위적 논변'의 방식에 의존했는데, 이들과 비교되어 리시아스에 이르러 '인위적 논증'의 방식이 처음으로 등장했다는 것이다. 다시 말해서 안티폰이 사망한 B.C. 411년과 리시아스의 〈에라토스테네스에 대한 반론〉이 이루어진 B.C. 403년 — 그리고 이소크라테스의 〈칼리마코스에 대한 반론〉이 이루어진 B.C. 402년 — 사이에 수사학 역사에 의미 있는 전환shift이 일어났다는 것이다.

그러한 전환은 분명히 의미가 있는 사건이다. 그러나 그것은 베이트만의 이해처럼 단순히 수사학적 기법상의 변화만을 의미하는 것이 아니다. 그러한 전환과 함께 수사학이 단순히 소피스트들이나 현실 정치인들의 세속적 목적에 응용되는 '말 잘하기' 수단으로 그치는 것이 아니라 언어를 매개로 드러나는 현실에 대한 검토와 비판을 통해 현실을 이해하면서 새로운 현실을 추구하는 언어 행위가 시작되고 있음을 의미하는 것이다. 그것은 다른 학문이나 예술과는 달리 어쨌든 모든 주제에 관해 그리고 사물 전체에 관해 나름대로 고찰하고 판단하고 평가하는 논변을 제시하는 수사학이 이제 기존의 현실을 당연한 것으로 받아들이거나 객관적인 대상이나 정황에 예속되어 그것들에 수동적으로 적응하는 차원의 사고에서 벗어나기 시작함을 의미하며, 수사학의 그러한 변화와 함께 현실 전체에 대한 이해 및 비판과 더불어 그것의 변화를 추구하는 사고가 이루어지기 시작하는 지성사적 변화가 이루어지고 있음을 의미하는 것이다. 수사학과 마찬가지로 정치철학이란 본래 특정한 고유의 연구 대상이 별도로 존재하는 지식 영역이 아니며, 정치철학의 그러한 학문적 성격은 수사학적 사고의 그러한 발전 단계를 통해서만 그 실체가 설명될 수 있다. 리시아스와 이소크라테스를 통해 이루어진 수사학의 변혁이 정치철학의 등장을 본격적으로 예고하고 있는 것이다. 물론 리시아스를 통해 그러한 성찰적 사고가 어느 수준에서 이루어졌으며, 그것이 안티스테네스 나름대로의 개념적 사고와 결합하여 정치철학의 발전에 어느 정도 공헌한 것인지는 바로 이 책 전체의 논의를 통해 해명될 대상이다. 어쨌든 이 문맥에서 리시아스, 이소크라테스, 안티스테네스 모두가 한때는 소피스트이자 수사학의 대가인 고르기아스Gorgias(B.C.485~B.C.380 추정)의 추종자였다는 사실은 주목할 만하다.

그런데 소크라테스의 두 추종자인 리시아스와 안티스테네스의 행동 및 사유와 관련된 지성사, 사상사, 철학사의 의미는 고대 정치철학의 등장에 대한 이해 차원을 떠나 현대 철학의 주요 쟁점들 가운데 하나를 바로 그 철학사적 근원에서 이해하는 데 필수적이라는 점이 중요하다. 그 이유는 일단 앞에서 언급한 대로 한편으로 두 지식인 모두 젊은 시절 행동이나 실천을 전제로 하는 수사학 훈련을 받은 사람들이며, 다른 한편으로 전자가 '행동하는 지식인'의 범주에 속한다면 후자는 일반적으로 철학자로 규정되듯이 '사변적인 지식인'의 범주에 속하기 때문이다. 그런데 그러한 구분 자체의 의미가 무엇인지, 더 나아가 그것이 두 지식인에 대한 이해에 진정으로 의미가 있는지를 알려면 바로 '행동과 사변'의 관계가 무엇인지에 대한 이해가 필요하다. 그것은 현대 철학에서 실제로 '이론과 실천'이라는 대립논제antithesis을 중심으로 이루어지는 사회과학의 근원과 관련된 쟁점이다.

그런데 현대 철학에서 이루어진 이론과 실천 대립논제에 대한 논의가 그것의 철학사적 기원에 대한 충분한 검토를 통해 이루어졌는지 지은이 개인적으로는 학문적 의문의 대상이다. 즉 그 대립논제의 기원은 바로 고대 정치철학의 태동 및 형성 과정인데, 현대 철학이 그 태동 및 형성 과정에 관해 언급이나 논의는 하고 있지만 과연 세밀하고 깊은 검토를 했는지가 의문이라는 것이다. 미리 언급하자면, 플라톤 정치철학의 등장은 소크라테스 이전 자연철학자들의 사색이나 소피스트들의 실용적 행동들과 더불어 소크라테스에서 리시아스 등 그의 추종자들의 사상과 행동으로 이어지는 지극히 복잡한 지성사, 사상사, 철학사의 변화·발전의 결과로서, 바로 이론과 실천을 종합하려는 시도라고 할 수 있다. 그리고 소크라테스 이후 전개되는 그러한 시도의 초기 단계에 리시아스와 안티스테네스라는 두 지식인이 있다. 다시 말해 '이론과 실천' 관계의 실체가 무엇인지에 대한 이해는 그러한 변화 · 발전의 과정 및 두 지식인의 행동 및 사유에 관한 세밀하고 깊은 탐구를 떠나 이루어질 수 없다는 것이다. 다음 2장은 왜 그러한지에 대한 설명이다.

Λυσιας και Αντισθενης

2

이론과 실천이라는 대립논제의 현대적 쟁점과 고대적 원형

이론과 실천이라는 대립논제는 그 의미의 세계가 지극히 포괄적이고 적용의 범위가 지극히 광범위하다. 그것은 인위nomos와 자연physis, 주체와 객체, 인식과 실천, 이성과 감성, 사상과 행동, 계산과 정감, 이상과 현실, 이념과 실천, 이론과 현실, 도덕과 정치 등 여러 다른 형태의 대립논제들로 표현되며, 때에 따라서는 '순수문학-참여문학'의 논쟁이나 '현실 초월적인 지식인-행동하는 지식인'의 문제 등 철학사, 지성사, 정치사상사, 문학사에 등장한 쟁점들 전부를 함축하고 있는 거대한 논제이기도 하다. 소크라테스라는 혁명적인 지식인의 등장과 더불어 리시아스와 안티스테네스 등을 포함한 그의 추종자들을 등장시킨 사회사, 정치사, 지성사, 정치사상사, 철학사의 복합적인 흐름도 이 대립논제의 관점에서 접근될 수 있음은 당연하다. 여기서 현대 서구의 사회과학이나 사회철학 혹은 정치철학이 이론과 실천의 문제에 대해 스스로의 지성사나 철학사의 근원에서부터 제대로 접근하고 있는지 의문을 제기할 필요가 있다.

이 문제에 대한 자세한 검토는 물론 지극히 방대한 논의를 필요로 하지만, 개괄적으로라도 그것의 핵심적인 쟁점에 대해 검토해보는 것은 리시아스와 안티스테네스의 지성사나 정치사상사에서의 위치나 의미를 파악함에 필수적이다. 그러한 관점에서 하버마스Jürgen Habermas와 칸트와 아렌트Hannah Arendt의 이름이 논의의 중심으로 등장할 필요가 있다. 하버마스가 현대 사회철학 및 사회과학의 맥락에서 제기되는 이론과 실천의 대립논제를 나름대로 개념사 차원에서 접근하면서 무엇보다 그 대립논제의 존재 자체를 학문적으로 새롭게 환기하는 데 결정적으로 공헌한 학자라면, 칸트라는 거대한 세계는 하버마스에 대한 논급의 맥락에서 간단하게라도 반드시 언급되어야 한다. 또한 아렌트는 전체주의 등 현대 정치 현상의 근원을 탐색하는 과정에서 바로 소크라테스 이후 전개된 희랍 지성사의 흐름에 대한 그 나름의 재해석을 통해 희랍 세계의 실천 이념을 부활시키는 데 이바지한 학자라고 할 수 있다.

1. 하버마스에서 이론과 실천의 문제와 희랍 정치철학

앞에서 언급된 바와 같이 하버마스는 현대 사회철학에서 이론과 실천의 대립논제를 최초로 체계적으로 탐색한 학자라고 볼 수 있다. 먼저 그의 방대한 저술들 가운데 직접 이론과 실천을 제목으로 한 저작인 『이론과 실천*Theorie und Praxis*』(Habermas, 1973)에 대해 논급할 필요가 있다.[1] 그 책의 목적은 기본적으로 이론과 실천은 상호결정적이며, 이론과 실천의 개념사적 발전 과정이란 바로 그러한 상호결정성의 의미를 여러 차원에서 확인하면서 총체적으로 파악하는 과정이라는 점을 설명하려는 것이다. 즉 현대인들의 정신을 지배하는 이론과 실천 분리의 관념은 그 자체가 당연한 것이 아니며, 현대의 실증주의적 또는 과학주의적 사회과학의

1 독일어 초판은 1963년에 출간되었다. 이 책은 그의 소통 이념이 착안된 교수자격 논문 『공론장의 구조 변동*Strukturwandel der Oeffentlichkeit*』(Habermas, 1993; 독일어 초판은 1962년 출간)과 더불어 그와 같이 착안된 이념이 뒤에 가서 '소통행위론Theorie des kommunikativen Handelns'과 '담론 윤리Diskurs Ethik'로 발전되기 이전의 중간 단계에 해당하는 여러 연구들 가운데 하나이다. 그것은 후자의 이론화를 향한 그의 사유 발전 과정에서 합리성Rationalität, 인식Erkenntnis과 관심Interesse, 후기 자본주의 사회 및 국가의 문제들을 설명하기 위한 기술관료 체제 등의 개념들에 대한 명료화 및 체계화를 추구하는 작업에 해당한다.

산물일 뿐이라는 것이다. 하버마스는 그러한 진단을 합리성, 사회과학의 이념, 기술technology 등의 문제들과 상호 연관시켜 서구의 후기 자본주의 사회 전반을 비판한 것이며, 그러한 비판의 맥락에서 이론과 실천 또는 사실과 규범의 분리라는 관념이 나타나게 된 서양 사상사의 흐름에 관해 설명하고 서술하게 된 것이다. 그러한 노력의 결과가 그의 방대한 저술들이라고 할 것인데, 여기서 먼저 그러한 비판의 주요 근거로 제시한 이론과 실천 대립논제의 역사에 대한 하버마스 자신의 기술을 간단하게나마 정리할 필요가 있다.

고대 희랍 철학에서는 이론과 실천이 사변적 삶과 정치적 삶 사이의 차이로 부각되었으며, 그러한 관점은 아리스토텔레스의 '정치적 동물zōon politikon' 개념에 집약되어 있다. 그것은 중세에 이르러 아퀴나스의 철학을 통해 '사회적 동물animal sociale'의 개념으로 변환 및 확대되었으며, 그에 따라 국가 중심의 정치철학은 신이 만든 피조물의 세계 전체를 총괄하는 사회철학으로 전환되고, 그러한 중세적 세계관의 바탕에서 근대적 자연법 및 자연권 이념도 출현하게 된다. 근대적 이론과 실천 관념은 그러한 자연법 및 자연권 이념과 긴밀히 결합해 있다. 즉 국가의 발생 이전에 개인의 생산 및 교환 활동이라는 실천이 존재하며, 이론이란 자연현상과 같은 객관적인 대상에 관한 기술이나 설명 또는 사회적 현실의 기원을 밝히거나 그것을 윤리적으로 정당화하는 기능으로 파악된다. 이에 따라 이론은 고대 희랍에서 'theōria'의 경우와는 달리 그 자체가 더는 독립적이고 초월적인 활동이 아니게 되었으며, 특히 홉스를 통해 본격적으로 전개된 근대적 자연권 이념의 정교화 과정은 이론과 실천의 분리를 더욱 촉진하게 된다. 즉 자연권 이념을 실현하기 위한 행동 방안이 무엇이고 그 행동 주체가 누구인가의 문제를 이론적으로 종합하지 못한 상태에 머물렀다는 것이다. 다시 말해서 고대 정치철학에서 실천성의 핵심인 '예지叡智' 개념이 근대의 자연권 이념에서 사라지면서 이론과 실천의 분리 상태가 나타나게 되었으며,[2] 그와 같은 분리는 현대 과학주의에 이어진다는 것이다.

미국의 독립전쟁과 프랑스 혁명이라는 사건은 근대적 자연권 이념을 실천하는 주체로서 시민 또는 인민의 존재가 역사적으로 부각되는 계기를 만들었다. 그런데 그와 같은 역사적 사건이 일어나기 오래전에 근대적 자연권 이념에 내재한 수동적이고 개인적이고 추상적인 이성 개념에 대한 비판은 비코Vico를 통해 제기되었으며, 그의 역사주의는 헤겔을 거쳐 마르크스를 통해 역사적 유물론에 기초한 이론과 실천의 변증법적 통일로 나타나게 되었다. 그것이 바로 마르크스적 실천인 비판Kritik '행위' 또는 비판적 판단das kritische Urteil '행위'의 핵심이다. 즉 역사적으로 결정된 현실을 부분적으로 또는 편파적으로 설명하는 이론들인 이데올로기들의 현실적 근거를 드러냄으로써 그러한 현실의 역사적 한계를 총체적으로 극복하는 역사적 '실천'을 추구한다는 것이다. 그러한 실천 이념은 비록 보편적인 자연법이나 합리성의 이념에 기초한 사회적 변혁의 가능성을 해체한 결함은 있으나, 현대 자본주의 사회를 지배하는 기술주의와 과학주의의 한계 및 그 이데올로기적 성격을 밝히면서 인류 보편의 이상으로 아직도 유효한 소위 '계몽의 기획das Projekt der Aufklärung'이라는 인간 해방을 추구할 수 있는 학문적 근거로서는 타당하다는 것이다.

하버마스가 보기에 현대의 실증주의적 또는 과학주의적 사회과학을 지배하는 주요 관념들 가운데 하나는 이론과 실천을 별개의 영역으로 간주

---

2 이 맥락에서 하버마스는 스트라우스Leo Strauss의 『자연권과 역사*Natural Rights and History*』(1953)에 의존하여 고대 철학의 예지 개념을 소개하고 있다. 여기서 예지로 번역한 하버마스의 어휘는 'Klugheit'인데(Habermas, 1993: 130), 그것은 희랍어 'phronesis'의 독일어 번역어라고 할 것이다. 이 어휘의 라틴어 번역어가 영어 'prudence'의 어원인 'prudentia'로서, 『이론과 실천』의 영어판 번역자인 비어텔John Viertel도 그것을 'prudence'로 번역했다(Habermas, 1973: 124).

하는 믿음이다. 현대 사회과학을 지배하는 그러한 믿음은 한편으로 자본주의적 생산의 효율적 촉진을 위한 기술적technologisch 관심이나 그러한 기술적 관심의 실현을 사회 및 국가 운영을 목적 자체나 합리성 자체 또는 인간적 관심의 전부로 믿는 정신적 분위기를 창출한다. 다른 한편으로 그것은 윤리적 실천의 문제나 인간 해방과 같은 삶의 본원적인 관심사를 사회과학 영역 밖으로 배제한다. 그 결과 그와 같은 사회과학은 후기 자본주의 체제에 대한 잘못된 정당화나 현실 왜곡의 허위의식 창출 등 과학의 이름으로 이데올로기의 기능을 수행할 수밖에 없다는 것이다. 하버마스는 18세기의 계몽주의적 이상과 마르크스주의를 결합하여 '비판적 사회과학kritische Soziologie'이라는 새로운 사회과학을 확립함으로써 현대 사회과학의 그러한 성격을 극복하고자 일생을 노력했다. 그가 믿기에 계몽주의는 인간 해방의 역사적 과업을 제시한 것으로 그 규범적 타당성이 아직도 유효하며, 철학과 과학을 종합하는 이념으로서 비판Kritik 개념을 기초로 이론과 실천을 종합하는 사적 유물론을 본질적 요소로 하는 마르크스주의의 학문적 타당성 또한 현재도 유효하기 때문이었다. 하버마스에게 마르크스의 사적 유물론이란 이론 자체의 생성과 현실 적용을 바로 사회의 진화라는 역사적이고 총체적인 실천 맥락에서 파악하는 이론이다.

이상과 같이 정리된 하버마스의 이론과 실천의 종합 시도가 서양 철학사의 흐름, 나아가 인류 지성사의 흐름 전반에 대한 얼마나 깊고 엄밀하고 폭넓은 이해에 기초하고 있는지는 물론 철저한 검토의 대상이다. 이 점은 특히 그의 저작 『이론과 실천』을 통해 서양 철학사의 발전 맥락에서 제시한 이론과 실천 개념의 변천에 대한 그의 서술 및 논의와도 직접 연관된다. 아울러 그가 구현하려는 인간 해방의 상황이 구체적으로 무엇이며, 그 해방의 근거와 관련하여—그것이 과연 진정한 의미에서 인간적 이상인지 또는 인간 세계에서 진정으로 실현 가능한지 등에 대해서—그가 과연 인간성 자체에 대해 얼마나 깊은 탐색을 했고, 그와 관련된 철학적 저작들에 대해 얼마나 치밀하고 상세한 해석학적 연구를 수행했는지의 문제 등에 대한 철저한 논의 또한 하버마스뿐만 아니라 20세기 서양 철학의 한계에 대한 비판적 극복 차원에서도 필요할 것이다.

동양 철학사에서 이론과 실천 개념의 발전 문제는 논외로 하더라도, 서양 철학사에 등장한 이론과 실천 대립논제의 변화 및 발전 문제는 당연히 그 자체만으로도 지극히 거대한 주제이다. 아울러 하버마스의 논의 또한 그러한 개념사적 흐름 전체에 대한 그 나름의 통찰과 더불어 방대한 내용을 함축하고 있으므로 그것에 대한 검토 또한 방대한 규모의 연구를 요구한다. 다만 지은이 개인적으로는 일단 그의 논의 내용 전체는 문헌학적으로 치밀한 논증이나 해석학적으로 엄밀한 논구에 근거한 작업으로 볼 수 없다는 점을 지적하고자 한다.[3] 후자의 문제와 관련하여 특히 주목할 점은 그는 이론과 실천이라는 말 자체의 의미가 마치 자명한 것처럼 그 어

3 개념사적 서술의 근본적인 내용이나 흐름 면에서 하버마스의 서술과 상충하는 것은 아니지만, 서양 철학사 전체의 맥락에서 이론과 실천의 개념사적 발전에 대한 좀 더 치밀하고 상세한 서술로는 니콜라스 로브코비츠Nicholas Lobkowicz(1967)의 저작을 참고할 만하다. 지은이가 보기에 하버마스는 적어도 1971년에 출간된 『이론과 실천』 4판 서문에서는 로브코비치의 위 저작을 참고하거나 그것과 자신의 저작의 관계에 대해서 간단하게라도 언급함이 학문적 성실성이자 의무라고 할 수 있는데, 그러지 않았음은 유감스러운 대목이다. 다만 로브코비츠의 저작은 마르크스의 사적 유물론과 관련된 이론과 실천의 문제에 관한 서술로 그의 개념사 연구를 끝맺음함에 따라 하이데거의 결단Entscheidung 개념 등과 관련된 20세기 실존철학이나 과학주의에서의 이론과 실천 문제를 논의하지 못한 서술상의 한계가 있다. 이에 비해 하버마스는 개괄적으로나마 후자의 문제를 '결정주의Dezisionismus' 개념이나 위에서 언급된 기술합리성 등의 개념을 중심으로 논급하고 있는데, 그 점은 로브코비츠의 연구를 보완하는 점이라고 말할 수 있다. 하버마스는 인문·사회과학 전체를 관통하는 해박한 지식과 더불어 나름의 지적 통찰력을 갖춘 탁월한 지식인임은 분명하다. 하지만 그는 진정한 의미에서 철학자가 되기에는 자신의 철학적 견해를 치밀한 논증 없이 일방적으로 제시하는 경향이 너무 강하고, 글쓰기 방식에도 엄밀성이 부족한 학자로 지은이는 평가한다.

휘의 의미론적 분석이나 그 개념 자체에 대한 세밀한 분석 없이 자신의 개념사적 논의를 진행하고 있다는 점이다.

그런데 그와 같은 분석은 '계몽의 기획'이라는 자신이 표명한 이상의 철학사적 원천인 칸트를 통해 이미 오래전에 시도되었고, 그러한 시도의 결과는 하버마스가 이론과 실천 문제에 대해 결론 차원에서 제시한 진술을 이미 예고하고 있으므로 더욱 주목할 필요가 있다. 다시 말해 그가 자신의 철학적 사유의 원천으로 신봉한 칸트를 좀 더 치밀하게 읽었더라면 그의 논의 내용 전체가 처음부터 다른 방식으로 전개되었을 것이라는 점이 지적될 필요가 있다는 것이다. 여기서 이론과 실천 문제의 실체에 대해 논의한 칸트의 저술인 「이론적으로는 옳을지 몰라도 실천에는 쓸모없다는 속설에 관하여Ueber den Gemeinspruch: Das Mag in der Theorie Richtig sein, Taugt aber nicht für die Praxis」라는 논문의 도입부 첫 문단과 두 번째 문단의 일부를 인용할 필요가 있다.[4]

> "실천에 관한 규칙들이 일반적 원리의 차원에서 생각되고 실천에 필연적으로 영향을 미치는 여러 가지 조건들Bedingungen로부터 유리되어abstrahiert 있는 경우 그러한 규칙들을 포섭하는 총괄 개념Inbegriff을 이론이라고 하며, 역으로 사물에 대한 다루기Hantierung 모두가 아니라 나름대로 일반적인 언어로 표상된 행위 절차Verfahren의 원리가 무엇인가에 대한 생각을 기초로 이루어진 목적의 성취만을 실천이라고 한다.
>
> 이론이 아무리 완전하다고 해도 이론과 실천을 결합하거나 이론이 실천으로 이행하기 위해서는 매개물Mittelglied이 요구된다는 점은 명약관화하

4 지은이의 번역으로서, 칸트의 난해한 독일어 문장의 의미가 우리말로 이해될 수 있도록 어느 정도 의역을 했다.

> 다. 실천에 관한 규칙들에 포함된 이해 개념Verstandesbegriffe에는 어떤 것이 그것들에 해당하는 경우인지 아닌지 실천가가 구분할 수 있게 해주는 판단력의 행위ein Aktus des Urteilskraft가 부가되어야 하기 때문이다. 그리고 판단력이란 스스로 포섭하여 처리하는 행위에서 의거해야 할 규칙들이 언제나 계속해서 주어질 수는 없는 것이므로(그것은 끝없는 과정이기 때문에)[5], 바로 판단력이 없어서 살아가는 동안 결코 실천가가 될 수 없는 이론가들이 있을 수 있다. 예를 들어 학파는 훌륭하게 형성했지만 진단Consilium을 내릴 때는 어떻게 행동할지 모르는 의사나 법학자들이 있는 것이다(Kant, 1982: 127).

위의 「속설에 관하여」는 비판철학의 이른바 삼대 저작을 완성한 후인 1893년 노년의 칸트가 발표한 저술이다. 그것은 본디 자신의 윤리학이 지나치게 이론적이어서 현실성이 없다는 법학자 가르베Christian Garbe의 주장을 논박하기 위한 목적으로 작성되었지만, 그러한 목적을 넘어 홉스Thomas Hobbes의 정치사상과 멘델스존Moses Mendelssohn의 국제법 이론의 비판 등 도덕과 정치에서 이론과 실천 문제 전반에 대해 논의한 저술이다. 그 논의의 바탕에는 일반인들에게 실천과는 전혀 관계가 없어 보이는 자신의 순수한 이론 작업이 갖는 실천성을 밝히려는 의도가 있지만, 그러한 의도를 넘어 형이상학의 본질 문제를 포함하여 그의 순수이성과 실천이성과 판단력의 개념 등 칸트 철학 전체와도 연관된다. 그와 같은

---

5 그 의미가 대체로 이해될 수는 있지만, 일반 독자들을 위해 이 대목을 부연 설명하면 다음과 같다. 실천을 위한 판단력은 실천의 대상에 대해 개별성이 아니라 일반성 차원에서 파악하도록 해주는 일반적인 규칙을 떠나서는 행사될 수 없는데, 그러한 일반적인 규칙의 파악이나 이해는 또다시 새로운 일반적인 규칙을 요구하므로 언제나 사용이 준비되어 고정된 형태로 주어진 일반적인 규칙이란 존재할 수 없다는 것이다.

방대한 주제에 대한 자세한 논의 또한 이 책의 범위를 벗어나므로, 여기서는 일단 이론과 실천 각 개념의 실체와 관련된 칸트의 진술 및 둘의 결합이 결국은 판단력의 문제로 귀착한다는 그의 결론에 초점을 맞출 필요가 있다.

칸트의 위의 진술에서 주목할 점은 이론이란 결코 명제 형태의 문장이나 수학 공식 혹은 정리定理 자체는 아니라는 점이다. 그러한 명제나 공식 등은 그것을 구성하는 개념들을 전제로 하며, 그러한 개념들 자체에 이미 그 의미를 구성하는 현실의 여러 "조건들"이 전제되어 있다는 것이다. 그리고 실천이란 단순히 "다루기", 즉 사물에 가해지는 행동 자체가 아니다. 그것에는 행동의 절차와 관련된 보편적인 규칙이라는 이론들의 존재와 더불어 행동의 목적과 관련된 이론도 전제되어 있다. 그리고 이론과 실천의 매개 또한 이론을 현실에 일방적으로 적용하는 형태로 이루어지는 것이 아니며, 적용의 순간마다 실천의 절차와 관련된 이론들이 현실의 어떠한 요소들과 상응하는지에 대한 판단을 요구하는 것이다. 그렇다면 결국 이론과 실천 각각의 근원이자 둘을 매개하는 데 필수적인 판단력의 실체는 무엇이고 어떻게 형성되는가의 문제가 즉각 제기될 수밖에 없다.

그런데 칸트의 이론과 실천 개념에 내재한 그러한 문제는 하버마스 스스로가 『이론과 실천』 결론 부분의 마지막 두 문단에서 새로운 연구를 위한 문제 제기의 형태로 논급하고 있다는 사실을 주목할 필요가 있다.[6] 그 이유는 두 가지다. 하버마스가 철학사의 흐름에 대해 깊이 천착했다면 이미 본문의 논의를 통해 깊이 검토되고 해명되었을 주제들이 결론 부분에

---

6 "독단, 이성, 그리고 결정: 과학문명 시대의 이론과 실천에 대하여Dogmatismus, Vernunft und Entscheidung: Zu Theorie und Praxis in der verwissenschaftlichen Zivilisation" 라는 제목의 장으로서, 영역본(Habermas, 1973)의 7장, 1971년 출간된 독일어본 4판(1971)의 8장에 해당한다.

서 마치 새로운 문제를 제기하는 외양으로 제시되고 있다는 점이 그 하나이다. 다른 하나는 그러한 논급이 그가 『이론과 실천』의 출간 이후 본격적으로 구상하고 발전시킨 소통행위 이론을 예고한다는 점에서 하버마스라는 한 학자의 지적 발전을 이해하기 위한 요체로 볼 수 있다는 것이다.[7] 그리고 이 두 가지 점은 이 책의 주제와도 연관된다는 것이 중요하다. 그의 소통행위 이론 및 그것의 기반을 이루는 이성 및 합리성 개념에 대한 근원적이면서 비판적인 이해는 칸트의 판단력 개념에 대한 깊은 검토를 통해 밝혀질 수 있는 성격의 문제인데, 그 문제는 칸트를 넘어 이미 오래전 고대 희랍 철학을 통해 이미 광범위하게 논의되고 검토되었기 때문이다. 이 점을 좀 더 자세하게 설명할 필요가 있다.

이론과 실천을 매개하는 판단력 문제는 이미 아리스토텔레스가 『니코마코스 윤리학』에서 아레테의 한 요소인 '예지(叡智; phronēsis)' 개념을 통해 체계적으로 정리한 주제이고,[8] 아리스토텔레스 이전에 소크라테스와 플라톤이 앎sophia이라는 포괄적인 개념을 통해 철학적으로 천착한 바 있다. 하버마스가 의식했든 의식하지 못했든 궁극적으로 플라톤에 의해 완성된 고대적 변증법은 그 문제에 대한 가장 포괄적인 해명이다. 따라서 하버마스가 이론과 실천의 문제를 그 근원에서 파악하려 했다면 소크라테스의 대화 이념에서 플라톤의 변증법이 탄생하는 지성사의 발전 과정을 철저히 탐색하고 깊이 검토하는 작업을 필수적으로 수행해야 했다는 것이다. 그런데 하버마스가 『이론과 실천』에서 고대 정치철학의 실천 개념에 할애한 부분은 두 쪽에 지나지 않으며, 그나마 그 간단한 논의는 아리스토텔레스의 『정치학』에 제시된 정치철학 이념에 대한 교과서적 이해

7 그러한 작업은 1981년 출간된 그의 『의사소통행위 이론*Theorie des Kommunikativen Handelns*』을 통해 구체적으로 나타난다.

8 특히 II-vi 및 VI-v 참조.

에 전적으로 의존하고 있다.[9] 고대 정치학이란 윤리학이라는 실천철학의 한 부분인데, 그 실천 개념의 핵심은 엄밀한 지식과는 분리되는 "예지"이며, 인간의 생산 활동을 지칭하는 기예technē와는 분리되어 있고, 국가 질서를 통해서만 "좋은 삶euzein"이 완성된다는 논리에 있다는 진술이 그것이다.

더 나아가 하버마스는 그와 같은 고대 정치철학의 실천 이념은 근대의 칸트 윤리학에 대표되듯이 국가라는 외적 질서와 대립하는 인간의 내적 자유의 이념이나 법과 분리되는 도덕 이념을 통해 부정된다고 해석하면서, 그것을 대체하는 실천 이념을 제시한다. 즉 고대의 실천 이념은 국가 생활에의 참여에 국한되기 때문에, 국가라는 권력 질서를 넘어 인간의 총체적인 삶인 사회 질서를 탐구하는 사회철학의 실천 개념으로 대체되어야 한다는 것이다. 윤리학 이념 차원에서는 칸트에 의존하고 사회철학의 이념 차원에서는 마르크스에 의존하고 있는 하버마스의 철학적 입장은 『사실성과 타당성』 서문의 다음과 같은 문구에 집약되어 있다.

> 이성에 대한 비판은 이성 자신의 작업이다. 칸트에게서의 이러한 이중적 의미는 언어적으로 구조화된 삶의 형식을 통해서만 현존할 수 있는 우리에게는 의탁할 만한 더 높은 것 또는 더 깊은 것이 없다는 철저한 반反플라톤적 통찰에서 비롯된다(Habermas, 1992: 11).

하버마스의 그러한 해석 및 주장과 관련하여 다음과 같은 의문들이 제기될 수 있다. 스스로에 대한 비판을 바로 자신 속에 내포한다는 이성 개념의 이중성이 과연 칸트 고유의 것인지, 그리고 "언어적으로 구조화된

---

9 Habermas, 1993: 48~49; 1973: 41~42 참조.

삶의 형식sprachlich strukrierten Lebensform" 밖에서 인간은 살 수 없으므로 인간이 의탁할appellieren 초월적인 실재는 존재할 수 없다는 논리가 성립하는지가 그것이다. 특히 후자의 의문과 관련하여 초월적인 실재의 존재를 주장한 플라톤은 이성의 본원적 이중성을 파악하지 못했거나 인간이 언어적으로 구조화된 삶을 산다는 사실을 인식하지 못했기 때문에 그러한 주장을 제기한 것인지 등의 의문들도 함께 제기된다. 그러한 의문들의 의미를 좀 더 명확하게 하기 위해서는 그가 『이론과 실천』의 결론 부분에서 제기했던 핵심적인 주장이 어떻게 소통행위 이론으로 발전되었는지 그 발전 구조의 핵심적인 내용을 정리할 필요가 있다.[10]

모든 합리적인 토론 과정에는 인간을 성숙함Mündigkeit에 이르게 하는 성찰 능력의 발전이 어떻게 이루어질지에 대한 관심이 언제나 따르기 마련인데, 그러한 관심에서 벗어나지 않는 이성Vernunft만이 물질적 관계에서 벗어날 수 있는 초월적인 힘을 얻을 수 있다. 그러한 이성만이 학문이 생산력과 밀착된 결과 기술적 관심사만이 인간의 정신세계를 지배하면서 사회 전체에 대한 통찰력 있는 비판을 막고 있는 산업사회 지배 체제의 실체가 무엇인지 성찰할 수 있게 할 수 있으며, 그러한 이성만이 기술적 합리성에 내재한 비합리적 판단 기준 때문에 언어에 기초한 변증법적인 합리성이 희생되는 것을 막으면서 성숙한 인간들 사이의 진정한 대화가 이루어질 수 있게 한다는 것이다. 그리고 그것만이 기술적 과학과 문명에 의해 사회가 한편으로 "사회공학자Sozialingenieure"와 다른 한편으로 그 사회공학의 적용 대상일 뿐인 "폐쇄적 기관의 수인囚人; Insassen geschlossener Anstalten"이라는 두 계급으로 나누어진 상황을 극복할 수 있다는 것이며, 아울러 그러한 극복을 통해 이론과 실천 혹은 이성과 결단Entscheidung이

10 Habermas, 1973: 281~282 및 1971: 332~334 참조.

이분법적으로 나누어진 정신적 상황도 극복되어 과거의 위대한 철학적 전통에서처럼 둘이 새롭게 통합될 수 있다는 것이다.

그와 같은 이성의 실체 및 그 사회적 작동 상태와 관련하여 베버Max Weber, 뒤르카임Emile Durkheim, 미드George H. Mead 등의 사회적 통합이나 사회적 정체성 형성에 관한 이론들에 대한 검토를 통해 구체적인 논의를 제시한 것이 위에서 언급한 바와 같이 하버마스의 소통행위 이론이며, 그러한 언어 소통의 이상적인 상황으로서 모든 형태의 억압이나 강제를 벗어나 순수한 합리성이—구조적이든 실제적인 행위 차원이든—지배하는 언어 소통의 상황을 제시한 이론이 그의 "보편적 화용론die Universalpragmatik"이라고 할 수 있다.[11] 비록 단순화의 위험은 있지만, 그의 모든 논의는 결국 다음의 다섯 가지 의문으로 귀착될 수 있을 것이다.

1) 언어와 이성 각각의 실체는 무엇이고, 둘 사이의 관계는 무엇인가?
2) 언어 및 이성과 개인의 정신적 성숙 사이에는 어떠한 관계가 있는가?
3) 사회적 삶은 어떻게 형성되며, 그것의 이상적 형태는 무엇인가?
4) 개인적 차원의 정신적 성숙과 사회적 차원의 정신적 성숙 사이의 관계는 무엇인가?
5) 사회적 차원의 정신적 성숙과 사회적 삶 전체의 운영은 어떠한 관계에 있는가?

위의 문제들은 실제로 하버마스 자신이 일생의 학문적 과업으로 탐구한 합리성 및 이른바 '해방 기획'의 구체화와 체계화라는 주제의 핵심적인 내용이기도 하다. 그리고 그것이 바로 그의 사회적 소통행위 이론의 핵심

11 이 이론에 관해서는 주로 Habermas(1979) 참조.

이기도 한데, 그것은 또한 다음과 정리될 수 있을 것이다.

언어는 단순히 사물에 대한 기표가 아니며 사회적 소통이라는 행위이다. 그리고 사회적 소통의 과정은 단순히 사회적 '말 나누기', 현대 철학의 유행어로 담론discourse의 교류나 확장으로 그치는 것은 아니다. 그러한 언어 또는 소통행위를 통해 개개인은 사회화된다. 즉 사회적 정체성을 형성하게 되고 정신적으로 성숙해진다는 것이다.[12] 그러나 그러한 행위는 단순히 개인적 차원의 사회화나 정신적 성숙으로 끝나지는 않는다. 어느 사회이든 특정 시대나 시점에서 발생하는 사회적 담론에는 필연적으로 그 참가자들에게 — 직접적 혹은 적극적 형태이든 또는 간접적 혹은 소극적인 형태이든 — 공통의 문제나 관심사가 있게 마련이며, 그러한 관심사의 해결에 참여하고 담론의 교류를 통해 평화로운 합의에 이르게 될 때 그 합의는 공통된 규범이나 법규로 확립된다. 그것이 또한 사회적 통합이나 사회적 정체성 확립의 과정이기도 하다. 그러한 합의에 이르지 못할 때 사회적 갈등과 분열은 심화하고, 때에 따라서는 폭력적인 내란 상태에도 빠질 수 있다.

실제로 그러한 양상들에 대한 사회학적 연구서들이 하버마스가 사회적 소통행위 이론의 형성 과정에서 참고한 주요 저작들이기도 하며, 특히 뒤르카임의 법사회학은 그러한 사회적 소통행위가 사회적 규범이나 법으로 확립되는 과정에 관한 고전적인 연구라고 할 수 있다. 하버마스는 그러한 연구의 확장 및 발전 맥락에서 현대 민주주의 국가들의 입법 과정과 법

---

12 이것이 실제로 하버마스가 그의 소통 이론의 형성 과정에서 참고한 미드George H. Mead 사회화 개념의 핵심이기도 하다. 미드의 사회화 개념은 피히테의 자아 형성 Selbstbildung 개념 등 자아의 문제에 대한 철학적 성찰을 사회과학적으로 확대한 것으로, 미국의 실증주의적 사회과학에서 연구되는 바와 같이 파편화된 개인이 기존 사회에 심리적으로 적응하는 수준과는 차원이 다른 연구이다. 이에 관해서는 지은이도 다른 저작에서 간략하게나마 논급한 바 있다(양승태, 2010: 183~185).

체제 운영의 양상을 포괄하는 이론을 정립하려 시도한 바 있는데, 그러한 결과가 "절차적 민주주의 개념Verfahrensbegriff der Demokratie" 등 정치와 법 이론들이 제시된 저작인 『사실성과 타당성: 법 및 민주적 법치국가의 담론 이론*Faktizität und Geltung: Beiträge des Diskurstheorie des Rechts und des demokratischen Rechtsstaats*』이라고 할 수 있다.[13] 문제는 과연 그러한 성격 및 수준의 논의로 그가 추구한 보편적 합리성의 확립을 위한 근거나 인간 해방 이념의 근거가 충분히 밝혀질 수 있느냐는 데 있다.

지은이로서는 하버마스의 사회적 소통행위 이론에는 필연적으로 다음의 문제들이 함축되어 있다고 판단한다. 다시 말해서 그의 소통 이론을 구성하는 개념들의 의미를 명확하게 하거나 그 이론의 외연을 확대하려면 필연적으로 제기되고 해명되어야 할 문제들이 존재한다는 것이다. 그러한 문제들을 하버마스 스스로는 실제로 철저히 해명하지 못하고 있는데, 이는 그의 사회적 소통 이론이 이론으로서 오류로 판명되게 하지는 않더라도 적어도 이론적으로 부정확하고 불완전한 것으로서 비판받을 수 있는 근거가 된다. 그러한 문제들이란 다음과 같다.

1) 사회적 삶의 이상 및 이상적 형태는 무엇이고 국가와는 어떻게 구분되는가?
2) 국가 생활의 이상은 무엇이고, 그것을 실현하기 위한 제도나 통치 방법은 무엇인가?
3) 일반 시민들에게 요구되는 의무 및 권리와 더불어 각각의 적절한 수행 및 실현에 요구되는 정신적 능력 혹은 자질은 무엇인가?
4) 국가 통치자에게 요구되는 의무 및 권리와 더불어 각각의 적절한 수

13 Habermas, 1992 및 하버마스, 2000.

행 및 실현에 요구되는 정신적 능력 혹은 자질은 무엇인가?

5) 일반 시민 및 국가 통치자의 정신적 능력이나 자질을 함양하기 위해서는 어떠한 교육이 필요한가?

그런데 이러한 문제들이란 이미 오래전 서양 고대의 정치철학에서 탐구된 고전적인 주제들일 뿐이라는 사실이 중요하다. '정신적 능력이나 자질'이란 곧 이 책의 중심적인 분석 개념인 '잘남'에 상응하는 희랍어이자 고대 희랍인들의 일상적 어휘이자 심오한 윤리학 및 정치철학의 개념인 아레테에 다름 아니며, 칸트 철학에서 경험을 초월한 도덕적 주체로 상정한 "누메논Numenon"의 본질적인 요소로서 올바르고 훌륭한 행동에 필수적으로 요구되는 정신적 능력을 의미하는 판단력 또한 바로 아레테의 하위 개념인 'phronēsis'에 다름 아니다. 억압과 왜곡이 없는 이상적인 소통의 상황이나 조건이 무엇이냐의 문제에 앞서 희랍의 철학자들은 모든 인간은 과연 자신의 이익이 무엇인지 진정으로 알고 있으며 진정으로 대화하고 소통할 수 있는 능력이 있는지 — 야스퍼스의 용어로 '실존적 소통 die existentielle Kommunikation' 능력을 갖추고 있는지 — 여부를 탐구한 것이다. 결국, 하버마스가 추구하는 진정한 의미에서의 사회적 소통에 필수적인 판단력이나 이와 관련된 모든 윤리적 실천의 문제들은 필연적으로 고대 윤리 및 정치철학의 기본 주제들로 귀착된다는 것이다. 즉 그것은 '인간의 아레테, 즉 인간적 잘남 혹은 탁월성이란 무엇인가?' 또는 '잘난 인간이란 무엇이고, 어떻게 형성될 수 있는가?'의 문제에서부터 '좋은 삶euzein이란 무엇인가'에 이르는 윤리학적 문제들로 귀착되며, 그러한 윤리학적 문제들은 다시 필연적으로 정치철학의 주제들인 '개인, 사회, 국가 차원의 잘남은 무엇인가?', '그러한 잘남을 함양하고 발전시키기 위한 교육이나 정치 제도는 무엇인가?', 더 나아가 궁극적으로 '국가 자체란 무엇인가?' 등의 문제들로 귀착되는 것이다.

이렇게 볼 때 하버마스가 제시한 이론과 실천의 대립논제나 사회적 소통 이론은 그가 표명한 반反플라톤의 입장과는 달리 플라톤에 의해 최초로 거대한 지적 체계로 등장하게 되는 희랍 정치철학의 고전적인 주제들에 대한 탐구 없이는, 혹은 적어도 그러한 탐구와의 연관 없이는 제대로 해명될 수 없는 성격의 것이다. 문제는 하버마스 스스로는 그와 같은 학문적 소업을 제대로 실천하지도 않았을 뿐만 아니라 희랍의 정치철학 및 그것의 실천 개념에 대해 지극히 피상적이면서 동시에 잘못된 이해에 그치고 있다는 사실에 있다. 희랍 정치철학의 실천 개념 및 초월 지향성에 대한 하버마스의 부정 논리에 동원된 '이성의 이중성'이나 '언어적으로 구조화된 삶'의 개념 등은 비록 같은 용어는 아니라도 이미 소크라테스를 통해 — 무엇보다 그의 대화와 아이러니 개념을 통해 — 구체적으로 드러나기 시작하고 있으며, 바로 그러한 개념 등을 통해 초월적 실재라는 존재의 필연성도 철학적으로 인지되기 시작하고 있었다. 하버마스는 그와 같은 지성사적·철학사적 사실을 깊이 탐구하지 못한 사실에서 그의 사회철학의 근본적인 한계를 발견할 수 있다. 그런데 근대 서구 지성사의 맥락에서 하버마스와 대비되는 학문적 배경을 — 단순화의 위험은 있으나 마르크스주의적 전통과 실존주의적 전통의 대립 — 갖고 있는 아렌트Hannah Arendt의 존재는 그러한 결함을 나름대로 극복하려 노력한 지식인으로 주목될 만하다.

2. 아렌트의 행위 개념과 희랍 지성사

일생 끊임없이 자신의 사유 내용을 확대하고 변화·발전을 통해 나름대로 방대한 체계를 구성한 아렌트의 사유 세계에 대해 몇 마디의 진술로 그 내용을 정리하거나 그 성격을 규정하기는 어려울 것이다. 그리고 이 책이 그것에 대해 자세히 논의할 수 있는 자리도 아니다.[14] 다만 잘 알려져 있듯이 그가 자신을 정치철학자가 아니라 정치 이론가로 규정한 사실[15]은 간단하고 거칠게나마 그의 사상 전체를 조망하는 데 편리한 전망대를 제공하므로, 그것을 중심으로 이론과 실천의 문제와 관련된 그의 사상을 지은이 나름대로 정리하면 다음과 같다.

아렌트는 홀로 지혜의 완성을 추구하는 '단독자der Einzelne'라는 한 '인간'에 대해서가 아니라 지구 전체에 사는 '인류'의 삶이 관심사라는 이유로 정치철학자political philosopher가 아닌 '정치 이론가political theorist'로 자신의 학문적 정체성을 규정한다. 그러한 입장은 바로 그 '정치 이론'의 근간이 제시된 『인간의 조건*On Human Condition*』의 주제 설정에도 반영되어 있다.[16] 즉 '인간이란 무엇인가?'라는 인간의 본질이 아니라, '인간이란

---

14 아렌트의 사상에 대한 서구 학계의 다양한 해석과 비판에 대한 소개 및 간략한 정리로는 김비환(2001: 52~57)을 참조하기 바란다. 지은이가 보기에 아렌트에 대한 많은 비판이나 비난들은 나름대로 천재성을 가지고 있는 아렌트의 저작들을 제대로 읽지 않았거나 그의 지성 세계를 부분적으로 또는 특정의 고정된 관점에 따라 편향적으로 이해하는 범용한 학자들의 견해들이다. 김비환의 연구는(김비환, 2001: 297~301) 비록 서구 정치철학 전통 전반에 대한 아렌트의 비판에 대한 파레크(Parekh, 1981)의 대응에 많이 의존한 점과 더불어 아렌트의 정치사상 전반을 일방적으로 수용하는 성격은 있지만, 한국 학계에 아렌트의 저작들에 대한 균형 있는 독해를 위한 기초적인 작업을 수행한 공헌은 평가될 수 있다.

15 그러한 입장은 1964년에 방영된 귄터 가우스Guenter Gaus와의 한 TV 인터뷰를 통해 개진된 바 있다.

16 Arendt(1958, 특히 chap. 1 sec. 1) 참조. 지은이는 개인적으로 아렌트가 '행위'나 '탄생성' 등 그의 사유 내용의 핵심을 이루는 개념들이 개진된 『인간의 조건』(1956)을 통해 지적 원숙함에 이르렀다고 평가한다. 그의 문명文名을 세계적으로 떨치게 한 『전체주의의 기원*The Origins of Totalitarianism*』(1950)은 서구의 근·현대 정치사의 흐름에 대한 깊은 통찰도 있긴 하지만, 자신의 개인적인 정치적 체험의 한계를 초극하지 못한 저작이라

누구인가?'라는 질문, 즉 인간이라는 주체와 그 주체를 구성하면서 동시에 외적으로 작동하는 조건들을 주제로 설정하고 있다. 그리고 그와 같이 한정된 주제에 대한 나름의 천착이 고대 희랍 세계의 실천 이념에 대한 재해석을 토대로 현대 정치의 근원적인 문제를 구명하려는 노력으로 나타난 것이다. 그런데 지은이 개인적으로는 아렌트의 그와 같은 노력 또한 하버마스의 경우와 같이 고대 희랍 세계에서 정치철학의 등장으로 이어지는 지성사의 발전에 대한 불충분한 이해에 기초한다고 판단한다. 그 판단의 근거는 이 책 전체를 통해 설명되겠지만, 이 책의 논제를 미리 명확히 제시한다는 의미에서 이 절에서 간단하게나마 설명하고 지나갈 필요가 있다.

인간의 행위 문제에 대한 아렌트의 그러한 탐색은 인간의 삶을 "관조적 삶viva contemplativa"과 "활동적인 삶viva activa"으로 구분하는 데서 시작된다. 전자가 고대 희랍의 'theōria'에 상응하는 것으로 초월적 존재와의 동일화를 통한 개인적 영혼의 자기 완성이나 구원 목적의 정태적 삶으로 규정된다면, 후자는 '생산poiēsis'과 '행동praxis'을 포괄하는 개념이다. '생산'은 아렌트에 의해 다시 노동labour과 작업work 두 개념으로 분화되는데, '행동'은 약간의 개념적인 변형을 통해 행위action라는 용어로 대치된다. 그에게 노동이 생존을 위해 자연이 제공하는 생존 수단을 이용하고 그것에 순응하는 생산 활동이라면, 작업은 자연의 필연성 혹은 종속에서 벗어나 자연물에 대해 인위적으로 변형을 가하면서 삶의 효율성 및

고 볼 수 있다. 그것은 개념적으로 불완전하고 서구의 근·현대 정치사의 흐름에 대한 일종의 정신사 및 지성사적 '산책' 수준의 성격을 가지고 있어 그 흐름의 근원에는 도달하지 못한 저작이라는 것이다. 이에 비해 『인간의 조건』은 그 나름의 인간적 삶의 근원에 대한 탐색으로서 그의 남은 생애를 통해 추구한 지적 탐색과 성찰의 기반을 이루는 기본적인 개념 체계를 완성한 저작으로 볼 수 있다.

편리함을 촉진하는 생산 활동이다. 그런데 아렌트에게는 노동과 작업 모두가 사회적 분업 체계에서 이루어지는 사회적인 활동이지만, 그러한 활동 자체는 개인적 차원에서 이루어지는 '고립된 활동isolated activity'이라는 사실이 중요하다. 이에 비해 행위는 평등하면서 동시에 다원성과 다양성을 갖춘 인간들이 행동praxis과 말lexis의 교류를 통한 상호 의존의 상태에서 다른 생명체에게는 숙명적으로 주어진 "환원불가능성irreversibility"이라는 — 그의 특이한 용어로 — 한계를 탈피하는 인간 고유의 능력이다. 그것은 용서하고 약속하는 행위를 통해 노동과 작업에 수반된 근본적인 한계에서 벗어나 자신의 '잘남' 혹은 '탁월성'을 — 그 스스로 지적하듯이 희랍인들은 'aretē'로, 로마인들은 'virtus'로 부른 자질을 — 드러내는 공간인 공적 혹은 정치적 영역에서 이루어진다. 아렌트에게는 그것이 진정으로 가치 있는 '인간사'를[17] 통해 형성되는 '관계의 그물망the web of relationships' 속에서 진정으로 소통하면서 자신만의 이야기들을 창조하는 공간이다. 그것은 그의 또 다른 특이한 용어로 자연적 생명의 소멸성mortality과 대비되어 개인들 스스로가 끊임없이 새롭게 '시작하고 주도하는'[18] — 또다시 그의 특이한 용어로 '탄생성natality'이 구현되는 — 공간이기도 하다(Arendt, 1958, 특히 1~2장과 5장 참조). 그리고 그러한 행위 공간의 경험 속에서 희랍의 정치철학도 탄생했다는 것이다(앞의 책, 26).

『인간의 조건』의 나머지 부분과 그 부분 논의의 보충이라고 할 수 있는 『과거와 미래 사이에서*Between Past and Future*』(Arendt, 1963)에서 아렌트

---

17 이 '인간사'를 기술할 때 아렌트는 플라톤을 인용하는 형식으로 희랍어의 어구 "ta tōn anthrōpōn pragmata"라는 표현을 사용한다(1958: 25). 이 어구의 직역은 "인간들의 일들"이다.

18 그는 이 점을 표현하기 위해 '시작하고 주도하는' 복합적인 의미가 있는 희랍어 동사 'archein'를 사용한다.

는 서양 지성사 및 철학사란 그러한 행위 개념에 기초한 정치 개념이 억압되거나 그 가치가 비하되고 변질되거나 전도되는 양상의 서술이라고 주장한다. 정치철학사에서 그것은 먼저 플라톤-아리스토텔레스를 통해 관조의 개념으로 억압되었으며, 그가 보기에 인류의 정치사에서 정치적 행위의 이상이 그나마 최고도로 구현된 아테네의 정치에서부터 — 그 점에 대해 스스로 명확히 논의한 것은 아니지만 암묵적으로 — 정치적 및 공적 행위를 구성하는 행동praxis과 말lexis이 분리되고 언어가 진정한 자기 완성이 아닌 권력 획득의 수단이 되어 단지 타인에 대한 설득의 수단으로 변질되었다.[19] 로마 시대에 이르러 인간은 정치적 동물이 아닌 사회적 동물로 규정되면서 정치가 오직 신의 피조물인 인간 사회 전체를 유지하는 목적에 봉사하는 기능으로 이해되면서 행위로서의 정치 이념이 더욱 퇴화하는 양상이 벌어졌으며, 중세 시대에 이르러 정치는 이제 근본적으로 "정치 이전pre-political"의 영역인 가정에서 가장(家長; dominus)에 의한 1인 지배의 불평등한 전제정치로 변질되었다는 것이다.

아렌트의 그러한 주장과 설명은 근대에 이르러 정치의 핵심이 노동하고 생산하고 소유하고 소비하는 개인들의 집합체인 사회에 대한 보호 또는 관리의 기능과 연관된 정신적 변화의 문제로 이어진다. 그러한 정신적 변화의 맥락에서 아렌트가 강조한 중요한 점은 행위 개념 자체의 변질이다. 근대 세계에서 행위 개념은 이제 작업 개념과 결합하게 되면서, 자연 세계와 인간을 무엇을 만들어내기 위한 객관적인 재료나 대상으로 간주하는 양상이 전개된다. 이에 따라 제작과 직접적인 관련이 없는 사고 행

19 이 점에 대해 그는 희랍어 'aristeuein(최고로 잘나게 되기)'이라는 동사의 존재와 연관하여 부연 설명한 바 있다(Arendt, 1958: 19). 즉 그 동사는 희랍어에만 있는 독특한 어휘이자 희랍적 세계관의 핵심을 담은 어휘임에도 불구하고 바로 그 희랍 세계에서부터 정치적 행위에 '최고로 잘나게 된다'는 삶의 목적이 분리되기 시작했다는 것이다.

위 자체가 경멸의 대상이 되지만, 그나마 제작하는 활동에 수반된 삶의 지속성durability과 안정성stability은 물질적인 풍요만을 추구하고 소비 활동에만 만족하는 다수 노동자의 가치관에 의해 밀려나게 된다. 이에 따라 정치 또한 진정한 의미에서의 행위가 아니라 "공통의 부commonwealth 혹은 국가라는 인공 동물을 만들기 위한 수단과 도구를 발명하기 위한"(앞의 책, 299) 제작의 행위가 되어버렸다는 것이다. 그러한 변화 속에서 변질된 행위가 사유와 관조의 우위에 서는 철학사적 전도reversal가 이루어졌다는 것이다.

아렌트에게 근대 철학에서 발생한 철학사적 전도란 철학적 사유의 기본적인 방향 혹은 중심적인 과제의 변화이다. 철학적 사유는 이제 다시는 이 세계 혹은 존재질서 전체가 아니라 인간의 내적 자아 혹은 개인의 의식 세계에 드러나는 현상에 대한 분석이 중심이 된다. 이에 따라 전통 철학의 중심 주제였던 인류 전체의 '공동의 의식common sense'이나 영혼의 본질 또는 인간이 보편적으로 지향해야 할 인격의 완성이나 최고선의 문제 등이 철학적 탐구의 중심에서 사라지고, 계산과 추론이 사유의 핵심적인 기능으로 등장하게 된다. 사유는 이제 제작의 행위에 종속되고, 희랍 철학에서 사유 활동의 최고의 경지로 간주되었던 진리를 '바라보는thaumazein' 관조 자체가 무의미하게 되는 상황 또한 전개되었다는 것이다. 그 결과 근대 세계란 한마디로 인간 존재에 본질적인 생각하는 행위 자체가 무력해지고, 인간을 존재할 수 있게 하는 환경이자 조건인 '세계'로부터 인간 스스로가 소외되는 상황이 전개되었다는 것이다.

이상과 같이 지은이가 나름대로 해석하면서 정리하긴 했지만, 아렌트의 저작들은 결코 쉽고 간결하게 정리될 수 있는 성격의 글들이 아니다. 그의 문장들은 지성사와 철학사와 역사에 등장하는 사상事象들이나 인간성의 근원에 대한 깊은 통찰과 탁견을 표출하고 있지만, 대체로 일방적으로 단정하는 성격의 언어이지 치밀한 문헌학적 해석과 철저한 개념적 논증의 언어가 아니다. 그리고 그의 저작 전체가 명증하고 짜임새 있으면서 일관된 설명과 논의로 이루어진 정치철학의 논고treatise라기보다는 수상록隨想錄에 가깝다고도 볼 수 있다.[20] 무엇보다 행위나 실천 개념 자체에 대한 치밀한 개념 분석을 제시하지 않으면서 행위 개념에 대한 정치철학적 해석을 시도하고 있다는 점에서 그러하다. 그런데도 지은이는 이론과 실천 대립논제의 근원에 대한 이해에는 아렌트가 하버마스보다 좀 더 깊은 공헌을 했다고 평가한다. 그런데 그 공헌에는 일종의 아이러니가 있다는 사실이 중요하다.

아렌트의 경우 적어도 표면적으로 드러난 논의의 중심은 이론과 실천이라는 대립논제나 이론 개념이 아니라 실천 혹은 행위 개념이다. 아렌트의 전 사상을 관통하는 중심 개념은 행위이며, 그것은 희랍 정치철학의 '프락시스praxis' 개념의 원용이자 변형이다. 그는 행위 개념의 탐구를 통해 '인간의 조건', 즉 인류와 그 삶의 원천이자 환경이자 대상인 세계에 대한 관계라는 인간 보편적인 문제의 해명을 시도한 것이다. 희랍 정치사 및 정신사에 내재한 실천 이념의 보편적 가치의 부활을 통해 전체주의 등 현대 정치에 수반된 병리 현상의 근원을 진단한 아렌트의 지적 통찰이나 학문적 공헌은 당연히 높게 평가되어야 한다. 그러나 그것이 과연 희랍

---

20 따라서 아렌트는 정치 이론가라는 학문적 정체성을 규정한 자신의 의도와는 다른 의미에서 정치철학자는 아니며 탁월한 '정치철학 에세이스트'라고 부를 만하다. 만일 아렌트가 『인간의 조건』에서 제시한 지성사 및 철학사의 해석에 대해 치밀한 문헌학적 및 철학적 논증을 제시하면서 논의를 좀 더 체계적이고 포괄적으로 전개했다면 그 책의 분량은 현재보다 배 이상은 되었을 것이다. 그 점에서 학자로서의 아렌트는 하버마스와 대조된다. 후자는 자신만의 독자적인 철학적 통찰이나 창조적인 직관력은 전자에 비교해서 상대적으로 부족하고 논의 전개의 방식 또한 다른 학자들의 업적을 일방적으로 인용하는 — 비판적 검토가 아니라 — 경향이 강하지만, 나름대로 일관되고 체계적인 논변의 창출에는 성공했기 때문이다.

지성사의 흐름에 대한 엄밀한 독해와 이해를 바탕으로 이루어진 것인지는 의문이다.

여기서 아렌트가 수행한 행위에 대한 '정치 이론' 차원의 탐구가 결과적으로 그 스스로 비판한 플라톤 정치철학의 핵심, 즉 생각한다는 행위의 완성인 관조 행위의 본원적 중요성에 대한 재인식이라는 사실을 주목할 필요가 있다. 그러한 사실은 행위의 문제란 궁극적으로 사유와 관조의 문제이며, 이에 따라 사유와 관조란 아렌트 스스로 설정한 '정치 이론'의 주제인 '인간 조건'만이 아니라 그 스스로 의도적으로 외면한 것 같으면서도 실질적으로는 수행한 정치철학적 탐구의 근본 주제인 '인간 존재'의 문제라는 점의 묵시적 인정을 의미하는 것이다. 그러한 인정은 궁극적으로 지은이가 앞에서 하버마스를 중심으로 논의하면서 제시한 이론과 실천의 분리불가능성의 재확인이며, 결과적으로 이 책의 모두에 제사로 인용된 화이트헤드의 언명과 같이 "실천을 통해 나타나는 것은 형이상학적 서술의 범위 내에 있을 수밖에 없다"는 관점의 수용인 것이다.[21] 그런데 행위 개념에 대한 아렌트의 논의가 표면적으로 제시된 논제와는 달리 실질적으로는 사유와 행위 또는 이론과 실천의 본원적 동일성으로 귀결했다는 점은 이 책의 주제인 정치철학의 태동 및 발전과 직접 연관된다.

아렌트의 '정치 이론'에 대한 위의 정리 과정에서 아렌트는 희랍 정치철학 탄생의 핵심적인 요소가 행위 개념에 있으며, 현실 정치에서 행동praxis과 말lexis이 분리되는 양상에서 바로 행위 개념의 변질을 파악했음

---

21 이 점은 아렌트가 화이트헤드에 대해 언급은 하지만 후자에게는 일종의 과학적 에세이라고 할 수 있는 『과학과 근대 세계*Science and the Modern World*』만 인용하면서 정작 새롭고 혁명적인 형이상학이 제시된 대작 『과정과 실재』에 대해서는 언급하지 않은 사실과 연관될 가능성도 있다. 이 점은 '아렌트의 화이트헤드 이해' 또는 '아렌트와 화이트헤드의 관계'라는 주제로 별도의 깊은 연구 대상이 될 수 있다.

을 지은이는 지적한 바 있다. 문제는 아렌트는 그 점을 지나가면서 간단히 언급했을 뿐 그 정치철학 탄생의 역사 및 지성사의 과정에 대해 더 자세히 설명하거나 논의하고 있지는 않다는 사실에 있다. 아마 그는 아테네의 민주화 과정, 소피스트 운동, 대중적 선동정치인들의 등장, 소크라테스의 활동과 그의 처형 등 그것의 탄생과 관련하여 서구의 독자들에게 교과서적으로 상식화된 지식을 다시 열거할 필요는 없다고 판단했기 때문에 그러했을 수 있다. 물론 그 상식화된 지식이 잘못된 것은 아니다. 하지만 그것만으로는 정치철학의 태동과 발전과 관련된 복잡한 역사적 및 지성사적 사실이나 그 역동성을 제대로 파악할 수는 없으며, 그러한 파악이 없이는 정치철학의 지적 실체가 무엇인지를 제대로 파악할 수 없다는 점이 중요하다. 그리고 그러한 파악이 없이는 바로 아렌트의 행위 개념뿐만 아니라 정치철학의 발전 과정 전반에서 중요한 의미가 있는 관조의 의미를 제대로 파악하지 못한다는 점도 강조될 필요가 있다.

관조의 문제는 희랍 정치철학에 대한 아렌트의 해석에서 핵심적인 쟁점이자 부정과 긍정 사이의 모호한 관점이 나타나 있는 부분이다. 그에 따르면 '관조적 삶'은 플라톤과 아리스토텔레스 등 희랍의 철학자들이 최고의 삶의 형태로 간주했으며, 바로 그 때문에 희랍 정치철학에서 '행위'의 중요성이 제대로 구현되지 못하고 억압된 상태에 머무르게 되었다는 것이다. 다시 말해서 어떠한 형태의 관조적 삶도 정치적 영역을 통해 이루어지는 공적이며 실천적인 삶에서 벗어날 수 없는데, 그 정치철학자들은 관조적 삶이 별개의 영역에서 실현 가능하다는 식으로 잘못 이해했다는 것이다. 그러한 지적에는 나름대로 인간사의 실상에 대한 통찰이 있다. 아무리 깊은 산중에서 수도하는 승려라도 그 수도라는 행위의 의미나 목적은 세속적 혹은 종교적 교육이라는 '인간사의 그물망'을 통해 형성된 것이고, 자연 속에서 아무리 홀로 자급자족하면서 수행하더라도 — 그런

경우 자체가 드물고 대체로 종교 교단의 인적·물적 지원에 의존하는 경우가 대부분이지만—그 자급자족하는 행위 또한 '인간사의 그물망' 속에서 획득한 도구들과 지식을 떠나서는 이루어질 수 없다는 것이다. 그러한 통찰에도 불구하고 관조에 대한 아렌트의 해석은 특히 플라톤의 관조 개념에 대한 오해라는 것이 지은이의 판단이다.

일단 깊은 성찰적 사유나 관조를 통해 이 세계나 인간의 본질에 대해 깨달은 지식인의 삶은 그가 실제로 정치적 혹은 공적 행위를 수행하고 있는지를 떠나 사회나 국가 전체 혹은 인류 전체 차원에서 볼 때 그 자체가 아렌트가 말하는 행위이자 실천이다. 예술에서 거장의 존재 자체가 그에 대한 모방 행위를 자극하여 끊임없이 새로운 거장들을 탄생시키는 것과 비슷하게, 그들의 존재는 지성적 혹은 도덕적 모방의 대상으로서 다른 인간들에게 차원 높은 행위를 자극하는 원천이다. 그 존재 자체가 행위일 수 있다는 것이다. 그리고 플라톤의 경우 '신에 대한 응시thaumazein'로 표상되는 최고도의 'theōria'는 아렌트가 이해한 것처럼 'praxis'에 대한 억압이나 이론에 대한 종속이 아니라 바로 'praxis'의 최고도의 구현으로서 '이론과 실천'의 종합이자 아레테의 완성이라는 점도 강조될 필요가 있다. 아렌트 자신의 언어로 표현하자면, 플라톤의 경우 진정한 의미에서 철학자의 등장이란 바로 "탄생성natality"의 완성에 해당한다. 그것은 개인적 차원만의 '탄생'이 아니라 교육을 통한 국가 공동체 차원에서 형성되는 인간 삶의 완성을—바로 인간으로서 'aristeuein', 즉 '최고로 잘나게 되기'를—의미한다. 진정한 의미에서의 철학자에게 삶은 개인적인 것이 아니라 바로 인류 전체 차원의 좋은 삶과 근본적으로 하나인 것이고, 아렌트가 철학적 사유의 본질적인 요소로 강조한 이 '세계'에 대한 관심과 열정이란 이 책 4장 3절에서 논의될 『파이드로스』에도 제시된 플라톤의 사랑 개념, 바로 이 세계의 영원한 요소와의 일체성을 의미하는 것이다.

그런데 이론과 실천 문제와 관련하여 하버마스나 아렌트에 관해 논한다거나 그들이 간과한 이론과 실천에 대한 플라톤의 거대한 종합에 대해 언급하기 전에, 오래전 인류 정신사에서는 이론과 실천의 관계에 대한 성찰과 더불어 둘의 종합 가능성을 사유했다는 흔적이 뚜렷하게 존재했다는 사실을 주목해야 한다. 하버마스와 아렌트를 통해 제기된 이론과 실천의 문제도 물론 궁극적으로는 그러한 정신사의 배경을 통해 이해될 수 있으며, 소크라테스라는 거대하고 혁명적인 지식인의 존재나 리시아스와 안티스테네스를 포함한 소크라테스 추종자들의 사유와 행동, 그리고 플라톤이라는 위대한 철학자에 의한 이론과 실천의 위대한 종합도 그러한 정신사 및 그것에서 분기分岐한 희랍 지성사의 연속성 속에서 조망할 수 있기 때문이다. 다음 3절은 그러한 조망이다.

3. 소크라테스 추종의 희랍 지성사, 그리고 '실천적 지식인' 리시아스와 '이론적 지식인' 안티스테네스

이론과 실천의 관계 문제는 시대나 상황에 따라 그 용어나 개념이 변화하고 그 관계의 실체에 대한 천착의 정도에 차이가 있을 뿐 사실 인간의 지성 활동이 시작된 이후 끊임없이 제기된 문제라고 할 수 있다. 비록 신화의 언어지만 힌두교 전통의 『베다 경전*Vedic texts*』은 그것의 전형적인 예이다. 즉 깨달음을 통해 해탈解脫이나 성불成佛이라는 진정으로 자유로운 상태에의 도달이나 최고도의 인간 완성을 추구하는 불교가 등장하기 오래전 이미 힌두교는 앎veda을 통한 구원을 설파했다는 사실은 그러한 문제에 대한 성찰이 인류 정신사에서 오래전부터 존재했음의 증언이다. 그것은 실천 혹은 행동이 무조건 바람직하다는 일방적이고 독단적인 확신을 넘어 그것의 바람직함 혹은 가치를 결정하는 궁극적 근원이 무엇인가에 대한 존재론적 성찰의 표현이며, 모든 실천이나 행동에는 어떠한 형태의 것이든—체계적인 사상이나 이론 또는 단편적인 지식이나 즉흥적인 판단의 형태이든—앎이 필연적으로 수반한다는 사실의 인식인 것이다.

그런데 이론과 실천의 궁극적 동일성에 대한 그와 같은 인식은 인간의 삶의 진화 과정 전체를 조망할 때 지극히 자연스러운 현상이기도 하다. 인류 전체의 정신적 역량이나 지적 능력 발전의 과정이란 개개인의 생명활동이 점차 다른 인간들 전체 곧 사회적 삶에 대한 의존이 심화하는 과정이며, 이에 따라 각 개인의 지적 성장이나 정신 활동 또한 다른 인간들 전체의 지적 혹은 정신적 활동의 결과에의 의존이 심화하는 과정이기도 하다.[22] 인간이라는 생명체가 자연이 부여한 '본능이라는 지식'에 의존하여 삶을 추구할 때 인간의 정신과 행동은 동물들의 경우와 같이 완전한 일치의 상태에 있었다. 예를 들어 집을 지으려는 의도나 욕구는 집 짓는 행동으로 즉각 반영되면서 굴을 파는 등의 행위로 나타난다. 그것은 굴을 파는 '실천'과 본능이라는 '이론'의 일치라고 할 수 있다. 이론과 실천의 그러한 일치된 상태는 사회적 분업화가 진행됨에 따라 또 다른 형태 및 차원으로 승화한다. 그것은 건축술이나 목공예나 의술의 경우에서처럼 기술의 전문성이 확립되는 과정에서 사회적 분업의 형태로 나타나는 이론과 실천 일치의 현상이다.

건축술의 경우 집 짓는 기술이 개개인에 내재한 본능의 수준을 벗어나 전문화되고 사회화되어 개인과 세대를 초월한 보편적 지식으로 존재할 경우, 이론과 행동 사이의 일치는 각 개인이 그러한 지식의 전문성을 인정

---

22 그러한 과정에 대한 탁월한 서술의 하나로는 최근 세계의 독서계를 풍미한 유발 하라리의 『사피엔스: 유인원에서 사이보그까지』(2015)가 있다.

하고 집 짓는 행위를 건축가나 목공에게 일방적으로 의존하는 형태로 나타난다. 그러할 경우 집을 짓는다고 곧 땅부터 파기 시작하는 행동이나 다른 직업에 종사하는 사람이 집을 짓는다고 건축술부터 배우려는 행동 모두 사회적으로 앎의 부재나 결함, 즉 무지나 어리석음의 표현으로 간주된다. 전자는 건축술이라는 전문적 지식의 존재를 모르기 때문이고, 후자는 건축술을 제대로 새롭게 획득하기 위해서는 자신의 본업을 제대로 수행할 수 없다는 사실을 알지 못하기 때문이다. 다만 그러한 행동이 처음부터 씩씩한 실천이 아니라 무지나 어리석음으로 간주되는 것은 아니며, 집 짓기에는 건축술이라는 전문적인 지식 혹은 앎이 요구된다는 점이 보편적으로 인지되고 인정된 결과라는 것이다. 그것은 곧 행동의 목적 및 대상에 대해 앎이 발전함에 따라, 다시 말해 사회적 생산 체계의 여러 분업화된 영역에서 지식과 기술이 발달하고 전문화됨에 따라 이론과 실천의 종합이 새로운 차원에서 이루어진 결과이다.

그런데 일상적인 삶을 유지하거나 더 풍족하게 혹은 더 효율적으로 만드는 데 필요한 재화와 용역을 생산하고 교환하는 사회적 분업 차원을 넘어서 인간의 행동이 보편적인 가치나 이념의 실현, 즉 도덕률이나 사회적 윤리 구현의 차원이나 국가라는 통치 질서 혹은 더 나아가 인류 사회 전반의 존속이나 운영 등의 차원으로 확대될 경우 이론과 실천의 대립논제는 또 다른 차원의 문제로 이행하는데, 그러한 차원의 논의가 바로 앞의 1~2절에서 논의한 하버마스나 아렌트 등의 저술들인 것이다. 그러한 차원에서 이론과 실천의 대립논제는 둘 사이의 근본적인 긴장관계로 나타나는데, 그 점을 설명하기 위해서는 간단하게나마 윤리와 법이라는 사회적·정치적 규범의 출현에 수반된 거대한 정신사적 변환에 대해서도 언급할 필요가 있다.

19세기 이후 본격적으로 진행된 고고학과 인류학의 연구를 통해 밝혀진 바와 같이 인간 사회에서는 어디에서나 어떠한 형태이든 그 사회적 질서를 유지하기 위한 법이 존재한다. 문자가 발명되기 전의 인간 사회에서는 대체로 타부 등과 같이 구전의 형태로 존속하는 관습법이 존재하는데, 그러한 관습법이 성문법으로 대체되는 과정은 청동기 문명의 등장이라는 거대한 문명사 및 정신사적 변환의 결과이다.[23] 그러한 거대한 변환의 맥락에서 일반적으로 고대 세계 최고最古의 법전으로 알려진 함무라비 법전Code of Hammurabi의 등장도 이해될 수 있다.

함무라비 법전에는 일종의 전문前文; preamble이 있는데, 거기에는 함무라비왕이 당시 바빌로니아인들에게 최고最高 신이었던 마르두크Marduk의 명령에 따라 그가 다스리는 땅의 구성원들이 정의로운 행동을 하도록 법을 제정한다는 진술이 수록되어 있다. 그러한 진술은 일단 인간은 신의 명령이라는 보편적이고 영원한 질서에 순응해야 한다는 자연법 혹은 천도天道 사상의 표출이다. 하지만 동시에 그것은 인간이 개인의 일시적인 충동이나 욕망에 따라 제멋대로 행동하지 말고 사회 전체적으로 통일되

23 청동기 문명은 인간이 사용하는 도구의 재료가 단순히 석기에서 청동기로 대치됨만을 의미하지는 않는다. 야금술의 발달 자체가 자연물을 변화시키는 기술적 지식이 한 차원 높게 발전했음을 의미하지만, 그러한 지적 능력의 발전은 결코 기술적 영역에만 머무르는 것이 아니라 전반적인 기술의 발전을 필연적으로 수반하게 된다. 이에 따라 상업경제가 발달하고, 문자가 발명되고, 각종 범죄에 대한 형벌 제도가 출현하고, 더불어 강력한 국가 권력이 등장하게 되는데, 이렇게 인류 역사에서 현재까지 이어지는 문명 생활의 원초적 형태가 정립된 시기가 바로 청동기 문명 시기이다. 청동기 문명의 그러한 성격에 관해서는 Drews(1993)의 연구가 대표적이다. 고대 바빌로니아 지역에는 서력기원 1800년 전경의 함무라비 법전을 포함하여 그보다 이전인 200년 전의 것으로 추정되는 우르남무Urnammu 법전 등 고고학적 발굴을 통해 여러 국가에 여러 법전이 존재했던 것으로 밝혀졌다. 그러한 법전들 가운데 함무라비 법전이 가장 잘 보존되어 있고 내용상으로도 가장 체계적이지만, 그것들 모두가 대체로 비슷한 내용을 담고 있는 것으로 알려져 있다. 고대 메소포타미아 문명의 법 전반의 내용 및 성격에 관한 소개로는 Driver et. al.(2007)의 연구가 참조할 만하다.

고 보편적인 규범에 따라 행동하라는 것, 즉 윤리적 이론의 실현이나 그것에 근거한 행동이 진정으로 의미 있는 행동, 곧 실천이라는 전언도 함축하고 있다. 다시 말해 함무라비 법전은 칸트의 윤리적 정언 명령의 원초적 형태이자 법전의 형태로 제시되는 자연법 이념의 표현인 것이다.

그런데 인간의 삶과 보편적인 윤리 질서의 합일을 추구하는 이념의 등장에는 바로 그러한 합일이 현실적으로는 제대로 또는 철저히 구현되지 않는다는 상황에 대한 인식이 반영되어 있다는 아이러니가 있다. 즉 함무라비 법전에 수록된 다양한 법적 강제 규정 및 처벌 조항의 존재는 곧 당대 상당수의 인간이 오랫동안 전통적 규범으로 존재해왔던 종교적 금제를 범하거나 신관 등 당시의 정신적 지도자들의 정신적 훈화나 윤리적 권고를 제대로 따르지 않는 상황이 전개되고 있는 사회적 상황의 반영이기 때문이다. 사회 구성원 모두가 준수하는 윤리적 이상을 굳이 강제성을 가진 법적 규범으로 규정할 이유는 없는 것이다. 강제적인 법적 규범의 등장은 곧 이념과 현실 사이에 균열이 있고 이론과 실천 사이에 괴리가 있다는 인식과 더불어 그것의 합일 상태가 유지되도록 국가 권력이 상시 작동해야 한다는 인식을 전제로 하며, 바로 그러한 인식이 당대의 지혜로운 권력자인 함무라비왕의 공포를 통해 법전의 형식으로 나타난 것이다. 그러한 법전에 수록된 다양한 강제적 법률 조항들이란 그 작동을 위한 구체적인 방식의 제시인 것이다.

국가 생활 차원에서 제기되는 이론과 실천이라는 대립논제는 결국 공식적으로 인정되고 표명된 윤리적 혹은 정치적 이상이 사회적 분업 체계나 지배 체제의 존속이나 운영이라는 행위 속에서 실제로 구현되거나, 의도적으로 또는 비의도적으로 은폐 또는 왜곡되거나, 또는 어떠한 형태이든 현실적으로 타협을 이루는 방식으로 나타난다. 그것은 바로 국가 생활에서 나타나는 이론과 실천 또는 이상과 현실 사이의 융합, 대립이나 갈등, 절충과 타협의 공존이라는 영속적인 긴장관계의 표현인 것이다. 아울러 그것은 개인적 삶의 차원에서도 지식과 실천, 도덕과 행동 사이의 영속적인 긴장관계로 나타나며, 그 긴장관계 양상의 내용이나 성격이 역사, 정신사, 지성사의 여러 다른 상황에 따라 다르게 나타날 뿐이다.[24]

함무라비 법전을 비롯하여 앞에서 인용된 고대 세계의 비문이나 종교적 경전 등을 통해 확인되는 이상과 현실, 이론과 실천, 앎과 행동 사이 관계의 실체에 대한 성찰의 편린은 그 이후의 정신사와 지성사와 철학사의 발전 방향을 예고하고 있다. 지은이도 이 책의 전편들에서 이미 기술한 바 있지만(양승태, 2006; 2014), 희랍 세계의 경우 호메로스와 헤시오도스로부터 여러 자연철학자들, 피타고라스, 소피스트, 소크라테스에 이르는 희랍 정신사 및 지성사의 흐름이란 희랍인들의 정신세계에 발현된 그러한 인식의 심화 과정이다. 특히 아렌트도 — 왜 그러한지 구체적으로 설명은 하지

24 유학의 고전인 『예기禮記』 '예운禮運'편에서 '대동大同-소강小康-거란據亂'의 역사적 진화론 및 이와 연관된 '성인지치聖人之治' 혹은 '내성외왕內聖外王'의 이념은 그러한 긴장관계에 대한 체계적 인식의 표현이라고 할 수 있으며, 플라톤의 철인왕 이념도 같은 문맥에서 해석될 수 있다. 그와 같은 복잡한 논변을 떠나서 그러한 긴장관계는 바로 '이상-사상-이념'과 '현실-행동-실천'이라는 말들 자체의 원초적인 의미에 함축되어 있다. 이상이란 말 자체가 이理에 부합하는 상想 즉 생각이라면, 그것은 '理롭지' 않은 생각들이자 현실과 관계가 없는 공상, 허상, 망상 등과 같은 헛된 관념들과 구분되어야 한다(양승태, 2002: 33). 따라서 이상이란 이념이자 사상이다. 모든 이념이란 직접 체험하는 삶의 질서나 작동하는 방식의 결함에 대한 철저한 이해를 기초로 진정으로 있어야 할 방식이나 질서에 대한 탐색과 구현을 의미한다면, 그러한 탐색의 최고도의 지성적 형태가 사상이며 철학인 것이다. 따라서 현실에 대한 철저한 이해를 떠나서는 이상이 존재할 수 없으며 어떠한 내용과 형태이든 이상을 전제하거나 고려하지 않은 현실 또한 존재할 수 없다. 그리고 끊임없는 지적 탐색을 통해 자신의 사고 내용을 좀 더 보편적인 방향으로 새롭게 변화시키지 못하는 이념이나 사상은 고착된 관념일 뿐이며, 어떠한 수준이나 차원이라도 보편적인 이상에 비추어 자체를 끊임없이 변화시키지 못하는 현실이란 근본적으로 허구일 뿐이다. 이와 대비되어 정치에서나 일상생활에서나 무조건적 실천의 중요성을 강조하는 태도는 특정한 이념이 교조적 혹은 독단적이거나 특정한 이론의 진리성을 맹신하는 정신적 분위기의 산물일 수 있는 것이다.

않았지만—정치철학 탄생의 결정적 계기로 인식한 소크라테스의 재판이 그러한 긴장관계가 지식인의 처형으로 결말지어진 사례의 원형에 해당하며, 이 책의 제제인 리시아스와 안티스테네스 두 지식인의 사유와 행동 또한 그러한 정신사 및 지성사의 흐름을 떠나 이해될 수 없다. 여기서 소크라테스라는 거대하고 혁명적인 지식인이 등장하기 이전 전개된 희랍 지성사의 기본 흐름을 간단하게나마 다시 정리하고 지나갈 필요가 있다.

* * *

희랍 지성사의 원천은 호메로스와 헤시오도스 등 시인들의 작품들이며, 그것들은 구술 문화에서 문자 문화로 이어지는 데 가교 역할을 했다. 그런데 그 작품들은 이 세계의 존재성에서부터 신과 영웅들과 일반 인간들에 대한 거대한 서사敍事이면서 동시에 거대한 정신사적 변환도 함축하고 있다. 그것은 전형적으로 『일리아스』에서 아가멤논과 아킬레우스 사이의 갈등으로 나타나 있는데, 그러한 갈등이란 신의 소리나 영원한 자연의 질서로 정당화된 전통적인 규범이나 제도와 정치 질서가 인간의 개인적인 자존감이나 세속적인 권력욕과 탐욕 등에 도전받는 정신사적 변화의 문학적 표현이다. 그러한 도전과 비판은 아테네에서 본격적으로 시작된 상업화와 민주화와 더불어 더욱 가속되는데, 그러한 역사적 및 정신사적 변화를 지성사의 움직임으로 발전시킨 인물들이 소피스트라는 전업 지식인들이다.

정치철학의 태동은 그러한 상업화와 민주화에 수반되어 진행된 역사적 및 정신사적 변화에 대한 체계적인 비판의 결과이며, 그러한 비판의 중심에 소피스트들과는 다른 인간적 품성과 지성 세계를 갖춘 지식인인 소크라테스가 있다. 그는 한편으로 일반인들의 윤리적·정치적 관념과 행동

사이의 괴리 및 이에 따른 윤리적·정치적 위선과 허구를 폭로하고, 다른 한편으로 소피스트들이라는 당대의 지성계를 지배하는 지식인들의 지적 세계 자체의 결함과 자기모순을 비판한 것이다. 소크라테스의 그러한 도전과 비판에서 정치철학이 태동했지만, 모든 위대한 지성사의 업적이 그러하듯이 플라톤이 이룩한 정치철학의 완성은 다른 지식인들의 존재를 — 실질적인 도움의 차원을 떠나 — 필요로 한다. 그들은 비록 위대한 철학자의 반열에 오른 창조적이고 거대한 지성 세계를 구축한 인물들에 비해 지적으로 범용하지만, 그러한 지적 한계 내에서도 현실에 대한 나름의 치열한 탐구와 진지한 자기성찰을 통해 자신만의 독자적인 정신세계를 형성한 인물들이다. 소크라테스에 의한 정치철학의 태동 이후 플라톤에 이르는 정치철학적 사유의 발전에 공헌한 지식인들이 존재하는데, 그들이 앞의 1장 〈들어가는 말〉을 맺는 과정에서 언급한 리시아스와 안티스테네스 등 이른바 '소크라테스 추종자들'이다.

'사유인'이든 '행동인'이든, 혹은 '이론인'이든 '실천인'이든 한 인간의 정신세계는 그 사상이나 행동 자체로서가 아니라 그 자신이 추구했던 삶의 행위와 목적 그리고 삶의 과정에서 체험하는 다른 사람들과의 사회적·지적 영향력 관계를 떠나 형성될 수도 없고 다른 사람에 의해 이해될 수도 없다. 아리스티포스, 에우클리데스, 안티스테네스는 각자 그들 나름의 치밀한 논리나 깊은 성찰적 사유를 삶의 목표로 추구한 사람들이며, 리시아스, 이소크라테스, 크세노폰의 직접적인 정치적 행동이나 법정 연설문 작성을 통한 정치 활동은 그들 지식인 나름의 진지하고 탁월한 정신세계의 소산이다. 특히 같은 '실천적인' 지식인의 범주에 속하면서도 나머지 두 인물과는 다른 성격의 인물인 크세노폰이 보여준 행동, 무엇보다 『아나바시스』에 서술된 바와 같이 용병대장들 가운데 하나로 행동하면서 온갖 고난을 극복하는 과정은 남자다움이 무엇인가를 보여주는 한 편의 감동적인 드라마이다. 그러나 그와 같은 인간으로서의 잘남 혹은 빼어남이 그 행동의 의미 전체를 밝혀주는 것은 아니다.

안티스테네스 등과 같이 '현실 도피적'이고—그 '현실 도피'의 철학적이면서 실천적인 의미는 뒤의 7장에서 설명될 것이다—'이론적인' 지식인이라도 그 스스로 형성한 지성 세계가 다른 지식인들에게 지적으로 감동을 주거나 깊이 반추할 만한 대상이라면, 그 지성 세계의 형성 과정에서 겪게 되는 치열한 정신적 방황이나 내면적 고뇌라는 사고 '행위' 혹은 '실천'의 과정에 대한 이해 없이는 그 결과물인 '이론' 자체를 제대로 파악할 수 없다. 크세노폰과 같이 '행동하는' 인간의 경우 그 고난과 모험의 출발인 용병 지원이라는 극적인 결단의 '이론적' 의미나 '사상적' 배경, 더 나아가 그 행위가 발생하게 된 역사적 맥락 전체를—그들 행동인 스스로는 대체로 인지하지 못하는—이해하지 않으면 그 행동의 실체가 제대로 파악될 수 없다. 이 점은 비록 극적인 요소는 덜하지만 리시아스와 이소크라테스의 경우도 마찬가지이다. 그들이 법률가와 연설가로서 보여준 진지한 활동 또한 당대의 정신사 및 지성사의 배경은 물론 그 역사적 상황을 이해하지 않으면 그 의미가 제대로 파악될 수 없는 것이다. 그들이 구체적인 상황에서 취한 행동들의 의미는 그 상황 자체의 실체를 파악하기 위해 얼마나 광범위하게 지식과 정보를 수집했는지 여부, 그러한 지식과 정보를 얼마나 치밀하고 종합적으로 분석하여 그 나름의 앎을 형성하고 얼마나 지혜롭게 판단하면서 어떠한 행동을 선택했는지 등 '이론적'이면서 동시에 '실천적인' 요소들에 대한 검토와 평가를 떠나 제대로 이해될 수 없다는 것이다. 이제 먼저 리시아스라는 지식인이 어떠한 정치사 및 지성사의 배경에서, 그리고 다른 지식인들이나 다른 행동하는 인간들 또는 일반 대중과 어떠한 관계 속에서 행동하면서 자신의 정신세계를 형성하고 삶을 살아갔는지 살펴볼 필요가 있다.

Λυσιας και
Αντισθενης 3

리시아스와 안티스테네스의 행동 및 사유의 정치사적 및 정신사적 배경:

아테네 정파 대립의 변증법과 정치 이념의 진화

세계사 전체의 흐름에서 볼 때 아테네라는 고대 도시국가가 누렸던 국제정치적 영향력이란 공간적으로나 시간적으로나 지극히 제한적이다. 공간적으로 그것은 현재의 그리스 반도의 일부와 에게해를 포함한 지중해와 흑해의 일부 도서島嶼들과 해안 도시 일부에 국한되며, 시간상으로는 길어야 페르시아 전쟁에서 승리한 B.C.479년부터 펠로폰네소스 전쟁이 발발한 B.C.431년까지 소위 번영의 '50년간Pentecontaetia'이라 불리는 아테네 제국 시대에 한정된다. 아테네가 알렉산드로스 대왕의 마케도니아에 병합되어 주권 국가로서는 실질적으로 소멸한 시기가 B.C.335년이므로, 우리나라 삼한 시대의 사로국이나 가락국 등 군郡 규모의 소국 정도인 아테네는 번영기가 끝난 후 백 년이 채 되지 않는 기간 동안 부침을 거듭하다 사라진 것이다. 우리의 고대사가 고조선의 멸망 후 수많은 소국 사이의 쟁패 과정이자 고구려 · 백제 · 신라에 병합되는 과정이며 궁극적으로는 뒤늦게 역사의 무대에 등장한 변방의 국가 신라에 의해 단일 국가로 통합되는 과정이라면, 아테네 또한 뒤늦게 등장한 마케도니아라는 변방 국가에 의해 통합되어 거대 왕국의 시대를 여는 그리스 고대 정치사 전개 과정에서 하나의 에피소드에 불과할 수도 있다.

토인비Arnold J. Toynbee가 오래전 문명사의 차원에서 통찰력 있게 기술했지만,[1] 그 다양하고 복잡한 양상들을 떠나 모든 국가의 쇠퇴는 쇠퇴기

1 그의 대저 *A Study of History*에서 특히 문명의 쇠퇴 문제가 주제인 vols. 4~6(Toynbee, 1939), 그리고 뒤에 가서 희랍 문명의 문제를 별도로 다룬 *Hellenism: The History of a Civilization*(Toynbee, 1959) 참조.

가 아니라 번영기에 시작된다. 다음 1~2절에서 그 구체적인 정치사적 양상이 자세하게 설명되겠지만, 아테네는 그 번영기였던 B.C. 5세기 후반에 접어들면서 전통 윤리가 점차 쇠락하고 사회적 가치관과 법질서가 흔들리며, 민주정치는 대중정치로 변질되고, B.C. 508년 클레이스테네스의 민주화 개혁 이후 서서히 진행되었던 과두파와 민주파 혹은 보수파와 진보파 사이의 정파 갈등은 점차 심화하면서 사회 전반으로 확산되었다.[2] 그러한 갈등은 펠로폰네소스 전쟁이라는 희랍 세계 전체의 내전과 결합해 복잡하게 전개되면서 쿠데타 등 국정 전반의 혼란으로 이어지고, 그 결과 국력이 점차 쇠퇴하여 펠로폰네소스 전쟁에서 수세에 몰리다 패퇴하면서 결국 내란 사태마저 겪게 된다. 그러한 내란 사태는 민주파의 승리 및 민주정의 회복으로 일시적으로 극복되지만, 정파들 사이의 갈등과 대립에 따른 내부적 혼란이 지속되다가 결국 국가의 멸망으로 이르게 된다.

물론 어떠한 국가에나 정파적 대립이나 내부적 혼란은 존재하기 마련이며, 그러한 대립과 혼란이 반드시 국가를 쇠망으로 이끄는 것은 아니다. 그러나 그와 같은 도전challenges에 대해서 제대로 대응responses을 하면서 — 토인비의 유명한 개념 체계를 원용하자면 — 국가 생활을 창조적으로 새롭게 변화시키지 못하는 국가는 필연적으로 쇠망하기 마련이다. 물론 어떠한 국가도 — 국가라고 하기에는 너무나 추악하게 부패한 19세기 조선도 그러하듯이 — 그와 같은 창조적인 변화의 시도 자체가 없었던 경우는 없다. 하지만 그러한 변화의 시도가 일부 지식인들이나 사회 지배층의 일부 또는 특정 사회 세력에 국한되고 지배 엘리트층 전반은 소위 "창조적 소수creative minority"가 아니라 일방적으로 군림하는 "지배적 소수

2 그러한 갈등의 사회적 양상에 대한 대표적인 문학적인 서술이 아리스토파네스의 『말벌*Sphēkes*』이다. 이 희극에 관해서는 지은이도 희랍 지성사의 맥락에서 아이러니 개념의 형성과 관련하여 논의한 바 있다(양승태, 2013: 159~162).

dominant minority"로 남아 — 다시 토인비의 개념을 원용하자면 — 오직 기존의 지배 체제나 정치권력의 유지에 급급할 때 국가는 쇠망할 수밖에 없다. 다시 말해 국가 생활의 새로운 방향을 바로 국가적 차원에서 새롭게 정립하지 못할 때 — 근대 정치사상사의 개념을 원용하자면 새로운 국가 정체성 혹은 새로운 국가 이성을 정립하지 못할 때 —[3] 국가의 쇠망은 필연적이라는 것이다. 리시아스와 안티스테네스가 활동했던 B.C.5세기 말과 B.C.4세기 전반 아테네가 걸었던 정치사적 행로와 더불어 그 바탕에 있는 정신사의 흐름이 그러한데, 그들의 행동과 사상을 이해하기 위해서는 간단하게라도 그 지극히 복잡한 과정을 정리하고 지나갈 필요가 있다.

1. 민주화 과정과 잘남과 못남, 반反평등과 평등의 변증법

에게해 지역 최초로 크레타섬에서 미노아 왕조가 출현한 다음 본토인 펠로폰네소스 반도에 등장한 미케네 왕조가 멸망한 후 희랍 세계는 400여 년의 소위 '암흑 시대the Dark Age'가 이어진다.[4] 그리고 B.C.8세기경부

---

3 국가 정체성 개념 전반에 대한 논의는 양승태(2010, 특히 제1부 '이론적 성찰') 참조. 지은이는 다른 글에서도 국가이성 개념을 중심으로 조선 후기의 국가적 위기 문제에 대해 논의한 바 있다(양승태, 2014). 즉 조선의 쇠망은 그 사회 내부에 근대화 시도 자체가 부재해서가 아니라 그러한 시도를 국가이성 차원에서 실현하지 못한 데 있다는 것이다.

4 이 책의 전편에서도 자세히 설명한 바 있지만(양승태, 2006, 1권 2장), 희랍 세계에서 '암흑시대'라는 명칭의 학술적 의미는 역사적 자료가 희소하여 그 실체를 명확하게 파악할 수 없다. 다만 그것을 미케네 문명이 멸망한 후 각 지역이 분권화된 상태에서 끊임없는 약탈 전쟁에 따른 혼란이 지속된 시기로 추정함은 대체로 타당할 것이다. 같은 책 3장에서 지적했듯이, 이 시대가 희랍 정신사적으로 중요한 것은 이 시대에 희랍 신화의 찬란한 이야기들의 원형이 탄생했으며, 그것이 바로 고전 시대 문화의 원천인 호메로스라는 거대한 문학이 가능하게 만든 정신사적 배경이라는 점에 있다.

터 시작되는 새로운 도시국가 시대의 출현, 그리고 희랍의 고전 시대에서 알렉산드로스 제국과 로마 제국의 출현에 이르는 정치사는 실제로 끊임없는 전쟁의 역사로서 실질적으로는 비슷한 시기에 전개된 중국의 전국 시대戰國時代와 큰 차이가 없다.[5] 다시 말해 희랍의 고전 시대란 정치사적으로는 새로운 제국 질서의 등장이라는 정치 통합적 과정의 일부인 것이다. 오래전 청동기 시대 중국이나 메소포타미아 지역에 출현했던 도시국가 형태의—동양사에서 '성읍城邑 국가'로 불리는—국가 질서가 이 '야만의' 땅에서는 역사적 시차를 두고 일반적으로 출현했을 뿐이다. 다만 일반인들뿐만 아니라 일부 역사학자들 사이에서도 서양 문명의 기원이라는 그 문화적 광휘와 역사적 독특성에 압도되어 희랍의 고전 시대를 메소포타미아 문명사와 이집트 문명사가 서방으로 전파되고 확장되는 거대한 문명사적 과정이나 이들 지역 전체의 정치사적 연속성의 맥락에서 파악하지 못하는 경향이 있을 뿐이다. 이에 따라 알렉산드로스 제국의 등장을 진시황의 천하 통일과 비교하여 파악하지 못하거나, 로마 제국의 등장과 중국에서 유방의 한漢 왕조 등장의 비슷한 정치사적 의미를 세계사 전체의 맥락에서 파악하지 못하게 된다.

조금 과장되게 말하면 로마 제국 등장 이전의 지중해와 중근동 지역의 역사, 서로마 제국의 멸망 이후 프랑크 제국 등장 이전의 서양 중세사, 이슬람 세계가 오스만 제국과 사파비Safavid 제국과 무굴 제국으로 3분되기 이전의 중근동 역사, 르네상스 및 종교개혁 이후의 서양 근대사 전체도 일종의 전국 시대라고 말할 수 있다. 다시 말해 나폴레옹 전쟁 이전은 물론 그 이후 2차 대전까지의 서양 역사 전체가 간헐적인 평화기를 제외하고는

5 전쟁의 그와 같은 연속성에 대해서는 B.C. 1세기 희랍의 역사가인 디오도로스Diodoros Siculus가 이 지역의 고대사 흐름 전반을 종합적으로 열거한 *Bibliothekes Historikes*가 잘 설명하고 있다.

전쟁이 오히려 국가 간의 '정상적인' 상태인 전국 시대라고 불릴 수 있다는 것이다.[6] 즉 산업혁명 이전에는 농업 위주의 생산 체제와 낙후된 산업 생산이 구조적으로 유발한 영토 싸움과 해상에서의 약탈 행위 방식으로 전쟁이 계속되고, 산업혁명 이후에는 제국주의적 경쟁의 심화와 더불어 동아시아에서 중국의 위치에 버금가는 안정적인 패권 국가의 부재 속에서 전쟁이 끊임없이 이어진 것이다. 2차 대전은 서양의 근대라는 그 오래된 '전국 시대'의 종언으로도—종전 후 현재까지 70여 년 동안 계속되는 서양 국가들 사이 최초의 '완벽한' 평화가 증언하듯이—이해될 수 있다. 그리고 서양의 근대를 한편으로 전국 시대로 규정하는 것과 다른 한편으로 자본주의적 산업화와 더불어 이성이 발전하고 계몽이 확대하는 시대로 규정하는 것은 서로 충돌하는 관점이 아니라 오히려 같은 역사적 실체의 상호 연관된 다른 측면들을 강조하는 차이에 불과할 수 있다.

전쟁의 연속이란 당대의 많은 인간에게는—전쟁을 출세와 치부의 기회로 이용할 줄 아는 소수의 '천재들'을 제외하고—전투와 살육과 파괴에 따른 삶의 비참함과 피폐함을 겪는 시기이지만, 바로 그 이유로 평화 시대를 준비하는 기간이자 여러 가지 의미에서 문명사적 발전에 공헌하는 시기이기도 하다. 일단 전쟁은 '효율적인' 문명 전파와 교류의 수단이다. 문명 전파나 교류에 따른 결과들 가운데 하나이기도 하지만, 그 기간의 장단 차이를 떠나 전국 시대는 '적과 동지'의 명확한 구분에 따른 민족주의의 대두와 더불어 새로운 통합 왕조가 등장하여 갈등과 대립의 관계에 있는 기존의 군소 왕조나 국가들을 제압하고 복속하여 새로운 국가 질서를 확

---

6 서양의 학계에서도 최근에 이르러 서양의 근대를 자본주의나 민주주의의 발전 혹은 계몽의 과정 등 문명화의 차원에서 파악하는 일반적인 시각 이외에 전쟁의 시대라는 관점에서 파악하려는 연구가 등장하고 있음도 사실이다. 대표적으로 틸리Charles Tilly의 저술들(특히 Tilly, 1990; 1975; 1978) 참조.

립하는 정치적 통합의 시간이기도 하다.[7] 그러한 정치적 통합은 물론 전쟁 당사자 국가들의 다양한 전통이나 관습 혹은 문화의 차이에 따라 각기 다른 양상과 과정에서 이루어질 수 있으며, 그 통합의 구체적 성격 또한 그러한 차이에 따라 다를 수 있다. 하지만 그것은 또한 지배 질서 혹은 권력 체제라는 인류 보편적 삶의 구조가 역사적으로 변화하는 과정의 표현이라는 점에서 근본적으로 같은 의미가 있다. 그것은 이미 사적 영역 혹은 사회적 영역에서 재화나 용역 또는 문화의 교류를 통해 상호의존성은 높아졌는데도 정치권력은 통합되지 못한 데 따른 갈등과 혼란이 극복되는 과정이기도 한 것이다.

전국 시대는 또한 국가들 사이의 사생결단 경쟁 속에서 새로운 국가 발전이 전개되는 — 물론 경쟁에서 승리하는 국가들의 경우에 — 시기이기도 하다. 그것은 삶이냐 죽음이냐가 단 하나의 행동으로도 결정되는 절박한 상황이 지속되는 과정이므로 사회의 모든 분야에서 프로의식을 고취하게 된다.[8] 국가 생활 전체 차원에서도 그것은 지도자나 지배층의 역량에 따라 군사 전략과 전술의 개발은 물론이고 상대를 압도할 수 있는 군사적 승리의 사회·경제적 배경인 부국을 위한 생산 활동을 촉진하게 된

---

7 서구의 근대가 일종의 전국 시대로서 국가들의 통합 과정이었다는 점은 유럽에서 1495년경에는 약 500개의 국가가 존재했는데 1990년에는 30개로 줄었다는 '통계적' 사실을 통해서도 확인된다. 그러한 '통계'에 관해서는 Tilly(1990: 44 & 63) 참조.

8 그 점은 중국 진秦나라가 전형적인 예이며, 현대 일본 산업 번영의 정신적 기초인 장인정신 형성의 정치사적 배경이기도 하다. 오랫동안 중국에 비해 낙후된 지역이었던 유럽이 근대 세계에서 중국을 누르고 자본주의적 생산력의 획기적인 향상을 통해 세계를 제패할 수 있었던 — 폴 케네디가 "유럽의 기적"으로 명명한(Kennedy, 1987) — 주요 원동력들 가운데 하나도 유럽의 근대란 바로 전국 시대였다는 사실에서 — 동아시아에서는 청의 등장 이후 200여 년 동안 평화가 계속되었던 것과 비교하여 — 찾을 수 있을 것이다. 물론 국가를 그와 같은 프로정신으로 경영할 수 있는 정권이나 통치자만이 패권국가가 되거나 거대한 제국을 건설할 수 있다.

다. 아울러 그것은 국가 구성원들에게 새로운 공동체의식과 활달한 정신적 기백을 함양시키고, 평화 시에는 현실적으로 제대로 작동하지 않으면서도 그 존속에 이해관계가 걸린 집단 때문에 쉽게 변혁되지 않는 사회적 규범이나 제도를 손쉽게 붕괴시키면서 새로운 사회윤리의 확립이나 법률 체계의 정비 등을 촉진하는 계기로도 작동할 수 있다. 그리고 그것은 지성사나 사상사의 변화 차원에서도 결정적인 계기로 작동할 수 있다는 점이 중요하다.

전쟁의 일상화는 당연히 지식인들에게 전쟁의 효율적이고 성공적인 수행 방법에 관한 연구 차원을 넘어 그 실체나 근본적인 원인이 무엇인지 탐구하도록 자극한다. 그러한 탐구에는 당연히 평화의 실체가 무엇이고 그것이 파괴되는 원인은 무엇인지에 대한 탐구도 병행될 수밖에 없으며, 그러한 탐구는 지배 체제나 권력 구조의 본질 그리고 그것의 생성과 발전과 쇠퇴 등 변화의 원인에 관한 탐구로 이어지고, 나아가 궁극적으로는 전쟁을 일으키는 주체인 인간성의 근원에 대한 성찰로 나아가게 되는 것이다. 중국에서 춘추전국시대에 출현한 제자백가의 존재 자체가 그러한 지성사 발전의 생생한 증언이지만, 이 책의 주제인 희랍 지성사는 그것의 또 다른 증언이다. 전쟁 속 인간들의 행태에 대한 관찰과 체험을 통해 인간성에 대한 그 나름의 통찰을 보여준 투키디데스라는 장군이자 지식인의 존재가 일종의 역사적 원형에 해당하지만, 인간성에 대한 본격적인 철학적 성찰이 전개되는 소크라테스의 윤리·정치적 사유 또한 희랍판 전국시대라는 상황에서 전개되는 지성사의 발전 맥락을 떠나서는 그 실체의 전부가 파악될 수 없을 것이다. 그리고 바로 이 책의 주인공 격인 리시아스와 조연급인 안티스테네스의 행동과 사상, 특히 앞으로 설명될 전자의 민주주의 수정론 혹은 법치주의 이념과 범희랍주의 이념이나 후자의 세속적 가치의 부정이나 현실 부정적 이념 또한 그러한 역사와 지성사의 변화나 발전의 맥락을 떠나 이해될 수 없다.

리시아스와 안티스테네스 모두 펠로폰네소스 전쟁(B.C. 431~B.C. 404) 발발 전에 태어나 어린 시절과 청장년 시절을 전쟁 기간에 보낸 사람이다. 그런데 펠로폰네소스 전쟁은 일단 전쟁 공간의 크기나 규모 또는 전략·전술의 복잡함이나 다양성 차원에서 일단 중국의 전국 시대와는 큰 차이가 있다. 그것은 공간적 규모 면에서는 일본의 전국 시대나 근대의 이탈리아판 전국 시대와 비슷하고 여러 유사한 요소들도 공유하지만 여러 가지 면에서 차이도 있다.[9] 그것은 무엇보다 희랍인이라는 민족적 정체성이 이미 어느 정도 형성되어 있고 현실적으로는 무역 등을 통한 경제적 교류로 상호의존성이 구조화된 도시국가들 사이의 내전의 성격을 갖고 있다는 점에서 다른 전국 시대와 유사하다.[10] 그리고 국가들 사이에 동

---

9 전술적 차원에서 펠로폰네소스 전쟁은 그리스 반도와 그 부속 도서島嶼 그리고 시칠리아섬 등 이탈리아 남부 일부에 국한되고 대체로 소규모 지상 전투와 해전 위주로 진행된 전쟁으로서, 대회전會戰을 통해 패전 국가의 복속으로 종결되는 정복 전쟁도 아니라는 점에서 차이가 있다. 다만 전쟁의 지속은 전쟁 방식을 새롭게 진화시키면서 언제나 승리를 위한 새로운 전략과 전술 개발을 유도하므로, 당시 전투 형식의 대세는 아니었지만 뒤에 가서 알렉산드로스를 통해 정형화된 회전 형식의 전투가 등장한 것이 사실이다. 아테네가 보이오티아 지역을 점령하려다 육전에서 최초로 대패한 사례로서 — 케이건Donald Kagan의 표현으로 "행운이 아테네로부터 등을 돌리기 시작한luck was beginning to run against Athens"(Kagan, 2003: 170) — 알키비아데스가 기병으로 소크라테스가 중무장보병hoplites으로 참전하여 특히 유명한 B.C. 424년의 델리온Delion 전투와 B.C. 418년의 만티네이아Mantineia 전투는 델로스 동맹군과 펠로폰네소스 동맹군 사이에 벌어진 회전 형식의 전투이다. 특히 델리온 전투에서는 테바이의 장군 파곤다스Pagondas가 착안한 기마병의 적극적 이용이나 화공火攻의 사용 등 당시로서는 새로운 전술이 등장한다. 미래의 전쟁 방식을 창안했다는 점에서 지은이는 펠로폰네소스 전쟁의 군사 영웅들로 널리 알려진 스파르타의 브라시다스Brasidas와 아테네의 포르미온Phormion과 데모스테네스Demosthenēs보다 파곤다스를 더 높이 평가한다. 케이건의 저작들은 서양 고대사 학계에 펠로폰네소스 전쟁에 관한 일종의 결정판으로 이 책의 논의도 많이 의존했다.

10 도시국가들 사이 패권 투쟁의 바탕에 경제적 상호 의존의 심화가 있다는 것을 당대의

맹과 조약을 통한 합종연횡 등의 외교 전략이 보편화되고, 전쟁이 오래가면서 신전神殿의 파괴 등 전쟁 수행에 장애가 되는 제도나 관행들이 무시되는 과정에서 신관 등 전통적인 지식인들이 그 권위를 잃으면서 정신사적으로 새로운 시대를 준비하며, 온갖 형태의 잔인성과 잔혹성이 발현되면서 학문적으로 인간성에 대한 새로운 성찰을 자극하고 있다는 점도 비슷한 여러 전국 시대에 공통된 요소들이다. 희랍판 전국 시대는 또한 그 선배 문명인 중근동 지역의 문명사에서 이미 겪었던 과정, 즉 전통적인 도시국가 질서가 쇠퇴하면서 대규모 왕국이 등장하는 정치 통합의 과정이라는 정치사적 보편성도 있다. 그러한 정치 통합의 최종적인 결과가 지중해 지역에서 로마 제국의 등장인 것이다.[11]

그러한 공통점 이외에도 펠로폰네소스 전쟁에는 여러 면에서 근대 서양의 '30년 전쟁'과 더불어 베스트팔렌 체제 성립 이후 전개된 근대 유럽의 전쟁들과도 비슷한 성격도 있다. 일단 펠로폰네소스 전쟁은 무엇보다 아테네라는 한 패권 국가가 주도하는 제국주의 질서에 스파르타의 주도로

인간들도 인식하고 있었다는 사실은 다음 3절에서 검토의 대상이 되는 '과두파 노인the Old Oligarch'의 저술에도 나타나 있다. 그 점에 관해서는 특히 다음 문장을 참조할 필요가 있다. "수출이나 수입을 하지 않는 도시국가는 없으며, 수출입 활동은 바다의 패권자에 복종하지 않고는 불가능할 것이다"(Pseudo-Xenophon, *Athenaiōn Politeia*, II-3).

11 특히 펠로폰네소스 전쟁 말기 희랍 세계의 분열을 이용한 페르시아의 본격적인 개입은 당시로서는 외교 전략으로 최선이라고 말할 수 있지만, 그것이 장차 알렉산드로스의 정복 의지를 자극하여 페르시아가 패망하게 된 원인 가운데 하나라는 점은 서양사 교과서에서 자주 인용되는 역사적 아이러니이기도 하다. 즉 페르시아가 희랍 세계를 장악하려는 분열 정책의 성공이 결국은 희랍 세계 내에 마케도니아라는 새로운 세력의 등장을 가능하게 만들어 장차 알렉산드로스 대왕의 정복으로 붕괴하는 사태가 초래되었다는 것이다. 그것은 몽골 제국의 등장 이전 동북의 강국이었던 요遼나라(916~1125)가 몽골의 여러 부족의 통합을 저지하기 위해 서로 치열한 전쟁을 치르도록 부추긴 분열 정책이 그들을 일종의 전국 시대로 만들고, 그 결과 그들 전체를 군사적으로 단련시키면서 칭기즈칸이라는 강자가 등장하여 통일왕국을 건설하게 하여 자신을 멸망으로 이끈 것과 비슷한 경우이다.

다른 국가들이 연합하여 도전하는 성격의 일종의 국가 간 진영 대립이 그 근본 원인이다.[12] 그것은 두 진영 사이의 협약인 B.C. 446/445년 아테네와 스파르타 사이에 맺어진 '30년 평화조약'이 파기된 결과로서, 각 진영이 나름대로 국제법적 정당성을 차지하려는 논쟁과 더불어 국제법 체제를 유지하고 전쟁을 피하려는 노력이 진행된 후 전쟁이 불가피하다는 정책적 판단에 따라 발생한 전쟁이라는 점도 근대 유럽의 전쟁과 비교 차원에서 의미가 있다.[13] 그것은 또한 단순히 특정 지역 전체의 패권을 다투는 정복 전쟁의 성격을 넘어 계층 간의 대립 문제를 포함하여 정치 · 사회적 체제 및 문화적 가치관이 다른 국가들 사이의 갈등과 대립이 그 근원에 있다는 사실도 의미가 있다. 그러한 갈등이 각 도시국가 내부에서 계층 간의 갈등과 구조적으로 연계되어 있다는 사실도 주목할 만하다. 그것은 아테네의 영향 아래 희랍의 여러 도시국가에서 왕정이나 과두정에 대한 '민주파 쿠데타'나 '민주화 운동'이 벌어지면서 발생한 희랍 세계 전체 차

12 비록 서구 진영의 시각이 반영되어 있지만, 이에 따라 케이건과 같이 2차 대전 후의 냉전 질서를 펠로폰네소스 전쟁 당시의 펠로폰네소스 동맹과 델로스 동맹 사이의 대립과 비교하는 견해도 있다(Kagan, 1995). 즉 당시 세계 또한 '양극 체제bipolar system'이며, 전자는 '나토NATO 체제'에 비교되는 수비 위주의 정태적인 진영이고, 후자는 팽창주의적이라는 점에서 '바르샤바 조약 체제'에 비교되는 팽창주의적 진영이라는 것이다. 이에 관해서는 특히 Kagan(1995, 444~445)의 논의 참조.

13 그 점은 투키디데스의 『역사』 1권에 잘 기록되어 있다. 즉 전쟁 발발의 주역들인 에피담노스, 케르키라, 코린토스, 스파르타, 아테네가 외교 사절을 보내 각국의 입장을 국제법적 논리에 따라 나름대로 정당화하는 논변들을 공개적으로 표명하고 상대국의 지지를 얻는 노력이 일종의 국제법적 절차로 진행된 것이다. 페리클레스나 아르키다모스 등 전쟁 결정의 주역들은 비록 전쟁이 발발하더라도 외교적 협상을 통해 곧 종전에 이를 수 있다는 예상 속에서 그와 같이 결정한 것도 흥미로운 점이다. 그들은 그 전쟁이 27년간이나 지속될 줄은 몰랐다는 것이다. 펠로폰네소스 전쟁 발발 이전 개전 외교의 진행 및 그 안에 함축된 당시 국제정치적 의미에 대해서는 케이건이 탁월하게 고찰한 바 있다(Kagan, 1995, 1장 참조).

원의 내전의 성격도 갖는 것이다.[14] 이에 따라 각 국가 체제 또는 국가 정체성과 관련된 국내 정파들 사이의 대립이 전쟁의 발생 및 경과에도 영향을 미친 것이다.

간단히 말해 펠로폰네소스 전쟁에는 이데올로기적 대립의 성격이 뚜렷이 나타나 있으며,[15] 바로 그러한 성격이 그것 특유의 전쟁 양상도 설명한다. 전쟁 과정에서는 상대방에 대한 적대감이 체화되고 살상 행위가 일상화됨에 따라 잔인함과 잔혹함이 필연적으로 나타날 수밖에 없다. 그런데 펠로폰네소스 전쟁에서는 그 이전 희랍인들이 겪었던 전쟁과는 다른 성격의 잔인함과 잔혹함이 나타난다. 단순히 적국의 병사들만이 아니라 양민들과 어린아이들도 오직 적국에 소속되어 있다는 이유로 몰살하는 양상도 빈번하며,[16] 비록 비교에 과도한 면은 있으나 나치 독일의 유대인

---

14 이 점은 B.C. 425년 데모스테네스의 책략으로 아테네가 펠로폰네소스 반도 서쪽 메세니아 해안의 필로스Pylos와 키테라Kythera를 점령한 전투가 상징적으로 보여준다. 그것은 스파르타의 농노들이 탈출할 수 있는 지역을 마련하려는 전략이며, 바로 스파르타의 계급 구조를 이용하여 그 국가 체제를 혼란에 빠뜨리려는 고등 전략이었다. 그러한 전략이 스파르타 측에게 얼마나 큰 공포심을 불러일으켰는가는 투키디데스가 다음과 같이 전하고 있다. "농노들이 떠나기 시작하자 스파르타인들은 혁명적 사상이 그 지역 사람들 사이에 퍼져 나쁘게 이용될 것을 두려워했다. (…) 그들은 끊임없는 내부 혁명의 공포 속에서 살았다"(『역사』 IV-55).

15 이 점은 투키디데스가 그의 『역사』에 기록한 페리클레스의 유명한 '장례연설epitaphios (희랍어 그대로의 본래 의미는 '무덤 옆에서')'(II-vi-35~46)에 압축적으로 표현되어 있다. 그는 스파르타와 아테네 사이에 존재하는 정체politeia와 문화paideia의 차이가 양립할 수 없는 성격의 것으로서, 아테네의 것은 스파르타의 것보다 우월할뿐더러 당대의 세계에서 가장 탁월한 — 즉 가장 '잘난' — 정체와 문화를 가진 아테네라는 조국을 위해 전사한 군인들의 죽음은 그만큼 찬양받을 가치가 있다는 것이다. 그러므로 펠로폰네소스 전쟁은 자본주의-공산주의 대립의 냉전 체제하에서 발생한 6·25 전쟁과 비교될 수 있는 소지도 많이 있다. 비록 엄밀한 의미에서 비교 연구는 아니지만, 실제로 전자와 후자를 비교하는 관점에서 접근한 연구 논문들을 편집한 저작도 있다. McCann et. al.(2001)이 그것이다.

16 대표적으로 B.C. 413년의 미칼레소스Mykalessos인들의 학살이 그러한 예에 속한다.

학살과 같이 정치적 및 윤리적 정당화가 수반되는 새로운 형태의 잔인성과 잔혹함이 나타나 있는 것이다.[17] 인간들의 그러한 새로운 행태에 대한 투키디데스의 묘사가 일반적으로 그의 『역사』를 인간성에 대한 새로운 발견이나 통찰로 평가하게 만드는 근거이기도 하다. 한마디로 펠로폰네소스 전쟁은 이 지역의 역사 및 정신사적 변환 전체를 함축함과 동시에 인간사 보편의 요소도 갖는 지극히 복잡한 성격의 전쟁인 것이다.

펠로폰네소스 전쟁의 그러한 성격이 그 전쟁의 실체에 대한 이해가 전쟁 행위 자체가 아니라 당대 희랍 세계 도시국가들의 정치 체제, 경제 구조, 역사와 문화 등과 복합적으로 결합한 정신사적 변화의 차원에서 접근되어야 할 이유를 제기한다. 그렇게 접근할 때에만 그 전쟁의 종식 이후에 전개된 아테네의 역사 및 희랍의 역사 전체의 변화를 그것과의 역사적 단절이 아닌 연속성 속에서 파악할 수 있으며, 그 전쟁과 전쟁 후의 시대를 살아간 리시아스나 안티스테네스라는 개인의 사유와 행동도 그 전체적인 의미가 제대로 파악될 수 있다. 특히 리시아스의 행동과 사유는 이 시기의 역사에 대한 그 자신의 체험과 관찰을 통해 그 핵심적인 내용이 형성된 것으로 볼 수 있으며, 그의 행동이나 저술 활동은 그러한 사상이 형성되는 과정의 한 부분이자 결과일 것이다. 그러한 체험과 관찰과 성찰의 핵심에는 뒤에 가서 본격적으로 정치철학적 연구의 대상이 되는 민주정체의 본질과 현실의 문제, 즉 '민주'에서 '민'이란 누구이고 그들이 통치의 주체가 된다는 것이 무엇을 의미하는가의 문제와 더불어 현실 정치에서 민주주의라는 이름으로 정파들이 대립하고 갈등하는 양상의 근원이나 실체가 무엇인지에 대한 이해의 문제가 있다. 여기에 새로운 정치사상을

---

17 현대 국제정치학에서 "멜로스 대화Melian dialogue"라는 이름으로 권력정치Machtpolitik의 이념의 표상처럼 인용되는 멜로스인들에 대한 아테네 사절의 연설이나 그 후에 벌어진 그들에 대한 아테네 군인들의 학살 행위가 그것의 대표적인 예라고 할 수 있다.

배태하고 있던 당시 아테네 정치의 현실, 곧 정치적 파당들이 형성되고 논쟁하고 대립하고 때에 따라서는 쿠데타와 내란 등 폭력 사태도 벌어지는 정치사의 과정을 검토할 필요가 있다. 그러한 과정에 바로 사상과 행동, 이론과 실천 사이의 변증법적 발전이 이루어지고 있는 것이다.

정파들의 존재나 그들 사이의 대립과 갈등은 권력을 위한 경쟁이 존재하는 어느 국가에서나 나타나기 마련이다. 그 정파들이 형성된 정치·사회적 배경 또는 그 대립의 강도나 양상이 다를 뿐이다. 아테네도 마찬가지이다. 아테네에서 정파들의 존재 및 대립이 역사적 사실로 최초로 확인될 수 있는 사건은 B.C. 594년 솔론Solon의 '민주화' 개혁이다.[18] 솔론의 개혁 이후 아테네 사회의 전통적인 신분 질서 및 귀족들에게 부여된 정치적 특권이 서서히 약화하기 시작함을 의미하며, 이에 따라 정치 · 사회적 쟁점 또한 점차 정치적 또는 사회적 평등화를 어느 수준 또는 어느 영역까지 확대하는가의 문제로 변화하기 시작한 것이다. 솔론의 사후 곧이어 등

18 솔론의 개혁 과정에 나타난 정파들의 대립에 대해서는 아리스토텔레스가 그의 『아테네 정치 체제*Athēnaiōn Politeia*』를 통해 기록하고 있다. 이에 관한 간단한 설명으로는 지은이의 책(양승태, 2006, 5장 2절)도 참조하기 바란다. 그 핵심은 귀족(지주 계급)과 평민들 사이의 대립과 여러 부족 및 지역들 사이의 대립이 종합된 것이며, 솔론의 개혁은 그러한 사회적 · 정치적 불평등을 제도적으로 완화하면서 일종의 새로운 국민 통합을 시도한 것이다. 솔론의 새로운 입법이 아테네 민주화 개혁의 시초로 간주되는 주된 이유도 아리스토텔레스가 위의 저술에서 그것을 '민주적demokritos'으로 규정한 데 있다. 아울러 이하 기술되는 아테네 헌정사의 핵심적인 내용 또한 아리스토텔레스의 위 저서가 대표적인 출처이다. 참고로 아테네의 정파들은 현대 정당의 경우처럼 영속적인 조직 체계를 갖춘 것이 아니라 유명 정치인의 추종자들hetaireiai 성격의 집단이며, 사회 · 경제적 환경의 변천이나 정치적 상황의 변화에 따라 그 구성원이나 정치적 지향의 성격도 복잡해지는 양상을 나타낸다. 아테네의 정파의 그러한 성격에 관한 최근의 대표적인 연구로는 Hansen(2014)을 참고하기 바란다. 다만 뒤에 가서 기술될 B.C. 411년과 B.C. 404년의 과두파 쿠데타의 양상을 보면, 정치적 클럽 성격의 파당이 정치적 목적에 따라 쿠데타를 기획하고 행동대를 구성하는 등 상당히 조직적인 위계질서를 보이는 것도 사실이다.

장한 페이시스트라토스Peisistratos의 참주정체tyranneia는 바로 솔론이라는 위대한 정치 지도자가 사라진 정치적 공백 상태에서 정치적 경륜과 책략을 갖춘 한 정치인이 다수의 불만을 정치력으로 결집하여 정치적 혼란을 폭력적으로 종식하면서 새로운 정치 질서를 창조한 경우이다. 즉 솔론의 개혁이 촉발한 평등화 움직임이 일시적으로 표출되면서 계층 사이의 갈등이 일종의 내란 상태로 심화했을 때 페이시스트라토스는 평민층의 불만을 정치력으로 결집하여 그러한 상태를 끝내고 새로운 정치 질서를 창조한 것이다. 그것은 근대 프랑스 혁명에서 나폴레옹의 정권 장악을 설명하는 개념인 보나파르트주의bonapartism의 원형이자 동시에 현대 대중영합주의populism의 요소도 함축하고 있다.[19] 그러므로 B.C.508~7년 페이시스트라토스 가문의 참주정치 시대를 끝낸 클레이스테네스Kleisthenes의 정치 개혁은 솔론의 개혁을 더욱 민주화했다는 의미와 함께 아테네의 정치 체제가 페이시스트라토스의 참주정체라는 '인민민주주의적 전제정체'에서 '일종의' '자유민주주의' 체제로 전환한 의미도 있다.[20]

클레이스테네스가 주도한 새로운 민주화 개혁을 통해 이제 아테네에서는 민주정치 체제를 정면으로 부인하는 세력은 적어도 공개적인 정치무

---

19 특히 페이시스트라토스 참주 정권의 '민주주의적' 성격에 관해서는 Labelle(2005)의 흥미로운 연구가 있다. 물론 이것은 어디까지나 역사적으로 비슷한 사례를 유추한 것일 뿐이며, 페이시스트라토스의 등장은 고대 희랍 및 아테네 역사의 고유한 맥락에서 설명되어야 한다. 다만 많은 학자가 지적하듯이, 페이시스트라토스의 전제정치를 통해 아테네는 해외 무역의 활성화에 힘입은 경제적 성장과 더불어 교양 문화의 기반을 마련했다는 사실은 그것의 역사적 성격을 이해하는 데 주목할 요소이다.

20 여기서 '일종의'라는 유보적 표현을 덧붙인 이유는 후자의 주요 요소인 민회ekklesia와 인민법정heliaia이 직접민주주의 시행의 제도적 기반이었고, 그러한 직접민주주의 제도가 한편으로 시민들의 자유롭고 능동적인 정치 참여를 통해 민의를 반영하는 측면과 더불어 인민 전체의 이름으로 전제정치로 변질될 가능성이 늘 존재하기 때문이다. 앞으로 이 책을 통해 나름대로 설명되겠지만, 아테네 민주정의 실체에 대한 이해는 바로 직접민주주의 제도의 그러한 양면성을 파악하는 데 있다.

대에서는 사라졌다고 볼 수 있다. 이에 따라 정치·사회적 쟁점 또한 민주냐 반민주의 구도가 아니라 정치적 또는 사회적 평등화 및 자유화의 수준을 어느 정도 또는 어느 영역까지 확대하는가의 문제로 변화하기 시작한 것이다. 다만 전통적인 귀족 계급이—'hoi aristoi'라는 말[21] 그대로 '가장 빼어나고 잘난 사람들'로 사회적으로 인정되고 스스로 잘난 사람이라는 의식을 오래 갖고 있던 사람들이—민주주의적 평등의 시대가 되었다고 갑자기 성정이 변할 수는 없을 것이며,[22] 그리고 평민들에게는 귀족 가문의 후광이나 정신적 품격에 대한 존숭의 감정이 갑자기 사라지거나 그들의 사회적 영향력으로부터 갑자기 벗어날 수는 없을 것이다. 초기의 민주화 시대란 법적 평등 속에서 정신적 불평등이 인정받고 현실 정치 속에서 실제로 작동하는 시기라고 볼 수 있다.[23]

귀족 계급에 대한 평민들의 정신적 승복이 유지되는 상황에서 전통적인 지배 계급인 귀족 계층은 대체로 두 집단으로 나누어지게 된다. 하나는 신분 질서 등 나름대로 가치를 갖는 전통적인 제도나 관행을 유지하고 귀족 계급의 주도를 통해 민주정치를 운영하려는 집단이다. 다른 하나는 민주정치의 이상이라고 할 수 있는 집합적 지혜가 구현 가능하다는 믿음

---

21 '좋다'는 의미의 희랍어 형용사 'agathos(good)'의 최상급 'aristos'가 명사로 사용되는 경우로, 말 그대로는 '가장 잘난 사람들'로서 귀족 계급을 지칭한다. 다시 부연하지만, 이 책의 핵심 개념인 'aretē'는 'aristos'가 추상명사로 변환된 경우이다.

22 그러한 사회적 분위기는 메가라 출신의 시인 테오그니스Theognis와 테바이 출신의 시인 핀다로스Pindaros의 시에 잘 반영되어 있다. 그것은 영웅적 혹은 귀족적 정신이 쇠퇴하고 범용한 인간들의 일상적인 정신이 지배하는 사회적 분위기에 대한 반감의 표출인 것이다. 이에 관해서는 앞으로 3절에서 좀 더 자세하게 논급될 것이다.

23 투키디데스의 『역사』에 대한 곰A. W. Gomme의 네 권짜리 치밀하고 거대한 주석은 (Gomme vol. 1, 1945; vol. 2~3, 1956; vol. 4, 1970) 서양 고전학의 지적 장인정신을 대표하는 작품들 가운데 하나라고 할 수 있는데, 참고로 그 2권에서 곰은 아테네 민주정체는 단순히 민중에 의한 통치가 아니라 상황에 따라 실제로는 귀족정, 과두정, 왕정의 성격을 가졌음을 지적한 바 있다(1956: 109).

과 더불어 민주정체라는 평등한 경쟁 체제에서도 자신은 개인적인 능력을 발휘하여 정치적으로 출세할 수 있다는 자신감 속에서 평민들의 요구를 적극적으로 수용하고 정치적 평등화를 지지하는 정치 세력이다. 이 두 집단이 특히 B.C.5세기 후반에 이르러 정파 대립과 갈등의 주체인 과두파oligarchoi와 민주파demokratikoi의 기원이라고 볼 수 있다.[24] 다만 그러한 분류는 지배층의 분열에 따른 정치적 파벌 형성의 개략적인 기원일 뿐이고, 정당사에서 언제나 그러하듯이 정치적 상황에 따라 한 정파 내에서도 강경파나 과격파, 온건파, 중도파 등으로 파벌이 분기하는 현상이 아테네 정치사에도 나타난다. 그 정치사적 과정을 간략히 기술하면 다음과 같다.

클레이스테네스의 민주화 개혁 이후 겪게 된 대大국가적 위기인 페르시아 전쟁에서의 승리는 아테네인들이 자신들의 정치 체제에 대해 자신감을 갖게 했으며, 이제 정치적 쟁점은 민주정과 귀족정 사이에서 선택하는 문제가 아니라 민주정체 하에서 귀족 계층이나 부유층 또는 소수의 엘리트 집단에 부여된 전통적인 권한을 어느 정도 유지하거나 축소하면서 일반 시민들에게 더 큰 권한을 부여하는지를 중심으로 나타난 것 같다. 따라서 과두파oligarchoi는 반反민주주의자가 아니라 민주정체 내에서의

---

24 아테네를 포함하여 희랍 도시국가들 전반의 정파 갈등에 관한 기본적인 1차 문헌은 아리스토텔레스의 『정치학』 5권과 『아테네 정치 체제*Athēnaiōn Politeia*』(특히 29~41장)이다. 교과서적으로 '혁명'에 관한 논의로 이해되기도 하는 『정치학』의 그 부분은 진보의 의미가 함축된 근대적 의미의 혁명은 아니며, 정파 갈등에 따른 내란 등 정치적 혼란과 그에 수반하여 "정치 체제를 변혁하는metaballousin hai politeias" 원인에 관한 경험적 설명이다. 그것은 플라톤이 대화편 전체를 통해 국가에 대한 철학적 논의 과정에서 간헐적으로 언급한 내용에 관해 그의 제자가 정치적 사실의 전달 및 원인 탐구의 차원에서 정리한 것이다. 고전 시대 도시국가들의 정파 갈등의 역사에 관한 포괄적인 정리로는 Lintott(1982)가 참조할 만하다. 그리고 정파 갈등의 정신사적 측면에 관해서는 지은이도 설명한 바 있다(양승태, 2006, 1권 5장 2절 참조). 이 맥락에서 이 책의 서술은 정치사적 사실에 근거를 두되 그 바탕에 있는 정신사적 흐름에 관한 것이기 때문에 단정적이 아니라 유보적인 서술이 될 수밖에 없음을 밝힌다.

보수주의자 또는 엘리트주의자라고 말할 수 있으며, 그 반대파인 'demokratikoi'도 민주파가 아니라 '민중파'로 번역함이 당시 정치적 맥락에서 두 희랍어의 의미를 좀 더 명확하게 표현하는 방법일 것이다. 다만 이 책에서는 두 희랍어 원어의 1차적인 의미를 일관되게 유지한다는 의미에서 '과두파'와 '민주파'의 용어를 사용하기로 한다. 어쨌든 전자의 정파로는 키몬Kimon, 아리스테이데스Aristeides 등이, 후자로는 테미스토클레스Themisthokles, 에피알테스Ephialtēs, 페리클레스 등이 민주화 시대 초기의 정치적 파쟁을 주도하는 인물들로 등장한다. 페리클레스 시대란 페리클레스의 탁월한 지도력을 통해 민주파 장기 집권의 시기이며, 현대 비교정치학의 용어로 '민주주의의 공고화consolidation of democracy' 시기이기도 하다.

그런데 민주파의 대표이자 아테네 최초의 '민주주의자'라고도 할 수 있는 페리클레스의 정치 이념도 다수 시민이 자의적인 의사로 국사를 제멋대로 결정함을 의미하는 것은 아니다.[25] 그의 민주정치 이념에는 아테네의 교양 있는 시민집단은 지혜로운 정치 지도자들이 주도하는 합리적 토론과 설득을 통해 집합적 지혜를 발현하여 국가 정책을 올바른 방향으로 이끌 수 있는 통치의 주체가 될 수 있다는 믿음이 깔려 있는 것이다. 실제로 페리클레스 시대에는 아테네 역사상 최고의 국가적 번영 속에서 심각한 정파 갈등도 없이 민주정치가 원활하게 운영되었던 것 같다. 특히 배심원 수당 등 '민주화 비용'을 과감하게 지출할 수 있고, 파르테논 신전의 건축 등과 같은 국책사업을 통해 일자리를 창출할 수 있으며, 대규모 축제 등 시민들에게 경제적 및 문화적 혜택을 제공할 수 있는 비용을 감당할

25 다시 확인하자면 그러한 이념은 투키디데스가 기록한 페리클레스의 장례연설epitaphois에 집약되어 있다.

수 있는—19세기 중반의 영국이나 1950년대의 미국과 같이—최고도의 국가 재정 능력[26]은 아테네라는 국가의 민주주의 창달을 지속하게 만든 요인으로 보인다.[27] 그러나 바로 그 제국주의적 번영 속에 제국의 쇠퇴가 잠재되어 있었고, 민주주의의 창달 속에 민주정치의 쇠퇴가 함축되어 있었고, 정파들 사이의 평화로운 공존 속에 국가 정체성을 위협할 수준의 새로운 형태의 정치적 파쟁의 맹아가 싹트고 있었다.

모든 국가적 쇠퇴는 바로 번영기에 시작되고 모든 심각한 갈등과 대립은 화해와 협력의 시대에 잠재되어 있다. 그런데 아테네 제국은 사실 엄밀한 의미에서는 제국이라고도 볼 수도 없고, 설사 제국이라고 해도 역사상 가장 소규모의 단명한 제국으로서 제국의 역사에서 에피소드에 불과할 수 있다. 그리고 아테네 제국의 몰락은 바로 그 제국의 성격 속에 처음부터 예정되어 있었다고도 볼 수 있다.

제국주의적 패권은 속된 말로 공짜로 유지되지 않는다는 사실이 중요하다. 폴 케네디(Kennedy, 1987)가 근대사의 맥락에서 제국들 부침의 이면

---

26 페리클레스 시대에 아테네는 민회와 인민법정 참여에 수당을 지급하기 시작했으며, 국가 번영기에 거대한 부를 축적한 시민들에 대한 여러 형태의 요역공납leitourgia의 부과를 통해 해군력의 강화를 포함하여 국방정책을 추진함은 물론 연극, 운동경기, 축제 등을 지원하게 함으로써 아테네 시민들이 국가 번영의 혜택을 피부로 느끼게 했다. 그러한 사실들을 민주정치 운영의 관점에서 자세하게 정리한 비교적 최근의 저작으로는 Aird(2004)가 있다.

27 정치사에서 보편적인 현상이지만, 한 인물의 지도력이 확립된 시기라고 해서 그의 지도력에 대한 도전이 없는 것은 아니다. 페리클레스 시대 또한 다양한 동기에서 그리고 민주화 시대의 자유로운 분위기 속에서 정치인들이나 일반 시민들이 그의 지도력에 도전하고 비난하고 때에 따라서는 개인적으로 욕설을 퍼붓기도 했다. 이에 관한 재미있으면서도 당시 아테네 민주정치의 한 측면을 보여주는 일화가 플루타르코스의 『영웅전』 중 〈페리클레스전〉 5장에 기록되어 있다. 즉 한 비속한 인간이 페리클레스가 낮에 업무를 보기 시작한 때부터 퇴근 후 집으로 갈 때까지 그를 계속 따라다니며 욕설을 퍼부었는데, 페리클레스는 하인을 시켜 횃불로 밝혀주면서 그 사람을 집까지 바래다주었다는 일화이다.

에 있는 경제력 및 재정 문제를 설파했듯이, 일단 여러 국가를 복속시키려면 그것을 뒷받침할 강력한 군사력이 요구되며, 강력한 군사력은 상대방 국가들의 그것을 넘어서는 무장과 병참 능력과 조직력을 갖춘 군대의 유지를 필요로 한다. 또한 군사력은 바로 풍부한 국가 재정이 뒷받침되어야 하며, 서양 근대 정치사에서 국가 목표처럼 사용되고 있는 '부국강병富國强兵'이라는 표어에서 부국 없는 강병이란 존재할 수 없거나 존재하더라도 결코 오래갈 수는 없을 것이다. 그런데 국력을 결정하는 또 다른 요인들인 국가 전체 차원의 교양 수준이나 공직자의 공인의식과 군대의 기강이나 사기 등의 문제들을 논외로 하더라도, 강병의 유지를 뒷받침하는 국가 재정이 충당되는 방식이 무엇인가에 따라 제국주의적 패권이 얼마나 오래가거나 영속하는지가 결정된다고 할 수 있다.[28]

아테네 제국에는 분명히 하나의 패권 국가가 여러 국가에 대해 지배력을 행사했다는 의미에서 제국의 요소는 있지만, 하나의 민족이 여러 다른 민족의 국가들을 지배하는 체제이기보다는 단일 민족의 도시국가들로 구성된 연맹체에서 맹주 국가의 성격이 강하다.[29] 그리고 그것이 설사 제국으로 불릴 수 있다고 하더라도, 그 제국의 성립 자체가 강력한 경제력과 더불어 정복 전쟁에 의한 결과가 아니라 페르시아 전쟁의 승리를 주도했다는 일종의 우발적인 요인에 기인하고, 그 지배력의 범위도 역사상 가장 소규모이고 가장 단기간 존속한 경우이다. 그 주된 이유는 후대의 베네치아 '제국'의 경우와 같이 국가 경제를 거의 전적으로 해외 자원과 무역에 의존

---

28 아담 스미스의 『국부론』은 잘 알려져 있듯이 국력의 근원인 국부의 진정한 원천이 해외로부터의 금화나 은화의 유입이 아니라 — 당시 지배자들의 사고를 지배하는 관념과 같이 — 자국 내의 생산력에 있다는 평범한 사실을 일깨운 저작이다.

29 그것이 제국으로 불리는 주요 이유는 투키디데스의 용어로 본디 통치 질서를 의미하는 'archē'를 영어 'empire'로 번역하는 것이 상례가 된 데 있다고 할 수 있다.

할 수밖에 없었으며, 그 제국 질서의 유지를 위한 군사력도 주로 피지배 국가들의 공납금에 의존하고 있었다는 사실에 있다.[30] 따라서 그 지속가능성은 처음부터 구조적인 한계가 있었다. 무엇보다 피지배 도시국가들이 제국주의적 패권에 복속하는 대가가 빈약한 것도 그 지속가능성에 근본적인 한계를 부과했다. 그 대가란, 1) 에게해 지역에서 페르시아의 지배력으로부터 동맹 도시들의 안보를 보장하고, 2) 해적들의 발호를 막으면서 원활한 해상무역을 위한 치안 질서를 유지하며, 3) 동맹 도시 내 민중파 세력의 정권을 보장하는 것이 거의 전부라고 볼 수 있다. 그런데 1)과 2)는 이민족인 페르시아의 역할을 아테네로 대치하는 것일 뿐 실질적인 차이는 없으며, 3)의 경우 당시 희랍 도시국가 어디에서나 정치적·사회적 세력으로 존재하는 귀족파 혹은 과두파에게는 오히려 극심한 반발의 대상일 뿐이었다.

그러한 의미에서 아테네 제국에는 그 제국 질서를 붕괴시키는 요인이 처음부터 내재해 있었다고 볼 수 있다. 더구나 아테네는—이 책의 주인공인 리시아스의 개인적 경험에 전형적으로 나타나 있듯이—하나의 통합된 제국 질서를 확립하기에는 후대의 로마와 같이 복속한 국가의 시민들을 포용하는 문화적 개방성이 부족함을 넘어 그들에게 배타적이었고, 아테네만의 일방적인 번영이나 아테네만의 국가 안보를 위해 델로스 동맹의 공금을 유용하거나 공납금 등을 추가로 강요하는 이기적인 행태를 보였고, 이는 제국의 해체를 더욱 촉진하는 요인으로 작동했다. 펠로폰네소스 전쟁 발발의 근본 원인도 제국의 성립 및 운영과 관련된 그러한 구조적인 요인에 있지만, 아테네 국가의 패배 및 아테네 제국의 해체를 예고하는

---

30 아테네 '제국'의 여러 측면에 관한 가장 포괄적인 연구로는 Kagan(1995; 1991)이 있고, 그리고 경제적 및 사회적 측면에 관해서는 Finley(1999; 1981)의 연구가 대표적이다.

시칠리아 파병의 실패도 같은 맥락에서 이해될 수 있다. 특히 시칠리아 파병 실패의 배후에는 아테네 번영의 정치적 원인이며 결과이자 국내정치 및 국제정치 차원에서 수호되어야 할 지배 이데올로기 및 기존 체제로 부각한 민주주의가 있다.

정치·경제·문화적으로 희랍 세계의 중심 도시가 된 아테네의 시민들은 도시 생활의 번영과 자유로움 속에서 전통 귀족의 정신적 영향력에서 벗어나게 되고, 민주주의가 정치 제도의 변화 차원을 넘어 아테네 시민들의 구체적 삶의 일부가 된다. 이에 따라 평민들이 다수를 이룬 아테네의 시민집단politeuma은 통치의 법적 혹은 수동적 주체에서 실질적이고 능동적인 주체로 등장하게 된다. 이제 시민집단 다수의 의사가 실질적으로 아테네라는 국가의 정책이 되고, 그들의 의사에 의해 실질적으로 정치인들의 권력 획득이나 정치 지망생들의 출세도 결정되는 상황이 된 것이다. 그러한 상황의 변화는 당연히 새로운 정파들의 출현이나 활동 양상에도 영향을 미치게 된다.

한편으로 귀족파 혹은 과두파 가운데는 민주정체의 개방과 자유의 이름으로 전통적 가치나 질서가 쇠락하는 현상에 대해 거부감을 갖거나, 평등성의 이름으로 '못난' 인간들이 '설쳐대는' 현실에 혐오감을 갖는 인물들이 있었을 것이다. 따라서 그들은 민주정체 자체를 부정하는 강경한 태도도 보였을 것이다. 다른 한편으로 그들 가운데는 다수의 전횡을 견제하거나 완화하는 제도적 장치를 통해 대중민주정치의 수정을 추구하는 온건파도 있었을 것이다.[31] 후자의 경우 대중의 정치 참여 확대에 따른 국가

---

31 펠로폰네소스 전쟁 후반기에 이들 과두파(혹은 보수파 혹은 엘리트주의자)는 대부분 50대 이상의 원로급 정치인들이었다. B.C. 411년 400인 과두정 쿠데타의 주도 인물인 안티폰Antiphon(B.C. 480~B.C. 411)과 B.C. 404년 30인의 참주정 쿠데타를 이끈 크리티아스Kritias(B.C. 460~B.C. 403)가 강경파로 분류될 수 있다면, 중도파 혹은 온건파로는 앞에서

운영의 질적인 저하를 비판하지만 그러한 결함을 민주정체의 운용의 묘를 통해 극복하려는 인물들이라고 말할 수 있으며, 아테네 정치사의 전개가 확인하듯이 — 아울러 정치 파벌의 역사에서 일반적으로 그러하지만 — 그들은 민주파의 온건 세력과 언제나 타협할 수 있는 존재였다. 민주파 가운데는 이미 아테네의 국체politeia가 되었고 아테네 번영의 상징이자 국가적 자존심이 된 민주정체를 절대적으로 고수하려는 정파도 등장한다. 그들에게는 민주정체의 불안정성이 바로 자신들의 정치적 입지에 대한 직접적인 위협도 되기 때문에 민주주의의 실체에 대한 이해 차원을 떠나 현실적으로 '민주주의 맹신자'가 되는 것이다.[32]

언급된 니키아스와 더불어 트라시불로스Thrasyboulos(출생연도 미상이고 B.C. 388년 사망)가 있다. 이들 과두파 내부의 분화 및 정치적 행동의 차이에 대해서는 Kagan(1987, 특히 chap. 6 "The Coup"와 chap. 7 "The Four Hundred in Power")을 참조하기 바란다.

32 대표적으로 서양사 교과서에서 'demagogue', 곧 민중 선동가의 원형으로 규정되는 클레온Kleōn(출생연도는 미상이고 B.C. 422년 사망), 펠로폰네소스 전쟁 말기에 스파르타에 항복을 끝까지 반대한 클레오폰Kleophon(생몰연도 미상), 그리고 소크라테스의 처형을 주도한 아니토스Anytos(생몰연도 미상)도 이 부류의 정치인에 속한다고 볼 수 있다. 그런데 클레온이 역사적으로 민중 선동가의 원형처럼 규정된 데는 희극 작가 아리스토파네스의 역할과 더불어 어느 정도 과도한 측면이 있다. 그가 정치적으로 부상한 것은 전쟁 수행에 관한 페리클레스의 기본 전략에 반대하면서이다. 즉 육전을 피하고 해전 위주의 전략으로 아티카 농촌 지역을 스파르타군이 짓밟게 내버려둔 페리클레스가 농부나 지주들의 원성을 불러일으켰고, 클레온은 그들의 의사를 대변하여 육전을 통해 스파르타와 정면 승부를 벌일 것을 주장하면서 페리클레스의 주요 정적으로 부상한 것이다. 그러한 정치 행위와 더불어 배심원 수당을 인상하거나 아테네의 제국주의 체제를 동맹도시들에 대한 강경책을 통해 유지하려는 정책에는 물론 복잡한 정치적 계산과 개인적 동기도 있었겠지만, 역사가 경과한 후 유리한 입장에서 내릴 수 있는 평가가 아니라 당시의 상황에서 평가한다면 그러한 행동을 무조건 선동정치로 쉽게 규정하기는 어려울 것이다. 무엇보다 그가 데모스테네스와 더불어 스파르타를 궁지로 몬 B.C. 425년 필로스Pylos 전투 승리의 주역이었고 암피폴리스 전투에서 전사했다는 사실 만으로도 그를 단순히 대중에 영합하여 통속적인 명예나 사적인 이익만을 추구한 인물로 단정하기는 어려울 것이다. 그는 적어도 자신의 정치적 입장에 일관성 있는 행동을 보인 인물이라고 할 수 있다. 그는 현대 한국 정치사에서 노무현과 유사한 요소가 많은 인물이다.

민주정체는 그 실체가 무엇이든 평민들에게 국가 통치의 주체라는 자부심을 부여하고 전통적인 귀족 계층이나 엘리트 정치인들과 정치적으로나 사회적으로 '맞먹을 수 있도록' 여러 가지 권리들을 실질적으로 누리게 하는 정체이므로, 평민들의 그러한 소망을 대변하는 정치인들의 출현은 일종의 시대적 요구이다. 그러한 정치인들은 귀족이나 평민 출신 모두에서 등장한다. 평민 출신 정치인들 가운데 나름대로 똑똑하고 잘났다는 인물들이 평등이나 자유 또는 개방의 이념에 대한 그들 나름의 신념이나 집착 또는 다수 평민의 이익을 대변한다는 정치적 명분을 내세워 민주주의의 맹신자가 된다. 귀족 출신 가운데는 알키비아데스와 같이 탁월한 외모와 언변과 재산을 바탕으로 민주정체에서도 대중의 마음을 사로잡아 정치적으로 출세할 수 있다는 자신감 속에서 그러한 '이념'에 동조하는 인물도 출현한다. 그는 정치적 계보나 가계 차원[33]에서 민주파에 속하지만, 귀족적 오만을 — 자신의 잘남에 대한 진정한 자신감에 기초한 우월감과 구분하여 — 생래적으로 지니고 있는 일종의 타락한 보나파르트주의자라고도 말할 수 있다. 그는 전략가로서 탁월한 자질은 갖추었으나, 민중을 자신의 정치적 야망을 실현하기 위한 수단으로만 생각할 뿐 카이사르나 나폴레옹처럼 나름의 원대한 정치적 이상을 가진 것도 아니고, 페리클레스처럼 시민들의 계도를 통해 집합적 지혜나 교양을 국가 생활에서 실현하겠다는 포부도 없었으며, 클레온과 같이 그들의 이익을 직접 대변한다는 의식도 거의 없는 것으로 지은이는 평가한다.[34]

---

33 그는 페리클레스와 모계로 6촌 사이이다.

34 정치인 알키비아데스의 그러한 성격에 관해서는 투키디데스가 고전적인 평가를 한 바 있다(특히 『역사』 VI-15 참조). 물론 역사적 인물에 대한 평가가 언제나 그러하듯 그에 대한 평가는 다양하고 상반되는 경우가 많지만, 그 문제에 대한 자세한 논의는 이 책의 범위를 벗어나므로 생략하기로 하며 다음 2절에서 지은이의 평가에 대한 근거를 간접적이나마 기술하기로 한다.

물론 이들 사이에도 그 신념의 강도의 차이나 경직성과 유연성의 차이 또는 목적 추구의 방법과 관련하여 강경과 온건 혹은 중도로 나누어진다. 뒤에 가서 쿠데타와 내란 상태 그리고 새로운 정치적 화해로 이어지는 정치적 파당들 사이의 대립은 특히 펠로폰네소스 전쟁이 발발한 페리클레스 시대 말기에 '신세대 정치인들'이 정치 무대에 본격적으로 등장하면서 표면화되기 시작한다. 신세대 정치인들이란 귀족 출신은 아니지만 민회나 법정에서 일반 시민 혹은 대중의 환호와 지지를 통해 — 바로 민주정치의 제도적 절차에 의해서 — 정치인으로 부각된 인물들을 말하며,[35] 그 심각한 대립의 근원에는 — 그들 정치인 스스로는 의식하지 못했겠지만 — 민주정치에서 바로 '민주'의 실체, 곧 '민'이 통치의 주체가 된다는 말의 진정한 의미가 무엇인가의 문제가 있다.

사실 민주정체의 실체가 무엇인가의 문제는 'dēmokratia'라는 말 자체가 등장하고 그 이름으로 특정한 정치적 제도가 탄생하고 그것을 명분으로 정치적 행위가 이루어졌을 때부터 잠재되어 있었고 정치적 쟁점화가 예고되어 있었다. 다만 현실 정치에서 정파의 대립 및 갈등이 국가 정체성의 위기 차원으로 심화했을 때 그러한 문제가 현실 정치의 쟁점으로 표면화된 것이다. 그러한 경우에도 현실 정치에서는 그러한 문제가 깊이 있고 진지한 검토의 대상이 되기보다는 정치적 타협을 통해 다시 잠재적이 되거나, 그렇지 못할 때는 쿠데타나 혁명 등 폭력적 방식에 의한 해결 아니면 내란으로 진행될 수 있다. 결국, 그 갈등의 근원을 탐색하고 그 근원

---

35 신세대 정치인의 대표적인 인물로 앞에서 언급된 클레온Kleōn, 시칠리아 파병 및 패전과 관련하여 앞에서 설명했던 니키아스Nikias(B.C. 470 추정~B.C. 413)와 알키비아데스Alkibiades(B.C. 451~B.C. 403) 등을 거명할 수 있다. 그들 모두 펠로폰네소스 전쟁 중에 전사하거나 쿠데타의 와중에서 그리고 전쟁의 말기 및 내란의 종식 과정에서 사망한 인물들이다. 그들 신세대 정치인들의 행적에 관한 대표적인 연구로는 Connor(1992)가 있다.

적인 해결책의 모색은 지식인, 그것도 고도로 성찰적이면서 체계적인 사유 능력을 가진 지식인의 몫이다. 물론 그러한 사유 능력은 개개인 지식인의 지성적 역량에 따라 다를 수 있으며, 그러한 역량의 완성에 이른 인물을 진정한 의미에서 정치철학자로 부를 수 있을 것이다.

리시아스는 정치철학자는 되지 못한다. 그러나 그의 행동과 사상은 민주파의 일원으로 현실 정치에 참여하면서 이루어진 민주정체의 본질에 대한 그 나름의 성찰이자 국가 정체성 위기 문제에 대한 그 나름의 대응이다. 앞으로 4~6장을 통해 설명되겠지만, 그러한 성찰과 대응이 소크라테스에 의해 태동한 정치철학적 사유가 플라톤에 의해 체계화되는 지성사 발전에 필수적인 요소를 이룬다는 것이 이 책의 기본 논지이다. 어쨌든 리시아스의 행동과 사상을 이해하기 위해서는 먼저 아테네 정파들 사이의 갈등이라는 현실 정치를 희랍 지성사의 발전 차원에서 접근할 필요가 있다.

민주주의의 실체에 관한 현대 정치학자들의 견해에도 반영되어 있지만,[36] 모든 복잡한 성격과 역사적 요인의 문제를 떠나 민주화 시대의 표면적인 정치적 양상들 가운데 하나는 정파들 사이에서 관직을 획득하기 위한 경쟁이 물리력에서의 우위가 아니라 다수 시민의 지지를 확보하기 위한 '말싸움'에서의 승리로 결정되는 상황이 제도적으로 정착되었음을 의미한다.[37] 그런데 펠로폰네소스 전쟁의 발발과 더불어 그 수행 과정에서

36 대표적으로 로버트 다알(특히 Dahl, 1956)의 다원민주주의 이론이 그것이다. 그러한 이론의 지적 결함은 이 책의 논의를 통해 밝혀질 것이다.

37 지은이는 그러한 정치적 상황 전개가 지성사 차원에서 나타난 결과가 소피스트들의 등장이라는 점을 설명한 바 있다(2006, 5장 2절 참조). 여기서 그 내용을 다시 간단히 부연하면 다음과 같다. 정치적 '말싸움'의 제도적 보장을 표현한 희랍어가 '누구나 발언할 수 있다'는 의미의 'parrhēsia'나 '귀족과 평민들 모두 평등한 발언권을 갖는다는' 의미의 'isēgoria'이고, 그러한 평등한 권리를 기초로 평등한 정치를 실현한다는 의미에서

발생한 시칠리아 원정의 실패는 민주정체의 운영과 관련된 잠재적인 갈등 상황이 정파들 사이의 극렬한 충돌로 표면화되고, 더 나아가 민주정체에 대한 혐오나 회의론이 새롭게 강화되면서 정치적 담론에 표면적으로 부상하는 계기가 되었다. 특히 과두파 시민들이나 정치인들에게는 평소 민주정체에 대한 대안이 되는 정치 체제를 가진 도시국가이기 때문에 은근한 옹호의 대상이었던 스파르타와의 전쟁 자체가 심적으로 내키지 않았을 것이다. 게다가 전쟁의 수행 과정에서 드러난 민주정치의 여러 가지 심각한 부작용으로 인해 그들 사이에 민주파 정치인들에 대한 불만과 더불어 오래 잠복해 있던 민주정체 자체에 대한 불신이 표면화되면서 정파들의 대립도 첨예하게 되어 아테네 정치는 장차 쿠데타와 내란 사태에 직면하게 된다.

펠로폰네소스 전쟁은 클레이스테네스의 민주화 개혁 이후 80년이 지난 시점에서 발생했다. 그 시점은 아테네의 민주정체가 이미 국가 체제와 동일시되고 자유와 평등에 기초한 시민적 삶이 국가 정체성의 일부가 되어 그것의 운영이 일시적이라도 포기되거나 정지될 수 없는 역사적 및 정

뒤에 가서 민주정체demokratia라고 일반적으로 불리게 되는 '평등정치isonomia'가 등장하게 된다. 그러한 평등정치와 언론 및 표현의 자유 속에 말싸움 기술이 실용적 혹은 실천적 지식의 핵심이 된다. 이에 따라 그러한 기술 및 지식의 습득이 정치적으로 출세하거나 유명한 법정 대리인 — 희랍어로 'sykophantēs'나 'logographos'로 불리며, 그들은 현재의 변호사에 해당하고 이 책의 주제인 리시아스의 직업이기도 하다 — 이 되는 것 같은 세속적 목표를 달성하기 위해 절박해지게 된다. 그 결과 어느 시대나 부모들의 보편적 욕구인 자기 자식을 남의 자식보다 더 잘나게 만들려는 아테네 부모들의 수요에 부응하려는 지식인들이 출현한다. 그들 실용적 지식인들 혹은 사설 '과외 선생'이 주로 담당한 교육이 바로 논쟁이나 연설을 잘하기 위한 기술인 수사학rhetorikē 교육이며, 그들 지식인이 바로 소피스트들이다. 프로타고라스나 고르기아스 등 그들 소피스트 대부분이 외국인들인데, 그 이유는 B.C.5세기 중엽의 아테네는 희랍 세계 전체에서 아직 학문적으로 후진국이어서 그러한 고등교육을 담당할 지식인들이 충분하지 않았기 때문이다.

신사적 상황이 전개되었음을 의미한다. 따라서 전쟁이라는 국가적 비상 사태에도 불구하고 직접민주정치 제도를 통한 국가 운영은 계속된다. 그 결과 전쟁의 수행이 군사 문제에 능통한 장군들의 전문적인 식견이나 노련한 정치인들의 경륜을 결집할 수 있는 국가 지도자의 결정이나 결단에 의해서가 아니라 민회를 구성하는 군사 문제 아마추어들인 일반 시민들 다수에 의해 결정되는 사태가 계속되면서 여러 가지 국가적 문제들이 발생한다.[38] 그런데도 전쟁을 수행하는 데 큰 문제가 없었다는 사실은 아테네 지배층의 정치 지도력이 어느 정도 안정된 토대에 있었고, 아테네 시민 집단 전체의 정치적 판단력이 나름대로 올바르게 작동했음을 방증한다.

그런데 아테네 국가의 패전 및 아테네 제국의 몰락으로 이끈 결정적 사건인 B.C.413년 시칠리아[39] 전역의 참패는 그러한 정치적 균형을 바탕에서부터 흔든다. 시칠리아 사태로부터 B.C.404년 종전에 이르기까지 아테네 정치사는 쿠데타와 내란 등의 사태를 겪으면서 민주정이 일시적으로 붕괴하고 정파들은 피의 대립을 체험한다. 그러한 정치적 체험 후에야 정파들 사이에 대타협이 이루어지고 민주정은 회복 과정을 겪게 된다.[40] 이

---

38 대표적으로 B.C.427년 1차 시칠리아 파병 당시 군사적 성과를 거두지 못했다는 이유로 지휘관이었던 비극작가로도 유명한 소포클레스Sophokles 등을 도편추방한 사건 또한 B.C.422년의 암피폴리스 전역戰役에서 전투 참여 지연에 책임을 물어 투키디데스를 도편추방한 사례 등을 들 수 있다. 그러한 사건과 더불어 400인의 과두정이 붕괴한 후 B.C.406년 아테네 해군이 승리한 아르기누사이Arginousai의 해전에서 익사한 병사들의 시신을 수습하여 장사 지내지 않았다는 이유를 들어 지휘관들을 처형한 사례는 소크라테스가 그 판결에 저항한 사실로도 유명하지만, 과두파들이 B.C.404년 새롭게 정변을 기획한 동기로 작동했다고 볼 수 있다.

39 희랍어로는 시켈리아Sikelia지만 이 책에서는 일반 독자에게 친숙한 현재의 이탈리아어 명칭을 사용하기로 한다.

40 여기에 해당하는 사건으로는 쿠데타는 B.C.411년 발생한 400인의 과두파에 의한 정변을 지칭하며, 내란은 B.C.404년 패전이라는 국가적 절망 상황에서 스파르타의 직접적인 후원을 통해 과격 과두파가 새롭게 등장하여 민주파를 완전히 제거하려는 정변을

에 따라 아테네는 일시적이나마 국가 정체성의 위기를 극복하여 정치적 안정을 이루게 된다. 하지만 그러한 정치사적 과정은 결국 희랍 세계에서 궁극적으로 도시국가 체제가 몰락하고 마케도니아라는 신흥 왕국에 병합되어 본격적으로 왕국의 시대가 열리는 거대한 역사적 과정의 본격적인 시작이기도 하다.[41]

일으키면서 아테네를 내란 상태에 이르게 만든 사건을 말한다. 전자는 서양사 교과서에서 일반적으로 '400인의 과두파 쿠데타'로, 후자는 '30인의 참주 정권'으로 지칭된다. 여기서 '400인의 과두파 쿠데타'와 '30인 참주 정권'이라는 명칭은 쿠데타를 모의한 인간들의 수를 의미하는 것은 아니며, 쿠데타 성공 후 등장한 정권의 주체를 지칭하는 말이다. 그런데 쿠데타라는 용어는 후자의 경우에는 적합한 어휘일 수 있어도 전자의 경우에는 그 정변의 실체를 드러내는 말인 동시에 왜곡의 위험성도 있는 어휘이다. 전자의 경우 과두파는 비록 폭력의 사용과 위협은 있었지만, 정상적인 법적 절차를 무시하지 않고 정권을 장악했기 때문이다. 그리도 후자의 정변을 주도한 인물들도 정권 장악 과정에서는 전자보다 폭력 사용의 강도가 심하고 법적 일탈의 정도도 심했지만 '민주주의적' 절차를 지키려고 고심한 흔적은 뚜렷하다. 이 점에 대해 케이건은 다음과 같이 표현한 바 있다. "They made every effort to preserve a sense of continuity, normality, and legality …"(Kagan, 2003: 380). 그러한 사실은 아테네의 민주정체가 B.C. 5세기 후반기에는 일종의 국체가 되어 어떠한 정파도 그 내심은 무엇이든 민주정체를 정면으로 부정할 수는 없는 역사적 상황이 전개되었다는 사실을 암시한다.

41 이 기간의 사건들에 대한 1차 사료로는 투키디데스의 『역사*Historia*』와 크세노폰의 『헬레니카*Hellenika*(제목을 직역하면 '희랍의 사건들')』 등 당대의 지식인이 직접 관찰하고 기록한 역사서, 그리고 로마 시대에 그것에 관해 기록한 후대 역사서들의 내용을 정리한 작품으로 그들보다 4세기가 지난 B.C. 1세기 중엽 시칠리아 출신의 희랍인 역사가 디오도로스Diodorus Siculus(B.C. 90~B.C. 30); '시칠리아인 디오도로스'라는 의미의 라틴어 표기이며, 희랍어 명칭은 'Diodoros tou Sikeliotou'이다)가 저술한 『역사의 문고 *Bibliothekes Historikes*』(영어 제목은 '*The Libraries of History*')가 있다. 일반인들에게는 덜 알려진 이 저작은 생존 시기도 어느 정도 비슷하지만 여러 면에서 사마천司馬遷(B.C. 145~B.C. 80)의 『사기史記』의 '아류'라고 할만하다. 그가 역사가로서 '아류'인 이유는 다음과 같다. 즉 이집트 상고사와 신화에 관한 서술에서 출발하여 로마 제국까지 근동 및 유럽의 역사 전체를 개별 국가나 왕국의 관점을 넘어 일종의 보편사적 — 그 자신의 표현으로 'koine historia(common history)' — 관점에서 포괄적으로 서술한 장점은 있으나, 역사적 사실의 바탕에 있는 인간성의 문제나 아이러니, 운명의 문제들을 기술할 수 있는 지적 소양을 갖춘 인물은 못 되기 때문이다.

2. 시칠리아 파병과 정파 갈등 폭발의 정신사

시칠리아 파병이 펠로폰네소스 전쟁 전체의 전개에서 갖는 중요성은 투키디데스가 그의 『역사』 전체의 4분의 1을 그 2년 동안의 사건에 할애했다는 사실에서도 확인되지만,[42] 그것은 B.C. 5세기 말에서 B.C. 4세기 말에 이르는 아테네의 정치사 및 정신사의 전개를 이해하는 데도 필수적이다.[43] 그 기간은 바로 리시아스의 경우 청장년으로서 직접 정치 생활을 체

그 시대에 관해서는 현대 역사학자들에 의해서도 많이 연구되었고 많은 역사 교과서들이 저술되어 있다. 희랍 고대사 전반에 관한 교과서로는 대표적으로 Pomeroy et. al.(1999)이 있다. 다시 강조하자면 케이건의 『펠로폰네소스 전쟁사』 3부작(1974; 1981; 1987)은 그 전쟁 전체에 관한 연구의 결정판으로, 역사학자에게 요구되는 지적 장인정신이 무엇인지 보여주는 역작이다. 지은이도 그의 저술을 통해 펠로폰네소스 전쟁의 실체에 대해 많은 새로운 통찰을 얻었다. 케이건은 이 3부작을 완성한 후 일반 독자들을 위해 연구 문헌들의 소개를 생략한 요약본 형태의 저작을 저술했으며(Kagan, 2003; 한국어 번역판은 케이건, 2006), 이후 그것을 좀 더 축약하고 전쟁의 원인과 평화의 유지라는 일반적 시각에서 1차 세계대전, 2차 포에니 전쟁, 2차 세계대전, 쿠바 미사일 위기와 함께 비교하여 논의한 저작도 저술한 바 있다(Kagan, 1995, 한국어 번역본은 케이건, 1998).

42 앞으로 이 절에서 'I-1' 형식의 '권-절' 표기는 별도의 부기가 없는 한 투키디데스의 『역사』의 '권-절'을 지칭한다.

43 독자들의 편의를 위해 희랍 세계가 마케도니아에 병합되는 과정을 미리 간략히 정리하면 다음과 같다. 펠로폰네소스 전쟁 종전 후 스파르타는 희랍 세계의 패권국으로 등장하며, 스파르타의 패권에 대한 테바이 등 다른 도시국가들의 저항과 도전으로 인한 코린트 전쟁(B.C. 395~B.C. 386)으로 불리는 새로운 내전 상황이 전개되고, 그러한 희랍 세계 내부의 상황을 이용하려는 페르시아의 군사적 개입과 외교적 중재로 '안타클리다스의 평화the Peace of Antaklidas(B.C. 386)'가 성립한다. 그러한 평화 체제하에서 스파르타와 테바이 사이의 패권 다툼은 레욱트라 전투The Battle of Leuktra(B.C. 371)에서 테바이의 승리로 종결되고, 이후 테바이가 10년간 패권국의 지위를 유지하다가, B.C. 362년 만티네이아 전투에서 새로 발흥한 마케도니아의 필립 2세의 군대에 패하면서 마케도니아가 희랍 세계의 맹주로 등장하게 된다. 그리고 역사적으로 잘 알려져 있듯이 테바이와 아테네 중심의 희랍 연합군은 B.C. 338년 알렉산드로스 대왕이 아버지인 필립 2세의 휘하로 참가한 카에로네아 전투the Battel of Chaeronea에서 패함으로써 도시국가 체제는 실질적으로 종말을 고하게 된다.

험한 시기이자—안티스테네스의 경우에는 직접적인 정치 생활의 체험이 기록으로 남아 있지 않다—지성적으로 원숙해지는 시기이다. 아울러 그 사건들 속에는 아테네라는 조그만 도시국가의 국가 체제와 문화에 대한 우월감과 동시에 그것에 대한 회의가 공존하고 있고, 아울러 아테네 제국이라는 국가적 영광을 어떻게 하든 지키는 것이 국가 정책의 근본 목표가 되어버린 구조적 상황과 정신적 분위기도 집약되어 있다.[44] 그러한 상황과 분위기 속에서 다중의 의사나 정서가 국가 정책의 방향을 결정하는 체제인 민주정체의 존재는 전쟁 수행뿐만 아니라 정치사의 향방을 결정하는 주요 변수로 작동하고 있었다.

그 적정 규모나 전략 및 전술상 준비의 철저함 문제를 떠나, 아테네가 시칠리아에 선단과 병력을 파견하게 된 이유는 일단 국가 정책의 차원에서는 충분히 이해될 수 있다. 시칠리아섬은 고대의 지중해 세계에서 이집트와 흑해의 북쪽 연안과 더불어 곡물의 주요 공급지이자 지중해 해상무역의 중심이 되기 때문에 지정학적으로 중요한 곳이었다.[45] 그러한 중요성은 펠로폰네소스 전쟁 후 오랜 기간이 지나 발생한 로마와 카르타고 사이의 이른바 포에니 전쟁the Punic Wars; 라틴어로 Bella Punicus(B.C. 264~B.

---

44 이에 따라 케이건은 경제적 이익이 아니라 국가적 위신 혹은 명예를 그 전쟁의 근본적인 원인으로 지목하고 있다. 지은이도 그의 견해에 대체로 동의한다. 하지만 그러한 해석은 '명예'의 근저에 있는 국내 체제나 국제 체제의 유지라는 구조적 원인과 결합하여 설명할 때 좀 더 타당성이 있을 것이다. 정치인들뿐만 아니라 조직을 관장하는 인물들은—물론 '철없는' 인간이 아니라 예의와 염치를 아는 정상적인 인간이라면—특히 그 체제나 조직이 선대의 정치인이나 조직의 창업자로부터 물려받았을 경우 자신이 책임자로 있을 때 쇠퇴하거나 붕괴하는 것 가장 불명예스럽게 여긴다.

45 펠로폰네소스 전쟁에서 아테네의 패배를 결정한 전투인 B.C. 405년의 아이고스포타모이Aigos Potamoi 전투가 흑해로부터의 곡물 수송로인 헬레스폰토스(현재의 다다넬스 해협)에서 벌어졌다는 사실이 이 점을 간접적으로 증언한다. 즉 시칠리아 정벌의 실패는 흑해로부터의 곡물 수입이 아테네에 절체절명의 생존 문제였으며, 그 전투에서의 패배는 아테네가 전쟁에서 더는 버틸 힘이 사라졌음을 의미하는 것이다.

C.146)을 통해 세계사적으로 널리 알려진 바 있다. 따라서 해외 무역이 국가 경제의 기반이자 전쟁 승패를 좌우하는 곡물의 원활하고 안정적인 조달이 절실한 아테네에 시칠리아섬은 국가 안보 차원에서 매우 중요한 지역이었다.[46] 아울러 제국 질서라는 국제정치적 지배 체제를 유지함이 국가 정책의 근간이었던 당시 아테네로서는 시칠리아 지역에 있는 동맹국들의 안보 위협을 방관할 수 없는 구조적인 상황에 있었다. 더구나 당시의 정신사적 상황에서 도시국가들 사이의 동맹synthēkē이란 신들 앞에서의 서약orkos이라는 종교적인 의미도 있으므로, 아테네로서는 어떠한 형식이든 시칠리아 사태에의 개입은 필연적이었다. 문제는 일종의 국가적 명운을 건 도박이 될 수 있는 대규모 원정부대의 파병이라는 개입 방식이 과연 최선의 결정이었는지 여부이다.

파국이라는 결과 자체가 그 결정이 잘못되었음을 확실하게 증명하는 증거일 수 있지만, 아무리 최선의 결정이라도 피할 수 없는 운명의 작동으로 실패하는 경우도 많으므로 그 결과만 가지고 그 결정의 타당성을 재단할 수는 없을 것이다. 어쨌든 투키디데스를 비롯하여 고대에서 현대에 이르기까지 대부분 역사가가 아테네의 시칠리아 파병을 잘못된 결정으로

---

46 특히 펠로폰네소스 전쟁의 발발 후 페리클레스가 고안한 아테네의 기본적인 군사 전략은 스파르타가 우월한 지상 전투 대신에 해상 전투 위주의 전쟁 운영이었다. 이 때문에 아테네 외곽의 아티카 지역에서 생산되는 곡물은 스파르타군의 약탈 전략 때문에 안정적으로 조달될 수 없었으며, 이에 따라 해외로부터의 곡물 조달이 식량 안보 차원에서도 더욱 중요하게 되었다. 시칠리아는 스파르타에게도 주요 곡물 공급지로 군사 전략상으로 중요한 지역이었음을 투키디데스는 언급하고 있다(『역사』 III-86 참조). 뒤에 가서 검토될 리시아스의 법정 연설문들 가운데 하나인 〈곡물상들에 대한 고소*Kata tōn Sitopōlōn*〉는 키프로스 섬에서 곡물을 수입하는 상인들이 폭리 문제로 피소된 사건을 다루고 있는데, 근대 영국에서 곡물법Corn Law의 경우와 같이 곡물 수입 문제는 안보 문제만이 아니라 이권이 발생하는 곳에 으레 발생하는 여러 정치·사회적 문제들도 수반하기 마련이다.

평가함은 잘 알려져 있다. 무엇보다 국가 전력戰力의 상당 부분을 동원하는 대규모 파병 전에 우방이나 적대국의 전력에 대한 철저한 평가나 군수 조달의 문제 등은 물론이고 현지의 지형과 기후, 현지인의 인심이나 여론의 동향 등 전쟁의 수행과 관련된 전반적 문제들을 철저히 검토하고 치밀하게 점검했는지에 대해 부정적이다. 그렇지 않았음은 일단 투키디데스의 다음 증언을 통해 확인된다.

> "같은 해 겨울 아테네인들은 라케스Lachēs와 에우리메돈Eurimedon 부대보다 더 큰 규모의 부대를 시칠리아에 파견하여 가능하면 그곳을 복속시키려 했지만, 그들 대부분은 그 섬이 얼마나 큰지 그리고 희랍인 및 다른 민족들로 구성된 그 인구가 얼마나 되는지도 모르고 펠로폰네소스인들에 대한 전쟁보다 결코 그 규모 면에서 떨어지지 않는 전쟁을 수행하게 될 것이라는 점도 몰랐다"(『역사』 VI-1).[47]

---

47 여기서 '같은 해 겨울'은 B.C. 416년 말에서 B.C. 415년 초에 해당한다. 라케스와 카로이아데스가 지휘관인 B.C. 427년의 1차 파병에 관해서는 투키디데스의 『역사』 III-86, -88, -115 및 IV-24~25에, 에우리메돈이 지휘관인 B.C. 425년의 2차 파병에 관해서는 IV-2~4, 46에 간략하게 기술되어 있다. 제1차 시칠리아 파병에서는 처음에 20척을 파견했다가 그 후 라케스를 사령관직에서 해임하면서 추가로 40척을 파견하게 된다. 투키디데스는 1차 파병이 아테네가 "시칠리아의 곡물이 펠로폰네소스로 수입되는 것을 막으려 했고, 시칠리아 사태를 장악할hypocheiria 수 있는지를 탐색하는 데 있다"고 기술하고 있다(III-86). 그 구체적인 전황에 대해서 투키디데스는 자세하게 전달하지 않고 "아에올로스Aeolos 섬들을 30척의 배로 공격했다"거나(III-88), "로크리스인과의 전투에서 패한 후 레기움으로 귀환했다"거나(III-115), 또는 시라쿠사와 그 동맹군이 아테네와 레기움의 선단에 패했다는(IV-25) 등의 간단한 기술로 끝맺고 있는 것으로 보아 한편의 일방적인 승리나 큰 피해 없이 말 그대로 탐색전 정도로 그친 파병으로 보인다. B.C. 425년에 이루어진 에우리메돈이 지휘하는 2차 파병부대는 40척 선단의 규모였데, 시칠리아로 가는 항해 도중 스파르타와의 필로스Pylos 전역戰役에 합류하게 되어 시칠리아에서는 전투를 수행하지 못하게 된다.

펠로폰네소스 전쟁 전반에 대해서도 그렇지만, 『역사』 6권 1~32장 전체에서 시칠리아 파병 결정 과정에 투영된 아테네 다수 시민의 어리석음과 부박함과 허욕에 대해 냉소를 보내는 투키디데스의 태도에 조금 과장된 면이 없지는 않다.[48] 하지만 당시 아테네가 막강한 군사력에 대한 과신과 더불어 시칠리아 사정에 대한 기존의 정보에 안주하여 돌발 변수의 등장이 승패를 좌우할 수도 있는 전쟁에 안이하게 임한 부분이 있는 것은 분명하다. 그런데 그러한 판단은 이미 사태가 지난 후 그것을 국외자의 관점에서 객관적이고 냉철하게 평가할 수 있는 위치에 있는 지식인의 경우에는 가능할 수 있다. 그러나 사태의 '안'에서는 자신이 처한 역사적 상황에 대한 제한된 지식과 정보에 의존하여 사물을 볼 수밖에 없고, 이에 따라 개별적으로 발생하는 사건들의 표면적인 추이에 따라 사태를 판단할 수밖에 없는 대부분 인간에게 그러한 판단력을 갖기를 기대하는 것은 현실적으로 불가능할 수도 있다. 실제로 시칠리아 파병 이전 전개된 전쟁의 추이나 당시의 상황을 고려하면 아테네 시민들 다수가 민회에서 파병에 찬성표를 던진 이유가 적어도 현실적으로는 이해가 된다. 그러한 추이와 상황을 간단히 정리하면 다음과 같다.

일단 시칠리아 파병은 이 해가 처음은 아니며, 그 이전 B.C. 427년과 B.C. 424년에도 이루어져 대체로 성공적으로 귀환했으므로 파병 자체를 처음부터 국운을 거는 정책으로 심각하게 생각할 분위기는 아니었다. 그리고 B.C. 421년에 체결된 '니키아스의 평화the Peace of Nicias; Nikieios eirene' 이후 전쟁은 대규모 전투 없이 어느 정도 소강 상태를 유지하고 있

---

48 특히 시칠리아섬의 자연 및 인문 지리에 대해 무지했다는 식의 단정은 과장된 평가라고 할 수 있다. 이 점은 케이건도 지적하고 있는데(Kagan, 2003: 254), 오랜 기간 그 지역과 인적, 물적 교류를 했을뿐더러 B.C. 427~B.C. 424년의 파병 경험도 있는 아테네가 그와 같이 무지했을지는 없을 것이다.

었고,[49] 아테네는 페리클레스의 목숨도 앗아갔던 전쟁 초기의 역병도 사라져 병사들의 새로운 충원이나 선박의 새로운 건조를 통해 전쟁 초기의 국력을 회복하고 있었다.[50] 그러한 상황에서 시칠리아섬 서북쪽 해안에 있는 조그만 도시국가이자 아테네의 동맹국인 에게스타Egesta가 스파르타의 동맹국인 시라쿠사의 위협에 처하여 아테네에 구원을 요청하게 된 것이다. 동맹국의 그러한 요청을 아테네가 외면하기는 어렵다. 앞에서 언급한 바와 같이 하나의 제국은 국가적 실리 차원에서나 국가적 영광 또는 외교적 명분 차원에서나 일단 확립된 국제정치적 지배 체제를 포기하기가 현실적으로 불가능하기 때문이다.[51]

아울러 시칠리아 파병은 아테네의 세력을 시칠리아섬까지 새롭게 확장할 수 있는 명분과 계기를 제공해준 사건이었다. 다시 말해 투키디데스가 전쟁의 원인으로 지적한 "아테네의 지배력이 강대하게 되었고tous Athēnaious hēgoumai megalous giginomenous"(I-23) "더 많은 것을 획득하겠다는tou de pleonos ōregonto"(IV-xxi-3) 욕구, 즉 당시 아테네 대외정책

49 50년간 지속하기로 합의한 이 조약은 바로 아테네의 시칠리아 파병이 실패한 직후 공식적으로 B.C. 414년에 파기되었지만, 처음부터 조약문에 명기된 암피폴리스Amphipolis의 아테네 반환이 스파르타에 의해 거부되는 등 조약문이 제대로 지켜진 것은 아니다. 다만 그 이전의 여러 전역戰役을 통해 아테네나 스파르타 양측 모두가 상대를 완벽히 제압할 수 없다는 사실을 잘 알게 되었기 때문에 소규모 국지전이나 동맹국들에 의한 대리전을 제외하고는 대체로 소강 상태가 유지된 것이다.

50 이에 대해서는 『역사』 VI-xii에 소개된 니키아스의 연설에도 언급되어 있다.

51 이 점은 펠로폰네소스 전쟁 발발의 직접적인 원인과도 연관된다. 당시 대부분의 희랍인들에게도 거의 알려지지 않은 에피담노스라는 먼 지역의 조그만 도시국가의 사태가 아테네의 안보에 직접적인 영향을 미치지는 않는다. 다만 그것을 방관함은 바로 제국 질서의 유지를 포기하는 것과 같으므로 아테네 제국으로서는 그것에 대입하지 않을 수 없는 구조적인 원인이 작동한 것이다. 그 구조적인 원인에 대해 자세한 설명은 제공하지 않지만, 케이건은 당시 아테네의 개입주의 외교정책이 1차 대전 중 영국의 갈리폴리 파병이나 2차 대전과 발발과 관련된 체코 및 폴란드 사태에의 개입, 그리고 미국의 베트남 참전에 비교될 수 있음을 지적한 바 있다(Kagan, 2003: 251).

의 근본 동인이었던 제국의 팽창 욕구가 시칠리아 사태를 계기로 새롭게 작동한 것이다.[52] 오랜 전쟁과 전염병으로 인한 국력의 피폐함에서 간신히 회복한 아테네가 이제 같은 정책을 그리스 반도와 에게해의 영역을 넘어 지중해 중앙까지 대폭 확장하려 시도한 것이다. 문제는 아테네가 과연 뒤에 가서 로마가 실현한 제국 질서를 확립하고 통할할 수 있는 국가적 역량을 갖추고 있느냐는 것이다. 페리클레스는 바로 그 점을 염려하여 다음과 같이 말한 것으로 투키디데스는 기록하고 있다. "만일 아테네가 방어 전략에 치중하여 해군력에 집중하면서 전쟁 기간에 영향력 확대를 시도하지 않는 등 국가의 존립을 위태롭게 하는 어떠한 일도 하지 않았다면 전쟁에서 우세했을 것이다. 그렇지만 아테네는 모든 일에서 그의 충고와 반대되게 행동했을 뿐만 아니라, 전쟁과 관련이 없는 사안에서도 사적인 야망이나 탐욕에 이끌려 행동하여 결과적으로 자신과 동맹국들에 해악을 끼쳤다"(II-7).[53] 간단히 말해 그것은 아테네 제국의 가시적 영광에 사로잡혀 그것의 한계를 직시하지 못한 데 따른 결정이라고 말할 수 있을 것이다.

그런데 현실 정치에서는 그 현실의 외양이나 대중의 정신적 분위기에 따라 바로 그와 같이 근원적인 문제의 현실성 혹은 실용성은 인식되지 못하고 당장 나타나고 발생하는 국가적 자존심이나 영광 혹은 경제적 이익이 현실성이나 실용성 전부로 인지되어 정책 결정이 이루어지는 경우가

---

52 이 점을 케이건은 "탐욕greed, 야망ambition, 제국의 팽창the extension of empire"으로 요약한 바 있다(Kagan, 2014: 144) 또한 그 점은 시라쿠사에 원군으로 파견된 스파르타군의 지휘관인 길리포스Gylippos의 다음 표현에도 잘 나타나 있다. "아테네는 이미 희랍 세계에서 유례가 없는 지배체제archē를 확립했음에도, 시칠리아를 먼저 예속시키고, 그것이 성공할 경우 다음에는 펠로폰네소스뿐만 아니라 나머지 희랍 세계를 예속하기 위해 이 나라에 왔다"(VII-lxvi).

53 같은 곳에서 투키디데스는 페리클레스의 그러한 견해를 탁월한 선견pronoia으로 칭송했는데, 그것은 물론 전쟁의 추이 전체를 지켜본 유리한 입장에서 내릴 수 있는 평가일 것이다.

많다. 아테네의 시칠리아 파병은 후자의 전형적인 사례에 해당한다. 그와 같은 방향으로 정책 결정이 이루어지게 만든 아테네 현실 정치의 상황에는 파병에 수반된 국가 정책상의 근원적인 문제를 무시하거나 외면하도록 유혹하는 요소가 있었음이 사실이다. 그와 같은 유혹적인 요소가 정책 결정의 주요 요소로 작동하게 만든 또 다른 구조적인 요인으로는 아테네의 민주정치 체제가 있다. 즉 민주정치가 점차 대중정치가 되어가면서 권력 획득과 정치적 출세의 원천인 대중의 인기와 지지를 얻기 위한 정치인들 사이의 경쟁이 펠로폰네소스 전쟁 말기 아테네 정치사의 흐름을 결정하는 방식으로 작동한 것이다. 그러한 경쟁의 중심에 니키아스와 알키비아데스라는 인물이 있는데, 왜 그러한지 설명하기 위해서는 시칠리아 파병의 결정 과정을 좀 더 구체적으로 살펴볼 필요가 있다.

에게스타는 아테네에 원병을 요청하는 사절단을 보내면서 60척 전선의 한 달 운영비에 해당하는 60탈란트의 은을 직접 보냈다. 속된 표현으로 공짜로 현금이 들어온다는 사실 자체가 유혹적이지만, 아테네가 부담해야 할 전비가 대폭 경감된다는 사실만으로도 아테네 시민들 사이에서 파병에 대해 호의적인 여론이 형성될 수 있었음은 분명하다. 여기에 더하여 에게스타의 상황을 조사하기 위해 파견되었다가 귀환한 아테네 사절단의 보고 내용 또한 그러한 여론 형성에 유리하게 작동한다. 다시 말해 그 도시국가의 국고가 풍부하다는 — 투키디데스의 표현으로 "솔깃은 하지만 진실성이 없는ta epagōga kai ouk alēthe"(VI-8) — 정보 보고 또한 은연중에 시민들에게 시칠리아 파병을 통해 '한몫' 볼 수 있다는 허욕을 자극했을 것이다. 아울러 10여 년 전의 1차 시칠리아 파병이 큰 피해 없이 수행되었다는 사실 또한 파병을 긍정적으로 고려하는 데 이바지했을 것이고, 이번에도 파병 선단의 작전을 시칠리아의 동맹국들을 도와주는 역할에 치중할 경우 큰 피해 없이 그곳에서 아테네의 국가 이익을 도모할

수 있다는 계산도 작동했을 것으로 보인다.[54]

그러한 파병이 전략적으로 잘못된 결정이었다는 점은 민회의 파병 결정 후 5일 후 파병 준비를 위한 세부 사항을 결정하는 민회에서 파병 지휘관들 가운데 하나인 니키아스의 반대 연설에 잘 나타나 있다(VI-9~14).[55] 그의 주장은 다음과 같이 정리될 수 있을 것이다.

1) 에게스타가 아테네의 동의 없이 셀레노스를 침공하여 발생한 분쟁이자 시칠리아 지역 내부의 문제이기 때문에 아테네가 개입할 명분이 약하다.
2) 비록 명목상 평화는(니키아스 평화조약) 유지되고 있지만, 스파르타의 위협이 상존하고 희랍 지역 전체에 국지적 전투가 계속되는 불안정한 상황이 계속되고 있고, 아테네의 국력이 회복되지 얼마 되지 않은 상태에서 대규모의 해외 파병은 국가 존립에 치명적인 위험이 될 수 있다.

---

54 이 점은 특히 『역사』 VI-8의 다음 문장에 암시되어 있다. 즉 60척 선단의 파견 목적은 "에게스타인의 대 셀리노스Selinos 전투를 도우면서 작전 수행이 성공적일 경우 레온티니의 재건에 참여하고, 나아가 시칠리아에서의 모든 사태가 아테네에 최선의 이익이 되도록 도모하는 것이다."

55 원정군 지휘관은 3명으로 니키아스, 알키비아데스Alkibiades, 라마코스Lamachos이다. 군대의 지휘관을 복수로 임명하는 방식은 군부대 운영의 기본 상식에도 어긋나는 기이한 행위지만, 아테네 민주정체의 속성을 드러내는 특이한 제도이기도 하다. 즉 복수의 지휘관을 통해 군사 운영에서 야망 있는 군인이 전횡하는 것을 막고, 그러한 인물이 정권을 장악할 소지를 제도적으로 차단하여 민주정체를 참주 등장의 위협으로부터 보호할 목적으로 운영되던 제도이다. 시칠리아 원정의 실패뿐만 아니라 펠로폰네소스 전쟁에서 아테네가 패배하게 된 주요 원인 가운데 하나도 그러한 방식의 군대 운영에 있다. 이 책 전체를 통해 설명될 주제들 가운데 하나이지만, 아테네의 번영과 더불어 그것의 쇠퇴 및 멸망도 바로 민주정체와 역사적 궤적을 같이하는 것이다. 아테네의 군사 제도에 관한 포괄적인 연구로는 Hamel(1998)의 저작이 참고할 만하다.

3) 시칠리아는 원정에 성공하더라도 거리나 인구 규모상 아테네가 실질적으로 지배할 수 없는 지역이다.

특히 3항의 논변이 중요하다. 시칠리아 파병은 결과적으로 파국으로 끝났고, 그 파국의 과정은 투키디데스가 『역사』 7권에서 자세히 기록하고 있으며, 케이건도 후대 사가의 유리한 관점에서 자세하게 설명하고 있다(Kagan, 2003: 251~323). 하지만 상대방인 시라쿠사의 군세나 대응 태세를 고려할 때 적어도 전략 면에서는 정복에 실패할 필연적인 이유는 전혀 없었으며 오히려 쉽게 성공할 수도 있는 파병이었다. 문제는 설사 시칠리아 지역을 일시적으로 정복할 수 있다고 해도, 그 지역 주민들의 정서나 당시의 교통·통신 수단의 한계를 고려할 때 제국 통치를 쉽게 유지할 수 있는 지역은 아니라는 점이다.[56] 명분과 실리 면에서 시칠리아 파병은 아테네의 국익에 부합하지 않는다는 것이 니키아스 주장의 핵심이라고 할 수 있다. 그렇지만 다수의 아테네 시민들은 니키아스의 주장이 아니라 파병에 적극적으로 찬성한 알키비아데스의 주장에 동조한 것이다. 여기서 중요한 것은 알키비아데스가 민회에서 개진한 파병 찬성의 논리는 그 자체가 설득력이 있으므로 쉽게 잘못된 것으로 단정하기는 어렵다는 점이다. 군사 전문가가 아닌 일반 시민들로서는 나키아스의 주장과 알키비아데스의 주장 가운데 과연 어느 것이 타당한지 신속하게 정확한 판단을 내리기 또한 현실적으로 거의 불가능하다는 것이다. 먼저 『역사』 6권 16~18절에 제시된 후자의 논변을 정리하면 다음과 같다.

그는 먼저 시칠리아섬의 정치적 상황을 고려할 때 원정군 파견이 전략

---

56 이 점과 관련하여 니키아스는 시칠리아에서 보고가 들어오는 데만 겨울에는 4개월이나 걸린다는 점을 지적하고 있다(『역사』 VI-21).

적으로 타당함을 설명한다. 그곳은 민족적으로 다양한 인간들이 살고 있어 아테네에 대항하여 단합된 힘을 발휘할 수 없다는 것이다. 그리고 그곳 도시국가들의 전체 병력의 수도 많지 않거니와, 그곳에는 일반적으로 반反시라쿠사 감정이 팽배해 있어서 아테네군을 도울 수 있는 도시국가들도 많다는 것이다. 그리고 시칠리아에 상당한 병력이 파병되더라도, 남아 있는 아테네의 해군력이 스파르타의 공격을 충분히 막을 만하다는 것이다. 또한 동맹국이 위험에 처했을 때 원군을 파견함은 동맹 관계를 유지하는 데 필수적이며, 그와 같이 동맹 관계를 유지하는 것이 시칠리아에 있는 스파르타의 동맹국이 자국의 안보 때문에 스파르타를 위하여 희랍 지역에 군대를 파견하는 것을 미리 방지하는 기능도 한다는 것이다. 아울러 당시 전쟁의 소강 상태를 이용하여 아테네의 영향력을 적극적으로 확대하는 정책이 아테네의 국가 안보에도 유리하다는 논리도 펼친다.

알키비아데스의 그러한 주장은 일단 위에서 정리한 니키아스의 파병 반대 주장 가운데 제3항의 문제에 대해 답변한 것은 아니며, 제2항의 주장에 대해서도 제대로 반대 논리를 제시한 것이 아니다. 그의 주장은 또한 시칠리아의 자연적 조건이나 사회적 상황 또는 당시의 정세에 대한 구체적이고 상세한 정보에 바탕에 둔 것이 아니라 개략적인 정보나 풍문에 의존한 것으로 볼 수 있다. 특히 시칠리아의 여러 도시국가가 비록 희랍인들의 이민자들로 구성되어 있지만, 수백 년이 지나면서 희랍인들과는 구분되는 시칠리아인hoi Sikeloi; the Sicilian이라는 일종의 새로운 민족적 정체성이 어느 정도 형성되어 있어서 — 독립전쟁 전의 미국과 영국의 관계와 같이 — 전자의 지배나 간섭에 대해 배타적인 분위기가 있다는 사실을 인지하지 못한 주장이었다.[57] 전략적으로도 그것은 적국인 스파르타나

57 이 점은 투키디데스가 전달한 당시 시라쿠사의 구국 영웅이라고 할 수 있는 헤모크라

코린토스가 시라쿠사를 도울 가능성을 염두에 두지 않았고, 해외 파병이라는 여건상 대규모 기병을 파견할 수 없으며, 장기간의 해상활동에 따르는 선박의 습기 등 전술적 제약 사항들을 제대로 검토하지 않은 주장이기도 하다.

간단히 말해서 알키비아데스의 주장은 현재 국내 및 국제적 상황이 대체로 양호하고 시칠리아 정복을 통해 아테네 제국을 지중해 서편으로 확장하여 국가적 영광을 높일 수 있는데 파병을 마다할 이유가 없다는 수준의 논변인 것이다. 그것은 분명히 국내외 사정과 시칠리아 지역의 상황에 대한 치밀한 검토를 기초로 국가 이익이 무엇인가에 대한 깊은 성찰을 바탕으로 개진된 주장은 아니며, 승전 장군이 되어 개인적 영광을 드높이겠다는 영웅의식이 그 바탕에 있다.[58] 어쨌든 아테네의 다수 시민은 바로 알키비아데스의 논변에 끌리면서 앞의 파병 결정을 재차 확인했으며, 이에 따라 시칠리아 파병은 결국 기정 사실이 되고, 파병 반대가 이제는 "국가

테스Hemokrates가 강조한 '시칠리아인'이라는 관념에 잘 나타나 있다(II-44 및 V-76~81 참조). 물론 그것에는 케이건이 지적한 대로 "시라쿠사를 위한 시칠리아"라는 표어를 통해 시라쿠사가 지배하는 시칠리아라는 또 다른 패권 정책을 합리화하려는 의도가 담겨 있지만(Kagan, 2004: 161), 그러한 표어를 통한 호소 자체가 시칠리아인이라는 정체성이 형성되어 있지 않으면 불가능할 것이다.

58 특히 그러한 영웅의식의 바탕에는 자신이 당대의 누구보다 뛰어난 전략가이자 임기응변에 능한 장수라는 자신감도 있음이 분명하다. 비록 아테네라는 조국을 배반한 행동이지만, 뒤에 가서 그가 보여준 전략가와 지휘관으로서의 뛰어난 자질이나 현실 정치인에게 필수적인 덕목인 책략 구사의 탁월함을 고려할 때, 그가 장군직에서 파직되지 않고 시칠리아 전역戰役을 계속 지휘할 수 있었다면 시칠리아 사태가 다른 방향으로 전개되었을 가능성도 전혀 배제할 수는 없다. 물론 이것은 하나의 가정이지만, 이와 관련하여 플루타르코스의 『영웅전』 〈알키비아데스전〉에서(xxxii-4~5) 알키비아데스가 헬레스폰트 전역에서 승리한 후 B.C. 407년 아테네로 귀국할 당시 아테네 시민들의 반응을 기술한 문장을 참고할 만하다. 즉 알키비아데스가 한창 용맹을 떨치던 때에 그를 배척하지 않았다면 시칠리아에서의 참패 및 그 후 겪은 국가적 불행은 없었을 것이라고 아테네 시민들이 애석해했다는 것이다.

에 대한 해를 끼치는 행위로 간주되는kakonous doxeien einai tēi polei"(VI-xxiv) 분위기가 형성되면서, 반대론자들은 이제 언론 자유isēgoria가 보장되는 민주정체 하에서도 다수의 힘으로 침묵을 강요당하는 사태도 전개된다.[59] 니키아스는 민회의 여론을 파병 반대의 방향으로 돌리기 위한 마지막 방책으로 파병이 안전하게 이루어지기 위해서는—그의 표현으로 "운명의 손에 나 자신을 맡기는 사태를 가능한 한 줄이기 위해hoti elachista tēi tychēi paradous emauton boulomai ekplein"(VI-xxiii)—최소한 파견 군대 규모가 선단 100척, 군사 5,000명 이상은 되어야 한다고 주장했다. 그런데 민회는 오히려 파병 규모를 파견 장군들에게 일임한다는 결의안을 채택하여 결과적으로 본래 기획된 규모보다 4배 이상의 대규모 군단을 파견하게 된다. 역설적으로 파병을 막기 위한 니키아스의 제안이 결국 시칠리아 전역에서의 패배로 인해 아테네를 더욱 파멸의 구렁텅이로 몰아넣은 것이다. 다시 말해 본래대로 60척 선단 규모로 파병을 했으면 실패했어도 아테네에 큰 부담이 되지 않았을 것인데, 대규모 파병의 실패가 바로 국가적 대재앙으로 돌아온 것이다.[60]

---

59 참고로 투키디데스가 기록한 파병의 규모는 다음과 같다. 삼중노선triērēs; tiremes 134척과 오십노선pentēkonteros; fifty-oared galley 2척, 30척의 곡물 수송선, 100척의 화물선, 30두의 말을 실은 수송선 1척, 이것들 이외에 병사들을 상대로 장사하는 선박과 화물선 수 척, 5,100명의 중무장병, 480명의 궁병, 800명의 창병, 120명의 방패병이 동원되었다(VI-43~44). B.C.413년에는 니키아스의 요청으로 지원 병력이 추가로 파견되었는데, 데모스테네스와 에우리메돈을 지휘관으로 하는 그 부대의 규모는 73척의 배에 5천 명 정도의 중무장병과 다수의 투창병, 궁병, 투석대 등이라고 투키디데스는 전하고 있다(VII-42). 니키아스의 지적대로(VII-64) 결국은 아테네 국방력의 대부분이 이 시칠리아 전역에 동원된 것이다.

60 이에 대해서는 케이건도 다음과 같이 기술한 바 있다. "니키아스의 개입이 없었더라도 B.C.415년 아테네의 시칠리아 출병은 있었을 것이지만 그것이 없었다면 파국은 없었을 것이다Without Nicias's intervention, there would have been an Athenian expedition against Sicily in 415, but there could not have been a disaster"(Kagan, 1981: 191). 그런데 1

국가의 존망을 좌우할 수 있는 대규모 해외 파병이 그와 같은 과정을 거쳐 결정되고 실제로 출정이 이루어지는 B.C.415년의 여름날, 거의 모든 아테네 시민들이 피레우스Peiraieus[61] 항에 모여서 군인들의 출정을 환송하게 된다. 그 환송의 광경을 묘사하는 투키디데스의 냉소와 안타까움이 교차한 문장(VI-30~32)은—'일이 끝난 다음에' 기술하고 평가할 수 있는 '유리한' 위치에 있는 역사가로서 이후 전개된 사건의 추이를 이미 알고 있기 때문이기도 하지만—『역사』 전체에서 압권에 해당할 정도로 인간성에 대한 날카로운 통찰을 보여준다.

자신들의 친지와 친척과 아들들인 출정 군인들을 전송하는 아테네 시민들에게는 시칠리아 정복에 대한 희망과 더불어 그들을 다시 보지 못할 수 있다는 탄식이 혼재하고 있었으며, 직접 출정하는 모습을 바라보면서 파병에 찬성 투표를 할 때와는 달리 공포심도 다가왔으나, 눈앞에 펼쳐져 있는 원정군의 군세와 장비의 위용을 보고는 다시 용기를 내기도 했다(VI-30). 선주triēarchos[62]들은—투키디데스는 직접 표현은 하고 있지는

차 파병 규모의 군대가 패했어도 아테네의 군사력 전체에 그리 심각한 타격은 되지 않았을 것이다. B.C.413년에 니키아스의 요청으로 대규모의 2차 지원 병력을 보내어 그 군대 모두가 거의 전멸 상태에 이르렀기 때문에 파국이 초래된 것이다.

61 고대의 원래 지명은 '페이라이에우스'지만 영어식의 지명이 일반화되어 이 책에서는 편의상 '피레우스'로 표기하기로 한다.

62 이 말 자체는 삼중노선의 선장과 더불어 삼중노선의 소유자도 지칭하는데, 여기서는 후자이다. 아테네의 국가 재정 운용 방식 가운데 하나는 여러 차례 언급한 대로 요역공납제도leitourgia; liturgy이다. 'eisphora'와 같이 전쟁 등 국가적 상황에 따라 부과되는 직접세 형식의 재정 충당 방식과 함께 전쟁이나 축제 등 국가 재정이 필요할 경우 또는 합창단이나 연극 공연 등에 부유한 자들이 그 비용을 부담하는 방식으로—비록 공식적인 국가 재정 조달 방식은 아니지만, 그것은 현재 한국에서도 재벌들의 방위성금이나 공연예술 또는 스포츠 행사 등에 대한 후원 등의 형태로 재현되고 있다—명예를 얻거나 다른 방식으로 그 대가를 받는 제도이다. 시칠리아 파병의 경우에도 당연히 부자들이 주요 군선인 삼중노선의 상당 부분을 제공했을 것이며, 각각의 선주들이 자기의 배가 타인들의 배보다 더 호화롭게 보이도록 치장하여 부를 과시하는 경쟁이 벌

않지만 아마 시칠리아 정복을 통해 횡재를 기대한 듯 — 경쟁적으로 자기들의 배를 가장 빠르게 만들거나 외양이나 비품에도 사치하는 경쟁을 벌였으며, 전쟁 준비가 목적이 아니라 마치 자신들의 부를 희랍 세계 전체에 과시함이 목적인 것 같다. "실로 그 군세가 희랍 세계를 떠들썩하게 만든 이유는 그것이 대적해야 할 적들의 군세에 비교해 압도적이라는 사실만이 아니라 그 대담함과 그 광경의 호사스러움에 있었으며, 또한 지금까지 시도되지 않았던 최장거리의 해외 원정으로서 미구에 실현될 국력에 기대하는 바가 극도로 컸기 때문이다"(VI-31).

결국 국운을 건 대大도박은 — 대부분 시민은 그것이 왜 대도박인지조차 의식하지 못했지만 — 출발 전부터 과두파와 민주파 사이의 대립에 기인한 헤르메스 석상 훼손이라는 사건이 불길한 전조를 보이더니,[63] 전쟁의 수행 과정에서는 운명적인 요소의 작동과 더불어 여러 우여곡절을 거친 끝에 대大파국으로 끝맺게 된다.[64] 그리고 그 파국은 역사적으로 잘 알

어지는 기묘한 상황이 해외 출병이라는 막중한 국가 안보의 대사를 시작하는 가운데 전개된 것이다. 희랍 세계의 요역공납 제도에 관한 간략한 설명으로는 Finley(1999: 150~154) 참조.

63 시칠리아 파병 선단이 출발하는 전날에 발생한 헤르메스 석상 파괴사건의 경위와 정치적 함의에 관해서는 케이건이 상세하게 기술한 바 있다(Kagan, 2003; 1981: 192~209). 투키디데스나 플루타르코스를 포함하여 그 범인이 누구라고 밝힌 고대의 사가는 없다. 하지만 그 파괴 행위의 방대한 규모나 과두파와 민주파의 대립이라는 당시 정치적 정황, 그리고 알키비아데스의 피소 및 망명과 같이 그 사건의 정치적 효과를 고려할 때 한 개인이 아니라 과두파들 가운데 파병 반대 세력 또는 스파르타의 간첩이 심리적 교란용으로 기획한 것으로 추정할 수 있다. 어쨌든 출정 전에 재판을 진행하지 않고, 파당적 계략에 부화뇌동하여 전장에 나간 장군을 소환하여 재판에 부친 아테네 민회의 결정은 전쟁 수행이라는 국가적 대사를 일반 시민들의 집단적 감정과 정서적 판단이 망친 전형적인 사례에 해당한다. 케이건의 통찰력 있는 논평대로(Kagan, 2003: 267), 시칠리아 원정에 반대한 자들은 원정 자체를 막지는 못했지만 그러한 행동으로 그것이 재난으로 끝나는 데 크게 공헌을 한 것이다.

64 투키디데스는 그것을 "이 전쟁의 과정에서뿐만 아니라 희랍 세계에서 일어난 것들 가

려져 있듯이 아테네가 펠로폰네소스 전쟁에서 패전하게 되는 결정적인 계기가 된다. 즉 스파르타로 망명하여 스파르타의 시칠리아 전략 수립을 도와주었던 알키비아데스는 이제 페르시아 측에 가담하여 페르시아와 스파르타가 동맹조약을 맺게 하는 등의 반역 행위를 하면서 전반적인 전황은 다시 아테네에 불리한 방향으로 전개된다.[65] 동맹 체결과 더불어 스파

운데 가장 크면서 승리자에게는 가장 찬란하고 패배자에게는 가장 파멸적인 사건"(VII-5)으로 기록하고 있다. 여기서 운명적이고 우연적인 요소란 다음과 같이 정리될 수 있을 것이다. 그 파국에는 주요 지휘관인 니키아스의 와병이나 시칠리아에서 철수해야 할 결정적 순간에 고대인들의 행동을 막는 개기월식의 발생 등 운명적인 요소도 있다. 그리고 개인적 요소로서 파병군의 지휘관인 니키아스라는 인물의 판단력과 결단력의 부족과 더불어 시칠리아 파병에 심정적으로 동조하지 않은 데 따른 적극적인 전쟁 수행 의지의 결여 등의 요소도 있다. 아울러 제도적 차원에서는 아테네 특유의 '민주적인' 복수 지휘관 제도에 따른 지휘 체계의 비일관성과 더불어 기밀의 유지와 지휘관의 결단이 필수적인 전쟁 수행을 통제하고 전술상의 실책에 대해서도 처형 등으로 가혹하게 책임을 묻는 민회의 존재가 파국의 주요 원인이라고 할 수 있다. 참고로 플루타르코스는 『영웅전』 〈니키아스전〉(II-3~III-3)에서 그의 성정과 행태에 대해 다음과 같이 기술한 바 있다. 그는 본디 군중을 두려워하고, 소심하며atharsēs, 페리클레스만큼 똑똑하거나 연설 능력이 없었고, 시칠리아 전역 이전에 장군으로 거둔 성공도 대체로 행운 때문이라는 것이다. 그의 대중적 인기도 요역공납 제도를 통해 자신의 부를 대중을 위해 '통크게' 사용한 데 기인했으며, 무엇보다 대중에게는 "거물들에 의해para tōn meizonōn" 자신들이 "경멸당하지 않는다는mē kataphroneisthai" 사실보다 더 큰 영광은 없어 그를 좋아했다는 것이다.

65 여기서 알키비아데스의 망명 생활을 플루타르코스의 『영웅전』 〈알키비아데스전〉과 투키디데스의 기록을 기초로 간단히 소개하면 다음과 같다. 앞에서 기술한 바와 같이 시칠리아 정복 전쟁 3인의 지휘관들 가운데 하나로 선임된 알키비아데스는 시칠리아 파병 전날 발생한 헤르메스상 파괴라는 신성모독죄에 연루되어 피소되고, 이탈리아 남단의 레기온Rhegion에서 시라쿠사 공략을 위한 전략회의를 하는 도중 재판을 받기 위해 본국으로 송환된다. 알키비아데스 개인적으로는 그 혐의 자체가 과두파에 의해 날조된 부당한 것이었고, 재판에서는 사형 판결이 이루어질 가능성이 명확했기 때문에 호송 도중에 도피하여 스파르타에 협력하겠다는 약속을 하고 스파르타의 망명 허가를 받는다. 스파르타에 정착한 후 그는 아테네 공략 방법을 스파르타에 제안하는 등 국가 반역 행위를 서슴지 않는다. 그는 스파르타 지도자들에게 장군 길리포스Gylippos를 지휘관으로 시칠리아에 원군을 파병하여 자신이 지휘했던 아테네군을 공략하도록 조언함으로써

르타는 페르시아로부터 전비를 지원받음으로써 군사력을 보강하게 되었고, 무엇보다 로도스Rhodos와 에우보에아Euboea 등의 여러 동맹 도시국가들에서 아테네의 비호를 받는 집권 민주파에 대한 과두파의 반란이 일어나 델로스 동맹에서 이탈하려는 움직임이 촉발되면서 전황은 아테네에 더욱 불리하게 전개된 것이다. 그리고 흥미로운 점은 그와 유사한 반란이 바로 종주국인 아테네 자체 내에서도 발생했다는 사실이다. 파병을 주도한 민주파 정치인들의 입지는 약화하고 그것에 반대한 과두파의 입지는 강화되면서 아테네의 민주정치 체제 자체가 도전을 받게 된 것이다.

거의 1세기를 지속하여 국가 체제가 되어버린 민주정체에 대한 회의와 도전은 국가 정체성의 위기를 의미한다. 국가적 위기가 국가 정체성의 위기로 이어진 것이다. 역사적으로 다른 국가들도 그러하지만, 아테네가 겪

시칠리아의 전세가 시라쿠사 쪽으로 기우는 데 결정적인 도움을 주고, 아테네의 전략적 취약 지점을 공략하게 하여 스파르타가 전세의 주도권을 쥐게 한다. 즉 아테네 북쪽의 데칼리온Dekalion에는 아테네 재정의 중요 부분을 차지하는 은광銀鑛이 있는데, 스파르타 측에게 그곳을 점령하도록 조언하여 아테네 재정에 큰 타격을 준 것이다.

알키비아데스는 그러한 활동을 통해 스파르타 정부로부터 환대를 받고 그곳 시민들로부터도 인기를 얻었다. 하지만 그는 그곳에서도 곧 신뢰를 잃게 된다(『역사』 VIII-1). 플루타르코스에 의하면(〈알키비아데스전〉 XXIII-7~8) 그는 스파르타의 왕 아기스Agis가 아티카 지역 출정 중에 그의 처와 간통하여 아이까지 낳게 했는데, 그 사건 때문에 그는 결정적으로 스파르타에 더 머무를 수 없었다는 것이다. 스파르타의 신뢰를 잃은 후에 그는 곧 소아시아 지역 담당 페르시아 총독인 티사페르네스Tissaphernes — 그는 크세노폰의 『아나바시스』에 등장하는 주요 인물들 가운데 하나이다 — 에 의탁하여 그의 정치·군사 문제의 고문didaskalos(일반적인 의미는 선생)으로 활동하면서 페르시아가 소아시아 해안 지역의 패권을 다시 장악하도록 여러 가지 조언을 한다. 티사페르네스에게 제공한 그의 조언은 적어도 페르시아의 관점에서는 당시의 국제정치적 상황에서 최상의 전략으로 판단되며, 그가 탁월한 전략가이자 정략가임을 여실히 보여준 경우이다. 투키디데스의 기록에 의하면(VIII-45~46), 그는 스파르타와 아테네 양국 사이의 힘의 균형이 한쪽으로 기울지 않도록 하면서 전쟁 상태를 계속하게 하여 양쪽을 피폐하게 만드는 정책이 페르시아가 이 희랍 지역에 대한 영향력을 회복하는 첩경이라는 점을 티사페르네스에게 조언했다는 것이다.

게 되는 국가 정체성 위기의 기본적인 양상은 국가를 운영하는 목적과 방식이라는 근본적인 문제에 대한 정파들 사이의 심각한 대립과 갈등이다. 그러한 대립과 갈등의 1차적 결과가 B.C.411년에 발생한 소위 '400인의 과두파' 쿠데타라면, 그 2차적인 결과는 B.C.404년의 아테네의 항복 이후 발생한 '30인의 참주 정권'[66] 쿠데타와 이어진 내란 사태이다.[67] 그런데 여기서 주목해야 할 점은 그러한 전황의 악화가 패전의 '결정적인 계기'라고는 말할 수 있어도 패전을 향한 절대적 혹은 기계적인 필연성의 시작은 아니라는 사실이다.

아테네가 시칠리아 파병의 실패라는 국가적 파국 상태로부터 B.C.404년 항복 선언을 통해 완전히 패배하기까지는 거의 10년이 걸렸다는 사실 자체에 암시되어 있지만, 아테네가 그 파국 후 다시 전력을 회복하여 전쟁을 승리로 이끌지는 못하더라도 적어도 소강 상태를 유지하면서 스파르

---

66 이 시기 희랍 역사서의 원본인 『헬레니카』에서 크세노폰도 이 정권을 과두정체 oligarchia, 그 주동자 30인을 바로 '30인hoi triakonta'으로 불렀다(『헬레니카』 II-iii~iv). 그런데 그들이 정권을 장악한 후의 행태에 대한 평가가 잔인한 전제정치였기 때문에 후대에 30인의 '참주들hoi tyrannno'로 — 본디 왕위 찬탈자를 의미하여 한자어로도 참주僭主로 번역되었으나 일반적으로 전제정치를 지칭하게 된 — 불리는 것이 일반적이므로 이 책에서도 그들에 대해 '30인의 참주 정권'이라는 어휘를 사용할 것이다.

67 '400인의 과두파 쿠데타'는 결국 실패하여 안티폰Antiphon 등 그 주동자들이 처형되는데, 그 쿠데타의 실패에 대한 반성으로 크리티아스Kritias 등 과격한 과두파가 재차 시도한 B.C.404년의 쿠데타 과정에서는 반대파인 민주파 인사들 거의 전부를 — 지도자급만 아니라 적극적인 추종자들로 보이는 인사들 거의 전부를 — 제거하여 완벽한 과두정 국가로 만들려 했고 그 결과가 내란 사태이다. 약 1,000명 이상의 민주파 인사들을 살해하고 그들의 재산을 몰수한 과두파의 민주파 절멸 정책은 당연히 상대방에게 생사를 건 투쟁을 유발함은 물론, 이에 따라 그 쿠데타가 정변 차원을 넘어 국가 전체의 내란 사태를 유발하게 된 것이다. 그러한 내란 사태는 B.C.403년 민주파의 승리로 종결되면서 아테네의 민주정은 회복된다. 그런데 쿠데타란 그 정변의 실제적 진행 과정을 고찰한 후세 역사가들의 규정일 뿐이며, 정권 교체 및 새로운 체제의 성립 과정은 '민주주의의 종주국'답게 형식적이라도 민주주의적 절차를 준수하면서 진행되었다는 사실은 주목할 만하다.

타와의 협상을 통해 전쟁을 '정치적으로' 종식할 가능성은 충분히 있었다. 시칠리아 사태로 인해 수많은 중무장 보병과 해군력의 상당 부분이 상실되었어도, 아테네는 해양제국으로서 희랍 세계 도시국가와는 물론이고 페르시아도 경쟁 상대가 될 수 없을 정도로 막강한 해전 능력과 함선 건조 능력은 갖추고 있었으므로 해군력만으로도 적어도 전황의 균형 상태는 유지할 수 있었던 것으로 보인다. 실제로 스파르타는 시칠리아 사태 직후에도 펠로폰네소스 동맹국 및 페르시아의 협조로 대규모 해군 선단을 구축했으면서도 아테네 해군과의 접전을 두려워하여 해전을 회피한 경우가 대부분이었으며,[68] B.C. 410년의 키노세마Kynossema 해전과 B.C.406년 아르기누사이Arginousai 해전에서 아테네의 승리는 그 점의 생생한 증언이다. B.C.405년의 아이고스포타미Aigos Potami 해전에서 패하기 전까지—아테네의 장군들이 알키비아데스의 전술적 조언을 받아들이지 않았기 때문이라는 아이러니가 있지만—적어도 해상에서는 아직도 아테네가 전황을 유리하게 유지할 수 있었던 것이다.

따라서 객관적인 전황만을 고려할 경우 시칠리아 사태 후에도 아테네가 패전할 필연적인 이유는 없었다. 결국 아테네 민주정체에서 주권기관이자 정책 결정의 궁극적인 주체인 민회를 구성하는 시민집단politeuma의 실체에서 그 패전의 이유를 찾을 수밖에 없다. 역사상 가장 교양 있는 시민집단이라고도 할 수 있는 아테네 시민들은 때에 따라 '집합적 지혜collective wisdom 혹은 collective intelligence'[69]를 발휘하기도 했지만,[70] 그

---

68 시칠리아 사태 직후 전개된 전쟁의 그러한 양상에 관해서는 투키디데스의 『역사』 VIII-3~17 참조. 전쟁의 그러한 소강 상태가 스파르타가 페르시아와 동맹을 맺게 된 전략적 배경이라고도 할 수 있다.

69 이 '집합적 지혜'라는 개념은 대표적으로 유학儒學에서 '민심=천심' 등식으로 인류 정신사에 오래전부터 등장한 이념이지만, 정치학에서는 일반적으로 플라톤의 철인통치 이념에 대비하여 아리스토텔레스의 정치적 이상을 규정하는 용어이자 민주정치의 이상

러한 지혜가 결코 영속적이지 못했다는 사실이 중요하다. 그들은 결코 우중愚衆으로 쉽게 비하될 수 있는 집단도 아니었으며, 근대 서구 정치사의 맥락에서 르봉Gustave Le Bon(1896)이 대표적으로 설명한 군중심리 수준의 성정을 갖춘 인간 집단도 아니었다. 그러나 시칠리아 파병의 결정 과정과 더불어 시칠리아 파병의 실패에서 항복에 이르는 약 10년 동안의 여

을 표현하는 용어이다. 그런데 아리스토텔레스가 이 용어를 명시적인 개념어로 사용한 것은 아니며, 그의 『정치학』 III권 iv~xi장에서 "tēn diaphora tōn pollōn pros tou oligous(소수에 대한 다수의 우월성)" 등의 문구를 통해 그러한 이념을 표현한 바 있다. 『정치학』 VII권에서 상세하게 논의된 그의 이상국가론은 고정된 제도적 장치 없이 바로 덕성과 재산과 시간적 여유를 가진 교양 있는 시민집단이 자유로운 토론을 통해 최선의 결정을 내릴 수 있는 집합적 지혜가 발휘되는 통치의 지향점이며, 로마가 구현하고자 했던 공화정 이념의 원천이기도 하다.

70 대표적으로 시칠리아 파국 직후의 상황을 예로 들 수 있다. 즉 시칠리아 파병의 파국은 아테네라는 제국의 유지는 물론 국가의 존립 자체를 위태롭게 했고, 이에 따라 아테네 시민들을 공황 상태에 빠지게 했음은 당연하다. 국가 재정은 파탄이 나고 아테네 제국의 패배를 목격한 속국들은 각처에서 반란을 준비하고 있는데, 병사들과 군선의 절반 이상을 상실했고 군대를 통솔할 많은 유능한 장군들을 잃은 국가적 위기 상태에 빠진 것이다. 아테네 시민들은 처음에는 그러한 사실 자체를 믿으려 하지 않았지만, 사태를 파악한 후에는 "마치 자신들은 원정의 표결에 참여하지 않은 듯" 그것을 주도한 정치인이나 그것의 승리를 예언한 점술가들에게 분노를 쏟아냈다(『역사』 VIII-1). 그런데도 그들은 곧 평정심을 회복하여 집합적 지혜를 발휘한다. 투키디데스의 기록에 의하면(『역사』 VIII-1), 그들은 국가 경비의 지출을 최소화하면서 증세를 감수하고 함대를 새롭게 건조하는 데 진력하면서 동맹국과의 유대를 강화하는 결의를 했으며, 이와 더불어 "원로들로 구성된 위원회를 선출하여archēn tina presbyterōn andrōn elesthai" 국가비상사태를 극복하는 권한을 부여하는 등의 조치를 의결한 것이다. 그들은 공포의 순간에도 "질서 있게 행동할 수 있는 준비가 되어 있었던hetoimoi esan eutaktein" 것이다. 국가비상사태에서 이루어진 그러한 '국민적 단결'은 시칠리아 사태를 이용한 스파르타의 새로운 공세와 페르시아의 본격적인 개입에도 불구하고 B.C. 412년 알카메네스가 지휘하는 스파르타 해군을 격파하고 키오스의 반란을 진압하는 등 전쟁의 국면을 다시 소강 상태로 되돌리는 데 성공한다. 이러한 국면 전환에는 스파르타 측의 결단성 부족과 코린트 등 펠로폰네소스 동맹국의 비협조도 한몫했다. 이러한 사실에 관해서는 『역사』 VIII-2~11과 Kagan(2003: 327~337) 참조.

러 사태에 드러났듯이, 그들은 대체로 집합적 지혜가 아니라 집합적 우매함을 발현하는 경우가 많았던 것 또한 사실이다. 즉 집단적 광기까지는 아니라도 그들은 자신의 고착된 관념이나 집단적인 정신적 분위기에 좌우되어 비이성적인 판단을 내리거나, 결집한 소수 집단의 책략이나 위협 또는 공포 분위기에 압도되어 무력하게 되거나, 일관된 기준이나 면밀한 판단 과정 없이 특정 개인에게 정서적으로 쉽게 열광 또는 냉담하거나, 집단적 편 가름에 쉽게 부화뇌동하는 경향 등을 보인 것이 사실이다.[71]

이 책이 목적은 물론 아테네의 패전 및 쇠망의 원인이 무엇이냐의 문제를 구명하는 데 있는 것은 아니며, 각 사례와 관련된 역사적 사건들 하나하나의 구체적인 양상의 기술이나 그 정치사적 의미를 자세히 논의함에 있지도 않다.[72] 이 책의 목적은 그러한 역사적 상황 속에서 배태되는 새로운 지성사의 흐름을 포착하면서, 그러한 흐름의 맥락에서 리시아스의 사상 및 행동의 의미를 파악하는 데 있다. 그러한 목적 수행과 관련하여 시칠리아 사태에서 패전 및 내전에 이르는 역사적 상황에서 주목해야 할 두 가지 사실이 있다. 하나는 아테네를 쿠데타와 패전과 내전으로 이끈 결정적인 요소가 결국은 전투에서의 패배가 아니라 국정 운영의 기본 방향을

71 그 대표적인 예들을 들자면 다음과 같다. 1) B.C. 411년 400인의 쿠데타 과정에서 과두파의 위협에 쉽게 순응 혹은 굴복하다 상황이 변하면서 다시 저항한 경우, 2) B.C. 407년 알키비아데스의 복권 및 귀국을 전후하여 그에 대한 열광과 저주, 신임과 불신임이 교차하는 일관성 없는 태도 때문에 결국은 그의 지도력을 제대로 이용하지 못한 경우, 3) B.C. 406년 시신을 거두어 장례를 지내지 않았다는 이유로 아르기누사이 해전 승리의 장군들을 처형하여 해군 전력을 결정적으로 약화시킨 경우, 4) 아르기누사이 해전의 승리 후 잠시 유리해진 전황에 안주하여 국력 전체나 국제적 상황 등을 철저히 검토하지 않은 채 스파르타의 평화 제안을 거부한 경우, 5) B.C. 404년의 참주정 쿠데타에서는 소수의 폭력에 무력해져 결국은 내전 상태에 이른 경우 등등이다. 물론 사례마다 그 역사적 실체와 관련하여 해석상 논쟁의 여지와 더불어 상황 논리상 불가피한 이유도 있으나, 아테네의 패전이 그러한 사건들의 연속성 속에서 이해될 수 있음은 분명하다.

72 각 사례의 정치사적 의미에 대해서는 Kagan(1987)의 상세한 논의를 참조할 만하다.

상실하게 만드는—근대 정치학의 용어로 국가이성의 작동을 무력하게 만드는—시민집단 전체의 정신적 성향 혹은 자질이라는 사실이다. 쿠데타와 내란이라는 폭력적인 사태로까지 이어진 아테네 정파들 사이의 심각한 대립은 그러한 집단적인 성향이나 자질의 다른 측면에—단순한 인과관계가 아니라—불과한 것이다. 다른 하나의 사실은 시칠리아 파병의 실패 및 패전이라는 국가적 재앙의 근본적인 원인일 수 있는 민주정체를 수정 혹은 혁파하려는 과두파의 시도 또한 결국 실패했다는 점이다. 다시 말해서 아테네의 민주정체는 자체의 결함을 제대로 치유하지 못한 채 알렉산드로스의 마케도니아 왕국에 병합됨으로써 국가의 멸망에 이르기까지 그 생명력을 유지한 것이다.

현실 정치에서 정치인들이란 민주주의를 외치고 민주주의의 수호자로 자처하지만, 민주주의가 무엇인지를 탐구하거나 그것의 본질에 대해 성찰할 수 있는 지적 능력을 갖추지 못한 경우가 대부분이다. 때에 따라서 그들은 그러한 문제의 존재 자체를 명확하게 의식하지 못한다. 그들은 현실 정치에서 권력 투쟁을 벌이지만 권력의 장악 자체가 목적일 뿐 무엇을 위한 권력의 장악인지, 권력의 행사를 통해 어떠한 가치나 이념의 실현을 추구하는지 등의 문제를 깊이 탐구하거나 성찰하지 않는다. 그러한 성찰과 자각은 바로 사물의 근원을 탐구할 수 있고 자신의 사고의 한계를 자각하고 끊임없이 그것을 넘어서려는 의지가 있는 지식인 또는 그러한 수준의 지성 능력을 갖춘 정치인의 역할에 속한다.

펠로폰네소스 전쟁 말기 아테네가 체험한 역설적이면서 기묘한 정치사의 전개는 바로 그러한 지식인과 정치인의 사유를 자극하면서 새로운 지성사의 운동을 배태한다. 그러한 사유는 첫 단계에서 국가 생활에서 실제로 벌어지고 있는 인간들의 구체적인 행동이나 사회적 현상들에 대한 파악과 정리를 필연적으로 요구하며, 그러한 파악과 정리는 기존의 정치 현실을 어떻게 개선하여 더 나은 정치를 실현할 것인가 또는 그것을 대체할 수 있는 정치란 무엇인가와 같은 현실적이고 실천적인 처방에 관한 논의로 나아가게 될 것이다. 그것은 더 나아가 민의 통치 자체가 무엇을 의미하는지와 같은 민주정체의 실체에 관한 탐구로 이어질 수 있으며, 계속해서 민주정체의 상위 개념인 정치 체제 자체란 무엇인가, 국가라는 존재는 무엇인가 등 좀 더 보편적인 차원의 탐구로 확장될 수 있다. 궁극적으로 그러한 사유는 더욱 보편적이고 근본적인 질문으로서 정치의 주체인 인간이란 과연 무엇이고 국가와 인간의 관계는 무엇인가의 문제 등 인간성 및 정치의 근원에 대한 성찰로 발전할 수 있을 것이다.

현실 정치, 민주정체, 정치 체제, 국가, 인간에 대해서 그와 같은 성찰적 사유가 발전하는 원형을 B.C.5세기 말에서 B.C.4세기 중엽에 전개되는 아테네의 정치사 및 지성사에서 발견하게 된다. 극심한 정파적 갈등을 수반한 정치적 혼란과 더불어 국가 존립의 위기와 국가 정체성의 위기를 겪은 국가에서 바로 정치철학이 본격적으로 발현함을 보는 것이다. 그 정치사 및 지성사의 주인공들이 바로 리시아스, 안티스테네스, 이소크라테스, 크세노폰을 거쳐 플라톤에 이르는 소크라테스의 추종자들이다. 그들 소크라테스의 추종자들은 각기 다른 성격과 형태이지만 안티스테네스를 제외하고는 현실 정치에 직접 관여하면서 지성 활동을 병행한 행동하는 지식인들이다. 그들은 사고 내용이나 지성 수준에서도 다르며, 각각이 정치철학의 발전에 공헌하는 내용이나 성격도 다르다. 지식인들 각각의 관심사나 사유 능력의 차이가 각각의 공헌도의 차원이나 중요성을 결정함은 당연하다.

앞으로 다음 4장을 통해 구체적으로 설명되겠지만, 리시아스의 공헌은 무엇보다 정치철학 발전의 첫 단계라고 할 수 있는 작업을 수행한 점에 있다. 그것은 '국가 생활에서 실제로 벌어지고 있는 인간들의 구체적인 행동이나 사회적 사실들에 대해 파악하고 정리하는 작업', 그리고 '기존의 정치 현실을 어떻게 개선하여 더 나은 정치를 실현할 것인가 또는 그것을 대체할 수 정치란 무엇인가 등 현실적이고 실천적인 처방을 내리는 작업'이라고 말할 수 있다. 물론 그가 당면한 정치 현실은 바로 국가적 위기 및 국가 정체성의 위기를 초래하고 있는 민주정체이다. 리시아스도 그러하지만, 그와 같은 정치적 상황에서 나름대로 창조적이거나 적어도 새로운 사고를 하면서 현실을 새롭게 규정하고 현실 변화의 새로운 방향을 제시하는 지식인은 민주정체에 대한 무조건적 혹은 교조적인 옹호자가 될 수 없으며, 과두정의 지지자이거나 아니면 어떠한 강도나 내용에서든 민주정체에 대한 비판자일 수밖에 없다. 실제로 당대 아테네의 정치 현실에서 민주파 정치인들은 존재했지만, 적어도 페리클레스라는 교양과 식견을 갖춘 정치인 이후에는—또한 적어도 현재까지 전해진 문헌들에 의하면—왜 민주정체가 유지되어야 하는지 적극적으로 옹호하는 논지를 전개하거나 그 이념적 근거를 탐색한 '민주주의 사상가'는 존재하지 않았다.[73] 그 이유는 무엇보다도 B.C.5세기 말에 이르러 민주정체는 이미 당연한 정치적 현실이 되었고, 클레이스테네스의 개혁 이후 페리클레스 시대까지 정치적으로 '진보적인' 위치에 있었던 민주파는 이제 체제를 보수하는 세력이 되었다는 사실에서 찾을 수 있다. 이에 따라 당대의 아테네에서 민주파란 이제 기존 체제에 안주하거나 그 존재를 당연한 것으로 여기는 정신적 태도가 지배하는 집단이 되었으며, 그 결과 그들에게서 민주정체에 대한 수정이나

73 지은이도 이 책의 전편에서 설명한 바 있지만(양승태, 2013, 3장), 서구 정치사상사에서 민주정체가 하나의 정치 체제가 아니라 '민주주의'라는 하나의 이념으로 등장하게 된 계기는 19세기 초반 영국의 벤담Jeremy Bentham과 밀J. S. Mill 등의 공리주의를 통해서이다. 즉 민주정체는 그 이념적 근거가 마련됨으로써 현재와 같은 자유민주주의 이념이 등장하게 된 것이다. 다시 말해서 민주정체가 민주주의로 변환하는 데는 2,000년의 이상의 시간이 소요된 것이다.

대안을 모색하는 새로운 사상의 출현은 물론 그것에 대해 비판적으로 사고하는 정신적 태도 또한 기대하기 어려운 상황이 전개되었다고 볼 수 있다. 소크라테스 추종자들의 사상과 행동이 중요한 이유는 바로 그러한 정치사 및 정신사의 상황에서 찾아진다.

리시아스를 포함하여 소크라테스의 추종자들 모두의 행동과 사상은 당대 아테네의 정치 현실이자 기존 질서인 민주정체에 대한 비판에서 출발한 것이 분명하다. 다만 그 비판의 초점이나 강도 또는 사유 내용의 포괄성, 특히 아테네의 경쟁 상대인 스파르타의 정치 체제에 대한 관점 등 대안 모색의 방향에서 차이가 있을 뿐이다. 그런데 그들 소크라테스 추종자들의 민주정체에 대한 비판은 그들보다 앞서 민주정체의 결함들을 지적한 과두파 정치인들의 — 비록 그들이 남긴 문헌들이 대부분 단편적斷片的이어서 그것들을 토대로 그들 정치사상의 성격을 규정하기가 어렵지만 —[74] 견해와 정신사 및 지성사의 연속성에서 파악되어야 한다는 점이

74 대표적으로 과두파 정치인인 안티폰Antiphon(아테네의 람누스Rhamnus 지역deme 출신으로 출생 연도는 B.C. 480년으로 추정되고 B.C. 411년 쿠데타 실패로 처형당함)은 상당한 분량의 법정 연설문을 남겼으나 자신의 '반反민주주의' 이념을 제시한 글은 전해지지 않으므로 이 책의 논의에서 제외되었다. 서양 고전학계에서 이 인물은 아직도 그 사상의 성격은 물론 정체 자체가 논쟁의 대상이다. 그 이름은 연설가이자 정치가, 소피스트, 시인으로 문헌들에 등장한다. 시인 안티폰은 대체로 별개의 인물로 간주되지만, 연설가 안티폰과 소피스트 안티폰이 같은 인물인지는 아직도 해석상 대립이 — 소위 '단일파 견해the unitarian position'와 '분리파 견해the separatist position' 사이에 — 있다. 이에 관한 비교적 최근의 자세한 문헌학적 논의로는 Pendrick(2002: 1~25)을 참조하기 바란다. 지은이는 펜드릭과 함께, 그러나 그의 문헌학적 논거를 떠나, 안티폰이라는 한 이름으로 기술된 행적들에 함축된 정신적 성향과 태도의 상반됨을 근거로 그것들을 다른 두 인물의 것으로 간주한다. 그 이유는 무엇보다도 정치인 안티폰의 행적에 대한 투키디데스의 간결한 기록에서(VIII-68) 찾는다. 쿠데타 실패 후 그는 다른 동료들처럼 국외로 도주하지 않고 당당히 재판을 받는데, 그러한 태도는 공인의식이 나름대로 체화된 인물이 아니면 취할 수 없는 태도이다. 이에 비해 소피스트 안티폰의 단편斷片들에 나타난 이념에는 바로 당대 소피스트들이 일반적으로 그러하듯이 모든 법은 인위적이고 인간의 이

중요하다. 그들 가운데 비록 익명이지만 과두파의 이념을 체계적으로 개진한 논변을 남긴 지식인이 있는데, 그가 서양 고전학계에서 일반적으로 '과두파 노인the old oligarch'으로 지칭되는 인물이다.[75] 그의 논고 「아테네인들의 정치 체제Athenaiōn Politeia」에 대한 검토는 리시아스의 행동 및 사상만이 아니라 그 이후 전개된 희랍 지성사 및 정치사상사의 흐름을 이해하기 위해서도 필수적이다.

3. '과두파 노인'의 아테네 민주정체 비판과 민주와 반反민주, 진보와 보수의 변증법

"… 우리 가운데 가장 잘나고 가장 강한 자들을 사자 새끼들처럼 어릴 때부터 잡아두어, 그들도 다른 사람들과 평등하게 대접받아야 하고 그것이 당연하고 올바른 것이라는 말과 같은 주문呪文과 마법으로 철저히 혼이 빠진 인간들을 우리는 주조鑄造해내고 있다. 그러나 내가 보기에 언젠가는 강력한 힘을 가진 인간이 등장하여 우리가 가르친 모든 것들을 떨어버리고

기적 본성과 어긋난다는 견해가 있으며, 법적 처벌은 피할 수 있는 한 피하는 것이 당연하다는 식의 개인주의적 성향이 강하게 나타나 있기 때문이다.

75 이 인물은 고대 지성계에서 한때 크세노폰의 저술로 믿어졌으나 B.C. 1세기의 희랍인 학자 데메트리우스Demetrius of Magnesia가 크세노폰과는 다른 인물의 저술로 판단한 이후 그것이 정설로 되어 있다. 그의 신원에 관해서는 바로 이 저술의 내용을 기초로 철저한 반反민주파라는 사실 이외에는 확인이 불가능하여, 일반적으로 익명의 '과두파 노인' 혹은 '의사-크세노폰pseudo-Xenophon'으로 명명되고 있다. 저술 시기에 관해서도 학자들은 대체로 펠로폰네소스 전쟁 기간으로 추정하지만, 확실히 구명된 것은 아니다. 이 저술의 서지학적 사실에 관한 간단한 설명으로는 〈LCL〉판 크세노폰 전집 7권 *Scripta Minora*에 수록된 〈아테네인의 정치 체제〉에서 번역자인 바워소크G. W. Bowersock의 "Introduction"을 참고할 만하다.

족쇄를 파괴하여 자유롭게 할 것이다. 그는 본성에 어긋나는 우리의 법조문들과 요술들, 우리의 주문들과 법률들을 짓밟아버릴 것이다. 우리의 노예는 반란을 일으켜 우리의 주인으로 나타날 것이며, 이에 따라 진정한 정의로 가득한 여명이 밝을 것이다(플라톤, 『고르기아스Gorgias』 484a~b).

위 문장에서 화자는 서양 고전학계에서 일반적으로 19세기의 니체를 통해 부활하는 귀족주의자의 원형으로도 불리는 칼리클레스Kalliklēs이며, 그가 말하는 '우리'는 민주정체의 주권자이자 입법자로서 다수를 구성하는 "약한 자들hoi astheneis anthrōpoi"이다(같은 글, 483b). 특히 "주조해내고 있다"의 희랍어 어휘인 'plattontes'[76]를 통해 강조되는 것은 민주정체의 평등주의 이데올로기에 맞추어 틀에 박힌 인간을 양성하는 당시 교육에 대한 비판이다. 칼리클레스에 의하면 민주정체란 '허약한' 다수의 인간이 오직 다수라는 힘만으로 소수의 '강한' 인간들을 억압하는 정의롭지 못한 체제이다. 예거Werner Jaeger도 오래전 지적한 바 있지만(Jaeger, 1939: 324), 플라톤은 칼리클레스를 B.C. 404년 30인의 참주 정권 쿠데타를 주도한 칼리아스Kallias를 대변하는 인물로 설정했을 가능성이 크다.[77] 그리고 소크라테스가 칼리클레스의 주장을 논파하는 과정을 통해서 플라톤은 '진정으로 강한 인간으로서 지배해야 할 인간이 과연 누구인가'의 문제에 대한 해명의 실마리를 제시하고 있다. 그러한 논변이 장차 『국가』에서 제시되는 '진정으로 아는 자가 진정으로 강한 자이므로 진정으로 통치할 자격이 있는 인간'이라는 논변, 즉 너무나 유명하지만 제대로 이해되지 못하고

76 동사 platteō(mold)의 현재분사형.

77 출생연도는 미상이고 B.C. 403년 내란에서 과두파가 패배 후 처형당했다. 아테네의 자생적인 소피스트이자 과두파 정치가인 칼리아스가 갖는 지성사의 의미에 관해서는 지은이도에서 간략하게 설명한 바 있다(양승태, 2006, 6장 5절 〈칼리아스〉 편).

있는 철인통치 이론으로 완성되는 것이다. 위에 소개된 칼리클레스의 주장은 결국 내란 상태라는 민주파와 과두파 사이의 극한적인 갈등과 국가 정체성의 위기가 어느 정도 극복되고 상당한 시간이 지난 시점에서 역사 및 지성사의 흐름 전체를 객관적으로 냉철하게 관조할 수 있는 위치에 있는 플라톤이 B.C.5세기 과두파 이념의 핵심을 정리한 것으로 볼 수 있다.

그런데 모든 이념이 언제나 그러하듯이, 그러한 과두파 이념도 어느 날 갑자기 형성되어 정치적 이념으로 등장한 것은 아니다. 그리고 그것은 처음부터 구체적인 정치 제도에 대한 비판이나 특정한 정치 세력에 대한 공격을 전제로 한 이념도 아니다. 그것은 사회적 변화에 따른 평민들의 행동이나 태도의 변화에 귀족이나 상층계급 인간들이 갖게 된 정서적 반감에서 시작되며, 그것에 함축된 도덕적인 문제에 관해 시인이나 작가들의 직관적 통찰을 통해 문학적으로 형상화된다. 즉 어느 시대에서나 기존의 삶의 구조나 행태에 대한 회의적 시각은 대체로 학문적 비판이나 정치적 도전에 앞서 문학의 형태로 먼저 나타났듯이, 아테네의 민주화와 직접적인 관련성은 없더라도 고대 희랍 세계에서 상업화에 따른 전통적 질서나 규범의 쇠퇴와 관련된 사회적 평등화의 문제는 시인들의 작품을 통해 문학적으로 표출된다. 이미 호메로스의 서사시에서도 그 맹아가 보이고,[78] B.C.6세기에 활동한 메가라Megara의 시인 테오그니스Theognis와 테바이

78 호메로스의 서사시 전체의 주제가 '아레테'로서 영웅 혹은 귀족이라는 태생적인 잘남을 넘어 진정으로 잘난 자가 되기 위한 교육의 이념이 등장함은 필연이라는 점을 지은이도 이미 설명한 바 있다(양승태, 2006, 특히 3장). 그런데 잘남에 대한 문학적 서술에는 못난 자들에 대한 경멸이 수반됨 또한 필연적이라고 할 수 있는데, 그 대표적인 예는 『일리아스』 2권에 나타나 있다(211~277). 총사령관인 아가멤논에게 대드는 "수다쟁이에다 안짱다리" '못생긴' 병사 테르시테스Thersitēs에 대해 '못난' 인간이 '잘난' 인간에 대든다고 오디세우스가 혼을 내주는 장면이다. 그것은 이미 호메로스 시대에 평등의 관념과 더불어 그에 대한 비판이나 부정의 관념이 등장하고 있음을 증언한다고 볼 수 있다.

의 시인 핀다로스Pindaros(B.C. 522~B.C. 433 추정) 시를 통해 좀 더 구체적인 관념으로 등장하며,[79] 아리스토파네스의 희극을 통해 아테네의 민주정치 전반에 대한 거대한 문학적인 풍자로 형상화된다.[80]

그런데 문학은 기본적으로 인간들의 삶 속에서 발현되는 행위나 사고를 그것이 발생하는 구체적인 상황과의 연관 속에서 바로 구체적이고 생생하게 묘사하면서 작가가 접하고 체험하는 이 세계에 대한 그 나름의 느낌과 감정과 생각과 판단을 드러내는 표현 형식이다. 그것은 인간의 사유체계를 구성하는 보편적인 개념들 자체를 분석 혹은 비판적으로 검토하는 작업을 토대로 인간들의 생각이나 행동을 체계적으로 설명하는 작업

---

79 그러한 경향은 대표적으로 헤시오도스와 포키리데스Phokylides의 교훈시hypothēke 전통을 잇는 B.C. 6세기 중엽 메가라Megara 출신의 시인 테오그니스Theognis의 작품들을 통해 확인된다. 그의 시의 핵심은 단순히 사회적 지배자로서의 귀족과 피지배자로서의 평민의 대비가 아니라 진정으로 고귀한 자 혹은 도덕적 판단 능력이 있는 인간과 천한 자 혹은 도덕적 분별력이나 수치심을 모르는 인간들 사이의 대비이다. 테오그니스의 귀족주의적 문학의 전통은 B.C. 5세기 중엽에 활동한 테바이의 시인 핀다로스Pindaros로 이어진다. 이들의 작품들이 민주화 시대 아테네의 보수층에게 호소력을 가졌을 것은 분명하다. B.C. 6세기~B.C. 5세기의 그러한 정신사적 전통에 관해서는 예거의 고전적인 서술이 있다. 특히 Jaeger, 1939, chap. 10, "The Aristocracy: Conflict and Transformation" 부분을 참조할 필요가 있다.

80 테오그니스나 핀다로스와는 달리 아리스토파네스는 희극이라는 형식을 통해서 민주정체의 여러 측면 및 민주정체 속 인간들의 여러 행태를 부정적으로 풍자하고 있으며, 그 풍자의 바탕에는 모자란 인간들이 설쳐대는 세상에 대한 혐오감이 있음이 사실이다. 특히 아리스토파네스의 풍자에는 작가 특유의 날카로운 통찰과 세밀한 묘사를 통해 아테네 민주정체에서 시민적 삶이 이루어지는 구체적인 양상을 생생하게 전달해주기 때문에 아테네 민주정체의 실체에 대한 이해에 필수적이다. B.C. 5세기 아테네 시민들에게 민주정체란 단순히 정치 체제가 아니라 시민적 삶 전체라고도 할 수 있으므로, 그의 작품들 각각에 아테네의 민주정체에 대한 비판적 시각이 투영되어 있다고 볼 수 있다. 선동 정치인들의 상스러운 성정이나 비속한 행태 또는 대중의 나약함과 어리석음의 문제들, 그리고 민주정체의 대안이 되는 새로운 정체의 모색 등 민주정체를 정면으로 풍자한 대표적인 작품으로는 『기사들Hippeis; the Knights』, 『말벌들Sphekes; the Wasps』, 『새들Ornithes; the Birds』을 들 수 있다.

은 아니다. 아리스토파네스의 희극에는 희랍 정신사 차원에서뿐만 아니라 인류의 정신사 전반의 맥락에서도 혁명적인 요소와 더불어 민주화 시대의 시민적 삶 전체에 대한 비판적인 정치관이 있다.[81] 그러나 그것은 보수주의나 엘리트주의로 불릴 수 있을 정도로 체계적인 이념의 형태로 제시된 것은 아니다. 그와 같은 이념화 작업은 일단 어떠한 수준에서이든 사물에 대해 개념적으로 사고할 수 있는 지성적 역량과 더불어 자신의 정치적 입장을 체계적인 논리로 설명할 필요성이 현실적으로 절실한 소수의 과두파 지식인이나 정치인에게 기대할 수밖에 없다. '과두파 노인'이란 그러한 지식인들이나 정치인들 가운데 하나이며, 비록 짧은 논고의 형태나마 — 앞으로 이 절에서는 〈논고〉로 약칭 — 저술을 남겨 희랍 지성사에서 한 위치를 차지하는 인물이다. 물론 그러한 저술의 출현도 아테네의 정치사적 상황 전개와 연계되어 있음은 분명하다.

아테네의 전통적인 귀족 세력이나 부유층 또는 엘리트주의적 성향의 지식인들은 민주화의 이름으로 진행된 정치 · 사회적 평등화 및 자유화로 인해 전통적인 신분 질서와 규범이 약화하거나 무력화되는 양상이 불만스러울 수밖에 없었을 것이다. 특히 민주화 시대 초기에는 법적인 평등 속에서도 귀족 계층이나 지식인 계층의 권위에 복종하던 평민들이었으나, 민주화가 '공고화'되는 과정에서 점차 독자적인 목소리를 내고 오직 다수의 힘으로 국정을 지배하는 양상을 지켜보면서 민주정체에 대한 그들 전통적 상류층의 반감도 점차 커갔을 것이다. 특히 전통 사회에서는

81 희랍 희극의 문학사적, 정신사적, 역사적 기원을 비롯하여 당대의 다른 희극과 비교되는 아리스토파네스 희극의 혁명적 성격의 정신사적 의미에 대해서도 예거(Jaeger, 1939: 358~381)의 고전적인 설명이 있다. 즉 B.C. 5세기 아테네의 소위 '신 문화the new culture'의 등장, 다시 말해서 당대의 반反지성적 정치에 대한 비판적 시각에 기초한 보수주의적 혹은 엘리트주의적 문화의 등장과 더불어 그와 비슷한 문화가 특히 19세기 후반 니체로 대표되는 독일의 정신적 분위기 속에서 재현되는 양상에 관한 설명이 그것이다.

지능이나 판단력이 부족한 '못난' '무지렁이'들로 얕잡음의 대상이었던 평민 혹은 하층민들이 자유화와 평등화가 진척되는 사회적 분위기 속에서 자신들과 '맞먹는' 상황을 일상적으로 자주 접하면서 귀족층 인사들의 정서적 반감은 더 심화했을 것으로 보인다. 하지만 페르시아 전쟁에서의 승리, 바로 민주화 시대에 쟁취된 아테네라는 국가 역사상 최초의 대大국가적 영광, 그리고 이어지는 유례없는 제국주의적 번영 속에서 그들 또한 민주화를 하나의 시대적 대세로 체념하거나 수동적으로 지켜볼 수밖에 없었을 것이다. 펠로폰네소스 전쟁의 발발은 그러한 정신적 분위기에 결정적인 반전을 일으킨 것으로 보인다.

페르시아 전쟁과는 달리 펠로폰네소스 전쟁은 다른 민족의 침략이나 지배에 대한 저항이 아니라 희랍 도시국가들 사이의 내전이다. 그것의 근저에는 상업 문화와 농업 문화, 민주정체와 과두정체라는 양립하기 어려운 정치 체제 사이의 대립이 있었다는 점은 이미 앞에서 지적한 바 있다. 따라서 과두파로서는 스파르타에 대해 공식적으로는 적국이지만 사적으로는 친밀감을 유지하고 있었으므로, 전쟁의 목표뿐만 아니라 그 수행의 방법과 관련하여 처음부터 아테네 정계 내부에서 민주파와 과두파 사이의 심각한 갈등이 잠복해 있었다. 펠로폰네소스 전쟁의 발발은 과두파에게 민주정체를 직접 비판할 수 있는 정치적 상황을 마련한 것으로 볼 수 있다. '과두파 노인'의 〈논고〉는 그러한 정신적 분위기의 산물로 파악할 수 있다.

앞에서 지적한 대로 '과두파 노인'이 정확히 누구인지는 밝혀지지 않았으며,[82] 〈논고〉 자체의 내용으로 판단할 때 완숙한 지성을 갖춘 인물이라

82 그의 신원에 관해서는 〈논고〉 II-11에서 제국주의 정책에 의한 수출입 통제 문제를 비판하면서 "나의 배들nēes moi"이라는 표현을 통해 해운업자나 조선업자 혹은 둘 다라는 암시가 나타나 있을 뿐인데, 이 〈논고〉에서 경제적 비용 문제가 자주 언급되는 것으로

고는 볼 수 없다. 〈논고〉의 시작이 앞의 논의를 계속하는 인상을 주는 등 글 자체가 명확한 맺음이 없는 미완성의 성격도 있지만,[83] 문장 표현 면에서도 거칠고 불명확한 점이 많이 있는 등 그 논의 자체가 체계적이지 못하다. 특히 부자와 빈자의 정치적 영향력이나 도덕성 문제에 대한 과도한 이분법적 단순화 등을 참작할 때 깊은 사고력을 갖춘 인물로 보기는 어렵다. 그렇다고 해서 그를 단순히 범속한 정치인으로 보기도 어렵다. 그의 〈논고〉는 특정 정파의 정치인이 단순히 그 정파의 이익만을 일방적으로 대변하는 수준의 글은 분명히 아니다. '제국 아테네'의 여러 측면에 대한 저자 나름의 통찰도 있으며, 당시의 아테네가 처한 국가적 위기 상황에 대한 저자 나름의 진지한 태도를 바탕으로 표면적인 서술이 아니라 정치 체제 politeia라는 보편적인 개념으로 설명하려는 지적 역량도 보여주기 때문이다. 그것은 과두파라는 당대 특정 정파의 정치적 입장만이 아니라 당대 아테네의 정신사적 상황 전체를 객관적으로 파악하는 데 도움도 된다. 비록 논지가 명확하지 못한 부분이 있더라도 저자의 의도를 해석해내면서 당시 상황의 실체가 무엇인지 유추할 필요가 있는 것이다.

보아 '학식과 교양을 갖춘 사업가'로 추정할 수도 있다.

83 그 〈논고〉는 "아테네 정치 체제에 관해서는"이라는 문장으로 갑자기 시작되므로 그 저술의 시작 전에 또 다른 논의가 있었다는 암시를 주며, 저술의 마지막 부분 또한 앞의 논의 내용에 대한 결론을 내리는 형태가 아니라는 점이 주목된다. 즉 '부당하게 시민권을 박탈당한adikōs hetimōtai; unjustly disfranchised' 인물들이 아테네에는 많지 않기 때문에 그 체제는 정당하다는 주장을 논박하는 문장으로 끝난다. 그런데 그러한 논박도 어떤 완결된 문장으로 제시되지 않으며, 단순히 그들이 소수이기 때문에 "시민권을 박탈당한 아테네인들로부터 초래될 위험ti deinon apo tōn atimōn Athenesin"은 없다는 선언으로 글을 맺는다. 글 내용 전체에 대한 앞으로의 검토를 통해 설명될 대목이지만, 그러한 점 등이 크세노폰의 명확하고 간결한 문장과 대비되어 고전학자들 사이에서 이 저술이 크세노폰의 작품이 아닌 것으로 판단하는 주요 근거가 되기도 한다.

* * *

'과두파 노인'은 먼저 민주정치 체제를 반대하는 이유를 다음과 같이 제시한다. 그것은 아테네인들이 잘못 선택한 정치 체제인데, 그 이유는 "그러한 선택을 통해 유용한 인물들이 아닌 저질의 인간들이 잘되도록 허용했기oti tauth' helomenoi heilonto tous ponērous ameinon prattein hē tous chrēstous" 때문이라는 것이다.[84] 이 인용문에서 분석의 초점이 되는 어휘는 정관사와 결합하여 특정한 성격의 인간들을 지칭하는 형용사들인 'ponēros'와 'chrēstos' 그리고 'agathos(good)'의 비교급 'ameinon'이다. 먼저 형용사 'ponēros'는 단순히 도덕적으로 사악하다는 의미와 더불어 아주 많이 모자라고 천하다는 의미가 있다. 위의 저술이 특히 정파적 공격의 성격을 갖고 있으므로, 'tous ponērous'는 영어 'the worst people'보다는 우리말의 '천한 인간들'이 번역어로 적절하며, 'chrēstos'는 'agathos'와 달리 도덕적 선함이나 탁월함보다는 유용성이나 유능함이 강조되는 말이므로 'tous chrēstous'의 번역어도 'the good'이라는 포괄적인 표현보다는 '유용한 인간'이 적절한 것으로 판단된다. 그리고 그렇게 번역해야 독자들이 원문에서도 'good'과 'better'라는 동일한 어휘가 아니라 'chrēstos'와 'ameinon'이라는 다른 어휘로 표현되었다는 사실을 알 수 있게 됨은 물론이다.

어쨌든 '과두파 노인'에게 민주정체란 간단히 말해서 유능하고 유용하고 고상한 인간들이 아니라 무능하고 무용하고 저질의 인간들이 정치적

---

84 Xenophon, *Scripta Minora*, "Athenaiōn Politeia" I-1. 앞으로 별도의 표기가 없는 이 절에서 인용문의 출처는 이 저술이다. 참고로 이 문장에 대한 〈LCL〉판의 영어 번역은 "they have chosen to let the worst people be better off than the good"인데, 이 번역문의 문제는 앞으로의 논의를 통해 설명될 것이다.

으로 또는 사회적으로 출세하게 만드는 잘못된 정치 체제이다. 이어지는 문장에서(I-2~13) 저자는 그 '무능하고 무용하고 저질의 인간들'에 의한 정치의 구체적인 양상들을 기술한다. 즉 '잘못된' 정치 체제의 유지를 위해 아테네인들이 권력의 배분과 행사 그리고 국가 운영과 관련하여 어떻게 행동했고, 그러한 행동들이 다른 희랍인들에게 얼마나 많은 비난의 대상이 되었는지 열거한 것이다. 그러한 기술 속에는 저자 스스로 의식했는지를 떠나 아테네 민주정체의 존속과 국내의 지배 체제 및 제국주의 체제의 존속이 서로 어떻게 구조적으로 연관되어 있는지 드러나 있다.

저자는 먼저 '무능하고 무용하고 저질의' 인간들이 득세하게 된 구조적인 이유를 제시한다. 그 이유란 바로 민주정체의 핵심적 요소인 평등의 이념에 따라 전통적인 귀족이나 부유층과 동등한 시민권을 행사하는 하층민들[85]이 다른 어떠한 계층보다도 바로 아테네 군사력의 핵심이자 아테네 제국 질서의 유지를 위해 필수적인 요소인 해군력의 유지와 작동에 결정적으로 공헌하기 때문이라는 것이다. 즉 보병이 국방력의 주요 요소일 때는 그것을 지휘하는 전통적인 귀족 등 유능한 인간들이 국정을 주도할 수 있었는데, 해군력이 군사력의 핵심적인 요소가 됨에 따라 조타수들kybernatai, 갑판장들keleustai, 부갑판장들pentēkontarkoi, 관측사들prōratai, 조선공들naupēgoi 등 오랫동안 전통적으로 '뱃놈들'이었던 그들 하층민이 해군이 되어 막강한 정치적 영향력을 행사하게 되었다는 것이다(I-2).[86]

---

85 이 책의 전편들에서 이미 여러 차례 언급되었지만(양승태, 2006; 2013), 솔론의 개혁 이래로 아테네의 사회 계층은 연간 소득에 따라 pentakosiomedimnoi, hippeis, zeugitai, thetes 계층으로 분류된다. 여기서 하층민은 임금 노동자들인 thetes 계층을 지칭한다.

86 이들 함선의 직책들에 대한 번역어들 가운데 '조타수'와 '조선공'을 제외하고는 그 직책들의 실체에 대한 적확한 표현이 아니며 대체로 그에 상응하는 현대의 용어들이다. 'keleustai'는 직역하면 '소리 지르는 사람들'로 노수들이 일사불란하게 노를 젓도록 구령을 외치는 사람을, 'pentēkontarkoi'는 '50인 대장들'로 전함에서 말단 병사들을 지

그런데 문제는 그들이 다수로서 정치적 영향력은 크면서도 집정관이나 장군 또는 기마병의 지휘와 같이 어렵고 책임지는 직책은 회피하고 오직 수당misthos을 받아 가계에 보탬이 되는 직책만 맡으려는 데 있다는 것이다(I-3).[87]

간단히 말해서 공적으로 책임지는 일은 없이 오직 다수로서 정치적 권력만 행사하는 집단이 하층민이라는 것인데, 그들의 존재가 아테네 민주정체의 여러 가지 양상을 결정하게 된다는 것이다. 즉 민주정체란 가난하기 때문에 수치스러운 행동에 쉽게 끌리고, 교육을 받지 못했기 때문에 무지amathia와 무질서ataxia와 사악함ponēria이 최고도에 달한 하층민들의 언어가 지배하는 세상인데, 그러한 세상에서는 "광기의 인간들mainomenous anthropous"을 정치에 등장시키므로 탁월한 인간의 덕성aretē이나 지혜sophia는 발현되지 못할 수밖에 없다는 것이다. 법질서가 바로 잡힌 "훌륭한 통치eunomia"란 그들 조악한 인간들을 멋대로 행동하지 못하게 하는 체제인데, 그러한 체제란 그들 하층민과 광기의 인간들에게는 예속douleia을 의미하지만, "잘못된 통치kakonomia"는 바로 그러한 인간들에게 힘ischyei과 자유eleutheros를 부여하기 때문이라는 것이다. 그런데 민주정체란 바로 그러한 방식으로 유지될 수밖에 없으므로 어디에서나 인간의 "최상의 요소to beltiston; the best"와 대립하게 된다는 것이다.[88] 당대 아테네에서 벌어진 무질서의 양상들은 바로 민주정체의 그러

휘하는 초급 지휘관을, 'prōratai'는 '앞의 사람들'로 선두船頭에서 망보는 사람을 의미한다.

87 저자가 직접 거론은 안 했지만, 대표적으로 인민법정의 배심원이 그러한 직책에 해당한다.

88 이 단락은 I-4~9의 문장을 근거로 지은이가 곳에 따라 문장의 선후를 바꾸어 그 내용을 재구성한 결과이다. 이 인용문에서 의미가 명확히 표현되지는 않았으나 흥미로운 문장이 있다. 다수를 이루어 민주정체를 지배하는 하층민들은 국가 정책이 자신들에게 혜

한 성격에 기인한다는 것인데, 저자는 그러한 양상의 예들을 다음과 같이 열거한다.

첫째, 노예 및 거류외국인들과 시민들이 평등하게 되어 전자가 후자를 두려워하지 않는 상황이 전개되었다는 것이다(I-10~12). 특히 전자들이 부유할 때에는 그들의 재산이 국가 재정의 상당 부분에 이바지하기 때문에 더욱 그러하다.[89] 둘째, 운동이나 예술 활동을 "망쳐버렸다는katalelyken"[90] 것이다. 운동이나 예술 공연의 비용은 부자들이 지출하는데, 하층민들은 오직 수당을 받기 위해 법정에 배심원으로 참여하는 것과 마찬가지로 운동이나 공연에 참여해 수당을 챙겨 돈을 벌면서 본래의 부자들을 오히려 가난하게 만들었기 때문이라는 것이다(I-13).[91] 비록 논의를 통해 명확하

택을 줄 때는 "민주정체를 지지하지만tēn dēmokratian auxousin; 말 그대로는 '민주정체의 힘을 증대시키지만'", 소수의 부유층이나 유능한 인간이 "잘나갈eu prattōsin; are well off" 경우에는 "그들 자신에게 강하게 반대한다ischyron to enantion sphisin autois kathistasin dēmotikoi"라는 문장이 그것이다(I-4). 민주정체에서 통치의 주체는 다수의 시민인데, 그들은 스스로 결정한 법이나 정책도 부유층이나 유력 인사들에 대한 질시의 감정으로 반대함으로써 바로 통치 주체인 자신의 존재를 부정한다는 것이다. '과두파 노인'의 지적 역량은 이 문장의 의미를 스스로 더 천착할 수 없는 한계를 보였지만, 그것에는 민주정체의 근저에 있는 인간성과 관련된 흥미로운 아이러니가 함축되어 있다. 그리고 '훌륭한 통치'로 번역된 'eunomia'와 '잘못된 통치'로 번역된 'kakonomia'의 본래 의미는 각각 훌륭한eu 법질서nomia(법이나 관습을 의미하는 nomos에서 파생)와 나쁜kakos 법질서로서 둘 사이의 대립을 강조하는 어구이다.

89 이와 관련하여 저자는 부유한 노예들이 자유시민들보다 옷을 더 화려하게 입는 등 사치스러운 생활을 한다는 사실도 지적하고 있다(I-10~11).

90 'katalyō' 동사의 완료형으로 영어 번역자는 'have spoiled'로 번역했다. 하지만 이 동사는 사실 '끝장낸다' 혹은 '해체한다' 등 영어 'spoil'보다 좀 더 강한 의미를 가져 우리말 '망쳐버렸다'가 원래의 의미에 더 가깝다고 볼 수 있다.

91 여기서 '빈자를 부유하게, 부자를 가난하게 만들었다'는 주장 자체는 과장된 표현이다. 수당만으로 부유하게 되기도 어렵고, 아테네의 부유층이 큰 정치적 목적이 없는 한 자신의 재산을 탕진하면서까지 요역공납 의무를 수행하지는 않을 것이기 때문이다. 그리고 이 문장에서는 "망쳐버렸다"의 의미가 구체적으로 무엇인지 명확하게 드러나 있지 않다. 아마도 저자는 요역공납의 형식으로 체육 행사와 공연예술 활동을 위해 부자들

게 개진되지는 못했으나, '과두파 노인'의 주장은 결국 아테네의 민주정체는 아테네의 일반 민중들 가운데 특히 하층민들의 세속적 이익만을 증진할 뿐 도덕을 타락시키고 예술과 체육의 진정한 발전을 저해하여 아테네라는 국가에는 해를 끼친다는 주장으로 집약될 수 있다.

'과두파 노인'의 그러한 관점은 아테네의 대외정책에도 적용된다. 즉 아테네의 민주정체는 잘못된 제국주의 정책으로 연결되었다는 것이다. 첫째, 민주정체의 아테네는 동맹국들에서도 민주정체를 유지하도록 국가의 귀족들을 추방하고 그들의 재산을 몰수함으로써 그들을 정치적으로 무력하게 만들었다는 것이다(I-14). 특히 동맹국들을 재정적으로 착취했는데, 동맹국들의 부가 아테네 민중들 모두에게 가능한 한 많이 분배될 수 있도록 그들 국가가 오직 생존할 정도만의 재정을 남겨두는 방식으로 최대한 공납금을 갹출했다는 것이다(I-15). 둘째, 아테네 민중들은 아테네 국가의 사법 체계에 동맹국들을 종속시키는 방식으로도 대외적인 영향력을 행사하여 동맹국들의 민주파를 보호하고 과두파를 억압하는 정치적 효과와 함께 경제적 이익도 취했다는 것인데, 그러한 방식으로 그들은 실질적으로 동맹국들을 자신들의 노예로 만들었다는 것이다(I-16~18).[92] 그와 같은 제국주의 정책은 국가 생활의 여러 다른 측면 및

에게 부과하는 재정 부담이 과도하여 부자들의 재산을 탕진시켜 오히려 그러한 행사들을 더 지속시키기 어려운 상태에 이르렀다는 주장인 것으로 보인다.

92 여기서 재정적인 이익이란 재판에 수반되는 배심원 수당, 동맹국의 인사들이 재판을 받으러 아테네에 올 때 그들이 타고 온 선박에 대해 입항세, 재판 당사자들과 더불어 그들과 동행한 수행원들의 체재비 지출이 숙박업이나 요식업에 종사하는 시민들의 수입원이 되는 사실을 가리킨다. 그런데 여기에 제시된 아테네와 동맹국들 사이의 사법적 관계의 역사적 정확성에 관해서는 대표적으로 크루아G. E. M. de Ste. Croix가 의문을 제기한 바 있다(Croix, 1961). 그 스스로 아테네 제국주의의 사법 체계에 관한 자료의 부족함을 인정하여 단정적인 결론을 내릴 수 없음을 인정한다. 하지만 일부 학자들 주장과 같이 아테네는 상업적인 분쟁의 중재자 역할만 한 것도 아니지만, '과두파 노인'의

외교 정책에도 나타나는데, 저자는 〈논고〉 II장에서 먼저 그 구체적인 양상들을 다음과 같이 기술하고 있다.

첫째, 군사적인 측면이다. 아테네는 스파르타보다[93] 상대적으로 약한 육군을 동맹군의 보병으로 보충하는 것으로 만족하면서 해군력의 양성에 집중했으며, 그것을 토대로 해상무역을 통제함으로써 그리스 본토나 도서 지역을 막론하고 해외무역에 의존하지 않고는 국가를 유지할 수 없는 동맹국들의 "공포deos와 필요chreia"를 이용하여 "바다의 권력자thalassokratores"[94]로 군림하고 있다는 것이다(II-1~3). "바다의 지배자tois archousi tēs thalattēs"는 패권의 유지에도 유리한데, 그 이유는 "육지의 지배자tois tes gēs"와는 달리 타국의 협조나 저항 또는 풍토병의 감염 여부 등을 고려할 필요가 없이 자유롭게 해상을 통한 군사 및 물자의 이동이 가능하여 강대국을 포함하여 어느 국가라도 수시로 바다를 통해 침범할temnein 수 있기 때문이라는 것이다(II-4~6). 이것이 아테네 제국주의의 군사적 측면이라면, 그것은 아테네인 국가 생활의 여러 다른 측면들에도 — 저자 자신의 표현으로 "사소한smikroterōn; slighter" 측면들에도 — 나타나는데, 저자가 소개한 그러한 양상들은 다음과 같이 정리될 수 있다.

첫째로 문화적 측면으로서(II-7~10),[95] 제국주의적 패권국이라는 지위

주장처럼 '동맹조약dikai apo symbolōn'을 근거로 동맹국의 내정에 자의적으로 개입한 것도 아니며, 제국주의 체제의 존속과 원활한 운영이라는 '정치적' 판단에 따라 개입했다는 것이다.

93 원문에서는 단순히 "적에 대해서tōn men poleimōn"로 표현되어 있다.

94 희랍어 'thalassokratores'는 바다를 의미하는 'thalassa'와 권력자들을 의미하는 'kratores'의 결합어이며, 곧이어 등장하는 "바다의 지배자tois archousi tēs thalattēs"라는 어구와는 뉘앙스에 차이가 있다. 참고로 〈LCL〉판의 번역자는 이 희랍어의 뉘앙스를 제대로 전달할 수 있는 적절한 영어가 없다고 판단해서인지 희랍어 그대로를 변형하여 'thalassocrats'로 번역했다.

95 이 문단에서 ' ' 부분은 지은이가 '과두파 노인'의 설명을 돕기 위해서 이미 알려진 당시

는 아테네를 "아름답고 위대한kalēn kai megalēn" 도시로 만들고 유지하는 '막대한 비용을 발생시키고', 시칠리아와 이집트 등 희랍과 비희랍 지역 모두를 포괄하는 먼 지역들과의 무역 및 교류의 확대는 여러 지역 곳곳의 사치품들이 유입되면서 체육관, 탈의실apodytēria,[96] 공중목욕탕 등을 건립하게 하는 등 '시민들의 욕구 수준을 높였으며', 그에 따른 다른 여러 지역 언어들의 유입 또한 아테네인들의 언어생활에서 온갖 외래어가 혼용되는 양상이 벌어졌다는 것이다. 그리고 문화적 교류에 따른 '다양한 신들이 각지에서 수입된 결과'[97] 새로운 신전의 건축과 더불어 희생제의 수도 대폭 증가했다. 문제는 하층민들은[98] 그러한 공공 시설을 이용하고 문화적 혹은 종교적 축제들을 즐길 뿐 그것들에 수반되는 비용은 부유층에게 전가하기 때문에 아테네의 제국주의는 부유층의 희생만 가중했다는 것이다.

둘째, 아테네가 제국주의적 패권을 유지하기 위한 수단으로 시행하는 적대국들에 대한 수출입 금지 등 무역 통제 정책은 자신과 같은 선박 소유주들에게 피해를 준다는 점을 지적한다(II-11~13). 선박의 건조나 유지

의 문화사적 사실을 참고하여 첨가한 것이다.

96 '벗다'를 뜻하는 동사 'apodyō'에서 파생한 명사 'apodyterion'의 복수형이다. 고대 로마에서 공중목욕탕의 부대시설로서 탈의와 휴대품 보관을 위한 장소를 지칭하는 'apodyterium'은 이 희랍어를 그대로 수입한 어휘이다.

97 B.C. 5세기 후반 아테네인들의 종교 생활의 이러한 측면에 대해서는 대표적으로 플라톤의 『국가』 1권에 묘사되어 있다. 소크라테스가 피레우스항에 하루 더 머물면서 『국가』에서의 대화가 시작되게 한 극적 계기이기도 한데, 다음날 피레우스항에서는 트라키아의 토속신인 벤디스Bendis 여신을 '수입한 기념으로' 그의 신전 건립을 경축하는 축제가 벌어진 것이다. 아테네인들에게는 '데메테르'라는 비슷한 신격의 여신이 이미 있는데도 불구하고 외국의 '새로운' 신이라고 새로운 '신앙의' — 엄밀히는 '종교적 제의나 축제의' — 대상으로 받아들인 것이다.

98 이 맥락에서 저자는 자신이 직접적인 피해 당사자라는 생각이 떠올라 감정적으로 조금 격앙되었는지 지금까지 사용했던 'dēmos'라는 표현 대신에 좀 더 경멸적인 'ochlos'라는 어휘를 사용한다. 그것은 우리말로 '천민'이나 '폭민', 영어로 'mob' 혹은 'rabble'로 번역될 수 있다.

에 필수적인 철, 구리, 목재, 아마와 같은 자연 자원들은 어느 한 지역에 집중된 것이 아니라 여러 지역에 분산되어 생산될 수밖에 없는데, 적대국이라고 해서 특정 국가에 금수禁輸 조치를 가하면 그 국가에서 생산되는 자원을 이용할 수 없게 되어 선박의 건조나 유지에 필요한 재료를 구하지 못해 어려움을 겪는다는 것이다.

셋째, 앞의 두 항에서도 암시되어 있지만, 아테네는 무엇보다 도서島嶼 국가가 아니어서 제국주의적 패권 정책의 시행은 계층 간의 대립을 더 조장한다는 것이다(II-17~19). 즉 아테네가 섬나라면서 '바다의 권력자'라면 자국 영토의 방위 문제는 크게 염려함이 없이 정책적 고려에 따라 원하는 대로 다른 국가의 영토를 침범하고 유린하는 등의 "해를 가할 수 있지만 poiein men kakōs"(II-14), 그렇지 않기 때문에 타국이 자국의 영토를 유린하고 침범하는 것을 막을 수 없다는 점이 아테네 내에서 계층 사이의 갈등을 조장하게 된다는 것이다. 좀 더 부연하면, 토지를 소유한 부유층들은 자신들의 재산을 보호하기 위해 "적과 오히려 타협하려 하지만hyperchontai polemious mallon"(II-14), 성城 밖에 토지를 소유하지 못한 하층민들은 파괴될 가옥이나 피폐화될 농토가 없으므로 외국 군대의 침범을 두려워하지도 않고 "그들과 타협하려 하지도 않는다는kai oux hyperchomenos autous" 것이다(II-15).[99]

'과두파 노인'은 이어서 아테네에서 제국주의 정책과 국내정치의 관계는 이러한 구체적인 측면들 외에 국가 통치의 원론적인 측면에도 반영된

99 이러한 점은 앞에서 클레온의 스파르타에 대한 강경책과 관련하여 설명한 바 있다. 〈LCL〉판의 번역자는 저자의 의도를 좀 더 명확하게 전달하기 위한 목적에서인지 두 어구에서 같은 동사 'hyperchomai'를 각각 'curry favour with the enemy'와 'refuse to fawn upon the enemy'로 다르게 번역했다. 지은이로서는 그러한 번역은 적국과의 타협 여부와 관련된 국내정치에서의 계층 간 갈등이 위의 문단에서 핵심적인 요소라는 점을 불명확하게 할 여지가 있다고 본다.

다는 점을 다음과 같이 설명한다(II-17~20). 첫째, 동맹symmaxhia이나 서약horkos의 체결 및 준수 행위와 관련된 책임의 문제이다(II-17). 즉 과두정체에서는 동맹이나 서약의 추진 및 체결의 당사자가 명확하여 그 준수에 성실하고, 문제가 발생할 때는 그 책임 소재가 분명하다는 것이다. 반면에 민주정체에서는 체결의 주체가 민회로서 민중 전체가 그 결과에 책임을 져야 함에도, 결과가 좋을 때는 자신들의 공덕으로 치부하고, 결과가 나쁠 때는 그것을 발의한 소수들을 비난하고 그들에게 모든 책임을 미룬다는 것이다. 아테네의 민주정체에서는 당연히 정치적 책임이 따라야 할 통치의 주체인 민중에게 정작 그것이 면제되어 있다는 사실은 정치·사회적 풍자의 공간인 희극에도 반영되어 있다고 한다(II-18). 즉 희극에서 민중 전체가 "나쁘게 말해지고kakōs legein", "나쁘게 소문나는akouōsi kakōs"[100] 경우는 없으며, 부유층이나 귀족 또는 유력 인사hē dynamenos가 주로 그러한 풍자의 대상이고, 간혹 극히 소수의 가난한 자 혹은 평민이 그러한 대상이 되는 경우란 바로 그들이 일반 민중들보다 높이 올라서려 할 때뿐이라는 것이다.

그러한 논의의 결론으로서 '과두파 노인'은—이 문맥에서 저자는 특히 "이제 말하노라 나는phēmi oun egōge"(II-19)이라는 표현을 통해 그 결론의 중요성을 강조하는데—아테네 민주정체에 내재한 위선과 허구를 지적한다(II-19~20). 즉 아테네 민중들은 어느 시민이 훌륭하고chrēstoi 어느 시민이 열등한지ponēroi 잘 알고 있는데, 그런데도 열등하더라도 "자신들에게 복종하고 이익이 주는 인사들을autois epitēdeious kai symphorous" 선호하고, "덕성을 갖춘 인사들을tēn aretēn autois" 바로 자신들에게 이로운

100 희랍어 그대로의 생동감을 살리기 위해 직역했다. 의역하자면 각각 '비난을 받고', '평판이 나쁜' 정도가 될 것이다.

존재인 줄도 모르고 혐오하는 경향이 있다는 것이다(II-19). 저자는 모든 인간은 자신의 이익을 추구한다는 점에서 민중들의 그러한 행동은 용인될 수도 있지만, "근본 성향이 민중적이지도 않으면서tēn physin ou dēmotikoi" (II-19) 민중 편에 서거나 과두정체가 아닌 민주정체에서 살기를 선호하는 인간들이란 "부지불식간에 불의를 범하고adikein pareskeuasato" 있다는 것이다(II-20).

'과두파 노인'에게는 결코 칭송의 대상이 될 수 없는 아테네의 그러한 민주정체는 지금까지 지적한 방식들을 통해서 그저 유지되어만 왔을 뿐이라고 한다. 그런데 그러한 방식들이 바로 부패를 조장하면서 민주정체는 금권정치[101]로 변질되었다는 것인데, 국가 생활을 제대로 개혁하고 아테네의 미래가 희망을 되찾기 위해서는 그러한 민주정체의 상당 부분을 제거해야 한다는 주장이 〈논고〉의 마지막 III장을 구성한다. 그 주장의 근간은 다음과 같다.

'과두파 노인'은 먼저 아테네의 민주정체에서는 무엇보다 민회에서 결정된 법률 및 국가 정책을 집행하는 1년 임기의 집정관archōn들에게 과도한 통치 업무가 부과되어 있다는 점을 지적하면서, 그것이 국가 생활 전반에 필연적으로 일으키는 심각한 문제들을 다음과 같이 나열한다(III-1~9). 일단 아테네는 다른 어느 도시국가보다 많은 국가적 축제들을 관장

101 이 '과두파 노인'은 민주정체가 금권정치로 변질되는 정치적 상황을 비판하고 있지만, 그러한 비판의 과정에서 금권정치 혹은 금권정치 체제를 의미하는 'ploutokratia'라는 용어를 사용한 것은 아니다. 희랍어에서 'ploutokrakia'라는 어휘는 크세노폰의 『소크라테스 회상Memorabilia』 IV-vi-12에 처음 등장한다고 한다. 그가 그 어휘를 실제로 조어했는지는 확인할 수 없으나, 그가 그 용어를 통해 지칭한 정치 체제는 플라톤이 『국가』 8권에서 타락한 정치 체제를 논의할 때 소수의 부자에 의한 통치를 — 소수의 훌륭한 인물들에 의한 통치인 귀족정치aristokratia와 구분하여 — 의미하는 '과두정치oligokratia'와 개념적으로는 같다. 참고로 Merriam Webster 사전에 의하면 영어에서 'plutocracy'라는 말이 처음 등장한 것은 1652년이라고 한다.

해야 함은 물론이며, 동시에 수많은 재판의 운영과 행정 관리들을 감독하는 문제, 이와 더불어 전쟁, 회계, 입법 관리, 지방행정의 문제, 공물貢物의 검사와 수령 등에 따른 동맹국들과의 외교 문제, 항만이나 선박의 관리 문제, 신전의 관리와 종교적 불경asebēsōsi의 처벌과 같은 치안 문제 등이 있다는 것이다. 그러한 수많은 문제를 관련 인사들과 자세히 협의하면서 제대로 처리하기는 불가능하다는 것이다(III-2, 4~5). 그에 따라 재판을 받을 시민들은 배심원들을 매수하거나(III-7), 특정 법안의 처리나 특정 정책의 입안이 자신의 이해와 직접 관련이 있는 시민들은 부정 행위를 통해 일을 처리할 수밖에 없게 된다는 것이다. 이에 따라 "돈을 싸 들고 상임위원회boulē나 민회의 민중들에 접근하면 일이 이루어진다"거나 "아테네에서는 돈으로 많은 일이 이루어지고 더 많은 돈으로 더 많은 일이 이루어진다"는 말이 나돌 정도라는 것이다(III-3). 국가가 그와 같이 운영되는 상황에서 "아테네의 일들이ta pragmata Athēnēsin" 현재와 같은 처지에서 벗어날 수는 없으며(III-8), 이 부분 저 부분을 조금씩 "떼어내고 더하는to men aphelein to de prostheinai" 방식이 아니라 민주정체의 상당 부분을 제거하는 방식이 아닐 경우 실질적인 "개혁metakinein"은 불가능하다는" 것이다(III-8~9).[102] 다시 말해서 아테네의 민주정체를 개선할 방안들을 발견하기는 쉽지만, 그것을 존속시키면서 동시에 더 훌륭한 정치 체제로 만들 방안을 발견하기는 어렵다는 것이다(III-9).

3장의 나머지 짧은 맺는 부분은(III-10~13) 〈논고〉의 기본 논지, 즉 '최상의 것to beltiston; the best'은 민중의 존재와 배치된다는 명제를 뒷받침하는 두 가지 예의 제시이다. 하나는 계층 간의 갈등이 심한 상태에 있는

102 참고로 이 문장에서 '변혁하기'를 의미하는 희랍어 동사 'metakinein'에는 어원상 '잘라내다'라는 감각적인 의미가 있어 앞의 '떼어내기aphelein'와 '더하기prostheinai'라는 어휘와 어울리는 언어유희의 측면도 있다.

국가들의 정치에 아테네가 개입하는 과정에서 아테네의 민중들이 정신적으로 "올바르지 못하게 인도되는ouk orthōs bouleuesthai" 양상과 관련되고(III-10~11), 다른 하나는 시민권 박탈의 문제와 관련된다(III-12~13). 비록 여기의 문장은 스스로 주장하려는 논지가 무엇인지 충분히 설명하고 있지 못할 정도로 축약되어 있으면서 내용 자체가 앞서 논의의 반복에 해당하지만, '과두파 노인'의 정치적 견해가 무엇인가를 결론적으로 제시하는 부분이므로 저자의 의도를 지은이 나름으로 해석하여 정리하면 다음과 같다.

아테네인들은 타국 내의 계층 갈등에 개입할 때마다 자신들이 옹호하는 민주정체의 성격에 따라 언제나 하층 계급의 편을 든다고 한다. 그런데 어느 국가에서나 하층민에게는 "최악의 것이to kakiston; the worst"(III-10) 존재하는데, 하층민에 대한 직접적인 지지는 물론이고 하층민에 동조하는 상층 계급에 대한 아테네의 지원은 해당 국가에서 바로 최악의 요소가 발호하도록 만든다는 것이다. 후자의 경우로서 저자는 보이오티아, 밀레토스, 스파르타의 상층 계급은 아테네의 지원을 통해 권력을 장악하자 곧 민중들을 노예로 만들었거나 도륙하여katekopsan; had butchered 결국은 아테네에 등을 돌려 전쟁을 일으켰던 사례들을 제시한다.[103] 시민권의 부당한 박탈 문제와 관련해서 저자는 아테네의 경우 "시민권이 부당하게 박탈된adikōs ētimōtai; unjustly disfranchised"(III-12) 사례는 없다는 반론을 가정하고 다음과 같이 논박한다. 아테네에서 시민권의 박탈은 대부분 정당하게 이루어졌지만, 바로 극히 소수라도 부당하게 시민권을 박탈당했다는 사실 자체가 국가 차원에서 정의가 실현되지 못하고 있음을 의미한

103 〈LCL〉판 〈논고〉의 번역자인 바워소크는 이 부분에 대한 각주에서 보이오티아의 경우는 B.C. 456~B.C. 446년에, 밀레토스의 경우는 B.C. 446년 직후, 스파르타의 경우는 B.C. 460년대에 발생한 사건과 연관된 것으로 추정하고 있다.

다는 것이다. 통치할 자격이 있는 인물이 통치를 담당하지 못하고 국가 차원에서 올바른 행동이 이루어지지 못하고 올바른 말이 표현되지 못하는 상황 자체가 바로 아테네인들이 부당하게 시민권을 박탈당하고 있다는 징표이기 때문이라는 것이다.

* * *

아테네의 정치 체제에 관해 '과두파 노인'이 저술한 〈논고〉의 내용은 이상과 같다. 간단히 말해 아테네의 민주정체에서는 국가 구성원의 열등한 요소가 국가 구성원 전체의 이름으로 통치하기 때문에, 통치 행위에 대한 책임감이 약화하고 위선과 허구가 지배하게 되며 부패한 금권정치로의 변질이 필연적이라는 이유로 '올바르지 못한adikos; unjust' 정치 체제라는 논지이다. 그 〈논고〉의 저술가는 일반적으로 알려진 대로 아테네의 과두파 정객일 가능성이 크며, 전문적인 저술가나 직업적인 논객의 글은 분명히 아니다. 저자의 정신세계에는 분명히 아테네 귀족이나 부유층이 가질 수 있는 하층민들에 대한 편벽된 우월감이나 경멸감이 존재하지만, 동시에 아테네 대중민주주의의 실체에 대한 그 자신만의 식견과 더불어 그 운영 실태, 그리고 그것과 아테네 제국주의의 연관성에 대한 날카로운 통찰이 나타나 있는 것도 사실이다. 다만 그러한 식견과 통찰이 인간성에 대한 깊은 성찰에 근거한 것은 아니며, 아테네 민주정체 및 제국주의의 운영 실태에 대한 설명이 구체적인 분석과 일관된 논지에 입각해 전개되고 있는 것도 분명히 아니다. 그런데 '과두파 노인'의 민주정체 비판에는 이보다 더 근원적인 문제가 있는데, 그러한 문제가 바로 리시아스의 사유와 행동의 지성사 및 정치사상사적 의미를 이해하는 데 핵심적이다.

'과두파 노인'은 민주정체에 대한 자신의 비판이 이론적 타당성뿐만 아니라 그 정치적 효과를 제대로 확보하기 위해서는, 다시 말해서 진정한 설득력을 갖춤으로써 그 실천성을 제대로 확보하기 위해서는, 무엇보다 그 자신이 민주정체를 비판하는 과정에서 언급에만 그친 대목에 관해 제대로 설명할 수 있어야 한다는 것이다. 그 대목이란 민주정체에 대한 그의 비판의 궁극적 근거라고 말할 수 있는 인간성의 문제, 즉 인간에게 본원적인 요소들인 '유용함chrēsteia'과 '저열함ponēria' 혹은 '최상의 요소to beltiston; the best'와 '최악의 요소to kakiston; the worst' 자체란 무엇인지, 다른 말로 인간이라는 존재에 부과된 덕성과 열성 또는 잘남과 못남 그 자체가 무엇인지의 문제에 대해 해명할 수 있어야 한다는 것이다. '과두파 노인'은 그러한 문제를 해명하려는 시도조차 하지 않았음은 물론이고, 그러한 시도의 이론적 및 실천적 필요성조차 자각하지 못한 것이다.

그러한 해명의 시도는 물론 인간성에 대한 성찰의 영역으로서 일반인들의 일상적이고 경험적인 사고의 수준을 넘어선 철학적 사변을 요구한다. '과두파 노인'은 나름대로 탁월한 정치인일 수 있고 깊은 정치적 식견을 가진 인물일 수 있으나 철학적 사변의 훈련을 받은 인물이 아닌 것은 확실하다. 그런데 그와 같은 철학적 사변은 현실이나 실천과 유리된 형이상학적 문제가 아니라 바로 현실을 그 근원에서부터 이해하고 진정으로 가치 있는 실천을 위해 필수적으로 요구된다는 점, 그리고 그러한 수준의 철학적 사변은 어느 날 갑자기 나타나는 것이 아니라 현실 속에서 나타나는 구체적이고 풍부한 인간들의 정신 활동과 행동에 대한 체험과 이해가 축적되고 성숙하면서 발현한다는 점이 중요하다. 리시아스의 행동과 사상의 지성사와 철학사 차원의 중요성도—아울러 안티스테네스나 이 책의 후편에서 다루어질 이소크라테스와 크세노폰의 행동과 사상의 중요성도—그러한 맥락에서 이해되어야 한다. 그의 행동과 사상 속에서 정치적 현실에 대한 '과두파 노인'의 〈논고〉에 나타난 바와 같은 수준의 정치적 사유를 넘어 인간과 세계에 대한 좀 더 깊은 성찰적 사고를 발견할 수 있기 때문이다.

다음 4~6장에서의 논의를 통해 해명되겠지만, 리시아스의 저술에는 아테네 시민들의 정치적, 법적, 사회·경제적 행태들에 관한 생생하고 구체적인 관찰과 아테네의 국가 생활 및 민주정체의 운영 행태에 관한 생생한 기술이 포함되어 있지만, 현실에 대한 그의 접근은 그러한 차원의 관찰과 기술에 머무르지 않는다. 그에게서는 정치 체제나 국가 생활에서 발생한 문제들을 삶의 보편적인 이상이나 국가 생활이 추구해야 할 보편적인 질서나 이상이 무엇인가의 차원에서 파악하고 이해하려는 성찰적 사고가 심화하여 '과두파 노인'의 그것보다는 인간과 세계에 대한 좀 더 심층적이고 포괄적인 이해가 나타나고 있다는 것이다. 그러한 사고의 발전이 바로 소크라테스에 의해 태동한 정치철학이 플라톤에 의해 완성되는 희랍 지성사 발전의 중간 단계를 구성한다. 왜 그러한지 다음 4장에서는 먼저 리시아스의 삶과 행동을 검토하면서 설명할 것이다.

Λυσιας και
Αντισθενης

4

희랍이라는 세계,
아테네라는 국가,
그리고 리시아스라는 민주파 지식인

이 장의 1절에서 좀 더 자세히 기술하겠지만, 독자들의 편의를 위해 일단 리시아스가 대체로 어떤 인물인지 그 대강을 그려볼 필요가 있다. 그는 아테네에 거주하는 외국인metoikos으로서 — 앞으로 '거류외국인'으로 호칭 — 방패공장이라는 군수 산업체를 소유한 거부의 아들이자 소크라테스의 친구들 혹은 추종자들 가운데 하나인 지식인이며, 직업적으로는 연설가rhētor 혹은 법률가logographos로 활동한 인물이다. 앞으로 이 4장 3절에서 자세히 검토할 대상인 그의 〈사랑의 연설〉이 수록된 플라톤의 『파이드로스』에서는 그가 "당대 최고의 저술가deinotatos ōn tōn nyn graphein"로 소개되어 있는데(228a), 그것은 그가 당시 대단한 명망이 있는 지식인이었음을 암시한다. 리시아스라는 인물이 누구인가에 대한 이와 같은 지극히 단순한 기술 속에 그의 삶의 역설적인 숙명이 함축되어 있다. 그 역설적인 숙명이란 다음과 같이 정리될 수 있다.

리시아스는 아테네인들과 '같은 희랍인'이라는 의식을 가진 지식인이기 때문에 당대 희랍 세계 전반 및 아테네의 제반 문제들과 관련하여 아테네 시민들과 지적·정치적 관심은 공유한다. 하지만 그는 시민이 아니므로 아테네에 거주하면서도 아테네의 정치에 적극적으로 참여할 수는 없다. 정치에 적극적으로 관여할 수 없는 이방인이지만, 그는 동시에 방패공장이라는 주요 군수 산업체의 소유자로서 부유하고 사회적으로 영향력이 있는 지식인이기 때문에 아테네의 정치에 연루될 수밖에 없다. 바로 그러한 숙명 속에 그의 정치사상의 핵심으로 다음 6장에서 설명될 민주정체에 대한 비판적 지지 및 수정 노력과 범희랍주의가 배태된다.

물론 리시아스의 생애에 관한 위의 간단한 정보마저도 본디부터 누구에게나 알려진 지식이 아니라 역사적 자료에 근거한 학문적 판단의 결과이다. 고대 시대에 저술된 그의 전기로는 디오니시우스Dionysius of Halicarnassus, 플루타르코스의 위작으로—일반적으로 'ps. Plutarch'로 표기되는'—알려진 『10대 연설가의 생애*Bioi tōn deka rhētorōn; Lives of the Ten Orators*』 중에서 리시아스 부분,[1] 10세기 비잔틴제국에서 발간된 일종의 백과사전인 『수다Souda』에 수록된 리시아스 생애, 비잔틴제국 시대 기독교 지도자이자 학자였던 포티우스Photius(810 추정~893)의 리시아스 전기 등이 알려져 있으며, 그의 생애와 관련된 사료로는 리시아스의 법정 연설문들 가운데 〈반反에라토스테네스Kata Eratosthenous〉에 제시된 그 자신의 진술, 19세기 서양 고고학적 대발굴 가운데 하나인 〈옥시린쿠스 파피루스Oxyrhinchus Papyri〉에 포함된 고문서들 가운데 하나로서 단편斷片의 형태로 그 일부만 발견된 그의 연설문 〈반反히포테르세스Pros

---

1 이 저작이 플루타르코스의 위작으로 간주되는 근본적인 이유에 대해서 〈LCL〉판 번역자인 파울러는 "Introduction"에서 다음과 같이 간단히 정리한 바 있다. "그것에는 플루타르코스 특유의 조심스럽고 면밀한 문체가 없다. 사실들은 다양한 변화가 없이, 그리고 단순한 일화anecdotes들과 중요한 의미가 있는 사실들이 거의 혹은 전혀 구분되지 않은 채 나열되어 있다"(*Moralia*, vol. x, 342). 여기서 의미상의 오해를 피하고자 우리말로 '연설가'로 번역된 'rhētor'의 의미에 대해 정리하고 넘어갈 필요가 있다.
어느 정도 지적 판단력을 갖춘 사람이라면 범속한 정치인의 내용 없이 말만 '번드레한' 연설을 훌륭한 연설로 간주하지 않듯이, 'rhētorikē'나 'rhētor'는 단순히 웅변술이나 연설가 혹은 웅변가를 지칭하는 것은 아니다. 그것은 문장력과 함께 인간을 진정으로 설득하기 위한 필수적인 요건으로서 인문학적 소양과 더불어 당면한 사회 현실에 대한 통찰 등 포괄적인 지성 능력을 요구한다. 이 책의 후속 연구의 주제이기도 하지만, 실제로 플루타르코스의 위작 『10대 연설가의 생애』에 포함된 이소크라테스는 목소리가 연약하여 대중 연설은 제대로 하지 못한 인물로 유명하다. 고대의 수사학이란 결국 광의로 현대의 인문·사회과학 전반을 지칭하는 것이다. 아우구스티누스St. Augustine가 젊은 시절 수사학을 전공했다는 사실도 수사학의 그러한 성격과 연관하여 이해되어야 한다.

Hippothersēn hyper Theranainēs〉 등이 전부이다(Loening, 1981: 280~281 참조).[2] 그런데 『10대 연설가의 생애』에 수록된 〈리시아스〉편은 저자가 누구인지의 문제를 떠나 다른 역사적 자료들과 내용 면에서 배치되지 않으면서 그의 생애에 관한 가장 포괄적이면서도 간결한 기술이다.[3] 따라서 그 내용을 근간으로 하되 다른 자료에 수록된 정보를 종합하여 그의 생애를 먼저 정리할 필요가 있다. 그의 행동과 사상이란 당연히 그의 삶의 궤적 속에서 이루어지고 형성된 것이기 때문인데, 그 궤적의 핵심적인 요소는 부유한 이방인이면서 지식인이라는 사회적 존재성이다.

1. 한 지식인의 형성 과정

리시아스는 케팔로스Kephalos의 아들이고 리사니아스Lysanias의 손자이다. 시라쿠사 태생으로 당시로서는 거대한 군수산업에 해당하는 방패

2 참고로 그 일부만 단편斷片의 형태로 발견된 리시아스의 연설문의 영어 제목은 일반적으로 'Against Hippotherses'로서 이 책에서도 간략히 〈반反히포테르세스〉로 번역했는데, 희랍어 제목 본래의 의미는 '테라나이네스 문제와 관련된 히포테르세스의 주장에 대한 반론'이다. 법정 연설문들을 포함한 리시아스의 저술 대부분은 〈LCL〉판 *Lysias*에 수록되어 있으며, 〈반反히포테르세스〉의 단편은 Bernard P. Grenfell와 Arthur S. Hunt가 1919년 공동으로 편집·번역하여 출간한 Oxyrhynchus Papyri # 1606-Fragment 7에 수록되어 있다. 이 밖에 플라톤의 『파이드로스』에는 리시아스의 〈사랑의 연설〉이 소개되어 있는데, 그것은 다음 3절에서 별도로 자세하게 검토할 것이다. 그리고 플루타르코스의 위작으로 간주되는 『10대 연설가의 생애』는 『영웅전』에 이은 그의 또 다른 거작 『도덕론*Moralia*』에 수록되어 있다.

3 Plutarchos, *Moralia* vol. x, 58장. 참고로 쉰델U. Schindel이라는 학자는 고대로부터 전해오는 리시아스의 전기들에 대한 검토를 통해 의사 플루타르코스의 전기가 그 가운데 고대의 여러 신뢰할 만한 관련 문헌들을 모두 종합하여 기술한 저술로 결론을 내린 바 있다(Loening, 1981: 280에서 재인용). 그리고 뢰닝Thomas Loening의 논문(1981)은 리시아스의 생애와 관련된 사실들에 관한 학계의 쟁점들을 치밀하게 검토한 연구이다.

제작으로 부호가 된 그의 아버지 케팔로스는 아테네라는 도시국가에 대한 호감과 더불어 평소부터 친분을 나누었던 페리클레스의 권유로 — 다른 정보에 의하면 시라쿠사의 참주 겔론Gelōn(출생연도는 미상이고 B.C. 478년 사망 추정)에 의해 추방되어 — B.C. 470년경 아테네에 와서 피레우스에 거주하게 되었다. 플라톤의 『국가』 1권에 세밀하게 묘사되어 있지만, 페리클레스와의 친분도 작용했고 케팔로스 또한 부유하면서도 교양을 추구한 인물이었기 때문에, 그의 저택은 당시 아테네 지식층의 회합이나 연회의 장소로 자주 사용되었던 것으로 보인다. 학계에서 아직도 논란의 대상[4]인 리시아스의 출생연도에 대해 『10대 연설가의 생애』의 저자는 필로클레스Philokles가 집정관이었던 B.C. 459년으로 기록하고 있다.[5]

리시아스는 어린 시절 아테네의 귀족 자제들과 함께 교육을 받았는데, 15세 무렵인 B.C. 444년에 그의 아버지가 죽은 후[6] 재산을 정리하기 위해

---

4 1장 각주 #2 참조.

5 이 문제에 대한 최근의 논의로는 Panagiotou(1975)를 참조할 만하다. 그는 관련 문헌들의 고증과 기존의 견해에 대한 검토를 토대로 그의 출생을 B.C. 445~B.C. 443년 사이로, 그의 사거연도를 B.C. 365~B.C. 363년 사이로 좀 더 좁혀 추정한 바 있다(Panagiotou, 1975: 395)

6 이 점은 논란의 대상이자 리시아스의 생애에 대한 '의사 플루타르코스'의 기술에 의문점을 던지는 대목이기도 하다. 케팔로스의 사망연도가 B.C. 444년일 경우 리시아스와 그의 형제들은 그 후 투리오이로 간 것으로 믿어지며, 이후 그의 행적은 그것을 토대로 어느 정도 일관되게 재구성될 수 있다. 그런데 케팔로스가 등장하는 플라톤의 『국가』에 묘사된 대화가 발생한 '극적 상황의 시기the dramatic date'와 관련하여 서양 고전학계에서는 19세기 말 독일학자 뵈크August Boeckh의 B.C. 411/410년 설을 시작으로 B.C. 424~B.C. 408년 사이의 여러 시점이 가설로 제시되었고, 모든 가설이 모순이나 반론에 부딪히자 급기야는 그 시기 자체가 불확실하다거나 플라톤이 의도적으로 '시간을 초월한timeless' — 이에 따라 의도적으로 죽은 케팔로스도 살아 있게 만든 가능성도 제기하면서 — 대화를 저술했다는 설도 나타나게 되었다(Nails, 1998: 383~385 참조). 이에 따라 최근에는 펠로폰네소스 전쟁의 종료 전인 — 그 대화편에 등장하는 폴레마르코스, 니케라토스, 클레이토폰 등이 B.C. 404년 등장한 30인의 참주 정권에 의해 처형당한 인물들이라는 점만은 확실하므로 — B.C. 403년 이전이라는 것 외에 정설은 없는 것 같다

그의 형[7] 폴레마르코스Polemarchos와 함께 — 그에게는 다른 형제로 에우티데모스Euthydemos와 브라킬로스Brachyllos가[8] 있다 — 이탈리아 남부에 새롭게 건설된 도시국가인 투리오이Thourioi(영어로 보통 Thurii로 표기)[9]로

(Howland, 2004: 179~180 참조). 사실 정치철학 연구의 차원에서는 고전학계의 그러한 논쟁은 참고사항 정도의 부차적인 의미밖에 없다. 어쨌든 『국가』에 묘사된 극적 상황 시기의 불확실함은 리시아스의 행적과 관련해서도 여러 해석이 가능하게 만든다. 그 형제들은 부친의 생존 시에 유산 정리 문제와 관계없이 투리오이로 갔거나, 그들이 투리오이로 가거나 돌아온 시기 모두에 대한 '의사 플루타르코스'의 연대 추정에 잘못이 있거나, 『국가』의 대화 상황이 전적인 허구여서 추정 자체가 의미가 없을 수도 있다. 지은이로서는 그러한 문제들에 대해 별도로 탐구할 처지는 아니다. 다만 그가 아테네로 귀환한 B.C. 413년 이전 젊은 시절의 행적에 관한 정확한 시기 문제는 그의 사상의 이해와는 직접적인 연관성은 없으므로, 이 책에서는 '의사 플루타르코스'의 진술을 기초로 그 대강만을 제시하기로 한다.

7 역사적 자료들에서는 누가 형이고 동생인지 명확하게 나타나지는 않았으나 일단 플라톤의 『국가』 1권을 근거로 리시아스가 동생일 것이라는 추정은 가능하다. 즉 피레우스 항에서 아테네로 향하는 소크라테스를 도중에 붙잡아 자신의 집으로 초대하고 대화를 주도하는 — 그의 형제들인 리시아스와 에우티데모스는 대화의 장소에는 있는 것으로 소개되어 있음에도 대화 자체에는 전혀 참여하지 않고 있다 — 모습으로 보아 폴레마르코스가 장형일 가능성이 크다는 것이다.

8 『10대 연설가의 생애』의 저자는 일반적으로 데모스테네스Demosthenes의 위작으로 간주되는 〈반反네아이라Neaira〉를 인용하면서 리시아스가 당시의 기녀妓女; hetaira 만테네이라Manteneira와 사랑에 빠졌다가 결국은 — 아마 집안의 반대로 — 동생 브라킬로스의 딸과 결혼했다고 전한다. 참고로 '기녀'로 번역한 희랍어 'hetaira'라는 말 그대로의 의미는 '동반녀同伴女'인데, 일시적 욕망 해소용의 일반적인 창녀를 지칭하는 포르네pornē(영어 'pornography'의 어원)와 구분하여 주로 혼외 '동거용同居用'의 고급 창녀를 지칭한다. 이밖에도 희랍어에는 매춘부를 뜻하는 말이 매춘과 관련된 수많은 정황이나 행태와 연관하여 수십 개가 있을 정도로 어휘가 풍부하다. 그러한 사실은 고대 희랍인들의 '혼외정사 문화'가 다채롭게 발전했음의 간접적 증언일 수 있다. 그들 어휘들에 대한 소개만이 아니라 동성애 등 성생활을 포함한 희랍인의 풍속 전반에 관한 탁월한 기술로는 1932년에 출간된 독일 학자 한스 리히트Hans Licht의 저작이 있으며, 한국어로도 번역되어 있다(리히트, 1995).

9 투리오이는 『앎과 잘남』 1권 4장에서 기술된 바 있는 피타고라스 학원이 소재했던 이탈리아 남부의 도시국가 크로톤Kroton과의 전쟁에서 패한 도시국가 시바리스Sybaris의 망명객들이 아테네의 도움을 받아 건설한 도시이다. 이 도시의 간략한 역사는 디오도

간다. 그는 그곳에 머물면서 시라쿠사 출신의 교사 니키아스Nikias와 수사학 교사 테이시아스Teisias(영어로는 보통 Tisias로 표기)[10]로부터 교육을 받고 B.C.413년까지 33년 동안 그곳에서 생활하게 된다. 그는 법률가와 연설가로 활동한 것으로 보이는데, 그곳에 거주하면서도 당대 번성한 아테네의 교양 문화에 대해서는 지속적인 관심을 가지고 탐구했으며, 특히 소포클레스 등의 문학과 안티폰 등의 법정 연설문의 문장 형식도 습득했을 것으로 추정된다. 그가 그곳에서 이미 고르기아스를 만나 깊은 영향을 받았는지는 확실하지 않다.

투리오이에서 리시아스는 정치적으로 민주파에 속했던 것으로 보인다. 그 이유는 B.C.413년 투리오이에서 추방되어 아테네로 귀환하게 된 사실에서 추정할 수 있다. B.C.412년은 바로 아테네의 시칠리아 침공이 대재앙으로 결말이 난 해인데, 그 결과 이탈리아 지역을 포함하여 아테네의 여러 동맹 도시들이 과두파 주도로 반란을 일으키게 된다. 투리오이도 예외는 아니었는데, 그가 추방된 이유는 결국 그가 민주파이자 친아테네파로 몰렸기 때문일 가능성이 크다. 어쨌든 그는 자신의 친족 3인과 함께 — 그 가운데는 형인 폴레마르코스가 포함되었을 것이다 — 추방당하여 400인의 과두파가 집권한 아테네에 오게 된다.

아테네에 다시 정착한 사십대 후반의 리시아스가 소크라테스를 만나 본격적으로 지적인 교류를 하면서 나름대로 감화를 받은 것은 이 시기인

로스Diodoros의 *Library of History* Vol. IV, Book XII-9~23에 기술되어 있다. 그는 투리오이의 법률·제도에 관해서도 기술하고 있는데, 그것에 대해서는 뒤에 가서 투리오이에서 리시아스의 행적을 논의할 때 다시 언급할 것이다.

10 테이시아스는 코락스Korax와 더불어 — 후자가 전자의 스승 — 수사학의 창시자라는 사실 이외에는 알려진 바가 없다. 니키아스가 누구인지는 전혀 알려지지 않았으나 역시 수사학 교사일 가능성이 클 것이다.

것으로 보인다.[11] 그는 거류외국인으로서 법적 신분상 공직에 나아가거나 직접 정치에 참여할 수는 없었지만,[12] 투리오이에서 습득한 수사학 지식을 바탕으로 시민들의 소송대리인이나 고발이나 변론의 글을 작성하는 법률가 활동을 하면서 소크라테스 등 당시 아테네의 지식인들과 지적인 교류를 했을 것이다. 그런데 그가 아테네에 귀환한 이후 약 10년은 앞에서 이미 기술했듯이 시라쿠사 원정의 실패라는 대재앙 이후 아테네에 과두파의 쿠데타가 발생하고 결국은 패전에 이르게 되는 정치적으로 혼란스러운 시기이다. 알키비아데스의 반역으로 아테네는 재정의 주요 원천인 라

---

11 아테네 귀환 후 리시아스가 소크라테스의 모임에 적극적으로 참가했는지를 밝혀주는 별도의 문헌은 존재하지 않는다. 다만 그 문제와 관련하여 다시 플라톤의 『국가』 1권의 도입부 상황을 참조할 필요는 있다. 그 도입부에는 케팔로스의 저택에서 벌어진 대화의 장소에 리시아스도 참석한 것으로 소개되어 있는데, 문제는 폴레마르코스는 1권에서 소크라테스와 토론한 세 명의 대화 상대자 가운데 하나지만 리시아스는 『국가』 전체에서 한마디도 하지 않은 인물로 기술된 사실에 있다. 그 점은 앞에서 언급된 플라톤의 『국가』의 '극적 상황의 시기the dramatic date'가 언제인가의 문제와도 연관되어 여러 가지 복잡한 해석상의 논란을 제기한다. 그 당시 케팔로스는 다가올 죽음을 암시하면서 지극히 연로한 인물로 그려져 있고, 위에서 기술된 바와 같이 리시아스와 폴레마르코스가 투리오이로 떠난 시기가 B.C. 444년이고 그들의 부친이 사거한 이후라면, 『국가』에 묘사된 대화가 발생한 시점에서 리시아스는 15세 이하의 소년이 되어 소크라테스와 지적으로 직접 교류할 나이가 아니어서 그 대화의 장소에만 있었을 뿐 한마디도 하지 않은 것으로 해석될 수도 있다. 하지만 『국가』의 대화 상황이 고전학계의 '정설'에 따라 어쨌든 리시아스의 소년기가 아닌 장년기에 해당한다면, 플라톤이 왜 그 저명한 지식인만을 참석자 가운데 유일하게 끝까지 침묵을 지킨 인물로 그려놓고 있는지 그 의도에 대한 해석 문제가 대두될 수 있다. 그 문제는 뒤에 가서 6장 3절에서 논의될 것이다.

12 B.C. 451년 페리클레스는 부모 모두가 시민인 자제에게만 시민권을 부여하는 법률을 통과시켰다. 그러한 입법이 이루어진 이유는 바로 '50년간의 번영기'에 외국인이 아테네에 몰려들면서 아테네에 진정으로 충성스러운 인간과 그렇지 않은 인간을 구분할 필요성이 절박해졌기 때문이다. 당시 아테네의 법률용어로 그들 외국인은 '평등인isoteles'으로 규정되어 선거권 및 피선거권은 없고 시민으로서의 다른 권리와 의무는 보유했다. 그들은 일상적으로 'metoikoi'로, 경멸적으로는 사생아를 의미하는 'nothoi'로 불리기도 했다.

우리온Laurion의 은銀 광산이 스파르타군에게 점령당하여 전쟁 비용의 지출 문제가 긴급한 국가적 과제로 등장했으며, 에레트리아Eretria 해전에서(B.C. 411) 스파르타에 패배하면서 식량 공급지인 에우보이아Euboia의 상실이라는 치명타를 맞았고, 그러한 사태에 편승하여 더욱 확산한 동맹국의 이탈과 반란, 이와 더불어 페르시아가 스파르타와 동맹을 맺어 희랍 세계의 국제정치에 개입하게 되면서 전쟁의 국면은 아테네에 결정적으로 불리하게 전개된 것이다.

그와 같은 전쟁 상황의 악화는 시민들을 동요시키면서 국내정치의 불안이 더욱 심화되었고 400인의 과두파 쿠데타가 성공하게 되었다. 그렇지만 마침 키노세마Kynossema 해전(B.C. 411)과 키지코스Kyzikos 해전(B.C. 410)의 승리로 국내정치의 분위기가 반전되고, 그와 같은 새로운 정치적 분위기 속에서 테라메네스Theramenes가 대표하는 온건 과두파와 트라시불로스Thrasyboulos가 대표하는 민주파가 연합하여 과두파 정권을 붕괴시키게 되는데, 이에 따라 아테네는 민주정이 회복되어 소위 '5천인의 민주정'이 성립된다. 그러나 그러한 상황은 곧 페르시아의 강력한 개입과 더불어 스파르타가 새롭게 득세하는 상황이 전개되면서 다시 반전된다. 이때 아테네는 잠시 알키비아데스의 지도력에 의탁하게 되는데, 그도 결국은 에페소스 근처의 노티온Notion 해전에서 패배하여 실각하게 되면서(B.C. 407) 아테네의 마지막 희망은 사라진다. 그런데도 앞에서 기술된 아르기누사이Arginousai 해전의 여파로 벌어진 여덟 장군의 처형은 약화한 아테네의 해군력을 재기 불능의 상태로 만들었으며, 그러한 상황에서 페르시아의 원조를 받은 스파르타의 장군 리산드로스Lysandros는 아이고스포타미Aigos Potami 해전(B.C. 405)에서 아테네의 해군에 최후의 일격을 가해 아테네는 결국 항복하게 되는 것이다.

아테네가 패전에 이르게 되는 그 7년간 리시아스가 어떠한 활동을 하며 지냈는지 밝혀주는 자료는 없다. 다만 그의 행적은 간단하나마 아테네의 패전 이후의 정치사 전개 속에 드러나 있다. 즉 점령군 사령관이 된 스파르타의 장군 리산드로스는 아테네를 직접 통치하는 대신에 친스파르타 정파인 과두파가 정권을 장악하도록 공작을 하며, 그의 정치적 후견을 받은 과두파는 쿠데타에 성공하여 30인의 참주 정권이 등장하게 된다. 그러나 그것은 곧 아테네를 8개월간의 내란 상태로 돌입하게 만드는데, 바로 그 내란 상태에서 리시아스가 무엇을 했는지 그 행적은 그 자신의 자전적 自傳的 기술에 뚜렷이 기록되어 있다.

30인의 참주에 의한 쿠데타는 리시아스가 아테네에 귀환한 지 7년이 지난 시기에 발생했다. 그들 새 집권자들은 리시아스의 재산을 몰수하고 그의 형 폴레마르코스를 먼저 처형했는데, 그 자신은 처형을 기다리는 가택연금 상태에서 탈주하여 메가라Megara로 도피해 망명 생활에 들어간다.[13] 그가 망명지에 있을 때 트라시불로스Thrasyboulos를 중심으로 70인의 민주파들이 단합하여 참주정 타도 움직임이 일어나고, 리시아스도 이에 적극적으로 가담하게 된다. 이때 그의 재산은 그러한 정치 활동을 위해 중요하게 사용되었을 것이다. 오랜 전쟁은 가업으로 물려받은 방패산업 번창의 기반이었을 것이기 때문에 그는 거대한 부를 축적했을 것이 분명하며, 수사학원의 운영 또한 그에게 부와 명성과 더불어 추종자들 혹은 제자들의 집단이라는 인적 자원도 제공했을 수 있다. 어쨌든 그는 민주파에게 2백 개의 방패와 더불어 2천 드라크마의 은을 군자금으로 제공하고, 아울러 자신의 오랜 친구이자 후원자인 엘레아Elea의 거부 트라실라에우스Thrasylaeus를 설득하여 2탈란트를 민주파에게 제공하게 했으며, 헤르

13 당시 메가라와 더불어 테바이와 코린트가 민주파 망명객들의 피신처로 이용되었다고 한다.

마스Hermas라는 인물과 함께 3백 명의 군사를 거느리고 참주정 전복의 전투에 직접 참여한다.

내란은 결국 민주파의 승리로 끝나고 참주 정권은 8개월 만에 무너진다. B.C. 403년 승리한 민주파 지도자 트라시불로스는 아테네에 입성한 후 반反쿠데타 성공에 대한 리시아스의 공적을 인정하여 그에게 시민권을 부여할 것을 민회에 제안하여 승인을 받는다. 이 시민권은 짧은 기간밖에 지속하지 않았는데,[14] 그 짧은 기간에 리시아스는 시민의 자격으로 자신의 형 폴레마르코스의 살해 혐의로 에라스토테네스Erasthosthenes를 고발하면서 법정에서 직접 고발 연설문을 읽는다.[15] 그런데 아르키노스Archonos라는 인물이 그와 같은 방식의 시민권 부여가 불법일뿐더러 상임위원회Boule의 의결 절차를 거치지 않았기 때문에 무효라고 주장했고, 그 주장이 통하여 리시아스는 시민권을 박탈당하여 다시 평등인isoteles의 신분으로 복귀한다.[16] 그 후로 공직의 취임이나 정치 활동을 할 기회가 더는 부여되지 않아 남은 여생을 연설문 작성가로 활동하면서 보내는데, 그것이 오히려 그의 이름을 역사에 영원히 남게 만든 것이다. 앞으로 이 4장의 3절과 5~6장에서 검토와 논의의 대상인 그의 연설문과 사상은 바로 이 시기 활동의 산물이다. 그는 인생의 가장 원숙한 시기에 문필 활동에 전념하면서 자신의 원숙한 사상을 전파하면서 희랍 세계의 정신적 지도자들 가운데 하나로 등장하게 되는 것이다. 앞으로 6장에서 검토의 대상이 되

---

14 리시아스에게 아주 짧은 기간 부여된 시민권의 정치사적 의미와 더불어 다른 기간 그에게 부여된 정치적 신분이 무엇인가에 관한 세밀한 논의는 Loening(1981, 특히 282~284) 참조.

15 이 연설문이 앞에서 이미 언급되었고 뒤에 가서 검토의 대상이 되는 〈에라토스테네스에 대한 반론Kata Eratosthenous〉이다.

16 그의 연설문 〈히포테르세스에 대한 고발Para Hippotherses〉은 그러한 사실에 관한 1차 자료이다.

겠지만, B.C. 388년 올림픽 축제에서 시라쿠사의 참주 디오니소스 Dionysos와 페르시아의 왕 아르타크세르크세스Artaxerxes를 희랍 세계의 주적主敵으로 간주하고 스파르타의 패권주의 정책을 비난한 그의 연설은 자신의 범희랍주의 이념의 표명이자 당시 그의 활동의 목표가 무엇인지 보여준다. 그러한 활동을 하다 그는 83세 때인 B.C. 376년 타계한다.[17]

리시아스는 주로 법정 변론과 고발 문장의 작성이나 대중 연설가로 활동하면서 일생 425개의 연설문을 남겼다고 전해지는데, 고대 학자들에 의하면 그 가운데 230개만이 리시아스 자신의 저술이라고 한다.[18] 그는 올림픽 경기에서도 연설을 한 바 있는데, 그 대표적인 것이 위에서 언급한 B.C. 388년의 올림픽 축제 때의 연설이다. 그는 또한 일반 시민들을 상대로도 연설했는데, 연설 내용이 쉽고 간결하면서도 설득력이 있었지만 모방하기는 쉽지 않았다고 한다. 플라톤은 『파이드로스』에서 그를 가장 능

17 플루타르코스는 B.C. 459년에 출생한 리시아스의 사망연도와 관련하여 그가 76세인 B.C. 383년 혹은 연설가 데모스테네스가 태어난 해인 B.C. 384년 이후까지도 생존했다는 설을 소개하고 있다.

18 의사擬似 플루타르코스는 리시아스 저술의 분량을 그리스 출신 역사가로 아우구스투스 시대 로마에서 활동한 디오니시우스Dionysius of Hallcarnassus를 인용하여 그와 같이 기록하고 있다. 고대의 저술가들 대부분이 그러하듯이 리시아스의 작품들도 끊임없는 위작僞作 시비나 여러 가지 의도로 자행된 허위 문구의 첨가나 원문 일부의 삭제 여부와 관련된 서지학적 논쟁의 대상이었다. 그러한 상황은 저작권이 존재하지 않음은 물론 인쇄술이 부재한 상태에서 필사본이 자유롭게 작성되고 유통되는 — 특히 저명 학자나 문필가의 저작의 경우 — 서적시장의 속성상 당연한 결과이다. 어쨌든 그의 저술들 가운데 현재 전해지고 있는 것은 모두 35개인데, 플라톤의 『파이드로스』에 수록된 〈사랑의 연설〉과 나머지 34개의 연설문들로서(그것들은 모두 〈LCL〉판 *Lysias*에 수록되어 있다) 그 모두가 이 책에서 검토의 대상이다. 오래전 도버Kenneth Dover는 리시아스의 남은 연설문들 가운데 〈30인의 참주 가운데 하나인 에라스토테네스에 대한 고발〉만이 확실히 리시아스의 저술이라는 대담한 주장을 제기한 바 있는데(Dover, 1968), 그러한 주장 자체의 논리적 비일관성이나 서지학적 근거의 미흡함에 관해 윈터Thomas Winter라는 학자의 논문에 치밀한 논리로 설득력 있게 논박되어 있다(Winter, 1973).

란한 연설가의 하나로 언급한 바 있다. 플라톤의 그러한 평가와 비슷하게 리시아스의 추종자이자 이소크라테스의 제자인 필리스코스Philiskos는 그의 웅변 능력이 칼리오페Kaliope 여신으로부터 부여받은 천부적인 자질임을 찬양하는 헌시도 남겼으며, 이와 더불어 수사학rhetoric 교과서와 함께 대중 연설문, 서간문, 찬가, 장례연설, 사랑 연설, 소크라테스에 대한 변론문 등도 남겼다고 한다.

* * *

리시아스의 생애 및 활동을 현재까지 전해진 사료들을 근거로 위와 같이 간단히 정리해보았다. 그러한 정리를 통해 그가 어떠한 인물이고 어떠한 삶을 살았는지 그 대강을 그려볼 수는 있지만 그것만으로는 그 행적들의 구체적인 성격이나 이유를 명확하게 파악할 수는 없다. 행적들 상호간의 연관성이나 그 하나하나의 배경이나 원인과 관련하여 설명되어야 할 부분이 지극히 많이 남아 있기 때문이다. 그러한 설명의 공백은 그의 생애에 관한 자료가 대폭 새롭게 발견되지 않는 한 결정적으로 메워질 수는 없을 것이다. 다만 그러한 한계에서도 그의 삶의 내용과 성격 그리고 그의 사상의 실체를 가능한 한 명확하게 파악하기 위한 노력은 필요하다. 그것은 위와 같은 대강의 기술에서도 적어도 역사적으로 의미가 있거나 그의 사상과 직접적인 연관성을 갖는 행적들을 그 대상에 나타난 삶의 총체적인 궤적을 토대로 논리적인 상상력을 구사하여 그 실체를 좀 더 구체적으로 재구성하는 것이다. 그러한 맥락에서 위에서 기술된 그의 행적들 가운데 다음 몇 가지에 의문의 초점을 맞출 필요가 있다.

첫째로 그의 아버지 케팔로스가 모국인 시라쿠사를 떠나 아테네에 이민을 오게 된 계기와 관련된 문제이다. 그가 아테네로 이주하여 시민이 아닌 일종의 영주권자로 거주하게 된 사실에는 그 자신이나 아들들의 정치적 성향을 암시하는 요소가 있기 때문이다. 그것에는 그가 모국인 시라쿠사에서도 이미 부호였다는 사실이 암시되어 있으며,[19] 그가 시라쿠사를 자발적으로 떠나거나 혹은 강제로 추방된 이유와 관련하여 페리클레스와 시라쿠사의 참주 겔론Gelon(B.C.540 추정~B.C.478)이라는 인물이 등장한다. 그는 경제력만으로도 이미 시라쿠사에서 정치적으로 영향력이 있는 인물이었을 가능성이 높으며,[20] 시라쿠사 시민임에도 그 존재가 아테네에도 알려져 있고 페리클레스와 개인적인 친분이 있을 정도로 희랍 세계에서 유명한 부호였을 가능성이 큰 것이다. 그리고 그 점이 당대 최고의 권력자로 등장한 겔론이 케팔로스를 국외로 추방한 이유와 더불어 페리클레스의 초청이나 권유로[21] 그가 아테네로 이주한 이유를 동시에 설명할 수 있게 한다.

시라쿠사의 참주 겔론은 막강한 경제력을 가진 케팔로스의 사회적 혹은 정치적 영향력을 자신의 전제 권력에 대한 잠재적인 위험 요소로 간주하여 시기하거나 두려워했을 수도 있고, 방패라는 군수 물자의 수출 업무에 따라 그가 가질 수 있는 타국 정치 지도자들과의 교류나 친분을 국가 안보 차원에서 위험 요소로 간주했을 수도 있으며, 전제적인 권력자로서

---

19 케팔로스는 그의 조부 대에 이미 큰 재산을 이룬 것으로 보인다. 이 점은 플라톤의 『국가』 1권 도입부에(330a~b) 직접 표현되어 있다. 즉 소크라테스가 피레우스에 있는 케팔로스의 저택을 방문하여 인사를 나눈 후 대화를 시작하면서 그에게 질문하는 내용 가운데 하나가 그가 자수성가로 재력가가 된 것인지 부친의 도움으로 그렇게 된 것인지 여부이다. 이 질문에 대해 케팔로스는 단순히 조부와 부친의 재산을 물려받은 것이 아니라 그것을 토대로 더욱 큰 부를 이룩했다는 사실에 대해 큰 자부심을 표출하고 있다.

20 케팔로스는 아테네에 거주한 이후 더욱 큰 부를 형성했을 가능성도 있다.

21 리시아스의 〈반反에라스토네네스〉에서는(4; 앞으로 리시아스의 연설문에 부기되는 숫자는 〈LCL〉판의 문단 번호이다) 'epeisthē'로 — 동사 'peithō'의 수동태 과거aorist형으로 영어로 'was persuaded' 혹은 'was induced'로 번역될 수 있는 — 표현되어 있다.

국제무역을 하는 상인이 필수적으로 가질 수밖에 없는 타국 문화에 대한 개방적이고 관용적인 — 현대에서 일반적으로 '자유주의적 성향liberal temper'으로 명명되는 — 성향을 혐오했을 수도 있다.[22] 반면에 방패산업의 유치가 아테네 경제 및 안보에 공헌한다는 점을 잘 알고 있는 페리클레스는 시라쿠사에서 케팔로스가 처한 상황을 알고 적극적으로 그의 이민을 권유했을 수도 있다. 페리클레스의 경제 정책과 케팔로스의 이해관계가 일치한 데 따른 결과일 수도 있다는 것이다. 어쨌든 이민 온 케팔로스는 아테네에서도 사업에 크게 성공한 것 같으며,[23] 리시아스를 비롯하여 그의 형제들은 물질적 풍요 속에서 당시 아테네의 시민 교육이 제공하는 어문학 및 수학 교육과 예체능 교육을 받으면서 성장했을 것이 분명하다. 이러한 맥락에서 그가 받은 교육은 무엇이고 그의 지성 세계가 어떻게 형성되었는지와 관련하여 몇 가지 추정이 가능하다.

아테네의 시민 교육에 관해서는 지은이도 설명한 바 있지만(양승태, 2006, 특히 4장 3절), 그것은 대체로 현재 한국의 중학교 교육과 비슷하게 14~15세에 종료된다. 그런데 그가 14세 때인 B.C.444년에 형 폴레마르코스와 함께 투리오이에 갔다는 기록은 그가 부친의 상속 재산을 정리한다는 경제적인 이유 이외에 다음 두 가지의 목적이 있었던 것으로 추정할 수 있다. 하나는 교육의 목적으로서, 일반 시민 교육을 마친 그가 자발적

22 별도의 해석이 필요하지만, 앞의 각주 #11에서 언급된 플라톤의 『국가』 1권에 제시된 소크라테스와 케팔로스의 대화에서도 케팔로스는 세속적 관행에 충실하고 따지는 것을 좋아하지 않으며 자애롭고 여유로운 노인으로 묘사되어 있다.

23 리시아스의 생애에 대한 위의 정리에서 그는 폴레마르코스와 함께 그들의 출생지이자 성장지인 아테네를 떠나 페리클레스 시대에 건설된 신도시인 투리오이로 가 그곳에 오래 머물게 되었다는 기술이 있다. 그 계기는 사망한 부친의 유산 정리를 위한 것으로 나타나 있는데, 그러한 사실도 케팔로스가 아테네에서 사업이 성공하여 해외 투자에도 적극적으로 나선 일종의 '다국적 기업가'일 가능성도 암시한다.

으로 혹은 아버지의 유언이나 형의 권유로 시라쿠사 출신의 당시 저명한 수사학자인 니키아스와 테이시아스에게 아테네의 고등교육이자 소피스트 교육의 핵심인 수사학 교육을 받기 위해 투리오이에 '유학'을 간 것으로 해석될 수 있다. 다른 하나는 아테네의 법률이 외국인에게는 정치 활동을 허용하지 않았으므로, 지적으로 뛰어난 폴레마르코스와 리시아스 모두가 투리오이를 자신의 정치적 포부를 실현할 무대로 생각하여 그곳으로 이주한 것으로도 추정할 수 있다. 당시 투리오이는 여러 지역이나 도시국가에서 온 이민들로 구성된 식민도시인 만큼 본국인 아테네와 달리 모든 성인에게 평등하게 정치 참여의 권리를 부여했을 가능성이 크다.[24] 다시 말해 투리오이는 리시아스에게 정치적으로 기회의 땅일 수 있다는 것이다. 이 점은 그가 '유학'을 마치고 아테네에 바로 귀환한 것이 아니라 투리오이에서 40대 후반에 이르기까지 30여 년을 보냈다는 사실에서 그 개연성을 확인할 수 있다. 그는 투리오이를 제2의 고향으로 여기고 그곳에서의 삶과 활동에 만족하면서 청 · 장년기 인생의 황금기를 보냈을 가능성이 큰 것이다.

투리오이에서의 30여 년 동안 리시아스가 어떻게 교육을 받았고, 어떠한 과정을 거쳐 자신의 지성 세계를 형성했으며, 법률가와 연설가 혹은 연설문 작성가로서 구체적으로 어떠한 활동을 했는지 등을 밝혀주는 자료

24 앞의 각주 #9에서 이미 언급한 바와 같이 디오도로스는 *Library of History*에서 투리오이의 입법가 카론다스Charondas와 잘레우코스Zaleukos가 입안한 법률들 가운데 일부분을 소개하고 있다(Book XII-11~ 21). 그런데 그것에는 위증僞證한 자에 대한 엄벌 등의 조항들과 함께 이혼하고 결혼한 자에 대해 공직 취임을 금지하는 조항이 소개되어 있을 뿐 시민권의 자격 전반과 관련된 법률은 기술되어 있지 않다. 다만 디오도로스는 투리오이와 비슷한 성격의 도시국가인 시바리스Sybaris가 외국인들에게도 시민권을 제한 없이 부여했다는 사실을 기록하고 있는데(Book XII-9 참조), 그 점은 당시 신생 도시국가들은 다른 지역 및 도시국가들로부터 이민을 장려하기 위하여 시민권을 개방했다는 사실을 암시한다.

는 없다. 다만 그가 뒤에 가서 희랍 세계 10대 연설가 가운데 하나로 지목될 정도로 탁월한 웅변 능력과 문장력을 갖추었다는 사실史實, 그리고 투리오이에 반反아테네 정권이 들어선 이후에는 친아테네 인사로 지목되어 추방당해 다시 아테네로 귀환했다는 사실史實, 그 두 사실은 투리오이에서 그의 대체적인 행적과 아테네 귀환 후 그의 활동을 이해하는 데 도움을 준다.

일단 리시아스는 테이시아스의 지도로 수사학을 학습하면서 사춘기와 청년기를 보냈을 것이다. 그리고 교습 기간이 끝나고 수사학자로서 나름대로 독자적인 활동을 할 수 있는 능력을 갖추게 되어 당시 지식인 세계의 관행대로 법률가와 연설가 혹은 연설문 작성가로 활동을 시작했을 것이다. 지식인으로서의 그러한 실천적인 행동은 그에게 사회적 명성을 가져다주고, 정치 활동의 기반을 마련해주며, 시간이 지나면서 투리오이에서 점차 영향력 있는 정치인으로 성장하게 했을 것이다. 구체적인 자료가 없어서 확인할 수는 없지만, 아테네가 시칠리아 원정에 실패한 후 친아테네파 인물로 간주되어 투리오이에서 추방되었다는 사실은 그가 그곳에서 대표적인 민주파 정치인으로 활동했을 개연성을 높인다. 그러한 개연성은 리시아스가 B.C.412년 투리오이에서 추방되어 아테네로 귀환한 후의 행적과 더불어 민주파 정치인을 넘어 '민주주의자'로서의 리시아스, 다시 말해서 페리클레스 이후 민주정체의 이념을 나름대로 정립한 정치사상가 리시아스가 나타나게 된 역사 및 지성사의 배경과도 연관된다.

2. 정치적 체험과 성찰적 사유의 성숙

플루타르코스의 위작 『10대 연설가의 생애』의 〈리시아스〉편은 위에서 정리된 리시아스의 생애를 아테네 귀환 이후 그의 행적을 두 가지 측면으로 나누어 기술했다. 하나는 사실史實로서는 명확하게 확인되지 않은 측면으로서 소크라테스를 비롯하여 아테네 지식인들과의 교류 가능성이다. 다른 하나는 사실史實로 확인된 측면으로서 30인의 참주정 쿠데타 및 그에 이어지는 민주파 숙청 과정에서 고난을 겪었고, 이후 민주파의 반격에 참여하여 공훈을 세워 민주정의 회복 후 일시적으로 시민권을 획득했다가 다시 곧 박탈당하면서 일생을 법률가와 연설가로서 활동하다 생애를 마쳤다는 기술이다. 먼저 전자의 측면에 관해서 설명할 필요가 있다.

나름대로 자신의 지성 세계를 형성하여 장년이 되어 아테네에 돌아온 리시아스가 소크라테스를 비롯하여 수사학의 동료들이라고도 할 수 있는 소피스트들이나 문학가 등 아테네의 여러 지식인과 교류하고 지적 소통을 했을 것은 분명하다. 그의 행적 전체에서 유추할 때도 그는 성향상 자신만의 고독한 세계에 침잠하거나 비사교적 혹은 반사회적인 행동을 보이면서 창조적인 혹은 광기의 사변을 추구하는 부류의 지식인이 아니며, 기본적으로 타인과의 교류를 통해 사회적 실천성과 실용성을 추구한 지식인이기 때문에 더욱 그러하다. 특히 그의 부친인 케팔로스나 형인 폴레마르코스와 소크라테스의 친분을 고려할 때 리시아스가 아테네에 귀환한 직후부터 소크라테스와 교류했을 것임은 분명하다. 문제는 리시아스가 구체적으로 언제 그리고 어떻게 소크라테스를 만나서 교류했으며, 소크라테스 이외에 다른 지식인들과의 교류는 어떠했는지, 그리고 그가 어떠한 활동을 했는지 구체적으로 알려주는 사료는 없다는 사실이다.

리시아스와 소크라테스의 관계와 관련된 사료로는 두 가지를 거명할 수 있을 뿐이다. 하나는 디오게네스 라에르티오스의 『저명한 철학자의 생애』 〈소크라테스〉편의 한 문장이다. 즉 소크라테스가 피소되었을 때 리시아스가 그를 위한 변론문을 작성했으나 소크라테스는 그것이 법정에는 어울리나 철학에는 어울리지 않는다는 이유로 거절했다는 기록이다. 소크라테스가 멜레토스의 고발로 피소된 후 그가 리시아스와 나눈 대화인데, 두 인물 정신세계의 차이를 상징하는 의미가 있는 그 짧은 문장 전부를 소개할 필요가 있다. 소크라테스는 리시아스가 작성한 변론문apologia을 끝까지 읽어본 후 다음과 같이 말했다는 것이다.

> "훌륭한kalos 문장logos이야, 리시아스. 그렇지만 나에게는 맞지 않아. 그저 그것이 철학적이기emphilosophos보다는 법률적인dikanikos 언어이기 때문이야." 이에 리시아스가 말하기를 "그것이 훌륭한 문장일진데 왜 당신과 맞지 않는다는 것인가요?" 그러자 그는 대답하기를, "글쎄, 멋진 의상과 신발이 나에게 어울릴까?"(Diogenes Laertios, II-40~41)

바로 '법률적 언어'와 '철학적 언어'의 차이가 무엇인지가 그 두 지식인의 정신세계의 차이만이 아니라 정치철학적 사유의 발전이 무엇을 의미하는가를 이해하는 데 핵심일 것이다. 다른 하나는 플라톤의 기술이다. 플라톤은 리시아스와 소크라테스가 직접 만나 특정 주제를 토의한 대화편은 남기지 않았다. 다만 두 대화편에서는 그의 이름이 언급되면서 그가 소크라테스를 포함하여 대화 참가자 모두와 친분이 있는 것으로 암시되고 있으며, 한 대화편에서는 그의 연설이 구체적인 검토의 대상이다. 그것들은 사실에 관한 기록이 아니라 극적인 재구성이라는 성격이 강하여 그 역사적 사실성을 전적으로 수용하기는 어렵다는 점을 고려하더라도 참고할 필요는 있다. 그 '증언'은 두 가지로 나눌 수 있다. 앞에서 이미 언급한 바 있는 『국가』 1권의 도입부와 『클레이토폰*Kleitophōn*』의 도입부가 그 하나이며, 다른 하나는 『파이드로스』에 그런대로 상세하게 소개된 리시아스의 사상과 그에 대한 소크라테스의 평가이다.[25] 그리고 하나의 가설적 추정에 불과하지만, 만일 『국가』에서의 리시아스가 장년의 인물이 아니라 15세 정도의 소년이어서 귀동냥 식으로 들었던 소크라테스와 어른들 사이의 대화가 어린 그에게 나름대로 강렬한 기억으로 남아 있었다면, 지적으로 성장한 리시아스가 아테네에 귀환하여 노년에 이른 소크라테스를 찾아가 새로운 대화를 하면서 가르침을 구하거나 그에게 나름대로 지적인 도전을 했을 가능성도 전혀 배제할 수는 없을 것이다.

따라서 소크라테스와 리시아스의 관계나 그에 대한 소크라테스의—혹은 소크라테스의 이름을 내세운 플라톤의—평가 문제 혹은 그와 다른 지식인들 간의 관계 문제는 다음 3절에서 검토할 『파이드로스』의 관련 문장들 및 그의 연설문들을 직접 검토한 다음 5~6장에서의 논의를 통해 간접적이나마 해명될 수밖에 없다. 여기서 '간접적이나마'라는 표현을 사용한 이유는 그 연설문들 대부분이 30인의 참주 정권이 종식되고 민주

---

25 『국가』에서 클레이토폰은 트라시마코스의 추종자로 등장하며, 위작으로 의심받는 플라톤의 대화편 『클레이토폰』의 도입부에서는(406a) 그가 리시아스와 대화하면서 트라시마코스의 강연을 극찬하고 소크라테스를 비판했다는 거짓 풍언을 소크라테스가 들었다고 말하는 장면이 있다. 참고로 플라톤의 대화편 『에우티데모스*Euthydemos*』에서 화자인 에우티데모스는 리시아스의 동생과 이름은 같으나 소크라테스의 대화 상대자로 함께 출현하는 그의 동생 이름이 디오니소도로스Dionysodoros이므로 리시아스와의 연관성은 없는 것으로 판단된다. 오래전 포스트L. A. Post라는 학자는 플라톤의 이 대화편이 플라톤이 리시아스의 형제들을 등장시켜 간접적으로 리시아스를 비판한 작품으로 해석한 바 있다(Post, 1926). 리시아스를 디오도로스의 이름으로 등장시켰다는 것이다. 그랬을 가능성을 전적으로 배제할 수는 없지만, 그러한 해석은 두 대화편 사이에는 리시아스에 대한—포스트의 해석대로 디오도로스가 리시아스의 대역이라면—비판의 강도나 성격이 현격히 차이가 난다는 점에서 수용하기 어렵다. 그들과 같이 타락한 소피스트의 전형적인 인물들에 대한 광대극burlesque 수준의 희화화와—비록 그 희화화의 형태로 플라톤은 '비존재to mē on'의 개념을 설파하고 있다는 점에 그의 철학의 심오함과 더불어 문학적 정교함이 있지만—『파이드로스』에서의 진지한 비판은 조화를 이루기 어렵기 때문이다.

정체가 회복된 시기의 사건과 연관되어 있고, 그 연설문들 가운데는 리시아스가 소크라테스에 대해 직접 언급한 글이 없기 때문이다. 그리고 아테네 귀환 후 10여 년간 이루어진 리시아스의 행적들 가운데 기록으로 확인될 수 있는 것은 플루타르코스의 위작을 중심으로 위에서 기술된 몇 가지 사건들이 전부이다. 다시 말해서 그가 30인 참주 정권의 등장과 몰락 그리고 민주정의 회복 과정에서 정치적으로 연루된 사건들이 그의 행적에 관해 알려진 사실의 전부라는 것이다.

그런데 그 기간은 100년이 지난 아테네 민주정의 역사에서 전환기에 해당하기도 하지만 리시아스의 생애에서도 가장 극적인 시기라는 점이 중요하다. 그 기간은 리시아스가 민주정치의 행태나 정치적 행위 일반의 여러 극단적인 양상들을 실제로 관찰하고 체험하고, 소크라테스 등 아테네의 지식인들과 의견을 나누고 지적으로 교류하면서 민주정체의 실체에 대해 탐색하고 인간과 세계의 본질에 대해 나름대로 깊이 성찰한 시기일 가능성이 크기 때문이다. 다시 말해 그의 사상 형성 과정에서 가장 의미 있는 시간이 바로 그 기간일 수 있으며, 민주정체 회복 후 남은 일생에 이루어진 그의 활동이란 그러한 과정을 통해 성숙한 사고 내용을 법정 연설과 강연 등의 형식을 통해 글로 표현하고 대중적으로 전파하려는 노력으로 볼 수 있다는 것이다. 따라서 연설문 등을 통해 본격적으로 제시된 그의 정치사상 형성의 배경을 파악하기 위해서는 비록 추정의 수준이라도 역사적으로 확인된 그의 행적을 기초로 그 시기에 일어난 그의 정신세계 내부의 변화 과정을 재구성할 필요가 있다.

일단 리시아스가 정치적으로 민주파였을 것임은 여러 차원에서 확인할 수 있다. 일단 그의 아버지 케팔로스가 민주파의 대표이자 정신적 지주인 페리클레스와 친구였기 때문에 그는 가정에서부터 민주파의 정신적 분위기에서 성장했을 가능성이 크다. 그리고 위에서 이미 언급한 바와 같이,

그가 30여 년에 걸친 투리오이에서의 삶을 청산하고 아테네로 귀환하게 된 계기가 아테네의 시라쿠사 원정이 대실패로 끝난 직후 투리오이를 포함한 이탈리아 남부 도시국가들에서 일어난 반反아테네 운동의 열풍 속에서 그가 친아테네 인사로 몰려서였다는 사실 또한 그의 정치적 성향이 민주파라는 점을 뒷받침한다. 당시 아테네는 현대의 미국과 같이 이 지역의 국제정치에서 민주정체 옹호의 주체였으므로, 그는 투리오이의 정계에서도 민주파의 지도자로 활약했을 가능성이 큰 것이다. 그리고 그가 과격과두파인 30인의 참주 정권에서 정치적으로 박해를 받았고, 이어지는 내란에서 아테네 민주파의 승리에 크게 공헌했다는 사실은 그의 정치적 성향이 무엇인지를 결정적으로 확인시켜준다. 문제는 민주파라는 정파 차원의 정체성이 그의 이념적 정체성을 자동으로 밝혀주는 것은 아니라는 점에 있다.

지금 21세기에도 한국을 포함하여 자유민주주의 체제를 표방하고 유지하고 있는 국가들에서 대부분 정치인은 민주주의자로 자처한다. 하지만 자신이 왜 민주주의자인지 제대로 설명할 수 있는 정치인, 다시 말해서 단편적인 진술이나 교과서적인 지식의 나열 수준을 넘어 민주주의의 실체에 대해서 체계적이고 명확하게 설명할 수 있는 정치인은 극히 드물다. 그 이유는 근본적으로 '민주'라는 말 자체에서 찾을 수밖에 없다. 일단 '민주'에서 민民이 과연 누구이고 현실적으로 어떻게 규정될 수 있으며, 왜 '주主'인지, 즉 왜 통치의 주체이고 주체이어야만 하는가의 문제를 체계적으로 설명하는 것은 결코 쉬운 과업이 아니다. 다른 말로 표현하여 정치체제로서 민주정체의 도덕적 타당성이나 정치적 보편성의 문제 등을 '민'이라는 존재의 실체에 대한 탐색을 기초로 설명하고, 그 통치 주체의 자격과 권능의 근거를 밝히며, 그것의 역사성과 실천성의 문제 등을 해명하는 것은 고도의 지적 능력을 요구하는 지극히 어려운 과업인 것이다.

루소 이후 전개된 근대 서양 정치사상사의 주요 흐름 자체가 그러한 과업에 대한 해결 노력의 역사라고 할 수 있다. 이와 대비되어 희랍 지성사에서 소크라테스에서 플라톤으로, 그리고 플라톤에서 아리스토텔레스에 이르는 정치철학의 태동과 발전의 과정이란 민주정치의 구체적인 양상에 대한 성찰을 통해 그 자체는 결코 국가의 이상이나 존재 이유를 실현하기 위한 정치 체제는 될 수 없다는 자각의 과정이며, 그것의 근본적인 한계가 무엇인가에 대한 성찰을 통해 그 대안이 되는 정치 체제를 모색하고 제시하는 과정이기도 하다. 리시아스라는 지식인의 존재는 물론 그러한 지성사 흐름의 연속성 속에서 파악되어야 하는데, 역사적 자료의 빈곤에도 불구하고 추정의 차원에서라도 그와 소크라테스 등 아테네 지식인들 간의 지적 교류의 성격에 대해 논의할 필요는 그러한 맥락에서 등장한다.

다시 강조하자면, 희랍 정치사에서 민주정체가 현실 정치에서 선택 가능한 여러 정치 체제 가운데 하나가 아니라 현대 정치에서처럼 가장 바람직한 정치 체제라는 관념의 일단을 공개적으로 피력하고 그 근거를 정치적 수사의 차원에서나마 제시한 최초의 인물은 페리클레스이다. 투키디데스가 『역사』 1권에서 기록한 그의 유명한 '장례연설Epitaphios'에는 비록 간결한 정치적 수사의 수준이지만 자유, 평등, 관용, 시민적 교양 등의 이념들이 민주정체의 기반으로 제시되어 있다. 그 점에서 그는 같은 민주파라도 클레온이나 알키비아데스 등 다른 정치인들과 구분된다. 그는 세속 정치인들 가운데 자신만의 언어로 그 이념적 근거를 나름대로 제시할 줄 아는 보기 드문 인물이라는 것이다. 앞 장에서 논의한 '과두파 노인'은 과두파에서 같은 성격의 인물에 해당한다. 단순히 직업이나 사회적 명칭상의 구분을 떠나 현실 정치인과 지식인을 근본적으로 구분하는 요소는 바로 집단의 조직 논리나 '패거리 의식'에 지배받지 않고 자신의 정치적 견해를 자신만의 사고로 체계적으로 제시할 수 있는 능력에 있을 것이며,

지식인들 사이의 질적인 차이란 바로 각자가 제시한 이념의 체계성과 독창성과 보편성의 수준, 곧 기존의 이념들을 비판적으로 극복하는 정도의 차이에 있을 것이다. 이와 더불어 개념적 치밀성 및 이론적 포괄성의 수준에서의 차이나 그 실천적 적용 범위의 공간적·역사적 포괄성 차원에서의 차이도 있을 것이다. 그러한 차이에서 지식인들은 일상적으로 접하는 교양을 갖춘 행동하는 지식인, 사고의 치밀성은 있음에도 그 내용에 근본적으로 새로운 것은 없는 범용한 이론가, 사고의 독창성은 있음에도 치밀성과 체계성은 부족한 사상가, 그 모든 자질을 갖춘 천재적인 철학자로 구분될 수 있을 것이다.

B.C.5세기 후반에서 B.C.4세기 전반에 이르는 희랍의 지성사 및 정치사상사란 결국 페리클레스와 '과두파 노인'에게서 발견되는 바와 같이 정파적 입장을 이념화하는 작업의 원초적 단계를 벗어나는 과정이자, 여러 지식인의 성찰적 사고를 통해 그 국가 생활 및 현실 정치에 대한 사유가 점차 체계화되고 보편화하는 과정이라고 할 수 있다. 그러한 과정의 정점에 플라톤의 정치철학이 있다면, 리시아스와 크세노폰 등 소크라테스의 추종자들은 소크라테스에서 플라톤에 이르는 발전 과정의 중간 단계에 있는 것이다. 문제는 그 중간 단계가 갖는 의미가 결코 자명한 것은 아니라는 점에 있다. 이 문제와 관련하여 먼저 그들 추종자에게 영향을 미쳤을 것이 분명한 소크라테스의 정파적 태도가 무엇인지의 문제를 거론할 필요가 있다. 그것에 관해서는 지은이도 이 책의 전편에서(양승태, 2013, 특히 281~283쪽) 논급한 바 있는 있으므로, 먼저 그 내용을 다시 정리할 필요가 있다.

소크라테스의 정파적 입장에 대한 블라스토스Gregory Vlastos 등 이 시대 고전학자들 대부분은 아리스토파네스, 플라톤, 크세노폰 등 소크라테스와 동시대인들의 저술들을 근거로 그에게 반反민주주의 성향이 있다는 사실을 공통적으로 지적한다. 소크라테스와 대화를 나눈 사람들은 결국 '친 스파르타 인사가 된다'[26]는 것이다. 지은이는 고전학자들의 이러한 견해에 대해 다음과 같이 비판했는데, 그 내용은 이 문맥에서의 논의 전개와 직접 연관이 되므로 그 핵심 부분을 직접 인용할 필요가 있다.

> "민주주의 자체에 대한 비판과 특정 국가의 정치 현실에 나타난 민주정치의 운영에 대한 비판은 구분되어야 한다. 민주주주의 본원적인 이상이 시민들 사이의 평등성을 기초로 억압이나 폭력의 위협 없이 자유로운 토론을 통해 국정에 대한 최선의 결론을 도출하는 데 있다면, 소크라테스를 포함하여 정상적인 사고를 하는 사람이라면 누구라도 반민주주의자가 될 수는 없을 것이다. 다만 인간들 모두가 과연 진정한 의미에서 자유로운 토론을 통해서 합리적으로 설득하거나 다른 사람의 탁월한 의견에 합리적으로 설복당할 수 있는 지적 능력이 있느냐의 의문은 제기될 수 있다. (…)
>
> 어쨌든 소크라테스는 민주주의의 이상 자체를 부정한 것은 아니라고 볼 수 있다. 비록 제한된 의미에서나마 아테네에서 민주정치의 이상이 나름대로 실현되고 있지 않았다면, 소크라테스의 자유로운 지적 탐구나 대화가 불가능했을 것이고, 소크라테스라는 인물의 출현 자체가 불가능했을 것이다. (…) 그가 당시 아테네의 시민들이 민주정치를 잘못 운영하고 있다고 비판한 것은 분명하다. 즉 자유라는 이름의 방종이나 평등이라는 이름의 무례와 오만이 횡횡하는 민주정치를 비판한 것이다. 그는 그와 같이 잘못 운영되는 민주정치에 적극적으로 참여할 마음이 없었으며, 당시 아테네 도시

---

26 희랍어로는 한 어휘로 'elakonomanoun'이며, 이 말 그대로의 의미는 '라코니아답게 되다'로서 영어로는 보통 'laconized'로 번역된다(같은 책, 281 각주 #57에서 재인용).

국가의 민주주의 행태들을 시민으로서 안타까운 마음으로 지켜본 것이다" (양승태, 2013: 282).

간단히 말해서 민주정체가 과연 무엇이고 그것에 대한 반대가 무엇을 의미하는지는 고전학자들의 생각처럼 그리 자명한 것이 아니다. 특정 국가의 민주정체에 대한 반대나 저항 또는 특정 정치인이나 정치집단이 주도하는 민주정치 방식에 대한 반대나 저항이 민주정체 자체에 대한 반대나 저항이 아닐 수도 있다. 그러한 문제는 도식적인 개념을 통해서가 아니라 민주정체의 실체가 무엇인가에 관한 개념적 탐구와 성찰적 판단을 통해서만 해명될 수 있으며, 그러한 차원의 탐구와 성찰이란 민주정치의 표면적인 양상이나 정치인들의 일상적인 행태에 대한 관찰을 넘어 민주정치의 주체인 대중의 실체, 더 나아가 인간성의 근원에 대한 깊은 탐색을 요구하는 것이다.

리시아스가 투리오이에서 아테네로 귀환한 후 소크라테스 처형에 이르기까지의 10여 년의 기간은 바로 그러한 성찰적 탐색의 기간으로 추정될 수 있다. 거류외국인이라는 그의 정치 · 사회적 위치나 투리오이에서의 수사학 교육 배경을 고려할 때 리시아스가 단순히 '패거리 정치인'으로서의 민주파는 아니었을 것이다. 그리고 투리오이에서의 정치적 경험과 더불어 아테네 귀환 직후 전개된 400인 과두파의 쿠데타와 이어지는 과두정의 실패, 아테네 제국의 몰락 과정, 30인의 참주정권의 등장, 이어지는 가족 재산의 몰수와 형의 처형과 자신의 정치적 망명 등 개인사 차원에서의 비극적 체험이 수반된 내란, 그리고 민주파에 가담하여 내란의 평정에 공헌한 것 등 개인적 차원에서의 우여곡절, 민주정체가 회복되고 과두파와 민주파 사이에 국가적 쇠망을 초래할 수 있는 내란 사태는 피하자는 정치적 합의에 따라 더 이상의 정치적 보복을 금지한 협정에도 불구하고 소크라테스가 처형되는 사태 등 당시의 정치적 현실에 대한 그러한 체험은 리시아스가 다수의 시민이 통치의 주체가 되는 정치 체제의 실체나 그 정치적 가치 혹은 이념적 근거에 대해 나름대로 모색하고 성찰하게 되는 계기가 되었을 것이 분명하다.

이제 희랍 지성사는 리시아스를 통해 민주정체 및 민주정치에 대한 이해의 차원이 달라진다. 그것을 단순히 통치의 방식이나 권력 배분 방식의 하나로서 평등한 시민들 다수가 통치에 참여하고 관여하는 정치 체제로 이해하거나, 그 운영에서 현실적으로 드러난 표면적인 장단점이 무엇인가의 차원에서 접근하고 이해하는 사고의 수준을 서서히 벗어나기 시작한다는 것이다. 민주정체 자체가 무엇인가에 대한 그 나름의 성찰적 탐색은 그러한 정치 체제가 출현하게 된 역사적 배경은 무엇이고, 그러한 체제 자체의 정당성의 근거는 무엇이며, 그러한 체제 성립의 전제가 되는 시민적 평등이나 자유의 인성론 차원에서의 근거는 무엇인가의 문제 등 정치 현실의 근원에 관한 좀 더 깊은 탐구로 나아가기 시작하는 것이다. 소크라테스에서 태동한 정치에 대한 성찰적인 사유는 비록 엄밀하고 일관되고 총체적인 정치철학의 체계는 아니나 리시아스의 정치사상을 통해 정치 현실의 구체적인 양상을 포괄하면서 그 근거를 탐색하는 형태로 발전하기 시작하는 것이다. 리시아스의 그러한 정치사상은 일단 플라톤의 『파이드로스 *Phaidros*』 230e~234c에 수록된 이른바 〈사랑의 연설logos erōtikos〉[27]을 통해 그 인성론의 토대를 갖추었다고 볼 수 있다. 그 연설 자체의 문헌학

---

27 이 제목 자체가 『파이드로스』에 직접 등장한 것은 아니며, 원문으로는 "그 연설은 어떤 의미에서 사랑에 관해서"라는 문장을(227c) 번역 과정에서 '사랑의 연설Love Speech'로 축약하면서 그와 같은 제목이 일반적으로 통용된 것으로 보인다. 사실 그것은 내용이나 발제의 형식상 연설보다는 강연이 좀 더 적확한 번역인데, 그 '사랑의 연설'이라는 명칭이 학계에서 보편화되어 있으므로 이 책에서도 그대로 사용하기로 한다.

적 쟁점에 대한 논의와 더불어, 왜 그렇게 해석될 수 있고, 그 내용은 무엇이며, 인성론 및 정치철학 차원에서 그것의 한계는 무엇인지의 문제들을 중심으로 그 연설문에 대한 검토가 다음 3절을 구성한다.

3. 인간성에 대한 성찰: 〈사랑의 연설〉

앞에서 언급한 대로 리시아스의 〈사랑의 연설〉[28]은 플라톤의 대화편들 가운데 하나인 『파이드로스』 230e~234c에 수록되어 있다. 그런데 이 책은 리시아스라는 실존 인물의 실제 저술을 기초로 수행되어야 할 지성사 연구이므로 반드시 검토하고 지나갈 대목이 있다. 그것은 바로 『파이드로스』에 수록된 그 연설이 단순히 플라톤이 논의의 전개를 위해 의도적으로 창작한 문학적 허구인지 리시아스가 실제로 행한 연설에 대한 역사적 기록인지 여부이다. 이 문제는 소크라테스와 플라톤의 관계에 대한 — 후자가 전자의 언행에 대한 단순한 기록자인지 아니면 전자의 언행이란 후자의 창작에 불과한지 — 오래된 문헌학적 쟁점과도 비슷한데,[29] 서양 고전학계 다수의 설은 『파이드로스』의 저술 시기와 연관하여 그 역사성을 지

28 이하 이 3절에서의 인용문은 별도의 표기가 없을 때는 『파이드로스』가 그 출처이다.

29 이 문제에 대해서는 지은이도 이 책의 전편에서 "소크라테스의 문제" 차원에서 다룬 바 있고(양승태, 2013, 특히 3장 2절), 같은 책 6장에서는(특히 244~246) 소크라테스의 법정 연설이 소크라테스가 법정에서 직접 실제로 행한 것인지의 문제를 논의한 바 있다. 그 핵심적인 논점은 다음과 같다. 그 제재 자체가 소크라테스에 대한 재판이라는 공적이고 공개된 사법적 절차이고, 그 행사는 저자인 플라톤 자신만이 아니라 그의 제자와 친구들을 포함하여 아테네의 다른 많은 시민이 직접 참관했다는 점에서 저자 스스로가 철학적 목적을 위해 그 역사적 사실 자체를 의도적으로 윤색하거나 재구성할 이유는 희박하다는 것이다. 비슷한 논리는 다음에 설명되듯이 『파이드로스』의 경우에도 적용될 수 있다.

지하고 있다.[30] 즉 그 대화편의 저술 시기가 리시아스가 사거하기 전인 B.C.370년대인 것을 근거로 생존하는 저명인사의 연설을 의도적으로 조작하거나 왜곡시킬 이유는 없다는 논리이다. 물론 다수의 설이 진리성을 무조건 보장하는 것은 아니며, 고전학의 쟁점들이 대체로 그러하듯이 〈사랑의 연설〉 또한 리시아스의 실제 연설인지 여부에 대해서 절대적으로 단언할 수 있게 만드는 사료는 없다. 서양 고전학에서 초기－중기－후기로 구분된 플라톤 대화편들 각각의 저술 시기 자체가 학술적으로 확립된 여러 사실史實을 근거로 판단하거나 문체文體의 변화를 근거로 추정하는 — 영어로 'stylometry'로 명명되는 — 방법일 뿐 절대적으로 확인된 사실은 아니다. 저자인 플라톤 자신의 직접적인 증언도 존재하지 않고 각 작품의 저술 시기를 명확하게 밝혀주는 역사적 기록도 존재하지 않기 때문에 사실과 허구의 경계를 절대적으로 구분할 수는 없다. 다만 지은이는 서양 고전학계의 다수설에 동의하여 그것이 실제의 연설이라고 추정함이 그 반대의 추정보다 개연성이 높다고 판단하는데, 그 근거를 지은이 나름으로 제시하면 다음과 같다.

잘 알려져 있듯이 플라톤의 여러 대화편은 『소크라테스의 변명』과 일반적으로 그의 마지막 작품으로 간주되는 『법률』을 제외하고는 소크라테스가 여러 부류의 인간들과 대화를 나누는 형식으로 저술되어 있다. 그리

---

30 『파이드로스』를 비롯한 플라톤의 각 대화편의 저술 시기에 관한 기초적인 소개로는 Guthrie(1975, vol 4)에서 각 대화편에 대한 '서문Introductory'에 제시된 저술 시기의 문제에 대한 논의를 참조하고, 각 시기의 근거에 관한 좀 더 자세한 소개로는 괴르게만스(2006: 38~55)를 참조할 만하다. 아울러 〈사랑의 연설〉의 역사성 및 리시아스 자신의 작품인지와 관련된 고전학자들의 견해에 대한 간단한 소개로도 Guthrie의 같은 책(vol. 4, 433)과 Hackfort(1952: 3~18 "Introduction")를 참조하기 바란다. 비교적 최근까지 학문 활동을 한 학자들 가운데 도버K. J. Dover는 문체를 근거로 〈사랑의 연설〉을 리시아스의 저술이 아닌 플라톤의 창안으로 간주하는 견해를 지지한 바 있는데(Dover, 1968: 69~71 참조), 그 문체상의 문제에 대해서는 이 글의 논의가 진행되면서 해명될 것이다.

고 그 대화의 상황 또한 대화의 주제나 대화의 상대방에 따라 다양한 방식으로 나타나며, 그러한 '극적 장치dramatic scheme'에 함축된 플라톤의 정교한 문학적 기교 또한 플라톤의 천재성을 감상하는 요점들 가운데 하나이기도 하다. 어쨌든 중요한 점은 대화의 상황이 극적으로 표현되었다고 해서 그것을 구성하는 배경이 되는 사건이나 언행들 모두를 허구로 단정할 필연적인 이유는 없다는 것이다. 이른바 '역사소설'이 말 그대로 '소설'이라는 허구라고 해서 그것을 구성하는 역사적 배경이나 등장인물 및 사건들 모두가 허구는 아닌 것과 같다. 같은 관점에서 『파이드로스』에 게시된 리시아스의 〈사랑의 연설〉의 역사성 문제도 접근할 수 있다.

고전학자들은 『파이드로스』를 플라톤의 중기 작품으로 간주하여 그 저술 시기를 대체로 B.C.380~B.C.370년대로 추정하고 있는데, 리시아스가 사거한 시기가 B.C.380~B.C.379년이므로 플라톤은 그 작품을 리시아스가 생존한 시기에 또는 그가 사거死去한 후 시간이 그다지 지나지 않은 시기에 저술한 것으로 추정할 수 있다. 두 인물은 그 추종의 성격은 다를지라도 모두 나름대로 소크라테스 '동아리'에 속해 서로를 잘 알고 지냈을 것이고, 각자가 어떠한 글을 쓰고 어떠한 언행을 하는지 쉽게 전파되는 '협소한' 아테네의 지식인 사회에서 원로급의 리시아스나 귀족 출신의 저명한 지식인인 플라톤의 저술이나 활동 모두 사회적 담론의 대상으로서 다른 지식인들뿐만 아니라 일반 교양인들에게도 잘 알려져 있었을 것도 틀림없다. 그러한 상황에서 플라톤이 자신이 창작한 허구의 연설을 굳이 리시아스의 이름을 빌려 전달하는 형식으로 자신의 대화편을 저술할 이유는 거의 없을 것이다. 특히 그 연설의 내용은 『파이드로스』에서 논박과 비판의 대상이기도 한데,[31] 하지도 않은 연설을 기초로 리시아스의 사상을

31 그 자신도 『파이드로스』에 근거해서 진술했을 가능성이 큰데, 디오게네스 라에르티오

비판하는 플라톤을 리시아스 자신이 혹은 그의 제자나 추종자들이 — 특히 리시아스가 사거했을 경우 — 묵과할 수는 없었을 것이다.[32]

따라서 여러 정황을 고려할 때 〈사랑의 연설〉은 리시아스가 직접 공중에게 행한 연설을 플라톤이 극적 장치를 이용하여 기록으로 전한 글일 가능성이 그렇지 않을 가능성보다 크다고 볼 수 있다. 다만 도버K. J. Dover가 지적한 문체상의 문제에 대한 해명은 필요하다. 그 연설의 문체는 무엇보다 개념적 엄밀성을 추구하고 있다는 점에서 플라톤적일 수 있지만, 다음 5장에서 검토의 대상이 될 리시아스의 법정 연설문들이 수사학적 화려함보다는 도덕적 타당성 및 논리적 설득력을 중시하는 문체라는 사실을 참작한다면, 리시아스가 〈사랑의 연설〉과 같은 문체의 글을 못 쓸 이

스는 그의 『플라톤전』에서(25) 리시아스의 연설을 논쟁의 대상으로 만든 인물이 플라톤임을 지적한 바 있다.

32 파나기아톤Spiro Panagiaton이라는 학자는 해크포스Hackforth(1952, "Introduction")의 견해를 지지하면서 『파이드로스』의 저술 시기를 리시아스가 사거한 후인 B.C. 372~B.C. 362년 사이로 추정한 바 있다(Panagiaton, 1975: 388~389). 그런데 그 추정의 논리가 흥미롭다. 플라톤이 리시아스를 성품에 있어서나 업적에 있어서나 이소크라테스보다 "열등한inferior" 인물로 평가했기 때문에 후자에 대한 비판은 완곡했던 데 비해, 전자는 이미 사거한 인물이기 때문에 그토록 "대놓고 혹독하게severely and explicitly" 비판했을 것이라는 논리이다. 일단 사거한 인물이기 때문에 '마음껏' 비판할 수 있다는 논리는 성립하지 않는다. 그리고 『파이드로스』에서 리시아스에 대한 소크라테스의 — 따라서 플라톤의 — 비판을 '혹독하다'는 형용사로 규정하는 것은 그 저작에도 표출된(특히 234c~237a와 263d~264a) 소크라테스의 장난기 어린 아이러니를 — 권위가 있는 지식인에 대한 젊은 파이드로스의 일방적 열광이나 고착된 이해로부터 벗어나게 하기 위해 리시아스를 의도적으로 비하하고 폄하하는 문구들을 — 그 표면적 의미 그대로 받아들인 데 기인한 것은 아닌지 의심된다. 그 대화편을 근거로 — 다른 대화편에서는 그에 대한 언급이 없으므로 — 플라톤이 그의 성품이나 업적을 이소크라테스보다 열등한 것으로 간주했다는 평가도 긍정 속에 부정이라는 소크라테스적 혹은 플라톤적 비판에 대한 불충분한 이해에 기초한 것으로 보인다. 파나기아톤은 『파이드로스』에 소개된 리시아스의 연설에 대해 해크포스의 평가를 그대로 수용한 것 같은데(Hackforth, 1952: 31), 과연 그것이 그러한 평가를 받을 만한 것인지는 이 4장의 끝부분에서 해크포스의 해석 논리와 그것에 반대되는 앳킨스A. W. H. Adkins(1996)의 논리의 비교를 통해 검토될 것이다.

유도 없다.[33] 설사 그 문체가 플라톤적인 것이라도 그 연설문은 현장에서 기록된 내용을 그대로 전달하는 형식이 아니라 파이드로스라는 젊은이의 기억을 통해 전달하는 형식이라는 점을 고려한다면, 그 문구들 하나하나는 리시아스의 것이 아니라도 그 전체적인 내용은 플라톤이 아닌 리시아스 자신의 것으로 해석될 수 있는 근거가 충분히 있는 것이다. 그런데 그러한 문헌학적 논거를 떠나 지성사나 사상사 차원에서 중요한 점은 이것이다. 〈사랑의 연설〉에 함축된 사상은 리시아스의 저술로 확실한 연설문들이 전하는 사상과 일관성 혹은 동질성이 있다는 사실이다. 왜, 그리고 어떤 점에서 그러한지가 바로 앞으로의 검토를 통해 해명될 것이다.

먼저 『파이드로스』에 묘사된 소크라테스와 파이드로스 사이에 이루어진 대화의 시기는 그것이 저술된 시기부터 적어도 30여 년 전 투리오이에 거주하던 리시아스가 아테네를 일시 방문하여 에피크라테스Epikrates[34]의

33 여기서 이 문제에 대한 〈LCL〉판 『파이드로스』의 영문 번역자인 파울러의 견해를 소개할 필요가 있다. 파울러는 『파이드로스』에 대한 "Introduction"에서 도버와는 달리 〈사랑의 연설〉의 문체는 분명히 리시아스의 것이지만 플라톤이 문학적 재능을 발휘해 리시아스의 문체를 모방하여 작성한 글이라는 견해를 피력한 것이다(1914년판 pp. 409~410). 그러한 견해도 물론 성립할 수 있다. 다만 지은이로서는 그 연설의 작자가 리시아스가 아니라 플라톤이라는 근거로 파울러가 제시한 또 다른 이유는 전혀 설득력이 없음을 지적할 필요가 있다. 즉 『파이드로스』라는 대화편에 리시아스의 연설을 삽입함이 그 저작의 통일성unity 및 품위dignity를 해칠 수 있기 때문이라는 논리인데, 그러한 논리는 바로 플라톤이 『파이드로스』라는 대화편을 저술한 기본적인 목표가 무엇인가를 이해하지 못한 데 기인한다. 왜 그러한지는 앞으로 이 책의 논의가 진행되면서도 밝혀지겠지만, 여기서는 다음의 설명 정도는 제시할 필요가 있을 것 같다. 일반 소피스트들의 수사학 이념과 구분됨과 동시에 수사학 이념보다 한 차원 높게 승화된 리시아스의 수사학 이념은 플라톤이 변증법dialektikē이라는 자신의 언어철학을 확립하는 과정에서 필수적으로 소개되고 비판적으로 극복할 대상이라는 것이다. 따라서 『파이드로스』에서 리시아스 연설의 삽입은 그 저작의 통일성 및 품위를 해치는 것이 아니라 오히려 그러한 통일성과 품위를 견지해줄 뿐만 아니라 그 저작에 함축된 철학적 사유의 발전 혹은 그 지성사 차원의 의미를 밝힌다는 점에서도 필수적이라는 것이다.

34 에피크라테스라는 인물에 관해 드브리G. J. De Vries는 다음과 같이 설명한 바 있다. 그

집에 머물면서 연설한 날이거나, B.C. 412년 아테네에 귀환한 후 피레우스나 아티카 지역 시골에 거주하던 그가 아테네 시내로 들어와 에피크라테스의 집을 방문하여 연설한 날로 추정된다.[35] 그리고 그것은 앞에서 언급한 바와 같이 중년 혹은 노년의 소크라테스와 젊은 파이드로스—파이드로스라는 젊은이의 출생연도는 미상이므로 그의 나이를 근거로 가상이든 사실이든 대화의 발생연도를 단정할 수는 없을 것이다—사이에 이루어진 대화에 대하여 파이드로스가 그대로 정확하게 암송하는 형식이 아니라 그가 나름대로 기억한 내용을 기록하는 형식을 취하고 있으므로, 그 연설의 핵심적인 내용은 리시아스의 것이 분명하더라도 그 문장들 전부가 정확하게 리시아스의 연설 내용이나 표현 형식 그대로를 정확하게 전달한 것인지에 대한 책임을 전부 저자인 플라톤이 질 이유는 없을 것이다.

그 대화가 발생하게 된 계기 또한 "당대 가장 멋진 저술가deinotatos ōn tōn nyn graphein"(228a)[36]로 인정되는 리시아스가 〈사랑의 연설〉을 한 현

는 아리스토파네스의 희극 『민회의 여인들*Ekklesiazousai*』 71에 등장하는 인물과 같으며, 30인의 참주 정권을 붕괴시키는 데 공헌한 민주파의 한 사람으로서 본디 리시아스의 친구였는데, 그의 법정 연설문으로서 이 책에서도 다음에 검토될 〈에피크라테스 및 그의 동료 공사公使들에 대한 고발: 보론〉 때문에 친구가 적이 되었다는 것이다(De Vries, 1969: 34).

35 『파이드로스』 227b에는 리시아스의 연설을 방금 듣고 왔다는 파이드로스에게 소크라테스가 그가 "시내에 있느냐en astei?"는 질문을 하고 그렇다는 답변을 듣는데, 그 '시내에 있는' 시기는 이처럼 두 가지로 파악될 수 있을 것이다.

36 램W. R. D. Lamb은 "the cleverest writer of our day"로 번역했다. 'deinotatos'는 형용사 'deinos'의 최상급인데, 이 형용사는 '지혜롭다', '영악하다' 이외에도 '위험하다', '담대하다', '멋있다' 등 여러 가지 복잡한 의미가 있는 어휘이다. 그 의미들의 핵심적인 요소는 대체로 '어떤 일이나 작업을 수행할 때 으레 부닥치는 어려움을 극복하면서 목표를 성취할 수 있는 정신적 능력 혹은 자질을 갖춘 상태에 대한 총괄적인 묘사'라고 말할 수 있다. 우리말 번역 어휘로는 '가장 지혜로운', '가장 영악한', '가장 담대한' 등도 나름대로 가능하지만, 지은이로서는 이 문맥에서 리시아스의 특출한 자질을 묘사하는 어휘로는 각각 조금 치우친 느낌이 있어서 그 핵심적인 의미를 가장 포괄함과 동시에 그에

장에 있던 파이드로스가 감동에 취해 그 연설 내용을 암송하여 소크라테스에게 전달하는 형식이라는 점도 고려의 대상이다. 소크라테스와 파이드로스가 연설 현장에서 직접 경청하는 형식도 아니고, 리시아스가 두 사람이 나누는 대화의 현장에 나타나 사랑에 대한 자신의 견해를 피력하는 형식도 아니다.[37] 따라서 전달 방식 자체에 이미 그 연설 내용이 어느 정도 파이드로스라는 젊은이의 언어를 통해 윤색된 결과라는 점이 암시되어 있으므로, 문체가 비록 플라톤적인 것이라도 그러한 사실 자체만으로 그 연설의 저자를 플라톤으로 규정할 근거는 약한 것이다. 이상의 논거로 〈사랑의 연설〉의 저자가 리시아스 자신일 가능성이 그렇지 않을 가능성보다 크다는 점이 입증되었다면, 이제 그 연설에 담긴 사상을 검토할 차례이다. 그런데 그러한 검토를 수행하기 전에 먼저 비록 이 책의 직접적인 주제는 아니지만, 일반 독자를 위해서 『파이드로스』라는 대화편이 어떠한 성격의 작품인지 그 대강에 대해 간단하게나마 언급할 필요가 있다.

지은이는 개인적으로 플라톤의 『파이드로스』는 『국가』, 『파이돈 *Phaidōn*』, 『향연*Symposion*』 등과 함께 가장 '아름다운' 대화편들 가운데 하나라고 평가한다. 기본적으로 대화의 주제들에 대한 철학적 성찰의 깊이나 폭 차원에서 그렇지만 문학적 차원에서도 그러하다. 소크라테스와 대화 상대인 젊은 지식인 파이드로스 사이의 따스한 인간적 정감이 대화편 전체에 스며들어 있고, 대화의 내용이나 전개 방식이 대화의 배경인 자연의 풍광과 절묘한 조화를 이루며, 대화를 구성하는 언어 하나하나의 표현이나 그것에 함축된 의미 또한 절묘하여 철학적 심원함과 함께 문학적 향취도 그윽하기 때문에 참으로 아름다움을 느끼게 해준다. 물론 그러한

대한 파이드로스의 선망도 표현하는 어휘로서 '가장 멋진'을 선택했다.

37 파이드로스는 그 연설을 소크라테스에게 전하기에 앞서 그 연설의 "말들 그대로를 암기하지는 못했으며, 그 연설 전체의 의미를 반복할 뿐"(228d)이라는 점을 분명히 하고 있다.

아름다움은 결국 독자들 스스로가 세밀한 독해 과정을 통해서 스스로 느끼고 깨달아야 할 대상이다. 리시아스의 〈사랑의 연설〉은 바로 그 대화편의 도입부에 속하는데, 그러한 사실 자체에서 플라톤 철학의 심원함과 더불어 지성사적 의미를 발견할 수 있다.

『파이드로스』에는 후세의 알렉산드리아 학자들이 단 것으로 추정되는 "윤리적 아름다움에 관하여peri kalou, ethikos"라는 부제가 부기되어 있지만, 그것은 그 대화편의 전체적인 대의에 대한 일종의 해석이지 주제 자체는 아니다. 일단 그것의 표면적인 주제는 바로 리시아스의 전문 영역인 수사학rhetorikē, 즉 말하는 기술이다. 특히 그 점은 대화편의 구성을 바로 리시아스의 이름을 대화의 도입부에 등장시키고 그 종결부에서는 (278e~279b) 소크라테스를 통해 리시아스보다 더 탁월한 수사학자로 소개되는 이소크라테스를 등장시키는 방식으로도 드러나 있다. 그런데 『파이드로스』에서는 수사학만이 직접적인 논의의 대상은 아니며, 신화, 사랑, 영혼, 이데아, 변증법 등 플라톤의 철학의 주요 논제들 대부분이 다루어지고 있다. 그 조그만 저작에 플라톤 철학 전체가 축약되어 있다고 해도 과언이 아니다. 그리고 그러한 사실은 단순히 그 대화편이 논의하는 주제들을 열거하는 것이 아니라, 언어에 대한 논의가 필연적으로 이 세계의 근원적인 것들에 대한 논의로 이어질 수밖에 없다는 플라톤적 언어철학을 표현하고 있다는 점이 중요하다. 다시 말해 '말하기'라는 일견 지극히 일상적이고 평범해 보이는 행위 속에 이 세계 및 인간에 대한 이해의 근원이 있고, 결국 말하기의 존재론적 의미에 대한 탐색이 — 현대의 하이데거Heidegger를 이미 오래전에 예고하듯이 — 어떠한 수준에 있느냐에 따라 철학적 성찰의 깊이나 지성적 발전의 척도가 있다는 주장이 이 대화편의 전체적인 구도에 암시되어 있는 것이다.

앞에서 리시아스의 수사학은 플라톤이 자신의 언어철학 혹은 철학 자체를 확립하기 위해 반드시 극복해야 할 대상이라는 점을 지적했다. 실제로 리시아스의 〈사랑의 연설〉에는 프로타고라스나 고르기아스 등 1세대 소피스트들의(서양 고전학계에서 일반적으로 'the older sophists'로 명명되는) 세속적인 차원의 — 정치적으로 출세하거나 재판에서 승소하고 돈벌이를 위한 목적의 — 실천성 및 실용성 차원의 수사학을 넘은 새로운 차원의 수사학을 통해 나름대로 인간성의 근원에 대한 진지한 성찰적 탐색이 나타나 있으며, 플라톤적 철학 전체 혹은 좀 더 구체적으로 그의 언어 존재론이라고 할 수 있는 변증법dialektikē이란 바로 리시아스의 수사학을 좀 더 체계적이고 포괄적으로 발전시킨 이소크라테스의 수사학에 대한 비판적 극복의 결과로 해석될 수 있다는 것이다. 왜 그러한지는 바로 〈사랑의 연설〉에 대한 검토를 통해 입증되어야 할 것이다.

〈사랑의 연설〉의 핵심적인 주장은 그 연설을 암송하여 전달하는 파이드로스가 대화 시작을 위해 화두를 던지는 형식으로 정리하고 있으므로, 먼저 그 화두가 되는 논제를 소개할 필요가 있다. "칭송받을 사람은 사랑하는 사람이 아니라 사랑하지 않는 사람이다"(227c)라는 논제가 그것이다.[38] 파이드로스로부터 이 논제를 전해 듣자마자 소크라테스가 보인 즉각적인 논평에 잘 나타나 있듯이,[39] 그것은 적어도 일상적인 관념이나 도덕관에

38 희랍어 원문은 더 간결한 점에 나름대로 묘미가 있다. "charisteon mē erōnti mallon ē erōnti." 희랍어 원문 그대로를 직역하면, "칭송은 사랑하는 사람에게가 아니라 사랑하지 않는 사람에게"이다. 'charis'는 '카리스마'의 어원으로서 '은총'이나 '호의'를 뜻하며, 'charisteon'의 말 그대로의 의미는 '은총 주기' 혹은 '호의 주기'인데 이 문맥에서는 '칭송'이라는 말이 앞의 어휘들보다 더 적절하여 그와 같이 번역했다. 지엽적인 문제이기는 하지만 우리말 번역문이 영어 번역문보다 희랍어 원래의 의미에 좀 더 가깝게 표현할 수 있음을 지적할 필요가 있다. 예를 들어 파울러의 영어 번역문은 오히려 원문의 의미를 조금은 번잡하게 만든 경우이다. "favours should be granted rather to the one who is not in love than to the lover."

39 소크라테스는 그러한 논제란 "부자보다는 가난한 사람이, 젊은이보다는 늙은이가 은총

지배받지 않고 그것에 도전할 수 있는 지적 능력의 소유자만이 제기할 수 있는 주장임이 틀림없다. 아울러 '당대 최고의 저술가'란 명성에 걸맞게 그 논제를 설파하는 리시아스의 논변 또한 명료한 점도 확인될 수 있다. 물론 이 책에서 수행될 검토의 핵심은 그와 같은 지적 능력이나 논리성에도 불구하고 그 논제 자체의 한계, 나아가 그의 사유세계 자체의 한계는 무엇이고, 그것의 지성사적 및 철학사적 의미는 무엇인지 밝히는 작업이다. 먼저 그 〈사랑의 연설〉의 주요 문장들 하나하나를 해석하면서 정리하면 다음과 같다.

* * *

'사랑하는 자가 아니라 사랑하지 않는 자가 칭송받아야 한다'는 논제를 다른 말로 표현하면 사랑이란 인간에게 바람직하지 않은 감정이라는 주장이다. 여기서 사랑을 의미하는 희랍어는 '에로스erōs'이다. 『파이드로스』에서 타인에 대한 이상적인 정신적 태도이자 우리말로는 사랑, 우정, 우의, 정감, 유학의 인仁으로도 번역될 수 있는 '필리아philia', 그리고 주로 신神에 대한 경모나 경외감을 지칭하면서 일반적으로 사랑, 동경, 연민으로도 번역될 수 있는 '아가페agapē'는 에로스와 비슷하면서 동시에 구분된다.[40]

을 받아야 한다"는 주장과 같은 것으로 해석하면서, 그 내용의 타당성 여부를 떠나 일단 "재치가 있고asteios; witty" "일반인들에게 유용한dēmōphelēs; of public utility" 것이라고 논평한다(227d).

40 그런데 우리말 '사랑' 자체가 지극히 광범위하고 다양한 의미로 사용되며, 특히 기독교의 신약성경에서 'philia'와 'agapē' 모두가 사랑으로 번역되고 있다. 따라서 이 글에서는 앞으로 문맥상 에로스로서의 사랑을 명확히 표현할 필요가 있을 때는 '에로스'라는 말을 직접 사용하거나 '에로스 차원의 사랑' 또는 '에로스로서의 사랑'이라는 어구를 사용하기로 한다. 이와 관련하여 특히 '사랑하는 자들tous erōntas'이나 '사랑하지 않는 자들tous mē erōntas'이라는 어구는 일상적인 의미에서 사랑 자체를 하지 않는 인간이 아

과장되게 표현하여 대중가요에서 사랑이라는 말을 빼면 가사가 성립할 수 없듯이, 우리말에서 사랑은 애정, 욕정, 연민, 동경, 열정, 그리움, 애처로움 등 온갖 다양한 감정들을 포섭하는 지극히 복합적인 의미가 있는 말이다. 그런데 인간의 언어란 사용하는 사람의 지적 수준이나 감정이나 인간관 혹은 세계관 등에 따라 지극히 다양한 의미가 부가될 수 있으므로, 하나의 말이나 어휘에 절대적으로 고정된 의미는 없다. 같은 말이라도 상황에 따라 그 의미가 달라지고 시간에 따라 끊임없이 변하는 것이 언어의 본질이기도 하다. 어떤 의미에서 사랑이라는 말이 언어의 그러한 본질을 대변한다고 볼 수도 있다. 다만 어느 국가나 사회 혹은 어느 시대나 그 지배적 문화나 정신적 분위기에 따라 그 언어 체계 전반에는 공통된 의미의 세계가 어느 정도 고정되거나 안정된 상태에서 존재하므로, 각 시대의 문헌을 이해할 때는 그 공통된 의미의 세계를 참작함이 당연하다. 리시아스의 연설에도 나타나 있지만, 희랍어 '에로스'에는 물론 다양한 의미의 세계가 있음과 동시에 그러한 의미의 다양성을 포괄하는 근원적으로 동질적인 요소도 있다. 앞으로 이 책의 논의를 통해 해명되겠지만, 바로 그러한 요소에 대한 해석 자체가 리시아스에서 플라톤으로 이르는 철학적 사

니라 에로스로서의 사랑을 하거나 하지 않는 인간들을 지칭한다는 점을 강조해둘 필요가 있다. 그리고 리시아스는 에로스를 특히 'philia'와 구분하여 논의를 전개하는데, 여기에는 특히 남성들 사이에 동성애가 일상적이었던 희랍 사회를 배경으로 하고 있다는 점도 참작할 필요가 있다. 남성들 사이에서 우정의 관계와 더불어 에로스 차원의 사랑이 별개로 있거나 함께 공존하는 관계가 일상적이었다는 사실이 이 〈사랑의 연설〉에도 전제되어 있다는 것이다. 희랍인들의 동성애에 관한 도버Kenneth J. Dover의 획기적인 연구가 보여주듯이(Dover, 1978), 그들의 동성애에는 현대 세계와 같이 단순히 동성 간의 여러 형태의 '기묘한' 성행위 방식과 연관된 성적 쾌락의 문제나 그에 대한 정서적 호오나 도덕적 옹호 또는 혐오의 문제만이 아니라 정치적인 의미 및 이에 수반된 법적 쟁점이 있으며, 리시아스의 이 연설에도 동성애의 정치적 성격에 대한 비판이 함축되어 있다. 이 점에 관해서는 6장 3절에서 좀 더 구체적으로 설명될 것이다.

유의 발전을 구성하는 주요 내용 가운데 하나이기도 하다.

희랍어 '에로스'는 그 어원에 해당하는 동사 'eramai'의 의미에도 나타나 있듯이(Risch, 1973: 88 참조).[41] 주로 남성의 성적인 욕구 혹은 그에 상응하는 강렬한 욕망을 지칭한다. 그런데 'eramai'라는 희랍어는 언어 형태는 수동형이지만 능동의 의미가 있는 이태동사異態動詞; deponent verb라는 점에 묘미가 있다. 즉 어떠한 목적을 추구하는 행동을 할 때 인간은 '스스로가 강렬히 원하는 것을 가지려 한다'는 자신의 능동적인 의사라고 믿지만, 사실은 그렇게 원하게 만드는 자기 외적인 강력한 힘에 수동적으로 지배받은 결과라는 의미가 바로 그 이태동사라는 문법적 규정에 함축되어 있다는 것이다. 실제로 성욕과 같은 강렬한 욕구의 근본적인 성격도 그 점에 있다. 그것은 인간의 자율적인 감정이나 주체적인 판단을 마비시킬 정도로 인간을 흥분시키면서 '정신 나가게' 만드는 강력한 힘이지만, 인간 스

---

41 참고로 이 동사의 어간에 해당하는 희랍어 'era'는 '흙' 혹은 '땅'을 — 땅 전체 곧 '대지'나 '토지' 혹은 '나라'를 의미하는 'gaia'와 구분되어 — 의미한다. 그런데 그 말과 에로스가 어원 차원에서 과연 연관성이 있는지, 그리고 만일 있다면 어떠한 의미의 변화 및 전화의 과정을 거쳐 — 생명의 원천인 흙의 존재성에 비추어 그 과정에 대해 어느 정도 짐작은 할 수 있으나 — 성적 결합이나 성적 욕망을 의미하는 말을 파생시켰는지는 어원학적 연구의 대상이다. 지은이 개인적으로는 에로스가 어원상 '묶다bind', '말하다speak', '질문하다ask'를 의미하는 동사 'eirō'와의 연관성도 배제할 수 없다는 생각을 한다. 강연이나 연설의 끝맺음을 할 때 관행적으로 그러하듯이, 이 〈사랑의 연설〉을 끝맺으면서 리시아스도 자신이 말한 내용 가운데 부족하거나 생략된 부분이 있으면 "질문하라 erōta"고 말한다(234c). 그것은 일단 언어의 유희이기도 하지만, 『파이드로스』의 주제들 가운데 하나이면서 플라톤의 철학 전체를 대변하는 명제라고도 할 수 있는 '말의 사랑philologos'이 '인간에 대한 사랑philanthropos'이라는 이념의 표현이라고도 말할 수 있다. 참고로 우리말에서도 '어른'이라는 말은 '얽는다' 혹은 '어우른다'라는 동사에서 유래한 것으로 성적 결합을 암시하고 있다. 즉 어른이란 원초적으로 성적 결합을 할 수 있는 존재라는 관점이 나타나 있는데, 그 육체적으로 한정된 의미를 심화하고 확장하면 타인과 정신적으로 '얽으면서' 정신적으로도 하나가 될 수 있는 존재라는 깊은 의미도 함축되어 있다고 볼 수 있다. 플라톤 변증법의 핵심적인 의미도 그것이다.

스로는 자신의 욕망을 '자유롭게' 충족시키는 행위로 믿는 경우가 대부분이다. 어쨌든 살인과 같은 흉악한 범죄로도 이끄는 온갖 치정 행위의 원천이자 때에 따라서는 한 국가나 정권을 패망에 이르게도 하는—'요부'와 '경국지색' 혹은 'femme fatale'이라는 존재로 상징되듯이—그 힘에 대체로 인간을 비이성적이고 비윤리적으로 만드는 강한 경향이 있음은 사실이다. 문제는 에로스 자체가 과연 비이성적이고 비윤리적인 존재로서 본원적으로 사회적 금제나 타기의 대상이 되어야 하는지에 있다. 이 문제는 전형적으로 유대-기독교적 세계관에서 성행위를 원죄와 결부하여 파악하는 태도와도 연관되어 있는데, 리시아스의 〈사랑의 연설〉에는 에로스에 대해 그와 같이 존재론적 차원의 부정적 태도는 아니더라도 적어도 사회윤리의 차원에서 부정적인 관점이 바탕에 있다.

뒤에 가서 다시 설명하겠지만, 인간을 '정신없게' 만드는 그와 같은 힘에 함축된 존재론적 의미에 대한 포착은 트로이 전쟁의 기본적인 모티브로도 설정되어 있고, 『일리아스』에서 호메로스가 아프로디테를 적어도 성性의 영역에서는 제우스마저 압도하는 힘을 갖춘 신으로 문학적으로 표상한 방식에도 잠재되어 있으며, 헤시오도스가 에로스의 신격을 만물을 결합하는 원초적인 힘으로 묘사한 신화적 세계관 속에도 이미 뚜렷이 나타나기 시작한다. 희랍 신화에서 에로스의 지배를 받아 봄의 여신인 페르세포네를 납치한 하데스의 이야기는 폭력을 수반하는 에로스가 고귀한 생명 탄생의 원천이라는 존재론적 아이러니의 축약이다. 『파이드로스』뿐만 아니라 『향연』과 『국가』 등을 통해 제시된 플라톤의 에로스 개념은 실제로 그와 같은 신화적 관념을 형이상학 및 정치철학의 개념으로 승화시키고 발전시킨 결과라고 말할 수 있는데, 리시아스가 개진하는 에로스에 대한 사회윤리 차원의 부정적 논변은 바로 그와 같은 철학적 사유의 승화 및 발전 과정에서 비판적 극복의 대상인 것이다. 그와 같은 비판적 극복을 위한 검토의 핵심은 바로 에로스에 수반되는 '정신없음'에 대한 해석과 직접 연관되는데, 리시아스는 〈사랑의 연설〉을 본격적으로 시작하기에 앞서 그 연설 자체의 가치 문제를 에로스의 그러한 성격과 연관하여 설명한다.

일단 리시아스는 청중들에게 자신이 바로 그들의 연인erastēs이 아니므로 자신이 행할 연설이 모두에게 "이익이 됨sympherein"을 강조한다(230e~231a). 그 이유는 바로 그가 파악한 에로스의 근본적인 성격에 있음을 설명한다(231a~c). 즉 상대방을 에로스 차원에서 사랑하지 않는다는 것은 상대의 존재에 얽매여 있지 않음을 의미하기 때문에, 행동 자체가 상대방의 의사나 감정 또는 과거의 행적이나 대가 등에 지배를 받지 않음을 의미한다. 그것은 곧 어떠한 행동이 "강제성에 의해서가 아니라 자유의지에 따라ou gar hyp' anagkēs all' hekontes" 그리고 자신에게 최선의 이익이 무엇인가에 관한 판단을 기초로 이루어짐을 의미하는 것이다(231a). 이에 따라 '사랑하지 않는 자'는 "그토록 나쁜 것들tosoutōn kakōn"에 처음부터 지배받지 않으면서 상대방을 즐겁게 하는 것들을 기꺼이 행할 수 있다는 것이다(231b). 이에 반해 '사랑하는 자'는 과거 상대방이 자신에게 가했던 상처나 혜택 혹은 감정적 반응 등에 전적으로 지배를 받거나, 상대방에 대한 강한 열정 때문에 다른 사람의 혐오를 받는 행동도 개의치 않으며, 새로운 연인이 생기면 그를 즐겁게 하려고 과거의 연인을 해치는 것도 서슴지 않는다는 것이다(231c). 따라서 청중들을 '사랑하지 않는' 자신의 연설 또한 처음부터 자신이나 청중 모두에게 이익이 됨이 분명하다는 점도 덧붙여 강조한다.

에로스로서의 사랑이란 결국 삶의 경험이 많은 인간이라도 치유하려는 시도조차 할 수 없는 "불운symphora"[42]과 같은 것이며(231d), 그것에 사로

42 이 희랍어는 지극히 복잡한 의미가 있는 어휘이다. 그것은 기본적으로 '무엇들을 함께

잡힌 사람들도 제정신으로 돌아온 후에는 스스로가 "정상적인 마음가짐"[43]이 아니라 "미쳤다거나nosein" "바보인 줄kakōs phronousin; 말 그대로는 '모자라게 생각하기'" 알면서도 "자신을 통제할 수 없다ou dynasthai autōn kratein"고 고백한다는 것이다(231d). 에로스의 본질이 그러하므로, "최선의 인간ton beltiston"이나 "정감을 줄 만한 가치가 있는 인간ton axion tēs sēs philias"이란 '사랑하는 자들'에서가 아니라 '사랑하지 않는 자들에게서' 찾을 가능성이 당연히 크다는 것이다(231e). 그리고 후자가 바람직하다는 점은 삶의 여러 다른 측면들에서도 확인된다는 것인데(231e~234b), 그 측면들은 각각 다음과 같이 정리된다.

먼저 사랑과 관련된 사회적 평판에 대응하는 태도나 방식의 측면이다(231e~232e). 에로스 차원에서 사랑하는 자는 사랑받는 대상에 대해 다른 사람들도 부러워하고 사랑할 것이라고 믿기 때문에, 그러한 사람은 자신이 사랑을 소유한 사실 자체에 흥분하거나 사랑을 쟁취하려는 노력이 성공했다는 사실 자체를 과시하는 경향이 강하다. 다시 말해 그들은 사랑의 대상이 되는 사람의 존재 자체를 사랑하는 것이 아니라 타인이 부러워한다는 이유로 사랑하려는 경향이 있고, 이에 따라 자신의 연인과 함께 있는 모습을 다른 사람들에게 보여주는 것이 사랑하는 행위의 주요 요소가 되면서 그들은 다른 사람들의 부질없는 회자의 대상이 된다는 것이다

모으기'를 의미하는데, 사건, 우연, 불운, 불행 등의 의미도 있다. 리시아스는 — 혹은 플라톤은 — 에로스의 충동적이고 우발적이며 예측 불가능한 속성을 표현하기 위하여 이러한 어휘를 사용한 것 같다. 앞에서도 언급된 파울러는 그것을 'disease'로 번역했는데, 그 의도는 충분히 이해가 되지만 과도한 의역으로 판단된다.

43 희랍어로는 한 어휘로 'sōphronein'이다. 동사이기 때문에 '마음가짐'으로 번역했다. 그것은 희랍인들에게 '네 가지 주요 덕성four cardinal virtues' 가운데 하나인 절제와 겸허함을 뜻하는 'sōphrosyne' — 말 그대로는 '맑고 건강한 마음의 상태'를 의미 — 와 어원이 같다.

(232a).[44] 반면에 '사랑하지 않는 사람'은 자신의 감정을 통제할 수 있는 사람이기 때문에 사회적 평판에 개의치 않고 진정으로 자신에게 필요한 최선의 인간을 교제dialegesthai의 대상으로 선택할 수 있다(232a). 사람이라면 누구나 타인과 교제해야 하는데, 에로스가 아닌 교제란 우애philia 또는 여러 가지 다른 즐거운 이유에 따른 결과이므로 그들의 행동을 타인들이 비난할 이유도 없다는 것이다(232b). 에로스의 가치를 부정하는 논리의 전개는 결국 그것에 대한 필리아의 우월성으로 귀착되는 것이다. 리시아스의 계속되는 연설은 그러한 우월성의 여러 측면을 제시한다(232b~234b).

간단히 말해서 필리아란 에로스와 같이 상대방에 대한 일방적이고 무분별한 집착에 기인한 감정이나 교류가 아니다. 그것은 근본적으로 장점 혹은 덕성 등 상대방이 가진 객관적인 가치에 대한 차분한 계산과 판단에 기초한 안정된 감정이자 상호 호혜 차원의 교류이다. 따라서 그것에서는 상대방과의 교류 자체가 목적이 아니라 교류에 따른 여러 성격의 이익이나 혜택이 목적이므로, 교류가 끝난다고 해서 고통을 받거나 한탄하고 후회할 이유가 없다(232b~c). 그것에는 또한 상대방이 교류하는 다른 인간들에 대한 질시의 감정도 있을 수 없다. 에로스에 기초한 사귐의 경우, 상대방이 교류하는 다른 인간이 부자라면 돈이 그의 마음을 뺏을까, 교육을 받은 사람이라면 그의 지성이 그의 마음을 사로잡을까, 또는 그밖에 다른 좋은 점이 있는 누구이든 상대방이 그것들에 영향력이 받지 않을까 노심초사하면서 그 다른 사람들을 질시하거나 다툴 수 있다. 이에 반해 필리아에 기초한 인간들 사이의 교류에는 그러할 가능성도 이유도 없다는 것

---

44 리시아스는 이와 관련하여 예를 들지는 않았으나, 현대 사회에서 일상적으로 발견되는 유명 인사들에 대한 스토커들의 행태, 또는 일반 대중에게 연모나 흠모의 대상이 되는 유명 연예인들을 정부 혹은 부인으로 삼으려는 부유층 인사들의 행각 등이 그러한 예에 해당할 것이다.

이다(232c~d). 그러한 교류를 통해서는 적대감exthran이 아니라 바로 우의philia만이 유지될 가능성이 크다는 것이다(232e). 같은 맥락에서 리시아스의 연설은 에로스 차원의 사랑에 수반되는 육체적 욕망과 우의의 관계 문제를 설명한다(232e~233d).

에로스 차원의 사랑들이란 대부분 상대방의 성정tropos이나 "인간관계들에 관해서allōn oikeiōn empeiroi" 제대로 알기 전에 "육체적 욕망에 충동을 받아 이루어지는데tou sōmatos epithymēsan", 바로 그러한 욕망이 없어지거나 해소되고 난 다음에도 친구philoi의 관계가 지속되기는 불확실하다adēlon(232e). 이에 반해 에로스의 충동과는 관계없이 먼저 합리적인 판단으로 우의를 형성한 인간들의 경우, "충동적인 행위들 때문에ex eu pathōsi tauta"[45] 우의가 약화되지는 않으며, 그것들 자체가 추억으로 혹은 미래의 즐거움에 대한 약속으로 남아 있게 된다는 것이다(233a). 이 문맥에서 리시아스는 자신을 에로스와 대립하는 필리아의 화신과 같이 내세우면서, 연설의 처음과 같이 청중들에게 그들 각각의 연인에게erastēi가 아니라 자신에게 "복종함peithomenōi"[46]이 이익이 됨을 강조하는 형식으로 필리아에 대한 찬양의 논의를 전개한다(233a~d).

즉 에로스에 지배받는 인간은 바로 연인이 되는 청중들 각각을 불쾌하게 만들까 하는 두려움이나 상대방에 대한 욕망 때문에 판단력이 흐려져

45 "eu pathōsi"는 말 그대로는 '즐겁게eu', 'pathosi(감정이 발동되었던)' 상태를 의미하는데, 『파이드로스』에 대한 대표적인 영어 번역자인 파울러나 해크포스 모두 "favours received"로 번역했다. 그런데 〈사랑의 연설〉 마지막 부분에서는(233d~234b) 은총이나 호의를 의미하는 'charis', '은총을(호의를) 베풀다'로 번역될 수 있는 'chariszesthai'가 별도로 사용되고 있으며, 이들 영어 번역자들은 그것들 또한 각각 'favours', 동사로서 'favour' 혹은 'grant favours'로 번역하고 있다. 그러한 번역이 원문의 의미에 대한 심각한 왜곡이라고까지 말할 수는 없지만, 번역의 일관성이 없어서 독자들이 원문의 의미를 명확하게 이해하는 데 저해가 될 수는 있을 것이다.

46 '말을 따르는 것' 혹은 '말에 설복됨'으로 번역될 수도 있다.

청중들을 과도하게 칭송할 수 있다(233a~b). 이와 대비하여 자신은 언제나 현재의 쾌락이 아니라 미래의 이익을 위해 행동할 수 있고 욕망에 지배받는 것이 아니라 그것을 통제할 수 있다. 이에 따라 그는 사소한 문제로 타인들에게 "강렬한 적대감을ischyran echthran" 갖는 것이 아님은 물론 큰 잘못에 대해서도 "조그만 노여움oligen orgen"을 느낄 정도일 뿐이며, 비의도적인 잘못에 대해서는 용서하고 의도적인 것들은 미리 방지하도록 노력한다는 것이고, 그러한 마음가짐들이 바로 "오랫동안 지속하는 우의의 징표들philias polyn chronon esomenēs tekmēria"이라는 것이다(233c). 그런데도 청중들이 에로스에 기초하지 않은 굳건한 우의란 없다는 생각을 고집한다면, 그것은 아들이나 아버지 혹은 어머니에게는 정감을 느낄 수 없다거나 욕망 추구 이외의 다른 목적으로는 친구를 만들 수 없다고 주장하는 것과 같다는 것이다(233d).

여기에 이르러 리시아스의 사랑에 대한 논의는 인간관계에서 누가 누구에게 어떠한 종류의 감정이나 정서를 갖거나 어떠한 종류의 혜택이나 호의를 베푸는 것이 정당한가 하는 문제, 곧 정의justice의 문제 혹은 사회적 윤리라는 좀 더 보편적인 문제 차원으로 그 논의의 수준이 필연적으로 상승하고 확대될 수밖에 없음이 드러난다. 에로스 차원에서 사랑하는 사람은 간단히 말해서 사랑의 대상에 대한 무분별하고 일방적인 욕망에 지배를 받기 때문에 그 대상인 상대방의 의사와 관계없이 특정한 행위나 감정을 무분별하게 요구하거나 일방적으로 베푸는 사람이며, 한 인간에 대한 — 때에 따라서는 도착적인 물신숭배fetishism의 경우와 같이 동물이나 식물이나 물체 등 특정한 사물에 대한 — 무분별하고 일방적인 집착 때문에 다른 인간이나 사물의 존재 자체를 무시하거나 그것들에 대해 비합리적인 질시 혹은 혐오의 감정이나 태도를 표출하는 인간이다. 그러한 인간은 바로 인간관계에서 다른 사람에 대해서 어떻게 행동하고 어떠한 태도를 취하는 것이 올바르고 정의롭고 형평에 맞는 것인지 모르는 인간인 것이다. 실제로 〈사랑의 연설〉의 마지막 부분은 그러한 주제 자체를 명시적으로 제기하지는 않았지만 간단하게나마 논급은 하고 있다(233d~234c).

에로스란 그 사랑의 대상을 맹목적으로 갈구함을 의미한다. "맹목적으로 갈구하는 인간에게tois deomenois" 무조건 그 갈구의 대상을 베풀어준다는 것은 어떤 "혜택의 베풂eu poiein"이 그것을 받을 만한 "최적의 인간에게mē tous beltistous"가 아니라 그것이 "결핍된 인간에게tous aporōtatous" 무조건 가야 한다는 논리와 같다(233d). 그러한 논리란 "가정에서 이루어지는 잔치en tais idiais dapanais"에 친구가 아니라 거지들을 초대해야 한다는 것과 다를 바 없다(233d~e). 호의나 은총의 베풂은 바로 "그 베풂에 대해 보은을 할 줄 아는 인간tois malista apodounai charin dynamenois"이나 "그 베풂을 받을 자격이 있는 인간tois tou pragmata axiois"에게 행해짐이 당연하다(233e). 잠시 매혹적인 감정을 주는 인물이 아니라 일생 친구가 되는 인물에게, 그리고 욕망이나 연정이 사라지면 상대방에게 "트집거리나 찾는echthras prophasin zētēsousin" 인간이 아니라 늙어서도 좋은 것들을 함께 나눌 수 있는 인간에게 호의나 은총이 베풀어져야 한다는 것이다(233e~234b). 그러한 인간만이 친구philoi로서 에로스에 지배받는 인간이 잘못할 때 충고라도 해주며, 필리아 차원에서 인간을 대할 줄 아는 자만이 에로스로 인해 해악blabe이 발생하는 것을 막아주고 인간들 사이의 교류가 서로 이익ōphelia이 되도록 하는 역할을 할 수 있다는 것이다(234c).

* * *

이 〈사랑의 연설〉에 제시된 인성론의 한계에 대해서는 그의 사상 전체에 대해 비판적으로 검토할 6장 3절에서 논의될 것이다. 다만 이 연설에 대한 서양 고전학계의 상반된 평가에 대한 지은이 자신의 논평은 이 4장과 다음 5장 간의 유기적인 연관성을 밝혀주기 때문에 이 4장을 맺는말로서 필요하다. 서양 고전학계의 상반된 평가란 이미 앞에서 소개한(4장 각주 #32) 해크포스R. Hackforth(1952)와 앳킨스A. W. H. Adkins(1996)라는 두 저명한 학자의 견해인데, 먼저 전자의 견해를 정리하고 논평할 필요가 있다.

해크포스는 〈사랑의 연설〉에 대해 단정적으로 "별로 논평할 가치가 없는 장황한 수사학적 연설a tedious speech of rhetoric that deserves little comment"로 규정하는데(Hackforth, 1952: 31), '논평할 가치가 없기 때문에 논평하지 않겠다'는 식의 '씩씩한' 단정 이외에는 연설 내용 자체에 대한 검토는 전혀 없이 그러한 규정과 관련된 문헌학적 설명만 다음과 같이 제시한다(같은 책, 16~18). 일단 그 연설은 리시아스 자신의 저술이 아니라 플라톤의 "창작invention"일 뿐이라는 것이다. 그러한 수준의 연설을 플라톤이 당대 최고의 연설가들 가운데 하나의 이름에 의탁하여 허구적으로 재구성한 이유는 무엇보다 『파이드로스』라는 대화편의 저술 시기가 "리시아스가 사거한 후일 가능성이 아주 커서in all probability after Lysias's death" '아마' — 해크포스는 그러한 가능성과 허구적 재구성 가능성 사이의 연관성을 명확하게 기술하고 있지 않으므로 — 당사자로부터 직접적인 항의를 받을 가능성이 사라졌기 때문이라는 것이다(같은 책, 16). 따라서 〈사랑의 연설〉의 저자로 리시아스라는 이름이 등장한 것은 당대의 수사학 문화를 비판하기 위해 명확한 표적을 설정하기 위한 의도 이외의 다른 것이 아니며, 〈사랑의 연설〉과 같은 허구의 문학적 장치를 설정한 이유가 비록 현대의 독자들에게는 "거칠다고 할 만큼 부당하고 바보스럽게도grossly unfair and even stupid" 보일 수 있으나, 플라톤은 "독자들이 자신의 의도를 알아줄뿐더러 저명한 연설가에 대한 교묘한 희화화를 즐길 것이므로 그러한 부당함을 용인할 것으로 믿었기count upon his readers knowing what he was doing, and forgiving the unfairness in their delight in a clever caricature" 때문일 수 있다는 것이다(같은 책, 17). 결국 〈사랑의 연설〉이란 플라톤이 리시아스의 연설문들 가운데 특히 "과시적 성격epideictic style"이 강한 대중 연설문들을 염두에 두고, 그 내용상의 오류에 대해 비판하면서 동시에 그것들에 대한 잘못된 대중적 평판에 대한 개인적 불만에 "약간의 악의적惡意的인 장난기a bit of semi-malicious fun"를 가미하여 극적으로 재구성한 작품이라는 것이다(같은 책, 17).

해크포스의 그러한 해석 논리에는 일단 상상력이 돋보인다. 그러나 그러한 해석학적 상상을 그대로 받아들이기에는 일단 사실성이 확인되지 않은 전제가 너무 많이 있다. 앞에서도 언급되었지만, 일단 『파이드로스』의 저술 시기를 리시아스의 사거 후로 절대적으로 단정할 수는 없다. 설사 그 대화편이 리시아스의 사후에 저술되었다고 하더라도, 그의 제자나 추종자들은 분명히 생존해 있는 상황에서 그가 실제로 행하거나 저술하지도 않은 연설을 '반 악의적으로 조작하여' 당대 최고의 지식인들 가운데 하나를 비판하는 행위가 리시아스의 추종자들은 물론 아테네의 지식인 사회 전체가 용납할 수 있었을지 지극히 의심스럽다. 더구나 일반 독자들이 자신의 그 '복잡하고 심오한' 저술 의도를 정확히 파악하리라고 플라톤이 기대했을 것이라거나, 한 저명인사가 희화의 대상이 되는 글 자체를 대중은 즐길 것이기 때문에 그에 대한 '부당한' 묘사도 용인할 것으로 기대했으리라는 가정 또한 속된 표현으로 '너무나 속편한' 상상력의 발휘이다. 그것은 대중에 대한 플라톤의 기본적인 태도를 고려할 때도 그러하고, 무엇보다 소피스트들이나 수사학에 대한 그의 철학적 비판의 바탕에는 바로 대중에 대한 지식인들의 — 대중의 지지로 '먹고살고 출세하는' 정치인들은 논외로 한다면 — 영합적 태도에 대한 혐오감이 있다는 사실을 고려하면 더욱 수긍하기 어려운 해석학적 상상이라고 볼 수 있다.

그런데 〈사랑의 연설〉의 문헌학적 의미에 관한 해크포스의 해석 논리에 수반된 위와 같은 문제들을 떠나, 그 연설 내용 자체에 대한 그의 논평은 학문적으로 더 심각하다. 그의 견해에 따르면, 〈사랑의 연설〉은 일관된 구상도 없이 여러 논점을 짜깁기한 수준의 "평범하고 지루하고 번거로운 글a flat, monotonous, repetitive composition"로서 "논평할 가치조차" 없다는 것이다(위의 책, 31). 그러한 논평이 학문적으로 심각한 이유는 지극히 평범하다. 다시 말해서 그 연설에는 우애가 사랑보다 바람직하다는 명확한 주제가 분명히 있는데도 불구하고 왜 그것이 일관된 구상이 없이 작성된 글이며, 어떠한 문장들이 여러 논점을 짜깁기한 수준의 것들이고, 어떤 문장들이 왜 내용상 평범하고 지루하며 앞의 문장들의 반복에 불과한지 해크포스는 텍스트 자체에 대한 세밀한 독해나 비판적인 검토 없이 한 쪽도 채 안 되는 간단한 문장으로 단정적 수준의 촌평을 내리고 있는 것이다. 만일 그 연설이 그의 주장대로 플라톤의 창작이라면 그 내용에 대해 그러한 성격의 논평을 가할 이유가 처음부터 없으며, 자신의 해석과 일관되게 플라톤이 왜 그러한 수준의 연설을 제시한 의도가 무엇인지 대화편 『파이드로스』 전체의 내용과 연관하여 밝혀야 했던 것이다.

앞에서 설명한 대로 그 연설은 파이드로스가 리시아스의 연설을 듣고 기억한 바를 암송하는 성격의 문장이기 때문에 치밀한 구상이나 논리 전개를 기대하는 철학적 논고로 설정된 것도 아니다. 앞에서 지은이 나름으로도 해설하였지만, 그 연설은 해크포스의 단정적인 촌평과 같이 지루하게 반복적인 문장들로 구성된 것도 아니다. 그리고 그 연설을 듣고 보인 소크라테스의 냉소적인 태도는 그 연설 내용에 대해 직관적으로 감탄한 나머지 이성적이고 비판적인 검토를 수행하려는 태도가 없이 감정적인 흥분에 빠진 파이드로스를 깨우치려는 의도에서 플라톤이 설정한 극적 구상의 일부로 해석되어야 함이 그 대화편 전체의 내용과 조화를 이룬다

는 점이 중요하다.[47]

그 연설을 들은 소크라테스가 즉각적으로 제기한 논평에 나타난 대로, 그 연설의 기본 내용은 리시아스 자신이 — 현대에도 직업적인 연설가나 강연자가 대개 그러하듯이 — 이미 다른 계기를 통해 발표한 것을 재탕한 것일 수도 있고, 사포Sappho나 아나크레온Anakreon 등의 시인들이나 다른 산문 작가들syggraphoi도 그와 비슷한 주장을 오래전에 제기했을 수도 있다(『파이드로스』 235a~c). 물론 소크라테스나 플라톤이 직업적인 연설가의 그러한 행태들에 비판적이었던 것은 사실이다. 그러나 행태 차원의 그러한 오류가 연설 내용 자체의 오류를 자동적으로 결정하는 것은 아니다. 또한 주제가 같다고 해서 모든 글들이 동일하다고 주장하는 것은 정치학 논문들이란 정치적인 것들이라는 동일한 주제에 관한 것이기 때문에 모두가 그 내용에 차이가 없다고 주장하는 바와 다를 바 없다. 실제로 리시아스의 연설에 대한 소크라테스의 본격적인 논박과 비판은 그 연설 자체가 이미 누구에게나 알려진 주장을 무가치한 문장의 형태로 진술했다는 이유로 시작된 것이 아니다. 그것은 그 '비슷한' 주장을 리시아스가 누구보다도 가장 탁월하게 전개했기 때문에 진지한 검토나 논박의 대상이 될 수 있다는 점을 소크라테스가 표명하면서 출발하고 있는 것이다(『파이드로스』, 특히 236b~d).

이러한 문제들을 떠나 해크포스 자신은 〈사랑의 연설〉이 리시아스의 저술이 아니라고 굳게 믿었기 때문에 그것을 리시아스의 다른 연설문들

---

47 그 점은 『파이드로스』 236b의 다음 문장에 압축되어 있다. "파이드로스, 내가 그대의 연인을 건드린 것은 그대를 골려주기 위한 장난이었는데 그것을 진지하게 받아들이고 있는구려. 그대는 내가 어찌 감히 리시아스의 수사학을 능가하여 그보다 더 멋진 연설을 할 것으로 생각한다는 말이요." 여기서 "그대의 연인"은 물론 파이드로스가 연설을 듣고 황홀해하는 리시아스를 지칭하며, 이 문장에서도 희랍인들의 동성애 행태가 암시되어 있다.

과 비교하거나 전체적으로 종합하여 검토하려는 시도를 하지 않은 것으로 보인다. 하지만 그것을 리시아스의 저술로 받아들이면서 그것과 그의 저술로 확실하게 인정된 다른 연설문들을 종합하여 검토할 경우 〈사랑의 연설〉에 제시된 주장은 리시아스의 정치사상 전체와 조화를 이루며 일관된 의미를 갖게 된다는 사실이 중요하다. 그 점은 다음 5장의 논의를 통해 본격적으로 해명되겠지만, 그러한 논의를 시작하기 이전에 해크포스와는 상반되게 〈사랑의 연설〉을 평가한 앳킨스의 해석 논리를 검토하고 지나갈 필요가 있다. 그것은 20세기 미국 고전학계에서 가장 탁월한 학자들 가운데 하나인 앳킨스A. W. K. Adkins의 생애 마지막 논문—이른바 '백조의 노래'에 해당하는—에[48] 제시된 〈사랑의 연설〉에 대한 해석 논리이다. 그 논문은 일단 〈사랑의 연설〉 자체가 해석학적 연구의 대상이라는 사실만으로도 희귀한 업적이지만, 그 해석 내용 또한 해크포스의 해석에 대한 비판과 더불어 좀 더 폭넓은 시각을 보여주고 있다. 그 '폭넓음'의 핵심은 그가 〈사랑의 연설〉에 제시된 필리아 개념에 함축된 정치적 의미를 밝혀준 점에 있는데, 그 점은 〈사랑의 연설〉을 고전학 연구의 차원을 넘어 정치사상사 연구의 차원에서 파악할 필요성을—앳킨스 자신은 그 점을 제대로 의식하고 있지 못하지만—제시한다는 사실이 특히 이 책 5장의 논의 내용과 관련하여 중요하다.

〈사랑의 연설〉을 해석하는 앳킨스의 기본적인 관점은 그의 추모논문집을 편집한 루덴Robert B. Louden이 잘 정리하고 있으므로 먼저 그의 진술을 인용할 필요가 있다. 그 논문에서 앳킨스의 목적은 〈사랑의 연설〉에서 "우의-관계philia-relationships의 본원적 중요성과 관련된 희랍인들의

---

48 미국 시카고대학 교수였던 앳킨스는 1996년 67세의 이른 나이에 사거했는데, 이 유고는 그의 동료들의 추모논문집 형태의 책(Louden et al., 1996) 마지막 장으로 게재되어 있다.

여러 견해들에서" "상호 협조의 독립적인 결사체를 형성할 필요성the need to form independent alliances of mutual assistance"의 존재를 해석해내려는 데 있다는 것이다(Louden, 1996: 9). 그러한 목적상 앳킨스에게는 당연히 〈사랑의 연설〉에서 어떤 내용이나 진술이 '시민들 사이의 상호 협조의 독립적인 결사체의 형성'이라는 이상과 연관되는지 설명이 필요할 것인데, 이와 관련된 앳킨스의 해석 논리는 다음과 같다.

〈사랑의 연설〉에서 리시아스가 강조하는 '사랑하지 않는 자'의 바람직함은 단순히 그가 상대방에 대한 감정적 집착에서 벗어나 있다는 사실에만 있는 것은 아니라는 점이 앳킨스 해석의 기본적인 논점이다. 쾌락의 향유를 포함한 관계의 유지를 돈으로 해결하는 태도, 즉 앳킨스 자신의 표현으로 연인 사이의 "관계를 재무 행위로 환원시키는trying to reduce the relationship … to financial transaction" 태도가 '사랑하지 않는 자'의 바람직함의 전부가 아니라는 것이다(Adkins, 1996: 227). 그러한 논점과 관련하여 앳킨스는 희랍인들의 동성애에 관한 도우버의 기념비적 연구가 밝힌 사실을 참조하는데(Dover, 1978), 그 사실의 핵심적인 의미는 다음과 같다. 모든 희랍 사회에서 동성애가 보편적으로 허용됨은 물론 동성애의 목적이든 이성애의 목적이든 매춘 행위가 법적 처벌의 대상은 아니라는 것은 보편적인 현상이지만, 동시에 매춘 행위를 한 남성에 대해 시민 자격을 부여할 수 없도록 법적으로 엄격히 규정하고 있는 것도 희랍 도시국가들에서 보편적인 현상이라는 것이다.[49] 특히 아테네의 경우 성인 남성의 동성

49 그러한 제도에 대한 대표적인 전거는 B.C. 4세기 후반 아테네 정치에서 반反마케도니아 파를 대표하는 데모스테네스의 정적으로서 친 마케도니아 파를 대표하는 아이스키네스의 연설문 가운데 하나인 〈티마르코스에 대한 반론Kata Timarchou〉이다. 티마르코스라는 인물의 동성애 매춘 경력을 이유로 공직 취임을 반대하는 그 연설은 도우버의 연구에서도(1978, 특히 39~42) 동성애 매춘과 관련된 제도적 측면을 밝혀주는 주요 참고문헌으로 인용되고 있다.

애 대상은 명문 가문의 청소년들로서, 그들 사이에는 성적인 관계도 존재하지만 기본적으로 전자의 후자에 대한 정치적 교육 등 후견인의 역할이 그 핵심적인 요소라는 것이다. 따라서 리시아스의 〈사랑의 연설〉에 표출된 에로스에 대한 비판도 단순히 청소년에 대한 동성애의 문제만이 아니라 그것과 관련된 "정치적 쟁점들"을 이해할 때 그 연설의 의미가 명확해진다는 것이다(Adkins, 1996: 227~229). 다시 말해 그들의 관계는 성적이자 동시에 정치적인 것으로서, 청소년 시절부터 그와 같은 '친밀한' 인간관계를 통해 형성된 인간 집단이 바로 아테네 민주정치를 쇠락시키고 더 나아가 희랍 세계 전체를 내전 상태에 빠지게 만든 정파 대립 및 갈등의 원천이라는 것이다(같은 글, 233~234). 해크포스가 〈사랑의 연설〉에서 제대로 파악하지 못한 것도 바로 희랍인 삶에서 통제되지 않는 감정인 에로스와 대비되어 '통제되는' 감정인 필리아에 함축된 그러한 정치적인 의미라는 것이며, 〈사랑의 연설〉을 작성한 리시아스의 목표도 '필리아'의 정치적 중요성에 대한 새로운 환기를 통해 "시민생활에서 화합을 촉진하는 데to promote civic harmony" 있다는 것이다(같은 글, 235~237).

지은이는 앳킨스의 그러한 해석에 동의한다. 그런데 해크포스가 그 의미를 제대로 파악하지 못한 이유일 수도 있지만, 〈사랑의 연설〉은 결코 '필리아'의 이념을 명확하고 체계적으로 진술한 논고는 분명히 아니라는 점도 인정되어야 한다. 그것은 리시아스의 다른 연설문들에 제시된 정치적 주장이나 이념과의 연관 속에서 종합적으로 탐구할 때 그 전체적인 의미가 제대로 파악될 수 있다. 앳킨스는 아쉽게도 그러한 작업을 수행하지 못했다. 이 책의 다음 5장과 6장은 그러한 작업의 수행이 목적이다. 그러한 작업에 들어가기 전 독자들의 이해를 돕는다는 의미에서 〈사랑의 연설〉에 대한 지은이 자신의 기본적인 관점을 피력할 필요가 있다.

플라톤의 정치철학에 대해서 구체적이고 전문적으로 논의할 기회에 별도의 자세한 검토를 요구하는 해석학적 논제지만, 지은이 개인으로서는 리시아스의 이 〈사랑의 연설〉은 플라톤이 자신의 정치철학적 사유를 발전시키는 과정에서 소피스트들의 사상에 대한 비판적 극복의 과정에 이어지는 다음 단계의 과정으로 이해한다는 것이다. 간단히 말해 리시아스의 사랑에 대한 논의는 인간성에 대한 그 나름의 진지한 성찰의 산물이자 인간사에 대한 소피스트들의 세속화된 논의와는 한 차원 다른 사유 능력의 구현이며, 대화편 『파이드로스』에서 젊은 파이드로스가 문답법을 통한 소크라테스의 인도로 리시아스의 사랑 개념을 비판적으로 극복하는 과정은 바로 플라톤 자신이 그와 같이 한 차원 높은 사상에 대한 극복을 통해 자신의 철학적 사유를 한 차원 높게 성숙시키는 과정에 대한 일종의 허구적 재구성일 수 있다는 것이다.

이와 연관하여 또 다른 점이 언급될 필요가 있다. 〈사랑의 연설〉에서는 사랑과 우애라는 인간성의 근원적인 요소에 대한 성찰이 단순히 개개인의 행동에 대한 윤리적 판단으로 끝난 것이 아니라는 사실이 그것이다. 그러한 성찰 자체에 바로 사회적 혹은 정치적 행위 및 질서의 문제가 함축되어 있다는 것이다. 리시아스 자신도 그러한 점을 의식하고 있음은 〈사랑의 연설〉 곳곳에 나타나 있다. 특히 연설의 첫 부분과 마지막 부분에서 강조되는 바와 같이, 인간들이 서로를 사랑이 아닌 우애로 대할 때 사회 전체적으로 자유로운 소통에 기초한 평화로운 상호 이익의 추구가 가능하다는 주장이 그 점의 대표적인 증언이다. 그러한 논점 이외에도 〈사랑의 연설〉 전체에 개진된 에로스와 필리아에 대한 리시아스의 설명에는 일상적이고 온건하며 '건전한' 윤리의식의 표출과 더불어 이상적인 사회 질서 혹은 정치 질서가 무엇인지에 대한 그 나름의 구상이 함축되어 있음도 중요하다. 그러한 구상은 실제로 그의 많은 법정 연설들이나 몇몇 대중 연설들을 통해 다양한 맥락에서 좀 더 구체적으로 제시되고 논의되고 있음이 발견되기 때문이다. '과두파 노인'의 비판과 더불어 소크라테스의 삶과 언행 속에 잠재되어 있던 민주정치에 대한 비판은 이제 리시아스의 연설문들을 통해 한 차원 높게 상승한다. 그를 통해 민주정치는 더 이상 당연하고 자명한 현실이 아니며, 그 현실의 구체적인 실상이 노정되고 비판의 대상이 되면서 플라톤과 아리스토텔레스를 통해 본격적으로 수행되는 '민주주의란 무엇인가', 더 나아가 '정치 체제란 무엇인가'의 정치철학적 탐색을 예고하고 있는 것이다. 그러한 연설문들을 작성하고 발표하는 행위들이 공인으로서 그의 행동 및 삶을 구성하며, 그 연설 내용 전체가 그의 정치사상을 구성한다고 할 수 있다. 다음 5장의 목적은 그러한 연설문들에 대한 검토이다.

Λυσιας και
Αντισθενης

5

리시아스의 연설문 작성과 민주정치 비판의 정치적 실천

민주화 시대 이후 한국 사회도 그러한 경향이 농후해지고 있지만, 클레이스테네스의 민주화 개혁 이후의 아테네 또한 법적 송사가 점차 증가했고, 특히 페리클레스가 주도한 '민주주의 공고화' 정책이 제도적으로 정착되면서 아테네는 법적 송사가 횡행하는 나라가 되었다는 사실은 역사적으로 이미 잘 알려져 있다.[1] 지은이도 이 책의 전편에서(양승태, 2013, 특히 251~258 참조) 자세히 설명한 바 있지만, 소크라테스라는 위대한 지식인을 결국 죽음에 이르게 한 그의 피소 또한 법적 송사 및 재판이 경박스러울 정도로 쉽게 제기되고 이루어지는 사회적 분위기의 산물이기도 한 것이다. 어떠한 사회적 현상이 횡횡한다는 것은 그 바탕에 인간의 강한 욕구가 있음을 의미하고, 강한 욕구의 존재는 필연적으로 강력한 사회적 수요로 표출되며, 사회적 수요가 있는 곳에는 '시장 논리'에 따라 그것을 충족시키기 위한 공급이 늘 존재하기 마련이다. 법적 송사의 횡행이라는 사회적 현상의 경우도 마찬가지이다.

---

1 호메로스 시대부터 아리스토텔레스 시대까지 희랍 세계 사법제도 전반의 역사에 관한 탁월한 기술로는 오래전 출간된 Bonner et. al.(1968; 본래는 1930과 1938에 각각 1-2권으로 출간)이 있으며, 아테네의 법률 제도 및 사법 행태에 관한 대표적인 연구로는 맥도웰 Douglas MacDowell의 탁월한 저술이 있다(MacDowell, 1978). 이 저작들 외에 아테네의 사법 제도를 포함하여 희랍의 여러 정치적 및 사회적 제도들의 내력이나 운영에 대한 간략한 소개로는 Buckley(2010)의 저작이 있으며, 특히 아테네의 사법 제도에 관해서는 258~264쪽을 참조하기 바란다. 이 책의 논의과정에서 소개된 아테네의 사법 제도와 관련된 사실史實들은 별도로 당대의 1차 문헌을 인용하지 않는 한 모두 위의 저작들 연구와 정리를 참고한 것임을 미리 밝혀둔다. 문학 작품들 가운데 아리스토파네스의 희극 『말벌*Sphēkes; Wasps*』은 당시 아테네의 송사 행태에 대한 대표적인 풍자이다.

법적 송사에는 여러 가지 법률 지식과 실무적인 판단력 등 전문적인 식견이 요구된다. 그것에는 일단 은폐된 사적 행위를 실제로 발생한 사실로 공인받기 위해 그 행위를 구성하는 행동들 하나하나의 존재를 밝히고 그것들 사이의 필연적 연관성을 입증함으로써 사건 전체를 재구성할 수 있는 상황 설명 능력이 요구된다. 아울러 그와 같이 인정된 사실의 의미를 기존의 법과 도덕, 혹은 관습과 관행을 기준으로 해석할 수 있는 능력이 필수적이며, 때에 따라서는 법이나 사회적 규범들과 배치되거나 도덕적으로 용인될 수 없는 사실이라도 상황 윤리를 제시하거나 신의 의사나—특히 종교적 사회에서는—일반 대중의 심리에 호소할 수 있는 임기응변의 능력도 요구된다. 그러한 지식이나 실천적인 능력들은 물론 일반인 다수가 가질 수 있는 자질은 아니다. 그것은 어느 시대 어느 사회에서나 대체로 전문적인 영역에 속하며, 현재 한국의 법학전문대학원이나 사법연수원 등의 존재가 증언하듯이 상당 기간에 걸친 법 이론의 습득 과정과 실천 능력의 함양을 위한 수련 과정을 통해서만 형성될 수 있는 정신적 자질이다.

당시 아테네는 비록 법적 송사가 횡횡하긴 했지만 작은 도시국가에 지나지 않았기 때문에 법체계의 복잡성 차원에서나 통치 체제의 규모나 효율성 차원에서도 국가가 전문적인 법관을 양성하기 위한 교육 기관들을 별도로 운영할 필요성은 없었다고 볼 수 있다. 그렇지만 법적 송사를 대행해주는 법률가들에 대한 사회적 수요는 컸으므로, 사회적 분업 체계의 원리상으로도 그러한 직능을 담당할 인물들은 당연히 존재하게 된다. 법률가가 별도의 공인된 직능으로 존재하지 않았던 아테네에서 그러한 직능을 담당할 인물들은 지식인들일 수밖에 없었으며, 그들 가운데 특히 '명변호사'로 이름을 떨친 지식인들이 현재 역사에 이름을 남긴 연설가rhētor들이나 소피스트sophistēs들이다.[2] 법률가로서의 활동을 제대로 수행하기 위해서는 자신이나 소송 당사자가 법정에서 읽을 고소문이나 변론문을 직접 작성해야 하므로, 희랍 사회에서 그들의 다른 이름은 '연설문 작가logographos'이기도 했다. 지식인 리시아스는 바로 직업상 법률가이자 연설가이자 연설문 작가이다. 여기서 그의 직업, 바로 그의 활동 혹은 실천적 행위의 정치·사회적 의미에 관해 설명하고 지나갈 필요가 있다.

1. 연설문 작성이라는 직업 및 정치 활동

한 인간의 공식적인 직업이나 직함이 그의 행동반경이나 활동, 그의 사고 내용이나 성격 전부를 자동으로 규정해주는 것은 결코 아니다. 음악가가 권투선수로 활동할 수도 있으며, 의사가 의사협회를 기반으로 국회의원이 되기 위한 정치 활동에 몰두할 수도 있다. 무엇보다 리시아스가 활동한 아테네에서 바람직한 인간상은 하나의 직업 혹은 특정한 직능의

---

2 그들 모두는 또한 소피스트로 불릴 수 있다. 지은이도 다른 책에서 설명한 바 있지만(양승태, 2006, 특히 6장 1절 참조), 소피스트의 본래 의미는 지식 활동을 — 연구와 교육과 글쓰기 등을 — 직업으로 추구하는 인간, 말 그대로 '지식인'이다. 소피스트를 궤변론자로 번역하는 것은 그 지식인들 가운데 특정 부류 인간들의 일탈한 지식 활동을 그 본질로 오해하게 만드는 대표적인 오역이다. 소피스트들은 각자 나름의 지적 관심이나 지성의 수준 혹은 실천력이나 사회적 지명도 및 영향력에 따라 — 현대의 대학교수들도 그러하지만 — 저명한 인문학자(grammatikos; 문법학자, 문학연구가 혹은 문학평론가 등으로도 번역될 수 있다), 수사학자, 대중 연설가, 정치인 또는 정치인들의 자문역 등으로 활동했다. 하지만 그들 가운데 대부분은 수사학과 인문학을 교습하는 '과외선생'으로 활동하거나 법정 대리인 또는 변론문을 작성해주는 법률가 혹은 '변호사'나 '검사'로 활동하는 경우가 많았다. 앞에서 서술한 바와 같이 리시아스는 직접 수사학 학원을 운영했다는 설도 있지만, 리시아스의 주요 활동 영역은 바로 법정이었다. 소크라테스가 피소되었을 때 리시아스가 그를 대신해 변론문을 작성해주겠다고 제의를 했다는 기록은 그러한 활동의 표현인 것이다.

전문 지식만 갖춘 존재가 아니라 정치가, 장군, 문필가, 예술가 등 무엇이든 다 잘할 수 있는 다재다능한 인간이었다는 사실이 중요하다. 이 점은 교과서적으로도 희랍인의 교양 혹은 건전한 아마추어리즘으로 이미 널리 알려졌으며, 무엇보다 이 책에서도 몇 차례 언급된 페리클레스가 그의 유명한 '장례연설'을 통해 아테네의 우월한 정신문화의 한 요소로 자랑스럽게 공표한 바 있다.[3] 그런데 또한 교과서적으로 잘 알려진 사실은 페리클레스로 대변되는 아마추어리즘 찬양의 정신적 분위기는 특히 B.C.4세기에 접어들면서 전문성professionalism 강조의 분위기도 함께 등장하는 상황으로 변화했다는 사실이다. 그것은 아테네뿐만 아니라 희랍 사회 전반이 상업화의 진전과 더불어 앞의 2장에서 설명한 바 있는 희랍판 '전국 시대'의 한 사회적 결과로도 볼 수 있는데, 그와 같은 전문화의 분위기는 리

---

3 투키디데스의 『역사』에 기록된 그 유명한 문장(II-40)을 독자의 편의를 위해 여기서 다시 인용하면 다음과 같다. "우리만이 정치에 관여하지 않는 사람을 얌전한apragmona 사람이 아니라 쓸모없는achreion 사람으로 간주합니다." 그런데 페리클레스의 이 연설에 담긴 민주주의의 이상은 — 실제로 역사적으로 정치인들의 강력한 공개적인 신념 표명은 실제적인 정치 현실은 그렇게 따라주지 않음의 역설적인 징표인 경우가 많지만 — 당대의 현실과 유리된 측면이 있음이 사실이다. 이 점은 오래전 곰이 여러 사료를 들어 날카롭게 지적한 바 있다(Gomme, 1956, 특히 121~122쪽 그리고 136쪽까지 이어지는 주석 참조). 그렇지만 정치인들이 — 특히 최고 권력자의 경우 — 공적으로 표명한 이념이나 신념을 바로 권력자의 언어이기 때문에 현실에서 실제로 작동하면서 그것을 구성하는 것도 사실이다. 참고로 앞의 페리클레스의 문장에서 희랍어 'apragmona'는 우리말 한 어휘로 번역하기 어려운 말이다. 그 말 자체는 '일이나 활동pragma'에 대한 부정어(a)로 조용히 자기 일만 하면서 남의 일에 쓸데없이 참견하지 않는 태도를 지칭하는데, 그러한 의미가 전화하여 주로 정치에 관여하지 않으면서 사적인 일에 몰두하는 태도를 지칭하게 되었다. 따라서 영어로는 이 한 어휘를 'minding one's own business' 등 — 투키디데스에 대한 고전적인 영어 번역가인 홉스Thomas Hobbes는 그것을 'a man that meddles with nothing'으로 번역했다 — 일반적으로 한 어휘가 아닌 어구로 번역하는 경우가 많은데, 그것은 물론 최선의 번역은 아닐 것이다. 지은이는 그래서 '얌전한'으로 번역했는데, 물론 이것도 최선의 번역은 아니나 희랍어 본래의 의미를 우리말 한 어휘로 표현할 때 그나마 가까운 번역어로 생각되어 그리 했다.

시아스의 직업 활동에도 반영된다는 사실을 주목할 필요가 있다.

리시아스는 일단 지식인이자 법률가이지만, 그러한 사실이 리시아스의 다양한 활동을 제한할 이유는 없다. 현재도 그러하지만, 법률가로서의 전문성을 지닌 지식인은 그 직능의 성격상 강력한 사회적 영향력을 행사할 수 있다. 특히 교양과 언변과 문장력을 모두 갖춘 인물일 경우 그 영향력은 직접 정치인으로서의 활동이나 문필 활동을 통해서 행사될 수 있으며, 그 교양과 문장력이 깊고 체계적이면서 창조적인 사고 능력까지 갖추었을 경우, 그는 당대의 탁월한 지식인의 수준을 넘어 역사적으로 거대한 영향력을 갖춘 사상가나 철학자로 등장할 수 있다.[4] 리시아스는 '아마추어리즘에서 프로페셔널리즘으로'라는 정신사적 전환기에 활동한 지식인인데, 앞의 4장 1절에서 기술했듯이 거류외국인이라는 법적 제약 때문에 정치 활동에 한계가 있었다는 사실이 법률가로서의 활동에 좀 더 전문성을 갖게 하면서 정치적·법적 현실을 파악하는 사유 세계에서도 다른 법률가들과 차별성을 갖게 된 동인으로 작동한 것으로 보인다.

앞의 4장 3절의 논의를 통해 어느 정도 그 성격이 드러나 있지만, 리시아스의 지성 세계의 전문성이 어떤 수준인지에 대한 판단은 일단 여기서는 유보할 수밖에 없다. 그의 지성 세계가 일반적인 범용한 지식인의 그것인지 사상가의 반열에 오를 수준인지, 그리고 사상가로 규정될 수 있다면 그 사상의 독창성과 포괄성과 체계성은 어느 정도인지의 문제는 그의 〈사랑의 연설〉 이외의 여러 연설문에 대한 검토를 통해서만 해명될 수 있을 것이다. 그런데 그의 법정 연설문들 이외의 다른 연설문들은 내용에 대한 검토와 더불어 각각의 연설이 작성된 목적과 계기를 파악함으로써

---

4 근대 세계에서는 대표적으로 로크John Locke, 버크Edmund Burke, 토크빌Alexis de Tocqueville 등이 비슷한 직업적 배경에서 그러한 정도의 지성적 성취를 이룬 인물들이라고 할 수 있다.

그 의미가 충분히 해명될 수 있지만, 그의 법정 연설문들의 의미를 파악하기 위해서는 바로 그러한 연설문들이 낭독되고 공표되는 장소인 아테네 인민법정의 정치 · 사회적 및 문화적 성격이 먼저 설명될 필요가 있다.

자본주의적 발전에 따라 사회 전 분야가 극도로 상업화되고 전문화와 경쟁이 치열해진 현대 사회에서 변호사들 대부분은 직업상 송사 대상이 되는 민법상의 분쟁이나 형법상의 피의 사실 자체의 실체를 규명함이 목적이기보다는 — 우리나라의 법조계에서 일반적으로 사용되는 묘한 어구인 '실체적 진실'을 밝히는 작업보다는 — 어떠한 수단을 써서라도 송사 의뢰인에게 유리하게 만들고 재판에서 승소하는 것 자체를 최고의 목표로 삼는다. 미국의 유명한 심슨O. J. Simpson 사건이 보여주듯 변호사의 '탁월한 역량'에 따라서는 살인 현장에서 잡힌 현행범도 무죄 평결을 받을 수 있다. 물론 모든 변호사가 그러한 것은 아니며, 자신의 사법적 양심이나 사회적 정의감에 충실하여 재판에 임하거나, 특히 정치적 사건의 경우 자신의 정치적 이념에 대한 확고한 믿음을 가지고 재판에 임하는 변호사도 있다. 물론 그 양심이나 정의감이 직관이나 독단적 믿음이 아니라 삶에 대한 얼마나 진지한 성찰에 기초했는지, 그리고 그 정치적 이념이 단순히 기존의 이념을 일방적으로 모방하고 답습하는 수준이 아니라 이 세계와 인간 그리고 당대의 현실에 대한 얼마나 독자적이고 체계적이며 포괄적인 탐구와 사색을 통해 형성된 것인지 여부 등이 한 인간을 변호사라는 직능인 차원을 넘어 법률가로서, 더 나아가 지식인 혹은 사상가로서 그 품격과 가치를 결정한다고 할 것이다.

리시아스가 지식인이나 법률가로서 구체적으로 어떠한 활동을 했는지 짐작하게 해주는 사료는 그가 남긴 여러 대중 강연문이나 법정 연설문들뿐이다. 그의 법정 연설문들이 그가 위임받은 송사들 전부와 관련된다는 보장도 없으며, 그것들 이외에 그가 어떤 다른 송사들을 위임받았는지 혹은 송사 대행의 수수료는 대체로 얼마였는지 알려줄 사료도 없다. 현존해 있는 그의 법정 연설문들은 그가 위임받은 송사가 무엇이고 어떠한 논리나 주장을 통해 변론이나 고발을 했는지 알려줄 뿐이며, 다른 연설문들과 함께 그의 정치적 이념이 무엇이고 사상으로서의 가치가 무엇인지 평가할 수 있는 근거가 될 뿐이다. 그런데 그러한 이념은 대부분 법정 연설이라는 형식을 통해 표출되었다는 사실이 중요하다. 다시 말해 아테네의 법정은 — 귀족법원areopagos과 인민법정heliaia 모두가 — 그의 정치적 이념이 형성되는 주요 정치 · 사회적 배경이라는 것이다. 따라서 그 배경의 실체가 무엇인지 먼저 파악할 필요가 있다.

아테네의 인민법정은 솔론의 민주화 개혁을 통해 귀족법원인 아레오파고스의 기능을 서서히 대체하기 시작해 페리클레스 시대에 이르러서는 살인죄와 방화죄를 제외한 모든 송사에 대한 평결을 담당하게 되었다. 그런데 솔론이 민주화 입법의 하나로 등장시킨 인민법정이라는 제도는 별도의 사법 기관을 창설하는 형식이 아니라 아레오파고스가 전담하던 사법 기능의 일부를 민회에 할양하는 형식으로 이루어졌다. 그 사실 자체가 말하듯이 인민법정은 그 제도적 성격이나 운영 방식 면에서 민회ekklesia의 축소판이라고 할 수 있다. 아테네의 인민법정은 단순히 재판소가 아니라는 것이다. 일단 그것을 구성하는 배심원단의 전체 규모가 6,000명에 이르고,[5] 아카이아 지역 10개의 부족phylē에 같은 수의 인원이 할당되며, 시

5 그 6,000명의 가용 인력에서 배심원이 선발되어 실제의 재판에 참여하게 되는데, 재판의 중요성에 따라 배심원단의 규모는 201~1,501명으로 가변적이었다. 참고로 소크라테스 재판에 참석한 배심원단의 규모는 501명. 그리고 민회의 평균 참석 인원은 학자들에 따라 다르지만, 그것이 정례적으로 개최되었던 아크로폴리스 서쪽 편의 프니크스Pnyx 언덕이나 아고라 또는 아크로폴리스 남쪽 편 아래의 디오니소스 극장의 공간적 규모를 근거로 최대 6,000~13,000명 정도로 추정되고 있다. 아테네 민회의 장소, 참석 인원, 소집 빈도, 투표 방식 등의 사실에 관해서는 한센Mogens Herman Hansen이 치밀

민권을 가진 30세 이상의 성인 남자로서 법적으로 결격 사유가 없으면 누구나 추첨을 통해 참여할 수 있었다는 사실 등이 그러한 성격의 징표들이다. 다시 말해서 민회와 인민법정은 둘 다 당대 아테네 시민들의 일반적인 의사나 정서를 대변하는 기관이라는 것이다. 그렇지만 둘 사이에는 중요한 차이가 있다.

민회는 주로 입법이나 주요 공직자의 선출, 추방 등 국가 대사를 결정하는 아테네 최고의 주권 기관이기 때문에 그 사안이 국가 전체 차원의 보편적인 성격을 갖고 있어서 일반 시민들이 그 의미를 제대로 파악하기 어려운 점이 있다. 그 의결 과정 또한 주로 고위 공직자나 주요 정치인들의 연설과 시민들의 환호로 이루어지는 일종의 군중 집회의 성격을 가진다. 이에 비교해 인민법정에서 평결의 대상이 되는 사안들은 시민들의 삶과 밀착된 구체적인 것들이고, 고발인과 피고인 혹은 각각의 법정 대리인 사이에서 다수 배심원의 지지를 얻기 위해 이성적 혹은 비이성적 논박이 전개되거나 그들의 마음을 어떻게든 자신에게 유리한 방향으로 움직이려고 온갖 비합리적이고 감정적인 언어 및 행동도 불사하는 장소가 될 수밖에 없다. 이에 따라 인민법정은 — 현재의 법정도 그러하지만 — 사안이 중요한 정치적 성격을 갖는 경우에는 바로 그 시대의 역사적 상황, 아테네라는 국가가 직면한 정치적 쟁점, 혹은 정신적·문화적 풍토나 사회적 분위기 등이 구체적으로 표출되는 장소이기도 한 것이다.

실제로 리시아스의 연설문의 대부분을 이루는 법정 연설문들에는 당대 아테네 법정의 그러한 성격이 잘 나타나 있다. 그것은 정파가 다른 시민들 사이의 정치적 보복 행위와 더불어 시민들 사이의 상호 악감정이나 질

하게 고증한 바 있다(Hansen, 1983 참조). 어느 시대나 시민 대부분은 생업에 바빴으므로, 중요한 국사가 논의되는 회의가 아닌 한 일반적인 민회의 평균 참석 인원은 대체로 그 숫자보다 적었을 것이다.

시의 감정 혹은 경쟁심이 작동하는 공간이고, 때에 따라서는 고소 행위 자체를 돈벌이 수단으로 이용하는 — 현재와 같이 타인의 조그만 약점을 잡아 무조건 고소부터 한 후에 금품 수수 등으로 합의하는 방식으로 — 저급한 금전욕도 자주 작동하는 공간이다. 법정 이외에 민회의 상임위원회 등 공공기관에서 이루어지는 소규모의 청중을 대상으로 하는 연설도 민주정체의 특성상 비슷한 성격을 갖는다. 그것에는 30인의 참주 정권 치하에서 발생한 사건들과 같이 그 자신이 개인적으로 연루된 송사에서 그가 직접 소송 당사자로 참여하여 작성한 연설문들, 그리고 송사 의뢰인들을 대리하거나 공익에 대한 그 나름의 봉사 정신이나 정의감에서 이해 당사자를 대리하여 작성한 연설문들이 있다. 먼저 앞의 4장 3절에서 검토된 〈사랑의 연설〉을 제외하고 리시아스의 연설문들 가운데 작성 시기가 확인된 것들을 그 시기 순서로 열거할 필요가 있으며, 그다음에는 연설문들을 설명의 편의상 주제별로 분류해 — 물론 그 분류 기준은 절대적일 수 없고 상호 중첩되는 요소가 많을 수밖에 없지만 — 열거하면 다음과 같다.

2. 리시아스 연설문의 분류 문제

작성 시기에 따른 리시아스의 연설문 목록[6]

B.C. 410년: 〈폴리스트라토스를 위한 변론*Peri Polystratou*〉

B.C. 403년: 〈30인의 참주 가운데 하나인 에라토스테네스에 대한 고발: 리시아스 자신의 낭독*Kata Eratosthenous Tou Genomenou*

6 리시아스의 연설문들의 시기적 구분은 〈LCL〉판 『리시아스』 번역자인 램W. R. L. Lamb

Tōn Triakonta, On Autos Eipe Lysias〉[7]

〈아테네의 전통적인 정치 체제의 전복에 대한 고발 *Peri Tou Mē Katalysai Tēn Patrion Politeian Athēnēsi*〉

〈필론의 소명疏明에 대한 반론*Kata Philōnos Dokimasias*〉

B.C.401년: 〈디오게이톤에 대한 고발*Kata Diogeitonos*〉

B.C.400년: 〈민주정체의 전복 혐의에 대한 변론*Dēmou Katalyseōs Apologia*〉

B.C.399년: 〈안도키데스의 불경죄에 대한 고발*Kata Andokidou Asebeias*〉

〈니코마코스에 대한 고발*Kata Nikomachou*〉

이 "Introduction"에서 리시아스의 행적 및 저술을 연대순으로 정리한 작업에 의존했음을 밝힌다. 〈LCL〉판에 수록된 연설문 이외에 1897년 이집트의 옥시린쿠스에서 발굴된 파피루스(Oxyrhynchia Papirii # XIII-1606, -2852)에 그 극히 일부가 보존되고 그 문자들이 고전 문헌학자들에 의해 해독되어 Grenfall et. al.(1919)에 수록된 네 연설문이 있다. 그 연설문들에 대한 어문학적 해설로는 Milne(1929)를 참조하기 바란다. 그 가운데 그 내용의 대강이라도 밝혀진 연설문이 하나 있는데, 그것은 그 이전에는 AD 2세기 알렉산드리아의 언어학자인 하르포크라티온Valerius Harpocration의 기록으로 그 제목만 전해졌던 리시아스의 〈테라파이네스 사건에 관한 히포테르세스의 주장에 대한 반론Pros Hippothesēn Hyper Therapainēs〉이다. 해독된 내용에 의하면 그것은 리시아스가 30인의 참주 정권 당시 박탈당한 재산 가운데 히포테르세스에 넘어간 여자 노예 테라파이네스를 — 혹은 그녀 이외에 두세 명 더 — 되돌려받기 위한 송사에서의 연설문이다. 이 연설문에 관해서는 마리아코 세쿠라이Mariako Sekurai의 간단한 해설이 있다(Sekurai, 1995). 이 밖에 제목만 해독 가능한 연설문(# XIII-2852)이 있는데, 그 제목은 〈에릭시아고스가 도심都心에 남아 있었던 것에 관해서Hyper Eryximaxhou Meinantos En Astei〉이다. 벨H. I. Bell의 주장에 따르면, 그것은 플라톤의 『향연』과 다른 대화편에 등장하는 의사 에릭시마코스에 관한 것일 가능성이 크며, 그가 30인의 참주 정권에 연루되었다는 고발과 관련된 연설문일 것에 의심의 여지가 없다(Bell, 1929: 97).

7 이 연설문은 학계에서 거의 만장일치로 30인의 참주 정권이 무너진 B.C.403년에 작성된 것으로 간주하고 있다. 그런데 뢰닝은Tnomas Loening 그 연설문에 담긴 문장들을 근거로 그렇게 볼 수도 없는 요소들을 지적하면서, 그것이 B.C.403년 이후 민주 회복이 안정된 상황에 이르러 저술된 것으로 추정한 바 있다(Loening, 1981: 284~285).

B.C.398년: 〈아고라토스 사건에 대한 반론*Kata Agoratou Endeixeōs*〉

B.C.396년: 〈니키아스의 동생 재산의 몰수에 관하여*Peri Ts Dēmeuseos Tōn Tou Nikiou Adelphou Epilogos*〉[8]

B.C.395년: 〈알키비아데스의 군무 이탈에 대한 고발*Kata Alkibiadou Lipotaxiou*〉

〈알키비아데스의 군법 문란에 대한 고발*Kata Alkibiadou Astrateias*〉

B.C.392년: 〈코린토스를 위해 전사한 사람들을 위한 장례연설 *Epitaphios Tois Korinthoiōn Boēthois*〉

B.C.391년: 〈만티테오스의 소명에 대한 변론*Mantitheōi Dokimazomenōi Apologia*〉

B.C.390년: 〈에피크라테스 및 그의 동료 공사들에 대한 고발: 보론 *Kata Epikratous Kai Tōn Sympresbeutōn Epilogos*〉

B.C.388년: 〈에르고클레스에 대한 고발: 결론*Kata Egokleous Epilogos*〉

〈필로크라테스에 대한 고발: 결론*Kata Philokratous Epilogos*〉

〈올림픽 연설*Olympiakos*〉

B.C.387년: 〈아리스토파네스의 재산에 관하여: 재무관에 대한 반론 *Hyper Tōn Aristophanous Chrēmatōn, Pros to Dēmosion*〉

B.C.386년: 〈곡물상들에 대한 고발*Kata Tōn Sitopōlōn*〉

B.C.382년: 〈에우안드로스에 대한 심사에 관하여*Peri Tēs Euandrou Dokimasias*〉

---

8 희랍어 'epillogos'는 영어 'epilogue'의 어원으로 연설에서 결론 또는 보론補論의 의미가 있다. 이하 희랍어 제목에서 'Epilogos'가 첨가된 연설은 전문全文이 전해지지 않고 결론 부분만 전해진 작품이다.

주제에 따른 연설문 분류

a. 이념의 전파나 시민교육 혹은 국가적 논제에 대한 진단의 강연이나 법정 연설[9]

〈30인의 참주 가운데 하나인 에라토스테네스에 대한 고발〉

〈아고라토스 사건에 대한 반론〉

〈폴리스트라토스를 위한 변론〉

〈에우안드로스에 대한 심사에 관하여〉

〈민주정체의 전복 혐의에 대한 변론〉

〈아테네의 전통적인 정치 체제의 전복에 대한 고발〉

〈코린토스를 위해 전사한 사람들을 위한 장례연설〉

〈올림픽 연설〉

b. 법치주의의 쇠퇴, 공인의식의 쇠락, 공직자의 부패와 관련된 법정 연설문

〈병사를 위한 변론*Hyper Tou Stratiōtou*〉

〈알키비아데스의 군무 이탈에 대한 고발〉

〈알키비아데스의 군법 문란에 대한 고발〉

〈니키아스의 동생 재산의 몰수에 관하여〉

〈아리스토파네스의 재산에 관하여: 재무관에 대한 반론〉

〈에피크라테스 및 그의 동료 공사들에 대한 고발: 보론〉

〈에르고클레스에 대한 고발: 결론〉

〈니코마코스에 대한 고발〉

---

9 이 연설문들은 각 연설이 행해진 시기 순서가 아니라 편의상 〈LCL〉판에 제시된 순서에 따라 배열하기로 한다.

c. 시민윤리의 쇠락과 관련된 법정 연설문

〈에라스토테네스 살인죄에 대한 변론*Hyper Tou Erastosthenous Phnou Apologia*〉

〈시몬의 고발에 대한 변론*Pros Simōna Apologia*〉

〈위계에 의한 상해죄에 관해서*Peri Traumatos Ek Pronoias*〉

〈칼리아스의 신성모독죄에 대한 변론*Hyper Kalliou Hierosylias Apologia*〉

〈아레오파고스에서 올리브나무 담장 문제에 대한 변론*Areopatikos Peri Tou Sēkou Apologia*〉

〈테옴네스토스에 대한 고발*Kata Theonēstou*〉

〈곡물상들에 대한 고소〉

〈사회적 약자를 위한 은급pension의 거부에 관하여*Peri Tou Mē Didosthai Tōi Adynatoi Argyrion*〉

〈디오게이톤에 대한 고발〉

d. 기타[10]

〈안도키데스의 불경죄에 대한 고소*Kata Andokidou Asebeias*〉(위작)[11]

---

10 리시아스의 위작으로 판명되었거나, 다른 연설문의 송사와 성격이 근본적으로 동일하여 새로운 의미를 찾기 어렵거나, 변론문의 일부만 보존되어 그 송사의 전체적인 의미를 명확하게 파악하기 어렵거나, 시민 생활의 지극히 일상적인 송사에 관련된 것으로서 최근 역사학에서 유행하는 분야인 미시사微視史의 관점에서는 흥미로울 수 있으나 지성사와 정치사상사 차원에서 논의할 만한 의미는 없는 연설문들로서 이 책의 검토 대상에서 제외되는 연설문들이다.

11 이 연설문은 학자들 사이에 문체의 품격 차원에서 리시아스의 작품이 아닌 것으로 간주된다. 다만 그 내용은 시칠리아 원정의 실패를 예고한 사건으로 유명한 헤르메스상 훼손사건과 관련된 사료들 가운데 하나로서 당시 아테네의 정치적 상황을 파악하는 데 여러 가지 면에서 참고는 된다. 이 연설문이 리시아스의 위작이라는 근거에 관해서는

〈명예훼손 혐의의 고발*Kategoria Pros Tous Synousiastas Kakologion*〉(위작)[12]

〈만티테오스의 소명에 대한 상임위원회 변론*En Boulēi Mantitheōi Dokimazomenōi Apologia*〉(일상적 송사)[13]

〈폴리스트라토스를 위한 변론*Yper Polistratos*〉(위작이자 일상적 송사)[14]

Furley(1989, 특히 550~551)의 논의가 참조할 만하다. 그는 이 연설문 23절에서 "ededeto eggys enianton(그는 거의 1년 동안 투옥되어 있었다)"이라는 문장은 B.C. 415년 안도키데스 자신의 작성한 변론문과 모순되며, 무엇보다 투키디데스의 기록과 모순된다는 것이다. 투키디데스도 안도키데스를 헤르메스상 훼손사건의 주범으로 보는 것 같지만 그 사건이 B.C. 414년까지 1년 동안 지속했다는 언질은 전혀 없다는 것이다.

12 이 연설문은 그 내용에 불명확한 점이 많을뿐더러 학자들 사이에서 리시아스의 작품으로 간주되지 않는다. 다만 이 연설문에도 시민들 사이의 불신이 욕설과 다툼으로 번지고 결국은 법적 송사로 발전한다는 점에서 그 내용이 당시 아테네의 사회상을 대변하는 것은 분명하다.

13 이 연설문은 민회의 상임위원회 위원이 되고자 하는 만티테오스라는 젊은이가 30인의 참주정에 참여한 혐의가 있다는 고발에 대응하여 소명서dokimasia를 통해 자기변호를 하는 연설문이다. 그것에는 시민윤리의 준수와 병역 의무의 충실한 이행 등 애국심의 덕목을 선양하려는 목적이 함축되어 있지만, 그 내용이 단순하고 근본적으로 한 젊은이의 행적에 대한 개인적 소명의 글이기 때문에 검토에서 제외되었다. 다만 그것은 〈알키비아데스에 대한 고발〉에서 아들 알키비아데스의 행적과 대비되기 때문에 그것에 대해 논의하는 과정에서 그 내용의 일부가 언급될 것이다. 이 연설문의 내용에 대해서는 Craik(1999)가 간단히 정리한 바 있다.

14 이 변론문은 B.C. 411년에 발생한 400인의 과두파 쿠데타 당시 부족 대표로 민회 상임위원회의 위원으로 선출된 폴리스트라토스라는 70대의 노인이 과두파 정권 당시 8일 동안 등록관(katalogeos; 400인 과두정 당시 시민권의 행사를 5,000명의 시민에게만 부여하는 법이 통과되면서 일단 예비로 그러한 시민권을 가질 수 있는 시민 9,000명을 선발하는 관리)을 지냈다는 경력 때문에 과두파로 몰리면서 '반反민주' 혐의로 피소된 사건과 관련된 변론문이다. 시민권을 박탈당할 위험에 처한 피고인 자신 혹은 그의 가족이 작성한 것으로 — 법정에서 연설은 그의 아들이 읽은 것으로 나타나 있다 — 보인다. 그 내용은 피고와 그 가족들의 개인적인 행적에 대한 설명과 서간 등 증거물의 제시를 통해 그들이 국가에 충성스러운 민주파 시민들이라는 점과 더불어 피고의 과두정 참여는 진정한 의사가 아님을 입증하려는 진술들로 구성되어 있다. 그것은 과두파 쿠데타에 관한 사료적 가치는 있으나 리시아스의 작품으로 보기에는 문장의 구성이나 표현이 세련되지

〈에라톤의 재산에 관하여: 재무담당관에 대한 반론*Peri Tōn Eratōnos Chrēmatōn– Pros To Dēmosion*〉(일상적 송사)[15]

〈뇌물수수죄에 대한 변론*Apologia Dōrodokias Aparasēmos*〉(결론 부분만 보존)[16]

〈판클레온이 플라타이아 사람이 아니라는 고발*Kata Pankleōnos Oti Ouk Ēn Plataieus*〉(일상적 송사)[17]

못하다. 비록 그 문헌학적 근거를 밝히지 않았지만, 〈LCL〉판의 번역자인 램은 리시아스가 법률 지식이나 문장력이 없는 일반 시민들을 위해 법률가가 되자고 결심한 것이 이 재판의 광경을 접한 다음부터라면서, 그 때문에 이 연설문이 고대부터 리시아스의 연설문집에 포함된 이유라고 소개하고 있다(이 연설에 대한 "Introduction", p. 453).

15 이것은 30인의 참주 정권이 몰락한 후 그들에 의해 박탈당한 재산의 회복을 심사하는 위원회에 제기된 송사와 관련된 연설이다. 그런데 이 연설에는 당시 현실에 대한 비판이나 통찰 혹은 독자적인 식견이 드러나 있지 않아 검토 대상에서 제외되었다. 이 연설문에서 언급된 심사위원회는 희랍어로 'syndikoi'로 불리는데, 민주정체가 회복된 후 에우클리데스Euklides가 집정관일 때 설립했다고 한다. 이에 관해서는 Bolonya(2007)과 Harrison(1968: 34~35)의 설명을 참조할 만하다.

16 이 변론문은 무엇보다 부패 혐의로 피소된 공직자에 대한 변론문으로서 일견 범주 2의 공인의식의 쇠퇴 문제를 파악할 수 있는 결정적인 자료로 간주될 수 있다. 그러나 보존된 부분은 그것의 결론 부분에 불과하고, 피소된 공직자가 다른 어떤 공직자보다 탁월하게 요역공납의 행정을 수행했다는 식의 — 예를 들어 피고가 책임지고 건조한 전함 triērē은 B.C. 405년의 유명한 아에고스포타미 해전에서도 파손되지 않았으며(9) 사생활에서는 검소하고 공직 수행에는 헌신적이었다는(16~17) 등 — 설명을 통해 피고의 부패 혐의는 무고에 불과하므로 무죄라고 주장하는 변론문이다. 그러나 이 변론문은 구체적인 혐의 사실을 제대로 적시하지 않고, 왜 무고인지 그 근거를 설명하는 문장도 나타나 있지 않아 그 송사의 실상을 제대로 파악하기 어려운 점이 있어 검토의 대상에서 제외되었다. 다만 이 변론문은 아테네의 요역공납 제도가 실제로 운영되는 방식을 이해하는 데 중요한 자료임은 분명하다.

17 이 고소문은 도망 노예로 추정되는 판클레온Pankleōn이 폭행 사건에 연루되어 피소되었는데, 유리한 판결을 받기 위해 스스로를 플라타이아 출신 자유시민이라 주장한 것에 대해서 리시아스가 여러 증인들을 동원하여 그 주장이 근거 없음을 제시한 연설이다. 이것도 일상적인 송사와 관련된 연설문일뿐더러 그 내용이 너무 단순하여 이 책에서 별도의 검토 대상에서 제외되었다. 다만 그것은 〈아레오파고스에서 올리브나무 담

〈에우안드로스의 소명에 관하여*Peri Tēs Euandrou Dokimasias*〉(일부만 보존된 일상적 송사)[18]

〈필로크라테스에 대한 고발: 결론*Kata Philokratous Epilogos*〉(다른 연설문과 동일 한 사건)[19]

〈필론의 소명疏明에 대한 반론*Kata Philōnos Dokimasias*〉(일상적 송사)[20]

물론 위의 분류 기준에는 어느 정도 분석의 목적을 위한 편의적인 성격이 있으며, 개념적으로 엄격하고 배타적인 성격의 것은 아니므로 다른 기준에 의한 분류도 가능하다.[21] 각 범주의 연설문들의 성격도 당연히 중첩

장 문제에 대한 변론〉과 연관하여 그 의미가 간단히 언급될 것이다.

18 이 연설문은 에우안드로스라는 과두파 인물이 '제례담당 집정관archōn basileus'에 취임하기 위한 절차로서 일종의 인사청문회 역할을 하는 민회의 상임위원회에 제출한 소명서dokimasia에 대해 논박하는 글이다. 그것은 그의 자격을 문제 삼는 민주파 인사를 대행하여 리시아스가 작성한 고발장인데, '30인의 폭정'에 관여 또는 협조한 과두파 인사를 고위직 임명에서 배제하려는 목적의 여러 송사 가운데 하나이다. 그 내용의 전체가 아닌 일부만 보존되어 있고, 리시아스는 표면적으로 그의 취임에 반대는 하지만 그 반대의 논지가 다른 연설문들의 경우처럼 강렬하고 치밀하지 않아 제외되었다.

19 이 연설문이 다룬 송사는 〈에르고클레스에 대한 고발: 결론〉이 관계된 송사의 연장에 해당하므로 별도의 논의에서 제외되었다. 그 내용은 독직 사건으로 처형당한 에르고클레스의 회계담당 부하인 필로크라테스가 전자가 부정행위로 조성한 재산의 상당 부분을 은닉하고 있는 것이 확실하므로 처벌해야 한다고 주장하는 논고이다.

20 민회의 상임위원회boulē 위원은 추첨으로 선출되는데, 선출된 인물은 자신의 과거 행적을 기술하는 소명서dokimasia를 제출해야 한다. 이 연설문은 필론이라는 인물의 소명서에 대해 논박하는 글이다. 그것은 형식적으로는 공직자 후보의 과거 비리와 관련되지만, 추첨을 통해 선출되는 공직은 아테네 시민이라면 누구나 맡는 일상사에 해당하고, 그 비리 또한 일반 시민들이 일상적으로 범할 수 있는 — B.C. 403년의 내란 상태에서 민주정의 회복을 위해 특별한 공헌을 하지 않았다는 등 — 성격의 것이므로 이 책의 검토 대상에서 제외되었다.

21 참고로 인터넷 백과사전인 Wikipedia의 〈Lysias〉편을 기고한 성명 미상의 저자는 그의 연설을 대중 연설epideitic, 법정 연설forensic, 입법 연설deliberative로 분류하고, 법정 연설은 다시 국가 체제 혹은 공공 질서와 관련된 송사에서의 법정 연설과 개인들 사이

될 수 있다. 국가적 중대사나 국가 생활 전반의 문제들과 관련된 논고나 정파들 사이의 대립에 관한 '정치적' 연설들에는 공직자들 공인의식의 결여나 그들의 부패 혹은 시민윤리 쇠락의 문제가 거의 필연적으로 연관될 수밖에 없으며, 시민윤리의 쇠락과 관련되지 않은 공직자의 부패나 공인의식의 쇠락은 생각할 수 없을 것이다. 각각은 당대 인간들을 지배하는 정신세계 전체와 상호 총체적으로 연관될 수밖에 없다는 것이다. 어쨌든 리시아스의 각 연설문에는 당대의 역사적 상황과 정치 · 사회적 현실이 그려져 있고, 그러한 상황과 현실에서 벌어지는 인간들 삶의 행태들에 대한 관찰과 관조가 드러나 있으며, 그러한 행태들의 바탕에 있는 인간들의 편견, 관념, 가치관, 지식, 사상들을 검토하면서 그 실체를 파악하고 평가하고 새로운 정치적 비전을 제시하려는 그의 사유 활동 전체가 담겨 있다. 다만 각각의 범주는 그러한 사유 활동 각각의 구체적인 목표나 강조점의 차이를 감안하여 구성된 것이고, 그 차이의 핵심은 시민들 개개인의 명예나 이해관계 등 사적인 삶과 직접적으로 연관된 것인지 아니면 직접 공적인 질서 혹은 국가 생활 전반과 관련된 것인지에 있다.

의 이해 문제와 관련된 송사에서의 법정 연설로 분류한 바 있다. 여기서 대중 연설과 입법 연설은 위에서 "a. 이념의 전파나 시민 교육 혹은 정치적 주장을 위한 공개 강연 형식의 글"에 해당하고, "b. 공인의식의 쇠퇴 및 공직자의 부패와 관련된 연설문"은 법정 연설문 가운데 공법과 관련된 연설에, "c. 시민윤리의 쇠락과 관련된 법정 연설문"은 사적인 송사와 관련된 법정 연설에 대체로 상응한다. 물론 그러한 분류 방식은 특히 현대에서 정치인들이나 법조인들의 언변을 그 목적에 따라 분류하는 방식과도 부합한다는 점에서 나름대로 의미가 있다. 그런데 고대 아테네의 민주정치에서는 모든 시민이 정치인이자 변호사와 검사의 역할을 하는 법조인이고, 민사소송과 형사소송이 제도적으로 분리되어 있지도 않으며, 비록 개인들 사이의 사적 이해관계와 관련된 법적 송사라고 해도 리시아스의 연설들에서 그 내용은 실질적으로 국가적 혹은 공적인 문제를 제기하고 해결 방안을 제시하는 것이 주요 목적이라는 사실이 중요하다. 따라서 리시아스 연설들에 함축된 지성사의 의미를 효율적으로 쉽게 개관하기 위해서는 위에서 제시한 분류가 좀 더 타당하다고 판단된다.

그러한 사유 활동 혹은 사상의 내용과 성격이 무엇인지에 대한 검토 및 평가가 다음 3절 및 6장 1~2절의 내용을 이룬다. 다음 3절은 주로 재산권이나 명예 등 사적인 권리 문제로 발생한 법적 송사와 관련하여 리시아스가 작성한 연설문들을 검토함으로써 당대 아테네의 사회적 상황에 대한 리시아스의 관점이나 윤리적 판단에 함축된 그의 사상을 재구성하는 것이 목적이다. 그것은 당대의 현실에 대한 진단으로서 '쇠락하는 시민윤리'에 대한 고발과 단죄로 요약될 수 있다. 그리고 6장은 당대의 정치적 쟁점에 대해 직접 언급하고 있는 리시아스의 대중 연설이나 그러한 정치적 쟁점이 직접 법적 분쟁으로 발전된 송사와 관련하여 작성된 연설들에 투영된 그의 정치사상을 재구성하는 것이 목적이다. 그것은 당대의 현실에 대한 처방으로서 '법치주의와 범희랍주의를 향하여'로 압축될 수 있는데, 그러한 연설들에 함축되거나 표명된 그의 국가 이념이 무엇이고, 민주주의에 대해 어떠한 수정이 가해졌으며, 새로운 정치 질서로 제안되는 범희랍주의가 어떻게 개진되는지 설명되고 검토될 것이다.

3. 쇠락하는 시민윤리에 대한 법사회학적 비판

이 절에서 검토할 주요 대상은 위에서 분류된 연설문들 가운데 주제별 분류 b~c 범주의 연설문들이다. 즉 시민들의 준법정신 및 시민윤리의 쇠락과 관련된 법정 연설문들이다. 그것은 다음 6장 1절에서 "쇠퇴하는 공인정신에 대한 비판"의 주제로 검토할 아테네의 정치인들이나 공직자들에게서 나타나는 기강의 문란이나 부패, 직무 유기, 태만 등과 물론 상호 연관되지만, 일반 시민들의 사회·경제 생활에 드러나는 정의감과 절제와 같은 전통적인 도덕심이나 사회 윤리의 쇠락에 기인한 법적 송사와 관련된 연설문들에 초점을 맞춘 논의이다.

어느 시대나 어느 국가에서나 공직자 기강의 쇠퇴나 시민윤리의 쇠락은 일반 시민들의 일상적인 삶 속에서 드러나는 개인적 욕구 충족 행위의 몰염치나 세속적 이익 추구의 그악스러움 등과 같은 도덕의식의 해이 현상과 연관되어 있다. 법이나 시민윤리와 같은 공적 규범들은 말 그대로 공개적으로 드러나는 행위에 대한 규제이지 사적으로 은밀하게 이루어지는 행위에 대한 규제는 아니다. 그러한 규제들에 '들키지 않으면' 법적인 처벌이나 명예의 실추 등을 피할 수 있으므로 개인적으로는 이익이 된다는 관념이 일반인들의 의식을 지배할 때,[22] 더 나아가 '들켜서' 처벌을 받으면서도 죄의식이나 수치심조차 갖지 않을 정도로 뻔뻔스럽고 파렴치한 인간들이 점차 늘어날 때, 다시 말해서 설사 위선적이라도 적어도 기존의 법질서나 윤리 체계 자체를 존중하는 태도조차 사라지기 시작할 때, 비도덕적인 행위가 시민들의 사적인 삶 속에 빈번해지고 일상화되면서 사회적 윤리 체계는 권위를 잃어가고 점차 무력화되는 것이다. 사회 전반적으로 그러한 정신적 분위기는 당연히 국가의 공적 영역에도 파급될 수밖에 없으며, 이에 따라 정치인들이나 공무원들에게도 공적 의무감이나 책임윤리가 약화되고 출세주의나 보신주의가 팽배하게 되면서 국가 생활 전반적으로 공인정신이 쇠퇴하고 시민윤리가 쇠락하는 현상이 나타나게 되는 것이다.[23]

---

22 이러한 상황에 대한 고전적인 기술은 플라톤의 『국가』 2권 357a~367e에서 글라우콘과 아데이만토스 형제가 1권에 제시된 트라시마코스의 '강자의 이익'으로서의 정의 개념을 보완하는 논변에 나타나 있다. 이에 관해서는 이 책의 결론 부분에서 다시 논급될 것이다.

23 근대 민주주의 정치의 맥락에서 이러한 현상에 대한 고전적인 기술은 베버Max Weber가 『직업으로서의 정치*Politik als Beruf*』에서 제시한 바 있다. 다만 민주주의 국가만이 아니라 한 국가의 쇠락은 외부의 침입에 앞서 내부에서 먼저 공인정신의 쇠퇴와 시민

리시아스의 법정 연설문들은 일단 자신의 소송 의뢰인들을 변호하는 입장에서 작성된 것이기 때문에 그것에 수록된 내용 모두가 사실인지 현재로서는 명확하게 확인할 수 없다. 다만 그것들이 리시아스의 변론문으로 보존되었다는 사실 자체에 역사성은 있다. 그러한 연설문들은 당시 대체로 법정에서 승리한 송사와 관련된 것들이고, 당시 사람들에게 사건의 진상에 대한 올바른 기술이자 당시의 정치·사회적 현실에 대한 통찰력 있는 진술로 인정받았기 때문에 그와 같이 보존된 것으로 판단할 수 있기 때문이다. 어쨌든 리시아스의 연설문들에는 아테네 시민들의 일상생활에서 시민윤리가 쇠락하고 공공 영역에서 공인정신이 쇠퇴하는 양상이 나타나고 있음이 드러나 있으며, 그러한 양상에 대한 리시아스의 진술을 통해 당시의 현실을 바라보는 그의 관점과 더불어 사회적·정치적 삶의 이상과 관련된 그의 사유세계가 무엇인지 판단할 수 있는 근거가 됨은 분명하다. 그 구체적 양상이 무엇이고, 그러한 양상을 접하고 관찰하는 리시아스의 관점 및 당대 현실에 대한 진단과 처방은 무엇이며, 그러한 사유세계를 통합하는 그의 정치적 이상은 무엇인지 설명할 필요가 있는 것이다.

그러한 설명을 위해 이 절에서는 먼저 주제별 분류 c의 범주에 속하는 연설문들을 앞에 제시된 순서대로 검토하고, 그다음에 주제별 분류 b의 범주에 속하는 연설문들을 검토할 것이다. 그 연설문들에는 일단 다음 6장 1절에서 검토될 연설문들에서 좀 더 구체적이고 명확히 드러나는 관점이 예고되어 있다. 즉 신의 의사를 대변하는 신관들이나 특정 계층의 인간 집단이 아니라 일반 시민 전체가 국가 통치의 주체라는 민주정체의 근본적인 이념은 지지하되, 당대 아테네의 민주정체가 운영되는 양상이나

윤리의 쇠락으로 나타난다는 점은 토인비가 『역사의 연구*A Study of History*』 전체를 통해 문명사적인 차원에서 설명한 바 있다.

일반 시민들이나 그들의 지지를 받는 정치인들의 가치관, 정신적 및 지적 수준, 정치 행태에 대해서는 비판하거나 회의적인 리시아스의 근본적인 시각이 드러나 있다는 것이다. 그러한 검토 과정을 통해 무엇보다도 재산이나 명예 등 사회적 가치의 분배와 관련된 개인들 사이의 대립과 갈등이 단순히 개인 혹은 개인들 사이의 사적 관계들이 집합적으로 드러나는 사회라는 영역에 한정된 문제가 아니며, 그러한 문제들은 사회의 차원을 넘어 필연적으로 국가 생활, 더 나아가 국제 질서와 세계사의 차원에서 설명되고 해결이 추구될 수밖에 없음을 리시아스는 그 나름으로 인식하고 있었다는 점도 밝혀질 것이다. 리시아스라는 한 인간이 구축한 사상의 탁월성이나 불완전함은—바로 그 탁월성의 다른 측면으로서—그러한 인식이 얼마나 구체적이면서 총체적으로 이루어졌는가의 척도에서 파악될 수 있다는 점도 나타나게 될 것이다.

* * *

〈**에라스토테네스의 살인죄에 대한 변론**Hyper Tou Erastosthenous Phnou Apologia〉은 리시아스 연설문들에 대한 고전문헌학의 분류에서 1번의 위치가 부여된 연설문이다. 왜 고전문헌학자들이 그것에 1번의 '명예'를 부여했는지 그 정확한 이유는 알 수 없다. 다만 리시아스의 법정 연설문들 가운데 법리 전개의 명징함이나 설득력 차원에서 특히 빼어난 연설문이고, 그 송사가 인류 법적 송사의 역사에서 보편적이면서 언제나 '야릇한' 흥미를 끄는 성격을 갖기 때문일 수는 있겠다.[24]

---

24 참고로 스파타라스Dimos Spatharas라는 학자에 의하면 리시아스의 이 법정 연설문은 6세기 동로마 역사가인 프로코피우스Procopius의 〈역사 속의 비밀*Apokryphē Historia; Secret History*〉에 기록되어 있는 일화 하나의 원형이라고 한다. 즉, 율리아누스 Julianus

어쨌든 이 법정 연설문은 리시아스가 아티카의 오에Oē 지역에 사는 에라스토스테네스라는 젊은 '난봉꾼'[25]을 살해한 혐의로 기소된 에우필레토스Euphiletos라는 인물을 변호하기 위해 작성한 것이다. 피고는 통정하는 현장을 덮치는 상황에서 간부姦夫가 죄를 인정하고 살려달라고 애원했지만(29) 살해했고, 피살자의 친족들이 그를 살인죄로 고발하여 법정에 서게 한 것이다. 이 변론문의 상당 부분은(6~28) 간통 행위가 벌어지고 살인 사건이 발생하게 된 정황에 대한 홍미로운 묘사로서, 리시아스의 사상에 대한 이해만이 아니라 성생활 행태를 포함하여 노비와 주인 사이의 관계 등 당시 아테네인들의 가정 생활 전반을 파악하는 데도 중요한 참고 자료가 된다.[26] 리시아스는 이 연설문에서 그 살인 행위의 정당성을 옹호하는 논

황제와 그의 장군 벨리사리우스Bellisarius의 부인들인 테오도라Theodora와 안토니아Antonia의 혼외정사 이야기는 거의 그대로 리시아스의 이 연설문과 B.C. 4세기 아테네의 정치인 아폴로도로스가 당시의 고급 창녀 네아이라에 대한 고발문인 〈*Against Neaer*(참고로 이 연설문은 데모스테네스의 연설문집에 수록되어 있다)〉를 혼합한 것이다(Spatharas, 2012: 847). 그리고 월퍼트Andrews Wolpert에 의하면 이 법정 연설문은 희랍 세계에서 발생한 간통자의 살인에 관해 남아 있는 유일한 기록이라고 한다(Wolpert, 2001: 415). 희랍 세계의 성문화와 가정생활과 관련된 법에 관해서는 대표적으로 Patterson(1998)과 Cohen(1991)의 연구가 있다.

25 여기서 '난봉꾼'이라는 표현은 그가 피고인의 부인만이 아니라 다른 많은 여인들과 관계함을 일종의 "기예로 행했다technēn echei"(17)는 문장을 근거로 사용한 것이다. 그가 젊은이라는 사실은 변론문 여러 곳에서 그를 지칭하는 "ton neaniskon(the young man)"이라는 말로 나타나 있다. 이하 이 5장에서 리시아스 텍스트의 인용문에 부기되는 ( ) 안의 숫자는 〈LCL〉판 여백의 절 번호이다.

26 모건G. Morgan은 이 연설문과 고고학적 발굴 자료를 기초로 간통 현장이자 피고인 에우필레토스의 가옥을 세밀하게 그림으로 재현하면서, 그 가옥 구조 — '두 지붕diōrophos'으로 이루어진 '이층 구조distegos' — 와 주거 환경 및 노예 소유의 규모 등을 근거로 그가 평범한 중류층 시민이라는 점을 입증하려 한 바 있다(Morgan, 1982). 또한 월퍼트는 그것이 아테네 여성이 누린 가외家外 활동의 증거이자 사회적 자율성을 보여주는 예로도 해석한 바 있다(Wolpert, 2001: 417 & 421 참조). 즉 이 연설문에서 남성들은 하루 대부분을 집에서 보내는 것에 비해 여성들은 남성의 보호 아래 집에만 있었던 것이 아니라 다른 여성들과 함께 외출하고 다녔다는 것이며, 특히 간통 행위의 당사자인

지의 변론을 전개하고 있는데, 이 책에서의 관심사는 물론 그 논지를 구성하는 사법司法적 관점과 더불어 그러한 관점의 바탕에 있는 정의正義 관념과 국가관이다.

간통이란 인류 역사에서 결혼이라는 제도가 있는 한 시대와 장소를 막론하고 보편적으로 발생하는 사회적 일상사들 가운데 하나이다. 그것이 법적으로 어떻게 규정되고—범죄 자체가 성립하지 않는 수준에서부터 극형의 대상이 되는 범죄로 규정되는 수준까지—어떠한 수준의 형벌이 가해지는지는 개별 국가의 윤리 체계나 문화에 따라 달라진다. 그런데 인류 역사에서 성과 관련된 행위가 언제나 그러하듯이, 법적으로는 극형으로 처벌되는 범죄로 규정되는 국가에서도 그 시민들이 실제 생활에서 관련된 법이나 법규를 얼마나 제대로 지키는지—기독교의 신약성서에서 간통한 여인의 단죄에 대한 예수의 간결한 언급에 대표적으로 표상되어 있듯이—또는 그들의 정신세계 속에서 그것을 어느 정도로 심각하게 범법 행위 또는 부도덕한 행위로 간주하느냐는 또 다른 문제이다. 즉 법과 실제적인 도덕 감정 사이의 괴리가 어느 정도인가가—앞의 2장 3절에서 함무라비 법전 출현의 정신사적 의미에 관해 설명할 때 언급했듯이—언제나 한 국가의 법질서나 윤리 체계의 실체를 파악하는 데 핵심이라는 것이다. 리시아스가 변론하는 에라스토스테네스의 간통 및 피살 사건도 그러한 차원에서 접근할 필요가 있다.

리시아스는 먼저 간통은 민주정체나 과두정체 등 정치 체제의 차이에

에우필레토스의 부인이 에라스토테네스의 모친과 함께 테스모포리아Thesmophoria 축제에 갔다는 기록은 그 모친도 간통 사실을 알면서도 그것을 묵인하거나 감싸주었을 가능성을 의미한다는 것이다. 그러한 개연성도 크다. 다만 이 연설문에 나타난 사실들이 당대 아테네 사회의 일반적인 현상인지 여부, 그리고 일반적인 현상이라도 언제부터 어떠한 사회적 변화의 흐름에서 일반적으로 되었는지는 이 연설문만으로는 확인할 수 없을 것이다.

따라 그 성격이 다르게 규정되고 다르게 취급되는 죄가 아니라 모든 국가에서 공통으로 죄로 규정되는 국가 통치의 보편적 문제라는 점을 강조한다(2).[27] 여기서 일단 리시아스가 변론문에서 피고가 무죄라는 주장의 법적 근거로 제시하고 있는 간통죄에 관한 아테네의 법률을 소개하면 다음과 같다. 아레오파고스에 새겨진 법조문에 의하면 누구라도 자신의 아내는 물론 정부情婦; pallakē[28]의 경우라도 간부를 통정 현장에서 잡았을 경우 즉석에서 살해해도 정당한 보복으로서 허용된다는 것이다(30~31). 그러한 법규에 부기되는 흥미로운 규정이 있다. 간통하는 자가 폭력을 행사하여 그 목적을 성취한 경우는 손해 배상의 처벌을 받지만, 설득을 통해 성취한 자에 대한 처벌은 사형이라는 것이다(32).[29] 여기서 설득이란 물론 여자를 말로 '꾀어' 목적을 달성하는 행동을 의미할 것인데, 그러한 방식의 간통이 더 가혹한 처벌을 받아야 하는 이유 또한 흥미로우면서도 아테

---

27 좀 더 구체적으로 표현하여 간통의 문제는 올바르지 못한 행위에 대한 처벌이며, 민주정체에서와 같이 약한 자에게 유리하게 적용되거나 과두정체에서와 같이 강한 자에게 유리하게 적용되는 범법 행위가 아니라 체제의 차이를 넘어 같은 응보timōria의 원리가 적용되는 사례라는 것이다. 그러한 법 규정의 근저에 있는 응보의 관념은 오래전 부륵하르트Jacob Burckhart가 희랍 문화의 중요한 요소로 지적한 바 있다(Burckhart, 1956: II). 즉 희랍인들은 자신이 부당한 행위를 당했을 때 보복을 가하는 행위를 도덕적으로 전혀 문제가 없을 뿐만 아니라 '사나이'라면 당연히 해야 할 덕목으로 여겼다는 것이다. 희랍인들의 그러한 도덕관에 관한 전거典據로 자주 인용되는 말이 아리스토텔레스가 『니코마코스 윤리학』 IV-v에서 'aorgēsia(우리말로 번역하기 어려운 희랍어로, 화를 내야 할 때 그렇지 못하는 연약한 마음을 지칭하며, 속말로 '깡다구 부족'에 해당한다)'에 관한 설명으로 제시한 다음 문구이다. "보복을 못 하는 것은 비굴하다ēlithioi"(1126a 7~8). 그런데 해석상의 논란은 있을 수 있지만, 그러한 전통적인 '사나이' 윤리가 점차 '점잖으면서도 연약한' 시민윤리로 대체되어가는 양상은 다음의 법정 연설문 〈시몬의 고발에 대한 변론 Pros Simōna Apologia〉에 암시되어 있다.

28 이 희랍어는 본디 젊은 여인을 지칭하며, 아테네 여신에 일반적으로 따라다니는 수식어인 'Pallas Athena'의 'pallas'도 이 말에서 유래했다고 한다.

29 희랍어 원문으로는 전자는 간단히 "tous biazomenous(those using force)", 후자는 "tous peithontas(those using persuasion)"로 표현된다.

네의 전통적인 법 규범에 내재한 국가 통치의 이념이 무엇인지 가늠하게 해준다. 폭력의 사용은 단지 그 피해 당사자의 증오로 그치는 문제인 것과 달리 설득에 의한 간통은 개인 차원의 감정 문제를 넘어선다는 것이다. 즉 그것은 그 행위를 함께 즐긴 여인 당사자의 "영혼을 부패시켜서tas psychas diaphtheirein" 그녀의 마음을 남편보다 간부姦夫에게 더 밀착시키고, 집안 전체를 간부의 손아귀에 넘기며, 태어난 아이가 간부의 자식인지 남편의 자식인지 불명확하게 만든다는 것이다(33). 다시 말해 설득에 의한 간통은 가정이라는 국가 질서의 근간을 파괴하는 행위이기 때문에 엄중하게 처벌해야 한다는 논리이다.[30]

리시아스 스스로는 이 변론문에서 명확하게 지적하고 있지 않으나, 그 간통 사건과 관련된 여러 사람의 구체적인 행위들, 즉 간통 당사자들의 대담한 행동이나 피살당한 에라스토스테네스 친족들의 고발 등은 당시 아테네 사회도 현대의 서구 사회처럼 간통이 어느 정도 일상화된 사회적 행태인 것으로 추정하게 한다. 일단 통정의 행위가 대담하게도 피해 당사자인 에우필레토스의 집에서, 그것도 그가 바로 위층에 있는 상태에서 아래층 방에서 자주 이루어졌다는 사실이 그러한 추정을 가능하게 한다. 그리고 에라스토테네스의 친족들의 경우 간통죄에 관한 아테네의 법을 잘 알

30 그러한 관점은 다음의 문장들을 통해서도 확인된다. "너를 죽이려는 자는 내가 아니라 너만의 쾌락을 위해 나의 아내와 자식들에게 이같이 지저분한 행위를 가하면서 너 자신이 어긴 이 나라의 법이다"(26). "아테네 입법자는 강제에 의한 능욕보다 설득에 의한 간통을 더욱 엄하게 처벌해야 한다고 생각했다. 전자에게는 노예에게 폭력을 행사했을 때 과하는 벌금의 두 배를 배상하도록 규정했지만, 후자에게는 사형을 규정했기 때문이다. 그 이유는 강제력의 행사는 피해를 본 당사자에게만 해당하지만, 후자의 경우는 피해자의 영혼에 상처를 줄뿐더러 부인들을 자신들의 남편이 아닌 외간 남자에게 정을 갖게 만들면서 그가 한 집안 전체를 자신의 손안에 쥐고 아이들이 누구 자식인지도 불분명하게 만들기 때문이다(32~33). "이러한 보복은 나의 사적인 이익이 아니라 국가 전체의 이익이라고 간주한다"(47).

고 있었을 가능성이 큼에도 불구하고 에우필레토스를 고발했다는 사실 또한 그러한 추정의 근거이다. 그들이 그와 같이 법에 호소했다는 것은 간통 행위 자체가 일상적으로 자주 벌어지기 때문에 그것을 실제로는 그리 심각한 범죄로 간주하지 않는 시민들의 실제적인 도덕 관념의 반영일 수 있다는 것이다. 다시 말해서 형식적인 도덕률 및 실정법 규정과 시민들의 마음을 실질적으로 지배하는 가치관 사이의 유리가 심화해 있었다는 사실이 그러한 고발에 함축되어 있다는 것이다. 그러한 사회적 현실 및 사회적 통념을 참작할 때 에우필레토스의 살인 행위는 과격한 반응으로 간주될 수 있고, 이에 따라 간통의 피해자 자신도 함께 처벌받아야 한다는 사회적 정서가 그 '과감한' 고발 행위의 근저에 있다는 것이다.

어쨌든 에우필레토스에 대한 리시아스의 변호 논리에는 전통적인 법규범의 엄격한 적용을 통해 전통적인 시민윤리가 약화하고 있는 경향에 경종을 울리면서 동시에 올바른 국가 생활의 기초가 되는 건전한 가족 질서를 유지하려는 목적의식이 나타나 있음이 분명하다. 그런데 그러한 목적의식은 아테네인들의 성생활에 행태에 대한 또 다른 증언이자 또 다른 형태의 — 이번에는 어린 소년에 대한 동성애와 어린 노비에 대한 성적 소유욕과 관련된 — 치정 행위에 기인한 거리의 난동 및 상해 사건에 관한 송사를 위한 법정 연설문인 〈시몬의 고발에 대한 변론〉과 〈위계爲計; pronomia에 의한 상해죄에 관해서〉를 통해서 그 개연성이 증대된다. 그것들은 치정 관계로 발생한 거리의 폭력 행사가 송사의 원인이라는 점에서 이 송사와 비슷한 요소가 있으며, 경박하고 그악스럽고 무례한 인간들의 행태에 대응하여 온건하고 부끄러움을 알고 예절을 차릴 줄 아는 시민을 옹호하는 주장이라는 점에서도 비슷한 성격이 있다. 그러한 의미에서 그것은 또한 앞의 4장 3절에서 검토한 〈사랑의 연설〉의 주제와도 연관된다.

〈시몬의 고발에 대한 변론Pros Simōna Apologia〉을 작성하게 된 송사의 핵심은 다음과 같다. 이 송사가 발생하기 4년 전 아테네에 인접한 도시국가인 플라타이아 출신의 테오도토스Theodotos라는 소년을—아마도 노예일 가능성이 크다—차지하기 위한 동성애자들 사이의 연적戀敵 관계philonikeia가 가택 습격과 길거리 패싸움의 폭력 사태로 발전한 사건이 있었는데, 4년 전 발생한 그 사건에 대해 시몬Simōn이라는 인물이 이름을 밝히지 않은 피고를 '계획pronoia; premeditation에 의한 살인' 미수 행위로 아레오파고스 법정에 고소한 것이다.[31] 이 변론문은 시몬의 고발문diōmosia을 반박하기 위해 리시아스가 피고를 대신하여 작성한 것이다. 그는 먼저 이 송사가 아레오파고스 법정으로 넘겨진 점이 사법적 정의가 실현될 가능성을 크게 했다는 믿음을 피력한 후(2~3),[32] 변론문의 대부분을 4년 전

---

31 이 송사에서 고소의 대상인 피고는 요역공납leitourgia; litrugy 의무를 수행할 정도로 부유한 시민으로만 암시되어 있을 뿐(20 참조) 이름은 밝혀져 있지 않다. 그리고 사건의 경위에 관한 기술에는 살인사건이 발생한 것이 아니라 몸싸움 및 투석으로 인해 패싸움의 참가자들 가운데 많은 사람이 머리가 깨지는 등 상해를 입은 것으로 제시되어 있는데, 원고는 그러한 상해를 계획에 의한 살인미수죄로 고발하고 그것에 상응하는 형벌로 국외 추방을 요구했음이 변론문에 나타나 있다(28 및 41~43). 에피알테스와 페리클레스에 의한 '민주주의 공고화' 개혁 이후 특별한 국사범과 살인죄 이외의 모든 재판은 인민법정에서 이루어졌으므로, 이 송사가 아레오파고스 법정에서 심의된 이유도 원고가 사건의 성격을 그와 같이 규정한 데서 찾을 수 있다.

32 리시아스가 직접 거명하지는 않았지만, 불신의 대상은 물론 인민법정이다. 인민법정에서의 재판에서는 "온갖 이상한 책동들paraskeuai과 우연들tychai"이 재판의 결과에 작용하는 "위험kindynos"이 상존함을 지적하고 있다. 물론 배심원단을 '추켜세우는' 언어와 더불어 자신이 맡은 의뢰인의 훌륭한 도덕성이나 성정을 상대방 인물의 부도덕성이나 그릇된 성정과 대비시키는 방법은 변호사나 검사의 일상적인 행태일 수 있다. 그것은 수사학에서 말하는 오류들 가운데 하나인 '인신공격의 오류argumentum ad hominem'에 해당할 수도 있다. 그런데 쇤Karl Schön(Schön, 1918)과 베이트만John Bateman(Bateman, 1962) 등은—특히 베이트만은 전자의 논점을 직접 옹호하면서—리시아스 연설들의 대부분이 그와 같은 인신공격이나 잘못된 가설을 설정한 후 그것에 기초하여 결론을 도출하는 오류를 범하고 있다는 주장을 한 바 있다. 베이트만은 그나마 그러한

사건의 '경과 보고'에 할애하고 있다(5~39). 그 경과 보고에 포함되는 구체적인 사건들 및 피고 자신과 시몬 사이의 인격상의 차이 등을 요약하면 다음과 같다.

피고는 먼저 테오도토스의 사랑을 차지하기 위한 방식이 시몬과 구분된다고 주장한다. 자신은 친절함eu poiōn으로 그의 마음을 사로잡으려 한데[33] 비해 시몬은 안하무인hybrizōn과 억지스러운paranomōn 행위로 자신의 욕망만을 채우려 했다는 것이다(5). 그러한 안하무인과 억지스러운 행위들을 구체적으로 예시하는 대신, 그는 시몬이 질투심으로 자신에게 가한 행동들이 무엇이었는지 열거하는 방식으로 송사에 이르게 된 폭력 사태의 경과와 더불어 시몬이 왜 잘못된 인간인지를 설명하면서 고발의 부당성을 입증하려 한다(6~20). 즉 시몬은 테오도토스가 자신과 함께 있다는 소문을 듣고 밤에 자신의 집에 술에 취한 채 난입하여 동네 사람들이 강제로 끌어낼 때까지 소란을 피웠다거나, 자신이 테오도토스와 함께 식사할 때면 자신을 불러내어 공격하려 했으며, 이에 대응해 그를 때려눕히려 하면 달아나 멀리서 돌멩이를 던져 옆에 있던 친구의 이마를 깨지게

'논리적 오류들'의 존재가 리시아스 연설문 전체의 가치를 평가하는 근거 전부가 될 수 없다는 유보하는 태도를 보인다(Bateman, 1962: 169). 이에 반해 쉰은 박사학위 논문의 제목 그대로 '과감하게' — 비록 지적 원숙함의 표현은 아니라도 젊은 학도가 학위논문에서 그러한 논변을 과감하게 펼치는 학문적 기백은 칭송할 만하다 — 그것 전체를 "궤변Scheinargument"으로 규정한 바 있다. 어쨌든 리시아스의 연설문들에는 실제로 그러한 성격의 문장들이 곳곳에 있음이 사실이다. 그러나 그것들은 현실의 법정에서 요구되는 실천적인 전술이나 수사학적 언변에 해당하며, 현실의 상황을 고려하는 그러한 문장들이 반드시 허구나 위선의 언어는 아니고, 그것들의 존재 자체가 연설문 내용의 오류를 의미한다거나 그것에 함축된 사상의 가치를 자동으로 부정하는 것도 아니다. 그 의미와 가치가 바로 이 책 전체의 논의를 통해 해명될 대상이다.

33 이 문장도 바로 앞의 각주 #32에서 베이트만 등이 주장하는 사례에 해당한다. 이하의 연설문들에서도 배심원들이나 의뢰인의 덕성과 품격을 간접적으로 은근히 칭송하면서 상대방의 그것은 은근히 깎아내리는 사례는 많다.

하는 등 온갖 광기mania와 사악함ponēria을 보였다는 것이다(6~9).

그런데 비록 억울하기는 하지만 피고는 건전한 시민으로서의 자신의 명예가 실추되는 것이 더 두려워 그 모든 불법적인 행동을 자신의 불운으로 생각해 참기로 하고 상당 기간 테오도토스와 함께 해외로 나가 살았으며,[34] 시몬이 자신의 행동을 후회하고 테오도토스를 잊을 만한 때가 되었다고 생각하여 페이라우스 항에 돌아오게 되었다는 것이다. 그런데 시몬은 테오도토스가 돌아왔다는 소식을 듣고 술에 취한 패거리들을 몰고 와 자신의 일행을 공격하면서 테오도토스를 빼앗아가려 했다는 것이다(9~12). 그런데 테오도토스가 일단 그들의 손에 잡힌 옷을 벗어 던져 도망치는 데 성공했으므로, 피고는 모든 일을 자신의 불운으로 여기면서 시몬의 일당과 더는 만나지 않도록 떨어져 있었고, 이에 따라 그 시점에는 폭력 사태가 더는 벌어지지 않았다는 것이다. 그런데 사건의 현장에서 도망친 테오도토스가 일시 피신한 마전장이gnapheion; fuller 집에 시몬의 패거리들이 들이닥쳐서 그 소년에게 폭행을 가하고, 결국은 그 소식을 듣고 달려온 피고인과 그 폭행에 항의하는 주민들이 합세하여 양편 사이에 패싸움이 벌어져 참가자들 모두가 머리가 깨지는 사태가 발생했다는 것이

---

34 이 점이 앞의 각주 #27에서 언급한 내용과 연관된다. 피고인의 그러한 '참을성 있는' 행동은 — 뒤에서도 이어지지만 — 전통적인 윤리관에서는 '머저리' 같은 행동일 수 있다. 그런데 한 학자는 그것을 보복을 정당화하는 전통 윤리관 대신에 "공격을 받은 피해자는 보복retaliate하는 게 아니라 참아야forbear 한다"는 명제의 "주요 증거prime evidence"라는 해석을 제기한 바 있다(Harris, 1997: 364). 물론 그러한 태도 하나가 주요 증거가 될 수는 없을 것이다. 그것은 아테네가 점차 상업화된 시민사회가 되면서 시민윤리도 그에 상응하여 변화하는 전반적인 정신사의 흐름에서 파악되어야 할 것이며, 리시아스 연설문의 각각 또는 그 하나의 일부를 거대한 정신 흐름의 증거로 간주할 것이 아니라 그의 연설문들 전체 그리고 그의 행동과 사상이 배태하고 발전하는 배경이 되는 정치사, 정신사, 지성사 전체의 흐름을 추적하면서 그 구성 요소들의 연관성을 총체적으로 밝히고 그 의미 전체를 해석해내는 작업이 필요할 것이다.

다(13~19).

문제는 그 사건이 4년 전의 일이며, 그것에 연루되었던 시몬 측 인물들이 자신을 만나자 곧 용서를 구했고 그 누구도 그 일로 자신을 고소한 사실이 없었는데, 유독 그 주모자 시몬만이 이제 와서 자신이 '곤란한 처지'에 있다는 사실을 근거로 자신을 고소했다는 것이다(19~20).[35] 그런데 그 고소의 근거로 시몬이 제출한 진술서의 내용 가운데 사실로 입증된 것은 하나도 없고 모두 허위라는 점을 여러 정황 증거를 들어 논박한다(22~39). 예를 들어 시몬은 '정당하게' 300드라크마를 지불하여 테오도토스의 환심을 사두었는데도 불구하고 피고는 '부당하게도' 그를 "꼬시는 방식으로dia epiboueusas" 자신으로부터 빼어갔다고 주장하는데, 시몬의 전 재산이 250드라크마에 불과하므로 그러한 주장은 성립할 수 없다는 것이다(22).[36] 시몬은 또한 피고가 계획에 의한 살인을 의도했다는 근거로 피고가 시몬의 집에 올 때 손에 도자기 파편을 들고 왔다는 사실을 제시하

---

35 여기서 '곤란한 처지'는 간략하게 기술되어 있다(20 참조). 그것은 앞에서도 언급된 요역공납 제도의 운영과 연관되는데, 특정한 국가적 사업이나 용역을 수행하도록 의무가 부과된 부자는 특정한 인물을 지명하여 그가 자신보다 더 부유하다는 사실을 입증하여 그러한 의무를 피할 수 있는 규정이 그것이다. 비슷한 사례는 앞으로 검토될 〈사회적 약자를 위한 은급의 거부에 관하여〉에도 나타나 있다. 만일 그러한 사실을 입증하지 못하면 그는 지명된 시민과 '재산을 교환'(아테네의 법률용어로 'antidosis')하거나 부과된 의무를 수행해야 한다. 이 송사 전에 피고는 자신에게 부과된 요역공납 의무를 피하려다 실패하여 궁지에 몰리게 되었다는 사실을 진술하고 있다. 다만 피고가 재정적으로 궁지에 몰려 있다는 사실이 왜 4년 전의 사건을 빌미로 원고가 새삼스럽게 송사를 제기했는지 그 이유나 동기가 이 변론문에 나타나 분명하게 나타나 있지는 않다. 평소에 원한의 대상인 인물이 궁지에 몰린 상황을 기화로 그를 아예 아테네 사회에서 제거하려는 '그악스러운' 감정이 발동한 것으로 추정할 수는 있을 것이다.

36 희랍어 'epibouleusis'는 일반적으로 '음모'나 '속임수'를 의미하는데, 여기서는 사건의 핵심이 치정 관계이므로 '꼬시다'라는 말을 번역어로 선택했다. 그리고 '정당하게'와 '부당하게'라는 표현은 시몬의 의도를 좀 더 명확하게 드러내기 위하여 지은이가 첨가한 것이다.

는데, 대낮에, 그것도 시몬의 집에 여러 사람이 모여 있었는데 정신이 나간 사람이 아닌 바에야 어떻게 그러한 방식으로 살인을 계획할 수 있느냐고 논박한다(28~29). 결론적으로 리시아스는 연적에 대한 질투심으로 4년 전 술에 취한 상태에서 발생한 패싸움에 기인한 상해 사건을 계획에 의한 살인미수 행위로 고발하여 피고를 국외 추방과 같은 형벌을 받게 하려는 시몬의 태도가 얼마나 기이한 행동인지 아레오파고스 의원들에게 호소한다.

리시아스에게 시몬이라는 인물은 간단히 말해서 정서적으로 불안하며 감정적 충동을 이기지 못하고, 목적하는 바를 이루기 위해서는 도덕성의 고려는 물론이고 사회적 체면이나 염치도 상관 않고 그악스럽게 행동하는 인간의 전형으로 나타나 있다. 물론 그러한 인간들은 어느 시대 어느 사회에서나 존재한다. 문제는 그러한 성격의 인간들의 수가 아테네 사회에서는 증가할뿐더러 스스로에 대해 부끄러워하는 것이 아니라 자신의 저급한 성정이나 충동적인 욕구의 발현을 당연한 시민적 권리의 행사로 믿는다는 점에 있다. 이 점은 다음에 검토될 〈위계僞計에 의한 상해죄에 관해서〉라는 제목의 변론문에도 나타나 있다.

〈위계에 의한 상해죄에 관해서 Peri Traumatos Ek Pronoias〉는 본디 친구 사이였던 원고와 피고가[37] 요역공납 의무의 수행과 관련된 분쟁으로 야기된 재산 교환(앞의 각주 #35 참조) 문제가 원한 관계로 발전하여 이루어진 송사이다. 재산 교환의 일부인 여자 노예 하나를 차지하기 위한 분쟁이 결국은 주먹 다툼으로 이어져 피고가 원고의 눈을 멍들게 한 상해 사건이 일어났는데, 그것을 빌미로 원고는 재산 몰수와 국외 추방의 형벌을

37 이름이 제시되지 않은 그들 원고와 피고가 친구 사이라는 점은 이 변론문 3~4에서 피고와 그의 친구들이 디오니시아Dionysia 축제에서 원고가 부족들 간 연극 경연의 심판관에 선정되도록 도왔다는 진술에 암시되어 있다.

받을 수 있는 "위계에 의한ek pronoias" 살인 혐의로 피고를 아레오파고스 법정에 고발한 것이다. 피고를 위한 리시아스 변론의 초점은 일단 앞의 송사와 마찬가지로 그 주먹 다툼이 우발적인 사건으로서 살인을 위한 위계성이 전혀 없다는 점을 입증하는 데 맞추어져 있다. 그것은 다음과 같은 논리의 연쇄로 구성되어 있다(5~11). 만일 피고가 진정으로 원고를 죽일 의사가 있었다면 칼을 사용하면 되지 주먹을 사용할 필요가 없었을 것이다. 또한 살인을 계획했다면 피고가 미소년과 기녀들aulētridas[38]과 어울려 술에 취한 상태에서 원고의 집을 방문할 이유도 없었을 것이다. 피고는 그 여자 노예에 대해 애착은 있지만, 원고로부터 정당한 대가를 지불받으면 그녀를 포기할 의사가 있을 정도로 "정신적으로 안정된 상태에 있었다."[39] 반면에 원고는 "애욕에 빠져 있으면서도"dyserōs 돈을 내고 싶지는 않은 잘못된 감정 상태에 빠져 있어 눈에 든 멍hypōpia을 부상traumata이라고 부를 정도로 제대로 사리 판단을 하지 못하고 있다. 무엇보다 그는 사건의 실체에 대해 결정적으로 알고 있는 여자 노예를 법정으로 소환하여 고문拷問을 통해서라도 증언토록 하자는 요구를 거부하고 있다는 것이다.[40]

---

38 단수형은 'aulētris'로 영어로는 일반적으로 'flutegirl'로 번역되는데, 말 그대로 'aulos'라는 현대의 클라리넷과 비슷한 형태의 희랍 시대 목관악기를 연주하면서 기생의 역할을 하는 여성을 지칭한다.

39 희랍어로는 한 어휘로 "eukolōs"인데, 우리말에서 적절한 한 어휘가 없어 이처럼 번역했다.

40 그러한 증언 채택의 부당성은 이 변론문 13~17에서 좀 더 구체적으로 제시되어 있다. 즉 자신에게는 치명적인 전 재산의 상실 및 국외 추방의 위험보다는 노예를 고문하여 사건의 실체에 대해 증언하도록 함이 더 정의롭다는 것이다. 아테네의 사법 송사에서는 사안의 성격에 따라 노예를 고문하여 증거를 끌어내는 방법이 일상적이었다고 한다. 비슷한 사례는 다음에 검토될 〈아레오파고스에서 올리브나무 담장 문제에 대한 변론〉 34~40에도 나타나 있다.

이 송사에도 앞의 두 송사와 같이 당시 아테네의 사회상이 잘 나타나 있다. 재산 문제로 형제나 친구 사이가 멀어지고 때에 따라서는 원수가 되는 것은 인류 역사에서 사유재산권이 제도로 확립된 이후 언제나 발생할 수 있는 사례들이다. 그러나 이 송사의 경우 재산권 분쟁에서의 승리를 법리 논쟁을 통한 사법적 판단에 일임하는 차원이 아니라는 사실이 주목된다. 재산과 관련되었다면 조금이라도 손해를 보지 않으려고 상대방을 국외 추방과 재산 몰수와 같이 파멸적인 상태로 이르는 것조차 개의치 않는 등의 행태가 나타나 있기 때문이다. 세속적인 이익을 위해서라면 수단과 방법을 가리지 않는 극도의 무절제와 몰염치가 횡횡하는 세태가 이 송사에 나타나 있는 것이다. 그것은 아테네의 전통적인 도덕이나 사회 질서가 전반적으로 쇠락하는 과정의 표현인데, 다음의 〈칼리아스의 신성모독죄에 대한 변론〉에서는 그러한 쇠락의 양상이 종교 생활과 연관되어 주인과 노예의 사이에서도 나타나고 있음을 증언한다.

〈칼리아스의 신성모독죄에 대한 변론 Hyper Kalliou Hierosylias Apologia〉은 인민법정에서 낭독된 연설문인데, 노예들에 의해 고발된 거류외국인metoikos인 칼리아스와 그의 행위에 연루된 것으로 추정되는 노예 소유주들이 범한 신성모독과 관련된 소송이다. 그런데 이 연설문은 그 신성모독의 행위가 무엇인지 구체적으로 적시하고 있지 않으며, 결론 부분도 보존되어 있지 않아서 현재의 A4 용지 1장 정도의 짧은 분량으로 남아 있다. 그렇지만 이 변론문에 분명히 드러나 있는 것은 고발된 혐의가 법정에서 유죄로 판결될 경우 칼리아스는 사형에 처해질 수 있으며(1),[41]

41 자신의 변론에 "그의 생명이 달려 있다tou sōmatos Kallias ēgōnizeto"는 표현에 암시되어 있다. 아테네에서 신성모독의 죄가 사형에 해당하는 범죄라는 사실은 소크라테스 재판에 대표적으로 나타나 있다.

원고들은 승소할 경우 노예 상태에서 해방될 것이라는 점이다(3). 변론의 내용 또한 고발 내용에 대한 사실적 근거 및 법적 차원의 논박이 아니다. 그것은 피고들이 그 이전에 한 번도 법적으로 피소된 적이 없이 도덕적 명망을 유지하고 사회적으로 공헌을 한 인물들이며, 원고들은 여러 가지 위법 행위와 분란을 일으킨 사람들로서 오직 노예 신분에서 벗어나기 위해서 마치 국가에 큰 선행을 베푸는 것처럼 주인들을 고발했다는 점을 지적한다(3). 그러한 지적을 통해 노예들의 그와 같은 행위는 개인적 차원의 문제가 아니라 국가적 중대사로 다루어져야 함을 강조하는 연설문이다(5).

원고와 피고의 주장 가운데 어느 편이 진실인지 이 연설문만으로는 판단할 수 없다. 어쨌든 이 송사에도 신성모독이라는 종교 생활의 문제는 개인들 사이의 감정적 분풀이의 대상이 되거나 세속적 이익을 추구하기 위한 수단으로 변질되고, 주인과 노예의 주종 관계 또한 언제나 전복될 수 있는 불안정한 상태에 있음이 나타나 있다.[42] 그와 같은 전통적 가치관 및 사회 질서의 쇠락이나 불안의 양상은 다음의 변론문 〈아레오파고스에서 올리브나무 담장 문제에 대한 변론〉에도 나타나 있다.

〈아레오파고스에서 올리브나무 담장 문제에 대한 변론 Areopatikos Peri Tou Sēkou[43] Apologia〉은 B.C.397년에 작성된 연설문으로서, 올리브

42 주인과 노예 관계의 불안정성은 앞에서 언급한 바와 같이 그 내용이 너무 단순하여 이 책에서 별도의 검토 대상에서 제외되어 있는 법정 연설문 〈판클레온이 플라타이아 사람이 아니라는 고발Kata Pankleōnos Oti Ouk Ēn Plataieus〉에도 나타나 있다.

43 본디 담장 혹은 울타리를 의미하는 희랍어 명사 'sēkos'의 소유격이다. 올리브나무는 희랍 신화에서 포세이돈 신과 아테네 여신 사이의 쟁패와 연관되어 아테네 건국 신화의 일부로 등장하며, 우리나라의 신단수神檀樹와 같이 신앙의 대상이다. 따라서 아테네에서 올리브나무는 신성시되어 신전의 주위에는 올리브나무 숲으로 울타리를 조성하

나무 담장을 제거하여 신성모독의 죄를 범했다는 혐의로 니코마코스라는 인물에 의해 피소되어 아레오파고스 법정에서 국외 추방 및 재산 몰수의 형벌을 받을 위기에 처한 성명 미상의 인물을 변호하는 글이다. 피고는 그 이전에도 올리브나무 한 그루를 제거한 혐의로 재판을 받았지만, 원고가 그 열매나 목재를 구매한 사람의 존재를 입증하지 못하여 일단 면소되었는데, 니코마코스는 올리브나무로 이루어진 담장을 제거했다는 죄로 새롭게 그를 고소한 것이다(2~3). 그러한 고소 내용에 대한 피고의 반박은 다음과 같다.

올리브숲의 파괴와 훼손은 오래전 펠로폰네소스 전쟁 기간에 스파르타군에 의해 자행된 것으로서 일단 자신이 책임질 일이 아니다. 그리고 문제가 되는 숲은 자신이 B.C. 403년 안티클레스라는 사람으로부터 매입했는데, 매입 닷새 후에 바로 칼리스트라토스라는 사람에게 임대하여 2년 동안 경작하게 했고, 그 후 1년은 데메트리오스, 그다음 1년은 알키아스, 또 그다음 3년은 프로테아스라는 사람에게 임대하여 경작하게 했기 때문에 자신은 문제가 되는 올리브 담장의 훼손과는 전적으로 무관하다는 주장이다(4~10). 또한 올리브 담장이 제거되었을 경우 그들 소작인이 먼저 자신을 고발했을 것인데, 그들은 그러하지 않았다는 사실이 바로 자신의 무죄를 입증한다는 것이다(17). 아울러 "영악하고deinos" "주도면밀한 akribēs" 인물로 사회적으로 정평이 있는 자신이 포도 재배에 장애가 되지

는 것이 일반적이었고, 그것을 훼손하는 행위는 사형에도 이를 수 있는 신성모독죄에 해당한다. 올리브나무와 그것으로 이루어진 울타리 관리는 따라서 신성한 종교적 직능으로서, 전통적으로 그 신성한 직능을 담당했던 최고 권력기관인 아레오파고스의 권한은 민주화 시대 이후에도 존속된 것으로 보인다. 올리브나무는 목재와 식량의 원천으로, 아테네만이 아니라 지중해 전 지역에서 일반적으로 신성시되었다고 하는데, 특히 건조한 아티카 지역에서는 자원으로서의 상대적 중요성이 더욱 큰 점이 그와 같은 종교적 신성함의 사회·경제적 이유인 것으로 보인다.

도 않고 건물에 가까이 있지도 않아 자신의 이해관계와는 전혀 무관한 올리브 담장을 제거해 법정에 피소되어 패가망신할 위험을 감수할 이유도 전혀 없다는 것이다. 그러한 점에서 피고 자신은 무죄일뿐더러(12~13), 원고 또한 자신에게서 그러한 범법 행위를 유발할 어떠한 동기도 밝혀내지 못했다는 점에서도 무죄일 수밖에 없다는 것이다(13~14).

그리고 여러 가지 정황상 자신이 그러한 범죄를 저지를 이유가 없다고 주장한다.[44] 즉 심각한 범죄 행위인 올리브 담장 제거 작업을 행인들이나 이웃들에게 들키지 않고 수행할 수도 없는데도 원고는 그들 가운데 누구도 증인으로 내세우지 않았다(15; 18~19; 28). 그러한 작업은 노예들을 시킬 수밖에 없는데, 그들을 그러한 범죄 행위에 동원할 수도 없거니와 그들에게 자신이 고발당하는 위험을 감수할 이유도 없다(15~17).[45] 그리고 피고가 신성한 올리브숲 훼손이라는 국가적 범죄를 범했다면 그것을 관리하고 감시하는 최고 책임자인 집정관이나 바로 이 송사의 재판관인 아레오파고스 위원들이 자신을 먼저 고발했을 것인데, 그들은 그렇게 하지 않았고, 원고 또한 그들을 증인으로 채택하지 않았다는 사실도 이 고소가 부당함을 입증한다(20~26; 27~29). 무엇보다 원고는 혐의 사실에 대해 증언을 할 수 있는 노예들을 소환하여 고문을 통해서라도 사실 관계를 실토하라는 요구도 거부했고(34~38), 피고와는 달리 자신의 주장을 뒷받침할 수 있는 증인 누구도 채택하지 않은 사실 자체가 자신의 범법 혐의가 허위임을 입증한다(38~39). 결국 송사를 일으킨 원고의 진정한 의도는 피고의

44 오래전 스코트John A. Scott라는 학자는 이 연설문에서 피고의 무죄는 위의 문장으로도 충분히 증명되었음에도 리시아스는 의뢰인의 요구에 따라 이하의 진술을 추가하면서 피고의 명예를 높여주고 더 많은 변론 비용도 청구할 수 있었을 것으로 해석한 바 있다(Scott, 1916: 240). 아마 현대 변호사들의 '영악한 행태'에서 유추한 나름대로 흥미 있는 해석일 수도 있다.

45 아테네 법에서 주인의 범법 행위를 고발한 노예는 해방되는 권리를 준다고 한다.

범법 행위를 입증하는 것이 아니라 자신으로부터 돈을 받아내는 것에 있다(39~40).

피고의 위와 같은 진술만으로도 이 송사의 원인이 정의감에 있는 것이 아니라 사적인 감정 및 천한 금전욕에 있는 것으로 추정하게 한다. 이 점은 변론문에서 피고가 원고인 니코마코스에 대해 적敵; echthros(20) 혹은 적들 가운데 하나(30) 혹은 그들의 사주를 받은 인물(39)로 지적하는 예도 있다는 사실에서도 확인된다. 즉 앞의 3장에서 설명했듯이, 30인의 참주정권의 몰락 후 민주정체가 회복되면서 법과 제도를 새롭게 정비하고, 과거의 범법 행위에 대해 사면령이 내려지는 등 민주파와 과두파 사이의 오랜 정치적 앙숙 관계를 청산하고 새로운 국민 통합을 이루려는 시도가 법적·제도적 차원에서 이루어졌다. 그렇지만 인간의 감정이란 언제나 그러하듯이 민주파와 과두파 사이의 정적政敵 관계는 은연중 지속된 것으로 보인다. 두 정파 사이의 그와 같은 해묵은 감정과 니코마코스라는 인물의 저급한 돈 욕심이 결합하여 이와 같은 법적 송사가 벌어진 것으로 볼 수 있다.[46] 그런데 피고는 온건 과두파의 인물로 보이는데, 왜 그러한지는 피고 자신의 진술에 어느 정도 드러나 있다.

피고는 앞에서 검토한 송사들에서 리시아스가 변호한 인물들과 어느 정도 비슷한 성격의 인물이다. 그 자신의 고백으로 그는 "조용하게 살면서hesychian agonti" 법적 송사는 물론 세속사pragmata[47]에 얽히지 않기를 원하는 인물임에도 근거 없는 모략으로 부당하게 피소되어 법정에 선 인물이다(1). 여기서 그가 말하는 '조용한 삶'이란 개인적인 일이나 사적인 욕구의 충족에만 관심을 쏟으면서 공적인 문제에는 관심도 없고 공적인

---

46 이 점은 다음 6장 2절에서 검토될 연설문 〈에라토스테네스에 대한 고발〉과 연관되어 이해될 수 있을 것이다.

47 행위, 사태 등을 의미하는 'pragma'의 복수형인데 문맥에 맞추어 '세속사'로 번역했다.

삶에서 도피하는 소시민이라는 의미가 아니다. 그는 '시민=공인'이라는 아테네의 전통적인 시민윤리에 충실하여 공적인 일에 적극적으로 참여하는 인간이다. 이 변론문에서 그는 자신의 신분을 명확히 밝히지는 않으나, 전함戰艦의 무장이나 전쟁기금의 조성에 재정적으로 공헌하고 연극 공연에 기부하는 등 요역공납 의무의 수행에 충실하고 공직에도 적극적으로 참여했으며(31~32), 민주정체에서든 과두정체에서든 정치권력의 성격과는 무관하게 바다와 육지의 많은 전투에 참여하여 병역의 의무를 성실히 수행하는 등 건전한 시민으로 활동한 인물로 자신을 규정한다(41). 다시 말해 그는 부패하고 타락하기 전의 아테네 전통적인 귀족 혹은 부유층 시민의 전형으로 추정된다. 그런데 역설적이지만 바로 그와 같은 건전한 시민윤리를 추구한 삶이 자신을 현재와 같은 송사에 직면하게 했다는 것이다. 즉 자신이 시민의 의무를 "적당히metriōs"[48] "열정적이지 않게mē prothymōs" 수행했다면 이 송사에서처럼 국외 추방이나 재산 몰수의 위험에 처하지는 않았으리라는 것이 그의 주장이다(33).

이 변론문에는 시민으로서 그의 성실한 의무 수행이 왜 그러한 위험을 초래하게 했는지 구체적으로 설명되어 있지 않다. 다만 경제적 여유 속에서 시민적 윤리에 충실하고 공인으로서의 활동에 적극적인 삶 자체가 가난한 시민들에게는 질시의 대상이 되었을 가능성이 있으며, 중상류층 시민들에게는 존경의 대상이 되어 대중 정치인들 사이에서는 잠재적 혹은 현재적顯在的으로 정치적 경쟁 상대로 떠올랐을 가능성도 있다. 그러한 상황에서 그가 '적들'이라고 표현한 정치적 경쟁자들은 부자로부터 돈

48 우리말 '적당히'도 말 그대로 '당연함에 맞추어'라는 의미가 아니라 '대충대충' 불성실하게 수행한다는 의미로서 반어적으로 사용되는데, 희랍어 'metriōs'도 흥미롭게도 본래의 의미대로 사태의 '핵심metron'에 맞게 수행하는 것과 반대의 반어적 의미로 사용되기도 한다.

을 뜯어낼 수 있다는 천한 계산속에서 움직이는 니코마코스라는 인물을 부추긴 결과 이 송사가 이루어졌다고 추정할 수도 있을 것이다. 이 〈변론문〉에서도 확인되는 것은 결국 시민들 상호 간의 경쟁심과 질시, 불신의 감정이 심화하는 가운데 절제와 수치라는 시민적 덕목이 쇠락하는 정신적 분위기에 대한 리시아스의 우려이다. 비슷한 관점은 무고에 의한 명예훼손 혐의에 관한 송사와 관련된 고소문인 〈테옴네스토스에 대한 고발Kata Theomnēstou〉에도 이어지는데, 이 고소문에는 시민윤리의 쇠락이 특히 언어생활의 간교함으로 나타나는 양상이 발견된다.

〈테옴네스토스에 대한 고발 Kata Theomnēstou**〉**[49]은 타인에 대한 무고誣告를 상습적으로 행하는 것으로 보이는 일종의 '직업적 무고꾼'[50]인 테옴네스토스라는 인물을 리시테오스Lysitheos라는 인물이 고발하는 연설이다. 그 재판 과정 자체가 고소와 고소의 연쇄로 흥미롭다. 본래 전자는 "방패를 버리는ta hopla apobeblēkota"[51] 대죄를 범했기 때문에 시민권이

---

49 I과 II편으로 구성되어 있는데, II는 I의 요약본으로서 AD 200년경에 작성된 것으로 추정된다고 한다.

50 그를 '직업적 무고꾼'으로 간주할 수 있는 근거는 이 연설문 여러 곳에서 암시되어 있다. 원고가 그의 인격과 관련하여 "싸구려phaulos"나 "전적으로 무가치한oudenos axion"(2) 혹은 "멍청한skaios"(15) 등의 경멸적인 언사를 거침없이 사용한다는 점, 무엇보다 이 논고를 통해 피고가 "앞으로 다시는 우리를 짜증나게 하는 일들을 벌이지 않도록 한다"(15)는 문구, 그리고 스스로는 전장에서 방패를 버린 인간이면서 방패를 버리지 않고 끝까지 싸운 디오니소스Dionysos라는 인물을 오히려 방패를 버린 인물로 무고한 행위의 기술(24~26), 그리고 피고의 원고에 대한 무고 위가 원고가 디오니소스에 대한 피고의 송사에서 디오니소스 편에서 증언한 사실에 대한 앙갚음의 성격이 있다는 진술(30) 등의 문장들 속에 그러한 성격이 잘 암시되어 있다.

51 전장에서 방패를 버리는 행위는 군인이 전투를 포기하는 행위를 의미하기 때문에 아테네뿐만 아니라 고대 국가에서 보편적으로 중대한 범죄로—사안에 따라 사형죄에 해당하는—간주된다.

없어 "공인으로서 연설할 자격이 없다고ouk exon autōi dēmēgorein" 후자로부터 피소되었다(1). 그런데 그 재판 과정에서 전자는 후자에 대해 '친부를 죽인 자'라고 비난하는 말을 하자, 후자는 다시 원고가 되어 전자를 명예훼손kakēgoria; slander의 혐의로 고소하는 연설이다.

원고는 일단 자신이 친부를 죽였다는 주장이 전혀 근거가 없음을 설명한다. 즉 자신의 부친은 30인의 참주 정권 치하에서 민주파로서 처형당했는데, 그의 피살 당시 원고는 12세에 불과하여 과두정이 무엇인지조차 모르고 부친의 박해에 저항할 수도 없는 나이였다. 게다가 당시 부친의 전 재산은 이미 그의 형인 판탈레온Pantaleōn이 다 차지했던 상태여서 부친을 살해할 만한 재산상의 동기도 전혀 없다는 것이다(4~5). 따라서 테옴네스토스는 허위 사실을 공표함으로써 명예훼손죄를 범한 것이 분명하다는 논리이다. 그런데 원고는 피고의 과거의 행적을 참고할 때 이번에도 자신이 명예훼손죄를 범하지 않았다고 강변할 것이라고 가정한다.[52] 즉 테옴네스토스는 명예훼손 문제와 관련하여 법은 '살인자androphonos'라는 용어의 사용을 금했지 '죽이다apokteinein'라는 용어의 사용을 금한 것은 아니라는 주장을 할 것이며, 그러한 주장을 근거로 자신은 리시테오스가 "아버지를 죽였다ton patera apektonenai; has killed"고 말했지 살인자라고 말한 것은 아니므로 무죄라는 주장을 제기할 것이라는 가정이다(6~7). 그의 연설문 나머지는 그러한 가설적 주장에 대한 논박이다.

일단 원고는 전자의 경우가 성립할 수 없음을 여러 예를 들어 논박한다. 즉 그것은 한 사람에게 "부친구타자patralaian"나 "모친구타자mētra-

52 이러한 단정이 앞서 각주 #32에서 지적된 가설의 설정에 의한 논변 전개의 사례에 해당할 것이다. 그런데 그것은 논리적 오류가 아니라 법률가라는 직능에 요구되는 장인정신의 표현이다. 상대방의 모든 가능한 주장에 대해 치밀하게 반박할 때 차후의 불필요한 법정 송사도 미리 방지할 수 있기 때문이다.

loian"라고 말하면 명예훼손죄에 해당하지만 "당신은 아버지를 때렸다 etyptes; struck"라든가 "당신은 어머니를 때렸다"라고 말하면 해당하지 않는다는 논법, 또는 "어린이의 탈취paida exagagōn"라고 부르면 명예훼손죄에 해당하지 않고 "유괴범andrapodistēs"이라고 부르면 해당한다는 논법 등과 같다는 것이다(7~14). 아울러 그는 솔론이 제정한 법률들을 포함하여 아테네의 법체계 전체가 법률용어를 개념적으로 파악할 것을 요구하지 문자 그대로 이해하라고 요구하는 것이 아니라는 점을 설명한다 (16~21). 예를 들어 솔론의 법에는 "그는 5일 동안 발을 목재들podokakkē 속에 있게 한다…"는 문구가 있다. 그런데 여기서 '목재들 속'은 "숲 안에 en tōi sylōi"를 의미한다. 그런데도 목재들 속이 아니고 숲을 벗어나지 못하게 했다고 해서 사법관들endeka[53]을 고발하는 인간은 "멍청이ēlithion"라는 것이다(16).

비록 가설의 형식이라도 리시아스가 그것을 소개하는 의도는 충분히 이해할 수 있다. 그와 비슷한 성격의 유치한 논변이 아테네의 법정에서 실제로 횡횡했었을 수 있으며, 이 송사를 빌려 그것을 공개적으로 논박할 필요를 느꼈을 수 있기 때문이다. 어떠한 경우이든 그것은 법을 입법의 의도나 그 개념적 실체가 아니라 법률 용어의 표면적인 의미 그대로를 받아들이는 지적 수준의 표현이거나, 인간이나 사물을 대하는 태도 자체에서 진지함을 잃어버려 언어생활 자체가 경박스러운 말장난이 되어버린 사회상에 대한 고발일 수 있다. 리시아스의 그러한 의도는 사법적 평결이 사회 현실에 끼칠 영향력과 연관하여 이 연설의 결론 부분에서 원고의 입을 빌려 제기한 논변에도 드러난다.

---

53 이 희랍어 자체는 '열한 명eleven'을 의미하며, 때에 따라 정식 재판 대신 약식 재판을 담당하거나 재판의 결과를 집행하는 고위 공직자들을 지칭하기도 한다.

원고는 피고의 무고誣告가 처벌받지 않고 법정에서 정당한 것으로 평결이 날 경우의 문제들을 다음과 같이 정리하면서 법정 연설을 맺는다. 먼저 원고는 친부 살인범으로서 혹독한 재난을 당하지만, 피고는 명예훼손죄로 가벼운 처벌을 받게 되는 점을 지적한다(22~27). 그리고 원고의 부친이 장군으로서 이룩한 업적과 더불어 30인의 참주 정권 치하에서 민주파로서 처형당한 사실을 테옴네스토스 자신이나 그의 부친이 살아온 행적의 "천함kakia"과 비교한다(27~29). 또한 피고는 자신의 무고를 원고인 리시테오스 본인이 과거 디오니소스 송사[54]에서 피고 반대편의 증언자로 행동한 것에 대한 일시적인 화풀이orgē라고 변명할 수도 있지만, 그렇다고 해도 법은 결코 그러한 점에 관대해서는 안 된다는 점을 강조하면서 배심원들에게 법의 정당한 심판을 내릴 것을 촉구하면서 이 고발의 연설을 맺는다(30).

이 연설문도 전통적인 시민윤리의 쇠락 속에서 일반 시민들의 행동과 언어가 몰염치해지고 경박해지고 간교해지는 양상에 대한 리시아스의 간접적인 고발이라고 할 수 있다. 그런데 시민윤리의 쇠락은 언제나 상업의 영역에서 먼저 그 양상이 뚜렷이 드러난다. 상업 영역은 일반 시민들 대부분이 종사하는 삶의 영역이자 누구나 태생적인 신분의 차이를 떠나 원하는 거부를 획득할 수 있는 기회의 영역이다. 따라서 그것은 투기를 통해 폭리를 취할 수 있는 유혹이 언제나 존재하는 영역이기도 하다. 폭리의 추구는 인류 역사에 장사꾼이 출현한 이래 어느 시대 어느 곳에서나 끊임없이 발생하는 사건이다. 많은 경우 그것은 그것에 참여하지 못하는 다수 시민의 피해로 나타나지만, 때에 따라서는 한 국가가 경제적으로 도약하는 계기가 되기도 한다. 그와 같은 폭리의 가능성은 공급이 부족해질

54 그 송사의 내용이 무엇인지는 본문에서 설명되지 않고 있다.

경우 일반 시민들의 삶 자체가 위협받는 곡물 거래에서 더욱 커지는데, 다음 연설문 〈곡물상들에 대한 고발Kata Tōn Sitopōlōn〉은 상인들의 그러한 행태에 대한 법적 고발이자 사회적 비판이다. 그것은 인간들의 일상적인 욕망이나 탐욕의 표출이며, 동서양 역사에서 타국과의 무역이 존재하는 곳에서는 일반적으로 곡물법corn-law의 형태로 대체로 농민이나 지주 계급을 한편으로, 도시민들과 상인 계급을 다른 편으로 해서 각각의 이해관계가 경제적·사회적·법적·정치적 갈등과 대립으로 나타나는 지극히 복잡한 현상의 원천이기도 하다. 다음 연설문은 그것의 아테네판이다.

〈곡물상들에 대한 고발Kata Tōn Sitopōlōn〉[55]이라는 제목의 짧은 연설은 B.C.386년 코린토스와의 전쟁 상황에서 가격 조작을 통해 폭리를 취하려는 곡물상들의 반反국가적 행태에 대한 고발로서 일단 쇠퇴하는 시민윤리와 연관된다. 동시에 그것은 리시아스의 법치주의 이념과 반反대중영합주의의 이념이 드러나 있으며, 법정에서 리시아스가 직접 연설하는 느

55 이 연설문에 관한 문헌학적 및 역사적 측면에 관한 해설로는 피규어리T. J. Figuerie의 논문을 참조할 만하며(Figuerie, 1986), 아테네 정치에서 곡물상의 문제에 관한 역사적 해설로는 시거Robin Seager의 논문을 참조할 만하다(Seager, 1966). 독자의 편의를 위해 이들의 해설을 토대로 이 연설문에 등장하고 그것과 관련된 역사적 사실들을 정리하면 다음과 같다. 아테네는 본디 식량 자급도가 낮아 해외에 식량 의존도가 높은 국가이다. 해외에 대한 아테네의 그와 같은 곡물 의존도는 솔론 시대에 이미 올리브와 곡물의 수출을 금지하는 법안이 있게 할 정도였고, 오래전부터 '시장통제관agoranomoi 혹은 agoranomous phylakes'이라는 복수의 고위직을 두어 시장 전체를 관리하는 직능을 담당하게 하면서, '시장관리관epimeletai tou emporios'과 '곡물감시관sitophylakes'이라 불리는 별도의 관리들을 두어 곡물 시장만을 별도로 관장하는 행정 체계를 운영한 것으로 보인다. '시장관리관'이 곡물 판매 전 단계까지의 과정을 감독한다면, 이 연설문의 주역들 가운데 하나인 '곡물감시관'은 방앗간mylothroi과 빵집artopolai 등의 단계에서 이루어지는 도매가와 소매가의 결정 과정을 감독하는 직능을 수행했다는 것이다(Figuerie, 1986: 150~152).

낌을 주면서 당시 아테네의 거류외국인[56]과 상인 계층의 행태나 시장경제 상황 그리고 그것에 대한 정부의 통제와 간섭 등 아테네 국가 생활 전반을 조망하는 리시아스의 관점이 생생하게 드러나 있다. 먼저 이 고소문의 내용을 정리하면 다음과 같다.

리시아스는 먼저 곡물상들에 대한 고발은 아테네 사회에서 여러 차례 있었음을 언급한다. 그런데 그러한 고소들은 고소 취하를 대가로 돈을 뜯어내는 직업적인 '고발꾼sykophantēs'[57]들에 의한 것들이었음을 지적하면서(1), 그러한 인간들과는 전적으로 구분되는 자신이 곡물상들을 고소하게 된 배경을 설명한다. 즉 곡물상들의 폭리 소식을 접하자 민회 상임위원회boulē 위원단hoi prytaneis의 위원들 일부가 대중의 악감정에 편승하여 그들을 재판 절차 없이 민회의 '11인 위원회hoi hendeka'에 넘겨 즉결 처분하자는 주장을 한다. 리시아스는 그러한 주장에 반대하여 그들을 반드시 "법에 따라kata ton nomon" 심판해야 한다는 의견을 제시한 것이며, 상임위원회는 그의 의견을 채택하여 곡물상들을 법정에 서게 했다는 것이다(2). 그러자 어느 사회나 대체로 그러하듯이 리시아스가 곡물상들을 옹호한다는 풍문이 나돌게 된다(3). 이에 따라 재판이 개정되기 전에 열린 청문회krisis에서 리시아스는 남들이 침묵하고 있을 때 그들을 고발한 사람이 바로 자신이며, 자신의 진술은 그들을 옹호해서가 아니라 법을 지키

56 곡물 장사는 주로 거류외국인들이 담당했는데, 이 연설문에는 그들에 대한 사회적 편견도 작용하고 있다고 시거는 지적하고 있다(Seager, 1966: 180).

57 이 희랍어에서 유래한 영어 'sycophant'는 아첨꾼을 의미하지만, 그 희랍어는 남의 약점을 알아내 고소를 하거나 고소하겠다는 협박을 통해 돈을 갈취하는 일을 거의 직업으로 삼는 인간들을 지칭한다. 이들의 행태에 대한 '고전적인 기술locus classicus'은 크세노폰의 『소크라테스에 대한 회상』 II-ix-1에서 크리톤Kritōn의 다음과 같은 진술이다. "나에 대해 고소가 제기되는 이유는 내가 원고들에게 해를 끼쳤기 때문이 아니라 그들로서는 나라는 사람은 그들과 다투느니 돈을 지급할 것이으로 생각하기 때문이다." 그들의 행태에 관한 좀 더 포괄적인 설명으로는 MacDowell(1978: 62~66) 참조.

기 위해서라는 점을 먼저 분명히 한다(3~4). 이어지는 정식 재판에서 그는 피고가 되는 곡물상들 가운데 한 사람을 심문하는 형식을 통해 먼저 곡물상들의 죄상을 규명한다(5~16).

리시아스는 피고인 곡물상에게 먼저 그들은 거류외국인이지만 아테네 시민들과 평등하게 법의 지배를 받는 존재라는 점을 환기한다. 그리고 그가 법이 규정한 한도인 50석[58]을 초과하여 곡물을 매수했는지를 확인하는데, 피고는 집정관들의 명령으로 그렇게 했다고 증언한다(5), 결국 집정관들이 실제로 그러한 명령을 내렸는지가 그들에 대한 유죄 평결 여부의 쟁점이 되어 집정관들을 소환하여 심문하게 되었는데, 그들 가운데 두 사람은 사안 자체를 모른다고 증언한다(6~8). 이에 비교해 아니토스Anytos[59] 한 사람만이 사태에 개입한 것을 인정하면서, 자신은 소비자에게 피해가 돌아가는 곡물상들의 곡물 매입 경쟁을 중지하라고 명령했지 곡물을 사재기하여 창고에 비축했다가 법정 이윤인 1석당 1오볼obolos 이상의 비싼 값에 팔아치우는 행위를 허용한 것은 아니었다고 증언한다(8~9). 이에 대해 곡물상들은 자신들의 행위가 "국가를 위하는 마음에서hōs ep' eunoiai tēs poleōs" 적정한 가격에 곡물을 매입하여 적정한 가격에 소비자에게 판매한 것이었다고 주장하는데(9~11), 그러한 주장이 허위라는 증거를 리시아스는 다음과 같이 제시한다(12~16).

---

58 여기서 '석'으로 번역한 희랍어는 'phormos'로서, 대체로 1.5 bushel(54리터 정도) 용량의 바구니를 의미한다.

59 앞에서 인용된 피규어리는 이 인물이 소크라테스 재판을 배후에서 조종한 아니토스와 같은 인물일 가능성도 있지만, 그렇게 동일시할 때 따르는 문제점을 다음과 같이 지적한다. 일단 아니토스라는 이름이 아테네에서 흔하지 않으나, 크세노폰의 『헬레니카』에는 387년의 집정관에 그러한 이름이 없기 때문에 같은 이름의 다른 인물일 가능성도 있다. 그리고 『소크라테스 변명』에는 아니토스의 아들이 아버지와 같은 이름을 가진 주정꾼으로 소개되는데, 그러한 인물의 말을 곡물상이나 리시아스가 심각하게 받아들였을 가능성은 적다는 것이다(Figuerie, 1986:150 n. 30).

곡물상들이 만일 시민들을 위해서 그렇게 했다면 그들이 사재기한 곡물이 소진될 때까지 같은 가격에 팔아야 했는데 실제로는 하루에도 몇 차례나 법정 이윤의 6배인 1드라크마를 남기는 폭리를 취했다는 것이다(12~13). 그리고 그들 장사꾼의 평소 행태가 국가나 타인을 위해 시혜를 베푸는 것과는 전혀 거리가 멀다는 점을 여러 가지 사례를 들어 설명한다. 즉 그들은 국가에 재정적 도움이 필요할 때는 가난하다는 이유를 대며 기부하기를 거절했으며(13), 흑해에서 선박이 침몰했다거나 또는 스파르타군이 선박을 나포했다거나 경제 봉쇄를 취했다거나 휴전이 임박했다는 소식 등을 미리 접했을 때는 고가에 곡물을 팔아 높은 이득을 취했고, 때에 따라서는 소문을 조작하는 등의 방식으로 국가의 환란 상태를 이익 추구의 호기로 이용했다는 것이다(14~15). 그들의 그러한 행태는 전쟁 시기만이 아니라 평화 시기에도 지속되었다. 그들의 그러한 "속임수panourgia와 양심 불량kakonoia"에 대처하여 아테네는 다른 상품들에 대한 "시장통제관agoranomous phylakas"과는 별도로 "곡물통제관sitophylakas"을 추첨으로 임명하여 그들의 "악행ponēria"을 다루게 하며, 그들이 가격 통제에 실패할 경우 사형에 처하기도 하는데, 그 악행을 실제로 범한 인간들에 대한 처벌이 과연 무엇이 되어야 하겠느냐고 리시아스는 배심원들에게 반문한다(16).

과거에도 곡물상들이 스스로 죄를 인정하는지와 관계없이 극형에 처했듯이, 법적 일관성을 위해서도 이 재판의 피고 곡물상들도 극형에 처하는 것 이외에는 다른 방법이 없다는 것이 이 고발장의 결론이다(17~19). 그들의 행동은 관용될 수 없다는 점을 보여줌으로써 다른 시민들이 법질서에 대한 경각심을 불러일으킬 수 있으므로 국가의 미래를 위해서도 그들의 처벌은 필요하다는 것이다(19~20). 특히 그들은 돈벌이라면 죽음의 위험도 감수하는 인간들이므로 결코 동정심을 베풀 대상이 아니며(21), "정의의 실현을 위해서나 더욱 합당한 가격으로 곡물을 구입하기 위해서도" 엄중히 처벌되어야 한다는 것이다(22).

시민윤리의 쇠락이 상업의 영역에서 부에 대한 원색적인 탐욕의 형태로만 나타나는 것은 물론 아니다. 그것은 사회의 여러 영역에서 인간들의 다양하고 복잡한 행태로 표출될 수 있는데, 정의감의 발로라는 고발정신으로 포장되어 시민들 사이에 서로 질시하고 반목하는 양상이 벌어지는 경우가 그것의 한 예이다. 다음의 〈사회적 약자를 위한 은급의 거부에 관하여〉라는 제목의 연설문은 현재 한국 사회에서 자주 발생하는 '허위 복지수당 수령'의 '고전적' 사례를 보여주는데, 리시아스는 바로 그러한 정신적 상황을 고발하고 있다.

〈사회적 약자를 위한 은급의 거부에 관하여 Peri Tou Mē Didosthai Tōi Adynatoi Argyrion**〉**[60]는 아테네에서 시민들 가운데 극빈자나 병자病者, 장애인 등 사회적 약자를 대상으로 시행하는 일종의 사회복지 제도인 은급恩級[61]의 지급 여부를 매년 심사하는 민회의 상임위원회boulē에 특정인을

60 참고로 한 학자의 견해에 의하면 이 연설문은 법정 연설문에 요구되는 형식적인 구조를 모두 갖추었다고 한다. 즉 1~3절은 'prooemium(서문)', 4~5절은 'prothesis(보론)', 5~20절은 proofs(증명)', 21~27절은 'epilogos(결론)'에 해당한다는 것이다. 아울러 일오볼로스obolos는 아테네에서 비숙련 노동자가 평균적으로 받는 일당의 3분의 1에 해당한다고 한다(Carey, 1990: 44~45). 아테네의 이 '사회복지제도'에 대한 최초의 언급은 아리스토텔레스의 『아테네 정치 체제』 49-4에 기록되어 있다. 참고로 위의 법정 용어들 가운데 'proofs'만 어원이 라틴어이고 나머지는 희랍어를 그대로 사용한 것이다. 그러한 고대 법정 연설문의 그러한 문장 구조는 논문의 '서론 - 본론 - 결론' 구조, 소설 형식의 '기 - 승 - 전 - 결' 구조, 음악에서 소나타 형식의 '제시 - 발전 - 재현 - 종결' 구조의 원형이라고 할 것이다.

61 희랍어로는 'argyrion'으로, 영어로 pension으로 번역된다. 이 희랍어는 본디 우리말로 '푼돈'으로 번역될 수 있는 소액의 은화를 지칭하며, 그 말 자체에 처음부터 사회보장제도와 연관된 용어로 '은급'이라는 의미는 없었다. 다만 이미 앞에서 여러 차례 언급된

상대로 지급 거부를 요구하는 고발 건에 대한 피고발인의 반박문이다. 간단히 말해서 고발인이 제기한 은급 거부의 근거는 모두 허위pseudomenon와 사악함ponēria일 뿐이며, 자신에 대한 질투심phthonos 이외에는 다른 이유가 없다는 것이다(1~2). 피고발인은 첫째로 자신의 업소를 운영하고 있을 정도로 부유하고, 둘째로 말을 탈 수 있을 정도로 건강이 양호하다고 고발인이 주장하는데(4~5), 이에 대해 피고발인은 다음과 같이 반박한다(5~14). 첫째, 자신은 자식도 없고 노예를 구할 수 있는 재산도 없기 때문에 이미 그 업소를 혼자서는 꾸려나가기가 어려운 상태에 처해 있어서 은급이 정지될 경우 심각한 곤란에 빠질 수 있다는 것이다. 특히 만일 고발인과 피고발인이 요역공납 의무의 수행과 관련하여 재산 교환의 상황이 벌어진다면 전자는 재산의 교환보다 10배의 공납 의무를 수행할 것이라는 점을 들어 그의 고발이 허위임을 주장한다(5~9). 건강 문제와 관련해서, 자신이 말을 타는 것은 더 편안하고 안전한 안장이 있는 노새를 탈 힘과 돈이 없기 때문이고, 그 말들도 다른 사람의 소유라는 것이다. 그리고 자신이 건강하다면 무엇보다 아테네 정부가 집정관archon 선출의 추첨 자격에서 자신을 배제할 이유도 없다는 것이다(13).[62]

바와 같이 민주주의 '공고화' 시대의 아테네에서 시민들에게 민회나 인민법정의 참석 수당 혹은 연극 공연 관람의 보조금 혹은 B.C.403년 민주정체 회복 이후 도입된 것으로서 사회적 약자에게 지급하는 하루 1오볼로스(6오볼로스=1드라크마)와 같은 소량의 금액을 지칭하는 'argyrion'이라는 말에 시간이 지나면서 점차 사회보장제도 차원의 '은급'이라는 의미가 사회적으로 정착된 것으로 보인다. 그러한 은급에 사회보장제도의 이념이 어느 정도 함축되어 있다는 사실은 피고발인의 다음 진술에서 발견할 수 있다. 즉 하층민인 "우리에게 하늘ho daimōn은 귀중한 것들tōn megistōn을 누릴 혜택을 배제했지만, 나쁜 것과 좋은 것을 누릴 운tas tychas은 모든 사람에게 동일하게 부여되어 있다는 관점에서 국가polis가 이러한 은급을 받도록 결정했다(epsēphisato; 본래는 '투표했다'라는 의미로 '국가의 의사=민회의 결정'이라는 전제가 함축되어 있다)"(22~23).

62 아테네에서 집정관 선출은 추첨으로 이루어지는데, 건강이 나쁘거나 장애인은 추첨자격에서 제외된다.

그런데 흥미로운 점은 은급 수령의 자격 요건에 대한 고발이 재산이나 건강 등 객관적으로 검증이 가능한 요소에 국한되지 않고 도덕적 '품성 ēthopiia' 차원의 인신공격으로 확대되어 있다는 사실이다. 따라서 피고발인의 논박은 그러한 인신공격 자체가 오히려 고발인의 사악한 성정의 징표라는 점을 강조하는 진술로 이어지며, 그러한 진술을 통해 거칠고 그악스러워져 가는 시민들의 성정에 대한 염려도 표출하고 있다. 즉 피고발인이 "건방지고hybristēs 야만스러우며biaios" "극도로 방종하게lian aselgōs" 행동한다는 고발인의 비난은 "점잖은praonōs" 표현이 아니라 "위협적인 언사를 사용해야만phoberōs onomaseie" 진실을 말할 수 있다는 믿음에서 나온 듯하다는 것이다. 하지만 제멋대로 건방지게 말하는 인간은 바로 고발인 자신이며, 그와 같은 인간과 그러한 건방진 언사를 자제하는 인간을 구별할 필요가 있다고 피고발인은 상임위원회 위원들에게 호소한다(15~16). 그와 같은 언사란 실제로는 가난한 사람이나 장애인과 노인 등과 같이 사회적 약자들이 아니라 부자 같이 자신의 힘을 믿는 사람들 혹은 "나이가 아직 젊거나 젊은 마음 상태에 있는 사람들이 사용한다는tous eti neous kai neais tais dianoiais chrōmenous" 것이다(16~17). 후자는 그러한 언사가 초래할 위험으로부터 자신의 부나 힘을 이용하여 도피할 수 있는 데 비해 전자는 그러할 능력이 없기 때문이며, 따라서 피고발인과 같이 가난하고 약한 사람에 대해 건방지다는 고발인의 비난은 진지한 것이 아니라 자신을 우스꽝스럽게 만들 목적의 말장난paizōn에 지나지 않는다는 것이다(17~18).[63]

63 고발 내용의 부당성을 강조하기 위해 피고는 다음 두 가지 공격에 대해서 다음과 같은 반박을 추가한다. 먼저, 자신의 상점이 "많은 불한당이anthropous ponērous kai pollous" 모이는 장소라는 공격에 대해서는 이발소나 구두점 등 모든 상점이 누구나 자유롭게 드나드는 곳이기 때문에 그러한 공격은 자신만이 아니라 아테네 시민 모두에게 해당한

자신에 대한 고발이 결국은 허위 사실과 고발인의 방종과 약자에 대한 멸시감 등 잘못된 인간성에 기인한 왜곡된 인신공격에 지나지 않으므로, 자신에 대한 은급의 지급을 거부하라는 고발인의 주장은 기각되어야 한다는 것이 피고발인의 결론이다. 그리고 그는 연설을 일종의 시민교육의 관점에서 끝을 맺는다. 그러한 기각을 통해 "이 사람이(고발인이) 장차 약자를 괴롭히는 음모를 꾸미는 법이 아니라 자신과 동등한 사람들을 뛰어넘는 법을 배워houtos de tou loipou mathēsetai mē tois astheneterois epibouleuein alla tōn homoiōn autōi perigignesthai" 보다 훌륭한 인간이 되도록 해야 한다는 것이다(27). 이러한 끝맺음 자체에 이 연설문의 작성자가 단순히 가난하고 힘없는 자로 묘사된 피고발인이 아니라 리시아스라는 지식인이라는 사실을 드러나 있다. 그것은 바로 시민들 사이의 관계에서 질시와 오만의 감정이 팽배하고 언어생활에서 절제와 예의의 언어가 아닌 방종과 상스러움이 지배하는 시민 생활에 대한 리시아스의 간접적인 고발인 것이다. 다음의 〈디오게이톤에 대한 고발〉은 시민윤리 쇠락의 또 다른 측면으로서 가족 관계마저도 파괴하는 과도한 상업주의와 물질적 탐욕에 대한 증언이다.

〈디오게이톤에 대한 고발 Kata Diogeitonos〉은 리시아스의 법정 연설문들 가운데 고대 시대부터 배심원들의 감성에 대한 강력한 호소력을 갖춘 대표적인 문장으로 널리 알려진 작품이다.[64] 감성에의 호소란 수사학

다고 반박한다(19~20). 그리고 자신이 남의 일에 쓸데없이 참견 잘하고 성질 급하고 다투기 좋아한다거나 건방지고 야만스럽다는 인신공격들은 누구도 입증한 적이 없을뿐더러 자신과 같은 생업에 바쁜 사람과는 양립할 수 없으며(23~25), 자신이 30인 참주정체에서 많은 시민들을 박해했다는 공격에 대해서는 그 당시 칼키스Chalkis에 망명해 있었다는 사실을 들어 허위라고 반박한다(25~26).

64 이러한 사실을 포함하여 이 연설문에 대한 서지학적 정보에 관해서는 〈LCL〉판 번역자

교과서에서 정형화된 표현인 '동정심에 호소하는 주장argumentum ad misercordiam'에 해당하지만,[65] 이 연설은 결코 감상적인 언어 사용을 통해 일시적인 흥분 상태를 유도하는 것이 아니라 오히려 관련 사실에 대한 냉철하고 객관적인 기술을 통해 배심원들의 도덕적인 분노를 끌어내고 있다는 점에서 대중적 설득력을 갖춘 연설의 본보기로 간주할 수 있다. 어쨌든 이 송사는 한 아테네 부유층 시민 가계의 재산 분쟁이라는 사례를 통해 한 국가 쇠퇴기의 보편적 현상으로 나타나는 개인주의적 탐욕이 공적인 질서나 규범만이 아니라 전통적인 친족 관계마저도 파괴하는 양상의 전형을 보여준다. 실제로 리시아스 자신도 연설문의 모두를 그러한 양상의 심각성을 배심원들에게 피력하는 것으로 시작하고 있다. 즉 자신은 친족들 사이의 분쟁을 단순히 사법적 정의의 문제를 넘어서 "가장 수치스러운 것으로 간주nomizōn aischiston"한다는 것이다(1). 먼저 리시아스가 정리하고 있는(4~10) 이 송사의 주체들 사이의 복잡한 — 한국인들에게는 특히 복잡하게 보일 — 친족 관계를 포함하여 그 분쟁의 실마리를 요약하면 다음과 같다.

이 송사에서 피고인은 제목에 나타나 있듯이 디오게이톤Diogeiton이고 고소인은 헤게몬Hegemon이라는 인물이다. 디오게이톤은 무역업kata emporian으로 큰 재산을 형성한 디오도토스Diodotos라는 인물과 형제간인데, 디오게이톤은 자신의 딸을 형과[66] 결혼시켜 둘 사이에 두 아들과 딸 하나가 태어나고, 그 딸이 장성하여 결혼한 남편이 헤게몬이다. 결국 사위

인 램의 "Introdutcion"(656~659) 참조.

65 수사학 교과서에서 제시되는 이러한 주장의 대표적인 예는 부모를 살해한 혐의로 법정에 선 범인이 '자신은 이제 고아가 되었으므로 불쌍히 여겨 선처를 바란다'는 주장이다.

66 둘 가운데 누가 형이고 동생인지 확실하게 고소인이 디오도토스의 이름을 먼저 거명한 사실로 그를 형으로 추측해본다.

이자 조카사위이자 손녀사위가 자신의 부인의 외할아버지이자 작은아버지를 자신의 처남과 처제들을 대신하여 법정에 세운 것이다. 고소의 이유는 다음과 같다.

세 자녀가 미성년일 때 디오도토스는 B.C. 409년 트라실로스Thrasyllos 휘하의 병사로 전쟁에 나가게 되었는데,[67] 동생인 디오게이톤에게 모든 재산을 위탁하면서 자신이 전사할 경우 자녀들이 성년이 될 때까지 후견인으로서 전 재산을 관리해주며, 성년이 된 후에는 그 재산을 그들에게 양도한다는 증서antigraphē; deed를 남겨두었다. 실제로 디오도토스는 출정한 해인 B.C. 409년 에페소스 전투에서 전사했다. 그리고 그로부터 7년 후 자신의 장손이자 장조카가 18세 성년이 되어 재산을 양도할 때가 되었다. 그때 디오게이톤은 자신의 손주들이자 조카들을 불러 자신은 위탁받은 전 재산을 그동안 그들을 위해 모두 사용했기 때문에 더이상 양도할 재산이 없다고 선언하면서, 이제부터는 각자가 알아서 생활하라고 통첩한 것이다. 이에 낙담한 청소년들은 재혼한 자신들의 엄마와 다른 친척들과 협의한 후 재산의 관리 및 처분과 관련된 모든 사안을 조사하도록 법정에 호소한 것이다.

고발문의 나머지 부분은(10~29) 디오게이톤의 주장에 대한 논박으로 구성되어 있다. 즉 디오게이톤이 위탁받은 재산의 관리와 관련하여 제출한 수입지출 명세는 대부분 조작되고 허위로 계상한 것이며(19~27), 설사 그가 8년 동안 지출했다는 그 모든 비용을 제하더라도 위탁받은 재산 총액 13탈란트 중 6탈란트와 20므나가 잔액이므로 남은 재산이 없다는 디오게

---

67 트리실로스는 B.C. 406년 스파르타 해군과의 아르기누사이 해전에 참전하여 승리했음에도 전사한 병사들의 시신들을 수습하지 못했다는 이유로 B.C. 406년에 재판에 부쳐져 처형당한 장군들 가운데 하나로서, 그 '인민재판'은 소크라테스가 처형에 반대한 사실로도 유명하다.

이톤이 주장은 근거가 없다는 것이다(29). 그와 같은 재산이 있음에도 불구하고 그는 결국 적도 아니고 자신의 가장 가까운 친족이라고 할 수 있는 조카들이자 손주들을 부유하게 만들기는커녕 극도의 가난에 빠지게 하고 헐벗은 채 거리로 내모는 행위를 자행한 것인데, 그것은 "신들을 두려워할 줄 모르는oute tous theous phobei" 행위이자 뻔뻔스러움anaischyntias과 사악함ponēria에 지나지 않으므로 시민들의 공분orgē을 사기에 충분하다는 것이다(19~21).

이 고소문이 당대에 명 법정 연설문들 가운데 하나로 간주되었다는 사실 자체가 원고 측이 승소하고 그들의 주장이 대체로 사실로 인정되었다는 간접적인 증언일 수 있다. 어쨌든 그러한 고소문을 작성한 리시아스의 사고의 바탕에는 전통적인 친족 관계마저 무력하게 만드는 당대 시민들의 물질적 탐욕 및 그것에 기인한 비인간성을 고발하는 사회 비판이 있음이 분명하다. 물론 리시아스라는 인물의 존재나 그가 옹호하고 변호하는 시민들의 존재 자체가 증언하듯이, 시민윤리의 쇠락 양상은 하나의 지배적인 현상이지 시민들 모두가 탐욕스럽고 뻔뻔해지며 정의감이 없어진 상태를 의미하는 것은 아니다. 어느 시대나 그러하듯이 그러한 정신적 상황을 안타깝게 여기고 비판하고 개선하려 노력하는 시민들은 있는 것이다. 그러한 시민들이 상대적으로 소수이고 그들의 사회적 발언권이 약화된 상태에 있다는 사실 자체가 한 국가가 쇠퇴의 징조 또는 위기의 상태에 있다는 징표라는 것이다.

중요한 점은 전통적 윤리의 그와 같은 쇠락이란 결코 시민 개개인 사이의 재산 관계 등 사적인 측면에 국한되지 않고 공적인 영역에서도 필연적으로 나타날 수밖에 없다는 사실이다. 다시 말해서 도덕의식의 쇠퇴나 전통적인 윤리 규범의 약화 문제는 인간의 정신 활동 전반의 문제로서 결코 사적 영역에 국한될 수는 없으며, 공적 영역 및 국가 생활 전반에 필연적으로 투영될 수밖에 없는 것이다. 그것은 곧 공인정신의 쇠퇴를 의미한다. 다음 6장은 리시아스의 사고에 그것이 어떻게 투영되어 있는지 논의할 것이다. 그는 당대 아테네의 국가 생활에서 공인정신의 그와 같은 쇠퇴를 어떻게 인식했으며, 그러한 인식이 국가 생활에 대한 어떠한 개혁의 모색이나 새로운 국가 생활의 이상에 대한 추구로 발전하면서 그 나름의 정치사상을 형성하게 되었는지 검토될 것이다.

Λυσιας και
Αντισθενης

6

새로운 국가 생활의 모색과 리시아스 정치사상의 형성

이 6장에서 검토될 리시아스의 연설문들에는 공직자 개개인의 공무 수행의 방식이나 파당적인 정치적 행태들에 대한 리시아스의 비판이 나타나 있다. 그것들에서는 오랜 기간 아테네의 민주정체를 건강하게 유지하는 데 결정적인 요소였던 공인정신의 쇠퇴와 더불어 국가에 대한 귀족과 부유층, 공직자 등 지배층 인사들의 헌신과 책임감이 약화하면서 국가 생활 전반적으로 기강이 해이해지고 부패가 심화하는 양상을 확인할 수 있다. 그런데 그와 같은 양상이 공적 영역을 지배한다고 해도 지배층 구성원 전부나 공직자 모두가 그러한 상태에 있음을 의미하는 것은 물론 아니다. 다만 한 국가에서 그것이 지배적인 양상으로 나타나고 있다는 사실 자체가 국가 생활의 위기를 의미할 수 있다. 리시아스의 연설문들에는 아테네 민주정체의 결함에 대한 지적과 더불어 국가 생활의 그러한 위기를 진단하고, 법치주의의 확립을 통해 그 극복 방안을 모색하려는 노력이 나타나 있다. 그 스스로 사용한 용어는 아니지만 그러한 노력 속에서 뒤에 가서 아리스토텔레스가 현실적으로 실현 가능한 바람직한 정치 체제로 제시한 왕정과 귀족정과 민주정을 혼합한 정치 체제인 'hē politeia; the polity'의 이념 혹은 로마인들이 이상으로 여긴 공화정체의 이념도 잠재적인 형태로나마 드러나고 있다. 다음 1절은 리시아스의 그러한 연설문들 가운데 먼저 쇠퇴하는 공인정신에 대한 비판과 관련된 것들의 내용을 정리하기로 한다.

1. 쇠퇴하는 공인정신에 대한 비판

이 절의 논의를 시작하기 전에 기존의 한 연구논문에 대해 먼저 논평하고 지나갈 필요가 있다. 라티너Donald Lateiner라는 학자의 논문(Lateiner, 1982)이 그것이다. 그 논문은 열두 쪽의 짧은 글로서, 리시아스 연설문의 지성사 및 정치사상사 차원의 의미에 관한 포괄적이면서 세밀한 연구는 아니고, 당시 아테네 시민들의 '정치적 무관심apragmōn'을 입증하는 문구들을 리시아스의 여러 연설문에 찾아내고 논평하는 방식의 연구이다. 어쨌든 그는 바로 앞의 5장 각주 #3에서 언급된 투키디데스 '장례연설'의 한 대목을 인용하면서, 리시아스의 연설문에서도 그와 같은 정신사적 변화를 발견할 수 있다고 주장한다. 즉 정치 참여에 관한 페리클레스의 자부심과는 반대로 리시아스의 연설들에는 이미 "비정치적 태도an apolitical posture"에 대한 일반 시민들의 "솔직한 지지frank endorsement"가 표출되어 있다는 것이다(같은 글, 2). B.C. 4세기 전반 아테네 시민들의 — 특히 아테네 부유층의 — 그러한 정치적 무관심이나 비非관여의 태도를 지적한 라티너에 틀린 것은 없다. 다만 그러한 태도나 행태는 그 자체로 이해될 수는 없으며, 국가 생활 전반을 지배하는 더 포괄적인 정신사의 흐름에서 파악되어야 함이 중요하다. 이 절에서는 '쇠퇴하는 공인정신의 비판'이라는 주제로 그와 같은 논의가 이루어질 것인데, 다음 연설문 〈한 병사를 위한 변론Hyper Tou Stratiōtou〉에서는 고위 공직자들의 행태를 통해 그러한 양상이 확인된다.

〈한 병사를 위한 변론 Hyper Tou Stratiōtou〉은 전장에 나갔다가 무사히 귀향한 폴리아이노스Polyainos라는 이름의 한 병사가 고위 공직자를 모독한 혐의로 고발당한 사건의 부당함을 변호하기 위한 연설이다. 그 병사가 그러한 상황에 놓이게 된 배경에는 고위 공직자의 권위주의적 태도, 행정 편의주의, 군부와 일반 관료들 사이의 미묘한 대립,[1] 그리고 군대의 인사 행정에도 작동하는 정파 사이의 갈등 등이 감지된다. 왜 그러한지 설명이 필요할 것이다.

폴리아이노스는 전장에서 귀환한 후 법에 규정된 2개월의 징집 유예 기간이 지나지 않았는데도 다시 징집 명령을 받게 된다. 이에 그는 그 부당함을 징집 담당 장군stratēgos에게 — 앞으로 편의상 '징병관'으로 칭하기로 한다 — 제기했다. 폴리아이노스의 이의신청을 접한 크테시클레스Ktēsikles라는 징병관은 그가 칼리크라테스Kallikratēs라는 인물과 같은 기간 징집에서 유예되어 민간인으로 거주했다면서, 따라서 그는 다시 징집되는 것이 당연할 뿐만 아니라 오히려 감옥에 갈 수도 있다고 위협하는 등 심한 모욕적인 언사를 가하면서 이의신청을 기각했다(4~5). 그런데 그러한 처분을 들을 당시 폴리아이노스는 징병관 앞에서는 아무런 말을 못했지만, 곧 필리오스Philios라는 — 아마도 친구가 되는 — 인물이 운영하는 환전소trapezē[2]에 와서는 불만을 토로하면서 그 징병관에 대해 욕을 한 것 같다(6). 그가 자신들에게 욕을 했다는 소식을 들은 그 징병관과 동료 장군들은 그를 고위 공직자에 대한 모독 혐의로 벌금형에 처하지만, 그 집

---

1 물론 고대 아테네의 직접민주정치 체제에서는 모든 시민이 집정관이나 장군 또는 고위 공직자가 될 수 있으므로 그러한 구분에 제도적 의미가 있는 것은 아니다. 하지만 아테네는 국가 통치가 점차 복잡해지고 통치의 각 영역을 효율적으로 관리하기 위한 전문성이 요구되면서 관료제가 점차 정착해나가는데, 그들 관료가 점차 하나의 세력을 이루면서 그 내부에 군부 관료와 민간 관료 사이의 경쟁이나 갈등을 예고하는 양상도 전개되었던 것으로 보인다. 이 송사는 그러한 양상을 증언하는 역사적 자료이기도 하다.

2 본래는 탁자table를 지칭하나 환전상들이나 대금업자들이 거래할 때 탁자를 사용하면서 환전소의 의미로도 사용된다. 영어의 'bank'라는 말이 르네상스 시대 이탈리아에서 비슷한 업자들이 벤치banco에 앉아 거래한 데서 유래한 것과 비슷하다. 램W. R. M. Lamb은 이 희랍어를 'bank'로 번역했는데 조금 오해의 소지가 있다.

행을 미루다가 자신들의 임기가 끝나면서 그 기록만을 재무관들tamiais[3] 에게 인계한다. 그런데 재무관들은 장군들로부터 설명을 청취하는 등의 조사를 통해 그 처분이 오직 개인적인 "적대감echthras; enmity"에 기인한 것으로 결론을 내리면서, 한 시민이 그러한 사유로 벌금형을 받을 수는 없다고 판단해 그 처분을 취소하도록 장군들에게 요구한다. 하지만 장군들이 그러한 요청을 거부하자, 재무관들이 직접 나서서 위험 부담을 안고 정식 재판을 청구하게 된 것이다(7). 만일 재판에서 벌금형 처분이 정당하다고 인정될 때에는 징집 기피죄도 성립할 수밖에 없으므로, 피고는 시민권의 박탈과 재산 몰수라는 위험 부담을 안게 되는 상황이었다.[4] 리시아스가 제출한 변론의 내용은 다음과 같다.

일단 법적으로 고위 공직자에 대한 모독죄는 공식적인 회의 중에나 성립한다. 그런데 피고는 집정관들이 근무하는 청사archeion나 회당synedrion[5] 에 입장한 사실이 전혀 없으므로 그러한 죄는 성립할 수 없다(9~10). 아울러 그 장군들이 자신들의 처분이 정당하다고 확신했다면 자신의 행위를 조사하도록 요구하거나 법정에 고소했을 것이나, 그렇게 하지 않았다는 사실 또한 피고에 대한 벌금형이 부당함을 입증한다(9~11). 그렇다면 개인적 적대감 이외에는 피고를 벌금형에 처할 이유가 없다는 결론이 도출된다. 이에 따라 리시아스는 그들이 피고인에게 그러한 감정을 품을 법한 근거를 제시한다. 즉 폴리아이노스는 이미 고인이 된 소스트라토스Sōstratos라는 유력한 정치인과 친구로서 후자의 영향력으로 출세한 사람

3 'tamias'의 복수형으로 로마의 'quaestor'에 해당한다. 이 희랍어는 본디 가정의 제반 잡사를 관리하면서 가장을 도와주는 가정주부를 지칭하는 'tamia'에서 유래했는데, 국가 차원에서 그와 같은 직능을 수행하는 관리를 일컫는 말로 전화되었다.

4 그러한 위험 부담에 대해서는 본문 15~18의 진술에 암시되어 있다.

5 아테네에서 민회의 상임위원회나 인민법정이 개최되는 건물을 지칭한다.

인데, 바로 그러한 사실이 피고와 경쟁 관계에 있었던 그 장군들이 그에 대해 악감orgē을 가지게 된 이유라는 것이다(13~15). 결국 그 고위 공직자들은 사적인 감정이나 정파의식 때문에 가장 공정해야 할 징병 업무를 편파적으로 운영한 불의를 범한 것이고(15~16; 22), 한 시민을 파멸시킬 수도 있는 처분을 무모하고도oligōrōs 불법적으로paranomōs 내렸다는 것이다(16~18).

이 변론문에 표출된 장군들에 대한 비난은 법정에서 가능한 최고도의 강력한 언어로 표현되었다고 볼 수 있다. 그것은 한편으로 당대의 공직자들에 대한 일반 시민들의 불신을 리시아스가 대변하고 있다는 의미로 해석될 수도 있고, 동시에 이 송사를 통해 드러나는 공직자의 도덕적 해이 및 공인정신의 쇠락이 더 심화하고 확산하는 사태를 미리 방지하려는 노력의 하나로 해석될 수도 있다. 어떠한 경우이든 리시아스가 이 송사를 단순히 일회성의 우발적인 사건이 아니라 국가 생활에 중대한 의미가 있는 사건으로 간주하고 있음은 폴리아이노스의 입을 통해 배심원들에게 향하는 다음과 같은 비아냥의 문구 속에 명확히 나타나 있다. 즉 그 장군들의 '동료의식'에서 우러난 부당한 행위는 "적에게는 해를 주고 친구에게는 좋은 일을 하라tous men echthrous kakōs poien, tous de philous eu"는 유명한 격률[6]의 실천으로 해석될 수도 있으므로 "일상적인 짜증거리metriōs ēganaktoun" 정도로 받아들일 수도 있다. 하지만 만일 배심원들의 잘못된 결정으로 정의가 사라진다면 피고를 더 깊은 "비탄에 빠지게lypētheiēn" 만들 것이다(20). 왜냐하면 그것은 그가 부당하게 겪은 고난이 정치인들 사이의 적대감 차원을 넘어 "국가가 잘못된 상태에 원인이 있다고dia

6 이 격률은 플라톤의 『국가』 1권에서 소크라테스의 첫 대화 상대인 케팔로스가 논박을 당하자 그의 아들인 폴레마르코스가 현인 시모니데스의 말이라면서 아버지의 주장을 옹호하는 근거로 사용한 것으로 특히 유명하다.

kakian de tēs poleōs 생각하게 만들기 때문이다"(20~21).

물론 한 국가에서 공인정신이 쇠퇴할 때 나타나는 법이나 사회적 규범의 무력화 현상은 지배층에만 국한되지 않는다. 그것이 사회 각계각층 인간들의 행동 전반에서 나타나는 것은 필연이며, 무엇보다 선대 인물들과는 다른 환경에서 성장한 지배층의 자제들에게서 더욱 뚜렷하게 나타나는 법이다. 향락에의 탐닉이나 소심한 이기주의가 가문의 정치적·사회적 영향력과 결합하여 무엇보다 군 복무를 기피하는 현상으로 나타나는 것이다. 다음의 법정 연설문 〈알키비아데스에 대한 고발〉 I & II의 직접적인 고발 대상은 유명한 장군 알키비아데스가 아니라 그의 아들이다. 그리고 그는 당시 아테네군에서 부유층의 자제만이 복무할 수 있는 기마 장교의 직책에 있던 인물이다. 그런데 이 연설문의 상당 부분은 바로 아테네 지배층을 대표하는 가문 출신으로 시칠리아 전역에서 이탈하여 조국을 배반한 알키비아데스 자신에 대한 고발도 포함하고 있다. 즉 아들에 대한 고발을 통해 그 부자에게 공통적이자—비록 그 아들은 아버지와 같은 거대한 야망은 없는 소심한 이기주의적 인간이라는 점에서 차이가 있지만—아테네 지배층 전반에 만연하고 있는 '노블레스 오블리주' 정신의 쇠퇴 혹은 국가의식과 공인정신의 쇠퇴를 고발하고 있다.

〈알키비아데스의 군무 이탈에 대한 고발 Kata Alkibiadou Lipotaxiou〉과 **〈알키비아데스의 군법 문란에 대한 고발**Kata Alkibiadou Astrateias〉, 이 두 연설은 B.C.395년에 작성된 것으로 추정되는데, 각각의 제목에도 나타나 있듯이 알키비아데스의 아들을 각각 군무 이탈lipotaxia과 군법 문란astrateia 혐의로 고발하는 내용을 담고 있다. 제목에는 범법 혐의가 각각 다른 용어로 표현되어 있지만, 법적인 절차와 상관의 허가 없이 무단으로 보병부대를 이탈하여 기병장교로 근무한 군사 범죄에 대해 각각 다른 각도에서 질책하면서 엄격한 국가 정의 확립의 필요성을 강조한 연설문이다. 그것은 한 '모자란' 인물이 범한 군법 위반 행위 및 여러 파렴치한 행적들과 더불어 '잘나고 똑똑하지만' 공인의식이 없는 그 아버지의 반국가적이고 부도덕한 행위에 대한 고발이기 때문에 〈알키비아데스에 대한 고발 I & II〉라는 묶음의 형태로 검토될 필요가 있다. 〈고발문 I〉은 알키비아데스의 군무 이탈 내용에 대해 구체적으로 적시하면서 알키비아데스 부자의 부도덕함과 범법 행위, 이미 더불어 그들이 시민과 공인으로서 범한 부적절한 행위 전반을 열거하고 있다. 반면에 〈고발문 II〉는 일단 그 진술이 상대적으로 짧으면서 아들의 불법 행위를 옹호하는 장군들에 대해 비난하는 형식으로 군사 운영에서 정의와 법 앞의 평등이라는 일반적인 원칙을 제시한 글이다. 논의의 편의상 먼저 짧으면서 그 내용이 비교적 단순한 〈고발문 II〉부터 검토하기로 한다.

〈고발문 II〉의 제목에서 희랍어 'astrateia'는 군사 문제 일반을 지칭하는 'strateia'[7]에 반대나 모순을 의미하는 접두어 'a'가 결합한 명사로, 광의로는 군사 질서가 훼손된 상태, 그리고 협의로는 병역 기피의 상태나 병역 의무로부터 면제된 상태 또는 전투에서 군인들이 법이나 군사 목적에 합치되지 않게 배치되는 상태를 포괄적으로 지칭한다. 다시 말해 후자의 상태는 〈고발문 I〉의 제목에 있는 "군무 이탈lipotaxia" 행위를 포함하며, 입영의 기피나 탈영 문제만이 아니라 각 전투병과—보병, 기마병, 척탄병, 궁수弓手, 노수弩手 등—에 임명될 병사들이 법에 규정된 바와 같이 신분이나 재산 정도, 정신적 자질이나 신체적 능력, 군사적 기량 등의 기준에 따라 적법하게 배치되지 않았을 경우도 포함한다는 것이다. 그런데 어느

7 이 말은 영어 'strategy'의 어원으로 장군을 지칭하는 'strategos'에서 파생한 여러 명사들 가운데 하나이다.

국가에서나 권력자와 부유층 자제들의 병역 기피나 보직 배치는 대체로 고위 관료의 도움을 통한 합법적인 형식을 취하는 경우가 많음이 사실이다. 〈고발문 I〉은 아들 알키비아데스의 군무 이탈 행위에 대해 극형에 처할 것을 논고하면서 끝맺는데, 그 논고에 대해 당시의 장군들 가운데 상당수가 법정에서 그를 옹호하는 변론을 편 것으로 추정된다. 이 〈고발문 II〉에서 리시아스는 아들 알키비아데스의 군무 이탈 문제 이전에 보직 배치와 관련해서도 불법이 이루어졌음을 지적하면서, 그러한 군법 문란 행위를 방조하거나 도와주었을 뿐 아니라 평소의 사적인 인간관계 때문에 법정에서 그를 옹호하는 장군들을 규탄하고 있다. 그 고발의 내용을 정리하면 다음과 같다.

먼저 그의 범법 혐의는 다음과 같이 정리되고 있다. 아들 알키비아데스는 본디 보병에 배치되었는데, 군법에 규정된 엄격한 심사dokimasia의 과정을 거치지 않은 채 임의로 보병의 대오를 떠나 기병장교로 근무했으므로 군법에 엄격히 금지된 근무 이탈의 죄에 해당한다(11~12).[8] 그런데 일부 장군들은 아들 알키비아데스의 그러한 범법 행위를 옹호하기 위하여 그러한 행동이 자신들의 명령에 따라 이루어진 것이기 때문에 죄가 없다고 변론을 한 것이다. 장군들의 그러한 변론에 직면하여 리시아스는 먼저 그들에게 사법 운영의 기본 원칙을 확인한다. 즉 피고diōkōn와 원고

8 참고로 고대의 군사 조직에서 기병장교는 하는 일이 보병 근무에 비해 편해서 현대 군대에서의 행정병과처럼 일반 병사들 누구나 선호하는 보직으로 주로 귀족이나 부유층의 자제들에게 할당된다. 이 연설문에 함축되어 있듯이 민주화 시대의 아테네의 군대에서는 그와 같은 귀족주의적 전통을 배제하고 능력이나 공적에 대한 엄격한 심사 후 보병에서 기병으로의 보직 이동 혹은 승진이 이루어져야 함을 군법으로 규정하고 있는데, 알키비아데스는 그러한 법적 절차를 무시한 채 기병장교로 근무한 사실이 발각되어 법정에 서게 된 것으로 보인다. 당시 아테네의 군 편제에서 기병이 보병보다 위험 부담이 적고 편한 보직임은 만티테오스의 진술에도 나타나 있다(13).

pheugōn를 불편부당하게koinos 대하며, 개개인의 사적인 관계나 감정적인 선호가 배심원단의 투표에 잘못된 영향을 미치게 해서는 안 된다는 사법적 정의의 기본 원칙이 그것이다(1~2). 그리고 장군들에게는 법 앞의 평등 원칙이 확립되지 못할 때 그들 자신도 언젠가는 피해자가 될 것이라는 점을 환기시킨다. 그것이 개인적으로는 얼마나 억울할 것이며, 더 나아가 고위 공직자들이 그러한 원칙을 지키지 않을 때 국가적 관습ethos이나 관행들pragma이 얼마나 수치스럽고aschion 기괴한deinoteron 것이 될 수 있는지 경고한다(2~4). 그와 같은 환기와 경고를 한 후, 리시아스는 여러 가지 드러난 사실들을 근거로 장군들의 변론이 타당하지 않음을 논박한다(5~9). 그 논박의 핵심 내용은 다음과 같다.

장군들의 변론대로 만일 아들 알키비아데스의 기병대 전속이 정상적인 법규와 절차에 따라 이루어졌다면, 그가 근무했던 보병대의 지휘관들archontoi이 그의 근무 태도나 성적을 평가한 후 심사 과정을 거쳐 보직 이동을 상신해야만 했다. 그런데 그들 중 누구도 그러한 행동을 하지 않았다(5~6). 그들은 오히려 그를 열등한 병사로 간주했었으며, 그를 모든 병사 앞에서 심하게 면박을 주고 주로 열등한 병사가 담당하는 병과인 기마척탄병hippotoxotēs으로 배치했는데, 그가 피소되자 그제야 그의 승진이 자신들의 명령으로 이루어졌다고 증언하고 있다는 것이다(6). 그러한 증언은 마치 심사 과정을 거쳐 기병장교로 임명된 인물을 보병으로 배치하는 것은 자신들의 권한 밖이지만, 심사 과정 없이 보병을 기병장교에 임명하는 것은 자신들의 권한에 속한다는 기괴한 주장과 같다(7~8).

아들 알키비아데스의 범법 행위는 결국 명백하며, 장군들은 공인정신과 공직자로서 준수해야 할 법적 의무를 망각한 채 사적인 인간관계로 알키비아데스의 죄를 감추고 옹호하고 있음이 분명하다. 따라서 배심원들은 모든 사적인 요소를 배제한 채 그를 법에 따라 엄중하게 처벌하는 데 찬성 투표를 하는 것만이 정의를 구현하고 배심원으로서의 서약을 지키며 "국가 전체의 구원자가 되는holē tēi polei boēthēsontes" 행위이다(8~9). 그리고 바로 그것이 소수에 대한 처벌을 통해 다수의 기강을 확립하여 미래의 위험에 대처하는 길이다(9~10). 아들 알키비아데스가 그러한 본보기가 되어야 하는 이유 또한 분명하다. "그는 자신의 개인적 안전을 위해 국가를 무시한houtos amelēsas tēs poleōs tēn autou sōterian eskepsato" 인간이자 "친구의 호의를 악의로 갚는hos tōn philōn tous phanerōs auton eu poiēsantas kakōs poiei" 인간이기 때문이라는 것이다(10~11). 실제로 〈고발문 I〉, 즉 〈알키비아데스의 군무 이탈에 대한 고발〉은 그와 그의 아버지의 공통된 요소, 즉 잘못되고 모자란 인간성과 공인 및 시민으로서의 결격 사유에 대한 구체적이고 광범위한 진술이기도 하다. 그 내용을 정리하면 다음과 같다.

앞에서 언급한 대로 〈고발문 I〉을 통해 단죄되는 아들 알키비아데스의 범죄는 〈고발문 II〉에서 기술한 범죄와 같다. 그의 범법 혐의는 바로 법적인 심사 과정dokimasia을 거치지 않은 채 "보병의 대열에 참여하지 않고 mē parazon en tēi pezēi stratiai"[9] 마음대로 이탈하여 기병장교로 근무한 행위로 정리된다(6~8). 그리고 그가 처벌받아야 할 이유도 같다. 그와 같은 자의적인 행위가 처벌되지 않고 방치될 경우 법규와 민회의 존재, 그리고 장군의 선출 제도 자체가 무의미해지며, 전투에서 후퇴하는 행위를 용인하는 것과 같으므로 군대의 기강 확립 차원에서도 시민권의 박탈과 재산 몰수 등의 엄격한 처벌이 요구된다는 것이다(9~12). 아들 알키비아데스에

---

9 이때가 전시는 아니므로 아들 알키비아데스의 혐의는 훈련을 위한 소집에 응하지 않은 데 있는 것으로 보인다. 실제로 이 고발문에는 관련 법규를 참고하는 과정에서 전투 중에서의 대오 이탈만이 아니라 훈련을 위한 소집에 응하지 않은 행위도 대오 이탈 행위에 포함된다는 주장이 부기되어 있다(5~6).

대한 엄격한 처벌은 다른 측면에서도 요구된다. 일단 그가 저명한 가문 출신이기 때문에 일벌백계의 효과가 더 크다는 점이 있다. 그리고 동맹국들이나 적국들도 그러한 군법 위반 행위를 절대 용납하지 않는다는 아테네의 엄격한 법 집행 의지, 곧 전투에서 적과 싸우지 않으려는 아테네 시민은 바로 아테네 시민들의 손으로 고통을 받게 된다는 사실을 알게 되어 아테네를 두려워하게 되는 효과도 있다는 것이다(12~15). 그런데 아들 알키비아데스에 대한 처벌은 그와 같은 측면 이외에 다른 이유에서도 요구된다는 것이며, 그 이유에 대한 설명이 이 〈고발문 I〉의 주요 내용을 이룬다.

아들 알키비아데스에 대한 고발은 여러 사람에 의해 이루어진 것으로 보이는데,[10] 이 연설의 모두에서 리시아스는 먼저 그에 대한 처벌이 일단 법적으로 더 논란의 여지가 없다는 점을 배심원들에게 확인시킨다(1). 그리고 법적 차원을 떠나 그가 처벌받아야 할 여러 가지 이유를 제시하고 설명하는데, 그 모든 이유는 다음과 같이 요약될 수 있다. 즉 그의 삶의 행태 전체를 고려할 때 그는 국가의 공적公敵과 같은 존재로 간주될 수 있으므로(1~2), 자신의 죄과를 갚도록 처벌함이 모든 "충성스러운 시민의 의무이자" 특히 사법 판단을 통해 입법자 역할도 수행해야 할 "정의로운 배심원들의 의무"[11]라는 것이다(4). 그리고 그 점에 대해서는 누구도 의문을 제기할 수 없음을 강조한다. 다만 그가 국가에 해악보다는 이익을 준 알키비아데스의 아들이라는 정상을 참작하여 처벌해서는 안 된다는 주장이

---

10 그러한 사실은 연설문의 첫머리에서 배심원들을 향한 "oudemian hymas pothein akousai prophasin para tōn boulomenōn 'Alkibiadou katēgorein"(1)이라는 문장 속에 표현되어 있다. 번역하면 "여러분 가운데 누구도 알키비아데스를 고발하기로 한 사람들의 이유서를 듣고 싶지 않을 것이다."

11 인용문의 원문에서는 "충성스러운 시민이자 정의로운 배심원의 의무kai politou chrestou kai dikastou dikaiou ergon einai"(4)라는 하나의 문구로 표현되어 있는데, 관련된 문장 전체의 의미를 요약하는 차원에서 위와 같이 정리했다.

제기될 수 있음을 언급하면서(16),[12] 그러한 주장도 아버지 알키비아데스에 대한 혹독한 평가와 더불어 법적 평등성과 국가 기강의 확립 차원에서 배격한다(16~22). 만일 아버지 알키비아데스를 국가 반역 혐의로 일찍이 처단했으면 아테네에는 패전이라는 국가적 재앙도 없었을 것이다. 그러한 인물의 아들이자 비겁하게 군대의 대열에서 이탈한 인간을 사회적인 신분을 이유로 법적으로 용인하면서, 그들과 달리 높은 업적을 남긴 조상을 두었으며 바로 "그들이 범한 명령 불복종의 행동으로dia tous outōs ataktountas"(18)[13] 불운을 겪은 아테네 시민들은 오히려 적에게서 구해내지 못했다는 것은 기괴할 뿐이라는 것이다.

이어지는 리시아스의 비난은 아들 알키비아데스의 친척들과 그를 옹호하는 장군들에게도 향한다(20~22). 한편으로 그의 친척들은 어른으로서 그에게 국가가 부과하는 명령을 준수하라는 충고를 하는 노력을 하지 않았음은 물론, 오히려 배심원들에게 잘못을 범한 자를 처벌하지 말라고 설득하고 있다는 것이다. 다른 한편으로 그를 옹호하는 장군들은 "자신의 권력을 과시하면서epideixin men tēs heauton dynameōs poioumenoi" 배심원들에게 서약을 위반하고 법에 복종하지 말라고 가르치는 것과도 다를

12 그러한 옹호론은 당시 아테네 시민들 사이에서 아버지 알키비아데스에 대한 향수와 더불어 '국가에 공헌한 인물이냐 조국을 배반한 인물이냐'의 상반된 평가가 존재했음을 증언한다. 증오와 사랑이 공존하는 알키비아데스에 대한 아테네 시민들의 양가 감정은 플루타르코스가 적절히 표현한 바 있다. 그는 아리스토파네스 희극의 한 구절이 바로 알키비아데스에 대한 아테네 시민들의 감정뿐만 아니라 그의 정치적 행적에 대한 반응을 절묘하게 표현한 것으로 간주하면서 인용한다. "열광하고, 증오하면서, 다시 그를 받아들이길 원한다Pathei men, echthairei de, bouletai d' echein."(『알키비아데스전』 16장. 인용된 문장은 『개구리*Batrachoi; The Frogs*』, 1425).

13 이 말은 동사 'atakteō'의 분사형으로 기강이 없고 무질서한 상태를 지칭한다. 우리말에는 그에 상응하는 적절한 어휘가 없는 것 같으며, 이 문맥에서는 '명령 불복종'이 그 말의 본래 의미에 가장 가깝다고 할 것이다.

바가 없다는 것이다. 아울러 리시아스는 아들 알키비아데스가 군무 이탈죄를 범했음은 인정하면서도 그 점 이외에는 그가 "훌륭한 시민politēs chrēstos"이었다는 이유로 그를 사면함이 옳다고 생각하는 배심원들에게도 충고를 보낸다. 바로 그의 여타 행적 때문에라도 그를 극형에 처해야 한다고 강조하는 것이다(23). 그 이유를 설명하기 위해서 그는 알키비아데스 부자 모두가 행적은 물론 성정이나 자질 면에서도 결코 훌륭한 시민이 아니라 반국가적인 인물이라는 점을 먼저 강조한다. 그리고 그들이 범한 "수많은 범죄tous pheugontas polla"와 그들의 선조들이 아테네에 대해 초래한 "악들tous ponērous"(24)을 구체적으로 열거한다. 그러한 내용이 연설문의 나머지 대부분(25~45)을 이루는데, 그 내용을 간략히 정리하여 소개하면 다음과 같다.

아들 알키비아데스는 어린 시절부터 정부hetaira; 情婦를 둘 정도로 방탕했는데(26), 그 정도가 너무 심해 방탕함에서 '둘째가라면 서러워할' 인물인 그의 아버지마저 자신의 망명지로 그를 불러들일 정도였다는 것이다.[14] 그런데 아들은 그곳에서도 아버지마저 배반할 음모를 꾸미다가 사전에 발각되어 아버지에 의해 감금된 적이 있고, 아버지가 죽고 석방된 뒤에는 투기로 날린 재산을 회복하기 위해 선박을 침몰시켜 친구들마저 수장水葬하려고 시도까지 한 패륜아라는 것이다(27~28). 이러한 패륜적 행위들 이외에도 그는 "수많은 기괴하고 거대한 범죄들을 저질렀는데deina

14 〈LCL〉판의 번역자 램의 주석에 의하면 알키비아데스는 당시 트라키아 지역의 케르소네세Chersonese에 망명 중이었다고 한다(p. 353 각주 참조). 결국 아버지는 아테네에서 '개망나니' 짓을 하는 아들을 보다 못해 자신의 망명지로 불러들인 것이다. 여기서 '둘째가라면 서러워할'은 지은이가 그 의미를 우리말로 좀 더 생생하게 전달하려는 의도에서 의역한 어구인데, 원어로는 "hos tous allous taut' edidaske"이고 직역하면 "그 점에서 다른 모든 사람을 가르친 사람"이다. 이 어구에 대한 램의 영어 번역인 "in the eyes of the great ringleader in those ways"는 조금 과도한 의역이다.

kai polla kai megala pepoiēkoti", 그것은 결국 그가 아버지가 범한 반역죄들에[15] 대해 속죄하려는 노력이 아니라 오히려 자신의 행위로 아버지의 패륜을 타인들에게 부가하는 행동만 했음을 의미한다는 것이다(29).

그런데도 알키비아데스의 아들은 '뻔뻔스럽게도'[16] 자신이 사면되어야 할 이유로 바로 아버지가 이룩한 공훈을 내세우는데,[17] 그러한 공훈은 이미 법적으로 박탈되었기 때문에 그것을 근거로 사면하는 것은 "기괴할 deinon" 뿐이다(31). 아버지 알키비아데스 일생의 모든 행적이란 국가에 대해 공적은 없이 "악행에서 모든 시민 가운데 최고의 인물임ponēriai de tōn politōn prōtos ēn"(37)을 보여준다(32~38).[18] 나아가 그의 증조부와 외증조부 모두 두 번이나 도편추방을 당한 인물들로서 그의 가계 전체가 국가의 공적公敵이므로, 피고인 아들 알키비아데스는 어떠한 동정이나 용서가 필요 없다(39~40). 더구나 그는 사생활에서도 근친상간을 저지르고 신성모독죄를 범하는 등 패륜적인 인물이며(41~42), 미래에 국가를 위해 공헌할 수 있는 능력이나 자질도 전혀 없는 인물이자 시민들 사이에 분쟁만 조장할 수 있는 인물이다(43~44). 따라서 국가가 부과한 임무를 거부하면서 일반 시민들에게 헛된 "장광설이나 늘어놓는" 그의 친구들에 대해 본

15 알키비아데스의 반역 행위에 대해서는 앞의 3장에서 서술한 바 있는데, 리시아스도 이 연설문의 문단 30에서 간략하게 정리하고 있다. 즉 스파르타로 하여금 아테네 국가 재정의 주요 원천인 은광이 있는 데켈레이아를 점령하여 요새로 만들도록 했고, 동맹국 섬들이 아테네에 반기를 들도록 부추겼으며 적군의 대열에 참가하여 모국을 향해 진격했다는 것이다.

16 이 어구는 리시아스 자신의 표현은 아니며 지은이가 문맥의 의미를 좀 더 생생하게 하기 위하여 추가한 것이다.

17 램도 각주를 통해 주석하고 있듯이(pp. 354~355), 여기서 말하는 공적은 B.C. 407년 알키비아데스가 페르시아의 총독 티사페르네스와 친교가 있는 점을 이용하여 국난을 타개하기 위해 아테네가 일시적으로 그를 복권한 상황을 지칭한다.

18 그러한 행적들은 앞의 문단 30에 이어 문단 32~38에서 좀 더 구체적으로 제시되고 있다.

보기로도 그는 엄벌함이 마땅하며(45),[19] 그러한 인물을 제거함이 국가에도 "크나큰 축복megale d' euthychia"이 된다는 언명으로 연설문은 끝난다(47).

이 연설문에는 어느 정도 중언부언의 문장도 많고, 알키비아데스라는 젊은이와 그의 아버지 및 가계 전체에 대해 어느 정도 사적으로 편향된 감정도 배어 있으며,[20] 특히 정치인 알키비아데스라는 인물 자체의 복잡한 성격과 더불어 그의 정치적 행적에 함축된 당대 아테네 국내정치 및 국제정치의 복잡한 구조와 역학 관계에 대한 깊은 성찰이 부족한 것이 사실이다.[21] 어쨌든 이 연설문에 흐르는 일관된 주제는 알키비아데스와 그

---

19 이 문장에서 "장광설이나 늘어놓는"은 희랍어 한 단어로 'dēmēgorousin'이며, 말 그대로는 군중들 앞에서 떠드는 행위를 지칭한다.

20 참고로 앞에서 언급된 램은 이 연설문에 대한 "introduction"에서(p. 334), 아버지에 의해 트라키아로 소환된 아들 알키비아데스는 당시 열한 살에 불과해 아버지를 배반했다는 리시아스의 진술은 믿기 어렵다는 견해를 제시한 바 있다.

21 여기서 알키비아데스라는 인물의 개인적 성정이나 정치사적 의미에 대해서 자세히 논의할 수는 없지만, 지은이 나름의 견해를 피력하면 다음과 같다. 일단 그의 성정에 관해서는 플루타르코스의 다음 진술을 인용할 필요가 있다. "그의 성정ēthos은 다양한 행적과 부침 속에서 삶의 후반에 이르러 여러 가지 모순과 뚜렷한 변화를 보인다. 그는 태생적으로 거대한 열망을 가진polōn kai megalōn pathōn 인물인데, 경쟁심philoneikon과 공명심philoprōton이 그것들 가운데 가장 큰 것이다."(〈알키비아데스 전〉 ii-1) 여기서 경쟁심과 공명심으로 번역된 두 희랍어의 의미를 직역하면 각각 '승리 사랑'과 '일등 사랑'이다. 그것들은 근본적으로 같은 욕망의 다른 표현이라고 할 수 있다. 'philoneikon'의 핵심은 타인과의 경쟁이나 싸움에서 절대로 지지 않겠다는 집착을 가리키며, 'philoprōton'이라는 말 그대로 무엇에서나 '1등을 하지 못하면 직성이 풀리지 않는' 편향을 지칭하기 때문이다. 그러한 태도의 바탕에는 자신이 누구보다 잘났다는 의식과 더불어 그러한 잘남을 타인과의 경쟁 속에서 직접 확인하고 싶은 욕구가 있다. 다시 말해서 그것은 특정 예술 분야의 거장과 같이 자신이 추구하고 이룩한 업적이 어느 누구의 것보다 탁월하다는 자신감 속에서 그 분야에서 자신보다 열등하거나 문외한인 사람을 경시하거나 무관심한 태도를 보이기도 하지만, 동시에 자신의 분야에 진지한 예술가나 장인 혹은 운동선수의 예에서 자주 발견되듯이 자신보다 탁월한 정신세계를 형성했거나 우월한 업적을 이룩한 인간의 가치를 인정하고 그에 대해서 경외감을 표하는

의 친구들이라는 충동적이고 탐욕적이며 이기심에 사로잡힌 젊은이들을 통해 드러나는 도덕성의 타락, 그리고 그를 옹호하는 공직자들이 사법적 판단에서도 사적인 인간관계에 집착하여 사사로운 편들기 양상에 표출되고 있는 공인정신과 법치주의의 쇠락에 대한 경고이다.[22] 그런데 공적 사안들이 사적 관계에 기초한 편들기에 좌우되는 양상은 좀 더 큰 안목에서 볼 때 국가의 운영이 보편적 윤리나 공익에 준거해서 운영되는 것이 아니라 사적인 이해관계나 집단적 이기주의에 따라 이루어지는 양상의 다른 측면일 뿐이다. 다시 말해서 국가 통치가 정파들 사이의 파당적 이해관계에 따라 이루어지고 있음을 의미한다. 다음의 연설문은 바로 정파들 사이의 적대감과 공공정신의 쇠퇴로 인해 '국가가 잘못된 상태'에 빠지게 되는 또 다른 양상의 증언이다.

〈니키아스의 동생 재산의 몰수에 관하여: 결론 Peri tēs Dēmeuseōs tōn tou Nikiou Adelphou Epilogos〉[23]은 전체 문장 가운데 결론epilogos 부분

정신적 태도와는 구분된다. 투키디데스 또한 『역사』에서 알키비아데스를 잘나고 다재다능하여 시민들에게 인기 있는 정치인, 유능한 장군으로 묘사하지만, 동시에 개인적인 야망에 집착하고 경망스러우면서 공인의식이 부족한 인물로서 아테네가 전쟁에 패하게 만든 주요 인사들 가운데 하나로 일관되게 그리고 있다. 특히 시칠리아 파병을 논의하는 민회에 대한 기록에는 니키아스의 연설을 통해 그를 자신의 야망과 개인적 부의 추구를 위해 원정군 지휘관에 선출되려는 인물로 그려져 있다(VI-xii). 지은이는 그의 성정을 국가에 대한 헌신이나 역사의식에 기반을 둔 영웅주의와 구분하여 '자기중심적 영웅주의'로 규정할 수 있다고 생각한다.

22 이 점에서 아들 알키비아데스는 이 책의 검토 대상에서 제외된 연설문 〈만티테오스의 소명에 대한 상임위원회 변론〉에서 일종의 모범적인 시민으로 묘사된 만티테오스와 대비된다. 그 자신의 자부심 어린 진술이지만(15~16), 만티테오스는 코린토스와의 전쟁에서(B.C. 394) 아테네군이 위험에 처했을 때 사령관에게 자원하여 대열의 선두에서 적과 싸웠다는 것이다.

23 이 글은 30인의 참주 정권의 붕괴에 따른 내란 사태의 종식과 더불어 정파들 사이에서 더 이상의 갈등과 대립을 방지하기 위해 성립된 B.C. 403년의 '공식적인 화해'가 실제로

만 전해진 글로, 아테네군의 시칠리아 원정에서 전사한 장군 니키아스Nikias의 조카들을 변론하기 위한 법정 연설문이다. 연설의 처음 부분에는 (1~12) 니키아스의 가족 관계 및 그 형제들의 행적에 대해 간단히 기술하고 있는데, 그 내용을 정리하면 다음과 같다. 니키아스에게는 아들 니케라토스Nikeratos가 있었고, 형제로는 에우크라테스Eukratēs와 디오게네토스Diogenetos가 있었다. 그런데 그 아들과 에우크라테스는 30인의 참주 정권에서 민주파로 몰려 처형당하고, 디오게네토스는 망명으로 목숨을 부지하여 민주정체의 회복 후 아테네로 귀환했지만 곧 사망하게 된다. 그들 형제에게 남은 자손은 결국 에우크라테스의 두 아들뿐인데, 이들이 성년이 되어 재산권을 행사할 시기가 되자 그들의 전 재산과 시민권을 박탈하라는 고소 사건이 발생한 것이다. 비슷한 고소 건은 그들이 성년이 되기 전에도 제기된 적이 있으나 피고 측의 승소로 끝난 것으로 보인다.[24] 이 재판은 결국 같은 건에 대한 두 번째 송사로서 폴리오코스Poliochos[25]라는

는 완벽히 구현되지 않는 현실적 상황과 관련되어 있다. 이성적 판단에서 정치적 화해의 필요성을 인정하더라도, 인간들 감정의 응어리란 쉽게 사라지는 성격의 것도 아니고, 공식적인 화해 당시에 고려되지 않았던 새로운 과거사가 드러날 때 새로운 도덕적 및 법적 문제가 발생할 수 있기 때문이다. 그 점을 월퍼트Andrew Wolpert라는 학자도 비슷하게 다음과 같이 정리한 바 있다. "B.C. 403년의 화해는 아테네인들이 내란의 성격에 대해서 파악하려는 시도나 30인 참주 정권의 희생자들이 내란 기간에 자행된 잔혹함에 책임이 있는 인물들에게 보상을 요구하려는 시도가 계속되면서 여러 양상으로 나타난다. … 화해와 상호 비난recrimination이 결코 양립 불가능하지도 않으며, 화해는 가끔 상호 비난을 정당화하기 위해 이용되기도 한다. (…) 그렇다고 아테네가 다시 내란 상태로 돌아가지는 않았다"(Wolpert, 2002: 111~112).

24 이에 대해서는 본문 14에 암시되어 있다. 즉 전에 비슷한 건으로 피소되었지만 승소하여 고소인에게 1,000드라크마의 벌금을 부과했다는 진술이 그것이다. 아테네법은 누구나 고소인이 될 수 있도록 허용하지만, 배심원들의 투표에서 5%의 지지를 얻지 못하면 이 액수가 벌금으로 부과된다.

25 폴리오코스라는 인물이 누구인지는 알려져 있지 않다. 리시아스와 비슷한 직업적인 연설가rhētor 혹은 법률가이자 정치인이라는 점은 본문 16에 암시되어 있다. 다시 부연하

직업적인 연설가가 제기한 것이다.

그런데 결론 부분만 전해진 이 연설문에는 그러한 처벌 요구의 근거가 되는 범법 행위 및 법적 근거가 적시되어 있지 않다. 다만 리시아스 연설문집의 〈LCL〉판 번역자인 램W. R. M. Lamb의 지적대로(p. 399), 이 연설문 본문에서(26~27) 특별히 '재판임석관syndikos'[26]들에게 호소하는 장면이 있는 점을 고려할 경우 장군으로 선출된 경력이 있는 에우크라테스가 국비 지출과 관련된 배임이나 횡령 혐의로 고발되었을 가능성도 있다. 어쨌든 이 연설문 전체는 피소 내용과 관련된 사실적 혹은 법리적 차원의 반론이라기보다는 이들 젊은 피고인들의 선대 어른들의 국가에 대한 공헌이나 민주정체에 대한 헌신에 대한 정서적인 호소가 주 내용을 이루며, 이와 함께 당대 정치인들의 대중영합주의, 대중의 행동에 담긴 탐욕과 자기모순, 일반 시민들 상호 간의 불신과 분열들에 대한 비판이 주류를 이루고 있다. 그 내용을 간략히 정리하면 다음과 같다.

먼저 이 연설문은 이 송사가 단순히 한 개인의 재산에만 관련된 문제가 아니라 아테네라는 도시국가의 'politeia', 즉 국가 체제 혹은 국민정신에 관련된 문제라는 점을 강조한다. 다시 말해서 "국가의 민주적 운영에 우

자면 희랍어 'rhētor'의 말 그대로의 의미는 라틴어 'orator'와 같이 연설가이다. 현재도 비슷하지만, 고전 시대 아테네에서 연설 능력이란 법률가들과 정치인들의 필수적인 자질이었으며, 리시아스의 경우와 같이 현실적으로 그러한 역할을 동시에 수행하는 경우가 대부분이었다. 따라서 그 말은 문맥에 따라 연설가뿐만 아니라 정치인으로도 번역될 것이다.

26 'syndikos'는 본디 — 이 말이 공유한다는 의미의 접두어 'sy(n)'와 정의와 법을 의미하는 'dikē'에서 파생한 'dikos'의 결합이라는 것이 암시하듯 — 법정에서 재판 당사자들을 옹호하는 인물을 지칭하는데, 30인의 참주 정권이 몰락하고 민주정이 회복된 후에는 국가의 이익이나 명예를 옹호하기 위하여 재판에 참여하는 공직자를 지칭하게 되었다. 우리의 사법제도에는 그것과 정확히 상응하는 직책이 없어 일단 '재판임석관'으로 번역했는데, 좀 더 적확한 번역어를 탐색할 필요는 있다.

리들(시민들)이 어떻게 참여해야 하는지ei chrē dēmokratoumenēs tēs poleōs hemin meteinai"의 문제라는 것이다(1). 니키아스와 그의 형제들이 공인으로 이룩한 업적은 그러한 차원에서 평가되어야 한다는 점을 암시하면서, 그것들을 다음과 같이 열거한다(2~12). 니키아스는 본디 시칠리아 원정에 반대했음에도 불구하고 전장에서는 수많은 공적을 세웠으며(2~4), 피고인의 아버지인 에우크라테스 또한 평소에는 누구보다도 국가에 대한 재정적 의무와 공직자의 임무를 성실히 수행한 인물임은 분명하다는 것이다(7~8). 무엇보다 현재 민주정체의 열렬한 옹호자로 자처하는 많은 시민은 30인의 참주 정권에서 그들에게 굴복했지만, 그는 그들 권력자의 편에 가담할 수 있었음에도 불구하고 끝까지 민주정체를 옹호하다가 처형당했다는 것이다(4~7).

비슷한 경우는 참주 정권을 피해 망명했다가 귀환한 피고의 아버지 디오게토스에도 해당된다. 그는 참주 정권에 전혀 참여하지 않으면서 민주정체를 끝까지 지지했음은 물론이고, 스파르타군이 아카데미아Akademia[27]에 진주했을 당시에는 스파르타의 왕 파우사니아스Pausanias에게 평소의 친분을 이용하여 그가 과두파가 아니 민주파를 지지하게 만들면서 아테네에서 민주정체가 회복되도록 한 공이 있다는 것이다(9~12). 즉 그는 파우사니아스에게 그들 과두파가 처형한 인물들이란 그들 자신의 주장처럼 시민들 가운데 "가장 사악한tous ponērotatous" 인간들이 아니라 시민들 가운데 출생 신분이나 부나 "그 밖의 모든 덕성 면에서dia tēn allēn aretēn" 가장 명예로운 인간들이었다는 점을 환기하도록 하는 데 결정적인 공헌을 했다는 것이다. 따라서 참주 정권에서 고아가 되는 등 최고도의 불운을 겪으며 민주정체에 생명을 바친 이들이 바로 자기들 가족인데, 이제 바로

---

27 아테네의 한 구區; deme로 플라톤이 학원을 설립한 곳으로 유명하다.

그 민주정체에서 재산의 몰수와 시민권의 박탈이라는 위험에 처했다는 사실이 "참으로 기괴하다kaitoi deinon"(12)는 것이다(8~9; 12).

이 변론문은 고소의 사실적·법률적 근거에 대한 논박이 없으므로, 과연 니키아스와 그 형제들의 재산 형성 과정에 재산 몰수나 시민권 박탈을 정당화할 수 있을 정도의 불법적인 요소가 있었는지에 대해 판단을 내릴 수는 없다. 다만 이미 앞에서도 지적했듯이 리시아스의 다른 변론문들과 마찬가지로 이 변론문이 리시아스의 명연설문으로 전해진 사실 자체가 피고인 측의 승소 가능성과 더불어 피고 측의 주장이 타당함을 암시한다고 해석할 수는 있다. 어쨌든 중요한 점은 이 송사의 정치·사회적 배경이다. 그것에는 전통적으로 "덕성 면에서 가장 명예로운 인간들"로 간주되는 아테네의 지배층에 대한 일반 시민들의 질시 감정, 이에 따른 그들에 대한 투서나 비방과 고소의 횡행, 패전으로 인한 국가 재정난의 타개를 부유층의 재산을 환수하는 방식으로 해결하려는 아테네의 '민주적인' 정부의 행정편의주의적인 정책, 그리고 대중의 그러한 정서와 국가적 상황을 개인적인 명예와 정치·사회적 영향력을 높일 기회로 이용하려는 법률가들과 지식인들의 야망 등등이 결합하여 작동하고 있다는 것이다. 바로 그 점을 리시아스 스스로가 특별히 강조하고 있는 점도 중요하다. 그것은 곧 당시 아테네 민주정체의 운영에 부정적으로 작동하는 대중들의 비합리적인 정서, 정치인들과 지식인들의 대중영합주의에 대한 리시아스의 비판을 의미한다.

실제로 이 변론문의 나머지 대부분은(13~23) 'mē mnēsikakein(보복하지 않기)'라는 B.C. 403년의 합의, 다시 말해 정치적 보복을 하지 않기로 한 정파들 사이의 언약을 법 집행의 명분으로 파괴하는 당시 아테네의 '민주적' 정부에 대한 비판, 그러한 민주정치의 주역인 다수 시민의 그 '기괴한' 행동에 대한 비판, 이와 더불어 폴리아코스로 대표되는 '연설가들hoi rhētores; rhētor의 복수형'(16) 집단에 대한 비판이기도 하다. 민주정치가 회복은 되었지만, 이제 다수 시민에 의한 비합리적인 전제정치tyranny에 대한 — 19세기에 토크빌A. Tocqueville과 밀J. S. Mill의 '다수의 폭정the tyranny of majority' 개념을 연상시키는 — 비판이며, 그러한 다수의 전제정치에 동조하고 아부하는 연설가들, 즉 정치인들이고 법률가들이자 사회참여적 지식인들 집단 전체에 대한 비판인 것이다.

먼저 리시아스는 이 송사에서의 성공을 통해 자신의 영향력과 명성을 높이려는 폴리아코스의 통속적인 야심을 비난한다(13).[28] 그러한 야심이 다수 시민에게 이중적이고 모순된 결정을 하도록 부추긴다는 것이다. 그리고 바로 그러한 이중적이고 모순된 행동을 다수 시민의 '기괴함'의 핵심적 요소로 간주한다. 일단 앞에서 언급했듯이 이 재판 이전의 재판에서 같은 사안에 대해 패소 판결이 내려졌고, 그에 따라 고소인은 1,000드라크마의 벌금형을 받았음에도, 이제 다시 그것을 번복하려는 행위는 자기모순이라는 것이다(13~15). 아테네인들은 평소 스파르타 사람들을 찬양하는 희랍인들에 대해서는 격앙하는orgizesthe; are incensed 경향이 있는데, 이번 송사는 적과의 언약은 지키면서 스스로와의 언약은 지키지 않는 모순을 의미하므로 더욱 수치스럽다(15). 그러나 "가장 혐오감을 주는 것은axion de malist' aganaktēsai" 공공생활에서 폴리아코스와 같은 연설가들hoi rhētores이 국가의 이익이 아니라 자신의 사적인 이익을 위해서 활동한다는 것이다(16). 그러한 활동은 결국 국가적 번영의 원천인 통합

28 관련 문장을 소개하면 다음과 같다. "폴리아코스는 이 재판에서의 승소를 대단히 높게 평가하는데, 그 승소가 아테네 시민들이나 외국인들에게 시민들이 의무로서 선서한 바와 모순되게 투표하도록 만들 수 있을 정도로 영향력이 있다는 점을 과시하는 멋진 기회로 간주되기 때문이다." 이 문장에서 '시민들이 의무로서 선서한'이라는 문구는 시민들이 아테네의 법에 따라 재판에 앞서 배심원으로서 정의의 신 앞에서 정의에 따라 엄정하게 판결을 내린다고 선서하며 투표하는 행위를 지칭한다.

homonoia이 아니라 국가 생활에서 발생하는 모든 악의 원천인 분열stasis을 조장하며(17), 정치인들이 조장하는 그러한 분열 속에서 일반 시민들은 이번 송사와 같이 "자신의 것이 아닌 것을 가지려 하고 다른 사람의 것을 빼앗으려는"[29] 욕망이 발동하여 시민들 상호 간의 "불화diapheresthai"만 커지게 된다는 것이다(17~18).[30]

이번 송사는 결국 일부 정치인들과 시민들이 국가 전체 화합의 목적이나 국가 차원의 정의 이념에 반하여 행동한 결과라는 것이 이 변론문의 요지이다. 그것은 특히 30인 참주 정권의 등장과 몰락에 따른 내란stasis이 종료된 후 국가 대통합의 차원에서 내려졌던 사면령의 정신에도 어긋나는 정치 보복성 재판이라는 것이다(18~19). 아울러 개인 재산에 대한 그와 같은 방식의 몰수는 국가 전체 차원에서 이익이 되지 못한다는 점이 지적된다. 그와 같이 처리된 재산은 어리석은 정치인들의 손에 낭비되거나 값싸게 팔려 나가는데, 그것에 비해 피고인들은 이미 전함戰艦의 건조

---

29 이 인용문은 영어로 일반적으로 'giving everyone his due'라는 문구 — 이 문구는 또한 키케로의 "Iustitia suum cuique distribuit"의 번역문으로 볼 수 있는데 — 또는 "자신만의 것에 전념하기ta eautou prattein; minding one's own business" 등의 정형화된 문구로 표현되며, 서양 고대 세계에서 가장 일반화된 정의正義 관념을 일상적인 언어로 표현한 문장으로 볼 수 있다. 그러한 정의 관념은 플라톤과 아리스토텔레스 정치철학의 핵심적인 요소들 가운데 하나이다. 그런데 모든 철학적 개념이 그러하고 여기 리시아스의 연설문에 소개된 사실에도 암시되어 있듯이, 그러한 개념의 구체적인 내용은 그들 자신만의 독자적인 창안은 아니며 이전부터 희랍 사회에서 일상적으로 통용되었던 관념에 그 바탕을 두고 있다. 다만 이들 위대한 철학자들에 의해 일반인들의 불명확하고 비체계적인 관념이 명시적이고 체계적인 정치철학의 개념으로 승화·발전된 것이며, 그 승화·발전의 지성사 차원의 의미는 이 희랍 지성사 저술 작업 전체를 통해 해명될 주제들 가운데 하나이다.

30 내란 당시의 사건들과 관련되어 제기된 이와 같은 정치적 갈등이나 사회적 분쟁에도 불구하고 아테네가 다시 내란 상태에 진입하지 않은 이유를 월퍼트는 그 개념적 실체가 조금 모호한 "문화적 구조물cultural construct"의 존재로 설명한 바 있다(Wolpert, 2002: 123).

에 기부하는 등 국가의 재정적 요구에 부응하여 자신들의 재산을 사용하고 있기 때문이라는 것이다(20~21). 마지막으로 이 연설문은 피고가 국가를 위해 공헌한 인물이라는 점, 그리고 그의 선대는 시민들의 자유와 민주정체의 수호를 위해 투쟁하다 참주 정권의 박해를 받은 인물들이라는 점을 강조하면서, 그의 재산이 바로 민주정체에 의해 박탈당할 위험에 처한 상황의 부당함을 배심원들에게 다시 환기하며 올바른 평결을 내려줄 것을 호소하는 말로 끝을 맺는다(22~27).

이 연설문에는 무엇보다 시민들의 재산권 문제를 중심으로 아테네 민주정치의 일탈적 양상에 대한 리시아스의 비판적 관점이 잘 나타나 있다. 부자와 부자의 재산은 일반 시민들에게 존경이나 부러움의 대상이자 동시에 혐오와 질시의 대상일 수 있다. 국가 통치의 차원에서 정당한 재산은 당연히 보호의 대상이고 부당한 재산은 환수의 대상이다. 문제는 그 보호와 환수의 기준이 되는 분배적 정의의 원칙을 제대로 확립하고 구현하는 것이 얼마나 어려운 과업인가를 아는 것 자체가 정치철학적 사유의 출발이라는 데 있다. 일반 시민들은 물론 일반 정치인들도 그러한 어려움 자체에 대한 자각이 없이 기존의 법체계나 일상적인 관행에 전적으로 의존하거나 교과서적 지식을 일방적으로 수용하는 경우가 많으며, 특히 민주정체에서는 일반 시민들의 일시적 혹은 비합리적인 감정에 따라 개인들의 재산권을 관리 혹은 통제한다는 것이다.

이 연설문에서는 또한 무엇보다 일반 시민들의 비합리적 정서가 비판의 대상으로 등장함을 확인할 수 있다. 부자들에 대한 재산권 박탈의 사법적 송사가 일반 시민들의 개인적 혹은 집단적 감정의 분출 수단으로 이용되는 상황, 일반 시민들의 부자들에 대한 질시감이 사회적 윤리의식이나 시민적 교양을 통해 순치되거나 합리적으로 통제되지 않는 정신적 분위기, 그러한 정신적 분위기에 편승하는 정치인들의 대중영합주의, 부족한 국가 재정을 사법적 판단이라는 명분으로 시민들의 재산을 일방적으로 환수하여 메꾸려는 공직자들의 행정편의주의 등에 대한 리시아스의 비판이 드러나 있다.[31] 그러한 비판과 더불어 공인의식의 그와 같은 전반적인 쇠퇴 속에서 정파들 사이의 편파적인 경쟁심이나 적대감은 더욱 악화하게 되며, 국가 전체의 이익 혹은 국가 생활이 나아가야 할 궁극적인 방향이나 이상에 대한 진지한 탐색이 부재한 가운데 정치가 사사로운 집단들 사이의 이익 다툼의 대행으로 변질되는 양상 등등에 대한 리시아스의 경고도 함께 제시되어 있다. 그런데 부유층이나 지배층에 대한 대중들의 질시감에 편승하여 국가 재정 문제를 해결하려는 대중영합주의나 행정편의주의에 대한 비슷한 경고는 다음의 연설문에서도 확인된다.

〈**아리스토파네스의 재산에 관하여: 재무관에 대한 반론**Peri Tōn Aristophanous Chrē-matōn, Pros To Dēmosion〉의 쟁점은 앞의 연설문과 거의 같다. 피소된 인물의 재산 환수 문제의 성격이 조금 다르고, 그 피소의 부당성에 대한 감정적 분노가 대중적 호소력이 좀 더 강한 문장을 통해 좀 더 강하게 표출되고 있을 뿐이다. 법정에서 이 연설문의 화자는 재산 몰수형의 위험에 처해 있는 아리스토파네스라는 인물의 처남이다. 아리스토파네스의 가족사 및 이 재판이 열리게 된 배경은 연설문의 처음 부분에서 화자에 의해 설명되어 있는데(7~23), 그 내용을 간략히 소개하면 다음과 같다.

아리스토파네스의 재산은 그의 아버지 니코페모스Nikophemos에 의해 형성된 것으로 보인다. 니코페모스는 펠로폰네소스 전쟁 시 B.C. 414년의

31 이러한 사실은 특히 다음에 검토할 연설문인 〈아리스토파네스의 재산에 관하여: 재무관에 대한 반론〉의 다음의 문구들을 통해 확인된다. "국가가 직면한 재정 부족의 상태 …"(11), "비록 국가에 돈이 부족하지만 …"(50~51) 등의 문구가 그것들이다.

나우팍토스Naupaktos 해전의 승장으로 유명한 해군 제독 코논Konon의 참모로 활동한 인물인데, 패전 후에는 코논과 함께 키프로스섬에 거주하면서 그의 해상 활동을 도와 아테네가 해상 패권을 회복하는 데 공헌하면서 상당한 재산도 함께 축적한 인물로 보인다.[32] 그런데 니코페모스와 그의 아들 아리스토파네스는 B.C. 390년 페르시아에 대항하는 살라미스Salamis의 왕 에바고라스Evagoras를 지원하기 위해 원정에 나섰다가 실패하여 '정식 재판도 아닌 즉결심판으로 처형당하고'[33] 전 재산을 몰수당한다. 그런데 그 환수된 재산이 기대보다 너무 적다고 재무관Dēmosion은 판단하여 그 재산을 관리한 아리스토파네스의 장인을 나머지 재산에 대한 은닉 혐의로 고소했는데, 그 장인이 재판이 열리기 전에 죽자 그의 아들이자 아리스토파네스의 처남이 재판에 참석하여 변론에 나선 것이다.

그와 같이 피소된 혐의 내용 및 그에 대한 반론의 핵심 또한 간략하게 정리하면 다음과 같다. 일단 이 재판은 사실적으로 근거가 없는 무고 혹은 중상모략[34]으로 인해 많은 정의로운 인사들이 부당하게 피소되어 고통을 받은 경우들 가운데 하나일 뿐이며, 국가 생활에서 왜 "중상모략이 가

32 크세노폰의 『아나바시스』에도 여러 사례를 통해 잘 나타나 있지만, 전쟁은 물론 개별적인 소규모 전투에서도 승자에게 노획물과 노예 등 재산 획득의 특권이 부여되는 것은 인류 역사에서 현대에 이르기까지 오랫동안 당연시 여겨지던 관행이며, 약탈 전쟁이 오랜 기간 '매력적인' 치부 수단으로 이용된 이유이기도 하다.

33 이 문구는 희랍어 원문으로는 간단히 "akritoi apethanon"으로(7) 문구 그대로는 "재판 없이 처형되었다"를 의미한다. 'akritos'는 본디 '불분명한' 혹은 '결정되지 않은'을 의미하는 형용사이지만, 법률용어로는 '재판 절차가 생략된 상태'를 의미한다. 아테네법에는 반역죄나 공금횡령죄의 경우 즉결심판이 이루어질 수 있는데, 아리스토파네스 부자의 경우 대중의 감정적 격앙에 의해 즉결심판이 남용된 사례의 하나로 보인다.

34 여기서 무고나 중상모략을 지칭하는 희랍어 어휘는 'diabolē'로서, 그것은 잘 알려져 있듯이 영어 'devil'의 어원이고 유대교의 경전이 희랍어로 번역될 때 'satan'의 번역어로 사용되었다. 헬레니즘 시대의 희랍어인 이른바 'koine Greek'에는 히브리어에서 직접 수입한 'satanas'라는 어휘도 사용되었다.

장 위험한 것인지hoti pantōn deinotaton esti diabolē"를 아리스토파네스가 일생 보여준 행적을 통해 배심원들에게 설명한다(5~6). 즉 아리스토파네스는 사인으로 재물에 탐욕스럽지도 않고 타인에게 해를 끼친 일도 없으며(8~9), 공인으로서는 국가에 헌신하고 자신의 재산은 물론 때에 따라서는 그의 친척인 이 연설문 화자의 재산까지 동원하여 재정적으로도 많은 공헌을 한 인물이라는 것이다(9~22). 그러한 인물이 개인적 영화를 위해 결코 많은 재산을 남겨두지 않았을 것이라는 점을 구체적인 그의 행적을 예로 들어 설명하면서(22~23), 자신의 그러한 주장이 사실임을 여러 증인의 증언을 통해서 입증하려 한다(24~44).

따라서 아리스토파네스의 자손들이 "부당하게 파멸되어서는apolesthai adikōs" 안 된다는 것이 이 변론문의 요지이다(45). 국가가 재정적으로 궁핍할 때 니키아스나 알키비아데스 등 많은 유명 인사들이 생전에 비슷한 무고로 피소되고 재산을 몰수당하는 처벌을 받은 경우가 많았는데, 이 송사도 그들의 사후死後 그러한 무고들이 허위로 밝혀져 부당한 판결로 판명된 사례와 같다는 것이다(45~54). 아울러 이 변론 자체가 신뢰할 수 있는 것임을 그 자신과 아리스토파네스 자손들의 후견인이자 본래 피고인이었던 그의 아버지의 행적이 진실임을 입증하는 증언을 소개하는 방식을 통해 설명한다(55~62). 즉 그는 사적으로는 옳지 못한 행위로 피소되어 재판정에 선 때도 없었고, 공인으로서는 국가에 의무를 다하고 재정적으로 공헌한 시민이라는 것이다. 그리고 앞의 니키아스 동생 재산의 몰수와 관련된 재판과 비슷하게, 이 연설은 마지막으로 국가가 부당하게 그의 재산을 환수하는 것보다 오히려 그의 사유재산이 보존되어 계속 국가에 재정적으로 공헌하게 하는 것이 국가에 이익이 됨을 강조하면서 끝맺는다.

앞의 두 변론문에 제시된 리시아스의 주장이 의뢰인의 재산을 보호하기 위한 목적으로 사실을 왜곡하거나 사유재산의 보호 자체가 국가적으로 이익이 된다는 — 현대 자본주의 국가에서 사유재산권의 신성화 논리와 비슷하게 — 주장을 의도적으로 과장되게 개진했는지의 문제에 대해 현재로서는 확실한 답을 제시할 수는 없을 것이다. 어쨌든 그러한 송사들 및 변론문들의 존재는 당시의 아테네가 시민들 상호 간의 불신이나 질시감에 따른 상호 비방과 무고에 의한 송사가 횡행하고,[35] 이에 따른 송사가 빈번해지면서 국가 운영에서 정의가 제대로 확립되지 못하고 있다는 리시아스 시각의 반영임이 분명하다. 다음에서 검토될 세 개의 고소문은 그와 같은 국가적 정의의 쇠퇴가 주로 고위 공직자들의 사리사욕이나 출세주의 혹은 도덕적 해이나 부패의 형태로 나타나는 양상들에 대한 고발이다.

〈**에피크라테스 및 그의 동료 공사들에 대한 고발: 보론**Kata Epikratous Kai Tōn Sympresbeutōn Epilogos〉[36]은 공금횡령 혐의로 피소되어 — 본문

---

35 앞에서 그 이유를 설명했지만(5장 각주 # 16), 이 책의 검토 대상에서 제외된 연설문 〈뇌물수수죄에 대한 변론Apologia Dōrodokias Aparasemos〉도 그 실체가 무엇이든 그와 같은 무고 성격의 송사임은 분명하다.

36 제목에 부기되어 있는 'epilogos(결론 혹은 보론)'라는 말에 암시되어 있듯이 이 연설문은 현존하지 않는 고발문 본문의 취지를 좀 더 명확하게 하도록 추가한 짧은 글이다. 여기서 〈LCL〉판 *Lysias*의 번역자인 램의 제목과 관련된 해설을("Introduc-tion" 참조) 소개할 필요가 있다. 위의 제목에서 "Kai Tōn Sympresbeutōn(및 그의 공사 동료들에 대하여)"이라는 어구는 AD 1세기 서지학자grammarian인 테오도로스Theodoros가 추가한 것인데, 텍스트 자체에서는 연설문 처음에 제시된 "아테네인 여러분, 에피크라테스 및 그의 동료 공사公使들에 대한 고발 내용들은 합당하다hikana"는(1) 문구 이외에는 피고인들의 직분이 공사presbeutēs라는 근거를 찾을 수 없으므로 오도된 제목이라는 것이다. 실제로 이 연설문 전체에서 피고인인 에피크라테스의 직분은 재무 담당 공직자이고 공격 대상도 그들 재무 담당 공직자들을 포함한 공직자들 전체로 나타나 있음이 사실이다. 다만 지은이로서는 테오도로스의 그러한 어구 추가를 변호할 여지는 있다고 본다. 고대 아테네에서는 근대와 같은 관료 체제가 확립된 것도 아니었고, 공직자들 또한 각각

에 피고인의 범법 행위가 구체적으로 무엇인지는 적시되어 있지 않다—유죄 평결이 결정된 에피크라테스Epikratēs와 그의 동료 공직자들에 대해 사형을 평결할 것을 주장하는 연설이다. 소크라테스 재판에 잘 예시되어 있듯이, 아테네의 '형사소송법'에 따르면 유죄 평결 후 그에 합당한 형량에 대한 판결은 별도의 배심원 투표를 통해 결정되는데, 리시아스의 이 연설문은 배심원들에게 사형 평결에 찬성할 것을 요청하는 인물의 주장을 대변한다. 그것의 핵심은 무엇보다 그들 피고인을 단죄하려는 배심원들의 의지가 피고인들의 변론 연설이나 재판정에 참석한 공직자들의 발언을 통해 약화할 것을 염려하면서 왜 극형이 필요한지를 강조한 것이다. 즉 그들의 범죄는 당시 공직자들에게 만연한 부패와 기강 문란의 사례로서, 국가적 안위와 관련된 그러한 범죄는 극형을 통해 엄벌해야 한다는 것이다. 그 기본 논지를 정리하면 다음과 같다.

리시아스는 에피크라테스 및 그의 동료들의 피소 내용은 유죄 평결을 통해 공식적으로 입증되었다는 점을 전제하고(1), 이제 형벌의 결정을 위한 평결 전에 일반적으로 공직자 피고인들의 자기 변론이나 재판정에 참석한 공직자들이 배심원들에게 통상적으로 제기하는 주장을 환기한다. 즉 시민들이 재판에서 부당한 평결을 받을 가능성이 큰 경우에도 공직자들은 배심원들에게 그들이 요구하는 처벌이 이루어지지 않는다면 배심원 수당을 제대로 지급하지 않을 것이라고 협박하는 사례가 많았다는 것이다(2).[37] 그런데 그러한 경우 배심원들에게는 적어도 수당의 지급이라는 혜

의 전문 영역이 별도로 있었던 것도 아니어서 한 인사가 장군도 될 수 있고 외교관이나 재무관도 될 수 있었다. 따라서 에피크라테스와 그의 동료들은 재무 담당 공직자로서만이 아니라 과거 외교관으로 활동하던 시절에도 독직의 혐의로 피소된 사실이 있었기 때문에 테오도로스가 그와 같은 제목을 추가했을 가능성도 있다는 것이다.

37 한국에서는 교통범칙금이 경찰 운영의 주요 예산으로 사용되는 것으로 알려져 있다. 그 경우와 비슷하게, 고대 아테네에서도 배심원 등 국가 통치에 참여하는 시민들에 대

택이라도 부여되지만, 이번 송사의 경우 그들의 주장을 따를 때는 처벌이 면제되는 그들 공직자들에게만 이익이 될 뿐 국가적으로는 고난pathos과 수치aischynē만이 있을 뿐이라는 점을 강조한다(2). 왜냐하면 이번의 송사는 일상적인 재판이 아니라 시민들에 의해 선출된 "국가의 수호자들 phylakes; guardians"이자 "불의不義를 척결하는 인물들hoi tōn adikountōn kolastai"인 공직자들이 바로 독직과 부정의 행위로 시민들의 재산을 강탈한 범죄에 대한 단죄이기 때문이다. 그런데도 만일 배심원들이 범법 행위로 모은 재산을 국가에 기부한다는 명목이나 그들의 유창한 언변에 현혹되어[38] 그들의 범죄를 용인할 경우, 이는 곧 국가의 존속sōthēnai이라는 중차대한 문제가 돈 또는 잘못된 언변에 좌우됨을 의미하므로 '국가의 미래가 절망적이기' 때문이라는 것이다(3~9).[39]

이 공직자들이 반드시 처단되어야 하는 또 다른 이유도 제시된다. 그들의 과거 행적은 그들이 공직을 통해 사리사욕을 추구했을 뿐 '일반 시

한 수당은 벌금이나 재산 몰수의 형으로 형성된 국가 재정을 통해 충당하는 경우가 일반적이었다고 한다. 여기서 아리스토파네스의 재산과 관련된 앞의 법정 연설문에서도 공직자들의 행정편의주의가 쟁점이었음이 환기될 필요가 있다.

38 당대 아테네에서는 연설 능력이 없는 인물은 공직 취임이 실질적으로 불가능했다. 따라서 공직자들의 연설 능력은 대체로 탁월했으며, 리시아스와 같이 법정 연설문 전문의 법률가가 작성한 연설을 통해 배심원들의 감정을 사로잡아 평결을 유리하게 나오게 하는 것도 일상적이었다는 점은 이 연설문 여러 곳에서 반복되고 있다. 참고로 아리스토파네스의 희극 『구름』에서 소크라테스가 소피스트들의 하나로 등장하고 있는 점은 잘 알려져 있는데, 그들 소피스트에게는 — 『구름』에서는 특히 '사상가phrontistēs'라는 말로 표현되어 있다 — 돈만 지급하면 법정에서 탁월한 언변을 통해 소송에서 이기게 해준다는 사실도 풍자되어 있다. 당대의 많은 공직자란 어떤 의미에서 그들 자신이 소피스트이거나 소피스트들의 제자들이라고 말할 수 있는 것이다.

39 '국가의 미래가 절망적이기'라는 문구는 이 연설문 전체의 논지를 압축한다고 볼 수 있다. 그 원문은 "kaitoi tina chrē elpida echein sōterias, … ?"(3)인데, 직역하면 "진실로 어떠한 구원의 희망을 우리는 가질 수 있겠는가?"이다.

민들과 이익을 공유한 적이 없다'[40]는 사실을 보여준다는 것이다. 전쟁 동안[41] 시민들 모두가 가난의 상태에 있을 때 그들은 바로 시민들의 돈으로 가난을 벗어나 부자가 되었으며, 그렇게 모은 돈으로 연극 공연 등을 후원하여 시민들의 감사를 받지만, 그것은 결국 시민들에게서 강탈한 돈에 불과하다는 것이다(9~11). 그런데도 "불의를 범한hoi adikoumenoi" 그들 공직자 피고들은 교묘한 언변을 통해 일반 시민들의 동정을 유발하는데, 일반 시민들 사이의 송사에서는 "불의를 당한 사람hoi adikountes"이 동정을 받는다는 사실로 볼 때 그것은 "무엇보다도 터무니없는to de pantōn hyperphyestaton" 일이라는 것이다(12). 따라서 이번 송사에서 에피크라테스 등 공직자들의 범법 행위가 분명하게 확인되었다면, 과거의 그러한 잘못된 관행에서 벗어나 그들에게 죄에 상응한 엄격한 처벌이 내려져야 한다는 것이다(13~16). 그들의 언변에 오도되거나 그들이 제공하는 돈 때문에 동정이나 관용을 베푸는 행위는 궁극적으로 "반역 행위prodounai"와 다름없다는 것이다(15).

이 연설문에는 에피크라테스와 그의 동료들의 범죄 행위가 무엇인지 적시되지는 않았다. 다만 다음의 연설문들에서도 나타나 있듯이, 아테네 국가 및 제국의 운영에 필수적으로 수반되는 세금이나 공납금의 징수 과정에서 발생하는 독직과 부정이 주요 사안이라는 점은 충분히 추정할 수 있다. 어쨌든 리시아스가 보기에 당시 아테네에서 공직자들의 부패와 독직은 보편화된 현상이었으며, 배심원으로 참여하는 일반 시민들 또한 그

---

40 원문으로는 "hois oude tauta kai hymin sympherei"로 직역하면 '그들은 자신들과 당신들의 이익을 공유하지 않는다'로, '이익을 공유하다'는 'sympherō' 동사 하나로 표현된다.

41 이 송사가 B.C.390년에 발생한 것으로 추정되므로, 여기에서 전쟁은 390년 아테네와 코린토스 사이의 코린토스 전쟁을 지칭한 것으로 보인다.

것의 심각성을 자각하지 못한 채 그 범법자들이 형량 평결의 과정에서 보여주는 읍소 등에 마음이 움직여서 엄격한 처벌을 평결하지 못하는 상황이었다. 또한 일반 시민들은 피소된 공직자들이 법정에서 그들 자신이 국가 재정에 공헌했다고 하는 말 등에 현혹되어 공직자의 범죄에 관용적인 태도를 보이는 경우가 많은데, 이 연설문은 그러한 태도가 국가 생활에 얼마나 심각한 문제를 일으키는지 각성을 촉구하면서 공직자의 범법 행위에 대한 엄격한 처벌은 국가의 안위 차원에서 단호하게 집행되어야 한다는 원칙을 개진했다고 볼 수 있다. 다음 두 개의 연설문에서는 좀 더 구체적인 사실들을 통해 그러한 원칙의 중요성을 다시 확인시키고 있다.

〈에르고클레스에 대한 고발: 결론Kata Erokleous Epilogos〉은 B.C. 403년 아테네 민주정체 회복의 영웅인 트라시불로스Thrasyboulos의 에게해 북쪽 지역 및 소아시아 지역 원정(B.C. 389)에 참여했다가 배반 · 횡령 · 수뢰의 죄로 피소되어 민회에서 유죄 평결이 내려진 에르고클레스Ergokles[42] 라는 공직자에 대한 형량 평결에서 사형을 요구하는 연설문이다. 트라시불로스의 원정은 펠로폰네소스 전쟁 패배 이후 추락한 아테네 제국주의의 위상을 동맹의 강화와 조공의 징수를 통해 회복하는 데 그 목적이 있었다. 실제로 그러한 목적은 트라키아 등 여러 지역에서 어느 정도 성공

42 출생연도는 미상이고, 이 연설문과 관련된 해외 원정 중 B.C. 388년에 사망했다. 이 연설문에서 에르고클레스의 직함은 명확하게 나타나 있지 않다. 본문에서는 그의 본국 소환에 대해 언급하는 가운데 "tous archontas tous met' ekeinou"(5)라는 어구가 나오는데, "그와 함께한 지휘관들archontas"이라는 뜻이다. 여기서 'archontas'는 트라시불로스를 수행한 군대 지휘관들을 지칭할 가능성이 크지만, 민간인 신분의 고위 공직자를 지칭할 가능성도 전혀 배제할 수는 없다. 그리고 리시아스가 고발하는 공직자의 독직이나 부패 문제는 대체로 재무 담당 공직자들을 중심으로 발생한 것이기 때문에 에르고클레스도 그들 가운데 하나일 수 있다.

적으로 수행되었는데, 소아시아의 아스펜도스Aspendos에서 트라시불로스가 아테네의 정책에 반발하여 폭동을 일으킨 주민들에 의해 살해된 사건이 일어났다. 그에 따라 함대는 본국으로 소환되고 함대 운영의 실상이 밝혀지면서 이 재판이 열리게 된 것이다.[43]

에르고클레스의 범법 행위는 다음의 문장으로 요약된다. "도시국가들을 배반하고, 여러분의 외교관들proxenous과 시민들에게 부당한 일을 했으며, 여러분의 비용으로 가난에서 벗어나 부자가 되었다"(1~2). 이 문장에서 '여러분'은 물론 아테네 시민들 전체를 지칭하며, '도시국가들'은 아테네의 동맹 도시들을, '외교관들과 시민들'은 동맹 도시들에서 아테네를 대변하여 외교관 역할을 하는 시민들이나 친아테네 성향의 동맹국 시민들을 지칭할 것이고,[44] 나머지 문장은 공직자의 직위를 남용한 횡령과 수뢰 등의 부정한 방법을 통해 치부한 — 에르고클레스 및 그의 일당은 (kolakas; kolax의 복수형으로 본래는 아첨하는 자들을 의미) 아테네에서 가장 큰 부자가 되었다고 한다(4) — 행동을 지칭할 것이다. 그런데 이 연설문에서는 특히 에르고클레스 및 그의 동료 공직자들의 독직 행위가 앞의 에피크라테스의 그것보다 좀 더 교활하고, 무엇보다 민주파라는 외양으로 민주정체에 직접적인 위협이 되고 있음을 강조하고 있다는 점이 주목된다 (5~15).

에르고클레스와 그의 일당은 본국 정부의 소환 명령이 있었는데도 그것을 중상모략으로 무시하고, 오히려 트라시불로스를 부추겨 비잔티움을

---

43 트라시불로스의 원정에 관한 당대의 기록으로는 크세노폰의 『헬레니카』(IV-viii-25~34) 및 디오도로스 시쿨루스가 *Bibliothēkēs Historikēs* (xiv)가 남아 있다.

44 희랍 세계에서 외교관은 본국에서 특명을 받아 별도로 파견하는 경우 이외에 해당 국가의 주민들 가운데 한 인물을 임명하는 — 현재의 명예 대사 제도와 비슷하게 — 경우가 많았으며, 후자가 일반적으로 'proxenos(말 그대로는 '친외국인'을 의미)'로 불린다.

점령하고 그를 트라키아의 공주와 혼인시켜 세를 과시하면서 본국의 시민들을 두렵게 만들었다(5~6). 그들은 결국 부정으로 축적한 부를 통해 과두정체를 확립하여 시민들의 공복公僕이 아니라 그들의 통치자로 군림하고자 했다(7). 그들은 결국 피소되어 법정에 서게 되었는데, 다행히 '민주화'의 영웅인 트라시불로스는 이미 사망하여 그의 명성에 어울리지 않는 사태는 피하게 되었다(8). 그런데 살아남은 자들은 이제 법의 심판을 피하고자 연설가, 자신들의 정적, 위원회prytaneion의 위원 등 수많은 시민을 "현금으로argyriōi" 매수하여 타락시키면서 자신들의 생명을 구걸했다(9). 그러한 행태는 곧 이 재판이 부패한 공직자들에 대한 심판을 넘어 아테네 시민 전체에 대한 심판임을 의미했으며, 아테네 시민들은 이들에 대한 단죄를 통해 자신의 혐의를 벗고, 어떠한 금액으로도 범죄에 대한 관용을 대신할 수는 없다는 점을 명확히 보여주어야 했다. 그들에 대한 단죄를 포기하는 것은 "성벽과 선박을 적에게 내주고 민주정체 대신에 과두정체를 확립하는 것"과 다를 바 없다는 것이다(9~11).

그런데 에르고클레스 일당이 국가 안보에 가할 수 있는 그와 같은 위험성은 일반 시민들이 그들을 과거 30인의 참주 정권을 전복시키는 데 공헌한 '민주 투사'로 간주되고 있다는 사실에서 더욱 커진다고 한다(12). 물론 자유와 정의에 대한 열망을 가지고 법질서를 준수하고 불의를 증오하여misountes; hating 민주화 투쟁의 위험을 감수한 사람들이 결코 나쁜 시민은 아니다. 하지만 민주정치의 회복 후 국가의 위대함megalēn과 자유를 위해 헌신하라고 선발한 공직자들이 온갖 수단을 통해 시민들 전체에 해악을 끼쳤다면, 그것은 30인의 참주들보다도 더 큰 분노orgizesthai; wrath의 대상이라는 것이다(13~14). 그들 부패한 공직자들이 국가의 자유와 위대함을 위해 공헌한 것은 전혀 없으며, 그들은 오히려 국가를 "가장 두려운 위험에 빠지게en tois deinotatois kyndinois kathestēkate"(14) 만든 인간들이라는 것이다. 따라서 그들은 당연히 극형에 처할 인물들이라는 것이다.

에르고클레스는 사형 평결을 받아 처형된다.[45] 따라서 배심원들에 대한 리시아스의 설득은 성공한 것으로 보이지만, 그러한 성공이 반드시 아테네의 공직 사회에서 부패 행위가 완전히 척결되었음을 의미하는 것은 아닐 것이다. 이 연설문과 앞의 다른 여러 연설문에 잘 나타나 있듯이, 아테네에서 공직자들의 부패 행위는 민주정체라는 지배 체제와 요역공납 제도라는 국가 재정 운영 체제와 연관되어 이미 구조적으로 된 것으로 보인다. 부패한 공직자들은 민주정체 회복에 이바지했다는 경력을 바탕으로 일반 시민들에 의해 고위 공직자로 선출되었는데, 공직에 선출된 후에는 부정한 방법으로 재물을 취득하고는 바로 그 부정한 재물 일부분을 국가에 바치는 과시적 행위를 통해 일반 시민들에게 애국자라는 인상을 주면서 부정행위 자체에 대한 법적 단죄를 회피한 것으로 보인다. 특히 연설문에서 강조하고 있는 것은 그들이 영악하게 머리를 써서 부정행위를 계속 저지르면서도—부패한 공직자가 대체로 어느 시대에나 그러하듯이—민주정체에서 국가의 주체인 일반 시민들을 유창한 언변으로 오도하면서 공직을 계속 유지하는 부패 구조가 정착되어가는 상황이다. 이에 따라 불의가 일상화되면서 국가 전체가 위기에 처하게 된다는 것인데, 리시아스가 보기에 그와 같은 국가적 위기 상황을 지속하게 만드는 직접적인 당사자는 바로 그들의 언변에 매혹당하고 그들의 재산 공여 제안에 유혹당하는 배심원들과 일반 시민들이라는 점이 중요하다. 리시아스는 바로 국가의 운명을 결정하는 그들에게 어떠한 물질적인 이득보다 엄격한 정의의 확립이 국가의 안위 및 민주정체의 유지에 필수적임을 호소하는

45 그가 처형되었다는 사실은 앞에서 설명했듯이 이 연설문과 근본적으로 같은 송사이기 때문에 이 책의 검토 대상에서 제외된 연설문인 〈필로크라테스에 대한 고발: 결론Kata Philokratous Epilogos〉 2~5에 나타나 있다.

것이다.

그런데 공직자의 부패는 어느 국가에서나 공직 사회 일부에 국한되지는 않는다. 부패 구조는 언제나 확산하고 보편화하기 마련이다. 다음의 연설문 〈니코마코스에 대한 고발〉에서 고발의 대상인 니코마코스는 이제 에르고클레스와 같은 고위 공직자가 아니라 하급 공직자이다.

〈**니코마코스에 대한 고발**Kata Nikomaxhou〉은 B.C.399년에 작성된 것으로 알려져 있으며, '법무사grammateus ethynos'라는 하급공무원 hypogra-mmateus[46]인 니코마코스라는 인물을 자격 사칭, 독직, 직무 유기 등의 혐의로 고발하는 연설문이다. 그는 400인 과두파의 집권 후 아테네에서 일종의 헌법 — 혹은 조선조에서 경국대전 — 에 해당하는 솔론의 법을 수정하고 보완하기 위한 목적으로 구성되어 30인의 참주 정권에서 잠시 활동이 중지되었다가 민주정체가 회복된 B.C.403년 다시 가동된 '법률개정위원회nomothetai'에 소속된 법무사이다. 리시아스가 이 연설문에서

46 그의 직책은 리시아스 저술의 편집자에 따라 부기되기도 하는 "Grammateōs Euthynōn Katēgoria"라는 이 연설문의 부제에도 나타나 있다. 그 부제가 리시아스 자신의 것인지는 분명하지 않다. 'grammateus(복수형은 grammateōs)'는 아테네에서 집정관archon의 비서 혹은 행정관 임무를 수행하는 공무원으로서 민회에서 의결된 법률이나 정책을 비석stēle이나 목판kyrbeis에 새기는 방식으로 공표하는 직책 혹은 기존의 비석이나 목판에 새겨진 법률 문구를 해독하는 직능을 담당한다. 영어로 'correct' 혹은 'streight'로 번역될 수 있는 형용사 'euthys'에서 파생한 'eythynon'이라는 형용사는 특히 기존의 법률을 수정하거나 삭제하는 직능을 지칭한다. 따라서 'grammateōs euthynōn'은 영어로 'correcting secretary' 혹은 'correcting officer' 정도로 번역될 수 있으며, 우리말로는 수정이라는 말을 첨가할 필요 없이 '법무사' 정도로 번역될 수 있을 것이다. 니코마코스는 그러한 직책을 가진 인물들 가운데 대표적인 인사로 고발된 것 같으며, 위 부제는 우리말로 '법무사들에 대한 고발장' 정도로 번역될 수 있을 것이다. '법무사들'이라는 복수형으로 표현되었다는 사실 자체에 이 고발 건이 니코마코스라는 한 인물의 문제가 아니라 공무원들의 일반적인 부패와 타락상에 대한 고발이라는 점이 암시되어 있다.

기술하고 있는 피소 내용을 간략히 정리하면 다음과 같다.

그의 아버지는 시민이 아닌 공노公奴; dēmosios[47]였으므로 신분상 법무사의 직책에 취임할 자격 자체가 없었으며, 법적으로 규정된 법무사의 임기 4개월을 초과하여 6년 이상 재임했고, 뇌물을 받아 특정 법규를 자의로 삽입 혹은 삭제하거나 자의로 해석하여 법률 체계와 사법 운영에 혼란을 일으켰고, 해당 직책에 부과된 법적 의무인 업무보고서를 4년 동안이나 제출하지 않았다는 것이다(1~6). 그는 또한 기회주의적 인간들의 전형이다. 즉 30인의 참주 정권이 무너지고 민주정체가 회복되자 한때 민주정체의 전복에 가담했던 인사들이 민주파dēmotikoi로 행세하는 경우가 많았는데, 그가 바로 그러한 인물이다(9~16). 니코마코스의 그러한 이중적 행동의 하나로, 클레온과 더불어 대표적인 선동 정치인으로 간주되는 민주파 정치인인 클레오폰Kleophōn을 새로운 집권자인 30인의 참주들이 재판에 부쳐 처형하는 과정에 참여하여 편파적으로 법률을 해석함으로써 그들에게 동조한 사실을 들 수 있다(12~14). 아울러 그는 국가가 주관하는 희생제thysia와 관련된 규정도 자의로 해석하여 필요 이상의 과도한 경비를 지출하게 하여 국가 재정에 심대한 피해를 초래했다(17~20). 니코마코스는 결국 가족적 배경이나 개인적인 능력은 물론 과거 경력상으로도 모두 공직에 취임할 자격도 없고, 부정행위를 범해 관용의 대상도 될 수 없으므로 극형으로 처벌하여 다른 공직자들에게 경종이 되어야 한다는 것이다(21~30). 연설의 마지막 부분은(31~35) 배심원들에게 법정에 있는 피고인의 지지자들에 대한 "불신distrust과 짜증anger을 의도적으로 유발하기 위한 주장들"로 채워져 있다(Bateman, 1962: 161).

이 연설문에서도 강조되는 점은 니코마코스의 범법 행위가 단순히 특

---

47 국가 소유의 노예로서 아테네에서는 경찰 등의 직능을 수행했다.

정 공직자에 국한된 문제가 아니라 당시 아테네 공직자들 전체의 독직과 부정의 문제이면서 국가 기강 전반의 문란이자 도덕적 해이 현상 전반의 문제라는 사실이다. 사회적 신분 질서가 흔들리고, 법체계가 혼란 상태에 있으며, 공직자들의 기강이 흔들리면서 공인의식이 쇠퇴하고 부패가 만연했으며, 확고한 정치적 신념에 따라 일관되게 행동하는 인간들은 점점 사라지고 시류에 따라 약삭빠르게 행동하는 인간들은 늘어나는 정치 · 사회적 추세를 대변하는 인물이 바로 니코마코스라는 것이다. 그러한 인물들을 고발하고 그들을 단죄함이 정의라는 리시아스의 선언은(9~10) 앞의 연설문들과 같이 새로운 국가적 정의를 확립하라는 요구이다. 그러한 요구는 기존의 부패하고 문란한 질서를 대체하는 새로운 질서의 제시로 이어지는데, 그와 같은 대안의 제시가 법치주의와 범희랍주의의 형태로 다음 2절에서 검토될 연설문들에 나타나 있다.

2. 비판에서 대안의 제시로: 법치주의와 범희랍주의[48]

약 1년 동안 30인의 참주 정권의 등장과 내란 상태를 겪은 아테네는 B.C. 403년 민주정치가 회복된다. 그런데 그와 같이 회복된 민주정치가

48 범희랍주의는 서양 고전학계에서 고르기아스Gorgias, 리시아스, 이소크라테스의 정치사상을 규정할 때 일반적으로 사용되는 용어이다. 앞으로 이 6장 3절에서 좀 더 자세히 설명되겠지만, '희랍 민족주의'라는 용어로도 대치될 수 있는 이 말에 해당할 수 있는 'helleneia'와 같은 어휘는 희랍어에 없을뿐더러, 그 지식인들이 그러한 용어를 명시적으로 사용하면서 자신들의 정치적 이념을 규정한 것도 아니다. 하지만 그들의 사상에 그러한 이념 내용이 구체적으로 등장하고 있음은 분명하다. 그러한 이념의 맹아는 이미 호메로스나 헤시오도스에서도 발견되는데, 그 점은 그들의 작품에 이미 개별 희랍인의 단순한 집합이 아니라 '희랍인 전체'를 규정하는 하나의 어휘인 'Panhellenes'가 등장한다는 사실에서 확인된다.

국가 생활의 건강함이 그대로 회복됨을 의미하지 않는다. 그 점은 바로 리시아스의 연설문들을 통해 확인된다. 그것에는 일반 시민들의 정신세계를 범속한 개인주의와 과도한 상업주의적 욕구가 지배함에 따라 전통적인 시민윤리와 공인정신이 쇠퇴하면서 나타나는 여러 정치 · 사회적 병리 현상들이 상세히 기술되어 있다. 개개 시민들 사이의 극심한 이권 다툼에 따른 빈번한 법적 송사가 시민 전체의 분열과 갈등으로 이어지고, 공직자들의 비리와 부정은 심화하여 국가의 여러 기능이 제대로 작동하지 못하는 현상들이 그것이다. 그런데 그러한 병리 현상은 갑자기 출현한 것이 아니라 이미 오래 진행된 민주정치 쇠퇴 과정의 다른 측면으로 볼 수 있다. 펠로폰네소스 전쟁에서의 패배라는 사실 자체가 증언하듯이, 페리클레스라는 걸출한 정치 지도자가 사라진 이후 전개된 아테네 민주정치의 역사는 시민적 합의를 통해 국가 생활에서 최선의 길을 추구한다는 민주정치의 이상이 바로 민주정치의 이름으로 침해되고 훼손되어가는 과정이었다. 중요한 국가 정책이 국가적 차원의 이성적 판단이 아니라 대중의 비합리적인 정서나 감정적인 충동으로 결정되는 상황이 지속되고, 그러한 상황이 지속되는 가운데 대중들의 그러한 성정을 부추기거나 그 영향력에 편승하는 여러 형태의 대중 정치인들[49]이 득세하는 과정이었다.

---

49 이 책 여러 곳에서 자주 언급되었지만, 일반적으로 가치 비하의 의미가 있는 영어 'demagogue'의 어원인 희랍어 'demagogos'의 본래 의미는 '민중의 지도자'이다. 따라서 그 말에 본디부터 가치 비하의 의미가 있지도 않고 그 정치 행태에 특정한 성격이 규정되어 있는 것도 아니다. 민중의 지도자는 민중이 나아가야 할 목표를 제시하고 그것의 도달을 위해 자신의 모든 것을 바치는 인물이 될 수도 있다. 문제는 민중의 지도자를 자처하는 인간들이 그러한 비전이나 능력을 갖추지 못한 채 저차원의 정치적 식견이나 비속한 정치적 야망의 실현 또는 권력 장악 자체를 목적으로 민중의 일시적인 감정이나 비합리적 정서에 편승할 때 흔히 말하는 '선동 정치인'이 되는 데 있다. 그런데 무엇이 정치적 비전이고 민중에 대한 합리적 설득이며, 무엇이 민중의 정서에 대한 야합이나 민중에 대한 선동인지 여부를 현실적으로는 쉽게 구분할 수 없다는 것이 어려운 점이

앞 절에서 검토한 리시아스의 연설문들은 일반 시민들의 사적인 관계 및 공직자들의 행태에 나타난 그러한 상황의 여러 구체적인 측면들을 드러내고 그것들을 비판한 글들이었다. 그러한 글들을 통해 아테네라는 도시국가가 B.C.4세기 초에 직면한 여러 가지 사회적·정치적 문제들의 실체에 대한 그의 통찰을 확인할 수 있었다. 물론 한 국가가 직면한 문제들을 밝히는 작업 자체가 그 극복 방안을 모색하는 작업과 분리될 수는 없다. 그리고 후자의 작업은 한 국가가 추구해야 할 미래의 목표 또는 궁극적으로 지향해야 할 정치적 이상이 무엇인가의 문제에 대한 논의를 떠나서는 진정한 의미가 있을 수 없다. 리시아스의 경우 그러한 목표나 이상은 민주정체에 대한 수정과 보완으로서의 법치주의, 그리고 도시국가들 사이의 평화를 근본적으로 확립하는 방안으로서의 범희랍주의로 요약될 수 있다. 이 2절에서 검토의 대상이 될 리시아스의 연설문들에는 바로 그러한 목표와 이상이 제시되어 있다.

리시아스의 다음 글들은 법정 연설문 형식의 연설문과 더불어 대중들에 대한 강연 형식의 연설문들이다. 법정 연설문들이 특정한 법적 송사와의 관련성을 배제할 수 없는 형식상의 제약 때문에 자신의 정치적 이상을 설파하는 것에 한계가 있다면, 대중에게 직접 설득하고 호소하는 형식의 연설문들에는 그러한 제약에서 어느 정도 벗어나 리시아스의 정치적 이

다. 그와 더불어 민중적 정서와의 야합 또한 여러 형태로 나타날 수 있다는 점도 주목해야 한다. 이 점은 현대의 소위 '포퓰리스트' 정치인에게도 해당하지만, B.C.5세기 말에서 B.C.4세기 전반 아테네 정치에 등장한 대표적인 'demagogos'들의 경우를 통해서도 확인될 수 있다. 예를 들어 보통 시민들 위주의 복지정책을 시행하고 민주정체의 수호를 위해 스파르타와의 타협을 거부하는 등 그 나름의 정치적 식견을 가지고 정책을 폈으나 결과적으로 선동 정치인으로 규정된 클레온, 가문 좋고 잘생기고 언변 좋은 인간에 대한 대중의 동경을 자신의 거대한 정치적 야망을 추구하는 데 이용한 알키비아데스, 대중의 정신적 수준에 그대로 야합하는 수준의 클레이토폰 등 다양한 형태의 '선동 정치인'이 있었다.

상이 좀 더 구체적이고 명확하게 제시되어 있다. 일단 전자 형식의 글들에 잠재적으로 표출된 그의 정치적 이상을 정리한 후, 그것이 후자 형식을 통해 어떠한 내용으로 좀 더 명시적이고 체계적으로 표현되었는지 알아볼 필요가 있다. 물론 그 내용이 어느 정도 정치철학적 사유의 엄밀성과 포괄성, 체계성을 갖추고 있는지는 당연히 검토의 핵심이다. 먼저 검토할 법정 연설문은 〈30인의 참주들 가운데 하나인 에라토스테네스에 대한 고발〉이다.

* * *

〈30인의 참주들 가운데 하나인 에라토스테네스에 대한 고발: 리시아스 자신의 낭독 Kata Eratosthenous Tou Genomenou Tōn Triakonta, On Autos Eipe Lysias〉[50]은 다음에 검토될 〈아고라토스 사건에 대한 반론Kata Agoratou Endeixeōs〉과 함께 30인의 참주 정권 쿠데타와 관련하여 구체적인 정보를 제공하는 사료이자, 리시아스의 연설문들 가운데 역사학적으로

50 제목에서 'On Autos Eipe Lysias(직역하면 '리시아스 자신에 의해 낭독된)'는 이 연설문에 전통적으로 부기가 되는 문구이다. 리시아스 법정 연설문들 대부분은 그가 시민 자격이 없으므로 다른 사람에 의해 낭독될 수밖에 없었다. 그런데 이 연설문은 30인의 참주 정권이 붕괴하고 민주정체가 회복되어 그가 일시적으로 시민권을 부여받은 시기에 작성되어 그가 법정에서 직접 낭독할 수 있었던 것이 확실하다. 그러한 사실 자체가 그의 생애에서 의미 있는 사건이었다. 그것은 또한 자신의 가족사와 직접 관련된 송사에 대한 고발문이라는 점도 연설문에 투영되어 있다. "그들의 행동 하나하나에 두 번의 죽음을 내려도 제대로 처벌을 받은 것이 아니다"(37)라는 문장과 같이 격한 — 아니면 다음 각주 #52에서 설명되겠지만 수사학적 의도에서 '격한 체'한 것일 수도 있다 — 감정의 표출을 느낄 수 있는 점이 그 한 예이다. 제목에 '리시아스 자신의 낭독'이라는 문구가 부기된 이유도 그 스스로 직접 낭독을 전제로 작성했기 때문이거나, 아니면 독자들에게 이 연설문의 음조가 다른 것들보다 좀 더 강렬하고 생생한 느낌을 주기 때문에 후세의 학자들이 그러한 문구를 부기한 것일 수도 있다.

가장 중요하고 수사학 차원에서도 가장 탁월한 연설문들 가운데 하나로 평가된다. 그리고 그것은 앞의 3장 1절에서 이미 언급되었듯이 리시아스 자신의 생애와 관련된 주요 정보의 원천이기도 하다. 그것은 또한 그의 정치사상의 연구 차원에서도 중요한 의미가 있다. 비록 그것에 체계적인 정치적 사유가 개진된 것은 아니지만, 간접적이나마 민주정체에 대한 리시아스의 근본적인 — 무조건적이 아니라 — 지지를 확인할 수 있고, 동시에 민주정치 나아가 정치적 행위 일반의 바탕에 있는 인간성의 문제에 대한 그 나름의 관점과 통찰도 발견할 수 있는 사료이기 때문이다.

지은이 자신의 검토에 들어가기 전에 리시아스의 연설문들 가운데 가장 많은 연구 — 특히 정치사적 사료에 대한 분석의 차원에서 — 의 대상이기도 한 이 연설문의 전체적 성격에 대한 독자들의 이해를 돕기 위해 그것에 대한 서양 고전학자 두 사람의 평가를 소개할 필요가 있다. 머피T. M. Murphy와 하울랜드Jacob Howland 두 학자의 평가가 그것이다.

먼저 머피의 경우이다. 그는 그것이 아테네의 내란 과정에 나타난 "반反과두정체의 독설anti-oligarchic invective" 가운데 대표적이면서 현존하는 최초의 본보기라고 규정하면서(Murphy, 1989: 41), 리시아스가 이 연설문을 작성하게 된 동기를 다음 두 가지로 정리하고 있다. "1) 형인 폴레마르코스의 죽음에 대해 에라토스테네스에게 복수하고, 2) 민주정체의 지지자loyalist라는 자신의 명성을 높이기 위해서(아마도 박탈당한 가문의 돈과 재산을 회복하려는 희망에서)"라는(같은 글, 41) 것이다. 아울러 그는 이 연설문의 법리상의 결함으로 피고의 범법 행위에 대한 "확실한 증거hard evidence"가 제시되지 않은 점을 든다(같은 글: 42~43). 일단 이 연설문의 어조가 과연 '독설'로 규정될 정도로 감정에 치우친 요소가 있는지는 앞으로의 논의를 통해 판단될 대상이며, 그것의 바탕에 있다는 세속적인 동기의 존재는 평범한 고찰이기는 하나 굳이 부정할 이유는 없을 것이다. 그리고 '확실한 증거 미제시'의 결함은 피고가 이미 B.C. 403년의 사면령으로 법적으로 처벌될 가능성이 없고, 이 연설문의 1~2절에 드러나듯이 그것은 처음부터 에라토스테네스의 정치적 복권을 정치적으로 저지하려는 시도로서 법적이 아닌 정치적 단죄의 성격이 강하므로, 이미 잘 알려진 피고의 죄상들을 굳이 구체적으로 다시 적시할 의도가 처음부터 없었던 것으로도 해석될 수 있을 것이다.

다른 하나는 하울랜드Jacob Howland의 견해이다. 그의 해석에 의하면 플라톤의 『국가』 1권과 2권은 리시아스의 이 연설에 대한 플라톤적인 답변이라는 것이다. 그렇게 해석하는 것이 『국가』에서는 플라톤이 리시아스를 "묵시적으로implicitly 비판하면서 『파이드로스』에서는 명시적으로 새겨놓은 리시아스의 모습the picture of Lysias that he explicitly inscribes"과 조화를 이룬다는 것이다(Howland, 2004: 179). 그 초상은 앞의 4장 각주 #11과 #32에서도 소개한 바도 있는 리시아스에 대한 플라톤의 "혹독한harsh" 비판과 맥락을 같이하는 것으로서, 하울랜드는 특히 이 연설문의 본문에 나오는 "그들의 행동 하나하나에 두 번의 죽음을 내려도 제대로 처벌을 받은 것이 아니다"(37)라는 문장에 함축된 "보복의 이념에는 한계가 없다the idea of revenge as having no bounds"는 식의 주장에 대한 플라톤의 답변이라는 것이다(같은 글, 190). 그리고 그와 같이 해석할 때 왜 플라톤이 『국가』에서 리시아스를 소크라테스와 폴레마르코스가 대화할 때 단순히 "청중auditor"으로만 있게 했는지 이해할 수 있게 된다는 것이다. 그렇게 함으로써 플라톤은 리시아스가 폴레마르코스를 "잘못 대변하면서 정의에 대한 적절한 주장을 왜곡시켰다misrepresents Polemarchus and distorts the proper claims of justice"는 인상을 "은근히implicitly" 주면서, "리시아스가 범한 오류들의 근원이 무엇인지 드러내고자 했기shed light on the roots of Lysias' errors" 때문이라는 것이다(같은 글, 190~191).

일단 『국가』에서 리시아스의 침묵은 여러 해석이 가능하며, 앞의 4장 각주 #11에서 언급했듯이 무엇보다 『국가』에 전개된 극적 상황의 시기를 어떻게 규정하는가에 따라 해석의 방향이 달라질 수 있다. 물론 하울랜드의 그러한 해석도 처음부터 배제될 이유는 없다. 그러나 앞으로 이 연설문에 대한 검토를 통해 해명되겠지만, 리시아스는 이 법정 연설에서도 폴레마르코스로 대변되는 '친구에게는 이익을 적에게는 해악을'이라는 정의의 관념을 고집스럽게 주장하는 것도 아니라는 점을 먼저 지적할 필요가 있다. 그리고 "그들의 행동 하나하나에 두 번의 죽음을 내려도 제대로 처벌을 받은 것이 아니다"라는 수사학적 표현을 문자 그대로 해석한 것도 비판의 대상이다. 그것은 정파의 이해관계를 넘은 국가적 정의의—그의 직접적인 표현으로 "국가에 대한 적대적 행위pros tēn polin echthna"(2)의 근절의—실현에 사적인 이유 등으로 제한이 있어서는 안 된다는 원칙을 법정이라는 현장을 감안하여 의도적으로 강렬하게 표현한 것으로 해석될 수 있기 때문이다. 아울러 그것은 죄의 경중에 상응하는 형벌이라는 사법 집행의 원칙을 수사학적으로 표명한 것으로서, 그러한 원칙의 준수가 결코 법적 제한을 벗어난 무한정한 보복을 의미하는 것은 아니라는 점을 하울랜드는 인식하지 못한 것으로 보인다.

어쨌든 이 법정 연설문에서 피고로 등장한 에라토스테네스는 제목에도 나타나 있듯이 아테네가 펠로폰네소스 전쟁에서 스파르타에 항복한 B.C.404년에 참주정 쿠데타를 주도한 30인 가운데 하나이다. 그가 피고가 된 이유는 자신이 그들 30인 가운데 온건파로서 강경파에 의해 처형당한 테라메네스Theramenes와 같은 정파에 속했다는 사실을 내세우고, 참주 정권에서 자신이 취한 행동은 자신의 의사가 아니라 명령의 수행에 따른 비자발적 행위였다는 점을 시민들에게 호소하면서 정치적 복권을 시도한 사실에 있다. 이 연설문은 그러한 시도를 좌절시키려는 데 그 목적이 있다. 리시아스는 연설문을 통해 그의 주장을 논박하고, 그의 행적을 "국가에 대한 적대 행위pros tēn polin echthra"(2)로 규정하면서 그와 30인의 참주들 전체에 대해서 법적인 단죄 및 정치적 심판을 요구하고 있다. 그 내용을 먼저 간략하게 정리하면 다음과 같다.

30인 참주들의 죄상은 그들이 집권 직후 일종의 국정 운영의 기본 원칙으로서 천명한 강령, 즉 "국가에서 부정한 인간들은 숙청되어 덕망과 정의의 편에 있는 시민들만 남아야 한다"[51]고(5) 표방한 것과는 정반대되는 행동을 했다는 사실에 있다는 것이다. 리시아스는 그들의 그러한 모순된 행동이 자신과 자신의 가족에게 어떠한 해악을 끼쳤는지 먼저 기술한다(6~24). 이 부분은 이 책 3장 1절에서 리시아스의 생애에 관해 기술할 때 이미 참고한 바 있는데, 그 핵심적인 내용을 여기서 다시 정리하면 다음과 같다.

30인의 참주들은 정권을 장악한 후 국가 재정이 전쟁 수행으로 인해 거의 소진되어 있음을 발견하고, 그들 가운데 테오그니스Theognis와 페이손Peisōn의 주도로 아테네 거류외국인들의 재산을 몰수해 그것을 보충하고, 그러한 몰수 과정을 통해 사리사욕을 채우려는 계획을 세웠다. 이에 따라 그들은 거류외국인들 가운데 참주 정권에 저항하는 인간들이 있다는 구실을 내세워 그들을 체포하여 처형하고 재산을 몰수하는 정책을 집행하는데, 에라스토테네스는 바로 리시아스의 가족 및 재산과 관련하여 그러한 정책 집행을 수행한 인물이다. 3장 1절에서 기술했듯이, 그러한 와중에 리시아스의 전 재산은 몰수당하고,[52] 그 자신은 체포되었다가 페

---

51 희랍어 원문으로는 "chrēnai tōn adikōn katharan poiēsai tēn polin kai tous loipous politas ep' aretēn kai dikaiosynēn trapesthai"이다. 번역문에서 "덕과 정의의 편에 있는"이라는 문구는 "덕과 정의를 향하는trapesthai"의 의역이다.

52 그 몰수의 과정과 관련하여 멜로비오스Mēlobios라는 이름의 집행관이 폴레마르코스 부

이손에게 고액의 뇌물을 주고 외국으로 도피할 수 있었지만, 그의 형 폴레마르코스는 처형당하고 시신조차 유기되는 비운을 겪게 된 것이다. 법정에서 에라스토테네스는 자기변호의 진술을 통해 그러한 행위들이 자의에 의한 것이 아니라 30인 참주 집단의 명령에 따라 불가피하게 저지른 비자발적 행위라는 점을 강조한 것 같다. 이 연설문의 나머지 부분은 에라스토테네스의 그러한 주장에 대한 논박과 더불어 30인의 참주 정권이 범한 '국가에 대한 적대 행위'의 실체를 밝히는 데 집중하고 있다.

리시아스는 법정에서 먼저 에라스토테네스를 직접 심문하는 형식과 더불어 자의에 의한 행위라는 주장을 반증하는 여러 사례를 열거하여 그의 주장에 대해 논박하고, 그러한 태도의 바탕에 있는 이중성 혹은 기회주의를 지적한다(25~42). 만일 에라스토테네스가 거류외국인들의 재산을 몰수하고 처형하는 정책에 반대했다면, 그러한 인물에게 30인의 참주들이 그와 같은 행동을 명령할 가능성은 작았을 것이라는 것이다(27). 그리고 만일 그가 진실로 훌륭한 시민이었다면 그들 외국인에게 자신이 반대했다는 잘못된 정책에 관한 정보를 미리 알려주어 도피하게 했어야 하는데, 그는 오히려 그러한 명령을 적극적으로 수행했다는 것이다(32). 에라스토테네스와 그의 참주 동료들의 그와 같은 이중성과 기회주의에 대한 비판은 그들 스스로 국가적 공적으로 내세우는 과거 행적들에 함축된 이중성과 허위에 대한 공격으로 강화된다(38~42). 그들은 훌륭한 군인이었으며 많은 적의 함선을 나포하고 많은 도시국가를 굴복시켜 우방으로 만들었다고 자랑하지만, 그만큼 그들은 자국민을 죽이고 자국의 함선들을 침몰시키고 자국민을 노예로 만들고 자국의 성채를 파괴했다는 것이다(38~40). 30인

인의 방에 들어가 그녀가 달고 있던 귀고리를 그대로 낚아채어 갔다는 사실을 폭로하는 문장도 있다(20). 그것은 물론 30인 참주들의 부도덕한 행태를 극적으로 묘사하면서 배심원들의 감정을 의도적으로 자극하려는 문구라고 할 것이다.

참주들의 그와 같은 행동은 결국 아테네 시민들 전체 혹은 민주정체에 대한 "도전ta enantia"을 의미하며(41~42), 리시아스는 그러한 도전의 구체적인 양상을 증인들의 증언 및 관련된 사실들을 열거하고 그들의 정권 장악 과정 전체를 조망하면서 제시한다(43~100). 그러한 조망의 내용은 이미 서양 고대 사학계의 연구를 통해 잘 정리된 사실史實이기도 하므로 여기서 다시 반복할 필요는 없을 것이다. 다만 그것 가운데 그의 정치사상에 대한 이해 차원에서 의미 있는 진술들을 추리면 다음과 같다.

앞에서 이미 언급했듯이 30인 참주들의 등장은 B.C.405년의 아에고스포타미Aegospotami 해전에서 아테네 해군이 스파르타의 해군에 패하여 아테네가 항복할 수밖에 없는 상황에서 이루어진다. 일반 시민들이 패전에 직면하여 모든 희망을 잃고 실의에 빠진 사태를 이용하여 에라스토테네스를 포함한 과두파 지도자 5명이 국가 운영 전체를 관장하는 "감독관ephoroi"[53]으로 등장하여 부족들과 일반 시민들 위에 군림하면서 참주 정권은 시작된 것이다(43~47). 현대 정치에서도 자주 발생하듯이, 패전과 같은 비정상적인 상황을 틈타 단합된 소수의 집단이 비정상적인 방법을 통해 권력의 탈취에 성공한 것이다. 그런데 트라시불로스가 대표하는 민주파들이 일시적으로 도피했다가 권토중래하면서 내란이 발생하고, 그 과정에서 민주파들이 피레우스를 다시 점령하면서 30인의 참주 정권은 몰락할 위험에 처한다. 그러한 상황에서 민주파들은 과두파 지도자들 가운데 크리티아스Kritias와 카리클레스Charikles 등의 과격파는 용납할 수 없지만, 온건파와는 타협을 통해 내란 상태를 평화롭게 종식한다는 목적에서 에라스토테네스가 포함된 온건파에게 정권을 위임하겠다는 제안을 한다. 그럼

---

53 'ephoros('ephoroi'의 단수형)'는 본디 아테네의 'archon'에 해당하는 스파르타의 최고위 행정관을 지칭하는데, 본래 친스파르타 정치인들이기도 한 그들 과두파 지도자들이 그러한 명칭의 직책을 창안한 점은 충분히 이해할 만하다.

에도 그들 온건파는 그러한 제안을 역으로 리산드로스가 지휘하는 스파르타군을 끌어들일 기회로 이용함으로써, 오히려 내란의 종식이 아니라 자신들의 권력을 강화하고 아테네를 파괴하려 했다는 것이다(53~61).

그와 같은 이중성과 교활함은 30인 참주 집단 가운데 에라스토테네스가 추종했다는 온건파 지도자인 테라메네스의 경우도 예외가 아니라는 점을 리시아스는 강조한다. 그는 과격파에게 처형당하여 아테네 시민들에게 동정을 받는 인물인데, 배심원들에게 왜 그러한지 그의 정치적 행적에 대해 소상한 정보를 제공하는 형식으로 설명한다(62~78). 에라스토테네스와 그의 동료들은 테라메네스와 친분이 있었다는 사실을 부각하면서 자신들이 아테네에 심각한 해악이 아니라 많은 혜택을 주었다고 주장한다(64~65). 하지만 테라메네스의 행적들 자체가 그의 아버지[54]와 마찬가지로 기회주의적일 뿐만 아니라 반反민주적이고 반反국가적이라는 것이다. 예를 들어 테레메네스는 B.C. 412년의 400인 과두파 쿠데타를 주도한 인물인데, 형세가 과두파에게 불리해지자 다시 민주파 행세를 하여 자신의 동료들인 안티폰 등을 처형했으며(65~68), 패전 당시에는 스파르타 측이 요구하지도 않았는데 먼저 아테네 성곽을 파괴했고(70~71), 스파르타 군대를 끌어들여 그들의 위협 아래 민회를 개최하여 아테네인들이 노예상태douleia와 자유eleutheria 사이에서 스스로 노예가 되는 길을 선택하도록 강요하여 민주정치 체제가 전복되는 데 결정적인 역할을 했다는 것이다(70~77).[55] 따라서 테라메네스가 죽임을 당한 것은 아테네 시민을 위한 희생이 아니라 바로 자기 자신의 죄업ponēria 때문이며, 민주정체에서도

54 한 학자는 그를 B.C. 419년 알키비아데스를 장군으로 임명한 하그논Hagnōn으로 추정한 바 있다(Avery, 1966: 258).

55 리시아스는 이러한 사실들이 테라메네스가 크리티아스에 의하여 참주정체에 대한 반역혐의로 재판을 받을 당시 바로 그 자신이 진술한 내용이라는 점을 강조한다(77~78).

처형당했을 인물이 과두정체에서 처형당한 것뿐이라는 것이다(78). 간단히 말해, 그는 400인의 과두정과 30인의 참주 정권을 통해 아테네인들을 "노예로 만들었으며katedoulōsato; enslavd", "현재의 것을 경멸하고, 있지도 않았던 것을 동경하며, 그것들에 최상의 명칭을 부여하면서 스스로를 기괴한 행동의 교사자로 부각시켰다"(78)[56]는 것이다.

에라스토테네스의 행적은 결국 국가를 파괴하고 아테네 시민들 전체에 대해 해악을 끼친 범죄이다. 설사 에라스토테네스와 그의 동료들이 다른 참주들과 비교해 상대적으로 덜 악독했다고 할지라도, 그러한 사실이 그들 전체의 죄업을 완화하는 것은 아니므로 극형을 통해 그들을 사법적으로 단죄할 것을 요구하는 진술들이 연설문의 나머지를 구성한다(79~100). 특히 이 문맥에서 주목할 것은 리시아스가 배심원단에 대해 갖는 우려감이다. 즉 배심원단을 구성하는 일반 시민들이란 과거의 사건에 대해 "기이할 정도로 쉽게 잊는 경향이 있고 순진하여sphodra epilēsmonas kai euētheis"(87) 피고들의 언변에 세뇌되는 경향이 있어 이번에도 그들에게 사면을 베풀 가능성이 있다는 것이다. 그 점을 염려하여 그는 그들에게 다음과 같은 경고를 보낸다. "만일 당신들이 이 사람을 단죄한다면 그가 범한 행동에 대해 분노orgizomenoi를 표하는 것으로 인정될 것이며, 만일 사면한다면 그들이 범한 행동을 동경하는epithymētai 것으로 인정될 것이다"(90).[57]

---

56 〈LCL〉판의 번역자인 램도 설명하듯이, 이 문장에서 "현재의 것tōn parontōn"은 민주정체를, "있지도 않았던 것tōn apontōn"은 과두정체를, "최상의 명칭tōi kasllistōi onomati"은 그들이 내세우는 "최상의 인간에 의한 통치archē tōn ariston 혹은 aristokratia; government by the best" 즉 귀족정체를, '교사敎唆자'는 하나의 어휘로 선생을 의미하는 "didaskalos"이다. 마지막 문구 '스스로를 … 부각시켰다'는 우리말로 조금 어색한 표현이지만 원문의 독특한 표현을 그대로 전달할 필요가 있어서 그와 같이 번역한 것이다.

57 이 연설문의 마지막 문장은(100) 극적으로 다음 다섯 어휘로 끝을 맺는데, 그것은 연설

이 재판의 결과가 어떻게 되었는지 명확히 알려주는 기록은 없다.[58] 그리고 이 재판에 임하면서 리시아스는 '시민적 교양을 제대로 갖추지 못하고 비합리적 욕망이나 충동에 지배받는 대중에 영합하는' 민주파가 아니라 '합리적 사고 능력과 폭넓은 교양을 갖춘' 민주파 및 보수파의 합작으로 기회주의적이고 부패한 보수파를 척결하려는 정치적 의도를 가진 것으로 해석될 수도 있다. 어쨌든 정치사상에 대한 이해의 차원에서 이 법정 연설문에서 주목할 점은 다음 세 가지로 정리될 수 있을 것이다. 첫째, 참주정체란 참주들만이 주인으로서 다른 시민들을 노예로 만들기 때문에 민주정체와 양립할 수 없다는 기본적인 입장의 천명이다. 둘째, 정의의 이름으로 범하는 불의, 국익이나 공익으로 포장된 권력욕이나 사리사욕의 추구와 같이 허위와 위선과 탐욕이 지배하는 정치 현실에 대한 비판이다. 셋째, 소수의 조직된 힘에 굴복당하고 현란한 정치적 수사에 기만당하여 자유를 포기하고 스스로 노예의 길을 선택할 수도 있는 일반 시민들 혹은 대중들의 정신 수준에 대한 우려이다.

이 세 가지 입장에는 인간성과 관련된 하나의 일관된 관점이 존재한다. 인간은 근본적으로 자유롭고 자율적인 존재이며, 정치의 이상은 바로 그

가 리시아스의 화려한 수사 능력 — 한 학자의 표현으로 "수사학적 전략rhetorical strategies"(Fogelmark, 1981: 298~299) — 의 압권에 해당한다. 리시아스는 "이제 논고를 맺는다pausomai katēgorōn"고 선언하면서, "여러분은 들었다akēkoate, 보았다heōrakate, 당했다peponthate, 가지고 있다echete: 평결하라dekazete"는 말로 끝맺는다. 여기서 문법적으로 '들었다, 보았다, 당했다'는 현재완료형, '가지고 있다'는 현재형, 마지막 말은 명령형인 점도 흥미로운 대목이다. 그리고 '가지고 있다'는 물론 '치죄할 피고들이 앞에 있다'는 뜻일 것이다.

58 〈LCL〉판 번역자인 램은 이 연설문에 대한 "Introduction"에서 에라스토테네스가 이 재판에서 승소했을 가능성의 근거로 다음과 같은 점을 지적하고 있다. 테라메네스는 생전에 일반 시민들로부터 강력한 지지를 받았고, 그의 사후에 그의 동료들 또한 강력한 지지를 받았으며, 내란 사태까지 초래한 정파들 사이의 갈등을 진정시키자는 타협적인 정치적 분위기가 당시 상황을 지배했으므로 그러했을 가능성이 크다는 것이다(p. 225).

러한 자유와 자율성을 보호하고 신장하는 데 있고, 민주정치 체제가 옹호되는 이유도 그것만이 그러한 이상과 양립하는 정치 체제라는 점에 있다는 것이다. 그런데 리시아스가 동시에 인지하고 있는 바는 정치 현실 속에서 인간성의 그러한 이상은 제대로 발현되지 못하거나 왜곡된 형태로 나타난다는 사실이다. 다시 말해 폭력이나 강제력에 의해 억압받거나, 저급한 판단력, 잘못된 지식과 정보, 위선적인 도덕관, 교활한 계산속, 또는 허황한 야망이나 물질적 탐욕에 지배받아 왜곡된 가치를 추구하거나, 정치적 수사나 선전으로 세뇌되거나 '자유롭고 자율적인' 선택의 외양으로 바로 자신의 자유와 자율성을 포기하는 경우가 오히려 일상적인 상황이라는 것이다.

다음 7장에서 논의할 안티스테네스의 사상에 이미 명확히 나타나기 시작하고, 2,000여 년 후 루소와 마르크스에 의해 본격적으로 개념화되기 시작한 소외 및 허위의식의 문제를 예고하는 리시아스의 그러한 관점은 다음 여섯 편의 법정 연설문에 나타난 아테네인들의 정치적 및 사회적 삶의 여러 측면에 관한 기술을 통해 확인된다. 다음에 검토될 법정 연설문 〈아고라토스 사건에 대한 반론〉은 일단 현존하는 리시아스의 법정 연설문들 가운데 최대의 장문이다. 그리고 그것은 에라토스테네스와 같이 30인의 참주들이 정권을 장악하는 과정과도 관련되고 기회주의적 처신으로 단죄를 피한 인물에 대한 고발이라는 점에서 〈에라토스테네스에 대한 고발〉과 비슷하다. 하지만 고발의 대상은 에라토스테네스와는 달리 그들의 하수인 역할을 한 인물이다. 그는 어느 시대 어느 국가에서나 나타나는 저급하거나 천한 수준의 '정치적' 인간, 다시 말해서 그의 직능이 밀고자나 정보원이라는 점에서 '기회주의자'라는 말보다는 '정치적으로 닳아빠진'이라는 표현이 더 적절한 인간이다. 그리고 그 재판이 진행된 시기가 소크라테스의 재판과 같은 B.C. 399년이라는 점에서도 나름대로 비교의 의미가 있지만, 그것과는 전혀 다른 차원의 정치적 보복의 의미와 더불어 또 다른 차원의 복잡한 법리 문제를 함축하고 있다는 점에서도 비교된다.

그 복잡한 의미란 다음과 같은 아이러니로 집약될 수 있다. 무엇보다 참주 정권에 의한 민주정체의 전복은 적어도 형식상으로는 민주정체의 합법적인 절차의 준수를 통해 실현되었다는 아이러니가 있다. 이와 더불어 국가 체제의 변혁이라는 국가적 중대사에 진정한 의미에서 시민으로 볼 수 없는 인간, 즉 시민으로서의 형식적인 자격 요건뿐만 아니라 삶의 행태나 성정이나 덕성 면에서 공인으로서의 자질이 없는 아고라토스라는 해방 노예 출신 하층 시민의 행동이 그러한 변혁 과정에 이용되고 있다는 아이러니가 있다. 그러한 아이러니들이 구체적으로 표현되는 과정을 먼저 간략하게나마 정리할 필요가 있다.

〈**아고라토스 사건에 대한 반론**Kata Agoratou Endeixeōs〉은 제목에 나타나 있듯이 바로 아고라토스Agoratos라는 피고에 대한 부정적인kata; against 진술서endeixis이다.[59] 이 연설문의 낭독자는 30인의 참주들이 정권을 장악하는 과정에서 민주파로 처형당한 수많은 사람 가운데 하나인 디오니소도로스Dionysodoros라는 인물의 사촌이자 매형이 되는 인사이다(1). 그는 아고라토스가 아테네라는 국가 및 많은 개인에게 범한 죄에 대해 응보의 벌을 가함이 정의롭고 신성하며hosios(2~3), 그의 행적과 상황 전체에 관한 기술을 통해 민주정체가 어떻게 누구에 의해 붕괴되었고, 그들 희생자가 그 때문에 어떻게 죽임을 당했으며, 그들이 죽으면서 아테네 시민들에게 어떠한 경고를 했는지 알려주기 위해 이 연설을 한다는 진술

59 희랍어 'endeixis'는 본디 특정한 의미를 표시하는 행위를 지칭하는데, 법률용어로서는 법정에서 상대방의 주장을 논박하는 정보나 논거를 제시하는 행위를 의미한다.

과 더불어 시작한다(3~5). 이어지는 연설문의 전반부 반은 아고라토스의 그러한 행적에 대한 자세한 기술이며(5~42), 나머지 반은 앞에서 에라토스테네스의 경우와 같이 자신의 행동이 명령의 수행에 따른 비자발적 성격의 것이라는 피고의 주장에 대한 논박(43~63), 그의 시민 자격 자체의 허구성과 함께 그의 여러 행적에 대한 열거를 통해 그가 얼마나 잘못된 인간성의 소유자인지를 설명하는 진술(64~82), 그의 범법 행위가 발생한 후 상당한 시간이 지나간 시점에서 열린 이 재판 성립의 법리적 근거에 대한 설명(83~90), 그리고 두 번 이상 죽어도 마땅하다는 아고라토스 개인의 인간성에 대한 경멸감의 표출(91)로 채워져 있으며, 연설문 마지막은 그러한 인간이 하수인으로 이용한 30인 참주 정권의 행위는 결코 용납될 수 없는 범죄로서 엄히 처벌해야 한다는 문장으로 끝난다(92~97).

따라서 이 연설문의 대부분은(5~82) 아고라토스라는 한 하층 계급[60] 시민의 삶과 성정과 행동 전반에 관한 기술이며, 그러한 기술 및 그의 죄의 심판을 통해 바로 참주 정권의 등장을 가능하게 만든 과거 민주정치의 잘못된 행태를 반성하고 청산하려는 시도이다. 그러한 인물을 쿠데타라는 '거창한' 사건에 연루시킨 참주 정권 주역들의 정치적 음모 자체가 복잡하지만, 그의 행적에도 여러 가지 복잡한 인간관계와 더불어 복잡한 사

---

60 아고라토스의 신분과 관련해서는 원문에 "doulon kai ek doulōn onta(estin)"(18; 64)라는 표현과 더불어, B.C. 411년의 400인 과두정 쿠데타 주도자의 하나인 프리니코스 Phrynichos를 살해한 공적으로 시민권을 획득했다는 그 자신의 주장을 소개하는 문장(70)을 통해 그가 노예 신분에서 해방되어 시민권을 획득한 인물임을 암시하고 있다. 여기서 흥미로운 점은 그가 시민 신분을 획득한 근거로 내세운 사실 자체가 허위라는 것을 리시아스가 고발하고 있다는 것이다. 그것은 노예의 해방 과정에도 불법과 부정이 개재되어 있음을 암시하기 때문에 이 송사 자체만이 아니라 피고의 존재 자체가 아테네가 국가의 운영에서 전반적인 위기 상태에 있다는 징표라는 점을 암시하기도 한다. 물론 아고라토스라는 이름 자체가 '아고라(시장) 사람(혹은 '놈')'이라는 — 우리말의 '장돌뱅이'와 비슷한 — 의미를 함축하고 있어 신분상 하층민임을 암시하고 있다.

태의 진전이 수반되어 있다. 먼저 그 정치적 음모의 내용 및 아고라토스의 행적과 관련된 연설 내용 전체를 간략하게나마 소개할 필요가 있다.

아이고스포타미 해전에서 아테네군을 패퇴시킨 후 스파르타 해군은 피레우스 항에 진입하면서 항복을 요구하게 되는데, 아테네의 과격한 과두파 지도자들은 일반 시민들이 절망 상태에 빠진 상황을 이용하여 스파르타 측이 요구하는 평화 조건을 그대로 수용하면서 아테네의 민주정체를 전복할 절호의 기회로 이용한다(5~6). 이에 따라 그들은 먼저 스파르타의 항복 조건에 반대하고 그들의 "정치 체제 변혁"[61]의 기도에 장애가 되는 민주파 지도자들[62]을 반란 기도 혐의로 체포하여 사형시키려는 복잡하고 교묘한 음모를 꾸미는데(6~22), 그러한 음모의 수행에 아고라토스라는 인간이 동원된다. 그 음모의 자초지종은 다음과 같다(23~42).

참주 정권의 지도자들은 먼저 아고라토스를 반란 기도에 연루된 인물 가운데 하나라는 혐의로 — 의도적으로 누가 반란 기도의 주모자들인지 판명되지 않았다는 태도를 보이면서 — 체포영장을 발부하여 피레우스에 거주하는 그의 체포에 나서는 행동을 연출하는데, 그곳 민주파 인사들로부터 그를 상임위원회에 출석하게 한다는 보증을 받고 영장 집행을 보류한다(23~24). 그런데 민주파 인사들은 그가 체포되면 고문당하여 basanizomenos 무고한 인사들이 박해를 받을까 우려하여 그를 해외로 도피시킨다는 결정을 내리고 선박까지 준비한다(25~26). 문제는 아고라토스가 그러한 제안을 거부하고 상임위원회에 출석했고, 그곳에서 오히려

---

61 영어로 'revolution'으로 번역되는 '정치 체제의 변혁'은 희랍어로 "neōtera pragmata en tēi polei"로 직역하면 "국가에서의 새로운 사태"이다.

62 반대파 지도자들은 민주파 지도자dēmou proestēkotas, 장군들stratēgountas, 사령관들 taxiarchontas로 열거되어 있는데(7), 여기서 장군들과 구분되어 표현된 '사령관들'이란 주로 야전에서 보병병단phalanx을 지휘하는 장군들을 지칭한다.

체포 현장에서 그를 도우려 했던 인사들을 포함한 많은 민주파 인사들과 선량한 시민들을 반란 기도 혐의로 고발하여 결국 그들 모두를 사형에 처하게 만든 것이다(30).

따라서 참주 정권의 등장으로 비롯된 모든 개인적 비극들과 국가적 참상들은(43~49)[63] 참주 정권의 등장에 공헌하면 '한자리 주겠다는' 유혹에 빠진 아고라토스의 저열한 행동에서 비롯되었다는 것인데, 그러한 행동은 바로 그 자신의 후견인 가운데 하나로서 다른 인사를 고발하면 죽음을 면하게 해주겠다는 참주 정권 인사들의 제안도 거부한 채 스스로 죽음을 택한 아리스토파네스라는 시민의 그것과 특히 대비된다(58~61). 그런데 아고라토스는 많은 유능한 인사들과 선량한 시민들을 죽게 만든 자신의 죄업이 참주 정권 인사들의 강압에 의한 것이기 때문에 죄가 없다고 주장할 수 있는데(52), 리시아스는 그 모든 행동이 자의로 이루어진 것일 뿐만 아니라 사전에 기획되지 않았으면 발생할 수 없었음을 여러 가지 정황 증거들을 제시하며 논박한다(26~30; 31~42; 49~63).[64] 그리고 이어지는 진

63 이 연설문의 바로 이 부분이 참주 정권의 등장 및 그에 이은 내란 상태가 초래한 여러 재앙을 간략히 정리해주는 사료이기도 하다. 그것에는 시민들이 — 한국에서는 6·25 전쟁 중에 전형적으로 나타났듯이 — "사적인 적대감에서dia tas idias echthras"(44~45) 서로 고발하고 죽이는 '민족상잔의' 비극 이외에, 성채가 파괴되고 성역인 아크로폴리스가 스파르타군에 점령당하는 치욕을 겪는 등 국가 전체가 "불구가 되어parelythē; crippled"(46~47) 아테네가 "국가들 가운데 가장 왜소한 국가의tēs elachistēs poleōs"(47) 수준으로 떨어졌다는 것이다.

64 여기서 그 세세한 내용을 소개할 필요는 없지만, 그 논박의 핵심을 정리하면 다음과 같다. 일단 그의 범법 행위를 증빙하는 상임위원회의 문서들이 존재하며(49~50), 그가 출두하는 과정에 아무런 강압이 없었고, 사전에 고문을 받지 않으리라는 언질 없이 아고라토스가 상임위원회에 출두할 이유도 없으며, 재판이 속전속결로 이루어져 혐의자들이 도피할 기회를 주지 않았다는 점도 사전에 계획된 음모라는 사실의 증언이다. 그리고 이 음모로 처형당한 인사들 가운데 하나이자 이 연설문 낭독자의 매형인 디오니소도로스Dionysodoros가 친족들에게 아고라토스에 대한 복수를 부탁했다는 점도 함께 제시되어 있다.

술은(64~81) 그러한 비열한 행동이 일회성의 사건이 아니라 그의 비천한 가족적 및 사회적 배경과 결합하여 일생 범한 여러 비열한 행적들의 결과라는 점에 대한 설명이다.[65]

따라서 아고라토스는 그의 범법 행위뿐만 아니라 일생의 행적에 드러난 비열한 성정을 고려하더라도 당연히 극형에 처해야 한다는 것이 리시아스의 주장이다. 다만 그의 처벌에는 법리상 세 가지 문제가 남아 있으며, 이어지는 진술들은(83~90) 그러한 법리적 문제들에 대응한 그 나름의 정당화 논리를 제시하고 있는데, 그러한 정당화 논리에는 불명확하고 동어반복적인 요소도 있기는 하지만 리시아스 자신의 사고의 한계가 무엇이고 그가 집착한 정치적 가치가 무엇인지 드러나 있다. 일단 그 세 가지의 문제란 다음과 같이 정리될 수 있다.

첫째, 그의 범행이 오래전에 발생한 것인데도 불구하고 처벌할 수 있느냐의 문제이다(83~84). 이것을 논의의 편의상 '공소시효 논제'로 부르기로 한다. 이 논제는 두 번째의 문제와 연관된다. 즉 그의 체포영장에는 "현행범으로ep' autophōrōi; in action"[66]라는 문구가 있는데,[67] 그가 현행범이 아

65 그 진술들을 간략히 정리하면 다음과 같다. 아고라토스의 부모는 노예였고 나머지 세 형제 모두가 간첩 행위, 유괴, 노상강도 등의 혐의로 처형당한 가족적 배경이 있으며(64~65), 그 자신은 수많은 인사에 대해 근거 없는 무고sykophantia와 고발graphas과 밀고apographas 행위로 벌금형을 받은 이력과 더불어 많은 여성과 퇴폐적인 행각을 벌이면서 간통 혐의로 피소된 적도 있다는 것이다(67~68). 무엇보다 그가 노예 신분을 벗어나게 된 배경도 허구이다. 그가 시민 자격을 획득하게 된 근거는 그가 400인의 과두파들 가운데 하나인 프리니코스Phrynichos를 척살했다는 공적인데, 그는 그 행위에 참여하지도 않았고 그 현장에 있지도 않았다는 것이다(69~76). 그리고 스스로 자신의 사면받아야 할 근거로 내세우는 참주 정권 붕괴에 대한 공헌 또한 허구이다. 즉 그가 30인 참주들의 집권 후 '민주화 회복 운동'을 위해 민주파 인사들과 함께 필레Phylē로 망명했다가 귀환한 사실도 없다는 것이다(77~82).

66 'autophōrōi(주격은 autophorē)'라는 희랍어 자체는 '스스로가auto' '발각됨phōrē; detection'이라는 두 말로 구성되어 있는데, 어떠한 행위가 실제로 벌어지는 상황을 지칭하는 말

닌데도 불구하고 체포하여 처벌할 근거가 있느냐는 것이다(85~87). 이것은 편의상 '현행범 논제'로 명명하기로 한다. 셋째, B.C.403년 내란을 종식하는 데 결정적으로 공헌한 과두파와 민주파 사이에[68] 이루어졌던 정치적 대타협과 관련된 것으로서, 아고라토스를 처벌하는 것은 민주정체의 회복 후에도 참주 정권 구성원들에게 더 이상의 정치적 보복은 하지 않기로 한 "서약 및 합의에 대한peri tōn horkōn kai peri tōn synthēkōn" 위반인지의 문제이다(88~90). 이것도 편의상 '대타협서약 위반 논제'라고 부르기로 한다. 각각의 논제에 대한 리시아스의 반박 논리는 다음과 같다.

첫째의 '공소시효 논제'와 관련하여 리시아스는 아고라토스의 범죄에 대해서는 "공소시효prothesmia"[69]가 적용될 수 없다고 주장한다(83). 아고라토스로서는 무고한 인간들을 죽게 하지 않았다거나 그렇게 죽게 만든 행위가 정당하다고 입증하는 것 이외에 처벌을 벗어날 길은 없다는 것이 리시아스의 주장이다. 문제는 왜 그러한지 그 주장의 논거를 명확하게 제시하지 않은 채 그의 범죄는 극악 범죄이기 때문에 공소시효가 있을 수

로 이 문맥에서는 '현행범으로'로 번역될 수 있을 것이다.

67 리시아스의 기술에 의하면(86) 이 체포영장을 발부한 주체는 현재의 법무부와 경찰의 직능을 합한 사법 집행기관으로 범죄자의 체포와 처형 및 감옥의 운영을 담당하는 기관인 '십일인위원회hoi hendeka'이다. 이 기관은 디오니시오스Dionysios라는 인물에게 체포영장의 집행을 명령하면서 그 영장에 "현행범으로"라는 어구를 명기했다는 것이다. 〈LCL〉판 번역자 램의 설명에 의하면("Introduction" p. 279~278) 법리적 타당성 문제 이전에 그러한 체포가 가능했던 이유는 아고라토스의 체포 이전에도 비슷한 혐의로 메네스트라토스Menestratos라는 인물을 기소하여 처형한 선례가 있기 때문이라는 것이다.

68 본문에는 성내파城內派; hoi en astei와 피레우스파hoi en Peiraiei로 표현되어 있다.

69 이 희랍어는 '미리pro' '설정된 상태(thesmia; 동사 tithemi의 미래형으로부터 변형)'를 의미하며, 약속 시각과 같이 특정한 시점을 지칭하므로 그 자체에 형사소추의 시효라는 의미가 부가되어 있지는 않다. 어쨌든 이 문맥에서는 공소시효를 의미하는데, 그러한 어휘의 존재는 아테네의 법체계에도 형사소추나 공소에 시효 규정 제도가 있음을 암시한다. 다만 그것이 명확하게 법적 개념으로 정립되었는지는 불확실하다.

없다는 식의 동어반복으로 그치고 있다는 사실이다. 다만 이 연설문 전체의 논조가 집약되었다고 말할 수 있는 연설문 마지막 부분(91~97)을 정리할 때 다시 논급되겠지만, 리시아스는 아테네라는 국가의 정체성을 구성하는 민주정체를 전복한 국사범이자 수많은 무고한 인사를 살해한 중대한 범죄자에게는 — 2차 대전 후의 독일이나 이스라엘에서 나치 전범들에 대해 공소시효를 적용하지 않거나 최근 들어 많은 국가에서 소위 반反인륜 범죄에 대해서 비슷한 입법을 하듯이 — 공소시효가 있을 수 없다는 주장을 제기한 것으로 해석될 수는 있을 것이다.

논리의 비슷한 불명확성이나 결함은 '현행범 논제'에서도 발견된다. 그의 고발로 많은 인사가 처형되었으므로, 그가 직접 몽둥이나 칼로 살해 행위를 하지 않았더라도 언제든 현행범으로 체포될 수 있다는 주장이 그것이다(87). 물론 그러한 주장이 성립할 경우 체포영장에 "현행범으로"라는 어구로 명문화한 체포 제한의 조건을 실질적으로 무의미하게 만드는 것은 물론 현행범이라는 개념 자체를 무의미하게 만들 것이다. 그러한 논리가 성립할 경우 모든 범죄자는 현행범인 것이다. 비슷한 문제는 또한 아고라토스가 제기한 '대타협서약 위반 논제'에 대한 리시아스의 논박 방식에서도 발견된다. 즉 그 대타협은 참주 정권의 별칭인 '성내파'와 민주파인 '피레우스파' 사이에 체결된 것인데, 그 협약이 체결될 당시 아고라토스는 성내가 아닌 피레우스에 있었으므로 그에게는 '성내파'에게만 해당하는 협약이 적용될 수 없다는 논리이다(89~90). 논리라기보다 거의 우격다짐 수준의 주장이지만, 그러한 주장의 자기모순을 설명할 필요는 있다.

일단 신에 대한 서약과 함께 이루어진 그 대타협의 핵심은 내란 상태에 이른 참주파와 민주파라는 두 정치적 분파가 피의 대립을 종식하기 위해 상대방에 대해 더 이상의 보복을 하지 말자는 것이다. 그런데 리시아스의 논리대로라면 그러한 협약의 주체는 두 정파가 아니라 '성내'와 '피레우스'

에 사는 주민으로 변질되며, 그러할 경우 내란은 정파 사이의 대립이 아니라 아테네라는 같은 영토 내 두 공간 사이의 대립이 되어버린다. 그것은 물론 대타협을 필요하게 만든 역사적 상황 및 정치적 현실 자체를 도외시한 것이기 때문에 대타협이라는 말 자체를 무의미하게 만든다. 또한 실질적으로 대타협을 주민들의 이해관계나 목적에 따라 언제든 무효로 만들어 다시 내란 상태로 돌아가는 길을 열어놓는 것이나 진배없다. 그러한 주장에 따를 때 대타협 당시 성내에 살았던 민주파나 피레우스에 살았던 참주파 시민들은 대타협 서약에서 해방되어 있으므로 그것을 무시하고 계속 보복하고 응징해도 무방하다는 논리도 성립하기 때문이다. 리시아스의 의도는 분명 그렇지 않았을 것이다.

앞에서 논의한 다른 연설문들에서와는 달리 리시아스가 그와 같은 우격다짐 성격의 주장을 개진한 배경에는 30인의 참주 정권 집권자들에 대한 개인적인 포한도 어느 정도 작용했을 수 있다. 아울러 소수에 의한 전제정치가 탁월한 인간들의 집단에 의한 정치적 이상 추구의 수단이 아니라 통속적인 권력욕과 탐욕 추구의 수단으로 전락할 때 나타나는 국가 생활 전반에서의 온갖 부조리와 비극이 또다시 반복되어서는 안 되겠다는 리시아스의 강한 결기抉氣가 아고라토스라는 인간에 대한 경멸감과 결합하여 재판 과정에서 과도하게 표출된 결과로 이해될 수도 있다. 실제로 이 연설문의 마지막 부분은(91~97) 아고라토스라는 저급한 인간에 대한 경멸감과 더불어[70] 30인의 참주 정권은 결코 용납될 수 없는 권력 집단임을 강조하는 진술로 구성되어 있다. 즉 아고라토스의 사면은 곧 국가와 민주정체에 대한 공헌에도 불구하고 참주 정권에 의해 억울하게 처형당

70 그러한 경멸감은 특히 아고라토스라는 인간은 자신을 낳은 친아버지를 부정하고 스스로 아버지라고 부른 인간들의 재산을 탈취한 패륜아로서 처형당해야 마땅하다는 주장으로(91) 표출되어 있다.

한 인사들에 대해 오히려 유죄 평결을 내리고 그들이 범한 범죄를 용인하는 것과 같다는 것이다. 그것은 "가장 혐오스러운 행동이며pantōn ergon schetliōtaton"(93), 따라서 그의 처벌에 찬성하는 "정의롭고 신성한 투표를 함으로써dikai kai hosia psēphisasthai"(97) 국가에 타격을 가한 참주 정권에 대해 그리고 그것에 의해 희생당한 인사들을 위해 정의로운 복수를 하라는 것이다.

이 연설문의 핵심적 전언도 결국은 법치주의를 무너뜨리고 권력을 사유화한 참주 정권에 대한 부정이다. 그런데 법치주의의 쇠퇴, 더 나아가 그것의 파괴는 반드시 권력자에 의한 권력의 오남용에만 그 원인이 있는 것은 아니다. 민주정체에서는 바로 민주주의의 이름으로 법치주의가 침해되고 쇠퇴할 수 있다. 특히 B.C.4세기 초 아테네에서 민주정체의 회복이란 현실 정치의 측면에서는 과두파에 대한 민주파의 승리를 의미했으므로, 과두파에 대한 탄압이나 정치적 불이익의 부여가 민주정치의 이름으로 정당화될 가능성은 언제나 존재하는 상황이었다. 그러한 가능성은 앞에서 검토한 그의 자전적自傳的 연설문인 〈30인의 참주 가운데 하나인 에라토스테네스에 대한 고발: 리시아스 자신의 낭독〉이나 〈에르고클레스에 대한 고발: 결론〉에서도 이미 확인된 바 있다.[71] 다음의 두 연설문 〈민주정체의 전복 혐의에 대한 변론〉과 〈아테네의 전통적인 정치 체제의 전복에 대한 반론〉에서는 진정한 의미에서의 '민주파'란 단순히 과두파와 대립하는 정파를 지칭하거나 다수 시민의 의사를 무조건 추종하는 인물이 아니라 법치주의의 확립을 통해 국가 생활의 이상을 추구하는 인물이라는 리시아스의 관점이 좀 더 명확히 나타나 있다.

71 그 점은 이 책의 직접적인 검토 대상에서는 제외된 〈에우안드로스에 대한 심사에 관하여〉에서도 어느 정도 확인될 수 있다.

〈민주정체의 전복 혐의에 대한 변론Dēmou Katalyseōs Apologia〉[72]은 한 과두파 정치인을 위한 변론이다. 그런데 제목에 나타난 바와 같은 '무시무시한' 범법 행위에 부과될 수 있는 가혹한 형벌을 면제받으려는 목적에서 이 연설문이 작성된 것은 아니다. 과두파라는 이유로 시민적 권리가 침해되어서는 안 된다는 '온건한' 주장이 그것의 핵심적인 내용이다. 그것은 3장의 아테네 정치사에 관한 기술이나 리시아스의 연설문들에 대한 검토 과정에서 이미 여러 차례 언급된 아테네 민주정체 회복의 정치, 즉 내전 상태의 완전한 종식을 위해 399년 과두파와 민주파 사이에 30인의 참주 정권 당시의 행적을 이유로—특히 6·25 전쟁 당시 서울 시민들 사이에서 잔류파와 도강파 사이의 대립과 비슷하게 오직 참주 정권 치하에서 아테네 성 안에 머물고 있었다는 이유로—정치적 보복은 하지 않기로 한 정치적 대타협과 관련된다. 하지만 현실 정치에서 작동하는 인간성이 언제나 그러하듯, 외면적인 '대타협'에도 불구하고 그들 사이에 정치적 불신이나 혐오감마저 사라진 것은 아니었다.[73] 이에 따라 기회만 있으면 여러

72 이 희랍어 제목을 말 그대로 직역하면 "민중demos의 전복顚覆; katalysis에 대한 변론"으로, 민주정체의 주체인 민중 전체에 반역했다는 혐의를 받은 인물에 대한 변론을 의미한다. 현대 공산주의 국가들에서 최고의 정치적 범죄를 '인민에 대한 반역treason against the people'으로 규정했던 경우와 비슷하다. 영문 제목도 그러한 의미를 표현하기 위하여 "Defence against a Charge of Subverting the Democracy"로 되어 있다. 이 연설문의 역사적 배경에 관한 자세한 설명은 머피T. M. Murphy라는 학자의 논문이 참고할 만하다(Murphy, 1992). 그의 해석에 따르면 이 연설문은 법정forensic 연설이 아니라 민회나 상임위원회에서 법안 혹은 명령의 검토를 위해 이루어지는 '심의deliberative' 연설에 속하며(같은 글, 550~552 참조), 민주정의 회복(B.C. 403)과 코린토스 전쟁(B.C. 395~B.C. 386) 사이, 대체로 B.C. 400년경에 저술된 글로서 과두파이든 민주파이든 극단주의를 경계하나 특히 민주파의 극단주의를 경계하는 사람들의 견해를 대변한다는 것이다(같은 글, 545~546 참조).

73 비슷한 사례가 앞의 1절에서 검토한 연설문 〈니키아스의 동생 재산의 몰수에 관하여: 결론〉일 것이다.

가지 다른 법적 혹은 도덕적 명분을 내세워 상대 정파의 인물을 제거하기 위한 정치적 공작이 계속되었다. 물론 민주정체가 회복된 상황에서 정치적 수세에 몰려 있는 정파는 과두파일 수밖에 없으며, 이 연설문에서 변론의 대상이 된 인물도 과두파 정치인이라는 사실은 그러한 맥락에서 당연하다고 할 수 있다. 문제는 과연 두 정파 사이의 그러한 대립에 진정으로 합리적 근거가 있고, 진정으로 불가피한 것인지 여부이다. 이 연설문은 비록 잘 짜인 문장은 아니지만 나름대로 그러한 문제에 접근하고 있는데, 먼저 그 내용을 정리하면 다음과 같다.

이 연설문에 기록되어 있지는 않지만, 이 변론에 앞서 고소인들의 논고가 있었던 것으로 보이며, 그들은 30인의 참주 정권 당시에 성내에 남아 있던 시민들을 참주 정권에 대한 '부역자'로 고발한다는 진술을 펼친 것으로 보인다. 이에 리시아스는 먼저 고소인들의 그러한 진술을 듣고 배심원들이 또다시 과거의 아픈 상처를 떠올리게 되었음을 지적한 다음, 당시 "성내에 잔류한 시민들 모두가 무차별적으로 격앙된 감정을 갖게 된 데 homoiōs apasin orgizesthai tois en astei meinasi" 대해서는 충분히 공감 syggnōmēn한다는 점도 아울러 피력한다(1). 하지만 곧이어 그들 고소인들은 당시의 '잔류파'들 가운데 실제로 악행에 가담한 시민들과 그렇지 않은 시민들이 있다는 점을 분명히 알고 있었음에도 피고인에게 무조건 같은 혐의를 씌우려 한다는 점에서 그들의 논변은 "무능한 언변adynatous legein"이라고 지적한다. 피고인이 악행을 저지른 인간들과 관련이 있다는 그들의 주장은 완전히 거짓으로서, 무고한 인간에게서 고소를 통해 돈을 뜯어내려는 "전문 고소꾼들sykophantais"의 소행과 다를 바 없다는 것이다(2~3).

배심원들의 의무란 한마디로 법의 공정한 적용을 통해 범법자는 그 행위에 상응한 처벌을 받고 무고한 시민이 부당하게 해를 받지 않으며 공적이 있는 시민은 그에 대한 적절한 보상을 받으면서 "시민으로서 평등한 권리를 누리게 하는 데"[74] 있다. 법의 그러한 운영을 통해 "기존 체제에 대해an tois kathestēkosi pragmasi" "더 많은 시민이 강한 애착도 가질 수 있다pleistous symmachous echoite"는 것이다(3).[75] 그런데 피고는 국가에 대해 잘못을 범한 것이 아니라 오히려 행동을 통해서나 재정적인 기부를 통해 공헌한 인물이다. 그리고 그가 만일 사생활에서 잘못된 행동이 있었다면 그것에 따른 처벌을 받으면 되는데, 고소인들은 오직 30인 참주들의 잘못된 행동에 대한 원한orgē만으로 피고에게 감사의 명예가 아니라 부당한 처벌을 가하려 한다는 것이다(4~6). 이 맥락에서 리시아스는 좀 더 근원적인 문제를 제기한다. 그것은 민주파와 과두파 사이의 구분이나 대립이 가치관이나 이념 차원에서 진정으로 의미가 있는 것인지 여부이다. 즉 피고는 민주정체나 과두정체 시기를 불문하고 "도시민 전체tōi plēthei"[76]에 불충을 한 사실이 없다는 점을 강조하면서, 시민들 가운데 과두정체 혹은 민주정체에 "집착하는epithymein" 인간들이 실제로 누구인지 묻는 것이다(7~8).

일단 어느 시민도 처음부터 민주파나 과두파로 태어나는 것은 아니며, 자신에게 이롭다고 생각되는 체제가 유지되길 원한다. 따라서 당시의 민

74 희랍어 원문은 "ex isou tēs politeias metadidonai"인데, 직역하면 "정치 체제politieia를 동등하게ex isou '함께 향유하기metadidonai'"가 될 것이다.

75 '기존 체제에 대한'으로 번역한 이 희랍어 어구를 램은 "to the established constitution"으로 번역했는데, 직역하면 'to the ordered things'가 될 수 있으며, "더 많은 시민이 강한 애착을 가질 수 있다"로 의역한 문구를 직역하면 "가장 많은 동맹자를 가질 수 있다"이다.

76 희랍어 'plēthos'는 영어로 일반적으로 'multitude'로 번역되는데, 'hoi polloi(the many)'와 구분되어 다수가 단순히 모여 있는 상태가 아니라 집합체로서 데모 군중과 같이 나름대로 특정한 목적을 위해 모인 다수 인간을 지칭하는 명사이다. 이 문장에서는 국가의 구성원 전체로서의 시민집단을 지칭하는 어휘이다.

주정체가 얼마나 많은 지지자를 확보할 수 있었는지도 바로 시민들의 그러한 이익 계산에 달려 있다(8). 이 점은 과거의 많은 민주파와 과두파 지도자들이 정치적 상황에 따라 동지들을 배반하면서까지 정파를 바꾼 사실이 잘 설명하고 있는데, 일반 시민들이 정파로 분열되는 것도 결국 "정체 때문이 아니라ou peri politeias eisin" "그들 각각의 개인적 이익alla peri tōn idia sympherontōn hekastōi 때문"이라는 것이다(9~10). 그리고 그러한 논점이 피고에 대한 재판을 포함하여 시민들 가운데 누가 어떠한 체제를 선호하는지 판별할 수 있는 근거를 제공한다는 것이다. 민주정체하에서 시민권이나 재산을 박탈당하는 등 불운을 겪은 사람들은 다른 정체로의 변혁을 원하게 됨이 당연하며, 민중dēmos을 위해 결코 해악을 끼치지 않고 많은 공헌을 하여 그들로부터 찬사를 받음이 당연한 인물들은 설사 고위 공직자들이 그들을 과두정체를 선호하는 인간들이라고 공격하더라도 비난의 대상이 되어서는 안 된다는 것이다(10~11).[77] 이러한 논리를 근거로 리시아스는 피고에 대한 변론을 본격적으로 전개하는데, 그 부분이 연설문의 나머지 전체를 구성한다(12~35). 그 내용을 정리하면 다음과 같다.

먼저 리시아스는 아테네 국내정치의 격변기인 B.C.410년 400인의 과두정의 몰락에서 30인의 참주가 등장하는 B.C.404년까지[78] 피고인의 행

77 이 문장이 특히 논리 전개상 매끄럽지 못한 부분이다. 민주정체하에서 박해를 받은 사람들은 앞의 전제에 따라 반反민주 인사가 될 수 있다는 주장은 정당화되지만, 같은 전제에서 민중의 이익에 공헌한 인물들이 과두파 성향이 있다고 비난받아서는 안 된다는 주장이 논리적으로 도출될 수는 없다. 그들 또한 자기 이익에 따라서는 언제든 민주정체 이외에 다른 정체를 선호할 수 있기 때문이다. 그러한 옹호의 논리가 성립하려면 앞의 전제와는 또 다른 전제, 예를 들어 '정체를 초월하여 국가를 사랑하는 인간은 언제나 국가가 보호해야 한다' 등과 같은 전제가 필요한 것이다. 이 문제는 이 책의 결론 부분에서 리시아스의 정치사상과 플라톤 정치철학의 관계에 대해서 언급할 때 다시 논의될 것이다.

78 이 기간은 본문에서는 간단히 "그 기간에en ekeinōi tōi chronōi"로 표현된다.

적은 그가 민주정체에 불만을 품고 변혁을 시도할 아무런 이유가 없음을 보여준다는 점을 강조한다. 즉 그는 당시 어떤 불운도 겪지 않았음은 물론 오히려 자신의 명망을 높이기 위해 전함戰艦을 무장시키는 데 다섯 번이나 재정적으로 도움을 주고 직접 해전에도 참여하는 등 국가가 요구하는 것보다 더 많은 공공 의무를 수행한 공적이 있는 인물이다(12). 400인의 과두 정권이나 30인의 참주 정권에도 참여하지 않았음은 물론, 누구도 고발한 적이 없고 누구의 재산도 탐내지 않았으며, 누구에게도 해를 끼친 적이 없으며 오히려 박해를 받았고(13~17), 민주정체에 대해 언제나 "최고의 신뢰megistēn pistin"(17)를 보냈다는 것이다. 그러한 사실들이 바로 그가 민주정체에 대해 반감이 있다거나 그것의 변혁을 기도할 인물이라는 고발이 허위임을 증명한다는 것이다. 그런데도 당시 아테네에서는 피고와 같이 민주정체에 공헌하고 과두 정권에서도 옳지 못한 행동을 하지 않은 인간이 민주정체의 적으로 간주되고, 오히려 과두 정권이나 참주 정권 당시에 그들 정파에 적극적으로 가담하여 시민들에게 재앙을 끼치고 부패했던 인간들은 민주정체의 친구로 여겨지는 것과 같은 부당한 사태가 벌어지고 있다는 것이다(18~20).[79]

참주 정권 당시 망명했던 아테네의 민주파 시민들이 이제는 과거 과두파 정치인들로부터 자신들이 당했던 잘못된 행동들을 민주정치의 이름으로 당시 시내에 잔류했던 시민들에게 그대로 반복하고 있다는 것이다. 따라서 그들은 과거 자신들이 과두파로부터 박해를 받았을 당시의 감정을 현재 그대로 간직하면서 잔류파 시민들을 대해서는 안 된다는 것이다. 다시 말해서 정치적 보복 차원에서 가능한 한 많은 잔류파 시민들을 고발하고

---

79 그러한 행동의 예로서, 리시아스는 다른 사람의 재산의 약취(18), 공직을 이용한 국가재산의 갈취나 뇌물 수취 또는 정보 누설(19) 등을 들고 있다.

그들의 시민권을 박탈하려는 태도를 버려야 하며, 시민들 모두를 정의와 평등의 원칙에 따라 공정하게 대우할 때 국가적으로 "최고의 화합을 이룩해낼 수 있고homoian pleisten poiesete" "국가도 최강이 된다는he polis estai megistē" 점을 강조한다(20~24). 과거 참주 정권에서도 그들이 단결했을 때는 민주파들에게 권토중래의 기회가 없었지만, 그들이 분열되었을 때 그러할 기회가 생겼고(21~22), 그 점은 400인의 과두 정권의 사례를 통해서도 확인된다. 그 당시에도 민주파를 도와준 건 온건한 과두파 정치인들이 아니라 오히려 일반 시민들을 재판 없이 처형하고 부당하게 재산을 압류하고 많은 시민을 추방하고 시민권을 박탈하거나 뇌물을 받고 범죄자들을 석방한 부패한 과두파 정객들인 에피게네스Epigenēs나 데모파네스Demophanes나 클레이스테네스Kleisthenēs 같은 인물들이었다는 것이다(25~26). 다시 말해서 과두파의 정의롭지 못한 행동들이 민주정체를 회복시킨 것과 같이, 민주정체에서 타인을 고소하고 비방하는 자들이 바로 과두 정권의 설립에 기여했다는 것이다(27).

결국 "최고의 민주파hoi dēmotikōtatoi; the most democratic"란 바로 자신의 "서약과 협약을 준수하는tois horkois kai tais synthēkais emmenousi" 사람이다. 그들의 존재 자체가 국가를 지키는 "가장 효과적인 안전판이자 적에 대한 가장 혹독한 처벌hikanōtaten sotērian kai tōn echthrōn megistēn timōrian"이 된다는 것이다(23). 실제로 30인의 참주 정권 치하에서 민주파로 망명한 정치인들 가운데 스스로 가장 큰 위험 부담을 지면서 국가에 가장 큰 공헌을 하여 시민들로부터 존경받는 명망 높은 인물들은 시민들에게 서약과 협약의 준수가 민주정체의 보루phylakē; bulwark라고 강조했다는 것이다(28). 이에 비교해 다른 사람들 덕에 목숨을 구한 인물들은 마치 자신들이 "가장 덕망 있는 인간aristoi andres"인 것처럼 행세하고, 자신들의 망명 경력을 마치 잔류파 시민들에 대한 비방과 고소를 통해 치부하기 위한 자격증처럼 이용하고 있으며, 민주정치의 이름으로 30인의 참주 정권의 행태를 모방하면서 시민들 사이에 화합homonoia 대신에 의심hypopsia을, 평화 대신에 갈등을 조장하고, 아테네를 희랍 세계에서 불신받게 만들고 위대한 국가가 아니라 왜소한 국가로 만든다는 것이다(29~33).

이 연설문은 한 주제에 대해서 일관되고 정연하게 설파한 문장은 되지 못한다. 하지만 민주정치의 이름으로 또는 민주정체를 보존한다는 목적으로 자행되는 부정과 불의와 탐욕과 허구와 위선의 정치에 대한 고발, 그리고 그에 따라 국력이 전반적으로 쇠퇴하고 있는 아테네의 국가적 상황에 대한 리시아스의 경고와 연민이 그 바탕에 있다. 어쨌든 그러한 고발과 경고와 연민은 법치주의 이념으로 포섭될 수 있는데, 특히 이 연설문에는 앞에서 이미 언급한 바 있듯이 19세기 서구 정치사상사에서 대표적으로 토크빌A. Tocqueville과 밀J. S. Mill 등이 제기한 대중민주주의에 수반되는 '다수의 폭정the tyranny of majority' 가능성에 대한 인식이 명시적으로 나타나 있는 점이 주목된다. 아울러 그것에는 시민들 스스로가 공인으로서의 '서약과 합의'를 준수해야 한다는 주장도 개진되어 있는데, 그것은 폭정 가능성을 방지하기 위한 방안이자, 동시에 키케로Cicero와 칸트Kant가 공화국 성립의 핵심적인 요소로 제시한 자율적이고 이성적인 존재로서의 시민 개념도 함축하고 있다.

그런데 다수의 의사에 대한 일방적인 복종으로서의 소위 민중민주주의 혹은 인민민주주의에 대한 수정이나 대안으로 제시되는 리시아스의 법치주의 이념은 민주주의적 평등 이념에 대한 부정 논리로 이어지지는 않는다. 즉 국정에 참여하는 권리와 기회가 모든 시민에게 평등하게 부여되어야 한다는 원칙은 설사 민주정체의 실제적인 운영에 많은 결함이 있더라도 결코 수정이나 타협의 대상은 아니라는 신념의 표명이다. 리시아스의 그러한 신념은 다음의 짧은 연설문에 강력하게 피력되어 있는데, 리시아스가 B.C.403년 30인의 참주 정권이 붕괴한 직후 민회에서의 논쟁에 대해 논평하는 형식으로 작성된 연설문인 〈아테네의 전통적인 정치 체제의 전복에 대한 반론〉이 그것이다.

〈아테네의 전통적인 정치 체제의 전복에 대한 반론 Peri tou mē Katalysai tēn Patrion Politieian Athēnēsi〉은 30인의 참주 정권이 붕괴한 직후 민회에서 시민권에 제한을 가하려는 일부 정치인들의 주장에 대한 반론이다. 제목에서 아테네의 "전통적인 정치 체제"[80]란 B.C.508년 클레이스테네스의 '민주화 개혁' 이후 100여 년이 지나 아테네의 고유한 정치 체제로 정착된 민주정체를 지칭하는데, 그 '민주화 개혁' 당시 그 새로운 정체에 대해 일반적으로 통용되던 명칭이 실제로 '평등 정치isonomia'였다.[81] 그런데 중도파 정치인들을 대변하는 포르모시오스Phormisios라는 인물이 민주파와 과두파 사이의 대립을 완화한다는 명분으로 민주정체의 본질적인 요소인 평등주의를 타파하고 시민권을 토지 소유자에게 국한하게 한다는 '반反평등주의' 법안을 민회에 제출하면서 논쟁이 촉발된 것이다.[82] 그러한 시도를 '전복katalysis'[83]이라고 표현한 의도에도 함축되어 있지만, 리

80 주격으로 변형하면 'patrie politeia'인데, 말 그대로는 '조상으로부터 물려받은 정치 체제'이다.

81 'isonomia'의 개념 및 그와 관련된 역사적 사실에 관한 가장 간략하면서도 정통적인 설명으로는 *Pauly-Wissowa Enzlyklopädie*의 "isonomia" 항목을 참고할 만하다.

82 '반평등주의적' 법률의 제안자인 포르미시오스라는 정치인의 존재는 이 연설문 본문에 소개되어 있지는 않으며, 이 연설문의 전달자인 희랍 역사가 할리카르나소스의 디오니시우스(Dionysios of Halikarnassos; B.C.60~7 추정)가 소개한 것으로 기록되어 있다. 이에 관해서는 〈LCL〉판 번역자인 램의 "Introduction"(pp. 691~2) 참조. 여기서 '토지 소유'의 구체적인 기준이 무엇인지는 분명하지 않다. 즉 그 자격에 일정 면적 이상의 소유가 요구되는지가 명확히 제시되어 있지 않다는 것이다.

83 이 희랍어는 '해체'로도 번역될 수 있으며, 평등주의의 부정이 민주정체의 전복이나 해체를 의미한다는 강력한 전언을 담고 있다.

시아스의 반박 논리에는 그 이념적 실체에 관한 탐구 여부를 떠나 자유와 평등이라는 어휘들 자체에 대해 근대 민주주의자들이 갖는 정서적 애착이 시간을 거슬러 올라가 재현되고 있음이 느껴질 정도이다.

리시아스는 먼저 B.C. 412년의 400인의 과두 정권과 B.C. 404년의 30인 참주 정권의 등장이 아테네라는 국가에 끼친 재앙symphoras의 기억이 너무나 확연하여 아무도 민주정체에 대한 변혁을 더는 원하지 않는다는 점을 지적한다. 그런데 실제로는 시내의 과두파와 정치적으로 동질적이지만 내란 중에 우연히 피레우스의 민주파에 가담한 중도파 정치인들은 새로운 법안들로 민주정체의 변혁을 기도함으로써 시민들을 기만하려 한다는 것이다(1~2). 시민권을 제한하는 그러한 법안들은 일단 현실적으로 아테네 시민군의 수를 감소시켜 군사력을 약화시킨다. 그뿐만 아니라 그것은 아테네를 구원하는 유일한 수단인 "모든 시민이 정치 체제에 참여하게 한다apasin Athenaiois tēs politeias meteinai"는 원칙을 아테네 시민들 스스로가 파괴함으로써 그 자신들을 노예로 만들게 한다는 것이다(3~4). 다시 말해서 그러한 원칙의 준수만이 아테네의 민주정체를 그것과 적대적인 정체들보다 우월하게 하면서 안정되게 한다는 것이다. 실제로 과두파 정권에서 토지를 소유한 시민들은 오히려 박해를 당했는데, 그들 과두파 정치인들이란 민중 전체를 적대시하면서 민중의 재산을 탐했던 인간들이라는 것이다(4~5).

그러므로 평등주의 원칙은 아테네라는 국가의 존재성을 구성하는—현대적인 용어로 국가 정체성을 구성하는—핵심적인 요소라는 것이 리시아스의 주장이다. 그것은 당시 아테네를 점령한 스파르타군이 '반평등주의' 법안을 지지하면서 그것의 폐기를 강요했을 때에도 생명을 잃을 각오로 저항하여 준수해야 할 지고의 정치적 이상이었다는 것이다(6). 그리고 아테네가 그와 같이 강력히 저항할 때에만 아테네는 자유를 지킬 수 있다는 점도 강조한다. 자유를 지키려는 의지가 스파르타와의 전쟁도 불사할 정도로 강력하면 할수록 스파르타에도 그것을 억압하는 데 따르는 위험이나 손해가 그만큼 커지기 때문에 아테네의 내정에 함부로 개입할 수 없다는 것이다(6~9). 결국 시민적 평등이란 시민적 자유의 다른 이름이고, 자유와 평등이라는 가치를 수호하기 위한 목숨을 건 모험ho kindynos만이 패전으로 더 잃을 것이 없는 아테네에게 "구원의 희망tas elpidas tēs sōterias"이며(10), 과거 아테네의 조상들은 자신의 자유만이 아니라 이웃 국가들의 자유를 지키기 위해서 위험을 감수했는데 현재의 아테네가 스파르타의 압력에 굴복하여 자신의 자유를 포기하고 도망치는 저열함kakia에 빠져서는 결코 안 된다는 것이다(11).

비록 지극히 간략하고 짧은 문장으로 표명되어 있지만, 리시아스의 법치주의 이념 또한 궁극적으로는 시민적 자유와 평등이라는 가치를 실현하기 위한 수단이라는 관점이 이 연설문에 명확히 드러나 있다. 바로 민주정체에서 자유와 평등이라는 이름으로 정당화되는 대중의 충동적 행위나 방종의 위험성에 대한 방지책으로 제시된 이념이 지금까지 설파된 리시아스의 법치주의라면, 이 연설문에서는 그러한 위험성에도 불구하고 평등과 자유는 보존되고 수호되어야 할 보편적 가치라는 점이 강조되고 있다.

앞으로 이 책의 결론 부분에서 다시 논의하겠지만, 민주주의에는 두 가지 상반된 요소가 언제나 공존한다. 한편으로 정치적 이상이자 인간의 본원적인 실존적 가치로서의 시민적 자유와 평등을 구현하는 정치 체제로서의 민주주의가 있고, 다른 한편으로 민주정체의 권력자인 다수의 대중이 정치 현실에서 바로 자유와 평등의 이름으로 자행하는 비이성적인 방종과 전횡의 가능성을 표현하는 '다수의 폭정'으로서의 민주주의가 있다. 민주주의에 내포된 그와 같이 상반된 개념적 요소들을 리시아스가 어떻게 종합했는지는 또 다른 문제로서, 그의 정치사상에 대한 정치철학적 평가의 핵심이다. 그런데 이 연설문에는 또 하나 주목할 점이 있는데, 그것은 리시아스 정치사상의 또 다른 내용인 범희랍주의로 논의를 이행하게 한다.

* * *

앞의 연설문에서는 간접적이나마 아테네 시민들만의 평등과 자유와 법치주의만이 아니라 이웃 국가들의 시민적 평등과 자유와 법치주의를 수호하기 위한 노력도 바로 아테네 자체를 위해 요구된다는 관점이 나타나 있다. 그러한 관점은 아테네인에게 그러한 가치들을 보장하는 민주정체는 희랍 세계 전체 시민들의 자유와 평등과 법치를 전제로 한다는 논제, 다시 말해서 민주주의라는 보편적인 이념 혹은 가치는 희랍 세계 전체로 확대되어야 한다는 논제라는 의미에서 '범희랍주의Pan Hellenism'로도 명명될 수 있다. 그러한 관점은 실제로 다음의 두 연설문 〈코린토스를 위해 전사한 사람들을 위한 장례연설〉과 〈올림픽 연설〉[84]에서 좀 더 명확하게 드러나고 있다. 그리고 이 두 연설문은 비록 체계적인 개념적 설명은 아니라도 국가적 차원 혹은 시민집단 전체 차원의 '아레테aretē', 다시 말해 한 국가가 국가로서 '잘나고 빼어나다'는 것이 무엇인가에 대한 탐색이 리시아스 정치사상의 근원에 있음을 보여준다.

---

84 이후에 〈올림픽 연설〉을 검토할 때 다시 언급되겠지만, 서양 고전학계에서는 일반적으로 두 연설문의 작성 시기와 관련하여 후자가 앞선 것으로 인정되는 것 같다. 그러한 인정에 대해 학계 내에서 반론이 있긴 하지만, 후자가 리시아스의 범희랍주의를 대중연설을 통해 공개적으로 확인한다는 의미가 있으므로 이 장에서의 최종적인 논의 대상으로 선정되었다.

〈코린토스를 위해 전사한 사람들을 위한 장례연설Epitaphios Tois Korinthoiōn Boē-thois〉[85]은 서양사학계에서 일반적으로 '코린토스 전쟁

85 제목에서 'tois Korinthoion boēthois'의 말 그대로의 의미는 '코린토스를 도와준 사람들에 대한'이다. 'epitaphois'의 말 그대로의 의미는 '무덤taphos' '옆에서epi'인데, 'taphos'라는 말 자체가 '장례'를 의미할 수 있다. 이 연설과 같이 국가가 주도하는 장례 행사 전체는 'dokimasia'로 불리는데, 일반적으로 운동경기와 연극이나 연설 경연 등의 행사도 수반된다. 램은 이 연설문에 대한 "Introduction"에서(p. 29) 저자 문제와 관련된 문헌학적 논란을 간략히 정리하고 있다. 즉 아리스토텔레스는 『수사학』 III-10에서 이 연설문의 몇 구절을 인용하면서도 리시아스라는 이름은 언급하지 않았다거나[참고로 〈LCL〉판 『수사학』의 번역자인 프리즈J. H. Freese는 원문에 없는데도 '친절하게' "as Lysias says"라는 어구를 삽입하고 있다]. B.C. 1세기에 활동한 희랍 역사가이자 수사학자인 디오니시오스Dionysius of Halicarnassus는 리시아스에 대한 논의에서 이 연설문에 대해서는 전혀 언급하지 않았다는 사실, 이와 더불어 *Attic Orators from Antiphon to Isaeus*(1893)의 저자인 영국의 고전학자 젭Richard C. Jebb이 그 연설문에는 리시아스 특유의 간결함simplicity, 우아함grace, 명증성clearness, 균형감sense of symmetry이 나타나 있지 않다는 "내적 증거internal evidence"가 "결정적으로overwhelmingly" 그것이 리시아스의 저술에 대한 부정이라는 해석 등을 램은 소개한다.

일단 앞의 두 사실이 리시아스의 저술이 아님을 '결정적으로' 증명하는 것은 아니라는 점이 먼저 지적될 필요가 있다. 그의 저술이라는 언급이 없다고 해서 반드시 그의 저술이 아니라는 주장이 빈드시 성립하는 것은 아니다. 그리고 이 연설문은 젭이 강조한 문체상의 장점들이 발견되지 않는 것은 사실이지만, 그렇다고 해서 이 연설문이 그의 저술이 아니라고 단정할 정도로 격이 낮은 문장도 결코 아니다. 리시아스 스스로가 연설문을 시작하면서 '불평'을 토로했듯이, 연설문 작성의 의뢰가 국장國葬 행사에 앞서 너무 촉박하게 이루어져 평소의 문장력을 제대로 발휘할 시간이 없었던 이유도 있을 수 있다. 그리고 이 책의 논의 과정에서도 지적된 바 있지만, 그러한 문체상의 특징들은 그의 연설문들 모두에 일관되게 발현되는 요소도 아닐뿐더러, 과거 아테네의 영광들을 열거하는 만연체蔓衍體 성격의 문장들도 연설문 전체의 논점을 흐려지게 할 정도는 아니다. 무엇보다 이 연설문은 그 기본적인 성격이 명확한 논지로 상대방의 입장이나 주장을 논파하기 위한 법정 연설문이 아니라 국장國葬이라는 국가적 행사에서 시민들에게 정서적 감흥을 통해 국가적 영광과 이상을 고취하려는 목적에서 작성된 연설문이라는 점이 강조될 필요가 있다. 물론 이 연설문이 페리클레스의 유명한 장례연설과 같이 그러한 목적을 간결하고 농축된 문장을 통해 감동적으로 구현한 것은 아니다. 하지만 그것은 리시아스 특유의 방식으로 아테네 국가 및 희랍인 공동체의 이상을 설파한 연설로 인정될 수 있다. 램도 이 연설문이 리시아스의 저술이라는 견해를 취하면서, 문체

the Corinthian War'으로 불리는 전쟁, 즉 B.C.395~B.C.386년에 진행된 아테네-테바이-코린토스-아르고스 연합군과 펠로폰네소스 전쟁의 승리로 희랍 세계의 패권국으로 등장한 스파르타 사이의 전쟁에서 전사한 연합군 병사들을 위해 아테네 정부가 주관한 국장國葬에서 일반적인 관행에 따라 장례연설자로 지명된 한 저명인사를 위해 집필한 연설문이다. 장례연설에서 찬양의 직접적인 대상은 전사한 외국인 병사들이다. 하지만 그들은 바로 아테네군과 연합하여 수행한 전투에서 전사한 인물들이므로, 그들의 전공과 용맹성에 대한 찬양은 자연히 아테네군 전사자들에 대한 찬양과 분리될 수 없을 것이다. 실제로 이 연설의 대부분은 아테네군 전사자들의 기개와 용맹과 덕성의 원천으로 믿어지는 그들 조상의 용맹성과의 정신사적 연속성 맥락에서 전개된다.

어쨌든 그 저명인사를 포함한 국장 행사 관련 담당 공직자들은[86] 아마 행사가 거행될 날짜 바로 며칠 전에 리시아스에게 연설문 작성을 의뢰한 것으로 보인다. 리시아스는 일단 국가적으로 중요한 연설문의 작성 기한이 그렇게 짧게 주어진 것에 대해 불만을 표하지만, 그 불만을 장례연설을 통해 칭송의 대상이 될 전사자들의 빼어난 기개氣槪; aretē[87]와 연관시키는

상의 "어색함awkwardness"을 소피스트들이 작성한 장례연설들의 "경직된 형식성sententious formality"에 의도적으로 대항하기 위해 일종의 문체 실험을 시도한 결과라고 해석한다. 그런데 '새로운 문장 실험'으로 보기에는 그 새로움이나 실험의 의미가 지극히 미약하며, 그러한 실험을 공적인 대중 연설을 통해 시도할 이유가 있는지도 의심스러운 부분이다. 어쨌든 지은이는 문체가 아닌 내용 차원에서 이 연설문은 다른 연설문들에 나타난 리시아스의 세계관 및 정치적 관점을 일관되게 제시하고 있다는 점에서 그의 저술로 보기에 충분하다고 판단한다. 왜 그러한지에 대한 설명은 물론 앞으로 이 연설문의 내용에 대한 검토를 통해 밝혀질 것이다.

86 원문은 "an tois epaggeilasin"(1)으로서 영어로 직역하면 "those having noticed"인데, 이는 리시아스에게 장례연설을 부탁한 인사가 복수라는 점을 나타내고 있다.

87 이 책의 〈책머리에〉를 통해서도 이미 설명되었지만, 'aretē'의 기본적인 의미는 '잘남'이다. 하지만 문맥에 따라 덕성이나 탁월함 또는 여기서와 같이 기개氣槪나 기상氣相

수사학적 기교를 발휘한다. 즉 그들 전사자의 위대한 공적과 용맹을 제대로 표현할 수 있는 연설의 준비를 위해서는 아무리 긴 시간도 충분하지 않을뿐더러, 아테네 정부가 연설문 작성을 위해 그와 같이 짧은 시간만을 허용한 행위 자체가 그러한 입장을 고려한 심려深慮; prooumenē의 표현이라는 것이다. 연설문의 결함의 탓을 짧은 작성 기간에 돌릴 수 있어 청중들로부터 면죄부syggnōmē[88]를 쉽게 얻을 수 있도록 배려한 처사라는 것이다(1~2). 아울러 이들 전사자의 용맹스러운 행적에 대해서는 리시아스 이전에도 많은 인사가 시와 연설로 찬양했음에도 아직 제대로 표현되지 못한 부분이 너무나 많이 있다는 것이며, 이에 따라 자신의 부족한 연설도 나름대로 의미가 있다는 겸사謙辭와 함께 전사자들에 대한 본격적인 찬양의 연설을 시작한다(2).

그 찬양의 언사는 먼저 이들 전사자 행적의 위대성과 과거 희랍인 선조progonos; ancestor들의 위대한 행적의 역사적 연속성을 부각하는 방식을 통해 제시한다(3). 연설문 전체의 3/4 이상을 차지하는(4~65) — 그러므로 전체적으로 산만한 인상을 주어 앞의 각주 #85에서 언급한 대로 장례 연설로서의 감흥은 떨어뜨리는 — 그러한 서술의 핵심은 아테네 중심의 희랍 역사에 함축된 이상이다. 그것은 불의의 응징을 통해 정의 회복을 주도하고, 외세의 억압과 노예화의 시도에 저항하여 희랍 세계의 자유를

으로도 번역될 수 있다. 램은 이 연설문에 등장한 'aretē'를 모두 일관되게 'valour'로 번역하고 있는데, 문맥상 적실성이 있으면서도 그 희랍어의 미묘한 의미를 충분히 표현하지는 못한다. 이 문맥에서는 한자어 '기개'가 그 말의 의미에 좀 더 가깝다고 볼 수 있다.

88 이 희랍어 자체는 '판단'이나 '관점' 혹은 '견해'를 의미하는 'gnōmē'와 '공통됨'을 의미하는 'syg'의 결합어로서, 다른 사람의 행태나 주장을 느슨하게 받아들이는 태도 혹은 엄격하게 비판하지 않는 태도를 지칭한다. 따라서 문맥에 따라 '공감'이나 '관용' 또는 '면죄부'로도 번역될 수 있을 것이다.

수호하고, 희랍 세계 내에서는 패권 국가와 참주의 등장에 도전하여 희랍인들 사이의 평등을 보존하고, 민주정체와 법치를 위해 투쟁하면서 시민으로서의 덕성aretē을 현시한 역사라는 것이다. 다시 말해서 희랍인의 역사란 아테네인이 얼마나 '잘났는지'와 더불어 정의, 자유, 평등, 민주주의, 법치주의를 구현한 주체라는 사실을 현시하는 역사라는 것이다.

희랍인의 역사에 대한 그러한 서술은 먼저 헤로도토스가 『역사 *Historia*』에서 전설을 전달하는 형식으로 기록한 아테네군의 아마조네스 Amazones 여인 부족의 정벌 전쟁에 관한 기술에서 시작한다. 오랜 기간 테르모돈Thermodon 강[89] 지역의 패자였던 최고의 여성 전사戰士들을 제압하고 멸망시킴으로써, 아테네 시민들은 다른 민족의 영토에 대한 그 여인들의 "불의의" 탐욕을 징치하면서 그 영토를 "정의롭게" 상실하게 만든 장본인이며, 그 여인들이 제대로 된 "잘난 남자들을agathōn andrōn" 오랫동안 만나지 못했기 때문에 여자로서의 본성physis을 벗어나지 못한 수준의 기백psychē을 마치 드높은 기백으로 착각한 사실을 자각하게 만든 장본인이라는 것이다(4~6). '전설 속의 역사'에서 인용한 비슷한 서술을 아이스킬로스의 비극 삼부작trilogy 『오이디푸스 이야기*Oedipodea*』의 마지막 편 「테바이를 공격한 일곱 장수*Hepta epi Thēbas*」의 제재로 사용된 전설에서도 취하는데, 여기서도 희랍 도시국가들 사이의 편 가름을 넘어 희랍 세계 공통의 관행nomos을 준수하고 인간 보편의 정의를 확립했다는 아테네의 역사적 역할을 드높인다(7~10). 그 전설에서는 테바이를 공격하다 실패하여 전사한 폴리네이코스Polyneikos와 그의 동료 장수들의 시신을 테바이의 왕인 크레온Kreōn이 복수의 감정으로 매장하지 못하게 하고 땅 위에 내버려두게 했는데, 그러한 '불의의' 행위를 징치한 장본인이 아

89 현재 터키의 북부 흑해 연안으로 유입되는 테르미Termi 강으로 추정된다.

테네 시민들이라는 것이다.[90] 비록 당시에 테바이와 아테네 사이에는 아무런 분쟁의 소지가 없었는데도 불구하고, 아테네는 신들의 명령으로서 '시신은 매장되어야 한다'는 보편적인 정의이자 희랍 세계 공통의 관행을 준수하기 위해 테바이를 공격하여 그 이상을 실현했다는 것이다.

리시아스가 전개하는 '정의 구현'을 위한 아테네의 용맹스러운 투쟁 이야기는 앞의 오이디푸스 가계의 전설과 접합되는 헤라클레스의 전설로도 이어지는데,[91] 에우리피데스의 비극 『헤라클레스의 자녀들*Herakleidai*』에서도 제재로 사용된 헤라클레스의 자녀들에 관한 이야기가 그것이다(11~16). 헤라클레스가 승천한 후 살아남은 그의 자녀들은 헤라클레스의 쌍둥이 형이자 일생의 경쟁자인 아르고스의 왕 에우리스테오스Eurystheos의 박해를 피해 희랍 세계를 떠돌아다니다 아테네로 오게 되었다(11~12). 에우리스테오스는 그들을 넘겨달라고 요구하지만, 이익이 아니라 정의와 명예를 위해, "피해자를 동정하고 박해자를 증오하며tous men adikoumenous eleountas, tous hybrizontas misountes", "자신의 의지에 반하는 행동은 절대 하지 않는 것이 자유의 징표이고, 불의를 당하는 자를 구하는 것이 정의의 징표이자 필요하다면 자유와 정의를 위해 죽는 것이 호연지기eupsychia[92]의 징표라고 생각하여", 아테네는 전쟁의 위험을 각오하고 넘겨주지 않았다는 것이다(13~14). 결국 아르고스와의 전쟁은 발발했고,

---

90 잘 알려져 있듯이 소포클레스는 비극 『안티고네*Antigone*』에서 이 전설적 제재를 신의 명령이라는 보편적 정의와 왕의 명령이라는 인간의 법 사이의 긴장 및 갈등 관계로 해석하여 극을 구성한 바 있다.

91 희랍 신화에서 잘 알려진 이야기지만 참고로 소개하면 다음과 같다. 헤라클레스는 테바이의 왕 크레온의 딸 메가라Megara와 결혼하여 세 자녀를 두었는데, 제우스의 부인 헤라의 간계로 광기 속에서 부인과 자식들을 살해하게 된다. 그 사건이 에우리피데스의 비극 『헤라클레스』의 제재이기도 하다.

92 이 말을 램은 'courage'로 번역했는데, 희랍어 그대로의 의미는 '훌륭한eu' '영혼psychia'으로서 한자어 '호연지기'가 가장 가까운 어휘가 될 것 같다.

그 전쟁에서 승리함으로써 아테네는 헤라클레스의 자녀들을 구했을 뿐만 아니라 평생의 그 수많은 업적에도 불구하고 헤라클레스가 이루지 못하고 남겨둔 단 하나의 과업이었던 에우리스테오스의 제거라는 위업을 달성하게 되었다는 것이다(15~16). 희랍인 공동체 전체의 '정의와 법과 자유와 평등의 수호자'로서의 아테네인의 행적에 대한 예찬은 이제 신화와 전설의 시대를 벗어나 국가 건설 이후의 역사 시대로 들어간다. 그 핵심은 국가 건설 방식에서부터 코린토스 전쟁까지 아테네의 전 역사가 언제나 '정의와 법과 자유와 평등의 수호자 역할을 수행한 역사였다는 것을 드러내는 데 있다(17~65).

리시아스는 먼저 아테네의 조상들은 다른 부족이 거주하는 지역을 정복하여 그 원주민을 축출하는 방식이 아니라 그들이 태어난 땅 위에 그대로 머물면서 같은 국가를 유지해왔다는 점에서 시초부터 정의로운 국가였다고 강조한다(17).[93] 이어서 "모든 사람의 자유가 가장 강력한 유대감homonoian megistēn이라는 믿음 속에서"(18) 희랍 역사상 최초로 지배층dynasteia[94]을 몰아내고 민주정체를 확립한 국가가 아테네라는 점도 강조하는데, 그 점을 부연하는 간략한 진술은 국가 생활의 이상이 무엇인지에 관한 리시아스의 생각이 압축적으로 표현된 선언이어서 그 전체를 인용할 필요가 있다.

"위험 속에서도 서로 희망을 공유함으로써 그들(아테네의 조상들)은 국가

93 전설에 따르면 아테네는 토착민인 펠라스고이Pelasgoi족이 세운 국가로 간주되는 데 비해 스파르타는 도리아족 이주민이 세운 국가로, 그들이 펠로폰네소스 반도의 원주민을 몰아내고 국가를 세운 사실을 빗댄 진술이다.

94 'dynasteia'는 영어 'dynasty'의 어원으로서 'oligarchia'보다 협의의 상위 지배층을 지칭하며, 문맥에 따라서는 'politeia'와 대비되는 개념으로 헌정 질서constitutionalism와 반대되는 자의적인 소수에 의한 통치를 지칭하기도 한다.

> 생활에서 영혼의 자유를 누렸고, 선을 존중하고 악을 징치하기 위해 법을 사용했다. 서로를 힘으로 종속시키는 것은 짐승들의 행동 방식이며thērion men ergon einai hyp' allēlōn bia krateistai, 인간에게는 법을 통해 정의를 확립하고 이성logōi으로(혹은 '말로써') 설득하고 최고권으로서의 법 및 이성의 가르침에 복종하며 행동할ergōi de toutois hypēretein, hypo nomou men basileuomenous, hypo logou de didaskomenous 의무가 부여되어 있다고 믿었기 때문이다"(18~19).

따라서 범희랍주의로 규정될 수 있는 희랍 세계 도시국가들 사이에서의 평화, 그리고 도시국가 내에서는 시민들 사이의 공동체적 유대감과 폭압이 배제된 상태에서 이루어지는 언어를 통한 이성적인 설득에의 복종과 법에 대한 종속이라는 시민적 자유가 이 장례식이 벌어지는 무덤들에 안치된 전사자들의 조상들이 추구했던 이상이라는 것이다. 그러한 조상들의 이상은 후손들의 용맹스러운 기개aretē를 통해 여러 역사적 사건들 속에서 발현되었다는 것인데, 그 대표적인 경우가 1, 2차 페르시아 전쟁이다. 아테네인들이 추구한 범희랍주의와 시민적 자유라는 삶의 이상과 대비되는 삶을 사는 아시아 이방인들barbaroi과의 전쟁에서 아테네인들이 발현한 기개에 대한 찬양이 연설문의 다음 부분(20~47)을 구성하는데, 그 찬양의 핵심 또한 그러한 정치적 이상을 위해 죽음도 두려워하지 않은 아테네인들의 기개이다. 그러한 찬양의 서술에서 주요 부분을 소개하면 다음과 같다.

아시아의 왕ho tēs Asias basileus인 다리우스 1세가 "유럽을 노예로 만들기 위해tēn Eurōpēn doulōsesthai" 마라톤 해안에 상륙했는데,[95] 그 이유

95 이 문맥에서 리시아스가 '이방인과 대비된 희랍인'과 더불어 '아시아와 대비된 유럽'이

는 희랍의 다른 도시국가들은 모두 페르시아에 복종할 준비가 되어 있었지만 아테네만이 결사적으로 저항하여 아테네만 항복시키면 본래의 목적이 쉽게 달성될 것이라는 계산이 있었기 때문이다(20~23). 그러나 당시의 아테네 시민들은 "패배하면 다른 사람들보다 조금 앞서서 사라질 뿐이지만 승리하면 자신의 힘으로 다른 사람들을 해방시킨다"는 신념이 있었으며, 그러한 믿음과 함께 자신들의 기개는 오직 소수에게만 부여된 자질이라고 믿으면서 적에 대해 두려움을 갖기보다 "국가의 법을 훨씬 더 두려워했다"는 것이다.[96] 그 때문에 그들은 자신들보다 압도적으로 많은 수의 적을 물리칠 수가 있었다(23~26). 아테네 시민들의 그러한 용맹과 기개에 대한 리시아스의 찬사는 크세르크세스 왕이 1차 페르시아 전쟁에서의 패배를 복수하기 위해 여러 민족으로 구성된 거대한 군사를 동원하여 침공한 2차 페르시아 전쟁(B.C. 480~B.C. 479)에서 그들이 세운 공훈을 중심으로 계속된다(27~47).

2차 페르시아 전쟁 당시 희랍 도시국가들 대부분은 처음부터 페르시아에 대항할 의지가 없거나 뇌물을 받아 배신자가 되었으며, 스파르타의 군대는 테르모필라이Thermopylai 전투에서 몰살되어 희랍 세계 전체가 페르시아의 군대에 굴복당할 위험에 처했다. 그때 아테네는 압도적인 군사적 열세에도 불구하고 "불명예와 부유함 속에 조국이 노예 상태에 있는 것보다는 기개를 지키기 위해 가난penias과 도피phygēs; exile[97]를 감수하

라는 표현을 사용하고 있는 점이 주목할 점이다.

96 원문은 "mallon tous par' hautois nomous aischynomenoi"인데, 직역하면 "그들 자신을 넘어서는 법을 더 부끄러워했다"이다. 그 의미는 '국가의 법이나 명령을 지키지 않음을 죽음보다 더 수치스럽게 여겼다'로서, 램은 "had more reverence for their city's laws"로 영역했다.

97 여기서의 가난과 도피는 물론 테르모필라이 전투에서 승리한 페르시아 육군이 아테네로 진군해왔을 때 아테네 성이 적군에 의해 약탈되고 폐허가 되는 운명을 감수하고 전

면서까지 자유를 선택하여"(33) 살라미스 해전에서 대승을 거두게 되었다는 것이다(27~43). 희랍 세계의 자유를 위한 아테네의 분투는 살라미스 해전 이후에도 이어진다. 즉 크세르크세스는 해전에서의 패전 후 해군 대부분을 철군하면서도 정복 전쟁을 계속하기 위해 보이오티아 지역에 육군을 주둔시키는데, 이스트모스 해협에 방벽을 쌓아 방어에 치중하려던 스파르타를 설득해 페르시아군을 공격함으로써 플라타이아Plataia 전투에서 승리를 거두게 한 것도 아테네이며, 그럼으로써 아테네는 자신들에게는 "최고도의 영광kallisten teleutēn"을, 유럽에는 "영속적인 자유bebaion eleutherian"를 쟁취하게 하면서 자신의 탁월함aretē을 현시했다는 것이다(44~47). 아테네가 발현한 '국가적 탁월함'은 페르시아의 위협이 사라진 후 희랍 세계의 지배자가 되어서도 지속되었음이 이어지는 연설을 통해 강조된다(48~60).

페르시아 전쟁이 끝난 후 아테네가 이룩한 업적에 대해 다른 도시국가들이 부러움zelos과 질투심phthonos을 가져 아이기네Aiginē와의 전쟁(B.C. 459~B.C. 458)이 발발하게 되었는데, 아테네 시민들은 청장년 모두가 "자신들의 기백을 믿었기 때문에tais d' autōn psychais pisteusantes"(50) 그 전쟁에서 승리할 수 있었다는 것이다(48~53). 아테네의 그러한 탁월함은 해상 패권을 장악하면서 희랍 세계를 지배한 70년 동안에도[98] 계속되었다. 그들은 "수많은 고난과 빼어난 투쟁, 영광스러운 위험을 통해서 자신들의 조국을 위대하게 만듦과 동시에 희랍 세계를 자유롭게 했다"는 것이다(55). 다시 말해 아테네인들은 "동맹국들이 내란 상태에 빠지지 않도록 보호하고, 다수가 소수의 노예가 되는 고통을 받지 않게 하고, 모든 사람

시민을 살리미스 섬으로 대피시켜 해전에서의 승리에 국운을 건 결정을 지칭한다.

98 델로스 동맹이 결성된 B.C. 476년부터 펠로폰네소스 전쟁에서 아테네를 결정적으로 패퇴하게 만든 아에고스포타미 해전까지의 기간을 지칭한다.

이 평등하게 살도록 압박은 하지만 그들의 힘을 약화하는 것이 아니라 자신들과 함께 강력해지게" 만들었다. 그렇게 함으로써 아테네인들은 페르시아 등 이방인 민족들이 희랍 세계를 두려워하여 더는 침범하지 못하게 했고, 어떠한 압제자tyrannos도 희랍 세계에는 출현하지 못하게 한 희랍인들의 보호자들prostatas이자 희랍 도시국가들의 지도자들hegemonas이었다는 것이다(55~57).

그런데 이 문맥에서 리시아스는 아테네라는 국가 혹은 아테네인들이라는 집단 고유의 탁월함이나 잘남은 영광의 시대가 지난 "불운의 시기en tais dystychiais"에도 재현되고 있다는 점을 강조한다(58). 그러한 강조를 통해서 이 장례 행사의 공식적인 추모 대상인 외국인 병사들에 대한 본격적인 찬사가 시작된다. 다시 말해, 펠로폰네소스 전쟁에 패해 아테네 제국이 붕괴한 이후 희랍 세계는 또다시 페르시아의 노예 상태에 빠지고 여러 도시국가에는 새롭게 압제자들이 등장하게 되어, "희랍 세계는 불행하고 아시아의 왕은 행복한dystychēs hē Hellas … eutychēs ho tēs Asias basileus" 사태가 전개되었다. 그 이유는 바로 지금까지 찬양의 대상이었던 과거 아테네 조상들의 기개와 빼어남을 간직했던 탁월한 지도자들이 사라졌기 때문이며, 이제 그러한 희랍 세계를 새롭게 구원할 수 있는 원천 또한 아테네라는 도시국가의 힘dynamis이라는 것이다(58~60). 바로 그 점을 증언하는 존재가 다름 아닌 이 장례 행사에서 추모의 대상인 코린토스 전쟁에서 전사한 동맹국의 군인들이라는 것이 이 장례연설 나머지 부분의 요체이다. 다시 말해 동맹국과 아테네의 전사자들은 희랍 세계의 평화 속에서만 구현되는 자유-평등-정의 및 전제정치의 배격이라는 공통된 이상을 위해 자신의 목숨을 희생한 인물이라는 점을 강조함으로써 리시아스는 민주주의를 근간으로 하는 범희랍주의의 이상을 설파한 것이다.

그들 전사자에 대한 드높임의 연설은 일단 30인의 참주 정권에 저항한

'민주 투사'들에 대한 찬양으로 시작한다(61~65). 그러한 찬양의 방식은 그들 전사자 희생을 희랍 세계에서 자유-평등-정의-평화의 수호 및 전제정치의 배격이라는 '민주주의적' 대의를 지키기 위한 행동의 숭고함으로 규정하려는 의도로 읽힐 수 있다. 즉 그들 '민주 투사'들은 "법이 강요해서가 아니라 태생적으로" 노예 상태의 탈피와 정의를 원했던 인물들로서, "동맹국과의 서약과 합의를 준수하고" 민주정체를 수호하며 30인의 참주 정권을 붕괴시키기 위해 다수의 적이나 생명의 위험을 두려워하지 않는 "조상의 기개를 재현하면서" 피레우스 항에 모여 참주 정권의 타도에 성공했다는 것이다(61~63). 그러한 행동을 통해 그들은 한때 침체했던 아테네의 위대함을 전 세계에 알리고, 정적들(참주파들)에 대해 보복을 가하지 않으면서 정파로 분열되었던 국가를 다시 화합시키고 국가를 위기에서 구원하기 위해 전력을 기울였으며, 스스로 노예가 되길 원했던 인간들과도 자신의 자유를 공유하는 "담대하고 고매한 행적ergois megistois kai kallistois"을 보여주었다는 것이다. 이에 따라 과거의 재앙들도 그들 자신의 못남kakia이나 적들의 잘남aretē 때문이 아님을 증명했다는 것이다(63~65). 결국 코린토스 전쟁에서 전사한 외국인 병사들이 국가적으로 칭송받아야 할 이유도 바로 그 점에서 찾을 수 있다는 것인데, 이제야 이 장례연설은 그 행사의 직접적인 대상인 무덤 속에 누워 있는 인물들에 대한 간결한 칭송의 언어들과 더불어(66~70) 그들에 대한 살아남은 자들의 의무에 대해 — 이와 같은 장례연설에서 일종의 관행화된 수사로 표현되는 — 언급하면서 마무리된다(71~89).

리시아스는 일단 아테네 정부가 외국인 전사자들에게 자신의 시민들에 대해서와 마찬가지로 국장dēmosia의 예를 갖추어 "같은 영예ton autas timas"를 부여한 이유를 설명한다(66). 그들 외국인 전사자가 칭송받아야 할 근본적인 이유는 바로 코린토스 전쟁의 근본적인 성격이 참주 정권의 타도에 의한 아테네 민주정치의 회복과 더불어 그것을 통해 다시 가능하게 된 '자유로운 희랍 세계'의 재현이라는 역사적 당위성에서 찾아진다는 것이다. 즉 코린토스 전쟁은 피레우스 항을 근거지로 30인의 참주 정권을 전복시키는 데 성공한 "세계적hypo pantōn anthrōpōn(말 그대로는 '모든 인간들의' 부러움의 대상이 된)" '민주화 투사들'의 희생과 헌신을 통해 부활한 '민주주의 아테네'를 지원하기 위한 전쟁이기 때문이라는 것이다. 그들 전사자란 곧 각자의 조국에 대한 애국심과 더불어, 코린토스와 스파르타 사이의 동맹 관계나 코린토스와 아테네 사이에 존재했던 과거의 적대관계를 잊어버리면서 "위대한 희랍인들megalēn tēn Hellada" 전체를 위한다는 대의, 다시 말해 개별 도시국가의 존재보다 더 고귀하고 더 보편적인 목적을 위해 자신들의 목숨을 희생한 인물들이라는 것이다(66~68). 그러한 행동을 통해서 그들은 특히 자신들이 스파르타의 예속에서 벗어난다는 목적뿐만 아니라 적인 스파르타인들의 자유를 위해서도—그들이 승리할 경우 스파르타인들도 평등한 권리를 누리게 될 것이므로—자신의 목숨을 버리는 용기를 발휘했다는 것이다(68). 그들 전사자 죽음의 '역사적' 의미에 대한 이와 같은 해석에 이어, 리시아스는 장례연설에 필수적으로 따르는 관행화된 언어들, 곧 그들 전사자의 개인적 덕성에 대한 칭송의 말과(69~70; 77~81) 유족들에 대한 위무와 격려의 말(71~76)로 이 장례연설을 끝맺는다.

상투적이긴 하지만 청중들에게 나름대로 감동을 주는 유족들에 대한 위무와 격려의 말을 먼저 간략하게 소개하면 다음과 같다. 그들의 죽음을 "애석해하고pothein" 부인 등 남겨둔 가족과 친지들을 "돌봐야eleein" 함은 살아남은 자들의 의무이다(71~72). 무엇보다 어린 자식들은 어리기 때문에 아버지의 불운이나 그가 얼마나 고귀하게 죽었는지 제대로 모르지만, 전사자들의 아버지들은 노구에 자식을 묻으면서 "모든 희망을 잃어버린 채" "의지할 데 없고aphilos; friendless" "아무것도 남은 것이 없는aporous" 자신을 바라보며 겪을 고통보다 "더 뼈아픈 슬픔touton aniapoteron"이 어디 있겠느냐는 것이다(73). 그들의 고통은 자식들이 "빼어난 사람일수록 andres ameinos" 더욱 클 수밖에 없는데(73), 그들 전사자가 발휘한 용맹의 과실을 누리고 있는 살아 있는 사람들이 그들 전사에게 보여줄 수 있는 감사의 행동이란 바로 유족들에게 높은 존경과 애정을 베풀고 지원하는 것밖에는 없다(74~76). 그리고 전사들의 개인적 덕성에 대한 칭송의 말로 이 장례연설은 끝을 맺는다.

그들 전사자의 죽음이란 그들의 조상이 가졌던 덕성과 명성을 이어받은 "참다운 죽음tous agathous apothnēiskein"이다(69~70). 그러나 그들의 죽음을 지나치게 슬퍼할 이유는 없다. 죽음이란 "천한 인간에게나tois cheiristois" "고귀한 인간tois beltistois에게나" 똑같이 부과된 피할 수 없는 운명moira이기 때문이다(77~78). 그러한 문제를 떠나 그들 전사자는 무엇보다 "가장 행복한 인간으로toutous eudaimonestatous" 간주될 수 있는데, 그들은 자연적인 죽음을 기다리기보다 가장 아름다운 죽음을 선택하면서 "가장 위대하고 가장 고귀하게" 삶을 마감할 수 있었던 축복받은 인물들이자 용맹함으로 불멸의 신들과 마찬가지로 영원히 기억되어야 할 존재들이기 때문이라는 것이다(79~81).

다음 장에서 리시아스의 정치사상을 총체적으로 정리하고 그 정치사상사 및 정치철학의 의미를 설명하고 평가하는 과정에서 좀 더 자세히 논의하겠지만, 장례연설로서의 품격 문제를 떠나 이 연설에는 간단하게나마 당대 희랍인들이 지향해야 할 세계에 대한 기본적인 구상이 제시되어 있다. 그것은 각 도시국가가 민주정체의 확립을 통해 시민적 자유와 평등을 보장하면서 도시국가들 사이에는 희랍 이외의 세계에 대한 배타성을 기초로 도시국가들 사이의 평등하고 자유로운 통합적인 정치 질서를 구축한다는 것이다. 그는 '자유롭고 평등한 민주주의적 희랍 세계의 이상'으로 규정될 수 있는 '범희랍주의'를 바로 '하나의 희랍'이라는 관념이 종교적 제례의식을 통해 최초로 구현된 범희랍적인 행사에서 직접 설파하는 기회를 얻게 된다. 그것은 바로 수백 년 동안 전체 희랍인의 축제로 이어온 올림픽 경기대회인데, 그곳에 모인 희랍인 군중을 향해 리시아스는 〈올림픽 연설〉을 하게 된 것이다.

〈올림픽 연설Olympiakos〉[99]은 많은 부분이 유실遺失되어 그 내용 가운데 일부만 보존되어 전해져 있는 연설문이다. B.C.388년 혹은 B.C.384년의[100] 올림픽 축제에 모인 희랍인들 전체를 대상으로 리시아스가 자신의

99 희랍어 제목 'Olympiakos'는 희랍의 도시국가 엘리스Ēlis에서 올림픽 경기가 개최되는 제우스 신전이 있는 지역을 지칭하는 올림피아Olympia라는 말의 형용사로서, 5일 동안 진행되는 올림피아 축제 기간에 이루어지는 운동경기를 포함하여 연극 공연과 연설 경연 등의 행사를 지칭한다.

100 이 연설의 작성 시기와 관련된 서양 고전학계의 논란에 대해 램이 "Introduction"에서 소개한 내용을 정리하면 다음과 같다(pp. 680~683). 이 연설문은 본디 그리스 역사가이자 수사학자인 디오니시오스Dionysius of Halicarnassus(B.C.60~7 추정)가 편집한 『아테네의 연설가들에 관해서*Peri tōn Attikōn rhētorōn*』에 수록되어 있는데, 그와 비슷한 시기의 시칠리아 역사가인 디오도로스Diodorus Siculus가 그 연설문이 낭독된 장소를 B.C.388년에 개최된 98회 올림픽으로 추정했다는 것이다. 이 연설문에서 페르시아의 왕과 더불어 절대적인 권력을 장악한 통치자이자 희랍 세계의 자유와 평화를 저해하는 두 인물 가운데 하나로 지목되는 시라쿠사의 왕 디오니시오스가 이 올림픽 경기에서 희랍인들에게 자신의 부와 권력을 과시하기 위해 금으로 치장한 텐트 등 수많은 사치품과 더불어 거대한 대표단을 파견했는데, 리시아스의 연설은 바로 그들 대표단을 직접 겨냥한 것이다. 이 연설은 비록 그들 두 세력에 대해 희랍 세계 전체의 통일된 행동을 촉발하지는 못했지만, 그들에게 우호적인 스파르타의 정책에 대해서 적어도 전 희랍인들의 반감을 조성하는 데는 성공했다.
그런데 디오도로스의 'B.C.388년 설'에 대한 반론으로서 영국의 고대사 연구가인 그로트George Grote와 프리맨Charles Freeman 등은 'B.C.384년 설'을 다음과 같은 이유로 제기한다. 이 연설문에는 스파르타를 찬양하는 언사가 있는데, B.C.388년 당시는 바로 코린토스 전쟁이 진행되는 시기로, 적국인 스파르타에 대해 그와 같은 찬양의 언사를

범희랍주의 이념을 도시국가의 소속을 넘어 한자리에 모인 군중에게 공개적으로 천명했다는 상징적인 의미가 있다. 실제로 연설문은 희랍 세계 통합의 상징이기도 한 올림픽 경기의 창시자로 간주되는 인물이자 희랍 세계에 무질서의 야만성을 벗어나 농경 사회의 질서를 구축한 인물로서 희랍인들 전체의 추앙을 받는 영웅인 헤라클레스에 대한 추모의 언사로 시작된다.[101] 헤라클레스는 개별 도시국가들을 넘어 바로 희랍인들 전체에 대해 애정eunoia을 갖고 있었다는 것이며, 그 때문에 그 이전까지 서로 이방인처럼allotriōs; strangely 대하던 도시국가들을 한곳에 모아 "상호 우정을 도모하고pros allēlous philias" 신체적 강인함과 "풍요에 대한 사랑"[102]과 지성의 경연을 위해 올림픽 경기를 처음 개최했다는 것이다(1~3).

그와 같이 숭고한 의미가 있는 이 경연장에서 리시아스는 먼저 자신의

표명할 개연성이 없기 때문에 다음 올림픽인 B.C.384년일 가능성이 크다는 것이다. 번역자인 램은 연설문 본문에 코린토스 전쟁이 진행 중임을 암시하는 문장(6)이 있음을 근거로 두 역사학자의 견해를 거부한다.

어느 '설'이 정확한지 절대적으로 단정할 수는 없을 것이다. 먼저 그로트 등의 'B.C.384년 설'의 근거로 제시된 스파르타에 대한 우호적인 언급의 존재가 반드시 전쟁 종료 후의 상황을 의미하지는 않는다. 비록 전쟁 중의 적국이라도 리시아스로서는 범희랍주의라는 대의의 실현을 위해 의도적으로 스파르타를 대중에게 치켜세우는 언사를 했을 가능성이 충분히 있는 것이다. 이와 반대로 본문의 '문단 6'에 표현된 '전쟁'이라는 어휘의 존재가 반드시 코린토스 전쟁 혹은 특정의 전쟁이나 전투를 지칭하지 않을 수도 있다. 그것은 희랍의 도시국가들 사이에 범희랍적인 '영구 평화'가 실현되지 못하고 적대적인 관계가 지속하는 상황을 묘사하는 언어일 수도 있는 것이다.

101 헤라클레스라는 존재의 — 희랍의 다른 신들도 해당하지만 — 신화학적 의미에 관한 간결하면서도 깊은 설명으로 Burkert(1985: 208~211)를 참조할 만하다.

102 원문은 "philotimian ploutou"로서 말 그대로는 '부ploutos; wealth'에 대한 'philotimia', 곧 야망 혹은 명예욕을 의미하며, 앞의 각주 #100에서 소개된 시라쿠사의 전제군주 디오니시오스의 행동에 나타나 있듯이 올림픽 경기 기간의 축제가 제우스 신에 대한 제례의식 등을 통해 도시국가들이 각각의 국세를 과시하는 기회가 되었던 상황을 표현한 것으로 보인다. 이 문맥에서는 그 표현에 비하적인 의미가 없으므로 "풍요에 대한 사랑"으로 번역했다. 램은 이 문구를 "a challenge of wealth"로 번역했다.

연설이 직업적 연설가들인 소피스트들의 그것과는 다름을 강조한다. 즉 그들 "소피스트들의 행태들이란erga sophistōn" "극도로 생활에 쪼들려서 sphoda biou deomenōn"[103] '지극히 쓸데없는 말싸움이나 하는 것들로' 폄하한다.[104] 당시는 희랍 세계의 많은 영역이 외국에 종속되어 있고 많은 도시국가가 전제정치의 압제에 시달리고 있는 수치스러운 상황인데, 그러한 상황에서 "탁월하고 국가적 가치에 충실한 인간이라면andros de agathou kai politou pollou axiou"[105] 중대한 문제들에 대해 조언을 할 수 있어야 한다는 것이다(3). 바로 '탁월하고 국가적 가치에 충실한' 인물인 리시아스의 조언이 이어진다(4~9).

리시아스는 먼저 희랍 세계의 고난이 그 자체의 "허약함 때문이라면di' astheneian" "그 운명을tēn tychēn" 받아들일 수밖에 없지만, 실제로는 희랍 세계 내의 내분과 상호 경쟁 때문에 그렇게 된 것이므로 그것들을 중지시키고 억제함으로써 극복할 수 있다고 말한다(4~5). 그러므로 희랍 세계는 "상호 간의 전쟁을 포기해야 하며",[106] 과거 압제자들을 추방하고 공동의

---

103 이 지극히 간단한 문구는 당시 소피스트들 혹은 지식인 전반이 처한 경제적 상황에 대한 역사적 진술일 수 있다. 어느 시대에나 생존 자체가 문제가 되는 전란이 계속되는 상황에서는 교육도 가계비 지출의 우선순위에서 밀려날 수밖에 없으므로, 지식인들이란 권력자에 밀착되지 않는 한 실제로 궁핍한 생활을 할 수밖에 없는 상황에 대한 증언으로 해석될 수 있는 것이다. 소피스트 운동에 관한 지성사 연구들은 일반적으로 B.C.4세기 초엽에 와서 그것이 쇠퇴하는 것으로 기술하고 있는데, 그 이유는 그들의 지성 활동 자체에 대해 일반 시민들의 염증이 심화되었을 뿐 아니라 희랍 세계에서 특히 펠로폰네소스 전쟁의 발발 이후 지속한 전란의 상황에서 소피스트들의 고등교육이란 긴박한 삶과 유리된 사치가 될 수 있기 때문일 것이다.

104 원문은 "egō de ēkō ou mikrologēsomenos oude peri tōn onomatōn machoumenos"로서, 직역하여 "나는 쓸데없는 것들에 대해 말하거나 말 가지고 싸움질하자고 오지는 않았다"를 축약한 문장이다.

105 "politou pollou axiou"는 직역하면 "국가에 대해서 상당히 가치가 있는"으로, 참고로 램은 이 문구를 "a man of principle and civic worth"로 번역했다.

106 이것이 앞의 각주 #100에서 언급된 '문단 6'의 문구이다. 원문으로는 "ton men pros

자유를 확립했던 조상들을 '본받으면서'[107] 희랍 세계의 구원이라는 단일한 목적을 위해 합치된 행동을 해야 한다는 것이다(6). 그는 아테네의 적국이자 희랍 세계의 자유와 평화를 억압하는 패권 국가로 간주되어왔던 스파르타의 대내외 정책을 그러한 통합된 행동을 위한 본보기로 제시하는데, 그 근거는 다음과 같다. 희랍 세계 전체가 외국 세력에 의해 황폐화되었을 때, 스파르타는 "태생적인 용맹성과 군사 지식으로dia tēn emphyton aretēn kai dia tēn pros ton polemon epistemen" 희랍 세계를 지도하는 국가였으며 성벽이 없이도 홀로 자신들의 거주지가 침탈을 받지 않으면서 정치적 파쟁이나 전쟁에서의 패배 없이 "자신만의 삶의 방식들을tropois tois autois" 지켜온 국가라는 것이다(7). 따라서 스파르타 시민들이 자신의 자유를 지키고 과거 희랍 세계의 위기를 구한 방식으로 희랍 세계를 앞으로 다가올 위기로부터 구할 수 있게 될 것을 기대한다는 것이다(7~8). 대부분이 유실된 연설문 가운데 보존된 부분의 마지막은 간단하게나마 그러한 기대에 대한 희망과 격려의 언어로 채워져 있다(8~9).

미래의 희랍 세계를 위해 현재보다 더 훌륭한 기회는 없으며, 외적으로부터의 재앙을 입은 희랍인들의 경우를 바로 자신들의 경우로 여기면서 적들이 내습하기 전에 먼저 그들을 제압해야 한다는 것이다(8). 희랍 도시국가들이 서로 전쟁을 하여 외부의 적들이 더욱 강력해지고 있는데, 그러한 광경을 바라보면서 과연 희랍인 "누가 굴욕감을 느끼지 않겠느냐tis

---

allelous polemon katathesthai"인데, 이 어구에서 '전쟁을'을 의미하는 'ton polemon'은 코린토스 전쟁만이 아니라 일반적인 전쟁 전체를 지칭할 수 있다. 그리고 동사를 직설적으로 '그치다'를 의미하는 'katapauō' 대신에 '내려놓다lay down' 혹은 '옆으로 치우다set aside'를 의미하는 'katatithemi'를 사용한 점도 그러한 해석의 근거가 될 수 있다.

107 원문의 "조상들과 경쟁해야 한다pros tous progonius hamillasthai; to compete with ancestors"를 문맥에 어울리게 어휘를 조정하여 번역한 것이다.

ouk an aganaktēsei …"[108]는 것이다(9).

* * *

지금까지 앞의 5장 전체와 6장 1~2절에서는 리시아스의 연설문들을 검토하면서 그가 기술하고 파악하고 진단한 당대 아테네 및 희랍 세계의 정치적 및 사회적 현실과 그 문제점들이 무엇인지 설명했다. 그러한 설명을 통해 아테네의 시민사회가 당면한 근본적인 문제를 리시아스는 시민윤리의 쇠락과 공인정신의 쇠퇴로 파악했다는 점, 그리고 현실에 대한 그러한 진단을 기초로 아테네 및 희랍 세계가 추구해야 할 정치적 이상도 제시했음을 설명했다. 그 정치적 이상이란 정치 체제 차원에서는 아테네의 민주정체로 대변되는 시민적 자유와 평등에 기초한 민주주의적 법치주의의 확립과 전제정치의 배격이며, 국제정치적 차원에서는 희랍 도시국가들 사이의 평등과 평화에 기초하여 통합을 이루되 희랍 세계 외부의 민족이나 국가들에 의한 간섭이나 종속을 배제하면서 희랍 세계의 정치적 자율성 확립과 더불어 독자적이면서 탁월한 희랍 문명의 유지로 규정될 수 있다. 그 자신의 문장으로 실제로 자주 표현되고 있지만, 간단히 집약하여 그것은 아테네의 민주정체에서 구현되는 시민적 '아레테', 즉 시민들의 덕성과 빼어남을 도시국가 차원을 넘어 희랍 세계 전체 차원에서 구현하려는 노력으로 지칭될 수 있다.

문제는 리시아스의 연설문 속에 제시된 당대 아테네의 시민적 삶과 아테네라는 국가 및 희랍 세계 전체의 현실에 대한 설명과 진단이 얼마나

108 희랍어 동사 'aganaktō'는 고통을 수반한 극도의 불쾌감 혹은 성가심에 싸인 동적인 심상을 표현하는 말로, 램은 위 문장을 'who would not be mortified'로 번역했다.

정확하고 체계적이며, 이상으로서 어느 정도의 보편성과 더불어 그것의 구현을 위한 실천적인 방안을 가지고 있느냐에 있을 것이다. 다음 3절은 바로 그의 현실 진단 및 정치적 이상 자체에 대한 평가이다. 그러한 평가는 특히 그의 사상이 그가 추종했던 소크라테스의 사상을 어떠한 의미에서 계승·발전시켰는지를 중심으로 이루어지는데, 그 핵심은 수사학적 사유에 수반된 비개념적이고 비역사적인 사유의 한계로 정리될 수 있다.

3. 수사학적 사유와 정치 현실에 대한 비개념적 인식의 한계[109]

리시아스의 사상 전체에 대해 평가하고 그것을 그와 거의 같은 연배의 인물로서 소크라테스의 또 다른 추종자인 안티스테네스의 사상과 비교하며, 그러한 비교를 통해 플라톤의 정치철학이 등장하기 이전 B.C.4세기 초 희랍 정치철학의 발전에 관해 설명하는 것이 이 3절의 목적이다. 그러한 작업을 위해서는 앞의 4장 3절에서 논의의 대상이 되었던 리시아스의 〈사랑의 연설〉이 수록된 플라톤의 대화편 『파이드로스*Phaidros*』의 도입부로(227a~228c) 돌아갈 필요가 있다. 그곳에는 소크라테스와 파이드로스 사이에 대화가 발생하는 상황이 묘사되어 있는데, 그러한 묘사에는 당대

109 학문적으로 심각한 검토의 대상은 못 되지만, 참고로 5장 각주 #32에서 언급된 바 있는 쇤Karl Schön은 리시아스의 연설문 전체에 대한 그의 비판적 태도와 일관되게 이 〈사랑의 연설〉의 진술에는 논리적 필연성도 없으며 — 그는 특히 필연성을 희랍어 'anagkē'로 표현한다 — 진술들 전체의 정리나 선후 관계에도 단정적으로 "논리적 근거가 없음no logical reason"을 지적한 바 있다(Schön, 1918: 113~115). 물론 그는 형식 논리 차원의 비판을 넘어 그 문장들에 함축된 사유 내용 전체를 해석하고 그 한계를 탐색할 수 있어야 했다.

아테네와 희랍 세계 전체의 지성계에서 리시아스가 차지하는 위치를 가늠할 수 있는 대화 내용이 있기 때문이다.

『파이드로스』는 리시아스의 강연을 들은 파이드로스가 그 연설 내용을 반추할 겸 아테네 시내의 가로街路; dromos가 아니라 성 밖의 오솔길hodos로 산책하러 가는 도중에 소크라테스를 만나는 장면으로 시작된다. 그 장면에서 무엇보다 주목할 점은 앎의 추구에 진지한 젊은 파이드로스가 리시아스의 '열성팬'임을 암시하는 구절이 여러 군데 있다는 사실이다. 앞에서도 언급했지만, 그는 일단 리시아스를 "당대의 가장 멋진 문필가deinotatos ōn tōn nyn graphein"로 지칭하고 있다(228a). 아울러 그는 〈사랑의 연설〉에 깊은 감명을 받았음은 물론, 평소에도 리시아스의 강연을 들을 때는 이해가 될 때까지 리시아스에게 몇 번이고 반복하도록 요청하기도 하고, 그의 책을 빌려 이른 아침부터 읽기도 하며, 읽다가 피곤할 때에는 산책하러 나가 길지 않은 연설문을 그대로 외우려 하고, 산책 중에 사람을 만나면 자신이 감동한 내용을 나누는 데 열성일 정도로 그의 사상에 심취한 인물로 그려지고 있다(228b~c). 이 대화편에서는 바로 소크라테스가 그와 같은 '말 나눔' 혹은 '생각 나눔'의 대상이 되면서 두 사람 사이에 본격적인 대화가 시작되는 것이다.

물론 그러한 묘사는 플라톤의 다른 많은 대화편의 경우와 마찬가지로 고도의 철학적 대화를 언제나 일상적인 삶의 상황에 기초하여 전개하려는 저자 플라톤 자신의 정교한 문학적 장치의 일부일 수도 있으며, 파이드로스라는 실존 인물의 실제 모습과는 다른 문학적 허구일 수도 있다. 그러나 앞에서 언급했듯이 리시아스가 고대 세계의 10대 연설가들 가운데 하나로 선정될 만큼 당대의 저명한 연설가이자 수사학자였다는 사실은 위의 묘사 모두가 진실은 아니라도 적어도 파이드로스가 그의 사상 혹은 가르침을 '진지하게 받아들이면서 그 의미를 스스로 탐색하는' 젊은이들 가운데 하나였을 가능성 정도는 충분히 입증할 것이다. 여기서 주목해야 할 점은 리시아스의 언어들을 '진지하게 받아들이면서 그 의미를 스스로 탐색하는' 파이드로스의 태도이다.

그 지적 권위가 '사회적으로'—진정한 지적 가치와는 별개로—인정된 능변의 연설가나 유명 설교가 혹은 저명한 지식인의 강연을 듣고 감동하고, 더 나아가 열광하는 태도는 범용한 지성 수준의 젊은이도 쉽게 가질 수 있다. 그러한 인물들이 사회적으로 권위가 있다는 사실 자체가 일반인들로 하여금 당연히 독자적인 식견이나 나름대로 유익하고 배울 만한 내용이 있다고 쉽게 믿도록 만들기 때문이다. 따라서 그러한 언어를 듣고 감동하거나 열광하기는 쉬우며, 때에 따라서는 그 사회적 권위에 압도되어 아예 듣기 전부터 감동하거나 열광할 마음의 준비가 되어 있기도 하다. 그러나 리시아스의 연설을 대하는 파이드로스의 태도는 범용한 젊은이들의 그것과는 구분된다. 감동은 하지만 그 내용을 그대로 수용하는 것이 아니라 그 의미를 깊이 되새기는 태도가 나타나 있는 것이다.

파이드로스의 그러한 태도는 진지한 탐구 정신의 표현이라고 할 수 있으며, 동시에 리시아스의 연설 자체에 단순히 듣고 즉각적으로 감동하거나 열광하는 차원을 넘어 더 깊고 넓은 파악과 이해가 요구되는 내용이 함축되어 있다는 징표로 볼 수도 있다. 그리고 그 점은 앞의 2절 마지막 부분에서 검토 대상이었던 〈올림픽 연설〉에서 간단히 언급한 것처럼 오직 '강연료'를 챙길 목적으로 대중을 정서적으로 흥분시키는 연설에나 능한 소피스트들에 대한 리시아스의 공개적인 비난에도 어느 정도 반영되어 있다. 문제는 리시아스의 연설 내용, 나아가 그의 사상에 어느 정도의 독창적이고 보편적인 내용이 담겨 있느냐는 것이다. 그 문제에는 그의 사상이 특히 그 이전 및 동시대 지식인들의 그것과 구분되는 새로움, 혹은 그것의 한계를 넘어서 사물과 인간에 대한 좀 더 폭넓고 깊은 내용이 좀 더 체계적인 형태로 나타나 있느냐의 질문도 포함된다. 그 문제를 해명하기 위해서는 인간성에 대한 그 나름의 성찰이 표현된 〈사랑의 연설〉을 다시 간단히 논급하고 지나갈 필요가 있다.

〈사랑의 연설〉에 표명된 그의 반反사랑erōs과 친親우애philia의 논제는 "칭송받을 사람은 사랑하는 사람이 아니라 사랑하지 않는 사람이다"라는 명제로 집약된다. 특정 인물이나 대상에 대한 무분별하고 일방적이고 광적인 집착으로서의 사랑이란 인간을 격한 감정과 더불어 타인에 대한 과도한 질투에 사로잡히게 하는 등 '정신없고' 비이성적으로 만들며, 이에 따라 인간들을 도덕과 사회적 규범에서 일탈시키게 만들어 사회적 혹은 정치적 불안정의 원천이 되므로 권장될 수 없다는 것이다. 이에 반해 우정이란 근본적으로 서로 이익이 되는 요소나 장점 혹은 덕성 등 상대방이 가진 객관적인 가치에 대한 고려나 판단에 기초한 '정신 있고' 차분한 감정 및 상호 이익 교류의 원천이어서 사회를 안정시키는 요소이기 때문에 적극적으로 권장되어야 한다는 것이다.

앞의 4장 3절에서 이미 언급했듯이, 지은이 개인으로서는 리시아스의 이 〈사랑의 연설〉은 플라톤이 자신의 정치철학을 발전시키는 과정에서 소피스트들의 사상에 대한 비판적 극복의 과정에 이어지는 다음 단계의 과정으로 이해한다.[110] 간단히 말해서 리시아스의 사랑에 대한 논의는 인간성에 대한 나름의 진지한 성찰의 산물이자 인간사에 대한 소피스트들의 세속화된 논의와는 한 차원 다른 사유 능력의 구현이며, 대화편 『파이드로스』에서 젊은 파이드로스가 소크라테스의 인도로 리시아스의 사랑 개념을 비판적으로 극복하는 과정은 바로 플라톤 자신이 그와 같이 한

110 뒤에 가서 다시 논급되겠지만, 플라톤 철학의 발전 과정에서 그다음 단계는 대화편 〈파르메니데스〉를 통해 종전의 이데아 이론을 넘어서는 '하나hen와 많음polla'이라는 존재성 자체의 깨달음으로 지은이는 판단한다.

차원 높은 사상에 대한 극복을 통해 자신의 철학적 사유를 한 차원 높게 성숙시키는 과정을 허구적으로 재구성한 것일 수 있다는 것이다. 물론 그러한 해석의 타당성을 철저히 논증하기 위해서는 플라톤 철학의 발전 과정과 관련된 별도의 방대한 논의가 필요하다. 다만 리시아스의 〈사랑의 연설〉에 제시된 인성론은 4~6장을 통해 검토된 그의 연설문들에 제시된 정치사상을 이해하는 데 필수적이므로, 이 절의 논의 목적을 수행하기 위해서도 전자의 한계에 대해 비판적으로 검토하고 지나갈 필요가 있다.

일단 〈사랑의 연설〉은 공중公衆을 향한 연설의 형식이라는 이유도 있겠지만, 사용하는 용어들의 개념적 의미에 대한 천착이나 진술들 하나하나에 대한 치밀한 논증이 수반되는 철학적 논고는 분명히 아니다.[111] 그것은 또한 '필리아'의 이념에 함축된 윤리적 실천이나 사회적 관행 혹은 정치적 제도의 문제들을 체계적으로 연구한 논고도 물론 아니다. 하지만 『파이드로스』에서 전달자인 젊고 진지한 '철학도' 파이드로스 자신이 지극히 감동하는 태도에도 잘 나타나 있지만, 〈사랑의 연설〉은 리시아스가 적어도 일상적인 관습이나 고착된 윤리의식 혹은 형식화된 도덕률에 일방적으로 의존하여 삶의 교훈을 설파하는 수준의 범용한 '도덕 교사'는 결코 아님을 분명히 보여준다. 그것은 무엇보다 사랑이라는 이름으로 이루어지는 인간들의 비합리적인 자기 집착이나 욕망의 맹목성의 실체를 나름대로 밝히려는 노력의 발현이며, 이와 더불어 그에 따른 비윤리적 혹은 반사회적 행동을 치유하는 방법을 모색하려는 나름의 진지한 태도의 발

111 이 점은 『파이드로스』에 이 〈사랑의 연설〉이 소개된 후 그것에 대한 소크라테스의 비판에도 나타나 있다(『파이드로스』, 262~264〉). 즉 'eros'와 'philia' 개념 자체에 대한 정의定義가 빠져 있는 점 등 논의 구조 전체의 통합성incoherence이 부족한 것이다. 그 연설의 그러한 점이 바로 형식논리 차원에서 비판받을 소지를 제공한 것은 분명하다.

현이다. 리시아스의 사고는 사회적 논란의 쟁점으로 등장하는 윤리적 문제들에 대해 인간들 행태의 표면적인 인과관계의 탐색이나 정책적인 해결책 모색의 차원에 머물러 있지 않으며, 그러한 문제들을 그 근원인 인간성에 대한 나름의 탐색을 통해 해명하려는 일종의 '인간학적 성찰'로 볼 수 있다. 문제는 그 '인간학적 성찰'의 깊이다.

〈사랑의 연설〉에 제시된 리시아스의 '필리아' 이념은 부분적이나마 유학儒學의 성리학性理學 체계와 비교하여 설명될 수 있다. 일단 그것은 사단四端 가운데 하나인 '인仁'이 칠정七情 가운데 하나인 애愛보다 본원적으로 우월하고, 그 우월성이 행동을 통해 규범적으로 실현되어야 한다는 주장으로 해석될 수 있다. 아울러 공자孔子가 나름대로 설파는 했지만 명확하게 개념 규정을 하지 않은 인仁에는 의義와 예禮와 지智의 개념이 필연적으로 함축되어 있다거나, 특히 의義 개념에서 파생한 분배적 정의의 이념과 인仁의 이념 사이의 상호연관성을 설파한 주장으로도 해석될 수 있다. 나아가 그것은 에로스의 본질로서 인간과 사물에 대한 과도한 집착이나 타인에 대한 개인적 감정의 일방적인 강요에 수반되는 부도덕성이나 사회적 폐해를 지적함으로써 중용과 절제 혹은 평정심에 기초한 인간들 사이의 상호 우의와 교린의 사회 질서를 제창한 것으로 이해될 수도 있다.

일단 그러한 거대 담론을 제기할 수 있는 능력 자체가 기존 사고 체계의 한계 내에 머무르거나 그것에 대해 부분적인 비판이나 도전에 그치는 범용한 지식인의 한계를 벗어난 지적 탁월성의 표현이다. 아울러 도덕 및 윤리의 문제를 신화적 혹은 문학적 비유나 예증 차원의 이해를 벗어나 나름대로 도덕 및 윤리 개념들 자체의 탐구를 통해 해명하려고 시도했다는 점에서 리시아스도 '소크라테스 혁명'을 '나름대로' 계승한 인물로 받아들일 수 있다. 그리고 그 점이 앞서 이 책의 1장 〈들어가는 말〉에서 소개했듯이 수사학의 역사에서 리시아스에게 부여된 '영예', 다시 언급하자면 "비인위적인atechnoi" 논변에서 "인위적인entechnoi" 논변으로의 전환을 주도했다는 지성사적 의미를 설명해줄 수 있다. 그런데 바로 그 '나름대로'에 또한 그의 사고력의 한계 혹은 학문적 한계가 있다.

리시아스가 자신의 '필리아' 이념의 이론적·실천적 보편타당성을 제대로 입증하려면 위에서 언급한 대로 그것과 필연적으로 연관될 수밖에 없는 정의와 절제 등의 이념들의 실체에 관해서 깊이 탐구할 필요가 있다. 무엇보다 인간이란 과연 기본적으로 다른 인간이나 사물에 대한 에로스에서 해방될 수 있는 존재인지, 다시 말해 일방적인 애착이나 무절제의 욕망에서 벗어날 수 있는 존재인지 여부가 해명되어야 한다. 그리고 벗어날 수 있다면 그 조건은 무엇인지의 문제 역시 해명되어야 한다. 특히 후자의 해명과 관련하여 기백이나 의지나 지성의 차이 등이 존재하는지 여부, 존재한다면 그러한 차이들은 각 개인에게 어떻게 차별적으로 작동하는지의 문제가 설명되어야 한다. 가장 근본적인 문제는 물론 앞에서 언급한 바와 같이 에로스 자체가 과연 무조건 기피하거나 극복해야 할 대상인지 여부이다.

에로스가 결국 타인 혹은 사물과의 합일을 의미한다면, 그 합일 자체가 부정될 이유는 없다. 에로스의 대표적인 표상이라고 할 수 있는 성적 결합이 인간을 포함하여 유한한 존재가 자신의 유적類的 존재성을 유지하기 위한 유일하고 절대적인 수단이라면, 비록 그 과정에 '정신 나간' 상태 혹은 주체의식을 상실하는 '기괴한' 상태가 수반되더라도 그것은 존재 질서의 필연적인 측면일 수 있다. 그 자체는 기존 사회의 윤리적 판단 영역을 초월하는 존재론적 요소라는 것이다. 앞에서 언급했듯이, 헤시오도스에서 이미 에로스는 이 세계가 생성되기 위한 필수적인 조건으로 인식되어 있다. 그러한 차원까지는 아니더라도, 자신의 일상적인 삶을 초탈하고 세속적으로 규정된 자신의 세계를 초월할 때에만 가능한 특정한 대상과의 합일은 모든 예술이나 장인의식을 요구하는 기술, 나아가 종교적 삶의 궁극적인 목적이기도 하다.[112] 예를 들어 자신의 존재성 모두를 투여하여 이루어질 수 있는 피아노와의 진정한 합일은 피아니스트의 궁극적인 목적이자 실존적 이상인 것이며, 그러한 초월적인 체험을 할 수 있는지, 또 그 체험을 예술적 수단을 통해 표현할 수 있는지에 '초일류' 예술가와 '일류' 예술가 간의 아주 '사소하면서 거대한' 차이가 있는 것이다. 물론 그와 같은 '정신 나간' 합일의 지향이 많은 문학 작품의 소재로 자주 등장하듯이 자기 파괴적이고 사회 파괴적인 예술적 광기로 나타나는 경우가 많은 것도 사실이다. 그러나 잘못된 광기나 사회 파괴적인 행위로 표출될 수 있다고 해서 에로스의 존재 자체를 부정하는 것은 모든 삶에서 진정한 실존을 구현시키는 조건을 부정하는 것이자, 더 나아가 존재 질서 자체를 부정하는 것과 다를 바 없을 것이다.

실제로 『파이드로스』의 나머지 부분에는 리시아스의 에로스 및 필리아 개념에 대한 비판과 연관하여 플라톤의 후기 철학에서 본격적으로 전개되는 존재론이 예고되어 있다. 즉 대화편 『파르메니데스*Parmenidēs*』를 통해 정점에 이르는 플라톤 후기 철학의 전개 과정이 그것인데, 그러한 전개 과정에서 제시되는 이데아 이론을 넘어 '일자와 다자hen kai polla; one and many' 원리의 존재론은 리시아스 지성 수준의 에로스 이해에 대한 비판적 극복 과정의 궁극적인 귀결로 해석될 수 있다. 플라톤 철학의 그러

112 그러한 요소가 실제로 『파이드로스』에서 플라톤이 소크라테스를 통해 '신적인 광기mania theoia; divine madness'로 개념화한 것이고, 그 개념은 괴테 등 소위 낭만주의자들을 통해 18세기 후반에 새롭게 부활하게 된다. 이 개념의 근대적 부활에 관해서는 오래전 카시러Ernst Cassirer가 *Rousseau, Kant and Goethe*라는 작은 책자에서 간명하게 설명한 바 있다(Cassirer, 1970; 독일어 초판은 1945년 출간).

한 측면은 후일 플로티노스Plōtinos(204~270)에 의해 확대되어 신플라톤주의Neoplatonism로 전개되고, 그 뒤에는 플로티노스의 영향을 받은 아우구스티누스에 의해 기독교 사랑 이념에 대한 신학적 체계화가 이루어지게 되는 것이다.[113]

그런데 리시아스가 에로스 및 필리아에 대해 제시한 인성론 차원의 설명에 수반된 근본적인 한계 문제를 떠나 한 가지 지적되어야 할 점이 있다. 그것은 단순히 인간성의 근원적인 요소들 자체에 국한된 성찰만이 아니며, 그러한 성찰 속에 이미 '온건하며 건전한' 행동이 무엇인지에 관한 리시아스의 관점이 함께 드러나 있다는 사실이다. 그러한 관점이란 비록 체계적인 논변으로 제시되어 있지는 않더라도 리시아스의 윤리관이라고 볼 수 있다. 그리고 그러한 윤리관의 제시는 필연적으로 정치사상의 전개로 나타날 수밖에 없다는 점이 중요하다. 정치사상이나 그것의 엄밀하고 포괄적인 체계로서 정치철학이란—아리스토텔레스의 『정치학』이 『윤리학』의 후편이라는 사실에 압축되어 있듯이—그러한 윤리적 가치나 이상이 제대로 구현되지 못하게 하는 학문과 교육의 결함에 관한 비판적 탐구에서부터, 그렇게 구현되지 못하게 하는 현실의 실체가 무엇이고, 그러한

---

113 물론 플라톤의 '일자와 다자' 존재론이나 그 철학사적 영향의 문제는 지극히 방대한 주제로서 이 책에서 본격적으로 논의될 대상은 아니며, 이 책의 후속 연구에서나 다루어질 수 있을 것이다. 다만 여기서는 플라톤 철학의 그러한 측면에 대한 기초적이고 선구적인 연구를 소개할 필요는 있다. 이미 고인이 된(2015년 사거) 독일 튀빙겐대학 철학부 교수였던 크레머Hans Krämer의 저작(Krämer, 1990)이 그것이다. 그런데 이 저작은 그야말로 기초적이고 선구적인 연구이기 때문에 그것의 철학사적 의미에 관해서는 12쪽 정도 분량의 개관 수준의 간단한 기술로 그쳤으며, 플로티노스에 대한 언급도 한 쪽 정도의 간단한 언급에 그치면서 아우구스티누스에 대해서는 언급조차 하지 않은 한계도 있다. 어쨌든 지은이 개인적으로는 독일 튀빙겐대학에 방문교수로 있을 시기(1992~1993년) 및 그 후에도 이루어진 몇 차례의 튀빙겐대학 방문의 기회를 통해 크레머 교수와 친분을 쌓고 여러 차례 대화를 나눈 적이 있으며, 그와의 대화가 플라톤 철학의 그러한 측면에 대해 새롭게 눈을 뜨는 계기가 되었음을 밝힌다.

잘못된 현실을 바로잡고 개선하기 위해 요구되는 제도적 장치나 정책적 대안 혹은 실천적 행동이 무엇이냐에 관한 탐색 혹은 제시 이외의 다른 것이 아니기 때문이다. 따라서 한 지식인의 사고가 단순히 윤리적 가치 혹은 이상의 탐색이나 제시에 머물러 있으면서 정치사상으로 발전하지 못했다면, 그 발전의 미약함만큼 미완의 사유 세계에 머물러 있는 것이며, 또한 바로 그만큼 지식인으로서 한계를 보인 것이다. 여기서 그 한계의 의미를 좀 더 구체적으로 설명할 필요가 있다.

리시아스의 연설문들에는 분명히 당대 사회 및 정치 현실에 대한 그 나름의 비판과 더불어 새로운 국가적 삶의 이상이 제시되어 있다. 우선 전통적인 계층 질서가 무력해지고, 사회적으로 자유와 평등이 보편적인 가치로 인정되고 제도화된 상태에서 나타나는 여러 가지 정치·사회적 양상들에 대한 관찰과 비판이 나타나 있다. 개인적 욕망의 무분별한 발산을 억제하던 전통적인 사회 규범이 약화되면서 절제나 염치 등의 도덕의식이 쇠락하는 정신적 분위기의 비판, 그러한 정신적 분위기 속에서 개인들은 사적 욕망의 발산이나 이익 추구에 몰두하여 파렴치한 범죄가 기승을 부리고, 이에 따른 고발과 고소가 횡횡하면서 사법 송사와 재판이 일상화되어 있는 사회적 현실의 비판, 그러한 사회적 현실과 맞물려 시민들 누구에게나 허용되고 고무되는 사법 참여의 제도에서 자신의 사법적 판단 능력에 대한 진지한 고려나 고민이 없이 오직 수당을 받을 목적으로 배심원단에 참가하는 일반 시민들의 행태에 대한 비판, 그리고 그들의 비전문적 사법 지식과 판단력을 오히려 이용하여 송사에서 승소하면서 세속적 명성과 부를 획득하려는 법률가들 행위의 비판 등이 제시되어 있는 것이다. 그러한 비판은 국가 생활 전반과 국정 운영 전반에 대한 비판으로 이어지면서 새로운 정치적 이상의 제시로 나아간다.

정치 현실에 대한 리시아스의 비판은 일단 민주정치의 운영 행태로 향하지만, 민주정치의 행태에 대한 비판의 차원을 넘어 '민주정치란 진정으로 무엇인가'라는 민주주의에 대한 본질론적 탐색도 나타난다. 정치적 자유와 평등이 제도적으로 보장된 민주정체에서 자신의 국정 수행 능력에 대한 겸허한 반성 없이 다수 시민을 선동할 수 있는 능력만 있다면 그들의 지지와 환호만을 바탕으로 공직에 취임하려는 정치인들의 무절제한 권력욕을 비판하고, 그러한 무절제한 권력욕이 필연적으로 일으킬 수밖에 없는 권력 쟁취 자체가 목적이 되는 극심한 파당 정치를 비판한다. 그러한 비판의 근저에는 눈앞의 이익에 지배를 받고 세속적 명예에 집착하는 다수 인간의 어리석음에 대한 실존주의적 연민이 있으며, 정치 현실의 병리에 대한 그의 진단과 처방은 그러한 실존주의적 관점을 바탕으로 제시된다. 즉 극심해진 권력 투쟁이 민주정체에 대한 운영 차원의 갈등을 넘어 민주정체에 대한 수호냐 전복이냐 차원의 문제로 발전하여 급기야는 민주파와 과두파 사이의 내란 상태로 이어지는 아테네라는 국가의 위기 상황, 그러한 국내적 위기 상황이 '국제적으로도' 확대되어 민주정체의 도시국가들과 과두정체 도시국가들 사이의 대립과 갈등으로 발전하면서 국가들 사이의 패권 투쟁이 전쟁의 형태로 끊임없이 이어지는 희랍 세계 전체의 위기 상황 등에 대한 리시아스 나름의 진단과 처방이 그것이다. 법치주의와 범희랍주의로 명명될 수 있는 리시아스의 정치적 이상이란 그러한 진단과 처방의 집약인 것이다.

그런데 여기서 주목할 점은 리시아스의 연설에는 법치주의나 범희랍주의라는 관념은 존재하지만 바로 그러한 정치적 관념을 표현하는 어휘들이 별도로 존재하지 않는다는 사실이다. 실제로 희랍어 자체에는 그것에 상응하는 어휘들, 예를 들어 'nomoskrateia'나 'nomoseia' 혹은 'panhelleneia'와 같은 말이 존재하지도 않지만, 그러한 사실은 그의 정치적 사유 또는 정치사상의 근본적인 한계가 무엇인지를 보여준다. 그 한계란 간단히 말해서 사물이나 현상들을 개념적으로 파악하고 설명하지 못함을 의미하는데, 지은이는 그것을 '수사학적 사유의 한계'로 명명하고 그것을 그의 정치적 사유가 철학적 사유로 발전하지 못한 지성적 한계의 핵심으로 판단한다. 아울러 그 점은 그의 저술들에 소크라테스에 대한 언급이 전혀 없다는—앞의 4장 3절~6장 2절에서 논의되고 검토된 연설문들 이외에 적어도 지금까지는 그의 다른 글들이 발견되지 않았으므로—사실의 지성사 및 철학사적 의미와도 연관되면서 그의 정치사상사적 위치를 규정할 수 있는 근거가 되기도 한다. 왜 그러한지 설명하면서 이 절을 끝맺을 필요가 있다.

여기서 설명의 명확성을 위해 수사학이라는 말의 본래 의미를 다시 정리할 필요가 있다. 수사학은 희랍어 'rhētorikē'의 번역어로서 말 그대로의 의미는 '말하는 기술'이다. 여기서 '말'은 '공동체에 공유되는 말'로서의 'mythos'나 '타인에게 건네는 말'로서의 'epos'나 '선별하고 계산하는 말'로서의 'logos' 등과 대비되는 것으로, '일반인들에게 공개적으로 던져지는 말'인 'rhētra'이다. 리시아스가 고대의 10대 연설가rhētōr들 가운데 하나로 거명되는 이유는 물론 그가 법정이나 대중 집회에서 발화發話한 'rhētra'들이 일반인들이나 범용한 지식인들의 그것들과는 구분되는 빼어난 것들이며, 또한 그러한 말들을 우연히 일회용으로 잘한 것이 아니라 일관되게 구사할 수 있는 능력을 갖추었음이 일반적으로 인정되었기 때문이다. 빼어난 말들을 그와 같이 일관되게 구사할 수 있는 능력이 희랍어에서 일반적으로 기술craft이나 예술을 표상하는 어미語尾인 '~ikē'와 'rhētra'가 결합한 말인 '말하는 기술'로서의 'rhētorikē'이다. 기술이나 예술의 장인의식 차원에서 리시아스가 명연설가로 칭송되는 이유는 그가 수사학이라는 기예의 대가 혹은 달인이기 때문일 것이다. 문제는 리시아스가 수사학이라는 기예에서 일반인들에게 대가로 인정된다는 것이 진정으로 무엇을 의미하는지, 다른 말로 그의 '말 잘하기'의 진정한 의미 혹은 그 '잘함'의 실체가 무엇인가이다.

이 문제는 물론 소피스트들의 수사학 관념 및 언어 행태에 대한 비판과의 연속성 속에서 이해될 수 있다.[114] 즉 논쟁에서의 무조건적 승리나 연설에서 대중들의 지지나 환호 자체가 목적이 되어 화자 자신의 진지하고 진실한 마음 상태나 내용상의 사실성과 진리성 문제 등은 도외시되는 범속한 '말 잘하기' 기술로서의 수사학과 그것으로부터 파생한 사회적 언어 행태를 줄기차게 비판한 것이 바로 소크라테스였음은 이미 교과서적으로도 잘 정리된 대목이다. 리시아스의 '말하기'가 소피스트와는 구분되는 그 나름의 지적 진지성과 진실성의 산물임은 그의 연설문들에 대한 앞의 검토가 보여주고 있으며, 비록 지극히 간단한 언급의 형식이지만 앞의 〈올림픽 연설〉에 제시된 소피스트들에 대한 비판과 더불어 그가 소크라테스의 추종자였다는 사실 또한 리시아스가 소피스트와는 대립하는 관점에서 수사학에 접근했을 가능성을 높인다.

리시아스의 연설이 소피스트들의 그것과 적어도 '말하기'의 목적이나 방식 면에서의 진지성, 혹은 내용 면에서의 진실성 차원에서 차별화될 수 있음은 분명하다. 그러나 그러한 개연성이 그가 당시 새로운 형태의 '말하기'이자 소크라테스의 삶 자체이고 사상이고 행동인 대화와 아이러

---

114 이 점에 대해서는 지은이도 다른 책에서 논의한 바 있다(양승태, 2006, 6장 참조). 그것은 또한 현대 언어철학의 맥락에서도 접근될 수 있다. 즉 말하기의 빼어남 문제는 당연히 말로써 전달되는 뜻 전체와 관련되며, 현대 언어학의 의미론 차원은 물론 언어와 사실성의 관계 혹은 언어의 실용성 문제나 정신성mentalism 문제, 더 나아가 궁극적으로는 언어 자체의 진리성이나 존재론적 문제 등과도 연관되는 지극히 방대한 주제이다. 여기서 한 가지 강조될 점은 비트겐슈타인의 소위 '언어적 전회the linguistic turn'로 표상되는 현대 언어철학의 발전은 결코 현대 철학의 전유물이 아니며, 소피스트 운동에서 플라톤을 통해 정점에 이르는 희랍 철학사의 한 측면이란 바로 언어철학의 발전 이외의 다른 것이 아니라는 점이다.

니의 의미를 제대로 파악했는지 여부, 또는 더 나아가 그러한 대화와 아이러니 속에서 새롭게 태동하는 정치철학이라는 사유 체계를 이해했는지 여부, 혹은 한 단계 더 나아가 그것을 더욱 새롭게 발전시켰는지 여부 등의 문제들을 자동으로 해명해주는 것은 아니다. 문제는 바로 그러한 문제들에 대한 해명이 리시아스의 사상에 대한 평가나 지성사 및 정치사상사에서 그의 위치를 규정하는 데 필수적이라는 점에 있다. 그리고 그러한 문제들의 해명을 위해서는 소크라테스가 리시아스에게 끼친 지적 혹은 사상적 영향은 무엇이고, 혹은 두 인물 사이의 상호 영향이 있었다면 그것은 무엇인지에 대한 해명이 필수적일 것이다.

그러한 문제들의 해명과 관련하여 문헌학적 사실 하나가—현재까지 발굴되어 알려진 고대 희랍의 문헌들이 두 인물의 관계를 증언하는 역사적 자료의 전부라는 전제에서—조명될 필요가 있다. 앞의 4장 2절에서 논의한 바와 같이, 리시아스는 소크라테스의 친구 혹은 추종자였고 재판 변론문을 작성해주겠다는 제안까지 할 정도로 소크라테스의 그 유명한 재판에도 어느 정도 관여했음은 명확하다. 그런데 정작 그의 저술들에서는 소크라테스의 사상에 관해서는 물론이고 그 재판에 대해서조차 어떠한 형태의 언급도 하지 않고 있다. 그러한 사실은 플라톤의 『파이드로스』에 기록된 리시아스에 대한 소크라테스의 언급 내용을 고려할 때 특이하다.

『파이드로스』에서 리시아스의 사랑 및 우정 관념을 논박하면서 새로운 사랑 이념을 설파하는 소크라테스의 구체적인 진술들 중 어느 부분이 소크라테스 자신의 것이고, 어느 부분이 플라톤의 것인지 확언할 수는 없다. 하지만 앞의 4장 3절에서 논의한 대로 적어도 『파이드로스』에 수록된 〈사랑의 연설〉은 리시아스의 저술일 가능성이 그렇지 않을 가능성보다 크며, 아울러 리시아스라는 인물 및 사상의 가치에 대한 소크라테스의 기본적인 시각이나 태도마저 플라톤이 허구적으로 조작했을 가능성은 희박하다고 볼 수 있다. 다시 말해 『파이드로스』에서 리시아스가 다루어지는 방식과 플라톤의 다른 대화편에서 각 주인공이 다루어지는 방식에는 차이가 있는데, 같은 비판의 대상이라도 『파이드로스』에서 리시아스는 대화라는 형식을 통해 직접 논박하는 형식이 아니라 그의 연설문 하나 전체를 인용하는 방식이라는 사실 자체가 주목할 필요가 있다는 것이다. 그것은 다른 지식인들이나 소피스트들을 대하는 태도와는 달리 리시아스에 대해서는 소크라테스가 삶이나 정치적 태도 차원의 진지성을 인정하고 사고 내용 차원에서도 어느 정도 독자성을—보편성이나 독창성과는 구분되는—인정하며 나름대로 평가를 하는데, 이러한 기본적인 입장조차 허구일 가능성은 적다는 점을 말해준다는 것이다.

그와 같은 논점에서 소크라테스와 리시아스의 관계와 관련하여 다음의 유추가 가능하다. 소크라테스는 리시아스의 인간성을 긍정적으로 평가하고 지식인 활동의 가치를 나름대로 인정했지만, 자신의 철학을 창조적으로 발전시킬 정도의 지적 능력을 갖춘 인물로는 간주하지 않았을 가능성이 크다는 것이다. 리시아스는 소크라테스의 인간성을 흠모하고 그의 가르침에 경외감을 가지고는 있었지만, 플라톤처럼 그것을 창조적으로 발전시킬 능력은 물론 그것에 매혹되어 나름대로 새로운 깨달음을 얻는 수준의 추종자는 되지 못했다는 것이다. 다시 말해서 그는 소크라테스의 정신세계에 대해 바로 자신의 〈사랑의 연설〉에서 설파된 우애philia의 감정은 있으나 사랑의 감정은 가지지 못한 인물이라고 할 수 있으며, 이에 따라 그는 소크라테스의 제자나 추종자라기보다는 서로가 상대방 정신세계의 진지성과 인간적 가치를 인정하는 차원의 친구들 가운데 하나일 가능성이 크다는 것이다. 바로 그 점이 한편으로 리시아스 스스로 소크라테스의 재판에는 관여하여 도움을 주려 노력했지만, 그의 사상이나 행적 자체에 대해서는 아무런 논평이나 기록을 남기지 않은 이유를 설명할 수 있으며, 『파이돈』의 도입부에 등장한 '소크라테스의 임종을 지켜본 인물들 리스트'에 그가 '오르지' 못한 — 물론 그가 크세노폰처럼 다른 사정으로 임종을 지키지 못했을 수도 있지만 — 이유도 설명할 수 있을 것 같다.

그런데 그와 같은 사실 확인 차원의 문제를 떠나 리시아스와 소크라테스가 깊은 정신적 교류 수준의 — 다시 강조하자면 현대 철학에서는 야스퍼스Karl Jaspers가 말하는 "실존적 소통existentielle Kommunikation" 수준의 — 우의와 친분을 나눈 관계는 아니었을 가능성은 바로 리시아스의 사유 방식 자체에서 확인될 수 있을 것 같다. 그 사유 방식의 핵심은 다음과 같이 규정될 수 있다. 이 세계와 인간을 파악하는 그의 사유 방식에는 바로 사유 내용의 기본 골격을 구성하는 개념들 자체에 관한 탐구가 존재하지 않는다는 것이다. 다시 말해 그의 연설문들에는 민주정치, 전제정치, 정의, 평등, 평화 등 당시의 사회 및 정치 현실을 기술하고 분석하고 비판하는 데 사용되는 개념들은 분명히 존재하지만, 정작 그 개념들 자체가 무엇인지에 대한 탐구는 존재하지 않는다는 것이다. 그리고 그 점이 플라톤의 『국가』에서 리시아스가 청중으로만 남아 있었던 이유도 설명할 수 있을 것 같다. 그가 침묵한 것은 그에게 그 대화의 핵심인 올바름이란 개념 자체를 분석하고 성찰하는 사유 행위 자체가 기이한 것일 수 있으며, 저자인 플라톤은 소크라테스와 리시아스가 실질적인 정치적 견해에서는 상반되는 사이가 아니라는 점을 고려하여 후자의 결함인 개념적 사유의 부재를 직접적인 대화가 아니라 극적인 장치를 통해 간접적으로 드러내려고 의도한 것으로 해석될 수 있을 것이다.[115]

---

115 앞에서 하울랜드(Howland, 2004)라는 학자가 『국가』에서 리시아스의 침묵을 후자의 연설문인 〈에라토스테네스에 대한 반론〉에 제기된 '보복에 제한은 없다'는 주장에 대한 간접적인 논박으로 해석한 바 있음을 소개한 바 있다. 즉 올바름을 '적에게 해를 친구에

그런데 리시아스에게서 발견되는 그와 같은 개념적 사고의 부재는 일단 그가 소크라테스의 철학을 제대로 이해하지 못했다는 사실을 의미하지만, 그와 동시에 자신의 정치사상이 이념으로서 강력한 설득력과 전파력을 갖지 못하여 제대로 된 실천력을 갖지 못한다는 점도 의미한다. 다시 말해 실천을 지향하는 사상이 실제로는 한정된 실천력밖에 갖지 못하기 때문에 그 목적 자체를 제대로 구현하지 못하는 사상이라는 것이다. 이 문제를 좀 더 구체적으로 설명하기 위해서는 먼저 그와 소크라테스의 관계 문제를 좀 더 언급할 필요가 있다.

소크라테스에게 '너 자신을 알라'라는 경구는 철학이라는 '행위' 자체의 표현이다. 철학하는 방법이자 실천이라고 할 수 있는 대화dialogos와 논박elegchos의 본질적인 목적도 정의나 용기 등 인간의 사고 내용 및 행위 판단을 구성하고 결정하는 여러 핵심적인 개념들 자체에 대한 성찰적이고 자기비판적인 검토에 있다. 그러한 점을 고려할 때, 리시아스에게서 발견되는 개념적 사고의 부재는 그가 소크라테스로부터 받은 지적 영향이 지극히 제한적이었음의 증언일 수 있다. 그리고 바로 그러한 맥락에서 『파이드로스』 전체적으로 소크라테스가—혹은 소크라테스의 입을 통해 플

게 이익을'으로 정의한 폴레마르코코스의 주장은 '극 중에서' 소크라테스에 의해 논파되었는데, 정작 플라톤 자신이 참관했을 가능성이 큰 에라토스테네스의 청문회라는 '현실에서' 리시아스는 그 논파된 관념을 고집했기 때문에 『국가』에서 리시아스를 침묵시킨 것으로 해석하면서, 그러한 해석이 플라톤의 『파이드로스』에 기술된 그에 대한 "혹독한harsh" 비판과도 조화를 이룬다고 주장했다는 것이다. 하지만 『파이드로스』에 나타난 리시아스에 대한 소크라테스 비판의 성격은 '혹독함'보다는 '공감 속의 비판sympathetic critique'으로 규정함이 타당하며, 평소 자신이 믿는 올바름의 관념이 논파되는 상황에서 리시아스와 같은 논객을 침묵시키는 극적인 설정 자체가 바로 『국가』를 통해 특히 현란하게 보여주는 플라톤의 문학적 천재성과 어울리지 않는다. 따라서 『국가』에서 리시아스의 침묵은 다른 방식으로 해석되어야 한다는 것이 지은이의 관점으로서, 그러한 관점은 뒤에 가서 설명될 것이다.

라톤이 — 리시아스의 사상 내용에 대해 비판과 동시에 그의 지적 잠재력이 좀 더 계발되지 못한 데 대한 아쉬움을 토로하거나, 마지막 부분에서는 (278e~279b) 지적 자질 면에서 리시아스보다 높이 평가하는 이소크라테스Isokratēs에게 진정한 '철학하기'를 기대하는 진술의 의미도 이해될 수 있다는 것이다.

그런데 정치 현실에 대한 리시아스의 인식에서 개념적 사고의 부재 문제는 실제로 경험적 대상이나 현상을 연구하는 대부분의 자연과학자들이나 사회과학자들에도 해당하며, 인간의 지성적 사고가 발전하는 과정에서 필수적으로 거치는 과정의 하나라는 사실이 중요하다. 앞서 〈들어가는 말〉에서 표명했던 진술을 여기서 반복하자면, 리시아스의 사고는 칸트와 헤겔을 통해 일반화된 근대 철학의 용어로 이성Vernunft이 아닌 이해Verstand[116] 수준에 머무른 사고이며, 야스퍼스의 용어를 사용하자면 사물들을 전체적으로 포괄하는 세계관적 사고가 아닌 개별 대상에 국한된 사고방식인 '대상적 사고gegenständliches Denken'라 할 수 있다. 그러한 사고 수준에서 사고 내용을 구성하는 주요 어휘들은 그 일상적이고 관행적인 의미 세계를 그대로 받아들이거나 상황에 따라 의미 내용에 변형을 가하여 감각적 대상이나 경험적 현상을 지칭하는 상징 혹은 기호로서 작동할 뿐이다. 그러한 사고 체계는 그러한 의미 세계 자체가 어떻게 형성되었고 그 자체에 어떠한 한계나 모순이 있는지 밝히지 못한다. 이에 따라 그것은 생각하는 행위 자체의 한계를 파악하고 극복하려는 사고가 되지 못

116 'Verstand'를 오성悟性으로 번역한 것은 대표적인 오역이다. 오성이라는 한자어는 '인간의 본원적인 정신적 능력 혹은 자질'인 '성性'에서 '깨달음悟'을 작동하는 능력을 지칭하는데, 'Verstand'는 대상을 파악하는 정신적 능력을 지칭하는 어휘는 될 수 있어도, 우리말에서 한 인간이 자신에게 주어진 그러한 정신적 능력 자체를 비판적으로 성찰하면서 그 한계를 극복하여 새로운 정신세계로 나아가는 최고의 정신적 자질이나 능력 혹은 그 작동 과정을 지칭하는 '깨달음'에 상응하는 어휘는 아니다.

한다는 의미에서 '비非철학적' 사고인 것이다.

문제는 그러한 '비철학적' 사고가 단순히 철학적 깊이가 없어서가 아니라 경험적 대상이나 현상 자체를 엄밀하고 정확하게 이해하지 못하기 때문에 진정한 의미에서 이론적인 사고가 되지 못한다는 점에 있다. 그것은 감각적 대상이나 경험적 현실에 직접 관여하고 작동한다는 의미에서 현실적이면서 실천적인 사고로 간주되기 쉬우나, 그것에 내포된 사고의 내용과 이념적 가치를 제대로 이해하지 못하기 때문에 현실에서 그 가치와 이념을 제대로 구현하지 못하는 근본적인 한계가 있다. 그리고 그런 의미에서 진정한 의미에서의 실천성도 갖지 못한다. 왜 그러한가에 대한 설명은 일단 앞의 2장에서 설명한 바 있다. 다만 철학사 발전 맥락에서 그 질문에 대한 전문적인 설명은 고대 서양 철학사의 맥락에서는 플라톤의 인식론 전체에 대한 논의가 필요하고,[117] 서양 근대 철학의 맥락에서는 특히 칸트에서 헤겔에 이르는 인식론의 발전 과정과 연관된다. 따라서 그것에 대한 충분한 설명은 이 책의 한정된 범위를 벗어난다. 하지만 이 책의 목적이 부분적이나마 리시아스의 사상을 중심으로 고대의 서양 정치사상사에서 그러한 문제가 어떻게 제기되고 해명되는지를 설명하는 데 있으므로, 여기서는 리시아스 정치사상의 핵심인 법치주의와 범희랍주의가 그것과 구체적으로 어떠한 연관이 있는지의 문제에 국한하여 설명하고자 한다. 먼저 그것과 법치주의와의 관계는 다음과 같다.

---

117 그러한 논의는 무엇보다 『국가』 6권에서 짐작eikasia과 독단pistis을 포괄하는 관념doxa의 단계에서 이해dianoia와 이성noēsis의 단계를 거쳐 진정하고 엄밀한 지식epistēme에 이르는 사고 능력과 앎 및 깨달음의 상승과정, 그리고 7권에서 그러한 개념적 설명을 유명한 '동굴의 비유'를 통해 비유적으로 설파한 내용과 연관된다. 아울러 플라톤의 대화편 『소피스트』는 그러한 설명들의 보완이라고 할 수 있으며, 앞에서 언급한 바와 같이 『파르메니데스』는 플라톤 철학의 완성된 형태를 '상징'한다고 — 그 내용 자체가 구체적으로 전체를 포괄하는 것은 아니므로 — 할 것이다.

리시아스의 연설문들에 대한 앞의 검토가 보여주듯이, 연설문들에 나타나는 법치 혹은 법질서의 준수에 대한 강조는 당대의 정치 · 사회적 현실에 대한 두 가지 관점이 그 바탕에 있다. 하나는 '모든 것은 법을 통해 해결한다'는 식의 법치주의이다. 그것은 개개인들이나 집단들이 사적인 이익의 부당한 추구나 사적인 감정 혹은 원한의 분풀이 목적으로 사법 송사나 고발을 남발하는 현상에 대한 고발이다. 그러한 현상은 국가 생활에 외양상 법치는 존재하나 실질적으로는 법에서 윤리적 규범으로서의 성격은 거의 사라진 상황을 지칭하며, 이에 따라 법이 통속적인 이해관계의 충돌 및 저급한 감정적 갈등의 강제적 해결을 위한 강제적 규정으로서만 작동하는 상태에 처해 있음을 의미한다. 다른 하나는 바로 법치 자체가 훼손되는 상황이다. 그것은 무엇보다 민주정치의 이름으로 중요한 국사의 결정이 법적인 절차나 규정이 무시된 채 다수 대중의 의사로 이루어지는 상태를 지칭한다.

리시아스가 현실에서 발견하는 법치주의의 문제는 결국 법률 규정에 대한 일방적인 의존이자 동시에 법체계의 무시라는 서로 모순되어 보이는 양상으로 집약된다. 그것은 외양상 모순되는 것 같지만 근원적으로는 비윤리와 비합리의 결합이라는 같은 정신적 성향의 반영이다. 타인에 대한 배려와 같은 공동체적 감정이나 염치와 절제 같은 윤리의식이 쇠락함에 따라 시민들 사이의 사적인 관계에서는 모든 문제를 법적 강제력에 의존하여 해결하려는 '법치주의'가 지배하게 된다. 동시에 공동체적 윤리의 쇠락 속에서 번성하는 편협하고 왜소한 이기주의에 지배받는 시민들은 민주정체에서 다수의 의사에 동조하지 않거나 그들의 움직임에 편승하지 않을 때 초래되는 피해나 손해에 대한 이익 계산에 민감하게 된다. 이에 따라 다수의 감정적 무절제나 비합리적인 정서가 법의 체계 위에 군림하게 되면서 극단적으로는 모든 중요한 국가적 결정이 다수의 의사에 좌우되어 '법치주의'가 쇠락 또는 실종되는 양상도 벌어지는 것이다.

리시아스의 연설문들에서는 분명히 그가 그러한 양상을 인지하고 있음이 발견된다. 그러나 그러한 인지는 묵시적인 수준에 그치고 있을 뿐 바로 앞에 제시된 수준의 분석마저 명시적으로 시도되지 않고 있는 것도 사실이다. 그것은 곧 리시아스가 그러한 양상을 치밀하게 분석하면서 그 근원에 대해 성찰하고 있지 못함을 의미한다. 그런데 그러한 분석과 성찰이 이루어지기 위한 기본적인 조건은 일단 법치주의라는 하나의 통일된 개념을 설정하고, 그 개념을 통해 모든 양상을 일관되고 통합적인 논리로 설명하려는 시도가 있어야 한다. 그러한 시도를 할 때만이 그러한 양상들의 더 깊은 근원으로 들어가 법 자체 혹은 윤리 자체가 무엇인가라는 근본적인 문제에 대한 성찰, 곧 철학적 탐구가 시작될 수 있다. 리시아스는 바로 법치주의라는 개념 자체를 명확하게 설정하지 못하고, 그 개념 자체에 대한 분석을 통해 법치의 쇠퇴 양상을 기술하고 비판하면서 대안을 제시하지 못했다. 그는 법치의 이름으로 벌어지는 공동체적 윤리의식의 쇠퇴나, 민주정치의 이름으로 법치가 부정되는 비윤리적이고 비합리적 상황에 대한 치밀하고 체계적인 설명과 비판을 제시하지 못한 것이다. 이에 따라 그의 연설은 감동은 줄 수 있었으나 보편적이고 강력한 설득력을 기초로 다른 지식인들의 주장을 압도하면서 지속적인 실천력을 갖춘 사상이 되지는 못하는 근본적인 한계를 갖게 된 것이다. 소피스트 전통의 수사학을 넘어 인간과 세계의 근원에 대해 좀 더 깊이 성찰하려는 그의 노력은 비개념적 사유라는 수사학의 근본적인 한계를 극복하지 못한 결과로 나타난 것이다. 그의 범희랍주의도 근본적으로 같은 한계를 갖고 있음이 드러난다.

희랍인들의 단결과 더불어 그들 사이의 평화를 기초로 희랍 세계의 번영이 이루어질 수 있고 또한 그렇게 되어야 한다는 리시아스의 주장은 분명히 나름의 실천적인 가치와 더불어 대중적 호소력도 갖고 있다. 그것은 희랍 세계의 분열과 상호 갈등이 도시국가들 사이에 끊임없이 전쟁을 불러일으키고 희랍인들의 삶을 피폐하게 만들면서 희랍 세계 전체가 특히 페르시아라는 외부 세력에 의해 조종되고 독자성을 잃어가는 상황에 대한 나름의 진단과 처방이다. 물론 그러한 진단과 처방이 제대로 된 실천력을 갖추려면 일단 그러한 상황이 초래된 국내정치 및 국제정치적 원인에 관한 세밀한 탐구와 더불어 치밀한 정책적 대안이 제시되어야 한다. 리시아스의 주장에는 단결과 평화가 필요하다는 포괄적인 주장만 있을 뿐 그와 같은 탐구와 대안이 제시되지 않았다는 점에서 일단 그 실천성에 기본적인 한계가 있다. 그런데 그보다 더욱 근본적인 것이 바로 비개념적 사유의 한계이다.

범희랍주의는 당연히 희랍 세계와 비非희랍 세계의 배타적인 구분을 전제로 한다. 그리고 그러한 전제가 타당할 때만 그 주장 자체가 성립할 뿐 아니라 진정한 설득력도 갖출 수 있을 것이다. 그런데 희랍 세계와 비희랍 세계의 구분을 위해서는 일단 '희랍적인 것'과 '비희랍적인 것'의 구분 근거가 무엇인가에 대한 설명이 필요하며, 아울러 희랍 세계 자체에서도 다양한 법률과 관습을 가진 수많은 도시국가 구성원들을 희랍인이라는 같은identical 인간 집단으로 규정할 수 있는 근거, 즉 희랍인이라는 정체성identity이 무엇인가에 대한 설명이 필요하다. 리시아스의 연설문들에는 바로 그러한 설명이 제시되어 있지 않다. 다시 말해 그의 주장에는 일관되고 호소력 있는 외침은 있어도 그러한 주장 자체의 타당성이나 진리성을 입증할 수 있는 설명은 없는 것이다. 그러한 설명에는 물론 '희랍적인 것'을 개념적으로 표현할 수 있는 어휘의 사용이 필수적이다. 그런데 당대의 희랍어 문헌들에서, 예를 들어 'ethnos Hēllenikos(Hellenic nation)'나 'hēllenia' 또는 'panhēllenia'와 같은 어휘 자체가 발견되지도 않지만,[118] 리시아스 또한 그러한 개념어들을 창출하여 당대의 현실에 대한 분석이나 진단을 위한 학문적 개념어로 사용하지 못한 것이다.

그러한 사실은 일단 일반 희랍인들의 의식 속에서는 물론 당대의 탁월한 지식인들 가운데 하나인 리시아스의 사고에 '자아自我'와 '비아非我'의—단재 신채호의 어휘를 빌리자면—구분이 형성되고 있음을 보여준다. 하지만 동시에 그것은 자신이 여러 민족 가운데 하나라는 객관적인 관점을 기초로 '자아'와 '비아'를 구분하는 근거를 탐색하고, 그러한 탐색을 통해 그 민족적 '자아'의 정신적 실체를 파악하는 단계에는 이르지 못했음도 보여준다. 그것은 곧 리시아스가 'hēllenia' 또는 'panhēllenia'와 같은 어휘의 창출을 통해 희랍인들의 정신세계에 나름대로 존재하는 민족정신의 실체나 근거를 개념적으로 성찰하면서 그것을 민족주의라는 이념으로 승화시키지는 못했음을 의미한다. 그 점은 희랍 세계에 희랍민족주의가 등장할 수 있는 정신사적·역사적 토양은 충분히 마련되어 있다는 사실을 참고할 때 리시아스에게 더욱 유감스러운 부분이기도 하다.

당시의 희랍 세계에 '희랍민족주의'가 대두될 수 있는 사회적·정신적 여건은 충분히 마련되어 있었다. 일단 희랍어라는 공동의 언어가 있었고, 대표적으로 호메로스라는 공동의 문학적·정신적 유산이 있었으며, 올림픽 경기라는 공동의 종교적 축제가 있었고, 그러한 공동의 정신적 유산 및 상징을 통해 희랍 세계에는 오랫동안 '하나의 희랍인'이라는 관념이 분명히 존재한 것이 사실이다. 그리고 그러한 관념의 결과이자, 동시에 그것의

118 실제로 당대의 희랍어 자체에서 그러한 어휘들은 발견되지 않는다. 희랍어에는 물론 '희랍인들Hēllenes'이라는 말이 있으며 민족에 해당하는 'ethnos'라는 말도 있다. 전자는 희랍인들이 자신들을 지칭하는 말이며, 후자는 그들과는 다른 이민족을 지칭하는 말이다. 그런데 희랍어 문헌에는 두 말이 결합한 어구인 'ethnos Hēllenikos'와 같은 말은 발견되지 않는다.

다른 측면으로서 그들과 다른 언어를 사용하는—그들이 'barbaroi'[119]로 표현한—인간 집단, 즉 그들과 다른 언어를 사용하는 희랍 세계 밖의 이민족들과 자신들을 구분하는 관념도 분명히 존재한 것이 사실이다. 그리고 페르시아로 대표되는 그들 'barbaroi' 인간 집단이 당대에 희랍 세계에 분열과 혼란을 초래하는 세력으로서 민족적 적대감의 대상이 되었다는 사실 또한 '희랍민족주의' 등장에 '우호적인' 역사적 배경이기도 하다.[120] 그러한 관점에서 리시아스의 시대 및 그 이후 마케도니아의 등장으로 희랍 세계에 희랍민족주의가 등장할 수 있는 정신사적 필연성이 잠재되어 있었음은 분명하다. 물론 그러한 역사적 잠재성이 존재한다는 것과 그것을 현실로 현재화顯在化시키는 것은 별개의 문제이며, 후자의 역할이 바로 시대적 사상가나 철학자로 등장하는 지식인의 역할인 것이다.

리시아스는 결국 희랍민족주의 등장의 초석은 마련했어도 그것을 이념적으로 정립하는 과업을 이룩하는 데는 실패한 지식인임이 분명하다. 그와 같은 이념적 정립에는 범희랍주의와 같은 어휘를 사용함으로써 개념을 탐구하고, 이로써 잠재적인 관념을 명시적인 이념으로 정립하는 과정이 필수적이다. 그러한 개념적 탐구 없이 희랍 세계의 단결과 평화를 주장이나 사상을 통해 학문적으로 체계화할 수는 없다. 아울러 그러한 학문적 체계화의 노력 없이는 정치적 실천을 위한 어떠한 정치적 주장도 일시

119 영어 'barbarian'의 어원인 이 말은 본디 외국인이나 다른 민족을 의미하는 말이 아니라 외국어이기 때문에 무슨 말인지 몰라 '중얼중얼' 떠드는 것으로 들리는 상태를 지칭하는 말이 그 의미가 전화하여 다른 민족을 지칭하는 말이 된 것이다.

120 근대 세계에서 민족주의 등장의 주요 동인이 전쟁이나 피침, 점령 등을 통해 '자아'와 '비아' 또는 '우리'와 '남'의 구분이 현실적으로 절박해진 상황에 있음은 잘 알려져 있다. 그러한 연구가 아니라도 전쟁이 우리와 남의 구분을 촉진한다는 점은 바로 그 전쟁이 배타적인 편 가름을 떠나서는 존재할 수 없다는 자명한 사실 자체에서 도출될 수 있을 것이다.

적이고 단속斷續적인 정치적 행동을 유발할 뿐, 그 주장을 현실에서 영속적으로 구현할 수 있는 진정한 의미에서의 실천성은 갖출 수 없게 된다.

간단히 말해서 리시아스의 연설문들은 당대의 정치적·사회적 현실에 대한 나름대로의 진지한 고민과 사색이 바탕에 있으며, 그러한 현실에 대한 개선의 방향도 제시되어 나름대로 실천성도 갖추었음은 분명하다. 그러나 그것은 탁월한 '말하기 기술'에서 진정으로 벗어나 철학적 성찰 수준의 사고에 도달하지 못했고 진정한 의미의 실천성을 갖추지도 못했다고 볼 수 있다. 그러한 사상을 연설의 형식으로 표현하여 대중의 마음에 직접 호소하고, 그 마음을 사로잡아 정치적·사회적 실천으로 이끌려는 목적 또한 바로 그 호소력 자체의 한계 때문에 제대로 구현될 수 없었다. 이에 따라 그것은 보편적인 설득력과 영속적인 실천성을 갖춘 사상도 되지 못했다. 리시아스의 이름이 철학사의 교과서에 등장하지 않는다는 사실도 부분적으로 증언하고 있지만, 그의 연설문들에 담긴 전언이 당대의 정치나 대중에게는 분명히 영향력이 있었을지는 몰라도 영속적인 지적 영향력을 갖추어 영속적인 실천성을 갖는 고전적인 사상은 결코 되지 못한 것이다. 그럼에도 그의 사상에 대해 사상사적·철학사적 가치는 인정되어야 한다는 점에 역설이 있다.

'역사적 영속성 속에서 영향력과 실천성을 갖춘 보편적인 정치사상' 혹은 '보편적인 정치철학'의 형성은 보편적인 사고를 추구하는 지식인이라면 누구나 지향하고 추구하는 목표일 것이다. 문제는 그러한 사상은 그와 같이 지향한다거나 개인적으로 원한다고 해서 자동으로 이룩되는 것은 결코 아니라는 것이다. 그러한 사상의 형성은 일단 천재적인 사고력을 가진 지식인의 출현을 요구하지만, 그러한 인물의 천재적인 사고력도 단순히 그 개인의 태생적인 지적 자질에만 유래하는 것은 아니다. 그것은 시기적으로 앞서 출현한 지식인들의 업적들은 물론 당대의 문학이나 예술,

자연과학에서의 업적 등 여러 다양한 분야들의 정신적 각성이나 지적 성취로부터 자극을 받으면서 그것들에 담긴 진정으로 새로운 요소들을 통찰하면서 그것들 전체를 비판적이고 독창적으로 재해석하고 새롭게 종합할 수 있는 천재적인 지성적 노력의 산물인 것이다. 다시 말해서 정치적 사고의 발전도 지성사 일반에서의 창조적인 발전 과정과 마찬가지로 다양한 형태의 지적 영향력 관계를 통해 이루어지는 것이다. 리시아스의 정치사상사적 위치도 그와 같은 지성사적 발전의 맥락에서 파악될 수 있다.

앞서 논의들을 통해 리시아스의 사상에서는 새로운 개념의 창출은 물론 일반인들의 사고 및 관념을 구성하는 기존의 어휘들에 대한 비판적인 분석이 존재하지 않는다는 사실을 지적했다. 다시 강조하지만, 그러한 사실은 곧 그가 소크라테스 철학의 본질적인 요소들 가운데 하나인 대화 혹은 문답법을 통한 비판적 개념 분석이 사회적 현실은 물론 인간성 자체를 파악하는 데 어떠한 의미가 있는지 이해하지 못했음을 의미한다. 그것은 바로 그가 소크라테스의 '철학하기'가 무엇인지 진정으로 모른 채 그의 인간적인 매력이나 높은 도덕성에 심취되어 추종자나 친구는 되었지만 진정한 의미의 제자나 계승자는 되지 못했음을 의미한다. 그것이 리시아스 사상의 근본적인 한계일 수 있다. 그런데도 그의 연설문들에 담긴 당대 인간들의 삶 전반에 대한 상세하면서도 비판적인 기술이나 윤리적 판단, 새로운 변화를 위한 정책적 대안의 제시는 그의 동시대 지식인이나 후학들에게 그것의 실체에 더욱 깊이 접근하고 그것의 바람직한 변화를 위한 좀 더 실천적인 방안을 마련하는 데 지적인 자극과 더불어 풍부한 지식과 폭넓은 관점을 제공했을 가능성이 크다. 바로 그 점에서 리시아스의 연설문들이 비록 고전적인 사상이나 철학의 표현은 결코 되지 못하나 희랍 지성사와 정치사상사 발전에 공헌한 바가 적지 않다고 할 수 있을 것이다.

소크라테스 추종의 지성사는 일단 리시아스를 통해 정치적 행위가 발생하는 영역인 정치 현실의 구체적인 양상에 대한 이해 및 탐구가 본격적으로 전개되기 시작한다. 고대 희랍인들의 삶 자체를 구성하는 정치적 행위에 관해 그가 수행한 다각도의 탐구는 결국 플라톤이 거대한 정치철학을 완성하는 데 초석을 제공한 것이다. 플라톤의 정치철학은 소피스트들 이외에 동시대의 여러 다른 지식인들이 제공한 여러 형태의 다양한 지식 및 관점들과 더불어 리시아스가 제공한 정치 현실과 인간에 대한 풍부한 지식 및 통찰력을 소크라테스를 통해 발전된 개념적 사고를 철저히 추구하면서 철학 체계로 이룩한 결과라고 할 수 있다. 그 '여러 다른' 지식인들이 대표적으로 안티스테네스, 이소크라테스, 크세노폰 등이다. 다음 7장은 리시아스와 같은 소크라테스의 추종자이자 그와 거의 같은 연배의 지식인이었던 안티스테네스의 행동과 사상을 검토한다. 그러한 검토를 통해 안티스테네스는 리시아스와 어떻게 구분되는 내용과 방식으로 정치철학적 사유의 발전에 기여하게 되었는지 설명할 것이다.

Λυσιας και Αντισθενης

7

리시아스에서 안티스테네스로:

인간과 정치에 대한 철학적 성찰의 심화

앞의 1장에서 소개했듯이 안티스테네스는 리시아스와 비슷한 연배에 속한다.[1] 그들은 모두 소크라테스의 추종자로 믿어지지만, 리시아스가 연설가로서 행동하는 지식인으로 기억되는 데 비해 안티스테네스는 사변적인 인간으로 기억되어 서양 철학사 교과서에도 일반적으로 등장하는 철학자로 인식되고 있다. 물론 '연설가'나 '철학자'라는 명칭이 한 인간의 정체성을 자동으로 규정하는 것도 아니고 각각의 직능이 어떠한 고정된 정신세계를 지칭하는 것도 아니다. 특히 2장의 논의를 통해 설명했고 이 책 전체의 논의를 통해 강조했듯이, '이론과 실천' 혹은 '사상과 행동'이라는 대립논제는 언제나 대립 속의 통일을 전제로 한다. 행동하는 인간이라고 생각을 하지 않는 것도 아니고, 사변적인 인간이라고 행동을 하지 않는 것도 아니다. 오히려 그렇게 믿는 것은 특정한 언어가 일으키는 일상적이고 고정적인 이미지에 생각이 예속되어 있음을 — 근대에 와서 베이컨Francis Bacon이 '시장의 우상idola fori'으로 표현했듯이 — 의미할 뿐이다. 예를 들어 한 인간이 사회적으로 드러나지 않는 행동을 하지 않고 '조용히' 삶을 살았다면, 그가 진정으로 필요한 행동을 하지 않았는지 아니면 일반인들이 당연하고 필요하고 멋있다고 믿는 행동에 대해 무가치하다거나 부질

---

1 1장 〈들어가는 말〉 각주 #2에서 언급했듯이, 그의 출생연도는 B.C. 445~B.C. 443년 사이, 그의 사거연도는 B.C. 365~B.C. 363년 사이로 추정되고, 안티스테네스의 생몰 연도는 대체로 B.C. 445~B.C. 365년으로 추정된다면 두 사람 가운데 누가 더 나이가 많은가는 확실히 단정할 수 없을 것이다. 두 사람은 연배가 누가 위든지 대략 1~2년 차이로 보인다.

없다고 생각해서 그리했는지 먼저 의문을 제기할 필요가 있는 것이다.

현실 부정 혹은 현실 도피의 사변적인 철학자 상을 가진 안티스테네스에 대해서도 그러한 성격의 질문이 당연히 요구된다. 그러한 질문은 그의 사상 자체뿐만 아니라 그 사상에 함축된 행동의 의미를 이해하기 위해서도 필요하다. 특히 그러한 필요성은 '행동하는 지식인'의 상을 가진 리시아스와 같은 소크라테스의 추종자 집단에 속하고 그와 거의 비슷한 시기를 살아가면서 소크라테스 이후에 전개되는 지성사의 흐름에 동참한 인물들이라는 사실을 고려할 때 더욱 강화된다.

철학사 교과서에서 안티스테네스는 일반적으로 소크라테스의 추종자이면서, 한편으로 디오게네스Diogenēs(B.C. 412/B.C. 403~B.C. 324/B.C. 321 추정)가 대표하는 견유학파의 창시자이고,[2] 다른 한편으로 제논을 시조로 하는 스토아학파에게 이념적 원천을 제공한 인물로 기술되고 있다. 그리고 그 점은 소크라테스가 서양 정신사 전체에서 차지하는 위치와도 연관된다.[3] 거대 종교의 창시자로서 또는 학문적 도통의 기원으로 누리는 신

---

2 그러한 교과서적 지식의 전거典據는 디오게네스 라에르티오스의 진술이다. 그 진술에 관해서는 뒤에 가서 다시 언급하겠지만 간단히 정리하면, 그는 소크라테스로부터 고통을 극복하고 쾌락을 무시하는 태도를 배웠는데, 그것이 바로 견유학파 특유의 행동 방식이라는 것이다.

3 안티스테네스의 철학사적 위치에 관한 문헌학적 쟁점이나 학계의 논란에 관해서는 두들리Dudley(1937: 1~16)와 크루스트A. Chroust(1957)의 치밀한 검토를 참조할 필요가 있다. 그들의 검토에 의하면, 안티스테네스의 행적에 디오게네스나 제논의 행적과 비슷한 요소가 있고 그들 사이에 사상적 친밀성affinity도 있으나, 활동 공간이나 시기적 차이는 물론 무엇보다 그들 후대의 지식인들이 안티스테네스에 대해 언급한 문헌이 없다는 사실로 미루어 그들이 스승-제자의 관계라는 관념은 조작fabrication에 불과하다는 것이다. 그런데도 그가 두 학파의 시조로 여겨진 이유로 두들리는 두 가지를 든다. 하나는 이집트 프톨레마이오스 왕조가 양성한 알렉산드리아의 학자들이 『철학자 열전 *Successions of Philosophers*』을 저술할 때 "모든 철학적 진술들philosophical generalities의 원천을 소크라테스에서 찾으려고 했다"는 것이며, 다른 하나는 스토아 철학자들 또한 "자신들이 소크라테스의 진정한 후예heirs라는 점을 과시하기 위해 자신들의 스승인

격화의 정도 면에서 부처, 예수, 공자의 경우와는 차이가 있지만, 서양 정신사에서도 '철학자=소크라테스'라는 등식이 일종의 교조적인 정통론으로 작동한 것은 어느 정도 사실이다. 안티스테네스의 철학사적 위치와 관련된 다양한 해석들의 존재는 그러한 사실의 증언이라고도 말할 수 있다. 실제로 소크라테스 추종자들 사이의 '정통성 투쟁'은 견유학파나 스토아학파와 같이 후대의 지식인들만이 아니라 리시아스, 안티스테네스, 크세노폰, 플라톤 등 소크라테스와 직접 인간적으로나 학문적으로 교류한 추종자들 사이에서도 어느 정도 존재한 것으로 보여진다. 이 점은 지금까지 이 책의 논의를 통해서도 어느 정도 설명되었지만, 이 책의 후속 연구를 통해 좀 더 구체적으로 밝혀질 것이다.[4] 그러한 문제를 떠나 안티스테네스가 방대한 저작들을 저술한 지식인임은 분명하며,[5] 그러한 사실은 그가 나름대로 독자적인 사상을 구축한 인물이라는 사실의 개연성을 높인다.

제논을 견유학파의 크라테스와 연결하면서 디오게네스를 스토아 성인으로 만들어버렸다는 것이며, 따라서 소크라테스-디오게네스-크라테스-제논의 계보는 조작에 불과하다는 것이다"(Dudley, 1937: xi). 크루스트 또한 두들리와 비슷한 설명을 한다. 안티스테네스와 디오게네스 사이에 직접적인 인간관계는 없지만 후자가 전자의 사상에 영향을 받았을 가능성을 부정할 근거는 없으며, 전자가 "견유학파의 이념적 창시자the founder of practical Cynicism"라면 후자는 "실천적 창시자the founder of practical Cynicism"일 수 있다는 것이다(Chroust, 101~102).

4 참고로 AD 2세기에 활동한 스토아 철학자인 에픽테토스Epiktētos(55~135)는 철학의 본질로서의 실천 개념을 발전시키면서 안티스테네스의 철학사적 위치를 견유학파의 원조로서가 아니라, 소크라테스 영향으로 이루어진 지성사의 흐름 차원에서 플라톤 및 크세노폰과 연관하여 기술한 바 있다. 그의 실천 개념의 구체적인 의미나 철학적 쟁점을 떠나 적어도 그러한 철학사 해석은 이 책의 기본적인 관점과 같다. 에픽테토스의 그러한 철학사적 관점에 대한 소개로는 Bonhoffer(2000)를 참조하기 바란다.

5 디오게네스 라에르티오스Diogenes Laertios(1925)는 『안티스테네스전傳』에서 그의 전체 저술이 60편에 달할 정도로 방대하다고 기술하면서 그 목록들을 소개한 바 있다. 고대의 여러 문헌에 산재하는 그의 단편적인 어록이나 진술들 및 그것들에 대한 고대 학자들의 논평 등은 파처Andreas Patzer가 각 자료의 문헌학적 의미에 대한 간결한 해설과 더불어 치밀하게 정리한 바 있다(Patzer, 1970).

다만 교과서적 규정이나 설명은 진정한 이해를 위한 출발점 또는 참고의 대상은 될 수 있어도 그 자체가 그 인물이나 사상에 관한 확정된 사실을 전달하는 것은 아니다. 그에 관한 문헌이나 역사적 자료를 직접 검토할 경우 그의 인간성이 어떠했는지의 의문은 더욱 증폭되며, 그의 철학적 주장 하나하나의 의미 또한 끊임없는 해석상 논쟁의 대상이 될 수 있음을 알게 된다.

어쨌든 리시아스와 안티스테네스가 비슷한 시기를 살았다는 사실 자체가 지성사나 철학사 차원에서 중요할 것은 물론 없다. 중요한 것은 그들이 지적으로 어떠한 영향을 주고받았는지, 주고받았다면 그 구체적인 내용은 무엇인지, 그리고 직접적인 지적 교류가 없었다고 해도 그들의 사상이 한 시대 지성사의 흐름을 공유하거나 지성적 발전의 양상을 보여주고 있는지 등이 문제일 것이다. 일단 안티스테네스는 소크라테스의 초기 추종자들 가운데 단편적이나마 구체적인 행적이 기록되어 있고 지극히 일부지만 그 저술 내용이 전해져 있는 인물이라는 점에서 리시아스와 함께 희랍 지성사의 서술 대상으로 등장할 필요가 있는 인물이다. 그런데 지성사나 정치철학사의 기술 차원에서 더욱 중요한 점은 소크라테스에 대한 리시아스의 '실천적 추종'은 전자의 '이론적' 추종과 대비될 때 그 실천의 '이론적' 한계가 명확하게 드러난다는 것이다. 좀 더 구체적으로 표현하자면, 적어도 인간성에 대한 성찰의 깊이에서 안티스테네스는 리시아스를 능가하며, 무엇보다 리시아스의 사상에서 미완의 문제로 남아 있던 인간과 정치에 대한 개념적 사고도 그를 통해 좀 더 발전적으로 형성되고 있음을 확인할 수 있다는 것이다. 어떠한 근거에서 그렇게 해석될 수 있는지에 대한 설명이 이 7장의 내용을 이룬다.

안티스테네스의 저술들 가운데 아주 짧은 글이지만 전체 내용이 유일하게 전해지고 있는 것은 〈아이아스에 대한 논고Aias ē Aiantos Logos〉와

〈오디세이에 대한 논고Odysseus ē Odysseōs Logos〉이다.[6] 이 저술들 이외에 그의 행적이나 사상을 파악할 수 있는 자료로는 크세노폰의 『소크라테스의 회상』과 『향연』이 있으며, 그들보다 600여 년 후 출현한 철학사 저술가인 디오게네스 라에르티오스(앞으로 DL로 표기)가 『안티스테네스전傳』에서 그 자신의 진술로 인용한 여러 단편적인 문장들과 그의 행적과 사상을 소개한 문장들, 그리고 위의 문헌들에 소개된 진술들과 내용상 거의 상충되는 바가 없으면서 키케로 등 후대의 철학자나 지식인들이 그의 사상 및 행적에 관해 전달하는 수많은 단편적인 진술들이 있다. 그것들 또한 그의 정신세계를 추정할 수 있는 또 다른 자료들이다.[7] 그와 같은 문헌학적 한계에도 불구하고 그러한 문장들을 통해 안테스테네스가 당대의 소피스트들은 물론 리시아스와 이소크라테스와 크세노폰과는 달리 소크라테스 철학의 본질적인 요소인 개념적으로 사고할 줄 아는 능력을 가졌다는 것을 발견할 수 있다는 점이 중요하다. 그는 리시아스와는 다른 차원에서 소크라테스 이후 전개된 희랍 지성사를 확장하고 심화시키면서 플라톤 철학의 등장을 준비한 지식인이 분명하다는 것이다. 그렇게 해석

---

6 제목 그대로는 각각 〈아이아스 혹은 아이아스의 연설〉, 〈오디세우스 혹은 오디세우스의 연설〉이다.

7 1983년 지안안토니Gabriele Giannantoni라는 이탈리아 학자는 앞의 문헌들과 더불어 안티스테네스의 행적과 사상에 관해 후대의 철학자나 지식인이 전하는 단편적인 — 그리고 철학사나 지성사 차원에서는 대체로 큰 의미가 없는 — 진술 모두를 총망라하여 편집한 저작을 『*Socraticorum Reliquiae*』라는 제목으로 출간한 바 있는데, 최근 미국의 한 학자가 그것에 약간의 수정과 더불어 간단한 주석을 첨부하여 『*Antisthenes of Athens: Texts, Translations, and Commentary*』(Prince, 2005)라는 제목으로 영문판으로 출간한 바 있다. 이 책의 논의의 문헌적 근거들은 대부분 이 책에 의존했음을 밝힌다. 그리고 서양 고전학의 역사에서 안티스테네스의 생애 및 사상에 관한 논쟁이나 해석상의 쟁점들에 대한 탁월한 정리와 더불어 흥미로운 해석을 제시한 연구서로는 대표적으로 미국 학자인 나비아Luis E. Navia의 저작(Navia, 2001)을 들 수 있는데, 그의 정리 및 해석은 이 장에서 계속 논급될 것이다.

될 수 있는 근거를 찾기 위해서는 먼저 안티스테네스라는 인간이 누구인지 탐색할 필요가 있는데, 그러한 탐색을 위해서는 비록 그 특유의 산만한 기술이지만 위에서 언급된 DL의 『안티스테네스전』과 크세노폰의 기록을 중심으로 그의 삶과 행적을 검토하는 것으로 시작할 필요가 있다.

1. 안티스테네스의 행적과 성찰적 삶: 디오게네스 라에르티오스와 크세노폰의 증언

안티스테네스의 출생 및 사거의 시기와 장소는 오랫동안 서양 고전학계에서 논쟁의 대상인데, 곰페르츠T. Gomperz는 그 이유가 그에 관한 일화들이 신뢰할 수 없고 연대기적 자료들이 내용상 모호하기 때문이라는 것이다(Gomperz, 1996, vol. 3: 285). DL도 안티스테네스의 출생이나 어린 시절에 대해서는 전혀 언급하지 않고 있다. 다만 그가 법적으로 아테네 시민이기는 하지만 어머니가 트라키아 출신이어서 '순수 아테네 혈통의' 시민들에게는 신분상 폄하의 대상이었다는 사실을 언급하면서,[8] 그러한

---

8 이 점은 DL이 소개한 그에 관한 일화들 가운데 다음과도 연관된다. 즉 안티스테네스는 어머니가 천한 신분이라고 모멸하는 소리를 듣자, 그의 부모 모두 레슬링 선수palaistikos는 아니나 자신은 레슬링 선수라고 대꾸했다는 일화가(4; 앞으로 이 절에서 별도의 언급이 없는 인용문 다음의 숫자는 〈LCL〉판 디오게네스 라에르티오스의 『안티스테네스전』에 표기된 절을 의미한다) 그것이다. 안티스테네스와 같은 출생 신분을 가진 사람을 아테네에서는 'nothos'라고 부른다. 아테네 남자 시민과 외국인이나 노예 신분의 여자의 일시적인 성관계나 혼인 관계로 출생한 사람들의 지칭이다. 조선 사회에서 서자庶子나 얼자孼子와 비슷한 신분인데, 이 'nothos'들의 사회적 신분 문제나 시민권 문제는 아직도 학문적으로 논쟁의 대상으로서 정치 · 사회적 상황에 따라 변하여 그 실체를 단정하기 어렵다. 다만 그들이 사회적 차별을 받고 참정권을 행사하지 못하는 경우가 많은 것은 사실이며, 비록 이와 관련된 전기적 자료는 없지만, 안티스테네스가 시민만이 자격이 있는 군인으로 복무했다는 사실은 그가 펠로폰네소스 전쟁 중에 부족해진 병사 자원을

아테네 시민들의 태도를 오히려 경멸하는 안티스테네스의 태도도 함께 제시하고 있다. 즉 '순수 혈통'이라는 이유만으로 우월감을 느끼는 아테네 시민들에 대해서 그는 다음과 같이 조롱했다는 것이다. 아테네 땅에서 태어났다는 사실이 그들을 같은 땅에서 태어난 달팽이kochlios나 메뚜기attelabos보다 더 나을 것이 없게 만들었다는 것이다(1). 그러한 사실은 그의 출생 배경 및 성장 환경 속에 이미 아테네를 이방인의 시각에서 바라보는 태도가 형성되어 있고,[9] 그의 성장기에 희랍 세계 최강국인 아테네의 시민이라는 사실을 단순히 통속적인 영광의 징표로서가 아니라 보편적인 인간성의 타락 차원에서 비판적으로 접근할 수 있는 관점이 배태되어 있음을 보여준다.

어쨌든 그의 성년 시절 활동에 관한 DL의 기술은 다음이 전부이다.[10] 즉 그가 당시 아테네 시민의 필수적인 의무인 시민군으로 활동하여 B.C.426년의 타나그라Tanagrai 전투에 참여해 용맹을 떨쳤다는 기술, 그리고 그러한 용맹에 대하여 소크라테스는 그의 부모 모두가 아테네 출신

확충하기 위한 목적으로 시행되었던 시민권 확대 정책으로 — 임진왜란 당시 조선의 정책과 비슷하게 — 시민권을 획득했을 가능성을 추정케 한다. 'nothos'의 사회적 신분 문제는 아테네의 시민권 문제 전반의 차원에서 이해되어야 할 대상이며, 이에 관한 최근의 연구로는 Block(2017)을 참조할 만하다.

9 앞에서 기술했지만, 안티스테네스가 철학사 교과서에서 일반적으로 견유학파나 스토아학파의 기원으로 간주되었던 주요 이유는 바로 DL의 진술 때문이다. 그런데 DL의 기술 여부를 떠나 바로 이 점이 그의 철학 내용의 유사성이나 실제적인 정신적 영향과는 관계없이 그가 스토아학파의 원조처럼 기술될 수 있는 또 다른 이유이기도 하다. 즉 크라테스Kratēs나 제논Zenōn 등 스토아학파의 구성원 모두가 아테네로 이주한 외국인으로서 그들의 삶의 환경 자체가 이미 아테네 시민이라는 한계를 벗어나 세계 전체를 보편적 차원에서 바라볼 수 있는 시각을 쉽게 배양할 수 있었다는 점에서 그들과 안티스테네스 사이에는 어느 정도 공통된 요소가 있는 것이다.

10 특히 리시아스의 생애와 비교할 때 안티스테네스가 30인 참주 정권 등장 및 내란 시기에 어떠한 행동을 했는지 알려주는 자료가 전혀 없다고 한다(Rankin, 1986: 6 참조).

이었다면 그렇지 못했을 것이라는 논평을 했다는 기술이 그것이다(1).[11] 다만 DL은 그의 어록이나 일화를 소개하는 부분에서 안티스테네스가 받은 교육과 성년이 된 후 그가 수행한 교육 활동에 관해서 간단하게 기술하고 있는데, 그러한 기술은 그의 사상을 파악하기 위해서도 주목할 만하다. 즉 안티스테네스는 처음에는 소피스트인 고르기아스로부터 수사학을 배웠는데, 후에는 소크라테스의 열렬한 추종자가 되어 자신의 제자들에게도 소크라테스의 '같은 제자'가 되자고 권유했다는 것이다(2).[12] 다시 말해서 어느 시기인지는 분명하지 않지만, 그가 소크라테스를 처음 만난 것은 이미 그가 수사학 선생이 되어 학생들을 가르칠 정도의 나이가 되었을 때로 추정할 수 있다.[13] 그런 나이에도 그는 소크라테스의 인품과 말에 매혹당하고 심취하여 피레우스에 살면서도 매일 소크라테스를 만나러 아테네에 갈 정도였다는 것이다.

---

11 보이오티아 지역에서 벌어진 이 전투에 대해서 투키디데스는『역사』3권 91절에서 전투의 구체적인 진행 과정에 관한 기술은 없이 단순히 전투가 있었다는 사실만 기록하고 있다. 소크라테스가 실제로 그러한 논평을 했는지 다른 문헌을 통해 확인되지는 않지만, 사실일 경우 그것은 앞에서 리시아스에 대해 논의하는 과정에서 제기된 공인정신 쇠퇴 양상의 심각함을 소크라테스 또한 인지하고 있음을 증언한다고 할 수 있을 것이다. 랭킨H.D. Rankin은 부모 가운데 한 사람만이 아테네 시민인 사람이 용감했다는 안티스테네스의 진술은 테미스토클레스나 클레이스테네스나 키몬 등이 그러했다는 사실의 암시일 수 있다고 지적한 바 있다(Rankin, 1986: 3).

12 그는 고르기아스 이외에 소피스트이자 당대 최고의 인문학자로 간주되는 프로디코스Prodikos의 가르침도 받은 것으로 전해지고 있다(Navia, 2001: 23 참조). 그의 사상 형성에 있어서 소피스트 이념의 영향 문제는 이 7장 3절에서 논급될 것이다. 여기서 "제자들에게"는 희랍어로 "tois mathētas"이고 소크라테스의 "같은 제자"는 희랍어로는 한 어휘로 "symmathētas"로 '동문同門'으로도 번역될 수 있는 말이다. 그의 교육 활동과 관련된 또 다른 일화로 DL은 다음을 소개하고 있다. 그는 아주 적은 수의 제자들만 받아들였고 교육 과정에서 그들을 심하게 질책했는데, 그 이유에 대한 질문에 그것은 환자들에 대한 의사의 태도와 같다고 그가 답했다는 것이다(4).

13 참고로 크세노폰의『향연』에서 안티스테네스의 나이는 25세 정도로 추정된다.

안티스테네스에게 소크라테스와의 만남은 다른 추종자들과 마찬가지로 그의 인생에 획기적인 전환점이 된 것으로 보인다. 물론 그 전환의 의미는 앞에서 논의된 리시아스나 뒤에서 다룰 크세노폰이나 플라톤 등 각각의 추종자마다 다를 것이다. 그런데 그의 경우에는 다른 누구보다도 소크라테스에 대한 인간적인 애착이나 헌신이 유별났던 것으로 보인다. 그 점은 일단 크세노폰의 『회상』에 제시된 다음의 진술을 통해서도 확인된다. 즉 그와 아폴로도로스Appolodoros[14]는 소크라테스의 매혹적인 말에 끌려 그의 곁을 결코 떠난 적이 없었다는 것이다(『회상』 III-xi-17). 그런데 소크라테스와의 우정이나 인간적 친밀도 또는 그에 대한 애착과 헌신은 안티스테네스가 여러 차례 등장하는 크세노폰의 『향연』에 좀 더 생생하게 나타나 있다. 그 장면들 가운데 하나에 그의 사상이 구체적으로 나타나 있으므로 다음 2절에서 별도로 검토할 것이지만, 나머지 세 장면은 그의 인간성을 추정하기 위한 희소한 전거典據이므로 여기서도 언급하고 지나갈 필요가 있다.

『향연』의 후반부는 주인인 칼리아스의 제의로 아름다움kalos이 대화의 주제로 등장하는데, 그 대화는 플라톤의 대화편들의 경우에서처럼 아름다움의 본질이나 이데아에 대한 진지한 논의가 아니라 장년의 남자들이 크리토불로스라는 '아름다운' 젊은 청년을 두고 말장난의 유희를 즐기는 성격을 갖고 있다(V).[15] 이 장난기 어리고 흥청거리는 분위기에서 말장난

---

14 플라톤의 『변명』에도 소크라테스의 재판에 참석하여 소크라테스의 벌금을 대신 내줄 여러 인물 가운데 하나로 이름이 언급되는데(34a), 구체적으로 어떠한 인물인지는 알려지지 않았다.

15 이 대목의 대화는 칼리아스가 크리토불로스에게 못생긴 것으로 유명한 소크라테스와 누가 아름다운지 심판받는 경연에 나설 용의가 있느냐는 질문을 하고, 소크라테스는 '뚜쟁이'인 자신이 심판관들로부터 높은 호감을 받을 것을 그가 잘 알 것이기 때문에 나설 리가 없다고 장단을 맞춘다. 그러자 크리토불로스는 경연에 나서겠다고 말하면서,

유희는 헤르모게네스에게로 향한다. 그는 다른 사람들이 크리토불로스에게 농담을 걸면서 홍청거릴 때도 홀로 침묵하고 있었기 때문인데, 소크라테스가 '홍청거림paroinia'[16] 자체가 무엇인지 그에게 정의해보라고 질문하면서 진행되는 새로운 대화의(VI-1~5)[17] 끝에 안티스테네스가 등장한

먼저 소크라테스에게 자신보다 그가 "더 잘생겼음kalliōn"을 증명하라고 요구하는 것으로 새로운 대화를 시작한다(V-1~2). 여기서 'kalliōn'은 'kalos'의 비교급인데, 이 부분의 대화에서 주의할 점은 희랍어 'kalos'에 함축된 지극히 다양한 의미이다. 그것은 아름다움만이 아니라 잘생김, 탁월함, 멋짐, 고귀함 등 광범위한 의미를 가지고 있어서 문맥에 따라 조심스럽게 그 의미가 해석되어야 한다. 젊은 크리토불로스에 대한 소크라테스의 장난기 어린 응수의 핵심도 그 다양한 의미를 맥락에 따라 자유롭게 사용하는 데 있다. 어쨌든 소크라테스는 크리토불로스에게 아름다움이 사람에게만 존재하는지 아니면 다른 물체들에도 존재하는지를 묻고, 후자는 뒤의 경우라고 답하면서, 그 답에 대한 보완으로 물체의 아름다움이란 인간의 욕구를 충족시키는 기능을 수행하기 위해 얼마나 멋지게 혹은 탁월하게 만들어졌는가에 달려 있다고 말한다(-3~4). 이에 소크라테스가 그렇다면 밖으로 튀어나온 자신의 눈은 낮은 코와 어울려 게karkinos; crab의 그것과 같이 평면적인 눈이나 높은 코 때문에 시각의 방해를 받는 사람들보다 더 폭넓게 볼 수 있다는 점, 구멍이 아래로 향한 일반적인 코보다 앞으로 향한 자신의 들창코 또한 더 쉽게 냄새를 맡을 수 있다는 점, 자신의 큰 입은 단번에 많은 양의 음식을 먹을 수 있다는 점, 외모 전체의 면에서도 자신은 강의 신 님프Nymphē의 후손인 실레노스Seilēnos; 영어로 Silenus를 닮았기 때문에 신적神的인 요소를 갖추었다는 점 등을 들면서, 자신이 크리토불로스보다 더 잘생겼다는 — 더 아름답다는 — 결론을 내리는 것이다(-5~7). 이 대목에 이르러 크리토불로스는 더 이상 논박을 못 하면서 누가 더 잘생겼는지 비밀투표로 — 소크라테스와 안티스테네스의 '부유함'이 선택에 영향을 미칠 수 있다는 '걱정'으로 — 결정하자고 제안하고, 투표 결과는 크리토불로스의 만장일치 승리로 나타난다(-8~10).

16 이 희랍어 자체는 '술oinos'과 '함께para'를 의미하며, 우리말의 주사酒邪와 같이 일반적으로 욕설이나 거친 행동 등 술 취한 상태에서 일어나는 일탈한 행태를 지칭한다. 하지만 이 문맥에서 나타난 바와 같이 그 말이 반드시 나쁜 의미만 있는 것도 아니다. 〈LCL〉판의 번역자인 토드는 두 어휘로 'convivial unpleasantness'로 번역했는데, 우리말의 '홍청거림'이 한 어휘로 그 희랍어에 좀 더 가까운 번역어일 것 같다.

17 헤르모게네스는 소크라테스의 요청에 따라 '홍청거림'을 "함께 술 마시는 친구를 괴롭히기to par' oinon lypein tous synontas"로 정의하는데, 이 정의를 받아 소크라테스는 바로 대화가 잠시 멈추어 있는 그 순간 다른 사람들은 떠들어대는데 헤르모게네스는 혼

다. 그때 그는 논쟁에서 궁지에 불린 사람에게 가장 적합한 음악은 '삐익 syrigmos'[18] 소리일 것이라는 한마디를 던진다(-5).

그러한 한마디가 어떠한 의도가 갖는지 확실하게 단정하기는 어려울 것이다. 그것은 소크라테스의 장난기에 일부러 '부화뇌동'하는 태도를 보이는 말 대거리일 수 있지만, 오히려 그와 같이 장난스러운 분위기에서도 진지하고 근엄한 지식인의 태도를 유지하려는 안티스테네스의 기본적인 성향을 나타내는 광경으로 해석될 수도 있을 것이다. 그것은 논쟁에서 할 말은 잃은 사람의 '정신없는' 상태를 날카로운 음향으로 자극하여 깨운다는 진지한 철학적 전언일 수도 있기 때문이다. 다시 말해서 농담과 장난 속에서 진지한 대화를 즐기는 소크라테스와는 달리, 안티스테네스는 '엄숙하고 근엄한 철학자'의 이미지가 — 일반적으로 스토아 철학자의 모습으로 그려지는 바와 같은 — 있는 인물일 수 있다는 것이다. 그 점은 장난기를 즐겨 발동하는 소크라테스의 행태 자체가 대화의 주제로 등장하는 다음 장면에서(VI-6~10) 확인될 수 있다.

그 장면은 시라쿠사 출신의 '개그맨' 필리포스Philippos[19]가 그러한 장난스러운 분위기 속에서 정작 자신의 장기가 주목을 받지 못하게 되자 심술

자 침묵하고 있으므로 자신들을 괴롭히고 있는 것이라고 다시 장난을 건다(-2). 이에 그 젊은이는 소크라테스가 말하거나 말하기를 잠시 쉬는 사이에도 말을 걸기가 어렵다는 점을 침묵의 이유로 들고, 칼리아스는 그러한 행동을 아울로스를 연주할 때 침묵하는 것과 비슷하다고 거들어준다(-3). 이에 고무된 헤르모게네스가 소크라테스에게 아울로스의 반주에 맞추어 대화하기를 원하는 것이냐고 반문하자, 후자는 바로 그렇게 하라고 간청한다(-4). 이에 칼리아스가 안티스테네스에게 논쟁에서 몰린 사람에게 적합한 음악이 무엇일 것이냐고 물어보면서 그와 같은 대답을 하는 것이다.

18 'syrigma'는 말 그대로 파이프로 내는 소리를 지칭하고, 'syrigmos'는 호루라기 소리와 같이 날카롭게 '삐익' 하면서 귀에 거슬리는 소리를 — 영어로는 'hissing'으로 번역 — 지칭한다.

19 필리포스를 '개그맨'으로 칭하는 이유는 다음 2절에서 밝혀질 것이다.

부리듯이phthonōn 소크라테스에게 "당신은 사상가인가?"라고[20] 질문을 던지면서 시작한다. 그가 특히 실제로 유익한 일에는 관심이 없이 하늘을 관찰하는 무익한 일에만 관심이 있다고 비난하는 것이다(-6). 이에 대해 소크라테스는 비를 내리고 빛을 보내는 하늘에 대해 관찰하는 행위 자체의 실용성에 관해 설명한다(-6~7). 그러자 필리포스는 화제를 돌려 소크라테스가 기하학을 연구한다면서 벼룩의 다리 길이로 거리를 재는 행위를 들먹인다(-8).[21] 바로 이 국면에서 안티스테네스가 개입하는 것이다.

안티스테네스는 필리포스에게 사람을 "사물에 빗대어 공격하는 데"[22] 능숙하다고 꾸짖으면서, 소크라테스를 욕쟁이에 비유하겠느냐고 힐난한다(-8). 이에 필리포스가 그것 이외에도 여러 다른 것들에도 비유할 수 있다고 대꾸하자, 소크라테스가 나서서 그러한 방식의 비유를 중단하지 않으면 필리포스 자신이 욕쟁이가 될 수 있다고 충고한다. 이에 필리포스가 그러할 경우 자신은 다른 사람을 힐난하는 사람이 아닌 칭송하는 사람이 되어 '개그맨' 본연의 역할을 못 하게 되어 그날의 향연에 공헌할 수 없게 된다고 말하자, 소크라테스가 다시 나서서 필리포스로서는 오히려 모든 일에 침묵하는 것이 공헌하는 것이라고 말하면서 이 장면은 일단락된다(-8~10). 이 상황에서도 안티스테네스는 지적으로 품격이 낮은 인간이 소크라테스에 대해 비아냥거리는 태도를 진중하게 견제하는 인물로 나타나

---

20 여기서 '사상가'는 희랍어로는 'phrontistēs'인데 아리스토파네스가 희극 『구름』에서 소크라테스를 조롱하기 위해 사용한 표현으로 유명하다. 그것은 우리말의 '이론가'라는 말과 비슷하게 상황에 따라 조금 가치 비하적인 의미로 사용된다. 즉 현실성이나 실용성이 없이 오직 사변을 위한 사변에 몰두하는 인간이라는 의미가 있다.

21 필리포스는 자신과 소크라테스 사이의 거리를 벼룩의 다리 길이를 피트로 할 때 몇 피트인가를 묻는데, 아리스토파네스의 희극 『구름』에도 소크라테스의 "사상학교phrontistērion"에서는 벼룩의 다리 길이로 그것의 높이뛰기를 측정하는 행위를 철학의 이름으로 수행한다고 비아냥대는 비슷한 장면이 등장한다.

22 희랍어로는 한 어휘로 'eikazein'으로서 영어 'icon'의 어원인 'eikōn'의 동사형이다.

있으며, 그러한 행동 속에 앞으로 논의할 그의 아레테 관념과 더불어 소크라테스에 대한 존경심과 헌신이 나타나 있음을 확인할 수 있을 것이다. 그리고 그러한 이념과 결합된 소크라테스에 대한 존경심과 헌신의 표명은 바로 다음 장면에서 그에 대한 '사랑 고백'을 통해 정점에 이른다.

『향연』 8장에서는 소크라테스의 제안으로 사랑erōs이 대화의 주제로 등장한다. 플라톤의 『향연』은 작품 전체의 주제가 사랑인데, 동명의 크세노폰 작품에서는 이때서야 대화의 주제로 등장하는 것이다. 소크라테스는 '사랑'을 "영원한 신들 가운데 외모에서 가장 젊으면서 우주 전체를 장악할 정도로 거대하며 인간의 영혼을 지배하는 신"으로 규정한다(VIII-1~2). 그리고 자신은 일생 누구와 사랑에 빠지지 않은 적이 없다는 고백을 하면서, 안티스테네스를 향해서 "그대는 아무도 사랑하지 않는 유일한 사람인가?"라는 질문을 던진다(-2~3). 그러자 안티스테네스는 "아니 바로 당신만을 사랑한다"라고 대답한 것이다(VIII-4). 소크라테스의 그 질문은 안티스테네스가 평소에 학문에 진지하고 근엄한 삶의 태도를 유지하는 인물로서 사랑이라는 감정적 흥분에 사로잡히지 않는다는 사실을 간접적으로 확인해주는데, 바로 그 점이 안티스테네스는 소크라테스만을 사랑한다는 '사실'을 더욱 극적으로 만든다.

그 대상의 실체가 무엇이든 소크라테스가 일생 끊임없이 누군가를 사랑하면서 정신의 열정을 불태운 사람이라면, 소크라테스에 대한 안티스테네스의 '사랑 고백'은 다음과 같이 해석될 수 있을 것이다. 그에게는 소크라테스와 같은 정신적 열정은 없지만, 소크라테스의 삶으로 대변되는 학문에 대한 사랑만은 그 자신도 공유한다는 고백이라는 것이다. 소크라테스에 대한 안티스테네스의 그러한 애착과 헌신은 소크라테스가 죽은 후에도 이어진 것으로 보인다. 사실史實로 확립된 것은 아니지만, 이와 관련하여 DL이 소크라테스 재판의 배후 인물인 아니토스를 국외로 추방하고 그를 고발한 멜레토스를 사형에 처하도록 주동한 인물이 안티스테네스라는 풍설을 소개한 점도 참고할 만하다(9~10).

소크라테스에 대한 안티스테네스의 애착과 헌신이 실제로 어느 정도였는지 확인해줄 수 있는 자료는 위의 기술 이외에는 없다. 그러나 그가 리시아스의 경우와 같이 수사학적 지식과 소양을 바탕으로 소크라테스의 삶의 태도와 사상을 나름대로 수용하면서 자신만의 정신세계를 새롭게 구축한 것은 분명해 보인다. 그런데 그 새롭게 구축된 정신적·지성적 결과가 무엇인지 그 대강은 서양 철학사 교과서들에 이미 정리되어 있지만, 그러한 교과서적 설명만으로는 그의 사상의 지성사적 의미를 제대로 파악할 수 없으므로 그것과 관련된 주요 문헌들을 새롭게 검토할 필요가 있다. 그 자료들로는 한편으로 DL이 소개하는 어록 및 일화 등에 내포된 그의 사상이 있으며, 다른 한편으로는 크세노폰이 『향연』에서 기술한 그의 주장들이 있다. 그리고 그 자신의 저술들 가운데 유일하게 남아 있는 〈아이아스 논제〉와 〈오디세우스 논제〉의 내용을 전체적으로 종합하여 새롭게 재구성하고 재해석할 필요가 있는데, 이와 관련하여 먼저 DL이 기술한 일화와 어록을 검토하면 다음과 같다.

안티스테네스는 소크라테스로부터 묵중함to karterikon과 초탈함to apathes,[23] 즉 육체적인 시련이나 고통을 극복하고 감각적인 쾌락 등을 무시하는 태도[24]를 배웠다고 DL은 전하면서, 그것을 통해 그가 견유학파 특

---

23 형용사 'karterikos'는 외부의 영향에 흔들리지 않는 무게감과 더불어 침착함과 참을성 등의 의미도 함축하여 '묵중함'으로 번역했다. 그리고 'apathes'는 영어 'apathy'의 어원으로서 본디 감각이나 감정에 대한 민감성을 의미하는 'pathos'가 작동하지 않는('a') 상태를 지칭하는데, '무감정성'이라는 말은 우리말로 어색하고 '무감각성'은 원어의 의미를 오도할 수 있어서 의미상 오해의 여지는 있지만 그나마 원의에 가장 가까워서 '초연함'으로 번역했다. 안티스테네스에서는 정관사 'to'와 형용사 'apathes'의 결합으로 표현된 관념이 스토아학파를 통해 'apatheia'라는 개념어로 발전하게 된다.

유의 행동 방식을 추구하게 되었다는 점도 아울러 기술하고 있다(2~3). 그리고 그는 철학으로부터 얻는 이점이 무엇이냐는 질문에 "나 자신과 대화하는 능력to dynasthai heautōi homilein"이라고 답했다고 하는데(6), 그것은 소크라테스의 '너 자신을 알라'라는 금언을 철학하는 방법으로 승화시킨 결과로 해석될 수 있을 것이다. 그렇다면 그러한 '철학하기'의 산물이자 소크라테스와 같은 삶의 방식과 태도를 지속하게 할 수 있는 정신적 자질이나 능력을 안티스테네스는 무엇으로 파악했는가 하는 의문이 당연히 제기될 수 있다. 그런데 DL은 마치 그러한 의문이 제기될 가능성을 어느 정도 예상한 것마냥 비록 비체계적이지만 그것의 해명에 단서를 제공할 수 있는 문장들을 세 문단에 모아서 제시하고 있다(10~13). 그 문장들이 바로 이 책의 근본적인 주제이자 소크라테스를 포함하여 희랍 정신사 전체를 관통하는 중심 개념인 바로 '소피아와 아레테', 곧 '앎과 잘남' 혹은 '지혜와 덕'에 관한 진술들이다. 그 진술들의 의미를 명확하게 파악하기 위해 문맥에 따라서는 소피아와 아레테라는 말을 그대로 표기하면서 관련 문장들을 번역·소개하면 다음과 같다.

"아레테는 가르칠 수 있음을 증명할 수apedeiknye; he would prove 있다."[25]

---

24 그러한 태도는 DL이 소개하는 다음과 같은 그의 진술에 압축되어 있다. "나는 쾌락을 즐기느니 미쳐버리겠다maneien mallon ē hēsthein"(3). 즉 마음이 정상적인 상태에서는 결코 쾌락을 추구하지 않겠다는 것이다.

25 아레테가 가르침의 대상인지의 논쟁은 주로 소피스트들이 자신들의 교육으로 젊은이들을 잘나고 똑똑하게 만들 수 있다고 주장한 데서 유래한 것이다. 물론 그러한 주장의 성립 여부는 아레테가 무엇인지, 그리고 가르친다는 것이 무엇인지 그 개념 자체에 대한 성찰적 검토가 이루어지지 않으면 밝혀질 수 없다. 바로 그 때문에 그것은 플라톤의 대화편 『고르기아스』와 『프로타고라스』 등의 주제로 등장한 방대한 성격의 철학적 논제이므로 이 책에서 논의될 성격의 것은 아니다. 다만 크세노폰은 자신의 『향연』에서

"귀함eugeneis; nobility이란 아레테를 가진 자의 속성이다."[26]

"행복eudaimonian을 위해서는 아레테로 충분하다. 그것은 소크라테스다운 강인함[27] 이외의 다른 것을 필요로 하지 않는다."

"아레테는 행위ergos의 문제로서 많은 말logos이나 지식mathēmatos을 요구하지 않는다."

"아레테라는 병기兵器는 빼앗길 수 없다."[28]

"아레테는 남성에게나 여성에게나 같다."

"지혜로운 자에게는 부족한 것이 없다.[29] 다른 사람의 좋은 것들이 모두 그의 것이기 때문이다."

"지혜로운 자만이 사랑할 만한 자가 누구인지 안다."

"지혜로운 자에게는 어느 것도 낯설거나 당황스럽지aporon[30] 않다."

그 '논쟁적amphilogos' 성격을 소크라테스의 진술을 통해 확인하고 있으며(II-6~7), 그와 동시에 칼리아스의 주장을 통해 그 논제에 관한 소피스트의 견해, 그리고 그러한 견해에 대한 안티스테네스의 대응도 소개하고 있다(III-4~12; IV-2~6). 따라서 다음 2절에서는 안티스테네스가 그 논쟁적인 주제에 대해 어느 정도의 철학적 성찰을 진척시켰는지 추정하는 수준의 설명을 시도할 것이다.

26 희랍어 원문 그대로는 '행복은 아레테를 가진 자에게tous enaretous 속한다'이다. '아레테를 가진 자'는 '덕망 있는 자에게to the virtuous'로도 번역될 수 있으며, 이 말 자체는 '아레테를 내재하고en 있는 자'를 의미한다.

27 '소크라테스적인 강인함'은 희랍어로 'Sōkratikēs ischyros'인데, 'ischyros'는 'kratos'와 같이 '힘'을 지칭하나 기본적으로 후자가 외부로 작동하여 영향을 끼치는 적극적인 힘이라면, 전자는 그러한 외부의 힘을 견딜 수 있는 내적인 힘을 지칭하므로 '강인함'으로 번역했다.

28 원문 그대로는 "아레테는 빼앗길 수 있는 병기가 아니다anaphaireton hoplon hē arete"인데 의역했다.

29 원문 그대로는 "지혜로운 자가 된다는 것은 자족적이다autarkē t' einai ton sophon"이다.

30 이 말은 영어로는 일반적으로 'impractical', 'difficult', 'impassable' 등으로 번역되는데, 'impassable'이 희랍어의 의미에 가장 가깝다. 소크라테스-플라톤의 철학에서 중요한 개념들 가운데 하나인 'aporia'와 같은 어원의 말로서 본래는 '건너갈 곳poros'이 '없어a' 더 나아가지 못해 당황하는 상태를 지칭한다.

비록 단편적이고 산만한 성격의 것이기는 하지만 위의 진술들에는 분명히 인간성의 근원으로서 아레테와 소피아 및 그 둘의 관계에 대한 안티스테네스의 일관된 성찰이 나타나 있다. 먼저 아레테와 소피아란 상호 교호적이지만 전자에는 무엇보다 소크라테스가 가진 것과 같은 강력한 불굴의 의지가 수반되는 행위를 통해 형성되는 능력이라는 점이 강조되고 있으며, 그러한 의지의 훈련을 통해 가르쳐질 수 있음도 암시되고 있다. 그것들은 행위를 통해 각 개인의 내적인 정신세계의 형성으로 나타나기 때문에 결코 타인에게 빼앗기거나 타인이 빼앗을 수 없다. 그것들은 또한 누가 진정으로 가치 있는 인간인지 파악할 수 있게 하고 고정된 법률이나 관습에 의존하지 않으며 어떠한 상황에서도 당황하지 않고 최선의 행동을 하게 만들기 때문에 인간을 진정으로 행복하게 만드는 자질과 능력이기도 하다. 그러한 자질과 능력은 바로 인간을 진정으로 잘나게 하고 똑똑하게 만들므로 사회적 신분이나 성별의 차이를 떠나 각 개인이 자신의 삶 속에서 구현해야 할 최고의 목표라는 것이다.

위의 논의 가운데 아레테 차원에서의 '남녀평등론'에 대해서는 크세노폰이 『향연』에서 제공하는 안티스테네스의 진술들을 검토하는 과정에서 다시 언급할 것이다. 어쨌든 위의 진술들은 결국 안티스테네스가 진정으로 아는 자가 진정으로 잘나고 고귀한 자이고, 지혜로운 자가 도덕적인 인간이라는 소크라테스의 기본 사상을 수용하고 있음을 확인시켜준다. 그리고 그러한 관점에서 비록 더욱 간단하고 파편화된 성격의 것들이지만, 국가 생활과 관련하여 안티스테네스가 제시한 진술들의 의미도 헤아리게 해준다. 즉 위에서 귀함eugeneis이란 사회적 신분이 아니라 바로 인간이 진정으로 잘났는가 하는 아레테의 문제라는 진술이 제시되었는데, 바로 이어지는 진술들에서는 비록 산만한 형태이지만 그러한 관점이 더욱 확대되고 심화됨이 감지된다는 것이다. 그 관점이란 대중적 지지 혹은 기존의 법률이나 관습 또는 관행이 국가 통치의 기준이 아니라 아레테와 소피아가 바로 국가 생활에서 요구되는 최고의 가치이자 정책 판단의 기준이라는 것이며, 더 나아가 바로 그것들이 국가 통치의 궁극적인 주체가 되어야 한다는 것이다. DL이 제공하는 그의 여러 진술을 토대로 그러한 관점을 하나의 문단으로 정리하면 다음과 같다.

아레테와 소피아가 국가를 운영하는 궁극적인 기준일 때, "국가 생활에서 지혜로운 자는 기존의 법률(혹은 관습)이 아니라 아레테라는 법의 지배를 받음이"(11) 당연하다. 그리고 그러한 인물만이 국가를 진정으로 지킬 수 있다. 그의 명철함phronesis과 사려분별력logismos만이 어리석거나 변덕스럽지 않게 최선의 국가 정책을 수립하고 일관되고 강력하게 시행할 수 있을 것이기 때문이다.[31] 그러한 명철함과 분별력의 핵심인 사람을 파악하는 능력, 이른바 지인지감知人之鑑에 대한 언급도 다음과 같이 하고 있다. 즉 "국가는 진실한 인물과 거짓된 인물을 구분하지 못할 때 망한다"는 것이다(5).[32] 그러한 견해는 계속해서 실생활과 연관하여 부연되어 있다. 즉 사람들이 일상생활에서는 "곡물에서 독보리aira; darnel를 골라내

---

31 이와 관련된 문장은 다음과 같다. "명철함phronēsin은 결코 무너지거나 배반하지 않는 가장 강력한 성벽이다. 방어의 성벽은 우리 자신만의 확고부동한 사려분별 속에en tois autōn analōtois logismois 건설되어야 한다"(13). 'phronēsis'는 장차 플라톤과 아리스토텔레스의 윤리학에서 구체적인 상황에서 최선의 행동을 할 수 있는 실천적인 판단력을 지칭하는 개념으로 사용되며, 'logismos'는 특히 플라톤의 철학에서 욕망epithymia과 기백thymos과 함께 인간의 영혼psychē의 세 부분 및 기능을 이루는 요소로 개념화된다.

32 이 문장에서 "진실한 인물과 거짓된 인물을 구분하지 못할 때"의 원문은 "hotan mē dynōntai tous phaulous apo tōn spoudaiōn"인데, 형용사 'phaulos'는 거짓되고 지저분함을 의미하고, 'spoudaios'는 스스로에 충실하고 진지한 마음가짐을 의미한다. 두 형용사가 규정하는 마음가짐의 근본적인 차이는 단순히 거짓됨이냐 정직함이냐의 구분이 아니라 한 개인이 능력의 대소를 떠나 자신이 일이나 소업 자체에 얼마나 전심전력을 다하느냐 아니면 스스로에 진지하지 않고 사회적 평판이나 물질적인 이익 등 통속적인 요소들에 집착하면서 정작 자신에게는 진실하지 않느냐에 있다.

고", 전쟁 시에는 전투에 "쓸모없는 인간들을tous achreious" 제거할 줄 알면서도, 가장 중요한 "국가 통치 영역에서는en de politeia" '모자라고 사악한 인간들'[33]을 제외하지 않는 점이 기이하다는 것이다(6). 이 점은 민주정체에서 지배자로 군림하는 다수 인간의 어리석음에 대한 안티스테네스의 냉소로 이어지는데, DL이 소개하는 다음의 일화는 그러한 냉소의 예들이다.

> "그(안티스테네스)는 당나귀가 말인지 아닌지에 대해 투표하자고 제안하곤 했다. 사람들이 그건 말도 안 된다고[34] 말하자, 그의 대답은 '그럼 왜 아무런 훈련도 받지 않았는데 장군으로 선출된 자들이 있느냐'는 것이었다" (8).
>
> "어떤 사람이 '많은 사람이 당신을 칭송한다'고 말하자 '내가 뭘 잘못한 것이 있느냐'고 그는 대꾸했다"(8).

DL이 안티스테네스의 언행들을 열거하는 성격의 진술들이지만, 안티스테네스에게서 이미 플라톤이 시도한 바와 같은 아레테와 소피아 개념에 기초한 중우정치의 비판과 그것의 대안으로서 철인 통치의 맹아를 발견할 수 있을 것이다.[35] 문제는 과연 그가 아레테나 소피아의 개념들 자체

---

33 '모자라고 사악한 인간들'은 'tous ponērous'를 풀어쓴 것이다. 희랍어 형용사 'pōneros'는 단순히 악독하다는 의미만이 아니라 모자라고 천함도 의미하기 때문에 의도적으로 그렇게 했다.

34 '말도 안 된다'는 희랍어 한 어휘로 'alogos'이며, 말 그대로 'logos'가 '아니다a'로서 '부조리하거나' '엉터리'라는 의미이다.

35 이와 관련하여 서양 고전학계에서 안티스테네스와 견유학파의 디오게네스를 연결하는 고리들 가운데 하나로 거론되는 시련 혹은 노고勞苦; ponos 개념 및 이와 연관된 영웅 헤라클레스에 대한 도덕적 이상화에 관해 언급할 필요가 있다. 그러한 거론의 전거는 『안티스테네스전』에 나오는 다음과 같은 DL의 진술이다. "그는 시련이 좋은 것이라

에 대해서 얼마나 깊이 검토하면서 그 본질을 밝혔는지 여부이다. 그의 주장대로 아레테나 소피아가 교육의 대상이라면, 그것을 교육하는 방법 혹은 그러한 자질이나 능력을 함양하기 위한 수단은 무엇으로 파악했고 어떠한 실현 방안을 제시했는지의 의문도 제기될 수 있다.

그런데 DL이 소개한 그의 방대한 저술들의 목록에는(15~18) 제목이라도 아레테와 소피아 개념을 주제로 직접 논의한 저술은 나타나 있지 않다. 아울러 DL은 그의 방대한 저술 분량과 관련된 혹평도 소개하고 있는데, 티몬Timōn이라는 인물의 평으로서 "사소한 작품들을 많이 저술한 작가 pantophyne phledona; a prolific trifler"[36]라는 진술이 그것이다(18). 물론 앞에서 언급된 바와 같이 〈아이아스 논제〉와 〈오디세이아 논제〉 이외에는 그의 저술이 전혀 전해지고 있지 않으므로 그 내용에 대해 제대로 된 평가는 내릴 수 없다. 다만 그의 저술 목록에는 〈좋음善에 대해서〉, 〈용기에 대해서〉, 〈법 혹은 국가에 관해서〉, 〈자유와 예종에 관해서〉 등 윤리학적 혹은 정치학적 개념들 자체의 분석을 목적으로 하는 저술들이 있는 것으로 미루어 한 가지 추정은 할 수 있다. 그 학문적 수준 문제를 떠나 그가 소크라테스처럼 개념들 자체에 관해 성찰적 탐구를 시도한 것은 분명해 보인다는 것이다. 어쨌든 이러한 문제들에 대한 해명의 실마리는 일단

는 점을 위대한 헤라클레스와 페르시아의 영웅 키로스를 예로 들어 보여주었다"(DL, VI-2). 고전학자들은 이 진술을 B.C. 5세기 후반 희랍 세계에서 인류를 구원한 도덕적 영웅으로 — 단순히 초인적인 근력과 무력의 소유자가 아니라 — 새롭게 해석되어 부활한 헤라클레스 전설과 연계시켜, 안티스테네스가 — 그를 이어받은 디오게네스 또한 — 자신을 모자라고 어리석은 대중과 대비되는 영웅적인 인물로 부활시키려는 의도가 있는 것으로 해석한 것이다(이에 관해서는 Chroust, 1957: 104~105 참조). 비록 전거는 지극히 단순하지만 안티스테네스가 그러한 관점을 가졌을 개연성은 그의 사상과 행적 전체를 조망할 때 충분히 있다.

36 이 말 자체는 '다양한 많은 주제에 대해 별로 의미가 깊지 않은 말들을 늘어놓는 인물'이라는 뜻이다.

크세노폰의 『향연』에 소개된 그의 좀 더 길고 체계적인 진술들에 대한 검토를 통해 찾을 수밖에 없는데, 먼저 그 내용을 정리할 필요가 있다.

2. 아레테 개념에 대한 안티스테네스의 성찰: 크세노폰의 『향연』을 중심으로

크세노폰의 저술들은 자신의 직접적인 체험이나 추억에 대한 기록, 사회적 풍문이나 다른 사람들의 증언들을 종합하여 작성한 특정한 역사적 사건의 서술, 특정 국가의 정치 체제나 제도에 대한 설명, 특정의 중요한 인물들의 모임이나 위대한 인물들 사이의 대화 등을 간접적으로 전달하는 형식의 기술 등이다. 『향연』은 첫 번째 성격의 저술로서,[37] "멋진 인물들의kalōn kagathōn andrōn" 진지한 행동들이 아니라 "편안한 상태에서en tais paidiais" 여가를 즐기는 모습을 스스로 "목격한 바를hois de parageno-menos" 토대로 전달하겠다는 의도를 글의 첫 부분에서 직접 표명하고 있다(I-1).[38] 이 향연의 주최자는 귀족이자 부유한 정치가인 칼리아스Kallias이고, 그 '편안한' 행사에 참여한 '멋진 인물들'은 소크라테스와 그 추종자들인데, 그 추종자들 가운데 하나가 안티스테네스이다. 다양한 여흥과 철

---

37 『향연』의 〈LCL〉판 영어 번역자인 토드O. J. Todd는 "Introduction"에서(p. 530) 크세노폰이 자신의 행동이나 발언은 전혀 기술되고 있지 않기 때문에 과연 그가 그 향연에 직접 참석했는지는 의문의 대상이라는 견해를 피력한 바 있다. 크세노폰이 안티스테네스와 15년 정도 연배의 차이가 있음이 맞다면, 『향연』이 벌어진 상황에서 그가 대체로 10대 초반일 것이므로 그러한 견해가 옳을 수 있다. 그러나 그러한 사실이 그가 직접 그 행사에 참여하지 않았다는 절대적인 근거는 되지 못하며, 그의 명백한 진술을 굳이 의심할 이유도 없을 것이다.

38 이하 별도의 언급이 없는 한 ( )의 형식으로 표기된 장 및 문단의 출처는 크세노폰의 『향연』이다.

학적인 대화가 교차하는 이 행사에서 안티스테네스가 간헐적으로 제시한 진술들의 의미를 파악하기 위해서는 먼저 그 행사 전체의 흐름을 간단하게라도 정리할 필요가 있다.

이 향연은 칼리아스가 '사랑하는' 미소년 아우톨리코스Autolykos가 B.C. 421년에 개최된 것으로 추정되는 판아테나이아Panathēnaia 축제에서 판크라티온[39] 경기 우승을 차지한 것을 축하하기 위해 베푼 만찬 모임이다. 칼리아스는 우승 축하를 겸해서 아우톨리코스의 아버지와 함께 경마競馬 시합을 관람한 후 자신의 자택에서 만찬을 하기 위해 피레우스로 향하는 도중 소크라테스의 일행을 만나게 되어 그들도 함께 초대하게 된 것이다(I-1~8). 식사와 '개그geloia' 중심의 1차 여흥이 끝난 후에 식탁이 치워지고 음악과 춤과 묘기 중심의 2차 여흥이 제공된다(I-9~II-2). 이에 대해 소크라테스가 감사의 말을 하는데, 칼리아스가 방에 향수myron; perfume를 뿌려 향기로움euōdia 속에서 식사를 계속하자는 제안을 하자 소크라테스가 이에 반대하면서 본격적인 대화가 시작된다(II-2~3).

소크라테스가 그러한 제안을 거부한 이유는 기본적으로 각 인간에게 필요한 향기가 다르므로 그 향연에 모인 인물들에게는 그와 같은 인위적 향기는 필요하지 않다는 것이다. 남자와 여자에게 필요한 향기는 각각 다르다. 체육관gymnasion에서 운동을 위해 바르는 기름은 노예에게나 자유민에게나 그 향취osmai; ordours가 같다. 그러나 자유민에게 적절한 소업所業; mochthos의[40] 향취가 달콤하면서도hedos 자유의 기운을 갖기 위해

39 고대 희랍에서 레슬링과 권투가 결합한 격투기의 이름.

40 이 희랍어는 본디 '힘든 일toil' 또는 '고역hardship'을 의미하는데, 이 문맥에서는 노역과 같이 단순히 육체적인 힘든 일이 아니라 괴로움을 수반하지만 성취되었을 경우 보편적이고 영속적인 가치를 지닌 업적을 의미하므로 '소업'으로 번역했다. 뒤에 가서 다시 설명되겠지만 안티스테네스의 '노고ponos'라는 개념은 근본적으로 이 '소업'을 의미한다고 할 수 있으며, 근대에서 베버Max Weber의 '소명Beruf' 개념과도 유사하다고 할 것이다.

서는 그 자신이 그것을 오랜 기간에 걸쳐 고매하게 추구해야 하므로, 노예의 그것과는 다르다는 것이다(II-3~4). 그렇다면 그 자유의 향취가 나는 소업의 핵심이 무엇인가의 문제가 당연히 제기된다. 그것이 바로 '멋짐' 혹은 '고상함'으로 번역될 수 있는 'kalokagathia'이며,[41] 그것을 구현할 수 있는 인간적 자질 혹은 능력으로서 아레테가 다시 조명되는 것이다(II-4~5).[42] 바로 이 문맥에서 앞에서 언급된 바와 같이 '누가 아레테를 가르치는 선생인가'라는 논쟁적인amphilogos 문제가 제기된다(II-6). 그리고 바로 이 문제가 이 『향연』의 중심 주제라고도 말할 수 있는데, 플라톤의 『향연』과는 대조되게 크세노폰의 그것은 이 주제를 일관되게 탐색해나가는 방식이 아니라 바로 실제적인 향연에서의 느긋하고 여유로운 분위기에서 이루어지는 한담처럼 산만한 방식으로 다루어지고 있다. 이에 따라 당시 25세 정도 되는 안티스테네스의 발언도 한 장면을 제외하고는 다른 참석자의 발언에 대해 간단하게 논평하거나 개인적 견해를 제시하는 형태로 나타나 있는데, 먼저 그가 발언하는 몇 장면을 순서대로 정리하면서 그 의

41 〈LCL〉판의 번역자인 토드는 이 말을 "nobility of soul"로 번역하고 있다.

42 『향연』의 이 대목에서는 원문의 한 문장이 멸실되어 있는데, 토드는 전후의 문맥을 고려하여 추정 가능한 문장을 다음과 같이 삽입하고 있다. 즉 소크라테스가 "훌륭한esthlos 인물들은 훌륭함을 가르치고 나쁜 인간들은 좋은 정신도 타락시킨다"는 테오그니스Theognis의 시를 인용하자, 이 향연의 참석자들 가운데 하나인 리콘Lykon이 — 이 인물은 역사적으로 멜레토스를 배후에서 조종하여 소크라테스를 기소하게 만든 인물들 가운데 하나로 믿어지고 있다 — 자신의 아들에게 그 말을 알아들었느냐고 묻는다. 이에 대해 소크라테스가 그 아들은 당연히 그러할 뿐만 아니라 실천에 옮기고 있다고 말하면서 이렇게 덧붙인다. "그가 격투기에서 승자가 되기를 원한다면 ~(멸실 부분)~ 그 또한 그러한 삶의 방식에 가장 통달한 것으로 보이는 사람을 당신(리콘)의 도움으로 찾아가 교류하게synestai 될 것이다." 이 문장의 멸실 부분을 토드는 다음의 영어 문구로 채운다. "he availed himself of your help to discover the champions in that sport and associated with them; and so, if he desires to learn the ways of virtue," 즉 그(리콘의 아들)가 당신의 도움으로 그 운동(격투기)에서의 최고의 선수들을 찾아가 교류하듯이, 만일 그가 아레테의 길을 배우고 싶다면"이다.

미에 대해서 언급하면 다음과 같다. 먼저 첫 번째 장면이다(II-10~13).

소크라테스는 아레테를 가르칠 수 있는 선생이 있는지의 문제는 논란의 대상이 될 수 있다면서 그것에 대한 토의를 일단 미루고, 먼저 한 무희舞姬의 춤과 노래 공연, 그리고 소년 하나의 굴렁쇠trochos 던지기 묘기를 관람하자고 제안한다(II-7). 소크라테스는 그 무희의 공연을 통해 사고력gnomē이나 육체적인 힘ischys의 부족 이외에는 여성이 태생적으로physis 남성과 비교해 열등하지 않음이 증명되었다면서, 참석자들에게 부인이 있으면 그녀가 알아야 할 바를 자신 있게 가르치기 시작할 것을 권유한다(II-8~9). 그러자 안티스테네스가 "대체 어떻게Pōs oun"라고 소크라테스에게 반문한다. 남에게는 소크라테스가 그렇게 권유하면서 세상에서 가장 함께 살기 어려운 부인인 크산티페는 그렇게 교육하지 않는 이유가 무엇이냐고 약간은 퉁명스럽게 힐난하듯 물어본다(II-10). 이에 대해 소크라테스는 다음과 같이 대답한다. 전문적인 말사육사hippikos가 되고자 하는 사람은 가장 사나운 말을 조련할 수 있으면 다른 양순한 말들은 쉽다고 믿어 사나운 말을 선택하듯이, 자신도 크산티페를 견디어낼 수 있으면 다른 모든 인간과의 관계에서도 어려울 것이 없다고 믿기 때문에 그렇게 한다는 것이다(II-10). 이어서 앞의 무희가 칼들 위에 세워놓은 굴렁쇠 속을 넘나드는 묘기를 보이는데, 소크라테스는 죽음의 위험을 무릅쓰는 그러한 행동이 바로 아레테의 하나인 용기andreia가 가르칠 수 있는 것임을 보여주는 예라고 안티스테네스에게 확인시킨다(II-11~13). 소크라테스의 그러한 말을 이어받아 '개그맨'으로 참석한 필리포스Philppos가 일침을 놓는다. 그러한 묘기는 당시의 선동 정치인으로 "창만 보아도 무서워 참전하지 못하는" 겁쟁이로 유명한 페이산드로스Peisandros[43]가 배워야 한다

43 이 인물의 비겁함에 대해서는 아리스토파네스가 『새』에서(1555~1560절) 얼psychē이 빠

는 것이다. 그리고 그것으로 이 장면은 끝난다(II-14).

이 『향연』 전체뿐만 아니라 크세노폰의 소크라테스 관련 저작들 전체 그리고 플라톤 등의 저작들 전체에도 잘 나타나 있지만, 이 장면에서도 일단 소크라테스와 그의 추종자들의 관계는 다른 4대 성인인 석가모니, 공자, 예수의 경우와 같이 '권위적인' 스승과 제자의 관계가 아니다. 그들은 서로 자유롭게 논박하고 농담하고 질문하는 지적 동료 관계임이다. 아울러 이 장면에서 젊은 안티스테네스는 단순히 소크라테스의 말에 감탄하거나 수긍만 하는 것이 아니라 질문할 줄 아는 '학생'으로 나타나 있다. 아레테가 과연 교육의 대상인지의 문제에 대한 진정한 해명은 아레테 자체가 무엇이고 교육이란 무엇인가의 궁극적이고 지난한 문제에 대한 구명을 떠나서는 이루어질 수 없다. 다만 오랜 기간에 걸친 치밀한 성찰적 사유를 요구하는 그와 같은 문제들에 대한 구명 이전에 해명할 물음이 있다. 아레테가 가르쳐질 수 있다는 주장과 관련하여 1차적으로 제기될 수 있는 물음들 가운데 하나로서, 바로 그렇게 주장하는 인물은 과연 실생활의 다른 언행에서도 그것을 일관되게 실천하고 있는지의 여부이다. 그리고 그러한 기초적인 물음을 자유롭게 제기할 수 있는 능력이 학문적 사유 능력의 기본이기도 하다. 소크라테스에 대해 안티스테네스가 대꾸하는 장면은 그가 바로 그러한 사유 능력의 소유자로서 참석자들 가운데 가장 지성적인 인물로 떠오르는 순간이기도 한데, 그의 그러한 자질은 계속되는 대화에서도 발휘된다.

이제 향연은 앞에서 굴렁쇠 묘기를 보여준 소년의 춤 공연으로 이어지

져나간 인간, 우리말 그대로 얼빠지고 기개가 사라진 인물로 그리고 있음이 대표적인 예이다. 아테네에 선동적인 정치인들이 등장하면서 정치인들 대부분이 과거의 정치인들에게는 일반적으로 발견되는 기개마저 사라진 분위기를 묘사하는 표현이 이 책의 제사로 인용된 아리스토파네스의 문구이다.

고, 그것을 본 소크라테스가 몸 전체의 균형적인 발전을 위해 춤을 배우겠다고 말하자 참석자 모두가 웃음을 터뜨린다. 이에 그가 엄숙한 표정으로 그러한 계획은 결코 웃음거리가 아니라고 진지하게 논박하고, '개그맨' 필리포스가 소년의 춤을 흉내 내는 여흥이 이어진다(II-15~23). 이 장면에서 『향연』은 다시 소크라테스를 통해 새로운 주제가 제시된다. 그는 먼저 "포도주는 영혼을 적시면서 슬픔을 잠들게 한다ho oinos ardōn tas psychas tas men lypas … komizei"[44]는 잠언을 인용하면서, 과도한 음주는 영혼을 마비시키나 적당량의 음주는 쾌활한 정신 상태를 유지해준다는 다소 상투적인 교훈을 전한다(II-24~27). 이 장면에서 앞의 소년이 피리 반주에 맞추어 노래를 부르고, 이에 참석한 인물 가운데 하나인 카르미데스 Charmidēs가 한마디 던진다. 이 소년의 경우와 같이 젊은이의 아름다움과 음악의 선율이 합해지면 포도주처럼 슬픔을 잠재우고 에로스의 신인 아프로디테를 깨운다는 것이다(III-1). 그러한 칭송에 소크라테스는 다음과 같이 대응한다. 그들 연예인이 참석자들에게 즐거움을 선사하는 능력을 보였다면, 그들보다 "훨씬 더 잘난poly beltiones" 인물들인 참석자들도 당연히 서로에게 즐거움을 선사해야 한다는 것이다. 이에 참석자들 모두가 그렇게 하도록 소크라테스가 인도할 것을 요청하는데, 그는 즉각 각자의 "앎sophia" 혹은 "각자가 가장 소중하게 여기는 지식을ho ti hekastos hegeitai pleistou axion epistasthai"[45] 보여줄 것을 제안한다(III-2~3). 이에

44 이 어구는 고전학계에서 소크라테스 자신의 명언이 아닌 이미 알려진 잠언의 인용으로 간주된다. 대표적인 대중선동가 정치인인 클레온Kleōn을 풍자한 아리스토파네스의 희극 『기사들*Hippeis*』 96절에서도 비슷한 어구(포도주로 "나의 이성을noun 적시게 해달라")가 나타나 있기 때문이다.

45 이 맥락에서 앎이나 지식은 단순히 일반적으로 공유되는 정보가 아니라 행동이나 생산을 낳을 수 있는 실천적이고 실용적인 능력이나 직능을 지칭하며, 이에 따라 곧 이어지는 안티스테네스의 언설에도 나타나듯이 'banasikē'나 '기예technē'라는 개념과도 상통

칼리아스가 가장 먼저 자신의 것을 과시하는 과정에서 다시 안티스테네스가 등장한다.

칼리아스가 자신은 "사람을 더 잘나게 만드는anthropous beltious poiein" 능력이 있음을 가장 자랑스럽게 여긴다고 말하자 안티스테네스가 즉각 그에게, '더 잘나게' 만듦이 어떤 직능banasikē을 가르쳐서 이루어지는지 아니면 '교양kalokagathia'을 가르쳐서 이루어지는지 반문한다(III-4). 이에 대해 칼리아스가 '교양'에 올바름dikaiosyne도 속한다면 후자라고 말하자, 안티스테네스는 그의 견해가 당연하고 전혀 논란의 대상이 아니라고 동조하면서 용기나 지혜는 상황에 따라서 친구나 국가에 해를 끼칠 수 있지만 올바름과 그름은 결코 겹치는 경우가 없기 때문이라고 말한다(III-4). 뒤에 가서 플라톤의 저술들을 통해 명백하게 드러나듯이, 그러한 주장은 물론 당연한 것도 아니고 논란의 대상이 아닌 것도 아니며 오히려 지극히 방대하고 세밀한 철학적 검토 및 논의가 요구되는 거대한 논제이다. 그런데도 더 이상의 논의가 진행되지 않았다는 사실은 다음의 두 가지 이유 가운데 하나이거나 전부일 것이다. 저자인 크세노폰이 더 이상의 대화 내용을 기억하지 못했거나, 안티스테네스가 자신의 주장에 함축된 거대한 논제의 존재 자체를 의식하지 못하여 그와 관련된 더 이상의 대화가 실제로 진행되지 않았기 때문이라는 것이다. 다만 그 문제에 대해 안티스테네스가 어느 정도 더 깊이 탐색했는지는 뒤에 가서 이 『향연』 IV-34~44에 제시된 안티스테네스의 주장들 가운데 그나마 가장 길고 체계적인 진술들을 검토할 때에 다시 논의될 것이다.

한다. 'banasikē'는 장인정신을 요구하는 기술이나 예술에 대한 일반적인 명칭인 'technē'들 가운데 대장장이나 목수와 같이 주로 평민들이 수행하여 사회적 신분이 떨어지는 직능을 지칭한다. 그러한 기예 개념은 플라톤 철학을 구성하는 핵심적인 요소들 가운데 하나이기도 하다.

어쨌든 이 시점에서의 안티스테네스는 그러한 점을 전혀 의식하지 않는 듯 대화를 새로운 방향으로 이끈다. 그도 자신을 성공하게 만든 기예technē가 무엇인지에 대해 거리낌 없이 말하겠지만, 먼저 니케라토스Nikēratos에게 그의 경우는 어떠한지 묻는다. 니케라토스는 자신의 아버지[46]가 훌륭한 사람이 되려면 호메로스 전부를 외우도록 했다는 말을 전하는 것으로 답변을 대신하는데, 안티스테네스는 호메로스를 전부 암송하는 음유시인들rhapsōidoi보다 더 우매한 인간 집단이 있느냐고 반문하자 그는 곧 수긍한다. 이에 소크라테스가 개입하여 그들은 호메로스에 담긴 "숨은 뜻hyponoia"을 이해하지 못하기 때문에 그러하다고 보충하여 설명한다(III-5~7).

이어 대화는 지식 차원을 벗어나 각자의 자랑거리 또는 가장 큰 재산으로 내세우는 요소가 무엇인지를 밝히는 말들로 이어진다. 크리토불로스Kritoboulos는 아름다움을, 안티스테네스는 실제로 재산은 거의 없다고 말하면서도 부富; ploutos를, 카르미데스는 가난penia을, 소크라테스는 '뚜쟁이질mastropeia; pimp'을,[47] '개그맨' 필리포스는 그의 아들을, 그리고 그 아들은 아버지를, 리콘도 그의 아들을, 헤르모게네스는 친구들의 아레테와 능력을 자신의 자랑거리로 내세운다(III-7~14). 참석자들 모두가 그와 같

46 펠로폰네소스 전쟁에서 많은 공훈을 세우고 시칠리아 전역에서 전사한 아테네의 유명한 장군 니키아스를 말한다.

47 크세노폰 저작들의 특징 가운데 하나는 한 주제를 일관되게 탐색하지 않고 일화를 열거하거나 인물들의 담화를 단편적으로 소개하는 점에 있다. 『향연』에서도 대부분 그러하다. 이 대목에서도 소크라테스가 말하는 '뚜쟁이질'의 실체가 무엇인지 더 이상의 서술은 없으며, 소크라테스의 그 말에 참석자들 모두가 웃음을 터트리고 소크라테스는 그 행위로 많은 돈을 벌 수 있다는 아리송한 언급을 한 것을 기록하는 것에 그치고 있다(III-10). 여기서 '뚜쟁이질'은 서로 진정으로 교호할 수 있는 인간들을 맺어주고 사회적 삶을 풍성하게 하는 행동을 의도적으로 비하하여 — 바로 소크라테스다운 아이러니의 형식으로 — 표현한 것으로 해석할 수도 있을 것이다.

이 자신의 자랑거리를 밝히자, 소크라테스가 나서서 이제는 왜 그것들이 진정으로 가치가 있는지 증명할 차례라고 말한다. 『향연』 4장의 나머지 부분은 이에 대한 참석자들의 답변으로 구성되어 있는데, 안티스테네스의 일상적인 말들 가운데 문헌으로 보존된 것으로는 가장 긴 언변이 그러한 맥락에서 계속된다.

먼저 칼리아스가 나선다. 소크라테스가 올바름이 무엇인지 토의할 때 자신은 돈을 통해 실제로 사람들을 올바르게 만든다고 자랑한다(IV-1). 이 장면에서 칼리아스의 그러한 주장을 전형적인 소크라테스 방식으로 따지듯이elegktikōs 심문하는eperōtein 인물로 안티스테네스가 다시 등장하는데, 그 심문의 내용은 다음과 같다(IV-2~3). 그는 먼저 올바름의 소재가 영혼에 있는지 지갑[48]에 있는지 물은 후 칼리아스가 전자라고 대답하자, 그렇다면 어떻게 지갑에 돈을 넣어주어 사람을 올바르게 만들 수 있는지 되묻는다. 이에 대해 칼리아스가 그들은 그 돈으로 생필품을 살 수 있게 되어 범죄의 위험에 노출될 가능성을 줄이게 된다고 말한다. 이에 다시 안티스테네스는 그렇다면 그들이 그 돈을 갚거나 그렇지 못할 때는 고마움이라도 표시하느냐고 묻는데, 칼리아스가 전혀 그렇지 않고 오히려 그전보다 더 자신을 싫어한다고 응답하면서 이 짧은 대화는 흥미로운 결론 부분에(IV-4~5) 이르게 된다.

그러한 응답에 안티스테네스는 칼리아스를 논리적 궁지에 몰아넣었다는 듯 그를 응시하며 "그렇다면 당신은 그들을 다른 사람들에 대해서는 올바르게 만들었지 몰라도 당신 자신에 대해서는 그렇지 않게 했음이 이상하지 않으냐"고 반문하자, 칼리아스는 그 점에 이상할 것이 무엇이 있느

48 희랍어로 'ballantion'인데, 물론 현재 형태의 지갑은 아니고 쌈지나 행낭 형태의 조그만 자루이다.

냐고 다시 반박한다. 즉 목수나 건축가는 타인을 위해 집을 짓지만, 그들 자신은 셋방에서 살 수도 있는데 왜 쓸데없이[49] 따지냐면서 스스로 토론에서 졌음을 인정하라고 다그친 것이다. 이에 안티스테네스가 더는 대꾸를 하지 못하고, 소크라테스는 칼리아스에게 동조하면서 이 부분의 대화는 종결된다. 즉 점쟁이들은 다른 사람들을 위해 예언을 하지만 정작 자신들의 운명에 대해서는 그렇지 못하는 것과 같다는 언급으로 이 주제에 대한 토의는 끝나는 것이다.

그런데 칼리아스의 '의기양양한 승리'가 실제로 그의 주장이 타당하다거나 안티스테네스의 질문에 대해 제대로 답변했음을 의미하는 것은 아니다. 올바름에 관한 칼리아스의 견해는 범죄라는 올바르지 못한 행위를 방지하거나 감소시킨다는 점에서 소극적 차원에서나마 올바름을 사회적으로 증진하는 실용적인 처방들 가운데 하나는 될 수 있다. 하지만 그것은 올바름 자체가 무엇인가에 대한 설명은 결코 아니다. 그 스스로 인정하듯이, 돈의 일방적인 시혜를 받는 인간들이 바로 그 때문에 의존적이고 염치없게 — 즉 올바르지 않게 — 되어버릴 수도 있으므로 돈의 시혜는 올바름의 구현이 아닐 수도 있다. 그리고 기술을 가진 자가 반드시 그 기술의 혜택을 보는 것은 아니라는 사실 또한 올바른 행동을 하는 사람이 반드시 올바름의 혜택을 받는 것은 아니라는 점을 정당화하지 못한다. 그러한 논법이 성립하려면 일단 올바르지 못한 행동을 유발할 수 있음에도 불구하고 돈의 시혜 행위는 무조건 올바른 행위라는 근거, 다시 말해서 불의를 수반하는 정의도 정의라는 논법의 성립 근거가 무엇인지 설명되어야 한다. 물론 이와 더불어 그러한 논법이 성립하려면 올바름이란 기술자의

---

49 이 의미를 표현하는 어구는 "ō sophista"이다. 즉 '이런 소피스트 같으니라고' 정도의 의미를 함축하고 있는데, 안티스테네스의 태도를 소피스트들처럼 논박을 위한 논박으로 도외시하고 있는 것이다.

소업과 근본적으로 같다는 전제가 성립해야 하는데, 그러한 전제의 타당성에 대한 논증은 별도의 방대한 논의를 요구한다. 적어도 이 장면에 국한해서 해석할 때, 칼리아스뿐만 아니라 점쟁이의 경우를 예로 들면서 그의 입장을 두둔한 소크라테스도 그러한 논증의 필요성조차 인식하지 못하고 있는 것으로 보인다.

플라톤의 철학을 논의할 때 본격적으로 다루어질 주제지만, 『국가』를 비롯하여 그의 다른 여러 대화편은 위의 대화에서 제기된 문제들을 기예 개념을 중심으로 체계적이고 심층적으로 해명한 저작들이다. 그러한 의미에서 위의 대화 내용은 소크라테스와 안티스테네스가 추구한 철학적 사고의 한계가 무엇이고 그것이 플라톤 철학의 형성에 어떠한 영향을 미쳤는지 가늠하게 할 수 있게 한다. 다시 말해서 플라톤의 철학은 그들이 해결하지 못한 철학적 논제들에 대한 해명 작업의 결과로서, 위의 대화를 포함하여 『향연』의 기록은 소크라테스와 안티스테네스와 플라톤의 관계가 어떤 것인지 등 B.C.4세기 초반 철학사의 역동적인 흐름을 파악하게 하는 중요한 단서를 제공하고 있다. 이에 관해서는 이 책의 〈맺는말〉에서 다시 논급할 것이다.

이 향연의 대화는 이제 다른 참석자들도 참여하여 각각이 자랑으로 여기는 것들이 가치가 있다는 근거가 무엇인가에 관한 토론으로 이어진다 (IV-6~64). 국가 통치에서부터 양파를 먹는 방식에 이르기까지 삶의 모든 영역에서의 지혜를 제공하는 보고이기 때문에 호메로스를 암송할 수 있는 능력이 자랑거리라고 주장하는 니케라토스(-6~9),[50] 잘생긴 인간에 대해서는 모든 사람이 자발적으로 도와주려 하므로 목적한 바를 힘들지 않

50 이 대목에서(IV-6) 안티스테네스가 다시 잠깐 등장하여 아가멤논에 대해 호메로스가 칭송한 것처럼 니케라토스는 통치에 대해서도 잘 알고 있느냐고 반문하는 것으로 그친다.

게 성취할 수 있다는 이유로 자신이 미남임을 자랑하는 크리토불로스(-10~28), 사람을 모든 불안과 위험으로부터 자유롭게 한다는 이유로 자신의 가난을 자랑하는 카르미데스의 주장이(-29~34) 이어지는데, 이 맥락에서 안티스테네스가 다시 등장하여 왜 부유함이 자랑거리인지를 논증하는 언변을 제시한다(-34~44). 그런데 그 논변은 다른 인물들과는 차원이 다른 인간성에 대한 깊은 성찰을 보여주며, 짧으면서도 문헌상 그의 사상을 파악할 수 있는 그나마 가장 체계적이고 구체적이 진술이다. 먼저 그 내용을 정리하면 다음과 같다.

부에 관한 안티스테네스의 진술은 소크라테스가 그에 대해 "가진 것이 그리도 없으면서outō brachea echōn" 어떻게 부를 자랑거리로 삼느냐는 물음으로 시작된다(-34). 이에 대한 안티스테네스의 답변은 부와 빈이 실제적인 재산의 문제가 아니라 정신의 문제라는 말로 시작하면서, 후대의 루소J. J. Rousseau를 연상시킬 정도로 많은 인간이 부에 일방적으로 집착하는 어리석음 및 이에 수반된 인간성의 소외疏外 문제를 — 비록 그가 소외 개념을 명시적으로 사용한 것은 아니지만 — 논의한다. 즉 다른 사람들은 극도의 가난에 시달림에도 불구하고 많은 인간은 모든 비용을 감당할 만한 상당한 재산이 있음에도 더 재산을 늘리기 위해 온갖 위험과 노고를 무릅쓰고 있으며, 전제 군주들 또한 그 거대한 부에도 불구하고 더 많은 부에 대한 탐욕 때문에 수많은 사람을 죽이거나 한 도시의 전체 시민들을 노예로 만드는 등 극도의 가난에 시달리는 자들보다도 더 흉악한 범죄를 저지른다는 것이다(IV-35~36).

이 문맥에서 주목할 것은 그러한 인간들에 대해서 안티스테네스가 도덕적인 단죄를 내리는 것이 아니라 "극도의 악성 질병에agan chalēpes nosou" 걸린 인간들로 간주하여 깊은 연민의 감정을 보낸다는 점이다(-37). 즉 물질적 재산에 대한 그들의 집착을 어리석음으로 간주하면서 그와 대비되는 지혜로운 자신의 삶을 대비시키는 것이다. 그 지혜로움의 핵심은 카르미데스의 경우와 같이 가난함 그 자체에 대한 칭송이 아니라 단순하고 질박한 삶에 요구되는 최소한의 물질적 조건에 자족하는 정신적 여유로움이다. 그것을 구현하는 자신의 생활방식을 안티스테네스 스스로가 소개하고 있는데, 그 내용을 정리하여 기술하면 다음과 같다.

그는 먼저 자신은 가진 것이 다 찾아낼 수 없을 정도로 많다고 말한다.[51] 그 이유는 자신이 배고프거나 목마르지 않을 정도로 먹거나 마실 만큼의 식량과 물과 포도주가 있고, 칼리아스와 같은 거부巨富가 느끼는 바와 같은 정도로 자신을 춥지 않게 감싸줄 옷과 따뜻하게 보호해줄 집이 있고 잠을 편하게 잘 수 있는 침대가 있으며, 성적 욕망을 느낄 때는 자신과의 교접을 고대하는 여인들도 충분히 있기 때문이라는 것이다(-37~39). 간단히 말해서 자신의 소유물들은 즐거운 삶이라는 목적을 수행하기에는 충분하므로 '너무나 많다'는 것이다(-39~40). 설사 자신의 그 모든 소유물을 강탈당한다고 해도 자신의 소박한 욕망을 충족시킬 정도의 임금은 그 어떤 비천한 직업이라도 제공할 수 있고, 그러한 욕망을 충족하기 위한 수단의 대부분 또한 시장의 상품들을 통해서가 아니라 자신의 영혼의 창고에서 구할 수 있으므로 걱정할 바가 없다는 것이다(-41). 결국 자신이 가진 것에 만족하고 검소하게 사는 사람이 돈 벌기에 집착하는 사람들보다 더 올바르며, 그러한 성격의 부가 인간들을 자유롭게[52] 만

---

51 희랍어 원문은 "egō de houtō men polla echō hōs molis auta kai egō autos heuriskō homōs de…"인데, 이 문장에 대한 〈LCL〉판의 영어 번역문은 그 본래의 의미를 제대로 파악하지 못한 데 따른 지나친 의역으로 보인다. 그 문장이 "For my own part, my possessions are so great that I can find them myself; yet I have enough so that …"로 번역되어 있는데, 그것은 앞 문장에서 '이러할 정도로houtō'가 이어지는 어구인 '소유물 많음'이라는 역설적인 표현과의 연관성을 제대로 살리지 못한 문장이다.

52 희랍어 'eleutheros'는 '자유롭다'는 의미 이외에 '여유롭다'거나 '타인에게 시혜를 잘 베

든다는 것이다(-42~43). 바로 그 자신과 더불어 그에게 그러한 부를 획득하게 만든 소크라테스가 그와 같이 자유로운 인간의 예라는 것이며, 그러한 여유로움scholē 속에서 그는 소크라테스와 함께 여러 사람과 자유롭게 교류하면서 보고 싶은 것들을 보고 듣고 싶은 것들을 듣는 등 삶을 즐겁게 영위할 수 있었다는 것이다(43~45).

위의 짧은 진술들에는 안티스테네스의 '자유로운' 인생관과 더불어 당시 상업화된 사회의 인간들이 스스로가 잘나고 똑똑하다는 믿음과 영악한 계산속에서 추구하는 행동들에 함축된 모자람과 어리석음에 대한 소외론 차원의 비판 및 연민의 감정이 간결하게 표현되어 있다. 물론 그러한 관점이나 비판을 사상이나 철학으로 불릴 수 있을 정도로 얼마나 일관된 사고체계로 발전시켰는지는 별도의 검토 대상으로서 이 책의 〈맺는말〉에서 논의될 것이다. 어쨌든 안티스테네스의 발언 이후에도 대화는 이어지는데, 헤르모게네스가 내세우는 '친구 자랑'(-47~49), 필리포스가 내세우는 '개그맨'이라는 직업 자랑(-50~51), 시라쿠사 소년의 육체미 자랑(-52~55) 등이 왜 자랑할 만한 것들인지 그 근거에 대한 각자의 설명이 이어진다. 그러한 설명들의 맥락에서 '뚜쟁이질'이라는 "남세스러운 직능adoxōi technē"이(-56) 왜 자랑거리가 되는지 칼리아스가 소크라테스에게 질문하고 소크라테스가 그에 답하는 대화가 이루어진다. 그 대화의 과정에서 안티스테네스의 성정과 행동 방식을 추정할 수 있는 발언이 나타나므로 그것을 검토할 필요가 있다.

소크라테스는 좌중에 논의를 위해서는 먼저 뚜쟁이의 기능이 무엇인지에 대해 합의함이 중요하다고 말하면서 뚜쟁이의 실체를 규명하는 진술

푼다'거나 '관대하다'거나 '관용적이다'라는 복합적인 의미를 갖는 말로서, 이 문맥에서의 안티스테네스도 그와 같은 복합적인 의미를 염두에 두고 사용한 것으로 해석된다.

을 하는데, 그 내용은 다음과 같다(-56~60). 뚜쟁이는 그 목적이 남자든 여자든 자신의 고객을 상대방에게 "매력적으로 보이게 만드는 데areskein" 있다면서, 그렇게 하는 방법들에는 여러 가지가 있을 수 있다고 말한다(-57). 예를 들어 모발이나 의상을 멋지게 다듬는 방법 이외에도 눈빛이나 목소리나 어휘의 적절한 사용 등이 있다는 점에 좌중은 모두 동의한다(-57~58). 그런데 그러한 매력을 한 인간에게만 발휘되게 하는 것이 바람직한가 아니면 다수에게 발휘되게 하는 것이 바람직한가의 문제로 의견들이 갈린다. 이에 소크라테스가 어쨌든 사람들을 "국가 전체에holēi tēi polei" 매력적으로 만들 수 있는 사람이 가장 이상적인 '뚜쟁이'로서, 자신의 직업에 자부심과 최상의 봉급을 받을 만한 자격이 있을 것이라는 말에 모두 동의한다(-59~60).

비록 지극히 묵시적이고 간결한 표현이지만 위의 발언들에는 소크라테스의 아이러니가 나타나 있다. '뚜쟁이질'이라는 일상적으로 천한 직능에의 비유를 통해 개인들을 공동체적인 에로스로 결합하여 이상적인 국가생활을 구현한다는 이상을 표현하고 있으며, 그러한 이상을 향해 시민들을 이끌어가는 지도자인 '뚜쟁이 정치인'의 상이 그러한 아이러니 속에 동시에 그려져 있는 것이다. 그런데 이 대목에서 안티스테네스가 다시 등장한다. 소크라테스는 안티스테네스를 지목하여 그가 그러한 이상적인 '뚜쟁이'의 전형이라고 말한다. 이에 대해 안티스테네스가 "어떻게 자신을 그러한 직업에 연루시키느냐"고 크게 화를 내며 대들고(-61), 소크라테스는 왜 그런지 설명하는 과정에서 소크라테스가 말하는 '뚜쟁이'의 의미가 좀 더 명확하게 드러난다.[53]

53 이 대목에서 '뚜쟁이질'은 앞의 'mastropeia'와 비슷하면서도 어감이 다른 'proagōgeia'로 표현되어 있다. 〈LCL〉판의 번역자는 앞의 어휘를 'the trade of procurer'로, 후자를 'the trade of go-between'으로 번역했는데, 전자가 '뚜쟁이질'에서 '말로 꼬드기는'

소크라테스는 안티스테네스의 평소 행동들에서 훌륭한 '뚜쟁이질'에 해당하는 몇 가지를 제시한다. 그 가운데 하나는 칼리아스가 학문에 관심이 있는 것을 보고는 그를 소피스트인 프로디코스와 연결해준 행동이고, 기억력 훈련이 필요하다는 것을 알고는 히피아스를 연결해준 결과 그가 "더욱 매혹적인erotikōteros" 인물이 되었고(-62), 최근에는 소크라테스 자신에게 헤라클레아Heraklea에서 온 이방인을 소개해주어 그의 고매한 세계를 접하게 했고, 플레이아스Phleias 사람을 추천하여 사귀게 되어 그리워하는 마음속에서 "개들처럼 서로 애타게 찾아 어울리는ekynodromounen allēlous zētountes" 절친한 친구가 되게 만들었다는 것이다(-63~64). 사람을 알아보고 서로 도움이 되는 적절한 친구를 맺어주는 안티스테네스의 그러한 능력은 개인들 사이의 결혼이나 국가들 사이에 우의를 맺게 하는 데도 도움을 줄 수 있으므로 소크라테스는 그를 탁월한 '뚜쟁이'라고 명명한 것인데 안티스테네스가 화를 냈다는 것이다. 이에 안티스테네스는 오해를 풀면서 이제 자신의 영혼은 부富로 넘치는 상태에 있다고 말하면서 이 향연의 대화는 한 매듭을 짓게 된다(-64).

위의 대화 내용은 안티스테네스의 인간성에 대한 또 다른 증언이자 그의 정치사상이 어떻게 형성되었는지 그 실마리를 짐작할 수 있게 하는 진술이기도 하다. 거기에는 무엇보다 물질적인 면에서는 검소하고 소탈하면서도 무엇이든 캐묻고 따지는 소크라테스에 대한 존경과 사랑의 감정이 나타나 있다. 그리고 소크라테스에 대한 그러한 정신적 동질감 속에서 끊임없이 물으면서 진지하게 배우려는 열정과, 헛된 욕망이나 과시욕에 빠진 인간들에 대한 연민도 나타나 있고, 그러한 열정과 연민을 바탕으로 인간들 사이의 공동체적이고 따뜻하고 진지한 유대관계의 형성에 적극적

측면을 가리킨다면 후자는 '꼬드겨 행동으로 이끄는' 측면을 가리킨다고 할 수 있다.

으로 공헌하려는 태도도 나타나 있다. 아울러 '개그맨' 필리포스에 대한 질책에 나타나 있듯이, 고착된 관념이나 잘못된 과시욕이나 욕구 때문에 무지하거나 제대로 알지 못하는 일에 관여하는 일반 대중을 경계하는 관점도 나타나 있다. 그런데 그러한 태도나 관점이 소크라테스의 희망대로 국가적 차원의 실천적 행동으로 나타난 것 같지는 않다. 정치적 사건과 관련해서 그의 행동이 기록된 사례도 없거니와, 지금까지 검토된 문헌들에 나타난 언행에서 유추할 수 있는 그의 성정 또는 그가 방대한 저술 작업에 몰두했을 가능성을 고려할 때 그러하다는 것이다. 다시 말해서 국가 생활에서 공동체적 우애의 구현을 위해서 또는 국가들 사이의 평화와 우의를 증진하기 위해 그가 정치 활동에 나섰을 가능성은 없는 것 같다. 그러한 의미에서 그는 '행동하는 지식인'이 아니라 '이론적인 지식인'이자 '사변적인 철학자'로서 앞의 태도와 관점을 개념적으로 승화시킨 사상 체계를 형성했을 가능성은 크다. 그의 저술들이 전해지지 않아 확인할 수는 없지만, DL이 전하는 그의 저술 목록에 있는 〈법에 관하여 혹은 국체에 관하여Peri nomou ē peri politeias〉라는 제목의 글에 그러한 사상 체계가 제시되었을 가능성도 있다.

* * *

지금까지 후대의 철학사 저술가인 디오게네스 라에르티오스와 안티스테네스의 동시대 지식인인 크세노폰이 전달자의 시각에서 기술하고 정리한 내용을 기초로 안티스테네스의 삶의 행적 및 사상을 재구성해보았다. 비록 비체계적이며 개인적 일화를 전달하는 형식의 진술들이지만, 거기에는 상업주의적 도시 문명 속에서 영위되는 허욕과 위선과 어리석음의 사회적 삶에 대한 연민과 비판, 그러한 삶을 살아가는 다수의 어리석고 모자란 시민들이 통치의 주체가 되어 비자연적이고 왜곡된 삶의 질서를 지속시키는 대중민주주의에 대한 비판적인 시각이 나타나 있다. 또한 소외된 삶과 왜곡된 국가 생활에 대한 대안도 제시되어 있다. 그것은 간단히 말해 질박하고 소탈한 삶의 추구이자, 인간이라는 존재에 잠재된 진정한 잘남 곧 아레테를 정치에서 구현하는 삶이라고 말할 수 있다. 거기에는 묵시적이나마 소크라테스나 자신과 같이 진정으로 잘난 인물들에 의한 통치가 어리석은 민중에 의한 통치를 대체해야 한다는 주장이 있는 것이다.

그런데 안티스테네스가 제기하는 그러한 차원에서의 대중민주주의에 대한 비판은 비록 논고 형식의 글이 아니라 신화적—고대 희랍인들에게는 '역사적'—사건에 대한 재해석 형식의 글로서 지극히 짧으면서도 그 전체의 내용이 보존되어 전해지는 그의 유일한 저술을 통해서도 확인된다. 그것은 DL이 각각 〈아이아스 혹은 아이아스의 연설Aias ē Aiantos logos〉(앞으로 〈아이아스의 연설〉로 표기)와 〈오디세우스 혹은 오디세우스에 관하여Odysseus ē peri Odysseōs(앞으로 〈오디세우스의 연설〉로 표기)라는 제목으로 기록한 저술인데, 저자인 안티스테네스의 설명이나 논평은 전혀 등장하지 않은 채 마치 아이아스와 오디세우스가 배심원들 앞에서 직접 연설한 내용을 역사적으로 기록한 문서처럼 보이는 글이다.

아이아스와 오디세우스 두 인물의 대결은 호메로스를 통해 처음으로 기술된 후 서양 문학사에서 대중가요계의 '스탠더드 넘버'처럼 가끔 '리메이크'의 대상이 되기도 하는 고전적인 주제이다. 그 주제를 이 책에서는 편의상 '아이아스 대 오디세우스 논제'로 명명하기로 한다. 널리 알려져 있듯이 그것은 아이아스를 자살로 이끈 사건인 아킬레우스가 남긴 무구武具의 소유권과 관련된 사법적 혹은 윤리적 분쟁이다.[54] 다음 3절에서 시도

54 그것은 『오디세이아』 11권 540~567에서 오디세우스가 저승Hadēs에 가서 트로이 전쟁

하는 두 연설문에 대한 검토는 앞의 두 절의 논의를 통해 드러난 앎과 잘남의 문제 및 그 문제와 연관된 대중민주주의의 문제에 대한 안티스테네스의 관점을 확인시켜준다.

3. '아이아스 대 오디세우스 논제'에 나타난 아레테 개념과 이론과 실천의 문제

안티스테네스의 '아이아스 대 오디세우스 논제'에 함축된 인간성과 윤리·정치적 문제들에 대한 검토에 들어가기 전에 먼저 호메로스가 그의 서사시를 통해 기록한 기본적인 '사실'을 정리하면 다음과 같다. 아킬레우스가 전사한 후 그가 남긴 무구를 누가 갖는 것이 트로이 전쟁에서 승리의 전공戰功에 대한 공정한 평가 차원에서 타당한가의 논쟁이 발생한다. 이에 오디세우스와 아이아스라는 두 '잘난' 장수가 강력한 '수상 후보'로 등장한다. 지략을 통해 여러 전투에서뿐만 아니라 트로이성 함락에 결정적인 공훈을 세운 오디세우스가 그 하나라면, 아카이아 연합군의 장수들 가운데 아킬레우스 다음으로 무용이 뛰어나고 용맹한 장수이자 아킬레우스가 참전을 거부한 상황에서 트로이군의 공격으로 괴멸 상태에 빠진 연합군을 구하고 헥토르와의 일대일 대결에서도 무승부를 거둔 아이아스는 그 다른 후보이다. 두 후보 가운데 누가 '수상자'가 될 것인가의 논쟁은 결국 장수들의 표결을 통해 오디세우스로 결정된다. 그것을 부당한 평결이

에서 죽은 인물들을 포함하여 헤라클레스 등 여러 유명 인사의 혼백들을 만나는 장면들 가운데 하나로 기술되어 있고, 후대의 알렉산드리아 학자들에 의해 의사擬似 호메로스의 작품으로 편집된 『서사시 모음*Epikou Kiklou Leipsana; the Epic Cycle*』 가운데 〈소小일리아스Ilias Mikra; the Little Iliad〉편의 1~4절에도 기술되어 있다.

자 장수로서의 자존심에 대한 치욕으로 받아들인 아이아스는 분노의 광기 속에서 자살한다.

이 사건에 대해서는 짧은 시적 감상의 형식이지만 시인 핀다로스 Pindaros가 용맹성 없이 교활하게 말만 잘하는 오디세우스에게 용맹은 있되 말재주는 없는 아이아스가 부당하게 희생당한 평결로 규정한 바 있다 (Nemeonikai; the Nemean Odes, VIII). 또한 소포클레스는 희곡 『아이아스 *Aias; Ajax*』에서 아이아스의 광기를 무인 특유의 거대한 자존감이 상처받은 데 따른 분노가 극대화되어 나타난 결과로 묘사한 바 있다.[55] 바로 이 고전적인 주제를 안티스테네스 또한 다루고 있는 것이다.

안티스테네스의 〈아이아스의 연설〉과 〈오디세우스의 연설〉은 아이아스와 오디세우스 두 인물이 배심원들 앞에서 각각 자신을 변론하는 형식의 글이다. 그것은 플라톤이 저술한 『소크라테스의 변명*Apologia Sokratous*』의 형식과 비슷하다. 저자가 제3자의 관점에서 묘사하거나 논평하는 문장이 없이 주인공이 말하는 바를 그대로 전달하는 형식의 글이

---

55 그러한 의미에서 소포클레스가 해석한 바와 같은 아이아스의 광기를 일으킨 자존감과 분노는 극적인 성격은 다르지만 본질적으로 『일리아스』 전체의 주제이기도 한 아킬레우스의 그것들과 같다. 다시 말해 그 광기를 일으킨 근본적인 동인은 자존감의 다른 측면인 수치심이며, 그 분노의 광기가 타인이 아닌 자기 자신을 향한다는 점에서 그러하다. 아이아스의 분노 또한 태생적으로 열등한 아가멤논이 제도적 권위를 이용하여 자신 위에 군림하여 자존감을 훼손시킨 데 기인한 아킬레우스의 분노menis와 그 근본적인 성격은 같다는 것이다. 지은이도 그 주제를 탐색한 바 있다(양승태, 2006, 3장 1~2절). 즉 아킬레우스의 용맹과 분노는 오디세우스의 재기才氣와 책략에 대비되며, 전자의 죽음과 구혼자들에 대한 후자의 복수를 개인적인 영웅들의 탁월한 무용이 지배하는 약탈 전쟁의 시대가 지나고 집단적인 전략과 사회적 질서 및 규율이 요구되는 시대로의 전환 과정에 대한 문학적 표현이라는 것이다. 이 3절에서 앞으로 설명되겠지만, '아이아스 대 오디세우스 논제'에 대한 안티스테네스의 저술은 그와 같은 인간적 잘남의 문제를 대중민주정치 체제에서 앎의 문제와 이에 따른 개인적 잘남의 문제, 그리고 정치인으로서의 탁월함이란 무엇인가의 문제에 대한 새로운 해석으로 볼 수 있다.

다. 따라서 소크라테스의 재판에 대해 제3자가 기록하여 전달하는 크세노폰의 『소크라테스의 변명*Apologia Sokratous Pros Tous Dikastas*』과 기술 형식 면에서 구분된다. 그것은 기록자의 설명이나 해설 혹은 논평의 문장은 물론 기록자의 존재 자체를 전혀 드러내지 않고 마치 아이아스와 오디세우스의 연설을 그 현장에서 직접 전달하는 것처럼 표현한 글이다. 따라서 그 문장들 자체에 그 논제에 대한 안티스테네스의 해석이나 입장이 객관적으로 나타나 있지는 않다. 그리고 바로 그러한 사실이 그 논제에 대한 해석에서 주의할 대목이기도 하다.

일단 호메로스는 두 인물의 연설문을 기록하고 있지는 않다. 그리고 안티스테네스의 선배 세대 극작가인 소포클레스(B.C. 490년대 추정~B.C. 406)의 작품에서 문학적으로 재구성되고 재현된 아이아스와 오디세우스의 독백이나 대사 또한 안티스테네스의 저작과 비교된다. 안티스테네스는 마치 역사적 기록을 전달하는 듯한 형식으로 아이아스와 오디세우스 두 인물의 인간성을 철학적으로 해석하고 있는데, 그것과 소포클레스의 비극은 비록 오디세우스가 갖춘 지혜와 절제라는 아레테에 대한 찬양이라는 점에서는 비슷한 요소가 있지만 그 내용과 성격이 모두 다르다. 별도의 자세한 연구가 필요하지만, 소포클레스의 『아이아스』는 광기의 복수심에서 가축들을 도륙하는 아이아스의 행동이 지혜로운 자의 수호신인 아테네 여신의 '조종'으로 이루어졌다는 '신화적' 설정을 가졌다는 점에서 안티스테네스의 '철학적' 설정과 기본적으로 대비된다고 볼 수 있다. 다시 말해서, 전자에는 소포클레스 문학 특유의 불가해한 신의 의지에 조종당하는 운명이라는 인간의 존재론적인 연약함이 부각되어 있다면, 후자에는—앞으로의 논의를 통해 보여지겠지만—인간 스스로 자각해야 하는 '앎과 모름', '잘남과 못남'의 문제 및 그것에 수반된 윤리적 및 정치적 문제에 대한 철학적 성찰이 있는 것이다. 따라서 그가 전달하는 형식의 연설 내용은 그가 의도적으로 재구성한 것으로 간주될 수 있으며, 따라서 그 것에 대한 연구자는 바로 그 의도를 해석하면서 그의 사상을 추출할 필요가 있는 것이다. 특히 두 영웅의 갈등에 관한 해석에서 소포클레스와 안티스테네스의 차이를 미리 언급하자면 다음과 같다. 소포클레스가 두 인물의 인간성을 아테나 여신으로 표상되는 초월적인 힘에 지배받는 인간의 정신세계에 대한 구체적인 묘사를 통해 문학적으로 재현했다면, 안티스테네스가 재구성한 연설문은 두 인물의 인간성을—비록 체계적인 논고의 형식은 아니지만—신화적 차원을 벗어나 개념적으로 성찰한 결과라는 것이다.

그런데 〈오디세우스의 연설〉에는 〈아이아스의 연설〉에 제시된 아이아스의 주장을 논박하는 문장도 있다. 그러한 사실은 후자를 전자에 선행하는 연설로 간주할 수 있을뿐더러, 저자인 안티스테네스가 두 연설문을 하나의 작품과 같이 일관된 주제의식을 가지고 작성했다고 간주할 근거도 된다. 실제로 두 연설문의 내용을 검토하면 두 작품을 관통하는 일관된 주제가 발견된다. 그 주제란 전쟁에서 요구되는 진정한 무인武人의 이상이 무엇이냐는 문제에 대한 탐색에서 인간 자체의 이상이 무엇인가—즉 인간의 아레테가 무엇인가—의 문제에 대한 탐색으로의 전환이자 그 문제에 대한 해명이라는 것이다. 그러한 해명에는 역사적으로 성격이 다른 두 전쟁의 대비가 바탕에 있다.

약탈 전쟁의 시대에서 무인의 이상형은 당연히 일당백 혹은 일기당천의 전투력과 더불어 용맹스럽고 개방적이고 단순한 인간이다. 그런데 국가 간의 '정상적인' 전쟁에서 요구되는 장군은 전략적으로 사고할 줄 알면서 설득력 있는 언변과 더불어 계산적일 수도 있고 때에 따라서는 음흉하거나 비굴한 행동도 불사할 줄 아는 인간이다. 안티스테네스의 '아이아스 대 오디세우스 논제'는 후자의 가치에 대한 재발견이다. 그것은 안티스테네스보다 150여 년이 지나 중국의 전국 시대에 출현한 한비자韓非子나 근대의 마키아벨리를 예고한다. 그것은 국가 통치나 전쟁의 운영에서 일상적인 도덕관에서 벗어나 국가 목표나 군사 목적의 실현을 위해 상황에 따라 최선의 방책을 자유롭게 구사할 줄 아는 통치자나 장군의 이상을 보여준다. 그런데 안티스테네스의 저작이 전달하고자 하는 가장 근본적인 전언은 행동의 가치를 결정하는 본원적인 요소이자 잘남(아레테)의 근원은 바로 앎이라는 명제라는 것이다. 그것은 근·현대 철학의 논제로 표현하여 이론과 실천의 분리불가능성이라고 말할 수 있다. 왜 그러한지는 물론 두 연설문에 대한 검토를 통해 입증되어야 할 것인데, 내용 면에서도 선행하는 연설인 〈아이아스의 연설〉을 먼저 정리하고 검토할 필요가 있다.

* * *

〈아이아스의 연설〉은 모두 9개의 문단 및 95줄의 문장으로 구성되어 있는데,[56] 첫 문장은 먼저 아킬레우스가 남긴 무구의 소유권 문제를 평결할 배심원단 자체에 대한 불신으로 시작한다. 즉 그들은 자신과 전장戰場에서 "행동을 같이한en tois pragmasi parēsan"(1.2) 인간들이 아니라는 것이다. 따라서 그의 연설은 자신의 무용武勇을 직접 보지 않은 "당신들 아무것도 모르는 무지한 인간들이hymeis hoi ouden eidotes" 어떻게 다른 사람의 "말만을 근거로dia logōn" 정의로운 평결을 내릴 수 있느냐고 공격한다(1.4~1.5). 그러한 기본적인 입장의 천명에 이어 아이아스는 아킬레우스의 무구와 관련된 '사실'을 자신의 용맹스러운 행동과 오디세우스의 '비

56 앞으로 인용된 문장은 원문의 '문단과 줄'로 표기될 것이다. 예를 들어 '1.5'는 첫째 문단의 다섯째 줄이다.

겁한' 행동을 대비하여 배심원들에게 진술한다(2.1~3.1). 즉 아이아스 자신은 트로이군이 헥토르의 원수를 갚기 위해 훼손을 가하려고 필사적으로 빼앗으려는 아킬레우스의 시신을 먼저 확보하여 아카이아군 진영으로 끌고 왔지만, 용맹한 행동이라도 되는 듯이 밤중에 신전에 침입해 신상을 강탈하여 아카이아군에게 과시한 바도 있는 오디세우스는 트로이군은 관심이 없는 무구부터 챙겨 팔아먹을 생각이나 했다는 것이다. 그러한 점에서도 아킬레우스의 무구는 진정으로 자신만이 소유할 자격이 있다는 것이다.

아이아스에게 아킬레우스의 무구를 누가 소유함이 정당한가의 문제는 결국 누가 진정으로 아킬레우스에 근접하는 영웅다운 자질을 가졌는가의 문제로 귀착된다. 이에 따라 아이아스의 연설은 그와 오디세우스 사이에 존재하는 성정性情; tropos의 차이에 대한 비교로 나아가는데(4.1~7.5), 그러한 성정의 차이를 결정하는 근본적인 요소로서 아레테, 바로 인간적 잘남 혹은 탁월성의 문제가 제시된다.

아이아스는 누가 진정으로 잘난 인간인가의 결정은 바로 아레테를 가진 인간, 다시 말해 진정으로 잘난 인간만이 내릴 수 있다는 것이다(4.1). 그런데 자신에 대한 평결의 경우와 같이 왕들이 — 영웅 시대에서 아레테를 가진 인간을 상징하는 — 그러한 결정을 스스로 내리지 않고 인간이 잘났다는 것이 무엇인지 모르는 일반 군사들에게 그러한 평결을 맡긴 사실은 의사가 병에 대한 진단을 일반인들에게 맡긴 것과 다름이 없을 정도로 부당하다는 것이다(4.5). 이어서 자신이 "동질적인 성정의 인간과 대립하는pros andra homoio tropon" 것이라면 자신이 평결에서 패하더라도 아무 상관이 없는데, 바로 자신과 오디세우스 사이에는 누구보다도 큰 차이가 있다는 것이다(5.1). 이에 따라 그의 연설은 이제 그 차이가 무엇인지에 대한 설명으로 나아간다(5.1~6.5).

일단 오디세우스는 전공戰功과 관련되지 않을 때만 "개방적으로 phanerōs" 일을 처리하지만, 자신은 어떠한 일도 "은밀하게an lathra" 행하는 경우가 없다(5.1). 자신은 어떤 경우에도 비겁하다는 소리를 듣거나 부당하게 당하는 것을 참지 못하지만, 오디세우스는 이익이 될 수 있다면 매달려 채찍을 맞는 행동도 불사한다는 것이다(5.5). 실제로 그는 넝마를 걸친 채 노예에게 채찍이나 주먹으로 얻어맞는 등의 비굴한 행동도 불사하면서 적진에 침투하여 "신전 약탈"[57]을 감행하고 돌아오는 등의 행동을 한 바도 있다는 것이다(6.1). 그와 같이 비굴하고 부도덕한 행적을 오디세우스는 "멋진 업적kalōs pepraktai"이라고 내세우면서 아킬레우스의 무구를 소유할 자격이 있다고 주장한다는 것이다(6.5). 그러한 주장에 대한 반론으로 아이아스는 행동하는 인간으로서의 자신과 말 잘하는 인간으로서의 오디세우스를 대비시키면서 자신이 아킬레우스의 무구를 가질 자격이 있다는 논리를 전개한다(7.1~8.5).

아이아스는 평결에 참석한 군인들에 대해 "아무것도 모르는 재판관과 배심원들에게tois ouden eidosi kritais kai dikastais"라고 호칭하면서, 먼저 아레테에 관해 판단을 내릴 때에는 "말에 대해서eis tous logous"가 아니라 "행동에 대해eis ta erga" 깊이 살필 것을 주문한다(7.1~7.4). 왜냐하면 싸워 정복하느냐 아니면 져서 노예가 되느냐의 전쟁에서는 적에 대한 "논박antilegein" 자체가 불가능하며, 말이 아니라 오직 침묵 속의 행동으로 결정되기 때문이라는 것이다(7.5). 아울러 "말 잘하는 사람legōn anēr"은 도

57 희랍어로는 한 어휘로 'hierosylēsis'인데, 영어로는 일반적으로 'temple-robbery'로 번역된다. 다음 〈오디세우스의 연설〉에서도 제기되듯이. '신전 약탈'은 '아이아스 대 오디세우스 논제'에서 주요 논쟁점들 가운데 하나다. 즉 신전 약탈은 일상적인 의미에서는 신성모독의 지극히 부도덕한 행위에 속하지만 전쟁이라는 특수한 상황에서는 불가피한 '영웅적인' 행동일 수 있다는 것이다.

움이 되는 바가 없으며, "많고 긴 말들polloi kai makroi logoi"[58]이 가능한 것도 행동이 있기 때문이라는 것이다(8.1~8.3). 따라서 배심원들은 공개적으로 정확하게 평결을 내리든지 평결을 내리지 말든지 둘 중 하나를 선택해야 할 것이며, 그렇지 못하면 배심원들은 "주장을 듣고 판단하는 사람들이 아니라ou kritai tōn legomenōn" "좌고우면左顧右眄의 인간들"[59]일 뿐이라는 것이다(8.4~8.9). 그리고 최종적으로 아이아스는 자신과 오디세우스의 성정을 다시 비교한다. 이 평결이 후자와 같이 트로이 전쟁에 본의 아니게 참여한 인간과 자신과 같이 적극적으로 참여한 인간, 전투에 임해서는 장벽 뒤에나 숨는 인간과 언제나 홀로 앞장서 싸운 인간에 관한 결정이라는 점을 강조하면서, 사실이 아닌 오직 "추정으로dia doxazein" 평결을 내리지 말 것을 요청하며 자신의 변론을 끝맺는다(9.1~9.5).

앞에서 이미 기술했듯이 이 연설문은 물론 아이아스의 변론 연설에 대한 역사적 기록이 아니라 그 신화적 사건에 대한 안티스테네스의 인성론적 재해석이라고 할 수 있다. 그것은 아이아스와 오디세우스 가운데 상대적으로 누가 더 아레테를 가진 인간인가, 즉 누가 더 진정으로 잘난 인간인가에 대한 그 자신의 판단이자 평결이다. 그것은 용맹스러운 무인 또는 '행동하는 인간'의 원형이라고도 말할 수 있는 아이아스가 나름대로 자신의 성정에 대한 우월감의 피력이나 자신의 인생관에 대해 정당화하는 논리를 안티스테네스가 철학적 상상력으로 재구성한 결과로 볼 수 있다. 그

---

58 희랍어에서 'makros logos'는 단순히 말이 긴 것만이 아니라 노예들의 언어와 같이 '천하게 주절대는' 말을 지칭한다. 그러한 용례에 관해서는 대표적으로 아리스토텔레스의 『형이상학』(1091a7-9)을 참조할 수 있다.

59 희랍어 원문에는 한 어휘인 'doxastai'로 'doxatēs'의 복수형이다. 이 말은 여론이나 의견 또는 부정확한 관념이나 추정을 지칭하는 복잡한 의미가 있는 어휘인 'doxa'에 지배받는 인간을 지칭한다. 이 문맥에서는 자신의 정확한 판단이 아니라 여론에 지배받는 인간을 지칭하며, 우리말에 그에 상응하는 적절한 말이 없어 위와 같이 번역했다.

연설문에 대한 앞에서의 정리 및 해석을 통해서 설명되었지만, 그 논리의 핵심은 바로 사변이나 말에 대한 행동의 우위이다. 현대의 사회적 담론에서도 언제나 등장하고 일반인들의 마음에도 나름대로 상당한 호소력을 갖는 그 논리에 대한 논박이 이어서 검토될 오디세우스의 연설이다.

그런데 그와 같은 정리와 검토로 나아가기 전에 아이아스의 연설문의 논리 구조 자체에 내재하는 역설을 지적할 필요가 있다. 아이아스는 사변이나 말에 대한 행동의 우위는 그의 행동 자체를 통해서 입증하려는 것이 아니라 바로 '말보다 행동이 우위에 있다는 말'을 통해서 입증하려고 한다는 점이다. 그것은 곧 자신의 말이 오디세우스의 반대되는 '말'보다 우월하다는 점이 바로 말을 통해 밝혀질 때 입증됨을 의미한다. 실제로 다음에 검토될 〈오디세우스의 연설〉은 아이아스의 '말'에 대한 논박이다. 그 논박의 신랄함은 문학 작품에서 신화적으로 묘사된 아이아스를 자살에 이르게 만든 광기의 바탕에 있는 '합리적'인 인성론적 근거를 제시하는 것 같다. 즉 단순하고 씩씩하기는 하지만 똑똑하지 못한 인간이 지적으로 세련된 인간이 제기하는 날카로운 논변에 부닥칠 때 나타나는 일반적 반응의 묘사라는 것이다. 간단히 말해서 아이아스는 오디세우스의 논변에 압도당하여 전혀 반론을 펴지 못하게 되며, 이에 따라 전자는 태생적인 거대한 자존감이 상실되는 모멸감으로 인해 정신적으로 창황한 상태에 빠지게 되어 소포클레스의 비극을 통해 현란하게 묘사된 자살이라는 일탈적 행위로 실제로 이어졌을 개연성을 주기에 충분할 정도로 신랄하다는 것이다. 오디세우스의 이름으로 안티스테네스가 자신의 냉철한 지성을 유감없이 발휘하는 그 논변을 감상하면 다음과 같다.

앞에서 이미 지적했듯이 〈오디세우스의 연설〉은 〈아이아스의 연설〉에 대한 논박의 형식으로 진행되며, 연설의 첫 문장에 바로 그 점이 나타나 있다. 오디세우스는 먼저 자신의 주장이 아이아스 한 사람에게만 국한된 것이 아니라 배심원들 전체와 관련된다는 점을 천명하면서, 자신의 "공적功績; agatha"은 "군대to stratopedon; the army" 전체에 대한 것이라는 점을 처음부터 강조한다(1.1~1.4). 그러한 강조는 자신의 공적이 아이아스의 것과 같이 국부적인 전투 차원이 아니라 아카이아 연합군 전체 차원의 기여라는 점에서 차원이 다른 것이라는 암시이다. 실제로 그의 논변 전체는 일반인들의 관점에서 부도덕하거나 비겁하게 보일 수도 있는 자신의 행동들이 군대 전체의 승리를 위해 진정으로 필요한 것이 무엇인가에 대한 '앎'에서 유래한 차원 높고 불가피한 결단의 결과라는 논리로 집약되며, 이에 따라 아킬레우스의 무구는 당연히 아이아스가 아닌 자신이 소유해야 한다는 평결이 내려져야 한다는 주장이다.

오디세우스는 먼저 배심원들로 참석한 병사들이 참여한 전투에 자신이 참여하지 않은 전투는 없었는데, 그러한 전투에 어떠한 모험kindynos이 수반되는지 알았던 사람은 자신 이외에는 아무도 없고(1.5~2.0),[60] 자신이 그러한 모험을 성공적으로 극복했기 때문에 트로이 전쟁에서 승리를 거둘 수 있었다는 점을 강조한다(2.1~3.1). 그는 그러한 모험의 하나로 '신전 약탈'을 예로 든다. 즉 아프로디테 여신상女神像[61]을 탈취하지 못하면 트로이성을 함락시키지 못한다는 신탁에 따라 자신이 그러한 모험을 감행한 것인데, 본래 여신상을 훔친 알렉산드로스(혹은 파리스) 대신에 자신을 신전 탈취자로 매도하고, 일리오스Ilios[62] 지역의 쟁취는 기원하면서 그러한 목표를 성취하기 위한 수단을 제공한 자신을 비난하는 아이아스를 포함

---

60 원문은 "emoi de tōn idiōn kindynōn oudeis hymōn ouden synoide"로서, 그대로 직역하면 "당신들 가운데 아무도 나만의 위험을 함께 알지 못했다" 정도가 될 것이다.

61 원문에서는 단순히 '여신상의 탈취'로 표현되어 있지만 독자들의 편의를 위해 트로이 전쟁 '신화'에 나타난 대로 '아프로디테 여신상'으로 표기했다.

62 대체로 잘 알려진 사실이지만 부연하자면, 아티카 지역을 지배하는 도시국가는 아테네이고, 일리오스 지역을 지배하는 도시국가는 트로이다.

한 배심원들은 "아무것도 모르는ouden oistha" 인간들이라는 것이다(3.2~4.4). 이러한 주장을 근거로 오디세우스의 공격은 이제 직접 아이아스를 향한다. 그리고 그 공격의 직접적인 대상은 무지의 차원을 넘어 아이아스의 "어리석음amathia"이다.

오디세우스가 먼저 자신의 위대한 업적을 다른 사람들은 그나마 인정하고 감사를 표하는 데도 불구하고 아이아스는 오히려 비난한다는 사실을 지적한다. 그리고 그러한 비난을 하는 행위 자체가 그가 받은 혜택이 바로 오디세우스의 공헌 때문이라는 사실을 깨닫지 못하는 어리석음 때문에 "비의도적으로akōn" 발생했다는 점을 강조한다(4.5~5.4). 바로 그러한 어리석음 때문에 자신에게 반대하는 투표를 하지 않으면 배심원들을 해치겠다고 협박까지 하는데, 그와 같이 "못난 격정 때문에hypo tēs kakēs orgēs" 장차 자신을 해치게 될지 모른다고 — 그의 자살을 암시하듯이 — 경고한다(5.5~6.0). 아이아스에 대한 오디세우스의 공격은 비겁함 등 전쟁의 과정에서 오디세우스가 보여준 여러 가지 전투 행태들과 관련된 그의 비난에 대한 세세한 답변으로 이어진다(6.1~12.6). 그러한 답변의 맥락에서 단순한 용맹스러운 전사戰士가 아닌 장군 혹은 지휘관의 역할이나 기능이 무엇인가의 문제와 함께 아레테의 문제가 논의된다.

아이아스는 병사들과 함께 공개적으로 전투를 벌인 점을 자랑하면서 오디세우스가 홀로 적진에 은밀히 침투하여 싸운 행동을 비겁한 행동이라고 비난하는데, 그것은 바로 어떻게 싸워야 하는지도 모르고 무인으로서의 진정한 아레테가 무엇인지 모른 채 성난 멧돼지와 같이 멋대로 행동하는 것을 훌륭하다고 여기는 바와 같다. 그러한 어리석은 행동을 지속하다가는 언젠가 "나쁜 일에 부닥쳤을 때kakō peripesōntō" 자신을 죽음에 이르게 할 것이라는 점도 경고한다(6.1~6.7). "훌륭한 인간ton andra ton agathon"은 자신의 손이든 동료의 손이든 적의 손이든 "어떤 경우에도 결코 나쁜 일을 당해서는kakōn oud' hotioun paschein" 안 된다는 것이다(6.7~6.9).[63] 그런데도 아이아스는 일반 병사들이 용감하다고 말하자 어린 아이처럼 좋아하는데, 실제로는 죽음을 가장 두려워하는 가장 비겁한 인물이라는 것이다(7.1~7.3). 왜냐하면 그는 다른 어떤 무기로도 이길 수 없는 가장 강력한 무기로 무장했으며, 자신은 성벽 안에 숨은 적이 없다고 자랑하지만 실제로는 성벽 대신에 가장 튼튼한 '일곱 겹 소가죽 갑옷'[64]이라는 성벽 안으로 몸을 숨긴 데 불과하기 때문이라는 것이다(7.3~7.11). 아이아스에 대한 그러한 공격에 이어 오디세우스는 자신이 왜 진정한 의미에서 무인이자 훌륭한 장군인지를 증명할 수 있는 용맹스러운 행위들을 배심원들에게 구체적으로 열거한다(8.1~12.6).

오디세우스는 무장도 하지 않은 채 적의 성벽 안으로 침투하여 적군이 세워둔 보초병의 무기로 바로 그 보초병들을 제압했으며(8.1~8.4), 자신을 장군이자 병사들의 보호자phylax로 생각했기 때문에 스파이를 보내지 않고 자신이 직접 적진을 정찰하고 밤낮으로 감시하면서 전장戰場에서 발생하는 모든 일을 파악했기 때문에 아군을 구할 수 있었으며(8.4~8.9), 적에

---

63 여기서의 논리는 희랍어 'agathos'와 'kakos' 사이의 의미상 대립을 염두에 두면 이해가 될 것이다. 좋고 훌륭한 인간이란 정의定意상 나쁜 일을 하거나 당할 수 없으며, 훌륭한 사람이 일상적으로 나쁘게 보이는 일을 하는 것은 그와 같이 나쁜 것으로 보이는 일이 실제로는 좋고 훌륭한 일이기 때문이다. 앞으로 전개되는 오디세우스의 주장도 바로 그러한 논리에 기초하고 있다. 물론 좋음이나 나쁨 자체가 무엇이고, 누가 진정으로 좋고 훌륭한 인간인가, 특정 상황에서 무엇이 좋고 나쁜가에 대한 구명은 또 다른 철학적 문제이다. 안티스테네스가 그러한 문제를 체계적으로 탐구했는지 여부는 그의 저술이 남아 있지 않기 때문에 확인될 수 없다. 다만 이미 안티스테네스에게서 플라톤이 특히 『국가』에서 철인의 개념을 중심으로 체계적이고 심원하게 탐구한 주제의 맹아는 분명히 확인될 수 있다고 말할 수 있다.

64 이 말은 희랍어 'heptaboeion'을 번역한 것으로 말 그대로는 '일곱 마리 소가죽seven bulls'-hide'인데, 갑옷을 소가죽 일곱 겹으로 만든 것을 지칭하는 것으로 추정되어 그와 같이 번역했다.

게 해를 가하는 일이라면 어떠한 위험도 무릅쓰고 명예를 탐하지 않으면서 수행하면서 설사 노예나 얼간이ptōx[65]나 무뢰배mastigias의 역할이라도 수치스럽다고 회피하지 않았고(9.1~9.6), 본디 "전쟁이란 관념이 아니라"[66] 낮과 밤으로 끊임없는 행동의 대상이므로 자신은 어떤 고정된 무기에 의존하지 않고 많든 적든 적을 물리치기 위해서라면 어떠한 방법이라도 택하면서 적에게 도전했다는 것이다(9.6~10). 또한 그는 일반 병사들처럼 기운이 없다고 자신의 무구를 남에게 넘기지도 않았을뿐더러(10.1~10.2), 적군이 휴식을 취하거나 일반 병사들은 코 골고 자면서 싸움을 멈추는 시간인 밤중에도 자신은 개의치 않고 넝마와 채찍과 같이 "너절한"[67] 물건이라도 적에게 가장 크게 타격을 가할 수 있는 것이라면 무엇이든 무구로 이용하여 공격했다는 것이다(10.3~10.9). 자신의 그와 같이 '자유롭고 똑똑한' 행동과 아이아스의 '편벽되고 모자란' 행동의 대비는 후자가 큰 공적으로 내세우는 아킬레우스의 시신을 찾아온 행위에 대한 공격으로 나아간다(11.1~12.6).

아이아스는 아킬레우스의 시신을 찾아온 행위를 용감하다고 생각한다(11.1~11.2). 그런데 만일 그가 혼자서 그것을 찾아오지 않았으면 두 사람이 찾아오면 되는 것이므로, 두 사람이 찾아왔다고 해서 한 사람보다 더 비겁하다고 할 이유는 없다(11.2~11.6). 현실적으로 아킬레우스의 시신은

65 희랍어 'ptōx'는 본디 토끼같이 양순한 동물을 지칭하는데, 이 문맥에서는 겁 많고 소심한 인간을 지칭하는 것 같아 그와 같이 번역했다.

66 희랍어 원문 "ou gar dokein ho polemos"를 의역한 것이다. 그 의미는 전쟁이란 관념이나 여론 차원에서 이해될 대상이 아니라는 정도가 될 것이다.

67 희랍어 'douloprepēs'의 번역어이다. 희랍어에는 노예doulos와 결합하여 비천함을 표현하는 어휘는 아주 많은데, 이 문장에서 무구hopla를 형용하는 'douloprepēs'는 '노예다운 정신'을 의미한다. 즉 창과 칼 같이 정상적인 전투에서 정상적으로 사용하지 않는 무구의 사용을 '노예다운 정신'의 무구로 표현한 것이다.

아카이아군에게만 매장을 위해 절실할 뿐 트로이군의 관심사는 아니며, 후자에게는 신전에 제물로 바칠 그의 무구가 중요할 뿐 시신이란 언제나 돌려줄 대상이라는 것이다(11.6~12.6). 따라서 아이아스가 쉬운 일에 현혹된 인물이라면, 그의 무구부터 수습한 자신이야말로 트로이에게 수치감ta oneidizomena[68]을 준 인물이다(12.6~12.7). 오디세우스는 이상과 같이 구체적인 사례들을 들어 아이아스의 주장을 논박한 후, 이제 아이아스의 잘못이 그의 인간성과 어떻게 연관되는지 설명하면서 자신의 연설을 마친다(13.1~14.7). 비록 간단한 문장이지만 바로 이 대목에 인간성에 대한 안티스테네스의 깊은 통찰이 집약되어 있다.

오디세우스가 보기에 아이아스는 간단히 말해서 인간성의 요소들 가운데 "서로 가장 나쁘게 대립하는 것들kakōn enantiōta ta autois"인 질투심phthonos과 무지amathia에 "시달리고noseis; you are suffering" 있다. 그런데 전자가 "고귀한 것들을tōn kalōn" 추구하게 만든다면, 후자는 그것들을 회피하게 만들기 때문에 아이아스의 행위들은 결국 연약한 인간성[69]의 표현이다(13.1~13.3).[70] 그는 자신은 힘이 세고ischyros 용감하다고andreios 생각하는데, 그것은 전투에 필요한 앎sophia이 무엇인지 모르고 용감함

68 '꾸짖다' 혹은 '비난하다'의 동사 'oneidizō'의 분사형과 정관사의 결합으로 문장 자체를 직역하면 '꾸짖어주는 것들을 가져다주었다' 정도가 될 것인데, 이 문맥에서는 트로이 측이 간절히 원하는 것을 오디세우스가 가지지 못함으로써 부끄럽게 만들었다는 의미로 해석될 수 있을 것이다.

69 원문은 "anthrōpinon men oun ti peponthas"로 한정어인 '연약한'은 없이 "이에 따라 인간적인 어떤 것에 영향을 받았다" 정도로 번역될 수 있는데, 희랍어에서 'anthropinos'는 단순히 '인간적인'의 뜻을 넘어 '신적인theios' 막강함에 대비되는 연약함을 뜻하므로 이처럼 해석했다.

70 이 문장의 의미는 대체로 분명하지만 굳이 부연하자면, 아이아스는 고귀한 자를 부러워하기 때문에 고귀하기를 바라기는 하지만 바로 무엇이 고귀한 것인지 모르기 때문에 오히려 그것을 회피하는 인간이라는 것이다.

이란 힘이 세다는 것과는 다르다는 것을 모르기 때문이다. 그러한 어리석음amathia이 바로 아이아스 같이 힘이 센 자에게 "가장 나쁜 것kakon megistion; the greatest evil"이 된다는 것이다(13.3~13.6). 아이아스는 궁극적으로 아레테 즉 인간의 잘남이나 빼어남의 차원에서 오디세우스 자신과 대비된다는 것인데, "혹시나 아레테가 무엇인지 아는 어떤 똑똑한 시인이 출현한다면ean pote tis ara sophos poietēs peri aretēs genetai"[71] 자신과 아이아스의 차이를 다음과 같은 말로 묘사할 것이라는 말로 연설을 맺는다. 즉 오디세우스를 "참을성 많고 아주 영악하고 꾀를 잘 내어"[72] 홀로 트로이를 함락시킨 인물로 기술할 것이라면, 아이아스에 대해서는 언제나 "게으른 당나귀들이나 한가로이 풀이나 뜯어 먹는 가축들처럼 남에게 자신을 결박하고 구속하도록 허용하는 본성을 가진" 인물로 묘사하리라는 것이다(14.1~14.7).

* * *

이미 호메로스의 작품 자체에서도 대립적인 인물로 그려져 있지만, 이후 핀다로스나 소포클레스 등이 아이아스와 오디세우스를 시나 희곡의 주제로 다룬 것으로 보아 그들은 행동 방식이나 성정, 더 나아가 인간성 차원에서 지식인들 사이에서뿐만 아니라 일반인들 사이에서도 오래 논쟁의 대상이었던 것으로 보인다. 아이아스와 오디세우스 두 장본인이 자신을 변호하는 법정 연설문 형식의 글을 통해 그 오래된 주제를 새롭게 제

71 여기서 똑똑한 시인 운운은 핀다로스와 같이 아이아스를 두둔한 '똑똑하지 못한' 시인들에 대한 안티스테네스 자신의 암묵적인 비아냥거림으로 해석될 수 있을 것이다.

72 희랍어 원문으로는 '많이' 또는 '아주'를 의미하는 접두어 'poly'와 결합한 세 형용사인 "polytlanata kai polymētin kai polymēchanon"으로 표현되어 있다.

기한 안티스테네스가 구체적인 상황에서 각자가 보여준 행동 방식이나 그것의 바탕에 있는 성정에 대해 내린 해석이나 평가의 의미에 대해서는 앞에서 이미 설명한 바 있다. 안티스테네스를 통해 정치철학이 어떠한 발전을 이루었나를 설명하기 위해서는 왜 그가 그와 같은 저술 형식을 통해 자기 생각을 개진했는지 설명할 필요가 있으며, 아울러 인간성 면에서 두 인물의 근본적인 차이는 무엇인지에 대한 안티스테네스의 해석도 설명할 필요가 있다.

먼저 그 글이 법정 연설문의 형식이라는 사실에는 일단 민주화 시대의 일반적인 양상, 즉 개인적 대립이나 분쟁을 무조건 사법 송사를 통해 해결하려는 정신적 분위기를 — 이미 앞에서 리시아스의 법정 연설문들에 대한 검토가 구체적으로 증언하듯이 — 풍자의 형식으로 비판하려는 의도가 있었을 것이다. 특히 인민법정에서 배심원들은 일반 시민들이므로, 그러한 형식은 아이아스와 오디세우스라는 두 영웅 중 누가 진정한 영웅인지, 다시 말해서 누가 진정으로 잘난 인간인가라는 질문을 무엇이 아레테이고 누가 진정으로 잘난 인간인지 모르면서 국가 차원에서 요구되는 잘난 인간을 선출하는 권리를 가진 일반 시민들을 향해 던지기 위한 목적으로 이해될 수 있다. 그것은 또한 두 영웅이 인민법정에서 직접 자신을 변호하는 형식을 통해 그 고전적인 쟁점을 '민주주의적으로' 확인하려는 의도도 있다고 볼 수 있다. 간단히 말해 이 연설문은 심원한 인성론의 문제를 아테네의 '민주화 시대'라는 상황에 맞춘 대중용 저술이라고 할 수 있다. 물론 그러한 저술 형식상의 사려보다 근본적으로 중요한 것은 두 인물의 대립에 대해 안티스테네스 자신이 내린 인성론 차원의 판단은 무엇이고 그러한 판단이 정치철학의 발전과 관련하여 어떠한 의미가 있는가이다. 그러한 의미에 대한 해석과 관련하여 연설문 본문에서 특히 주목할 대목은 바로 오디세우스 연설의 마지막 부분이다(13.1~14.7).

오디세우스 연설문의 마지막 부분은 안티스테네스가 의도적으로 오디세우스의 입을 빌려서 '아이아스 대 오디세우스 논제'에 대한 자신의 견해를 피력한 것으로 볼 수 있다. 그리고 그러한 견해 속에는 안티스테네스의 철학적 사유 능력이 무엇인지 나타나 있다. 그곳에서의 언어들은 단순히 누가 진정으로 남자답다거나 누가 진정으로 용감한 전사이고 누가 진정으로 탁월한 장군인가에 관한 흥밋거리 차원의 논의가 아니다. 그것은 또한 소포클레스를 통해 문학적으로 현란하게 재현된 바와 같이 강렬한 자존감에 수반되는 숙명적 비극성의 서술도 아니다. 비록 짧고 간단한 문장들이지만, 그것은 전쟁이라는 국가의 존재성과 관련된 문제의 해결에 요구되는 정치적 실천이 무엇인가의 문제를 단순히 전술이나 전략의 문제 차원을 넘어 도덕성 혹은 인간적 탁월함의 본질이 무엇인가라는 인간성 보편의 문제 차원에서 접근하며, 그와 같은 보편적인 문제의 핵심을 앎이나 지혜로움을 중심으로 설명하고 있다. 그 점과 관련해서는 특히 주목해야 할 대목이 아이아스의 자살에 대한 혹독한 평가이다.

안티스테네스는 아이아스의 자살을 생명에 대한 일방적인 집착에서 벗어나 무인으로서의 강한 기백과 자존심을 지키기 위한 자유로움의 실현으로 여기지 않는다. 그것은 무지와 어리석음의 표현으로서, 동물들과 같이 자신의 충동이나 욕구에 예속된 인간, 근본적으로 노예의 행위와 다를 바 없다는 것이다. 그리고 바로 그러한 관점이 정치철학의 발전 맥락에서 중요하다.[73] 그것은 장군이라는 공인은 그의 생명이나 기백 또는 자유와 부자유의 문제를 개인적 삶이나 자존감 또는 한 개인으로서의 잘났다거나 못났다는 차원이 아니라, 앎과 판단력과 행동 방식 등 공인으로서 갖추

73 다음 〈맺는말〉에서 논급되겠지만, 자유 개념의 실체를 논의한 안티스테네스의 저작은 아마도 『자유와 예종에 관하여Peri eleutherias kai douleias』로 추정될 수 있다. 다만 아쉽게도 그 저작이 전해지지 않기 때문에 그 내용을 확인할 수는 없다.

어야 할 탁월하고 훌륭한 자질이 무엇인가의 차원에서 접근해야 함을 묵시적으로 강조한 것이다. 그러한 사고 내용 속에 플라톤의 철인왕 이념에 집약된 정치적 실천에서 앎 혹은 사유 자체로서 '이론'의 본원적 중요성, 아레테와 소피아 혹은 앎과 잘남의 근본적인 동일성,[74] 이와 더불어 정치철학에서는 물론 바로 정치 현실 속에서 실제로 언제나 발생하면서 언제나 실천적 해결의 대상으로 등장하는 영원한 주제인 개인적 도덕성을 초월하는 국가 차원의 도덕성 문제가 탐색되고 있음을 확인할 수 있다. 다시 말해 플라톤 『국가』의 중심 주제들이 위의 연설문에 잠재되어 있는 것이다. 바로 그 잠재된 주제의 학문적 및 현실적 의미, 다시 말해서 안티스테네스가 이룩한 정치철학적 사고의 발전 혹은 국가 생활의 본질이 무엇인지에 대한 개념적 사유가 어떻게 플라톤으로 이어지면서 후자에 의한 거대한 정치철학 체계의 등장으로 나타나게 되었는지 그 지성사적 의미와 정치적 배경을 개관하면서 이 책을 끝맺고자 한다.

---

74 이 점은 DL이 안티스테네스의 진술로 기록한 다음의 문장을 통해서도 확인된다. "명철함phronēsin이 결코 무너지거나 배반하지 않는 최고의 방벽teichos이다. 방벽은 난공불락인 우리 자신의 이성logismos으로 구축되어야 한다"(DL, 13). 아울러 DL이 소크라테스의 추종자들 가운데 안티스테네스가 우호적인 분위기에서 대화를 이끌면서 상대를 제압한 인물이라고 테오폼포스Theopompos(B.C. 380~B.C. 315)가 칭송한 인물이었다는 평의 기록이나(DL, 14), 그가 크세노폰이 안티스테네스에 대해 대화하는데 가장 친근하고homilias 모든 면에서 "가장 절제된egkratestaton" 인물이라고 평한 바를 전달한 기록도(DL, 15) 참고할 만하다.

Λυσιας και
Αντισθενης

8

맺는말:
B.C. 4세기 전반 소크라테스 추종의 지성사 및 정치사와 플라톤

7장의 논의는 안티스테네스를 리시아스의 수사학적 사유를 넘어 소크라테스의 철학을 정치철학적 사유로 발전시키는 데 결정적으로 공헌한 인물로 평가할 수 있음을 설명했다. 특히 그를 통해 민주정치의 문제는 앎과 잘남이라는 보편적인 인간성의 차원에서 조명되고 깊이 탐구되었을 가능성에 대해서도 논급했다. 물론 안티스테네스가 그러한 개념들의 실체를 과연 얼마나 제대로 규명했는지 그 탐구의 심도와 포괄성과 체계성의 정도는 문헌학 차원에서 구체적으로 입증할 수는 없다. 그의 저술들은 위의 짧은 연설문 이외에는 남아 있지 않기 때문이다. 그런데 디오게네스 라에르티오스(이 8장에서도 앞으로 DL로 약기)가 제시한 안티스테네스의 저술 목록이나 그의 진술이라는 문장들은 그를 상당한 수준의 정치철학적 사유에 도달한 지식인으로 간주할 수 있는 개연성을 높인다.

일단 DL의 기록에는 안티스테네스가 리시아스 개인 및 그의 수사학적 사유에 관심을 가졌을 가능성을 증언하는 저술 제목들이 있다. 상호 연관된 저술들로 보이는 두 저술과 다른 하나의 저술이 있는데, 연관된 두 저술의 제목은 각각 〈오레스테스에 대한 변론, 혹은 법정 연설문 작가들에 관하여Orestou apologia ē peri tōn dikographōn〉와 〈비슷한 글, 혹은 리시아스와 이소크라테스Isographē ē Lysias kai Isokratēs〉이고,[1] 다른 하나는 〈이소크라테스의 '증언자 부재'에 대하여Pros ton Isokratous Amartyron〉이

1 이 제목에서 'dikographos'는 희랍 문헌 전반에 자주 등장하지 않는 어휘인데, 'logographos'와 같은 의미의 어휘로 보인다. 그리고 '비슷한 글'이라는 어구는 앞의 〈오레스테스에 대한 변론〉과 같이 비슷한 법정 연설문이라는 의미인 것으로 추정된다.

다. 제목만 전해지기 때문에 함부로 그 내용을 추정할 수는 없지만, 간접적으로라도 안티스테네스가 리시아스와 이소크라테스 등의[2] 법정 연설문 작가들과 그들의 수사학 또는 그들 사이의 관계에 대해 관심이 있었음은 분명하다. 그리고 앞 장 3절에서 검토한 그의 연설문 내용으로 추정할 때 그들의 수사학에 대해 비판적이었을 개연성도 크다.

또한 그가 그러한 수사학적 사유의 대안으로 개념적 사유를 추구했을 가능성은 다음의 저술 제목들이 어느 정도 확인시켜준다. 즉 『좋음에 관하여Peri agathou』, 『용기에 관하여Peri andreias』, 『법 혹은 국가에 관하여Peri nomou ē peri politeias』, 『법에 관하여 혹은 좋음과 올바름에 관하여Peri nomou ē kalou kai dikaiou』, 『자유와 예종에 관하여Peri eleutherias kai douleias』, 『믿음에 관하여Peri pisteōs』, 『쾌락에 관하여Peri hēdonēs』가 주요 도덕적 이념들의 개념적 실체에 관한 성찰이라면, 『진리Alētheia』, 『질문과 답변에 관하여Peri erōteseōs kai apokriseōs』, 『관념과 지식에 관하여Peri doxēs kai epistemēs』 등의 저술은 인식론적 개념들 자체에 대해 성찰한 저술들로 추정된다. DL이 특히 네 권으로 저술된 것으로 덧붙인 『관념과 지식에 관하여』는 주제의 방대함에 걸맞는 분량의 저술로도 추측할 수 있다. 또한 『키로스 혹은 왕권에 관하여Kyros ē peri basileias』는 크세노폰이 『히에론Hieron』에서 시라쿠사의 참주 히에론을 중심으로 참주정체의 본질에 대해 논의한 것처럼 페르시아 왕 키로스를 예로 들면서 왕권 혹은 왕도정치의 본질을 논의한 작품으로 추정된다.[3]

---

2 오레스테스 또한 이들과 같이 법정 연설문 작가로 보이나 여기서의 기록 이외에는 발견되지 않는 인물이다.

3 친근성 정도를 떠나 크세노폰과 안티스테네스가 서로 알고 지낸 사이라는 점은 앞의 7장 1절에서 인용한 DL의 기록을 통해 확인된다. 즉 크세노톤이 안티스테네스에 대해 "대화하는 데 가장 친근하고 모든 면에서 가장 절제된 인물"이라고 평했다는 것이다(DL, 『안티스테네스전』 15). 아마 이 작품은 크세노폰의 『키로스 교육』과 『히에론』을 염

그러한 저작들이 전해지지 않기 때문에 주제 이외에 그 구체적인 내용에 대해서는 어떠한 추정도 불가능하다. 그리고 비록 그가 여러 유명한 문필가들의 경우처럼 수많은 주제에 관해 수많은 저술을 남겼지만, 각 주제에 대한 천착 면에서 그리 심각한 사상가나 철학자로 평가되기 어려운 — 특히 당대가 아닌 후대의 지식인들에게 — 지식인으로 간주되었을 수도 있다.[4] 그의 저작들이 제대로 보존되지 못한 이유 가운데 하나도 아마 그러한 점에서 원인을 찾을 수도 있기 때문이다. 그런데 설사 그것이 사실일지라도, 그가 앎과 잘남이라는 인간성의 가장 깊은 근원과 관련된 개념이나 올바름과 용기와 자유 등 정치 현실을 그 근원에서 움직이는 도덕적 이념의 실체 또는 정치 현실 자체를 그 근저에서 구성하는 법이나 국가의 본질에 대해 개념적인 성찰을 시도한 것은 분명해 보인다. 다만 심플리키우스Simplikius가 전하는 그와 플라톤의 대화가 사실이라면, 그의 개념적 사유가 플라톤의 이데아 이론과 같은 차원으로 발전한 것 같지는 않으며, 그로우트George Grote가 오래전 지적한 대로 그를 개념의 본질 문제와 관련하여 실재론realism과 대비되는 명목론nominalism의 주창자로

두에 두고 저술했을 가능성도 있다. 어쨌든 이 작품의 내용도 전해지지 않으므로 작품 제목에서의 키로스가 크세노폰이 『키로스 교육』에서 다룬 키로스 1세인지 그리스를 침공한 키로스 2세인지 확실하지 않고, 크세노폰 작품과의 차이가 무엇인지도 모르며, 주제가 왕권의 본질에 대해서라는 사실 이외에 그 내용에 대해 어떠한 추정도 불가능할 것이다.

4 이 문제와 관련하여 앞에서 이미 언급했지만 DL이 티몬Timōn이라는 사람이 안티스테네스에 대해 논평한 것으로 기록한 대목을 다시 환기할 필요가 있다. 티몬은 안티스테네스에 대해 쓸데없이 너무 많은 책을 썼다고 비난하면서 그를 "pantophyē phledona"라고 불렀다는 것이다(DL, 18). 희랍어 'pantophyēs'는 '무엇이라도 만들어내는' 역량을 형용하는 어휘이고 명사 'phledōn'은 '쓸데없이 한담閑談이나 늘어놓는 자'를 지칭하는데, 그 말이 사실이라면 안티스테네스는 한담가로 도외시될 수 있을 정도는 아니더라도 사고의 폭은 넓되 깊이는 부족한 지식인일 수 있는 것이다.

평가할 수는 있을 것이다(Grote, 1865: 519~521).[5] 어쨌든 그 점만으로도 그를 희랍 지성사에서 플라톤에 의해 완성되는 정치철학적 사유의 발전에 획기적으로 공헌한 지식인으로 평가하기에 부족함은 없을 것 같다. 그리고 만일 그의 저술들의 내용이 그 제목에 제시된 주제들에 관한 철저한 연구였다면, 그의 저술들 상당 부분이 고고학적으로 새롭게 발굴될 경우—물론 그러할 경우 희랍 지성사나 철학사 연구에 거대한 사건이 되겠지만—현재 이해되고 있는 바와 같은 소크라테스–플라톤–아리스토텔레스 중심의 희랍 정치철학사는 완전히 새롭게 써야 할 가능성도 배제할 수 없을 것이다.

정치철학의 태동 및 발전 과정에서 안티스테네스의 공헌이 지대할 가능성은 앞에서 인용한 일화에도 나타나지만, 그가 플라톤에 깊은 영향을 끼칠 만큼 인간적으로 상당히 가까웠었다는 사실을 통해서도 증대된다. 그 점과 관련해서는 단편적이나마 그와 플라톤의 관계를 증언하고 있는 DL의 기록을 좀 더 참조할 필요가 있다. 그는 『안티스테네스전』에서 안티스테네스와 플라톤의 영향력 관계를 추정할 수 있는 일화들을 소개하고 있는데, 그의 진술들을 그대로 인용하면 다음과 같다.

> 플라톤이 자신을 비방하고 있다는 소문을 들은 안티스테네스는 다음과 같이 말했다고 한다. "훌륭한 일을 하고 나쁜 말을 듣는 것은 고귀한 일이다"(DL, 3).[6]

---

5 여기서 그로우트의 책에 소개된 플라톤과 안티스테네스의 대화를 인용하면 다음과 같다. 플라톤이 제기하는 이데아의 존재를 논박하면서 안티스테네스가 "우리는 말hippon; horse은 보지만 말다움hippoteta; horseness은 보지 못한다"고 말하자, 플라톤은 "당신은 말을 보는 눈은 가지고 있어도 말다움을 보는 눈은 아직 얻지 못했다"고 대꾸했다는 것이다(Grote, 1865: 519~520).

6 이 문장에서 '고귀한 일이다'라는 어구는 희랍어 한 어휘로 'basilikos'이고, 영어로는

안티스테네스는 플라톤에 대해 "정신 나갔느냐고tetyphōmenon; being crazy" 꾸짖는 경우가 많았는데, 어느 날 종교 행사의 행렬에서 말 하나가 날뛰는 것을 보고 플라톤을 돌아보며 "네가 바로 저와 같은 잘난 체하는 망아지가 될 수 있었다"고 말했다고 한다(DL, 7).[7]

안티스테네스가 플라톤을 문병차 방문했을 때 세면대에 플라톤이 토해 낸 토사물이 있는 것을 보고, "내게는 담즙cholēn만 보이지 오만typhon은 보이지 않는 군"이라고 말했다고 한다(DL, 8).[8]

위의 일화들은 일단 안티스테네스와 플라톤이 인간적으로 친숙한 사이였음을 보여주며, 동시에 플라톤보다 20년 정도의 연상으로서 이미 지성적으로 완숙한 안티스테네스가 젊은 플라톤을 아직 미숙하고 잘난 체하는 건방진 후배 정도로 다루었다는 인상을 준다. 특히 첫째 일화에서 플라톤이 안티스테네스를 비방한 이유를 DL은 제시하지 않았지만, 그것을 뒤의 두 일화와 연결할 때 기본적으로 두 가지 해석이 가능하다. 한편으로, 따지기 좋아하고 엄격하고 올곧은 성격의 안티스테네스가 천재적인 젊은이인 플라톤이 그 젊은 기운의 천재성을 이기지 못해 '잘난 체하거나 건방을 떨 때마다' 강렬하게 꾸짖고 비판한 데 대해 플라톤이 반발한 것에

'royal'에 해당한다.

7 이 문장에서 '잘난 체하는 망아지'는 희랍어로 'hippos lampryntēs'로서, 'lampryntēs'는 '빛나다'를 뜻하는 'lampros'에서 파생한 말로 자신을 자랑스럽게 드러내는, 다시 말해 '잘난 체하는' 태도를 지칭할 것이다.

8 여기서 안티스테네스는 희랍인에게 쓸개 또는 담즙을 의미하는 'cholē'가 화나 짜증의 원천으로 믿어지는 의미의 이중성을 이용하여 플라톤을 힐난하고 있다. 즉 토사물에 섞인 담즙을 보면서 플라톤이 병에 걸려 평소의 오만함은 사라진 채 짜증만 남아 있는 상태를 에둘러 표현한 것이다.

서 연유한 것일 수 있다. 다른 한편으로, 천재적인 플라톤이 보기에 안티스테네스는 소크라테스의 철학이 제기한 주요 개념들 및 그것에서 파생된 수많은 논제를 연구하면서 그것의 외연은 넓히고 있지만, 소크라테스의 철학을 제대로 심화시키지 못한 점에 대해 불만을 표하거나 비판을 가한 데 연유할 가능성도 있다.

어쨌든 두 지식인 사이의 비방이나 비판을 빌라모비츠-묄렌도르프의 대표적인 해석처럼 두 인물이 서로 반감Antipathie을 가질 정도의 심각한 대립으로 간주할 필연적인 이유는 없다(Wilamowitz-Moellendorff, 1948: 201~3 참조). 위의 일화들뿐만 아니라 앞 장에서 검토한 안티스테네스 삶의 행적 및 저술 내용을 고려할 때 두 철학자 사이에는 비록 대립의 요소는 있어도 기본적인 지적 성향이나 철학적 추구의 목표 차원에서 동질적이고 상호 간에 지적인 면에서 상당한 수준의 영향력 관계가 있었다고 봄이 타당할 것이다. 문제는 그 영향력 관계가 구체적으로 무엇인가이다.

그 문제는 현재 보존되어 전해진 문헌학적 사료만으로는 제대로 해명될 수 없다. 특히 그러한 관계의 핵심으로서 플라톤이 구체적으로 어느 정도나 안티스테네스의 철학에 비판을 가하고 수정하고 새롭게 변화 및 발전을 이루었는지도 쉽게 설명되기는 어렵다. 다만 플라톤의 철학에 대한 세밀한 검토와 심층적인 논의는 두 인물 사이의 영향력 관계를 중심으로 이루어진 B.C.4세기 전반 희랍 지성사의 발전을 밝힐 수는 있을 것으로 믿어지는데, 그러한 작업을 통해 철학의 완성으로서의 정치철학이 등장하는 지성사의 과정도 밝혀질 수 있을 것 같다. 이 〈맺는말〉은 리시아스－안티스테네스－이소크라테스－크세노폰－플라톤으로 이어지는 지성사와 정치사의 변화에 작동하는 이념과 현실 사이의 변증법을 아테네 민주정치 체제의 쇠락 및 아테네라는 국가의 쇠망을 중심으로 개관하면서 마치고자 한다.

* * *

소크라테스의 추종자들뿐만 아니라 어느 시대 어느 장소의 지식인들이든 그들의 지성 활동은 개개인의 정신세계 내부에서만 일어나는 순수한 사유 작용이 아니다. 그것은 언제나 현실 속에서 교육과 사회적 소통 등 다른 인간들의 생각과 사상과 행동과의 연관 속에서 작동하며, 타자의 그러한 생각과 사상과 행동의 제도화된 형태가 사회적 가치 체계와 법적 규범, 그리고 그것들을 통할하고 관리하는 정치권력이다. 지식인의 활동은 기존의 법체계나 지배 질서 및 정치권력에 대한 정당화나 준수와 복종, 개혁적 변화의 추구, 혁명적 저항 등 다양한 형태를 띠게 된다. 모든 이론가가 스스로 표방한 이론에 함축된 개념적 내용이나 실천적 함의를 제대로 알면서 그것을 주장하거나 표방하는 것도 아니며, 모든 행동가가 반드시 자신의 행동과 관련된 가치의 본질이나 이념의 실체를 의식하거나 혹은 더 나아가 그것에 대한 체계적이고 깊은 인식을 기초로 행동하는 것은 아니다. 소크라테스 등 모든 철학자나 이론가의 사상과 이론들도 그러하며, 진시황이나 카이사르 등 위대한 군왕이나 정치가 혹은 군소 정치인이나 정상배 등 모든 행동하는 인물들의 행동이나 업적들도 그러하다. 정치 생활뿐만 아니라 인간의 삶 자체가 아이러니나 운명의 요소를 떠나 이해할 수 없는 이유도, 위대한 정치인들의 업적을 개인적 도덕 차원의 비행 등으로 폄훼함이 도덕적 편협이나 위선 또는 지적 왜소함인 이유도 그러한 점에 있다. 소크라테스 추종자들도 그러하다.

리시아스, 안티스테네스, 이소크라테스, 크세노폰, 플라톤 등에게 아테네의 민주정치는 각각 삶의 여정에서 구체적인 체험의 현장이었고, 그러한 체험은 그들 각자에게 국가 생활 또는 정치 현실을 이해하기 위한 경험적 자료이자 그것의 실체 또는 본질을 성찰하게 만든 직접적인 계기라고 할 수 있다. 클레이스테네스의 개혁으로 시작된 '민주화 시대' 아테네의 정치사는 이들이 성장하고 지성적으로 성숙해지는 시기에 이르러 보수와 진보의 대립과 갈등이 점차 심화했으며, 이에 따라 이들이 지식인으로서 본격적으로 활동한 시기의 아테네라는 국가는 정변과 패전과 내란을 거친 후 민주정체가 회복은 되었으나 국가적 번영은 과거사가 되고 국가적 위상은 추락한 상황이었다. 그러한 상황에서 그들에게 공통의 스승이자 친구인 소크라테스는 처형을 당한다. 그들 모두에게 그러한 역사적 상황은 각자 나름대로 구체적으로 체험하거나 실제로 참여하고 행동하면서 인간과 국가 생활의 문제들에 대해 성찰하는 시간이었고, 그러한 성찰의 결과가 그들의 저술들인 것이다.

일단 지성사적으로 흥미로운 사실은 소크라테스의 처형 후 나타난 그의 추종자들의 행태이다. 비록 플라톤을 제외하고는[9] 직접적인 기록이나 증언으로 확인된 것은 아니지만, 소크라테스의 처형은 그의 추종자들 모두에게 나름대로 충격이었을 것이다. 하지만 다른 '4대 성인'의 제자들과는 달리 그 충격이 집단적 행위로 나타나지는 않은 것 같다. 그들이 '소크라테스교'를 창설하지 않은 것은 물론이고, 그들끼리 영속적인 추종자 집단을 형성한 것 같지도 않다. 중심인물이 사거한 후 '소크라테스 동아리'는 대체로 해체되었다는 것이다. 그리고 그러한 사실은 소크라테스 가르침의 성격으로 볼 때 자연스럽다고 볼 수 있다. 그의 가르침의 내용은 추종이나 신앙의 대상이 되는 특정한 교설이 아니며, 그 방식 또한 그러한

---

9 그들 가운데 그 충격과 관련된 자전적 고백이 전해진 경우는 플라톤이 유일하다. 플라톤의 유명한 『제7서한』의 한 대목이 그것이다(325b-326b). 소크라테스의 처형은 자신에게 기존의 정치 제도와 정치인들 전반에 대한 불신과 더불어 현실 정치에의 참여를 포기하는 결정적인 계기가 되었고, 이후 정치적인 것들의 근원 및 국가 생활의 이상에 대한 탐구라는 정치철학적 과업의 수행으로 나아갔다는 점을 밝힌 것이다.

교설의 설교나 주입이 아니었다. 각자에게 스스로의 모름과 모자람을 깨달으면서 앎과 잘남의 길로 나아가라는 권유와 충고이며, 동시에 그러한 깨달음을 위해 각 개인이 갖고 있는 기존의 관념이나 사고 내용에 대한 비판과 논박을 통해 스스로가 더 깊고 넓은 정신세계를 형성하도록 자극하는 방식이었기 때문이다. 따라서 소크라테스의 추종자들 각자는 그에게서 무엇을 배웠느냐 자체가 다를 수밖에 없고, 그 추종의 내용이나 성격도 다를 수밖에 없으며, 소크라테스의 죽음이 가져온 충격의 성격 또한 다를 수밖에 없을 것이다. 물론 그 충격이 구체적으로 무엇이고 그들의 지성세계에 어떠한 변화를 가져왔는가는 각자의 정신적 성향이 무엇이고, 각각의 지적 관심사나 지성적 추구의 목표가 무엇이고, 각자가 각각의 길을 걸은 것은 그의 가르침이나 그에 대한 추종 자체의 성격을 고려할 때 필연적인 것일 수 있는 것이다.

일단 1장에서 소개된 에우클리데스 등 '이론적' 추종자들은 자신의 고향이나 연고지로 돌아가 각자 나름으로 소크라테스로부터 영향을 받은 철학적 내용을 이론화하는 작업에 몰두하면서 각자의 학파를 형성한 것 같다. 그리고 '실천적' 추종자들 가운데 리시아스는 앞에서 설명했듯이 법정 연설이나 대중 연설을 통해 나름대로 정치적 이상의 구현을 위한 이론적이면서 실천적인 행동을 했으며, 이소크라테스도 그와 비슷한 활동을 했고, 크세노폰의 경우는 조국 아테네를 배반할 정도로 직접적인 정치적 및 군사적 행동을 통해 소크라테스의 영향을 받아 나름대로 정립한 도덕적·정치적 이상의 실현을 위해 노력했다고 볼 수 있다.[10] 그리고 플라톤은 잘 알려진 바와 같이 소크라테스의 처형을 계기로 사물과 도덕과 정치

10 크세노폰의 그러한 행적은 『아나바시스』와 『아게실라오스』 등에 기술되어 있는데, 범희랍주의와 엘리트주의로 규정될 수 있는 그의 정치사상에 대한 탐구는 물론 별도의 저술을 필요로 할 것이다.

의 근원에 대한 철학적 탐구와 교육 활동으로 나아갔으며, 그 결과가 현재 우리에게 알려진 플라톤의 대大철학 체계 및 저작들인 것이다. 여기서 안티스테네스의 경우는 어떠했는지 언급할 필요가 있다. 그런데 지극히 미미하고 파편화된 진술들만 남아 있는 안티스테네스의 행적 관련 사료 자체의 한계 때문에 그것에 관한 해석은 논리적 상상의 범위를 벗어날 수 없지만, 앞의 1장에서도 언급된 나비아Luis Navia의 해석[11]은 흥미롭기도 하고 나름대로의 개연성도 있어 소개할 만하다.

앞에서 안티스테네스가 소크라테스를 만난 후 소피스트의 추종자에서 소크라테스의 추종자로 변신했다는 DL의 기록을 소개한 바 있다. 나비아의 해석에 의하면, 소크라테스의 '비정상적인' 죽음은 그를 새롭게 변신하게 만든 계기가 되었다는 것이다. 비록 디오게네스에서 전형적으로 나타나는 바와 같이 이 세계의 인위적인 관습이나 문명적 질서 자체를 전적으로 부정하는 수준은 아닐 수 있지만, 소크라테스의 세계관을 견유학파의 그것에 매개하는 수준의 세계관적 변화가 안티스테네스에게 일어났을 것이라는 추정은 가능하다는 것이다(Navia, 2001: 95). 'kynikoi'라는 명칭 자체가 DL이 『안티스테네스전』에서(13절) 그가 학생들을 가르쳤던 장소로 기록한 'Kynosarges'[12]에서 유래한 것이며, 소크라테스가 죽은 이후 그의 삶에서 소크라테스의 전형적인 삶의 태도인 가난, 세속적인 삶이나 가치에 대한 무관심indifference, 금욕주의asceticism, 자족성self-sufficiency[13] 등이 극단적인 형태로 표출되고, 소크라테스가 일반인들과의

---

11 Navia, 2001, 특히 89~122쪽의 Chapter 6 "Antisthenes, the Absolute Dog" 참조.

12 이 희랍어 자체는 '하얀argres; bright, white' '개kynō'를 의미한다.

13 이것은 불교에서 '탐貪－진瞋－치痴'에 기인해 중생들이 겪는 '번뇌'에 해당하며, '무지몽매' 혹은 '혼란' 또는 순우리말로 '흐리멍텅함'으로 번역될 수 있는 견유학파의 용어인 'typhos'를 벗어난 상태가 'atyphia'로서 불교의 해탈에 상응할 수 있다. 이 개념에 관해서는 나비아(2001, 특히 108~118)도 비교적 상세히 설명하고 있다.

대화에서 사용한 "부드러운 아이러니the gentle irony"는 일반 대중 전체의 생각이나 태도에 대한 혹독한 단죄로 변했으며, 기존 종교와 정치에 대한 소크라테스의 회의나 비판은 그것들에 대한 일방적인 거부로 변했을 가능성도 있다는 것이다(같은 책, 89~90).

과거 서구 사회의 1960~1970년대 일부 젊은이들을 지배했던 히피 문화가 대변하듯이, 기존 체제 또는 문명 질서 전반에 대한 회의나 부정 또는 그것으로부터의 도피는 그 정도에 차이는 있지만 어느 시대 어느 사회에서나 나타날 수 있는 현상이다.[14] 따라서 아테네 사회에 비판적인 지식인이었던 안티스테네스가 특히 소크라테스의 죽음을 계기로 '견유학파적인' 삶을 추구하고 그러한 사상을 발전시켰을 개연성을 부정할 이유는 없다. 다만 그 변화의 구체적인 내용을 확인할 수 있는 문헌적 자료들이 없음이 아쉬울 뿐이고, 이에 따라 그의 사상 전체의 내용을 종합적으로 파악하면서 희랍 지성사 및 철학사의 발전 맥락에서—특히 플라톤의 철학과 연관하여—그것이 갖는 의미를 명확히 밝히면서 비판적으로 평가할 수 있는 확실한 근거가 없는 것도 유감스러운 부분이다. 그 점에서 리시아스는 대비된다.

리시아스의 연설문들은 아테네의 민주정치에서 시민윤리가 쇠락하고 공인정신이 쇠퇴하는 정치 · 사회적 양상에 대한 단죄와 비판이다. 그런데 그의 연설문들에는 한때 건전한 시민정신의 발현 속에서 결집한 국가적 역량을 통해 대국 페르시아를 물리치고 제국의 번영과 더불어 고도의 시민 문화를 창달한 아테네에서 왜 그와 같이 쇠락과 쇠퇴의 양상이 발생하게 되었는지 역사적으로 그 원인을 설명하려는 시도가 없다. 아울러 그

14 그 점에 관해서는 나비아가 희랍 시대 고유의 'Cynicism'과, 인류 사회에서 보편적으로 나타날 수 있는 정신적 경향으로서의 'cynicism'을 구분하면서 설명한 바 있다(같은 책, 92~94).

러한 단죄와 비판의 기준은 물론 사회적 윤리와 국가적 차원의 정의일 것인데, 그의 연설문들에서는 사회적 윤리가 무엇이고 국가적 차원의 정의가 무엇인지, 더 나아가 개인의 사적인 삶 및 국가 생활 전체 차원에서 이루어지는 행위들에 대한 판단의 궁극적인 기준이 되는 도덕 자체 혹은 선 자체가 무엇인지에 대한 논의도 이루어지고 있지 않다. 다시 말해 자신의 비판과 법적 단죄의 대상인 정치·사회적 현상들의 역사적 근원의 탐구가 빠져 있고, 자신이 비판하고 단죄하는 윤리적 및 사법적 판단의 기준이 되는 개념들의 탐구 또한 빠져 있는 것이다. 물론 그의 저술들에 그 기준이 암시되고는 있지만, 그 기준의 개념적 실체에 대해 검토하거나 그 개념적 실체 자체에 대한 철학적 성찰이 나타나 있지는 않다는 것이다.

그러한 사실은 그의 연설 대부분이 법정이나 민회 등에서 대중을 대상으로 이루어졌기 때문에 글의 형식상 당연할 수도 있다. 하지만 그것은 연설문 작성이나 대중 강연 위주의 지적 활동에 따른 그의 직업적 한계일 수도 있으며, 가장 근본적으로는 그의 철학적 사고력 자체의 한계일 수도 있다. 어떠한 경우이든지 그러한 한계는 안티스테네스의 철학적 성찰과 크세노폰의 역사적 서술로 보완되고 있다는 사실이 지성사 차원에서는 중요하다. 그들 스스로가 그러한 작업의 정치철학적 의미를 자각하고 있었는지 아닌지를 떠나서 그들은 정치철학적 사고의 발전에 나름대로 공헌한 것이다. 문제는 그러한 발전의 핵심이 무엇이고 그 발전의 궁극적인 목적은 무엇인가이다.

여기서 그 역사적 출현의 원인이나 제도적 외양을 떠나 민주정치가 삶의 현실로 등장하는 상황 자체가 인류 정신사와 지성사에 제기하는 획기적이고 변혁적인 의미가 지적될 필요가 있다. 다시 말해 왕정 체제나 귀족정체 등 다른 모든 정치 체제 운영의 주체는 인간이기 때문에 각 체제는 나름으로 인간성의 문제를 제기함이 사실이다. 그러나 민주정체는 인간성에 대한 체험과 관련하여 다른 정치 체제와는 다른 성격과 차원의 체험을 하게 한다는 것이다. 간단히 말해서 민주정체는 인간성의 모든 요소가 공개적이면서 총체적으로 드러나는 정치 체제라는 것이다. 이에 따라 그것의 체험은 인간성의 문제를 지엽적이고 부분적인 이해에 만족하지 않고 총체적으로 파악하려 노력하면서 그 근원을 이해하려는 성찰적 사고를 자극한다는 점이 지성사 차원에서도 중요하다.

민주정치는 정의定意상 '민'에 의한 통치를 의미한다. 물론 그 민 자체를 어떻게 규정하고 그 규정된 집단의 실체를 어떻게 규정하냐에 따라 통치의 주체인 '민'에 포함될 수 있는 인간의 범위는 다양할 수 있다. 아테네의 경우 노예, 여자, 어린이 등에게는 통치에 참여할 수 있는 시민의 자격이 원천적으로 배제되었지만, 일반 성인 남성들에 대해서도 각각의 신분이나 재산에 따라 시민 자격과 권한에 다양한 제한이 가해지기도 했다. 다만 민주정치 체제는 희랍 시대뿐만 아니라 근대 세계에서도 바로 그 체제의 내적 논리상 그 제한이 점차 축소되는 일반적인 경향이 있는 것이 사실이다. 어쨌든 그와 같이 시민의 자격 요건이 약화되는 경향에서 중요한 점은 가능한 한 많은 인간에게 시민의 자격이 부여되면서 민주정치는 현실적으로 인간성의 극도로 저급한 요소들에서부터 고귀한 요소들 모두를 동시에 발현시킬 기회를 제공한다는 것이다. 따라서 그것은 통치 주체로 등장하는 다수 시민의 품성이나 교양 수준 또는 그들을 지배하는 정신적 분위기에 따라 국가 생활은 천차만별의 양상을 보일 수 있다. 그리고 그것이 바로 아테네의 정치사가 단순히 민주정치 발생의 차원에서뿐만 아니라 그것을 통해 발현된 인간성 향연의 고전적 사례가 된 이유이기도 하다.

그런데 무지, 허위의식, 위선, 허욕, 탐욕, 질시, 광기 등에서부터 고도의 지혜와 교양, 도덕성, 애국심, 인류애 등에 이르기까지 민주정치의 현실에서 발현되는 인간성의 다양한 요소들의 작동을 단순화하면 바로 앎과 잘남의 차원에서 다음과 같이 규정될 수 있을 것이다. 민주정치는 한편으로 그 시민집단의 성격이나 자질, 지도자의 역량, 정신적 상황에 따라 시민들의 승화된 공인정신과 국가의 물질적 역량이 고도로 결집한 집합적 지혜와 잘남으로 발현할 수 있다. 다른 한편으로 그것은 정반대로 집합적 어리석음이나 못남의 지배로 나타날 수도 있다. 즉 다수 시민의 사고나 가치관이 사적인 이해관계의 지배를 받아 공인의식이 약화되거나 쇠락하여 공적인 제도나 이념의 가치를 몰각한 상태에 있고, 지도층은 공인으로서의 희생이나 헌신의 정신은 물론 기본적인 책임의식도 없이 공직을 오직 개인적 출세 혹은 가문의 영광을 위한 수단으로 생각하는 양상이 벌어질 수 있다. 그러할 경우 국가 생활은 정파들 사이의 무조건적 권력 추구나 무분별한 분열과 대립과 갈등 속에서 시민들 개개인이나 정파 차원에서는 치밀한 이기적 계산이나 영악한 책략이 횡횡하지만, 국가 전체 차원에서는 비합리와 어리석음이 지배할 수 있다.

바로 그러한 대립적 양상의 근저에 국가 통치의 궁극적 주체인 민(국민) 혹은 좀 더 범위를 좁혀서 통치에 참여할 수 있는 자격 요건을 가진 집단인 시민(공민)을 통해 발현되는 인간성의 근원이 무엇인가를 탐구할 필요성이 있다. 즉 개개인의 삶 차원을 넘어 국가 생활 전체 차원에서 지혜와 어리석음, 잘남과 못남이 온갖 다양한 수준 및 형태로 결합하여 정치 현실로 나타난다면, 그와 같은 정치 현실의 궁극적 실체이자 근원인 인간성에 대한 철저한 앎은 바로 인간들의 앎에 관한 앎이자 인간들의 생각에 대한 생각이다. 그러한 차원의 앎과 생각은 국가의 통치 혹은 정치 제도의 운영이라는 실용적이고 실천적 목적의 실현을 위해 필수적인 요소이자 동시에 그러한 실용성과 실천성 그 자체이다. 정치철학이란 바로 그러한 보편적인 인간성에 대한 이해를 기초로 인간들의 구체적인 정치적 행태나 제도를 이해하면서 인간이 추구해야 할 보편적인 정치 질서가 무엇이냐를 탐색하는 행위이다.

희랍 지성사가 인류 지성사 전반의 차원에서 갖는 중요성은 아테네의 지식인들이 아테네의 그와 같은 정치사와 정신사의 흐름 속에서 아테네 민주정의 양상에 대한 경험적 일반화의 차원을 넘어서 바로 민주정치에 내재한 인간성 보편 및 보편적 정치 질서의 문제의 탐구를 심화해나갔다는 사실에 있다. 그것은 바로 소크라테스를 통해 태동한 정치철학적 사유가 확장되고 심화하고 체계화되면서 플라톤에 이르러 완성되는 정치철학의 형성 과정인 것이며, 두 위대한 인물을 지성사적으로 연결하는 중간 단계에 바로 리시아스, 안티스테네스, 이소크라테스, 크세노폰이 있는 것이다. 소크라테스를 통해 태동한 정치철학적 사유가 리시아스, 안티스테네스, 이소크라테스, 크세노폰을 거쳐 플라톤에 이르는 정치철학 사유의 거대한 발전은 바로 아테네 민주정치 체제의 쇠락, 그리고 아테네라는 국가와 희랍 세계 전체의 문명사적 쇠퇴라는 정치적 현실의 변화 속에서 이루어졌다는 점에 지성사적 및 역사적 아이러니가 있다. 그 거대한 지성사의 아이러니를 내포한 그 거대한 문명사적 변환에 대해 간략히 언급하면서 이 책을 맺기로 한다.

플라톤 사거 후 10년이 지난 B.C.338년 발생한 카에로네아Chaeronea 전투에서 아테네와 테바이의 연합군은 필리포스 2세가 지휘하고 그의 아들 알렉산드로스가 기병대장으로 활약한 마케도니아군에게 대패했다. 그 전투는 희랍 세계에 역사적 전환점을 가져온 대사건이었다. 그 전투의 결과를 정치적으로 결산한 B.C.337년의 코린토스회의를 통해서 마케도니아를 맹주로 희랍 도시국가들을 총괄하는 군사 동맹symmachia이 결성되었으며, 그 동맹에 기초하여 알렉산드로스의 동방 원정이 이루어지고, 알렉산드로스 사후 새로운 왕국들이 탄생하여 희랍의 도시국가들이 그것에 종속되었고, 장차 그러한 새로운 왕국들을 복속하여 지중해 지역 전반을 통합한 로마 제국이 등장하게 된다. 이제 정치적 공동체로서의 희랍 세계는 사라지게 되었으며, 희랍의 고전 문화는 퇴색하면서 희랍의Hellenic 문화 또한 사라지고 다른 문화와 결합한 '희랍적인Hellenistc' 문화만이 그 명맥을 유지하게 된다.

그런데 역사적 전환점으로 기록된 사건들이 언제나 그러하듯이, 카에로네아 전투 또한 단순히 일회성의 돌발적인 사건이 아니며 오랜 기간에 걸친 역사적 및 정신사적 과정의 결과라는 사실이 중요하다. 그것은 펠로폰네소스 전쟁의 종결 이후 스파르타의 패권, 테바이의 패권, 아테네 패권의 부활로 이어지는 희랍 세계의 분열과 쇠퇴, 그러한 분열과 쇠퇴에 병행하여 마케도니아라는 희랍 세계 변방의 국가의 융성과 희랍 세계의 제패를 통한 희랍판 전국 시대의 종결이라는 대大역사적 매듭을 이루는 사건이다.

그러한 역사적 진행과 관련하여 일단 다음과 같은 의문이 떠오를 것이다. 그전 세기에 페르시아라는 당대 최대 및 최강의 제국을 물리쳤던 희랍 세계가 왜 백 년도 채 되지 않아 그와 같이 분열하고 쇠퇴하면서 마케도니아라는 희랍 세계 변방의 국가에—중국의 전국시대를 종식한 진나라가 전국 칠웅 가운데 변방의 국가였듯이—종속될 수밖에 없었는가 하는 것이다.

이 역사적 사건을 목격하면서 이소크라테스는 비록 짧은 서간문의 형태이지만 자신에게는 최후의 저술이라고 할 수 있는 글을 작성하여 필리포스 왕에게 보낸다. 그리고 그 최후의 저술 작업 후 얼마 되지 않아 이소크라테스 자신도 그의 오랜 인생의 최후를 맞이하게 된다. 일반적으로 〈필리포스에게 보낸 두 번째 서간Philippōi II〉으로 알려진 그 글에서 그 98세의 노인은 필립포스 왕에게 통합된 희랍의 군대를 이끌고 동방 원정에 나설 것을 촉구한다. 그러한 촉구 속에 한 사건에서 시대의 전환점을 읽은

한 노쇠한 지식인 나름의 깊은 경륜과 더불어 일생 추구한 지적 탐색의 요체가 나타나 있다. 그것은 바로 그가 일생 추구한 수사학 이념과 더불어 새로운 정치 질서 모색의 결과인 것이다. 그 새로운 정치 질서란 희랍인이라는 동류의식에 근거하여 도시국가들을 통합한 국가 체제의 등장을 의미한다. 다시 말해 이소크라테스는 서로 끊임없는 전쟁 속에서도 올림픽 경기를 통해 확인되는 희랍인이라는 동류의식을 일종의 희랍민족주의라는 이데올로기로 승화하려 노력하고, 그러한 이념을 기초로 기존 도시국가 체제를 넘어선 희랍인들 전체를 통합한 정치 질서를 구축하면서 희랍인들 주도의 세계 질서를 건설하려고 시도하며, 그러한 목표를 필리포스라는 영웅적인 인물을 통해 — 운명의 아이러니는 그 역사적 과업을 아들에게 맡기게 되지만 — 달성할 수 있다는 희망을 피력하고 있는 것이다. 그런데 그러한 추구와 시도는 이 책에서 논의한 리시아스와 크세노폰의 행동과 사상 속에 이미 배태되고 있었다는 사실이 중요하다.

B.C. 404년 펠로폰네소스 전쟁의 종전 이후 더욱 치열해진 도시국가들 사이의 분열과 갈등, 도시국가들 사이의 끊임없는 전쟁, 그러한 희랍 세계의 상황을 이용한 페르시아의 개입과 영향력 확대, 이에 따른 희랍인들 삶 전반의 불안과 희랍 세계 전체의 쇠퇴라는 정치적 병리 상황의 전개는 당연히 당대 희랍의 지식인들에게 그러한 상황의 실체를 파악하고 그것을 극복하기 위한 여러 가지 이론적·실천적 탐색을 시도하도록 만들었음은 지성사적 필연이다. 그러한 탐색의 핵심에는 오랫동안 희랍인들의 삶을 지배했던 정치적 이상, 즉 자율적이며 시민적 교양 문화의 창달할 수 있게 했던 공동체로서의 도시국가 체제를 대체할 수 있는 새로운 국가 체제를 제시해야 한다는 지성사적 과제가 있었다. 그것은 올림피아 신화라는 공통된 종교와 오랜 경제적, 사회·문화적 교류를 통해 형성된 '하나의 희랍'이라는 관념을 어떠한 이념으로 승화시키느냐의 과제이기도 했다. 그러

한 과제에 대한 해명 노력이 플라톤과 이소크라테스 두 지식인으로 대변되는 B.C.4세기 전반 희랍 정치사상사의 주요 흐름을 이룬다. 그 흐름은 이 책에서 설명한 바와 같이 정치 현실에 대한 폭넓은 수사학적 성찰에 기초하여 법치주의와 범희랍주의라는 실천적 처방을 제시한 리시아스, 안티스테네스에 의해 본격적으로 시도된 개념적 성찰, 크세노폰이 추구한 현실에 대한 역사적 접근 등이 사상 체계 및 철학으로 점차 명시화되고 체계화되는 과정이다.

이 책 후속편의 목적은 바로 그러한 지성사의 과정에 관한 서술과 설명이다. 이소크라테스와 크세노폰과 플라톤 등 지식인들 사이의 인간관계 및 사상의 대립 및 경쟁 관계 속에서 이루어지는 B.C.4세기 전반 희랍 지성사 및 사상사의 전개, 그리고 그러한 전개 과정에서 철학의 완성 혹은 학문의 완성으로서의 정치철학의 이념이 플라톤을 통해 어떻게 완성되는지 설명될 것이다. 그들을 통해 본격적으로 제시되는 현실에 대한 수사학적·역사적·철학적 이해 방식 등이 이소크라테스와 크세노폰과 플라톤을 통해 어떻게 발전적으로 승화되면서 이론과 실천의 관계 및 지식인의 행동 문제, 학문과 이데올로기의 관계 문제 등의 지성사와 정치철학사의 의미가 좀 더 구체적으로 밝혀지기를 기대한다.

| 참고문헌 |

■ 1차 문헌

탈레스 외(2005). 『소크라테스 이전 철학자들의 단편 선집』. 강철웅 외 옮김. 서울: 아카넷.

Aeschilos(1922, 1926). *Aeschilos*, volume Ⅰ & Ⅱ. 〈Loeb Classical Library〉. Cambridge: Harvard University Press. [* 이하 별도로 표기되지 않는 경우, 출판사는 모두 Harvard University Press의 〈Loeb Classical Library〉임.]

Aeschines 연설문집(1919).

Antisthenes(2015). *Antisthenes of Athens*, Texts, Translations, and Commentary by Susan Prince. Anabur: University of Michigan Press.

Aristophanes 전집(1924, 2002, 2008).

Aristoteles 전집(1970-1986).

Antiphon & Andokides(1941). *Minor Attic Orators*.

Aristoxenos(fragments)(1967). *Die Schule des Aristoteles: Texte und Kommentar*. Heft II. Basel: Schwabe & Co. Verlag.

Cicero 전집(1967-1984).

Diels, H. & W. Kranz(1951). *Die Fragmente der Vorsokratiker*. Berlin: Weidmann.

Diodorus Siculus(1933). *Bibliothekes Historikes(The Library of History)*.

Diogenes Laertius(1925). *Biōn Kai Gnōmōn Tōn Philosophai Eudokimēsantōn Tōn Eis Deka(Lives and Opinions of Eminent Philosophers in Ten Books*; 철학사), 2 vols.

Epicurus(1926). *Epicurus, the Extant Remains*. trans. by C. Bailey. Oxford:

Clarendon Press.

______ (1887). *Epicurea*, ed. by H. Usener. Leibzig: Teubner.

Epiktētos(2014). *Discourses, Fragments, Handbook*. trans. by Robin Hard. Oxford: Oxford University Press.

Euripides 전집(1912).

Greek Mathematical Works I: From Thales to Euclid(1939). trans. by Ivor Thomas.

Herodotos(1920-1925). *Historiai*, 4 vols.

Hippocrates and The Fragments of Heracleitus, 4 vols.(1928).

Homeros(1924-1925). *Illiados*, 2 vols.

______ (1995). *Odysseus*, 2 vols.

Ioannes ab Arnim ed.(1921). *Stoicorum Veterum Fragmenta*, 3 vols. Lipsiae: Teubner.

Isokratēs 전집(1980-1983).

Lysias 연설문집(1930).

Pausanias(1918-1935). *Hellados Periēgēsōs*, 5 vols.

Philostratos(1921). *Bioi Sophistōn*.

Pindaros(1915). *The Odes of Pindar*, 2 vols.

Platon 전집(1977-1986).

Plato(1968). *The Republic of Plato*. trans. by Allan Bloom. New York: Basic Books.

Plutarchos(1914-1926). *Plutarch's Paraellel Lives*, 11 vols.

______, *Moralia*, 15 vols.

Polybius & Evelyn S. Shuckburgh tr.(1980). *Polybius on Roman Imperialism*. South Bend, Ind.: Regnery/Gateway.

Sophocles 전집(1912).

Thukydidēs(1951-1953). *Historiai*, 4 vols.

Xenophon 전집(1968-1985).

■ 2차 문헌

〈국내 문헌〉

괴르게만스, 헤르비히(2006). 『플라톤 철학을 위한 첫걸음』. 임성철 옮김. 서울: 한양대학교출판부.

김봉철(2004). 『전환기 그리스 지식인, 이소크라테스』. 서울: 신서원.

김비환(2001). 『축복과 저주의 정치사상: 20세기와 한나 아렌트』. 서울: 한길사.

김용민(2000). "정치에 있어서 정의와 우정: 플라톤과 크세노폰." 『한국정치학회보』 34집 3호.

김진경(1990). 『그리스 비극과 민주정치』. 서울: 일조각.

리히트, 한스(1995). 『그리스 성풍속사』. 정성호 옮김. 서울: 산수야.

바이저, 프레더릭(2011). 『낭만주의의 명령, 세계를 낭만화하라』. 김주휘 옮김. 서울: 그린비.

마틴, 토마스 R.(2004). 『고대 그리스의 역사』. 이종인 옮김. 서울: 가람기획.

미슨, 스티븐(2001). 『마음의 역사』. 윤소영 옮김. 서울: 영림카디널.

박성우(2007). "플라톤의 메네크세노스와 아테네 제국의 정체성, 그리고 플라톤적 정치적 삶." 『한국정치학회보』 41집 4호.

_____(2004). "플라톤의 변명과 소크라테스적 정치적 삶." 『한국정치학회보』 38집 2호.

박종현(2001). 『헬라스 사상의 심층』. 서울: 서광사.

_____(1990). 『희랍사상의 이해』. 서울: 종로서적.

베르낭, 장 피에르(2005). 『그리스인들의 신화와 사유』. 박희영 옮김. 서울: 아카넷.

소포클레스(2008). 『소포클레스 비극 전집』. 천병희 옮김. 고양: 도서출판 숲.

수자, 필립 드 외(2009). 『그리스 전쟁』. 오태경 옮김. 서울: 플래닛미디어.

스트라우스, 레오(2002). 『정치철학이란 무엇인가』. 양승태 옮김. 서울: 아카넷.

양병우(1976). 『아테네 민주정치사』. 서울: 서울대학교출판부.

양승태(2014). "역사의식과 국가이성: 한국 근·현대사 해석 논쟁에 대한 정치철학적 진단 서설." 『한국정치학회보』 48집 1호.

_____(2013). 『소크라테스의 앎과 잘남: 대화, 아이러니, 시민적 삶, 그리고 정치철학의 태동』. 서울: 이화여자대학교출판부.

______(2007). 『우상과 이상 사이에서: 민주화 시대의 이데올로기들에 대한 비판적 성찰』. 서울: 이화여자대학교출판부.

______(2006). 『앎과 잘남: 희랍 지성사와 교육과 정치의 변증법』. 서울: 책세상.

______(2002). "미개적 大同, 문명적 大同, 小康, 그리고 정치적 이상의 역사적 진화론: 『예기』 '禮運'편에 대한 하나의 비판적 해석." 『정치사상연구』 7집 2호.

______(1986). "의사 변증법과 의사 실천적 정치이론: 아리스토텔레스의 변증법 비판 서설." 『한국정치학회보』 20집 2호.

우성주(2009). "이미지를 활용한 향연 문화의 재구성: 플라톤과 크세노폰의 『향연』을 비교연구의 중심대상으로." 『서양고대사연구』 25.

임철규(2007). 『그리스 비극』. 서울: 한길사.

칸트, 임마누엘(1992). 『영원한 평화를 위하여』. 이한구 옮김. 서울: 서광사.

케이건, 도널드(2006). 『펠로폰네소스 전쟁사』. 허승일 · 박재욱 옮김. 서울: 까치사.

______(2004). 『전쟁과 인간』. 김지원 옮김. 서울: 세종연구원.

테일러, C. C. W.(2001). 『소크라테스』. 문창옥 옮김. 서울: 시공사.

핀리, M. I.(1991). 『그리스의 역사가들: 헤로도투스, 투키디데스, 크세노폰, 폴리비오스』. 이용찬 · 김쾌상 옮김. 서울: 대원사.

플라실리에르, 로베르(2004). 『고대 그리스의 일상생활: 페리클레스 시대: 』. 심현정 옮김. 서울: 우물이있는집.

하라리, 유발(2015). 『사피엔스』. 조현욱 옮김. 서울: 김영사.

하버마스, 위르겐(2000). 『사실성과 타당성』. 박영도 · 한상진 옮김. 서울: 나남출판.

하트, 스티븐(1996). 『동물의 언어』. 이용철 옮김. 서울: 김영사.

해리스, 브라이언(2009). 『인저스티스』. 이보경 옮김. 서울: 열대림.

해밀턴, 이디스(2009). 『고대 그리스인의 생각과 힘』. 이지은 옮김. 서울: 까치.

〈외국 문헌〉

Adkins, A. W. H.(1967). *Merit and Responsibility*. Chicago: University of Chicago Press.

______(1996). "The 'Speech of Lysias' in Plato's *Phaedrus*," in Rouden et. al., *The Greeks and Us*, 224~240.

Adkins, Lesley & Roy A. Adkins(1997). *Handbook to Life in Ancient Greece*. New

York: Oxford University Press.

Aird, Hamish(2004). *Pericles: The Rise and Fall of Athenian Democracy*. New York: The Rosen Publishing Group.

Ameling, Walter(1985). "Plutarch, Perikles 12-14." *Historia*, 34: 47-63.

Anderson, Greg(2000). *The Athenian Experiment: Building an Imagined Political Community in Ancient Attica, 508-490 B.C.* Ann Arbor: University of Michigan Press.

Anderson, Perry(1978). *Passages From Antiquity to Feudalism*. London: Verso.

Andrewes, A.(1970). "Lysias and the Theramenes papyrus." *Zeitschrift für Papyrologie und Epigraphik*, 6: 35-38.

Arendt, Hannah(1978). *The Life of the Mind*, 2 vols. New York: Harcourt Brace Yovanovich.

______(1961). *Between Past and Future*. Cleveland: World Publishing Co.

______(1958). *The Human Condition*. Chicago: University of Chicago Press.

______(1951). *The Origins of Totalitarianism*. New York: Harcourt Brace Yovanovich.

Arnott, W. Geoffrey(1971). "ΑΡΙΣΤΟΣ ΚΑΝΩΝ." *The Classical Review*, vol. 21, no. 3, 359-361.

Avery, Harry C.(1966). "Lysias 12. 65." *Classical Philology*, 61(4), 257-258.

Badian, E. and Julia Heskel(1987). "Aeschines 2.12-18: A Study in Rhetoric and Chronology." *Phoenix*, 41(3), 264-271.

Baldry, H. C.(1965). *The Unity of Mankind in Greek Thought*. Cambridge: Cambridge University Press.

Balot, Ryan K.(2001). *Greed and Injustice in Classical Athens*. Princeton: Princeton University Press.

Barker, Ernest(1918). *Greek Political Theory: Plato and his Predecessors*. London: Metheun.

Barrow, R. H.(1928). *Slavery in the Roman Empire*. London: Methuen.

Bateman, John J.(1962). "Some aspects of Lysias' Argumentation." *Phoenix*, 16(3), 157-177.

_____(1958). "Lysias and the Law." *Transactions and Proceedings of the American Philological Association*, 89, 276-285.

Beall, E. F.(2001). "Diogenes Laertius on Aeschines the Socratic's Works." *Hermes*, 129(1), 142-144.

Bechtle, Gerald(1996). "A Note on Pseudo-Xenophon, The Constitution of the Athenians 1.11." *The Classical Quarterly*, New Series, 46(2).

Beck, F. A. G.(1964). *Greek Education, 450-350 B.C.* New York: London: Metheun.

Bell, H. I.(1929). "An Unknown Oration of Lysias." *The British Museum Quarterly*, 3(4), 96-97.

Berns, Laurence(1974). "Socratic and Non-Socratic Philosophy: A Note on Xenophon's "Memorabilia" 1.1.13 and 14." *The Review of Metaphysics*, 28(1).

Bers, Victor(1975). "Solon's Law Forbidding Neurality and Lysias 31." *Historia: Zeitscrift für Alte Geschichte*, Band 24, H. 3, 493-498.

Block, Josine(2017). *Citizenship in Classical Athens*. Cambridge: Cambridge University Press.

Boegehold, Alan L. & Adele C. Scafro eds.(1994). *Athenian Identity and Civic Ideology*. Baltimore: Johns Hopkins University Press.

Bolonyai, Gábor(2008). "A Numbers Game: An Interpretation of Lysias 17." *The Classical Quarterly*, 58(2), 491-499.

Bonhoffer, Adolf Friedrich(2000). *The Ethics of the Stoic Epictetus*. trans, by William Stephens. Bern: Peter Lang.

Bonner, R. J. & Gertrude Smith(1968). *The Administration of Justice from Homer to Aristotle*. New York: Greenwood Press.

Borthwick, E. K.(1990). "Two Emotional Climaxes in Lysias' 'Against Eratosthenes'." *The Classical World*, 84(1): 44-46.

Bowra, C. M.(1971). *Periclean Athens*. London: Weidenfeld & Nicolson.

Bridgham, John(1917). "Xenophon Anabasis i. 8. 13." *The Classical Journal*, 12(5).

Brock, Roger and Malcolm Heath(1995). "Two Passages in Pseudo-Xenophon." *The Classical Quarterly*, 45(2).

Bruell, Christopher(1987). "Xenophon." in *History of Political Philosophy*. ed. by Leo Strauss & Joseph Cropsey. Chicago: The University of Chicago Press.

Buccioni, Eva(2007). "Keeping it Secret: Reconsidering Lysias' Speech in Plato's Phaedrus." *Phoenix*, 61(1/2), 15-38.

Buckler, John(1980). *The Theban Hegemony, 371-362 B.C.* Cambridge: Harvard University Press.

Buckley, Terry(2010). *Aspects of Greek History 750-323 BC: A Source-Based Approach*. New York: Routledge.

Bugh, Glenn R.(1982). "Andocides, Aeschines, and the Three Hundred Athenian Cavalrymen." *Phoenix*, 36(4), 306-312.

Burckhardt, Jacob(1930, 1956). *Griechische Kulturgeschichte I & II*. Stuttgart: Deutsche Verlags-Anstalt.

______ (1998). *Greeks and Greek Civilization*. New York: St. Martin's Press.

Burkert, Walter(2004). *Babylon-Memphis-Persepolis: Eastern Contexts of Greek Culture*. Cambridge: Harvard University Press.

Bury, R. G.(1893). "The Use of Prepositions in Lysias." *The Classical Review*, 7(9), 394-396.

Carawan, Edwin(2013). *The Athenian Amnesty and Reconstructing the Law*. Oxford: Oxford University Press.

Carey, Christopher(1990). "Structure and Strategy in Lysias XXIV." *Greece & Rome*, 37(1):44-51.

Carey, C.(1981). *A Commentary on Five Odes of Pindar*. Salem. New York: Arno Press.

Carter, L. B.(1986). *The Quiet Athenian*. Oxford: Clarendon.

Cartledge, Paul(1996). "Barbarian Asia and the Greek Experience: From the Archaic Period to the Age of Xenophon." *The International History Review*, 18(3).

______ (2005). *The Greek Wars: The Failures of Persia*. Oxford: Oxford University Press.

Cassirer, Ernst(1970). *Rousseau, Kant and Goethe*. Princeton: Princeton University Press.

Chadwick, John(1997). *Linear B and Related Scripts 〈Reading the Past〉*. Berkeley: University of California Press.

Chemiss, Harold(1945). *The Riddle of the Early Academy*. Berkeley: University of California Press.

Chroust, A. H.(1960). "The Origin of *Metaphysics*." *Review of Metaphysics*, 14, 601-616.

_____ (1957). *Socrates, Man and Myth*. London: Routledge & Kegan Paul.

Cohen, David(1995). *Law, Violence and Community in Classical Athens*. Cambridge: Cambridge University Press.

_____ (1991). *Law, Sexuality, and Society: The Enforcement of Morals in Classical Athens*. Cambridge: Cambridge University Press.

Cole, T. (1991). *The Origins of Rhetoric in Ancient Greece*. Baltimore: The Johns Hopkins University Press.

Connor, W. Robert(1992). *The New Politicians of Fifth Century Athens*. Indianapolis: Hackett.

Cooper, Guy L.(1971). "A Better Solution for the Text of Xenophon, Symp. 4. 37." *The Classical Quarterly*, New Series, 21(2).

Cornford, F. M.(1932). *Before and After Socrates*. Cambridge: Cambridge University Press.

Craik, E. M.(1999). "Mantitheus of Lysias 16: Neither Long-haired nor Simple-minded." *The Classical Quarterly*, 49(2): 626-628.

Croix, G. E. M. de St.(1961). "Notes on Jurisdiction in the Athenian Empire." *Classical Quarterly*, 11 (1-2), 94-112; (3-4), 268-280.

Cropsey, Joseph(1995). *Plato's World: Man's Place in the Cosmos*. Chicago: University of Chicago Press.

Csapo, Eric & William J. Slater(1995). *The Context of Ancient Drama*. Ann Arbor: University of Michigan Press.

Dahl, Robert A.(1956). *A Preface to Democratic Theory*. Chicago: University of Chicago Press.

Danzig, Gabriel(2003). "Apologizing for Socrates: Plato and Xenophon on

Socrates' Behavior in Court." *Transactions of the American Philological Association*, 133(2).

Danzig, Gabriel(2010). *Apologizing for Socrates: How Plato and Xenophon Created our Socrates*. Lexington Books.

Davies, J. K.(1981). *Wealth and the Power of Wealth in Classical Athens*. New York: Ayer Co. Pub.

______ (1971). *Athenian Propertied Families*. Oxford: Clarendon Press.

Denniston, J. D.(1931). "The Loeb Lysias." *The Classical Review*, 45(6): 221-222.

De Vries, G. J.(1969). *A Commentary on the Phaedrus of Plato*, Amsterdam: Adolf M. Hakkert.

De Vries, W. L.(1892). *Ethopoiia: A Rhetorical Study of the Types of Character in the Orations of Lysias*. Baltimore: Murphy.

Dewald, Carolyn & John Maribcola eds.(2006). *The Cambridge Companion to Herodotus*. Cambridge: Cambridge University Press.

Diller, Aubrey(1979). "The Manuscript Tradition of Aeschines' Orations." *Illinois Classical Studies*, 4, 34-64.

Dillery, John(1995). *Xenophon and the History of his Times*. New York: Routledge.

______ (1993). "Xenophon's "Poroi" and Athenian Imperialism." *Historia: Zeitschrift für Alte Geschichte*, 42(1).

Dillon, J.(1983). "What Happened to Plato's Garden?" *Hermathena*, 134, 51~59.

Dimock, George E. Jr.(1952). "Alla in Lysias and Plato's *Phaedrus*." *The American Journal of Philology*, 73(4): 381-396.

Dodds, E. R.(1965). *Pagan and Christian in an Age of Anxiety*. Cambridge: Cambridge University Press.

______ (1956). *The Greeks and the Irrational*. Berkeley: University of California Press.

Dolan, Walter(1980). *The Aristocratic Ideal in Ancient Greece: Attitudes of Superiority from Homer to the End of the Fifth Centry B.C.*. Kansas: Coronado Press.

Dorjahn, Alfred P.(1929). "Some Remarks on Aeschines' Career as an Actor." *The Classical Journal*, 25(3), 223-229.

Dorjahn, Alfred(1946). *Political Forgiveness in Old Athens*. Evanston: Northwestern University Press.

Dover, Kenneth J.(1978). *Greek Homosexuality*. London: Duckworth.

______ (1975). "Freedom of the Intellectual in Greek Society." *Talanta*, vol. 7, 24-54.

______ (1974). *Greek Popular Morality in the Time of Plato and Aristotle*. Oxford: Blackwell.

______ (1968). *Lysias and the Corpus Lysiacum*. Berkely: California University Press.

Drachmann A. B.(1977). *Atheism in Pagan Antiquity*. Chicago: Ares Pub.

Drews, Robert(1993). *The End of the Bronze Age: Change in Warfare and the Catastrophe ca. 1200 B.C.* Princeton: Princeton University Press.

Driver, G. R. & J. C. Miles(2007). *The Babylonian Laws*. Eugene: Wipf and Stock.

Dudley, D. R.(1937). *A History of Cynicism*. London: Methuen.

Dunbabin, T. J.(1948). *The Western Greeks*. Oxford: Clarendon Press.

Dunn, John ed.(1992). *Democracy: The Unfinished Journey 508 BC to AD 1993*. Oxford: Oxford University Press.

Düring, I.(1941). *Herodicus the Cratetean: A Study in Anti-Platonic Tradition*. Stockholm: Wahlström & Widstrand.

Easterling, P. E. & J. V. Muir(1985). *Greek Religion and Society*. Cambridge: Cambridge University Press.

Easterling, P. E. ed.(1997). *The Cambridge Companion to Greek Tragedy*. Cambridge: Cambridge University Press.

Eder, W. ed.(1995). Die athenische Demokratie im 4. Jahrhundert v. Chr. Stuttgart: Franz Steiner.

Ehrenberg, Victor(1940). "Isonomia." *Paulys Real—Enzyklopaedie der Klassischen Altertums-wissenschaft*, Supplementband vol. 7. 293-301.

______ (1967). *From Solon to Socrates*. London: Methuen.

_____ (1974). *Man, State, and Deity: Essays in Ancient History*. London: Methuen.

Ferckel, Friedrich(1937). *Lysias und Athen*. Wurzburg: Trilitsch.

Field, G. C.(1967). *Plato and his Contemporaries*. London: Methuen.

Figueira, T. J.(1986). "Sitopolai" and "Sitophylakes" in Lysias' "Against the Graindealers": Governmental Intervention in the Athenian Economy." *Phoenix*, 40(2), 149-171.

Finley, M. I.(1999). *The Ancient Economy*. Berkeley: University of California Press.

_____ (1985). *Democracy: Ancient and Modern*. New Brunswick, N. J.: Rutgers University Press.

_____ (1982). *Economy and Society in Ancient Greece*. New York: Viking Press.

_____ (1960). *The Portable Greek Historians: the Essence of Herodotus, Thucydides, Xenophon, Polybius*. New York: Viking Adult.

Fogelmark, Staffan(1981). "Lysias 12-37: An Unexplained Case of κακοφωνία." *Hermes*, 109(3): 294-300.

_____ (1979). "A Troublesome Antithesis: Lysias 12-88." *Harvard Studies in Classical Philology*, 83:109-141.

Forbes, Clarence A.(1967). "An Episode in the Life of Aeschines." *The American Journal of Philology*, 88(4), 443-448.

Forde, Steven(1989). *The Ambition to Rule : Alcibiades and the Politics of Imperialism in Thucydides*. Ithaca: Cornell University Press.

Forrest, W. G.(1968). *A History of Sparta*. New York: Norton Library.

_____ (1966). *The Emergence of Greek Democracy, 800-400 BC*. London: Weidenfeld & Nicolson.

Frisk, Hjalmar(1954-72). *Griechisches Etymologisches Wörterbuch*. 3 vols. Heidelberg: Universitätsverlag winter HmbH.

Fritz, Kurt von. & Ernst Kapp(1950). *Aristotle's Constitution of Athens*. New York: Hafner.

Fuks, A.(1984). *Social Conflict in Ancient Greece*. Jerusalem: The Magnes Press.

Furley, W. D.(1989). "A Note on Lysias 6, against Andokides." *The Classical Quarterly*, 39(2): 550-553.

Garland, Robert(1992). *Introducing New Gods*. Ithaca: Cornell University Press.

Georges, Pericles(1994). *Barbarian Asia and the Greek Experience : from the Archaic Period to the Age of Xenophon*. Johns Hopkins University Press.

Gish, D.(2012). "Defending Demokratia: Athenian Justice and the Trial of the Arginusae Generals in Xenophon's Hellenica." *Mnemosyne*, 348.

Goldhill, Simon(2004). *Love, Sex, and Tragedy: How the Ancient World Shapes Our Lives*. Chicago: University of Chicago Press.

Gomme, A. W.(1945, 1956, 1970). *A Historical Commentary on Thucydides I~IV*. Oxford: Clarendon Press.

______ (1949). "The Xenophonic Constitution of Sparta." *The Classical Review*, 63(3/4).

______ (1937). *Essays in Greek History and Literature*. Oxford: Basil Blackwell.

Gomperz, Theodor(1996). *Greek Thinkers: A History of Ancient Philosophy*. 4 vols. Bristol: Thoemmes.

Gould, J. & D. M. Lewis eds.(1997). *The Dramatic Festivals of Athens*. Oxford: Oxford University Press.

______ (1989). "Xenophon's Defence of Socrates: The Rhetorical Background to the Socratic Problem." *The Classical Quarterly, New Series*, 39(1).

______ (1986). "Xenophon's Hiero and the Meeting of the Wise Man and Tyrant in Greek Literature." *The Classical Quarterly, New Series*, 36(1).

______ (1980). "The Years 375 to 371 B. C: A Case Study in the Reliability of Diodorus Siculus and Xenophon." *The Classical Quarterly, New Series*, 30(2).

Grene, D.(1967). *Greek Political Theory: The Image of Man in Thucydides and Plato*. Chicago: Phoenix House.

Grenfell, B. P. & A. S. Hunt(1919). *The Oxyrhynchus Papyri XIII*, London: Cornell University Library.

Grieser-Schmitz, D.(1999). *Die Seebundpolitik Athens in der Publizistik des Isokrates: eine quellenkritische Untersuchung vor dem Hintergrund realer historischer Prozesse*. Bonn: Habelt.

Grote, George(1865). *Plato, and the Other Companions of Socrates*, 3 vols. London: John Murray.

Gschnitzer, Fritz(1978). "*Ein neuer spartanischer Staatsvertrag und die Verfassung des Peloponnesischen Bundes.*" *Beiträge zur Klassischen Philologie* 93.

Guthrie, W. K. C.(1962). *A History of Greek Philosophy*. 6 vols. Cambridge: Cambridge University Press.

______ (1950). *The Greeks and Their Gods*. Boston: Beacon Press.

Habermas, Jürgen(1992). Faktizität und Geltung, Frankfurt am Main: Suhrkamp.

______ (1989). *The Structural Transformations of the Public Sphere*. Cambridge: MIT Press.

______ (1984). *Theory of Communicative Action*. Boston: Beacon Press.

______ (1979). *Communication and the Evolution of Society*. Boston: Beacon Press.

______ (1971). *Theorie und Praxis: Sozialphilosophische Studien*. Frankfurt am Main: Suhrkamp.

______ (1971). *Theory and Pratice*. Boston: Beacon Press.

Hackforth, Reginald(1952). *Plato's Phaedrus: Translated with an Introduction and Commentary*, Cambridge: Cambridge University Press.

Hall, Edith(1989). *Inventing the Barbarian: Greek Self-Definition through Tragedy*. Oxford: Clarendon.

Hall, Jonathan M.(2002). *Hellenicity: Between Ethnicity and Culture*. Chicago: University of Chicago Press.

Hamel, Debra(1998). *Athenian Generals : Military Authority in the Classical Period*. Leiden: Brill Academic Pub.

Hamilton, C. D.(1999). "John Dillery: Xenophon and the History of His Times." *American Journal of Philology*, 120(1).

Hamilton, Charles D.(1979). *Sparta's Bitter Victories: Politics and Diplomacy in the Corinthian War*. Ithaca: Cornell University Press.

Hansen, Mogens Herman(2014). "Political Parties in Democratic Athens?" *Greek,*

Roman, and Byzantine Studies, vol. 54, 379-403.

_____ ed.(1993). *The Ancient Greek City-State*. Copenhagen: The Royal Danish Academy of Sciences and Letters.

_____ (1991). *The Athenian Democracy in the Age of Demosthenes: Structure, Principle, and Ideology*. Oxford: Blackwell.

_____ (1983). *The Athenian Ecclesia: A Collection of Articles 1976-1983*, Copenhagen: Museum Tusculanum Press.

Harris, Edward Monroe(1995). *Aeschines and Athenian Politics*, Oxford: Oxford University Press.

Harris, W. V.(1997). "Lysias III and Athenian Beliefs about Revenge." *The Classical Quarterly*, 47(2), 363-366.

Harris, William V.(1989). *Ancient Literacy*. Cambridge: Harvard University Press.

Harrison, A. R. W.(1968). *The Law of Athens*. Oxford: Oxford University Press.

Hatzopoulos M. B. et. al. eds.(1980). *Philip of Macedonia*, Athens: EKD. Athenon.

Havelock, Eric A.(1978). *The Greek Concept of Justice from its Shadow in Homer to its Substance in Plato*. Cambridge: Harvard University Press.

_____ (1963). *Preface to Plato*. Cambridge. Mass.: Harvard University Press.

Herman, Gabriel.(1993). "Tribal and Civic Codes of Behaviour in Lysias I." *The Classical Quarterly*, 43(2): 406-419.

Herzog-Hauser, G.(1896). "Ponos." *Pauly-Wissowa Enzyklopaedie der Altertum*. Stuttgart: J. B. Metzler.

Hignett, Charles(1952). *A History of the Athenian Constitution to the End of the Fifth Century B.C.* Oxford: Clarendon Press.

Hooke, S. H.(1958). *Myth, Ritual and Kingship: Essays on the Theory and Practice of Kingship in the Ancient Near East and in Israel*. Oxford: Clarendon Press.

Hornblower, Simon(1986). *Thucydides*. Baltimore: Johns Hopkins University Press.

Howland, Jacob(2004). "Plato's Reply to Lysias: Republic 1 and 2 and against Eratosthenes." *The American Journal of Philology*, 125(2): 179-208.

Hurwit, Jeffrey M.(1985). *The Art and Culture of Early Greece, 1100-480 B.C.* Ithaca, New York: Cornell University Press.

Huss, Bernhard(1999). "The Dancing Socrates and the Laughing Xenophon, or the Other Symposium." *The American Journal of Philology*, 120(3).

Hyland, John O.(2005). *Tissaphernes and the Achaemenid Empire in Thucydides and Xenophon*. Ph. D. Dissertation, The University of Chicago.

Jaeger, Werner(1963). *Demosthenes, The Origin and Growth of his Policy*. New York: Octagon Books.

______ (1962). *Aristotle: Fundamentals of the History of his Development*. Oxford: Clarendon Press.

______ (1947). *The Theology of the Early Greek Philosophers*. Oxford: Clarendon Press.

______ (1939). *Paideia: The Ideal of Greek Culture*. vol. 1. Oxford: Oxford University Press.

Jaspers, Karl(1988). *Die Grossen Philosophen*. München: R. Piper GmbH.

Johnston, Steven(1999). *Disputes and Democracy: The Consequences of Litigation in Ancient Athens*. Austin: University of Texas Press.

Jones, Horace L.(1913). "Lysias XXIV, 14." *The Classical Journal*, 8(6): 257-259.

Jost, Karl(1936). *Das Beispiel und Vorbild der Verfahren bei den attischen Rednern und Geschichtschreiben bis Demosthenes*. Paderborn: Schoeningh.

Kagan, Donald(2003). *The Peloponnesian War*. New York: Viking.

______ (1995). *On the Origins of War and the Preservation of Peace*. New York: Doubleday.

______ (1991). *Pericles of Athens and the Birth of Democracy*. New York: Free Press.

______ (1987). *The Fall of the Athenian Empire*. Ithaca: Cornell University Press.

______ (1981). *The Peace of Nicias and the Sicilian Expedition*. Ithaca: Cornell University Press.

______ (1974). *The Archidamian War*. Ithaca: Cornell University Press.

Kant, Immanuel(1982). "Ueber den Gemeinspruch: Das mag in der Theorie richtig sein, taugt aber nicht für die Praxis" *Immanuel Kant Werkausgabe* XI, Frankfur am Main: Suhrkamp.

Kapellos, A.(2013). "Xenophon and the Execution of the Athenian Captives at Aegospotami." *Mnemosyne*, 66(3).

_____ (2012). "Philocles and the Sea-Battle at Aegospotami (Xenophon Hell. 2.1.22-32)." *The Classical World*, 106(1).

Kapparis, K.(2011). "Lysias 1-11." *The Classical Review*, 61(1): 46-48.

_____ (2000). "Has Chariton Read Lysias 1 'On the Murder of Eratosthenes'?" *Hermes*, 128(3): 380-383.

_____ (1999). "Aeschines." *The Classical Review*, New Series, 49(1): 20-21.

Kateb, George(1998). *Integrity and Conscience*. New York: New York University Press.

Kelly, D. H.(1979). "Lysias XII 72." *Historia: Zeitschrift Für Alte Geschichte*, 28(1), 98-101.

Kennedy, George A.(1994). *A New History of Classical Rhetoric*. Princeton, N. J.: Princeton University Press.

Kennedy, Paul(1987). *The Rise and Fall of the Great Powers*. New York: Random House.

Kennell, Nigel(1995). *The Gymnasium of Virtue: Education and Culture in Ancient Sparta*. Chapel Hill: University of North Carolina Press.

Kenyon, Frederic G.(1980). *Books and Readers in Ancient Greece and Rome*. Chicago: Ares Publishers.

Kerferd, G. B.(1957). "Xenophon's Memorabilia." *The Classical Review*, New Series, 7(3/4).

Klosko, George(1986). *The Development of Plato's Political Theory*. New York: Methuen.

Kofman, Sarah(1998). *Socrates: Fictions of a Philosopher*. Ithaca: Cornell University Press.

Krämer, H. J.(1971). *Platonismus und hellenistische Philosophie*. Berlin: De Gruyter.

______ (1959). *Arete bei Platon und Aristoteles: zum Wesen und zur Geschichte der platonischen Ontologie*. Abh. Heidelberger Akad.

Kratzmueller, Bettina(2012). "'Men Who were the most Beautiful, not only among their Fellow Citizens, but in all Hellas' (Aeschines, "Against Timarchus" 1.156): Sports and Athletics on Athenian Vases of the Sixth to Fourth Century BCE." *World Archaeology*, 44(2), 202-216.

Kremmydas, Christos(2007). "Some Lysias." *The Classical Review*, 57(2), 303-304.

Krentz, Peter(1982). *The Thirty at Athens*. Ithaca: Cornell University Press.

Kroeker, R.(2009). "Xenophon as a Critic of the Athenian Democracy." *History of Political Thought*, 30(2).

Krohn, K.(1921). *Der Epikureer Hermarchos*. Berlin: Weidmannsche Buchhandlung.

Kronenberg, Leah(2009). *Allegories of farming from Greece and Rome: Philosophical Satire in Xenophon, Varro and Virgil*. Cambridge University Press.

Lamb, W. R. M.(1930). "Introduction." *Lysias*, ix-xx, Loeb Classical Library.

Lamers, Han & Adriaan Rademaker(2007). "Talking about Myself: A Pragmatic Approach to the Use of Aspect Forms in Lysias 12.4-19." *The Classical Quarterly*, 57(2), 458-476.

Lateiner, Donald(1982). "'The Man Who Does Not Meddle in Politics': A Topos in Lysias." *The Classical World*, 76(1), 1-12.

Lavelle, B. M.(2005). *Fame, Money and Power: The Rise of Peisistratos and "Democratic" Tyranny at Athens*. Ann Arbor: The University of Michigan Press.

Le Bon, Gustave(1896). *The Crowd: A Study of the Popular Mind*. New York: Macmillan.

Lee, J. W. I.(2004). "For there were many Hetairai in the Army: Women in Xenophon's Anabasis." *The Ancient World*, 35(2).

Lehmann, Gustav Adolf(1997). *Oligarchische Herrschaft im klassischen Athen: Zu den Krisen und Katastrophen der attischen Demokratie im 5. und 4. v. Chr.*

Opladen: Verlag für Sozidwissenschaften.

Levy, G. R.(1963). *The Gate of Horn: A Study of the Religious Conceptions of the Stone Age and Their Influence upon European Thought*. London: Faber and Faber.

Lintott, Andrew(1982). *Violence, Civil Strife and Revolution in the Classical City 750~330 BC*. Baltimore: Johns Hopkins University Press.

Lewbow, Richard Ned(2003). *The Tragic Vision of Politics: Ethics, Interests and Orders*. Cambridge: Cambridge University Press.

Lobkowicz, Nicholas(1967). *Theory and Practice: History of a Concept from Aristotle to Marx*. Notre Dame: University of Notre Dame Press.

Loening, Thomas C.(1987). *The Reconciliation Agreement of 403/402 B.C. in Athens*. Stuttgart: Franz Steiner Verlag Wiesbaden.

______ (1981). "The Autobiographical Speeches of Lysias and the Biographical Tradition." *Hermes*, 109(3), 280-294.

Loomis, William T.(1995). "Pay Differentials and Class Warfare in Lysias' 'Against Theozotides': Two Obols or Two Drachmas?" *Zeitschrift für Papyrologie und Epigraphik*, Band 107, 230-236.

Loraux, Nicole(1986). *The Invention of Athens: The Funeral Oration in the Classical City*. Cambridge: Harvard University Press.

Louden, Robert B. & Paul Schollmeier(1996). *The Greeks and Us: Essays in Honor of Arthur W. H. Adkins*. Chicago: University of Chicago Press.

Louden, Robert B.(1996). "Introduction" in Louden et. al., *The Greeks and Us*, 1~16.

Ludwig, Paul W.(2002). *Eros and Polis: Desire and Community in Greek Political Theory*. Cambridge: Cambridge University Press.

Luhmann, Niklas(1982). *The Differentiation of Society*. New York: Columbia University Press.

Lynch, J. P.(1972). *Aristotle's School: A Study of a Greek Educational Institution*. Berkeley: University of California Press.

Macdowell, Douglas M.(2008). "Lysias." *The Classical Review*, 58(2), 381-383.

______ (2001). "Lysias" *The Classical Review*, 51(1), 29-30.

______ (1989). "The tenth Speech of Lysias." *The Classical Review*, 39(2), 193-194.

______ (1986). "The manuscripts of Lysias." *The Classical Review*, 36(2), 212-213.

______ (1978). *The Law in Classical Athens*. London: Thames and Hudson.

Manville, Philip B.(1990). *The Origins of Citizenship in Ancient Athens*. Princeton: Princeton University Press.

______ (1986). "The manuscripts of Lysias." *The Classical Review*, 36(2), 212-213.

McCann, David & Barry S. Strauss eds.(2001). *War and Democracy: A Comparative Study of the Korean War and the Peloponnesian War*. Armonk, New York: M. E. Sharpe.

McGroarty, Kieran(2006). "Did Alexander the Great Read Xenophon?" *Hermathen* 181.

Medda, Enrico(2001). "Further Notes on P. Oxy. 1606(Lysias, 'Against Hippotherses' and other Speeches)." *Zeitschrift für Papyrologie und Epigraphik*, Band 135, 21-31.

______ (2000). "Notes on the Text of Lysias, "Against Hippotherses" (P. oxy. 1606)." *Zeitschrift Für Papyrologie Und Epigraphik*, 129, 21-28.

Meier, Christian(1993). *The Political Art of Greek Tragedy*. Baltimore: Johns Hopkins University Press.

Meiggs, Russell(1972). *The Athenian Empire*. Oxford: Oxford University Press.

Merlan, P.(1960). *From Platonism to Neoplatonism*. The Hague: M. Nijhoff.

______ (1954/1955). "Isocrates, Atritotle and Alexander the Great." *Historia*, vol. 3, 60-81.

Mikalson, Jon D.(2003). *Herodotus and Religion in the Persian Wars*. Chapel Hill: University of North Carolina Press.

Milne, H. J. M.(1929). "A New Speech of Lysias." *The Journal of Egyptian Archaeology*, 15(1/2), 75-77.

Mitchell, Mitchell G. & P. J. Rhodes eds.(1997). *The Development of the Polis in Archaic Greece*. London: Routledge.

Monoson, Sarah(2000). *Plato's Democratc Entanglements : Athenian Politics and *the Practice of Philosophy*. Princeton: Princeton University Press.

Moore, J. M.(1975). *Aristotle and Xenophon on Democracy and Oligarchy*. University of California Press.

Morgan, Gareth(1982). "Euphietos' House: Lysias I." Transactions of the American *Philological Association* vol. 112, 115-123.

Morgan, Kathryn ed.(2003). *Popular Tyranny: Sovereignty and Its Discontents in Classical Athens*. Austin: University of Texas Press.

Morgan, M. H. ed.(1902). *Eight Orations of Lysias*. Boston: Ginn.

______ (1894). "Notes on Lysias." *Harvard Studies in Classical Philology*, 5:49-56.

Mossé, Claude(1973). *Athens in Decline, 404~86 B.C.* London: Routledge Kegan & Paul.

Munn, Mark(2000). *The School of History: Athens in the Age of Sorates*. Berkeley: University of California Press.

Murphy, T. M.(1992). "Lysias 25 and the Intractable Democratic Abuses." *The American Journal of Philology*, 113(4), 543-558.

______ (1989). "The Vilification of Eratosthenes and Theramenes in Lysias 12." *The American Journal of Philology*, 110(1): 40-49.

Nails, Debra(2002). *The People of Plato: A Prosopography of Plato and Other Socratics*. Indianapolis and Cambridge: Hackett Publishing.

______ (1998). "The Dramatic Date of Plato's Republic." *The Classical Journal* 93, 383-396.

______ (1995). *Agora, Academy, and the Conduct of Philosophy*. Dordrecht: Kluwer Academic Publishers.

Nakategawa, Yoshio(1995). "Athenian Democracy and the Concept of Justice in Pseudo-Xenophon's "Athenaion Politeia." *Hermes*, 123(1).

Navia, Luis E.(2001). *Antisthenes of Athens: Setting the World Aright*. Westport, Conn: Greenwood Press.

Nelson, Max(2006). "The Phatom Stelai of Lysias, Against Nicomachus 17." *The Classical Quaterly*, vol. 56, no. 1, 309-312.

Nightingale, Andrea Wilson(2004). *Spectacles of Truth in Classical Philosophy:*

Theoria in its Cultural Context. Cambridge: Cambridge University Press.

Ober, Josiah & Charles Hedrick eds.(1996). *Dēmokratia: A Conversation on Democracies*. Princeton: Princeton University Press.

Ober, Josiah(1998). *Political Dissent in Democratic Athens: Intellectual Critics of Popular Rule*. Princeton: Princeton University Press.

______ (1989). *Mass and Elite in Democratic Athens: Rhetoric, Ideology, and the Power of the People*. Princeton: Princeton University Press.

______ (1996). *The Athenian Revolution*. Princeton: Princeton University Press.

Osborne, Robin & Simon Hornblower eds.(1994). *Ritual, Finance, Politics: Athenian Democratic Accounts*. Oxford: Clarendon.

Oswald, Martin(1986). *From Popular Sovereignty to the Sovereignty of Law: Law, Society, and Politics in Fifth-Century Athens*. Berkeley: University of California Press.

Panagiotou, Spiro(1975). "Lysias and the Date of Plato's Phaedrus." *Mnemosyne*, 28(4): 388-398.

Parekh, Bhikhu(1981). *Hannah Arendt and the Search for a New Political Philosophy*. London: The Macmillan Press.

Parke, H. W. & D. Wormell(1956). *The Delphic Oracle*. Oxford: Basil Blackwell.

Parke, H. W.(1977). *Festivals of the Athenians*. Ithaca: Cornell University Press.

Parker, Robert(1996). *Athenian Religion: A History*. Oxford: Oxford University Press.

Patterson, C.(1998). *The Family in Greek History*. Cambridge: Harvard University Press.

Patzer, Andreas(1970). *Antisthenes der Sokratiker: Das literarische Werk und die Philosophie, dargestellt am Katalog der Schriften*. Heidelberg U. Ph. D. Dissertation.

Patzer, H.(1982). *Die griechische Knabeliebe*. Wiesbaden: Franz Steiner Verlang.

Pearson, L.(1964). "Lysias VII 12." *Mnemosyne*, 17(1), 78-79.

Pendrick, Gerard J.(2002). *Antiphon the Sophist*. Cambridge: Cambridge University Press.

Perlman, S.(1976). "Panhellenism, the Polis and Imperialism." *Historia*, vol. 25, 1-30.

Philips, David D.(2003). *The Law of Ancient Athens*. Ann Arbor: University of Michigan Press.

Pohlenz, Max(1966). *Freedom in Greek Life and Thought*. D. Reidel Publishing Company.

Poirier, F. E. et. al.(1990). *In Search of Ourselves: An Introduction to Physical Anthropology*. Englewood Cliffs: Prentice Hall.

Pomeroy, Sarah B. et. al.(1999). *Ancient Greece: A Political, Social, and Cultural History*. Oxford: Oxford University Press.

Porter, John R.(2003). "Chariton and Lysias 1: Further Considerations." *Hermes*, 131(4): 433-440.

Post, L. A.(1926). "Plato's Euthydemus and Lysias." *The Classical Weekly*, 20(4): 29-31.

Poulakos, T. & D. Dephew eds.(2004). *Isocrates and Civic Education*. Austin: University of Texas Press.

Price, Simon(1999). *Religions of the Ancients Greeks*. Cambridge: Cambridge University Press.

Prince, Susan(2015). *Antisthenes of Athens: Texts, Translations, and Commentary*. Ann Arbor: University of Michigan Press.

______ (2006). "Socrates, Antisthenes and the Cynics." ed. by Ahbel-Rappe, Sara & Kamtekar, Rachana. *A Companion to Socrates*, 75-92. Wiley-Blackwell.

______ (2001). "Review of 'Luis Navia, Antisthenes: Setting the World Aright, (Westport: Greenwood Press, 2001)'" in *Bryn Mawr Classical Review*, 2001-06-23.

Prior, William J. ed.(1996). *Socrates: Critical Assessments*. London: Routledge.

Purves, Alex Claire(2002). *Telling Space: Topography, Time, and Narrative from Homer to Xenophon*. Ph. D. Dissertatin, University of Pennsylvania.

Raaflaub, Kurt A.(2004). *The Discovery of Freedom in Ancient Greece*. Chicago: University of Chicago Press.

Rankin, H. D.(1986). *Anthisthenes Sokratikos*. Amsterdam: Adolf M. Hakkert-Publisher.

Readings, Bill(1996). *The University in Ruins*. Cambridge: Harrord University Press.

Risch, Ernst(1974). *Wortbildung der hoberischen Sprache*. Berlin: Walter de Gruyter.

Rhodes, P. J.(1980). "Athenian Democracy after 403 B.C." *The Classical Journal*, vol. 75, 305-323.

Rouden, Robert B. and Paul Schollmeier(1996). *The Greeks And Us: Essays in Honor of Arthur W. H. Adkins*. Chicago: University of Chicago Press.

Rowi, Christopher & Malcolm Schofield ed.(2000). *The Cambridge History of Greek and Roman Thought*. Cambridge: Cambridge University Press.

Russell, D. A.(1990). "*Ēthos* in Oratory and Rhetoric" In *Characterization and Individuality in Greek Literature*. C. Pelling ed. Oxford: Clarendon Press.

Sakellariou, M. B.(1980). "Panhellenism: From Concept to Policy." in Philip of Macedon. M. Hatzopoulos & Louisa D. Loukopoulos eds., 128~145, 242~245. Ekdotike Athenon S. A.

Sakurai, Mariko(1995). "A New Reading in POxy XIII 1606(Lysias, 'Against Hippotherses)'" *Zeitschrift für Papyrologie und Epigraphik*, Band 109, 177~180.

Schlaifer, Robert(1936). "Greek Theories of Slavery from Homer to Aristotle." *Harvard Studies in Classical Philology*, vol. 47, 165-204.

Schmeling, G. & J. N. O'Sullivan(1996). "Xenophon of Ephesus: His Compositional Technique and the Birth of the Novel." *American Journal of Philology*, 117(4).

Schoeffer, V.(1940). "Demokratie." in *Paulys Real-Enzyklopaedie der Klassischen Altertumswissenschaft*.

Schön, Karl(1918). *Die Scheinargument bei Lysias*. Padeborn: M. Schmersow.

Scott, Gary Alan(2000). *Plato's Socrates as Educator*. Albany, New York: State University of New York Press.

Scott, John A.(1916). "Lysias on the Sacred Olive." *The Classical Journal*, 11(4): 239-240.

Seaford, Richard(1994). *Reciprocity and Ritual: Homer and Tragedy in the Developing City-State*. Oxford: Oxford University Press.

Seager, Robin(2001). "Xenophon and Athenian Democratic Ideology." *The Classical Quarterly*, 51(2).

______ (1966). "Lysias against the Corndealers." *Historia: Zeitschrift Für Alte Geschichte*, 15(2), 172-184.

Shorey, Paul(1926). "Notes on the Scholia of Demosthenes and Aeschines." *Classical Philology*, 21(2), 165.

______ (1933). "On the Erotikos of Lysias in Plato's Phaedrus." *Classical Philology*, 28(2): 131-132.

Sier, K.(1996). "'Aias' und Odysseus' Streit um die Waffen des Achilleus: Mythisches Exempel und Philosophie der Sprache bei Antisthenes." in H. Becker et al. eds. *ΛHNAIKA: Festschrift für Carl Werner Müller*. Stuttgart: Christian Mueller-Goldingen, 189-215.

Spatharas, Dimos(2012). "Liaisons Dangerenses: Procopius, Lysias and Apollodorus." *Classical Quarterly*, vol. 62, no. 2, 846-858.

Sprague, R. K. ed.(1972). *The Older Sophists*. Columbia, S. C.: Univ. of South Caroline Press.

Stenzel, Julius(1961). *Studien zur Entwicklung der Platonischen Dialektik von Sokrates zu Aristoteles*. Darmstadt: Wissenschaftliche Buchgesellschaft.

Strauss, Barry(1993). *Fathers and Sons in Athens: Ideology and Society in the Era of the Peloponnsian War*. Princeton: Princeton University Press.

______ (1987). *Athens after the Peloponnesian War*. Cornell University Press.

Strauss, Leo(1964). *The City and Man*. Chicago: Rand McNally.

______ (1959). *What is Political Philosophy*. Chicago: University of Chicago Press.

______ (1953). *Natural Right and History*. Chicago: University of Chicago Press.

Suchowlansky, M.(2012). "Excellence Unleashed: Machiavellis Critique of Xenophon and the Moral Foundation of Politics." *Canadian Journal of*

Political Science, 45(2).

Tamiolaki, Melina(2013). "A Citizen as a Slave of the State? Oligarchic Perceptions of Democracy in Xenophon." *Greek, Roman and Byzantine Studies*, 53(1).

_____ (2012). "Virtue and Leadership in Xenophon: Ideal Leaders or Ideal Losers." *Mnemosyne*, 348.

Thomson, J. A. K.(1927). *Irony: An Historical Introduction*. Cambridge: Harvard University Press.

Tilgher, Adriano(1930). *Homo Faber: Work through the Ages*. New York: Harcourt Brace.

Tilly, Charles(1978). *From Mobilization to Revolution*. Ann Arbor: University of Michigan Press.

_____ ed.(1975). *The Formation of National States in Western Europe*. Princeton University Press.

Todd, Stephen C.(2007). *A Commentary on Lysias, Speeches 1~11*. New York: Oxford University Press.

Toynbee, Arnold, J.(1959). *Hellenism: the History of a Civilization*. Oxford: Oxford University Press.

_____ (1939). *A Study of History*, vols. 4~6. Oxford: Oxford University Press.

Tsouna, Voula(1998). *The Epistemology of the Cyrenaic School*. Cambridge: Cambridge University Press.

Tuplin, Christopher(1999). *Greek Oratory: Tradition and Originality*. Oxford: Oxford University Press.

_____ (1996). "Lysias." *The Classical Review*, 46(2): 226-227.

_____ (1989). "Lysias' Dokimasia Speeches." *The Classical Review*, 39(1): 19-20.

_____ (1986). "ΣΥΜΠΡΙΑΣΘΑΙ In Lysias 'Against the Corndealers'." *Hermes*, 114(4): 495-498.

_____ (1965). "Individual Characterization in Lysias." in *Eranos*, 63: 99-119.

Usher, S. & M. J. Edwards(1985). *Greek Orators 1, Antiphon and Lysias*. Warminster: Aris & Phillips.

Verdenius, W. J.(1970) *Homer, The Educator of the Greeks*. Mededelingen of the

Dutch Academy. Vol. 33. No. 5. Amsterdam: North-Holland Publ. Comp.

Versenyi, Laszlo(1982). *Holiness and Justice*. Lanham: University Press of America.

Vlastos, Gregory. ed.(1980). *The Philosophy of Socrates: A Collection of Critical Essays*. Notre Dame, Ind.: Notre Dame University Press.

______ (1971). *Plato: A Collection of Critical Essays*. 2 vols. New York: Anchor Books/Doublday & Company, Inc.

Voegelin, Eric(1949). "On Tyranny." *The Review of Politics*, 11(2).

Walden, John W. H.(1909). *The Universities of Ancient Greece*. New York: C. Scribner's Sons.

Waterfield, Robin(2008). *Xenophon's retreat: Greece, Persia, and the End of the Golden Age*. Belknap Press.

Weathers, Winston(1954). "Xenophon's Political Idealism." *The Classical Journal*, 49(7).

Wellman, Robert R.(1976). "Socratic Method in Xenophon." *Journal of the History of Ideas*, 37(2).

West, M. L.(2003). *Greek Epic Fragments: From the Seventh to the Fifth Centuries BC*. Harvard University Press.

Whibley, L.(1975). *Greek Oligarchies: Their Character and Organization*. Chicago: Ares Publishers.

Whitehead, A. N.(1979). *Process and Reality*. New York: Free Press.

Wilamowitz-Moellendorff, Ulrich von(1948). *Platon: sein Leben und seine Werke*, Berlin-Frankfurt am Main: Weidmannsche Verlagsbuchhandlung.

Williams, Bernard(1993). *Shame and Necessity*. Berkeley: University of California Press.

Williams, Frank(1996). "Xenophon's Dana and the Passage of Cyrus' Army over the Taurus Mountains." *Historia: Zeitschrift für Alte Geschichte*, 45(3).

Windelband, Wilhelm(1923). *A History of Philosophy*. trans. by James H. Tufts. New York: Macmillan.

Winspear, Alban D.(1956). *The Genesis of Plato's Thought*. New York: Russel.

Winter, Thomas N.(1973). "On the Corpus of Lysias." *The Classical Journal*, 69(1): 34-40.

Wolf, Erik(1950~1956). Griechische Rechtsgedanken, the Chapter on Lysias III. 2. 176~200, "Die Umformung des REchtsgedanken durch Historik und Rhetorik."

Wolpert, Andrew(2002). "Lysias 18 and Athenian Memory of Civil War." *Transactions of the American Philological Association* (1974-), 132(1/2): 109-126.

______ (2001). "Lysias 1 and the Politics of the Oikos." *The Classical Journal*, 96(4): 415-424.

Wörle, A.(1981). *Die politische Tätigkeit der Schüler Platons*. Göppingen: Kümmerle.

Worman, Nancy(2004). "Insult and Oral Excess in the Disputes between Aeschines and Demosthenes." *The American Journal of Philology*, 125(1), 1-25.

Worthington, Ian(2000). *Demosthenes Statesman and Orator*. Routledge.

Yunis, Harvey(1988). *A New Creed: Fundamental Religious Beliefs in the* Athenian Polis and Euripidean Drama. Göttengen: Vandenhoeck & Ruprecht.

______ (1966). *Taming Democracy: Models of Political Rhetoric in Classical Athens*. Ithaca: Cornell University Press.

Zaidman, Louise Bruit & Pauline Schmitt Pantel(1992). *Religion in the Ancient Greek City*. Cambridge: Cambridge University Press.

Zeller, Eduard(1923). *Die Philosophie der Griechen in ihrer geschichtlichen Entwicklung*. 6 vols. Leipzig: O. R. Reisland.

______ (1868). *Socrates and the Socratic Schools*. London: Longmans, Green and Co.

Zilioli, Ugo(2012). *The Cyrenaics*. New York: Acumen.

| 찾아보기 |

[ㅈ]

[ㅎ]

리시아스와 안티스테네스

소크라테스 추종의 행동 및 사유와 희랍 정치철학의 발전

펴낸날 1판 1쇄 2018년 10월 16일
지은이 양승태
펴낸이 김헌민
펴낸곳 이화여자대학교출판문화원
주소 서울특별시 서대문구 이화여대길 52 (우03760)
등록 1954년 7월 6일 제9-61호
전화 02) 3277-2965(편집), 362-6076(마케팅)
팩스 02) 312-4312
전자우편 press@ewha.ac.kr
홈페이지 www.ewhapress.com

© 양승태, 2018

ISBN 979-11-5890-283-4 93300
값 30,000원

* 잘못된 책은 바꾸어 드립니다.

이 도서의 국립중앙도서관 출판예정도서목록(CIP)은 서지정보유통지원시스템 홈페이지 (http://seoji.nl.go.kr)와 국가자료공동목록시스템(http://www.nl.go.kr/kolisnet)에서 이용하실 수 있습니다. (CIP제어번호: CIP2018030548)